민주 정부 10년, 무엇을 남겼나

# 민주 정부 10년, 무엇을 남겼나
1997년 체제와 한국 사회의 변화

1판1쇄 | 2014년 12월 31일

기획 | 참여사회연구소
엮은이 | 이병천, 신진욱

펴낸이 | 박상훈
주간 | 정민용
편집장 | 안중철
책임편집 | 최미정
편집 | 윤상훈, 이진실, 장윤미(영업)

펴낸 곳 | 후마니타스(주)
등록 | 2002년 2월 19일 제300-2003-108호
주소 | 서울 마포구 독막로 23(합정동) 1층
전화 | 편집_02.739.9929 제작·영업_02.722.9960 팩스_0505.333.9960
홈페이지 | www.humanitasbook.co.kr

인쇄 | 천일_031.955.8083 제본 | 일진_031.908.1407

값 28,000원

© 참여사회연구소 2014
ISBN 978-89-6437-222-7 03300

이 도서의 국립중앙도서관 출판시도서목록(CIP)은 e-CIP 홈페이지(http://www.nl.go.kr/ecip)에서
이용하실 수 있습니다.(CIP제어번호: CIP2014035522)

# 민주 정부 10년, 무엇을 남겼나

### 1997년 체제와
### 한국 사회의 변화

참여사회연구소 기획
이병천 / 신진욱 엮음

후마니타스

# 차례

이 책은 참여연대 부설 연구소인 참여사회연구소에서 수년간 진행했던 공동 연구 성과를 모은 것이다. 연구소에서는 2008년에 '시장사회와 시장인간'이라는 주제로 한국연구재단의 지원을 받아 공동 연구를 추진한 바 있었는데, 이 책은 동 연구와 후속 작업으로 진행된 연구 성과를 함께 담은 것이다.

모두 열여섯 명에 이르는 필자들은 거시경제, 생산 체제, 기업, 과학기술, 금융, 부동산, 주거, 고용, 소득, 복지, 교육 등 여러 분야를 다루고 있다. 이런 주제상의 다채로움을 관통하는 공통의 관심사는 1997년 외환위기 이후 현재까지, 그중에서도 김대중·노무현 정부 시기 10년 동안, 한국 사회경제의 구조 변동과 그에 따른 한국인들의 삶의 실태를 분석하는 데 있다.

사실 외환위기 이후의 사회변동에 관해 많은 책들이 나와 있지만, 이 책은 특히 사회경제 분야의 여러 하위 부문들에서 진행된 구조 변동을 포괄적이고 체계적으로 다룬 단행본으로서 가치를 가질 것이다. 필자들이 공통되게 1997년 이후 한국 사회 변화의 핵심어로 꼽고 있는 것은 바로 '불평등'이다. 거시경제 구조의 불평등, 기업 생태계의 불평등, 고용상의 불평등, 소득과 자산의 불평등, 교육과 기회의 불평등과 같은 다양한 측면들이 여기에 포함된다. 궁극적으로 그런 불평등 구조는 대한민국이라는 정치 공동체의 내적 분절, 즉 사회 구성원의 행복과 희망, 위험과 불안의 불평등한 분배를 의미하고 있다. 이런 '불평등한 민주주의'는 대한민국인이 같은 배를 타고 가려면 반드시 풀어야 할 최대의 도전이 아닐 수 없다.

공동 연구 결과를 이렇게 단행본으로 내기까지는 실로 오랜 시간이 경과되었다. 열여섯 편의 논문을 모두 모으기까지 많은 난관이 있었다. 특히 일찍 소중한 글을 주신 분들께는 심심한 사과의 말씀을 드린다. 이 책에 글을 기고하지는 않았지만 책의 편집 기획과 포럼의 운영 과정에서는 정준호 교수가 큰 역할을 했다. 여러 필자들의 글을 주고받으며 최종 완성품으로 만들어 내기까지 (지금은 퇴직한) 참여사회연구소의 강진영 국장이 큰 수고를 했다. 그리고 쉽지 않은 사정에도 불구하고 이 책을 기꺼이 맡아 발간해 주신 후마니타스 출판사의 호의에 깊이 감사드린다.

2014년 12월
이병천, 신진욱 씀

# 1997년 이후 사회경제 전환, 어떻게 볼 것인가

이병천·신진욱

## 1.

1987년 민주화로부터 약 30년이 되는 시점에서 우리는 역사의 동학이 결코 직선으로 뻗어 나가는 건 아님을 실감하고 있다. 반유신 투쟁, 1980년 5월의 민중 항쟁, 1987년 6월의 시민 항쟁으로 대표되는 민주화운동, 그리고 고난에 찬 노동자운동과 민중운동의 소중한 유산을 이어받아 착실히 전진하던 것처럼 보이던 한국의 민주화 이후 민주주의는 언젠가부터 진로가 막힌 채 역진을 거듭하고 있다. 우리들이 삶을 영위하는 운동장은 몸을 가누기 힘들 정도로 현저하게 한쪽으로 기울어졌다. 한국의 민주주의가 국가권력과 자본권력에 대해 정치적·사회적 책임을 강제하는 규율 능력은 매우 취약하다. 산업화와 민주화의 '후발 이중혁명'을 달성했다는 그간의 벅찬 성공 스토리는 마치 딴 나라 이야기처럼 낯설다. 한국 민주화의 전진과 후퇴의 갈등 동학을 새롭게 인식하고 탐구해야 할 시점이다.

정치적 수준에서 전면적인 재권위주의화 현상이 뚜렷하고 힘의 불균형이 심화되고 있지만, 무엇보다 주목해야 할 것은 소득과 부富가 대재벌 등 소수의 수중에 집중되는 불평등화 또는 빈부 격차가 빠르게 심화되었다는 사실이다. 불평등과 노동 배제를 심화시키는 양극화 성장에도 불구하고 복지 체제는 취약하기 짝이 없다. '새로운 가난'의 시대 또는 새로운 '세습 자본주의' 시대가 도래했다고 해야 할 판이다. 양극화 성장 체제는 동시에 가계 부채가 산처럼 쌓이는 부채 의존 경제이기도 한데 빈곤한 대중들은 부족한 노동소득을 만회하기 위해, 부자들은 부동산 투기 및 금융 투기로 더 많은 돈을 벌기 위해 다투어 빚을 낸다. 더구나 다수 대중의 삶이 고통스러운 것은 이런 불평등과 배제, 가계 부채 폭증이 종래의 고도성장 시대와는 판이하게 달라진 저성장 상황 아래 진전되고 있다는 것이다. 파이의 크기를 늘이는 능력이 저하된 상황에서 파이를 나누는 방식이 불평등해졌으니 대중들의 고통과 불만이 어떨지 짐작하고도 남는다. 압축 고성장 시대에 대한 향수가 일어나는 것도 이해할 만하다.

1987년 이후 한국 사회의 전개에서 정치적 민주주의가 사회경제적 불평등에 제대로 대처하지 못했다는 사실은 이제 분명해졌다. 사회경제적 불평등의 심화는 한국 민주주의의 앞날에 중대한 도전이 되고 있으며 이렇게 '두 국민 분열'을 조장하는 '불평등한 민주주의'가 어떻게 지속 가능할지에 대해 심각한 의문이 제기된다. 우리는 지난 시기 이런 두 국민 분열 상황을 해소하고 사회통합을 이룰 수 있는 기회를 몇 번이나 놓쳤다. 박근혜 정부도 그런 기회를 가졌었다. 그러나 이 정부는 빠르게 대국민 약속을 헌신짝처럼 내던졌다. 그러면서 프란치스코 교황도 '새로운 독재'라고 질타한 '규제 없는 자본주의' 노선, '새로운 형태의 가난을 만들어 내고 노동자들을 소외시키는 비인간적인 경제 모델'을 아무 거리낌 없이 추구하고 있다. 이 정부에는 앞서 거의 유사한 정책을 실행했던 이명박 정부의 실패도, 2008년 세계 금융위기도 아무런 교훈이 되지 않는 것처럼 보인다.

그렇다면 지금과 같이 저성장 시대 속에서 심각한 불평등화와 부채 경제를 초래하며 위태롭게 작동하는 발전 모델은 대체 어디서부터 비롯된 것일까. 특별히 1997년은 권위주의적 산업화 이후 한국 사회경제의 변화에서 얼마나 중요한 전환점으로서 의미를 가질까. 또 김대중·노무현 정부 시기 사회경제는 이명박 정부 시기와 어떤 차이점과 공통점을 가질까. 그리고 김대중·노무현 개혁 정부의 10년간 경험에 대한 분석과 비판적 성찰 위에서 우리는 어떤 새로운 사회경제적 대안을 제시할 수 있을까. 이들 물음에 대해서는 이미 상당 정도 연구가 이루어지긴 했지만, 여전히 실증적으로 더 깊이 있게 진척되어야 할 쟁점과 분야가 많을 뿐더러 큰 시각 차이도 노정되었다. 아래에서 보는 바와 같이, 몇 가지 요인들이 민주 정부 10년 시기 사회경제 전환의 실상을 파악하는 데 어려움을 가져오면서 '범민주 진보' 흐름의 연구 내에서도 여러 갈래의 생각들을 낳았다.

첫째, 1997년은 야당으로 평화적 정권 교체가 이뤄져 1987년 민주화 이행을 한 차원 더 진전시킨 해이면서 동시에 외환위기를 맞아 급진적으로 시장 자유화·개방화의 격랑 속에 내던져진 해였다. 즉 1997년을 기점으로 한국 사회가 정치적 전환과 사회경제적 전환이라는 '이중 전환' 과정을 겪었고 두 전환이 상호작용 효과를 가졌다는 것이 다양한 시각을 낳는 큰 요인이 되었다. 이에 따라 정치적 전환의 의미를 우선시하면서 사회경제적 전환을 바라보는 사람들에 의해 이른바 '민주 대 반민주'라는 진영론적 시각이 나타났다.

둘째, 경제체제적 수준 자체에서 1997년 및 이후 전환을 바라보는 견해 차이가 존재한다. 가장 중요한 문제의 하나로 1997년 이후 '시장 (자유화) 개혁'을 어떻게 볼 것인가 하는 중대한 쟁점이 있다. 우리는 흔히 뭉뚱

그려 '자유화'라는 말을 쓰고는 하지만 자유화라고 해서 모두 같은 것은 아니다. 전면적 탈규제 자유화가 있는가 하면, 공정한 경쟁 질서 수립을 위한 자유화도 있으며 경제력 집중을 약화시키기 위한 자유화도 있다. 또 정규직과 비정규직 노동자의 분단(이중화)을 동반하는 자유화가 있는가 하면, 안전성 강화를 동반하는 유연화라는 의미의 자유화도 있다. 그리고 금융시장을 어떻게 조정하느냐 하는 문제가 매우 중요하다. 크게 볼 때 민주화 이후 탈脫추격기 한국 사회경제는 공정경쟁을 촉진하고 경제력 집중을 약화시키는 자유주의적 과제와 국가 복지를 확대하며 공정한 협력을 촉진하는 사회민주적 과제를 함께 안고 있다. 그뿐만 아니라 이전 개발주의 체제의 어두운 과거 적폐를 극복하되 금융시장을 비롯해 시장을 관리·유도하는 그 적극적 요소는 발전적으로 재구성해야 할 과제를 갖고 있다. 이런 견지에서 볼 때 한국 사회경제 전환에서 시장 자유화를 어떻게 가져가야 할지 하는 문제는 실로 큰 쟁점이며 당연히 여러 견해 차이를 낳을 수밖에 없다.

셋째, 김대중·노무현 정부가 추진한 복지 확대라든가 노사정위원회 운영 등을 어느 정도로, 어떤 관점에서 평가할 것인가 하는 문제가 존재한다. 어떤 논자는 이를 유럽식의 사회민주주의적 요소처럼 매우 높게 평가하는 견해도 있고, 오히려 그런 '평등주의' 조치 때문에 이 시기 경제를 망쳐 '잃어버린 10년'을 초래했다는 보수적 견해도 있다. 또 다른 논자의 경우, 그런 조치에 대해 과격한 노동시장 유연화를 부분적으로 상쇄하며 서민, 노동자 대중을 '신자유주의'적 체제 개편에 끌어들이기 위한 지배 전략이었다고 파악하기도 한다.

넷째, 시장 자유화를 추구한 경제적 전환과 복지 증대를 추진한 사회적 전환을 통틀어 보면 어떻게 될까. 김대중·노무현 정부 시기의 개혁을 영국의 블레어 정부나 미국의 클린턴 정부 시기에 비견해 '한국식 제3의 길'로 파악하고 이를 지지하는 견해가 성립할 수 있을 것이다. 다른 한편, 이 시기 개혁에 대해 오히려 표준적 신자유주의의 실패 경험에 대한 반성 끝에 그것을 보수補修하기 위해 나온 '워싱턴 컨센서스Washington consensus 수 정판'의 한국적 변종으로 파악하는 견해가 가능하다. 워싱턴 컨센서스 원 판에 비해 수정판은 기업지배구조, 부패, 금융자유화, 그리고 빈곤 문제 등에 대한 일정한 대응책을 포함하는 것이었는데, 민주 정부 시기 개혁에 도 그런 내용들이 담겨 있다.

이처럼 우리 사회에서 1997년의 전환적 의미, 그리고 김대중·노무현 정부 시기 10년의 사회경제 전환의 의미에 대한 인식은 매우 다기하다. 이런 상황을 염두에 두면서 먼저 우리는 사회경제적 전환의 의미를 정치 적 전환 중심으로 파악하는 것은 부적절하다고 말하고 싶다. 바꾸어 말해 '민주 대 반민주' 시각을 중심으로 사회경제적 전환의 의미를 판단하려고 해서는 안 된다는 것이다. 정치적 전환 수준에서 본다면 1997년과 이후 10년은 1987년 민주화 이행이 한 단계 더 진전된 것이 분명하다. 그러나 사회경제적 전환은 문제가 매우 다르며 정치적 진전이 곧 사회경제적 진 전을 의미하는 것은 결코 아니다. 우리가 보기에 1997년을 획기적인 전환 점으로 1987년에서 시작된 '1단계 민주화'는 사실상 종결되고 명실상부 하게 자본의 지배와 무한 경쟁이 지배하는 시대가 도래했다. 1997년은 오 늘날 우리가 마주하고 있는 규제완화, 민영화, 노동시장 유연화·개방화 의 그것들이 양극화와 민생 불안, 미래 불안을 가져온 결정적 전환점이다. 그리고 수출 주도-재벌 대기업 주도 아래 국민 모두에게 빚 권하는 성장 체제의 기본 틀이 구축된 것도 1997년 이후부터다. 그리하여 사회경제 체 제적 수준에서 불평등 심화와 극단적 경쟁을 조장하는 시장 권력이 인민 의 지배를 핵심으로 하는 민주주의를 꺾는 전환점, 다시 말해 '권력이 시 장으로 넘어간' 상황의 전환점이 된 것이 1997년이다. 바로 그런 의미에서 우리는 '1987년 (민주화) 체제'와 별개로 '1997년 (시장화) 체제'라는 말이 성립하며 독자적 의미를 갖는다고 생각한다. 민주정부 10년과 그 이전, 이후 시기와의 연속 및 단절의 문제도 이런 관점 위에서 논의하는 것이 적절할 것이다.

## 2.

'불평등', '격차', '양극화'와 같은 단어들은 1997년 이후 한국 사회가 직면해 온 가장 심각한 '사회문제'를 응축하고 있다. 하지만 그것은 오늘날 누구나 알고 있고 인정하는 현실이기도 하기에, 그 자체로는 더 이상 누구에게도 특별한 인식의 해방을 가져다주지는 못한다. 말하자면 1997년 외환위기 이후 한국 사회의 불평등이 심화되어 왔다는 주장은 이제 사람들이 깜짝 놀랄 만한 특별한 발견이 아니라, 대다수 한국인이 삶의 현장에서 고통스럽도록 반복해서 확인하고 있는 '상식'에 속한다. 따라서 이 문제에 대한 학문적 탐구 역시 더욱 깊고 세밀한 시선으로 표적을 겨냥해야 할 것이다.

이런 문제의식을 구현하기 위해, 이 책의 필자들은 단지 외환위기 이후의 사회경제적 불평등 심화를 확인하는 것을 넘어, 각 부문에서 불평등의 구체적 성격과 원인, 재생산 기제, 정책적 과오와 새로운 과제를 세밀하게 분석하는 데에 힘을 쏟았다.

외환위기 이후 한국의 거시경제와 기업, 노동과 소득, 자산의 불평등은 과연 어떤 형태로, 어떤 원인 기제에 의해 악화되었는가? 그런 문제적 현실을 만들어 낸 지배 집단은 누구이며, 그들은 어떤 자원과 전략으로 그

일을 했는가? 사회 전반의 격동 속에서 다양한 사회집단의 삶의 궤적은 어떻게 갈라졌는가? 누구의 삶이 더 윤택해졌고, 누구의 삶이 더 궁핍하고 불안해졌는가? 더 많은 정의와 평등, 인권과 존엄을 약속했던 김대중·노무현 정부는 어떤 정책으로 격차와 불안을 심화시켰으며 또 어떤 정책으로 그것을 완화하거나 상쇄하려고 했는가? 김대중·노무현 정부하에 만들어진 법과 제도 가운데 무엇을 지키고 무엇을 바꿔야 하나? 궁극적으로, 1997년 체제의 극복을 위해 우리는 무엇을 해야 하나? 이 책의 필자들은 이런 굵직한 질문들과 치열하고 신중하게 씨름하고 있다.

그러나 현실에 대한 우리의 인식은 완고하게 하나의 절대적 진실을 밝혀내려는 야심보다는, 서로 경합하는 인식의 가능성들을 개방하고, 그것들을 저울질하는 숙고와 신중함을 통해 더욱 깊어지며 실상에 다가서게 될 것이다. 위에서도 지적한 것처럼 1997년 이후 한국 사회·경제의 구조적 변화를 어떻게 해석하고 설명할 것인지를 두고 연구자들 사이에 몇 가지 중요한 쟁점들이 형성되었다. 우리는 이 책이 어떤 한 가지 해석 틀로 통일되어 있지는 않다는 점을 미리 밝혀 둔다. 각 장場의 필자들은 명시적 혹은 암묵적으로 그런 논쟁의 맥락 위에 각자의 주장을 펼치고 있다. 독자들은 여기 수록된 글들이 각 분야에서 어떤 입장을 지지하고, 어떤 입장을 거부하는지 주의 깊게 살펴봄으로써 더욱 흥미롭게 이 책을 읽을 수 있을 것이다.

첫 번째 쟁점은, 외환위기 이후 재편된 한국 자본주의와 사회경제 구조의 특성을 어떻게 규정할 것이냐의 문제다. 국제통화기금IMF의 개입, 김대중 정부에 의한 급진적인 시장 지향 구조조정, 노무현 정부의 경제·노동 정책은 한국 경제와 사회구조를 '미국식 신자유주의' 모델로 변화시켰는가, 아니면 어떤 한국적 특성을 가진 신자유주의가 출현했는가? 또는 이른바 신자유주의적인 제도와 관행은 단지 오래된 개발주의 체제의 부패하고 반反시장적인 구조를 새롭게 재생산하는 구성 부분으로 편입되었을 뿐인가? 만약 우리가 이런 식의 단순한 양자택일 형식을 넘어서고자 한다면, 새로이 본격화된 신자유주의적 형태와 개발주의 시기의 경로 의존적 유산 간의 관련성은 어떻게 정의해야 할 것인가? 그 결합 체제 내에서 개발주의적 성장 체제의 특성은 새로운 형태들에 의해 어떻게 변형되었으며, 신자유주의적 형태는 전승된 제도의 관성에 의해 어떻게 구속되었는가?

두 번째는, 사회 전반적인 구조 변동의 과정에서 이익과 손실, 풍요와 곤궁, 안정과 불안이 어떤 형태로 배분되었느냐의 문제다. 이것은 곧 외환위기 이후 한국 사회가 정확히 어떤 모양새로 분할되었느냐, 삶의 조건과 이해 관심이 어디서 뭉치고 갈라지느냐, 사회집단 간의 동맹과 적대가 어떤 선을 따라 구획되고 있느냐의 문제이기도 하다. 이 질문에 대한 분명한 대답과 입장 표명이 없이, 그저 격차·불안의 심화를 탄식하는 두루뭉술한 현실 인식에 만족하는 것으로는 현실에 대한 명확하고 구체적 개입으로 나아갈 수 없다. 기업규모, 산업부문, 직업, 고용형태, 소득수준, 주택 점유 형태, 자산 구성, 교육 수준, 성별, 연령 등 여러 측면에서, 1997년 이후 10여 년간의 사회경제 변동이 어떤 분절 구조를 창출하고 고착시켜 왔는지를 면밀히 분석하고 토론할 필요가 있다.

세 번째는, 국제비교론적 관점에서 1997년 이후 형성된 한국 사회경제의 구조적 특성을 어떻게 자리매김할 것인가의 문제다. 각기 다른 역사적 배경과 제도적 전통을 갖고 있는 여러 나라들은 동일한 지구적 환경에 대해 다양한 방식으로 반응하며, 그 결과 서로 다른 변화의 경로를 만들어 간다. 외환위기 이후 한국 사회경제의 구조는 어떤 방향으로 이동해 갔는가? 이제 한국은 너무나 미국적인 사회로 되었는가? 그것이 아니라면 너무나 독특한 한국식 체제라는 것이 있는가? 둘 중 어느 것도 아니라면 미국식 자유주의, 대륙 유럽의 조합주의, 동아시아의 국가 주도 개발주의 등 상이한 사회 모형들은 21세기 한국에서 어떤 식으로 결합되어 왔는가? 이 질문은 생산·고용·주택·금융·복지 체제 등 여러 측면에서 여전히 논쟁적인 것으로 남아 있다.

끝으로 네 번째 쟁점은, 김대중·노무현 정부의 경제·사회 정책의 성과와 유산, 그리고 한계를 어떻게 평가할 것인가 하는 문제다. 현재 한국 사회가 앓고 있는 여러 문제들에 대해 과연 어느 정부에게 어떤 책임을 물어야 하는가? 이것은 정치적으로 매우 민감한 문제이고, 그렇기 때문에 경쟁하는 정치 세력들은 극도로 상반된, '진영론적'으로 선악을 대비하는 대답을 내놓곤 한다. 하지만 당면한 정치적 갈등 구도에서 조금 거리를 둘 필요가 있으며, 그렇게 본다면 이것은 몹시 복잡하고 정밀한 대답을 요구하는 질문임이 분명해진다. 결코 현재의 문제를 모두 과거 정권의 적폐로 돌릴 수는 없는 일이다. 오늘의 정부는 오늘의 문제에 대해 일차적인 책임을 갖고 있지만, 어떤 정권하에서 발생한 모든 문제가 오로지 그 정권의 정책 실패에만 기인한 것도 아니다. 그러므로 1997년 이후 전개된 사회경제의 변동에 대해 김대중·노무현 정부가 과연 어떤 측면에서, 어떤 방식으로 긍정적 혹은 부정적 기여를 했는지를 세심하고 명확하게 짚어낼 필요가 있는 것이다. 그것은 단지 과거 정부에 대한 평가 차원의 과제만이 아니라, 현 정부 혹은 앞으로 올 정부가 무엇을 해야 하고, 무엇을 해서는 안 되는지를 변별하기 위한 필수 조건이기도 하다.

# 3.

무려 650여 쪽이나 되는 책을 손에 쥐어 든 독자에게 편저자가 책 전체의 짜임새를 미리 개괄해 주지 않는다면 그건 단지 불친절 이상의 무책임함이 될 것이다. 이 책은 크게 제1부 '성장 체제와 재벌', 제2부 '금융과 부동산', 제3부 '노동·복지·교육'로 나뉘어져 있다. 여기 수록된 글들은 각자 독립적이고 완결된 구조를 갖고 있다. 그러므로 독자들은 글의 순서와 관계없이 각자의 관심 있는 장章을 골라 읽어도 문제가 없을 것이다. 하지만 총 열여섯 개 부문을 망라한 이 단행본을 독자들이 시간과 노고를 들여 책 전체를 숙독할 때 비로소 이 책의 가치가 온전히 실현될 수 있으리라 생각한다.

제1부 '성장 체제와 재벌'을 여는 이병천의 글(1장)은 1997년 외환위기 이후 한국 자본주의의 축적 체제의 변화를 추적하고, 그것의 구조적 문제점과 개선 방안을 제시했다. 먼저 필자는 외환위기 이후 경제 부문 변화의 기본 기조에서 자유화·개방화·유연화·사유화가 급격히 진행되었다고 지적한다. 그럼에도 불구하고, 한국 경제는 미국식의 금융 주도 신자유주의 모델로 변형된 것은 아니고 신자유주의 체제와 개발주의 요소가 결합된 제조업 기반, 재벌 중심의 '혼성 체제'로 나아갔다고 본다. 이 체제의 핵심은 '수출 주도, 수익 추구' 모델로 규정된다. 이는 한국 경제가 극단적인 수출 주도형 모델로 전환되어 수출 증가가 국내 경제 활성화와 소득 증가로 이어지지 않게 되었으며, 전기·전자와 자동차 부문의 수출용 설비투자 외에 전반적으로 투자가 부진해 국내 경제침체가 지속되는 거시경제 메커니즘을 뜻한다. 필자는 외환위기 이후 개발주의 체제를 자유화한 결과로 재벌이 지배하는 불균등 경제구조와 노동시장 분절이 오히려 악화되었음을 비판하고, 이를 '저진로 함정'으로 명명했다.

2장과 3장은 재벌 지배 체제와 대기업-중소기업 관계를 좀 더 세밀하게 다루고 있다. 먼저 이종보(2장)는 김대중·노무현 정부 시기에 정치권력과 재벌 기업 간의 관계를 논하고 있다. 필자는 한국에서 경제민주화의 핵심은 '재벌 문제'를 해결하는 것임에도 불구하고, 김대중·노무현 정부 역시 경제민주주의 가치보다 경제 위기 극복이라는 논리를 우선해 재벌 문제 해결에 실패했다고 본다. 필자는 특히 삼성에 초점을 맞추어, 삼성 그룹이 재벌형 소유지배구조, 관료 영입을 통한 권력 네트워크 구축, 포괄적 정치자금 공세, 기업 법무 조직 강화, 친기업 여론과 담론 확산 등 다양한 방식으로 경제·정치·사회 전반에 권력을 강화시켜 온 과정을 체계적으로 서술했다. 한편 재벌 체제의 개혁을 추구하는 시민사회 세력은 입법·행정·사법 부문 어디에도 신뢰할 만하고 힘 있는 동맹자를 갖지 못한 채 고립되고 주변화되어 온 것으로 평가했다.

　　홍장표(3장)는 한국 경제 성격을 '저진로-양극화 성장 체제'로 규정하고 1997년 이전과 이후의 연속성을 강조했다. 한국 자본의 전통적 전략은 노동자 참여를 토대로 혁신을 유도하는 고진로high road 전략이 아니라, 해고나 고용 지위 악화와 같은 위협을 통해 비용을 삭감해 가격경쟁력을 확보하는 저진로low road 전략이었다. 그런데 필자는 1987년 민주화와 노동자 대투쟁 이후, 고임금에 고용 안정성이 높은 대기업의 1차 노동시장과 저임금에 고용 안정성이 낮은 중소기업의 2차 노동시장으로 분절된 체제로 변형이 일어났다고 본다. 1997년 이후 재벌 기업들은 규제완화와 노동 유연화, 글로벌 생산 네트워크 구축, 연구개발 투자 확대 등으로 계속 성장한 데 반해, 중소기업들은 다층적 외주 생산구조로 편입되면서 '1987년 체제'를 심화시켰다는 것이 필자의 해석이다. 필자는 이 체제의 개혁 방안으로 구체제로의 복귀와 시장주의적 개혁 모두 답이 될 수 없으며, "양극화된 시장을 교정하는 구조 개혁 해법"이 요구된다고 주장한다.

한편 4장과 5장은 후발 산업국인 한국의 기업과 과학기술이 선진국을 추격하는 데 성공한 사례를 대상으로 그 성공 요인을 분석하고, 추격 발전 단계 이후의 과제를 토론한다. 4장에서 조성재는 한국 산업의 경쟁력 기초의 하나로 현대자동차 사례를 다루었다. 여기서 현대자동차는 자동차 산업 부문에서 선진국 중심의 시장에 진입하는 데 성공한 드문 사례로 간주된다. 이런 추격을 가능케 한 요인으로서, 제품 기술의 독자적 개척과 선진국 생산기술의 혼종화 등이 언급된다. 나아가 필자는 2000년대 들어 현대자동차가 경영 투명성 강화, 수출 전략 혁신, 품질과 마케팅 개선, 수출 지역 다변화와 해외 현지생산의 확대 등으로 혁신에 성공한 것을 높이 평가했다. 하지만 노동 배제적 기업지배구조와 노사 갈등을 해결해야 지속 가능한 성장이 가능할 것이라고 전망했다.

5장에서 송위진은 1990년대 후반 이후 탈추격post catch-up 단계에 놓인 한국 과학기술혁신의 성과와 한계, 과제를 논했다. 필자에 따르면, 1990년대 중반까지 한국의 과학기술은 선진 과학기술의 적용 단계에서 발생하는 문제를 해결하는 '경로 추종형' 혁신을 추구해 왔으나, 2000년대 들어서는 선진국에서 개발된 과학기술을 신속히 산업화하는 '경로 실현형' 혁신으로 전환되었다. 특히 필자는 김대중 정부의 '지식 기반 경제', 노무현 정부의 '혁신 주도형 경제' 비전에 따른 정책들이 연구개발 투자액, 연구개발 인력, 과학기술의 국제경쟁력을 크게 신장시켰으며, 특히 노무현 정부는 '국가혁신체계 구축', '통합형 혁신 정책' 등 패러다임 전환을 이룬 것으로 높이 평가했다. 하지만 '선택과 집중'이라는 일면적 경쟁논리, 산업 혁신에 국한된 혁신 개념, 단기성과 중심의 혁신 정책 등이 문제점으로 지적된다.

제2부는 금융, 부동산, 주거 부문에서의 변화를 다루는 여섯 편의 글을 담고 있다. 그 첫 번째 글에서 전창환(6장)은 김대중·노무현 정부의 금

융자유화와 증권화 정책, 그리고 한국에서 증권화 경향의 실제를 분석했다. 증권화securitization는 금융기관이 대출 자산을 매각해 현금화함으로써 유동성을 확보하는 일련의 복잡한 행위를 뜻하는 개념이다. 증권화의 확산은 금융경제의 성장과 가계경제의 금융화를 급진전시키는 동력이며, 또한 금융시장과 거시경제 전반의 리스크를 높이는 요인이기도 하다. 외환위기 이후 김대중 정부는 금융화 정책의 일환으로 증권화 시장을 촉진하는 일련의 법적 토대와 조직을 설립했고, 노무현 정부 역시 한국주택저당채권유동화주식회사KoMoCo를 한국주택금융공사로 확대하는 등 정책 기조를 이어갔다. 하지만 필자는 이것이 미국과 같은 금융자본주의 체제로 이어지지는 않았다는 점을 강조한다. 정부의 적극적 금융화 정책에도 불구하고 여러 지체 요인, 혹은 동인의 결핍으로 인해 한국에서 증권화는 매우 제한적으로 진행됐으며, 그것이 2008~09년 세계 금융위기에서 한국이 큰 충격을 받지 않은 한 가지 요인이 되었다는 것이다. 하지만 필자는 한국에서 금융화가 꾸준히 진행될 가능성이 많다고 보고, 그것이 거시경제와 민주주의에 미칠 수 있는 악영향을 경계했다.

다음으로 홍기빈(7장)은 노무현 정부의 '금융허브' 계획과 국내외 금융 엘리트의 한국 경제 재편 구상을 서술했다. 노무현 정부는 집권 초기부터 서울파이낸셜포럼 등 금융계 기업인·관료들의 영향하에 '금융허브' 구상을 적극적으로 추진했다. 필자는 이 구상이 단지 대외 경제 전략에 그치는 것이 아니라, 한국의 정치·경제·사회 구조 전반을 크게 재편하는 파장을 낳을 것임을 경고했다. 무엇보다 자산 시장의 확대나 투자자 유치, 글로벌 네트워크로의 통합 등을 지향하는 이 구상은 결국 '투자자 이익 극대화'를 가능케 하는 방향으로 사회 전체를 재편성할 것이라는 점을 강조했다. 필자는 오랫동안 추진되어 온 〈자본시장통합법〉, 한미 자유무역협정 FTA, 금산분리 철폐, 재벌의 지주회사 전환 등 제반 정책들이 기본적으로

이 기획의 연장선상에 있다고 보고, 국민들의 삶 전반에 큰 변화를 가져올 정책 구상이 '심의되지 않은 국가 개조 계획'으로 집행되고 있음을 적절히 비판했다.

전창환(6장)의 거시 분석, 홍기빈(7장)의 정책 분석에 이어 장화식(8장)은 미시·중위 수준에서 투기자본-로펌-관료 간의 삼각동맹을 분석했다. 여기서 필자는 한국에서 대기업이 전직 정부 관료를 영입해 정부 정책에 영향력을 행사하고, 이로써 대기업 부문에 대한 공공적 감시와 통제가 유명무실해지는 현실을 상세히 서술하고 있다. 특히 상위 재벌 그룹이 재정경제부, 국방부, 국세청, 검찰청, 경찰청, 감사원, 금융감독원 등 핵심 권력 기관의 전직 관료를 영입하는 구조가 그 중심에 있다. 특히 이 글의 관심 대상은 투기 자본, 정부 관료, 법률 전문가 집단 간의 연계 구조다. 필자는 국내외 투기 자본, 재정경제부 '모피아'MOFIA 등 경제 관료 집단, 그리고 '김앤장'으로 대표되는 유력 법률사무소들 간에 형성된 동맹 관계가 대의민주주의를 유명무실하게 만드는 큰 영향력을 행사하고 있음을 강조했다. 그리하여 〈로비공개법〉 제정, 〈공직자윤리법〉 강화, 정당에 의한 관료 권력 제어 등의 과제를 제시했다.

이어 제2부의 9장에서 11장까지는 '주택금융, 주거복지, 주택 체제'를 다룬다. 먼저 장진호(9장)는 1997년 외환위기 이후 한국 사회에서 "일상생활의 금융화"가 어떤 조건에서, 어떤 방식으로 진행되어 왔는지를 서술한다. 여기서 필자가 주목하는 것은 거시경제 변화에 상응해 사람들의 가치와 규범, 문화와 습속, 행동 양식의 변화가 일어나는 현상이다. 이 측면에서 1997년 이후 변화의 핵심은 "부채 경제"와 "대중 투자 문화"로 정의된다. 사람들이 노동 세계의 불안정성 증대로 인한 문제와 삶의 불안을 해결하기 위한 전략은 집단적 주체로서 대응보다는 신용카드·대부업체를 통한 부채 경제, 또는 금융·부동산 투자 붐 속에서 개별적인 자산 축적 전략이었다는 주장을 하고 있다. 필자는 김대중·노무현 정부가 신용카드 촉진 정책, 지역 밀착형 금융기관 소외, 대부업체에 대한 규제완화, 그리고 부동산과 금융상품 투자를 조장하는 많은 정책들을 통해 그런 '일상의 금융화'를 촉진시켰음을 비판하고 있다.

변창흠의 글(10장)은 김대중·노무현 정부의 부동산정책과 주거복지 정책을 다룬다. 필자는 과거 주택정책이 산업화 과정에서 생겨나는 주택 문제나 주택 가격 등락에 대응하는 데 한정되었음에 반해, 김대중·노무현 정부에 들어와 처음으로 불평등 완화를 목표로 하는 주택정책과 주거 복지정책이 도입되었으며 금융·개발·복지를 아우르는 종합 정책을 고민하기 시작했음을 높이 평가하는 편이다. 1997년 경제 위기 직후 김대중 정부는 건설업계의 도산을 막고 주택시장을 일자리 창출과 경기 활성화 수단으로 삼아야 할 필요성 때문에 부동산시장 활성화 정책을 펼쳤지만, 2000년대 들어 주거복지정책과 부동산 투기 억제 정책으로 방향을 전환했고, 이어 노무현 정부는 더욱 강력하게 투기 억제 정책을 펼쳤다는 것이다. 그렇지만 필자는 김대중 정부 초기에 만들어진 일련의 주택 경기 활성화 법제와 금융자유화 조치들이 이후 정책에 큰 부담으로 작용했을 뿐 아니라, 두 정부 모두 금융 부문이 부동산시장에 미치는 영향을 충분히 인지하지 못했다는 점을 함께 지적했다. 1997년 이후 부동산시장이 새롭게 금융시장과 긴밀하게 연계되었을 뿐더러 주택담보대출에 기인한 가계 부채가 폭증하게 된 문제에 대해서는 더 진전된 분석이 필요하다.

신진욱(11장)은 국제비교 관점에서 한국 주거 자본주의 체제의 특성을 자리매김하고자 시도했다. 한국에서 2000년대 주택 가격 급등과 주거·자산 불평등의 심화를 어떻게 해석할 것인가를 놓고 한편에선 '미국식 금융자본주의'의 도입이라는 주장과, 다른 한편에선 '한국적 개발 지상주의'의 연장선상에 있다는 주장이 대립해 왔다. 이 글은 주택금융 체제의 국제비교 유형론에 입각해 한국 사례의 제도적·구조적 특성을 분석함으로써 비교의 지평을 넓히고 있다. 필자의 연구 결과에 따르면, 주택 소유율과 모기지 규모가 모두 낮은 편인 한국은 미국식 자유 금융 체제보다는 대륙 유럽의 국가주의-발전주의 체제에 가깝다. 하지만 대륙 유럽과 달리 공공임대 비중이 낮고 광범위한 임대 계층에 대한 제도적 보호가 취약하다. 필자는 이런 특이한 구조로 인해, 자유 금융 체제처럼 인구의 다수가 주택금융시장에 편입되어 있는 것도 아니면서, 임대 계층이 독립적 이익집단을 형성하지 못하고 자가 부문 진입만을 열망하는 불평등 상황이 계속되고 있다고 설명한다.

마지막으로 이 책의 제3부에서는 고용·소득불평등, 복지정책, 교육정책을 다룬다. 먼저 12장과 13장은 1997년 외환위기 이후 오늘날까지 한국 사회의 가장 심각한 해결 과제 중 하나가 된 '고용' 문제를 분석했다. 전병유(12장)는 외환위기 이후 10여 년 동안 고용구조와 그 제도적 환경의 변화를 추적하면서 김대중·노무현 정부의 고용정책의 성과와 한계를 분석했다. 필자는 두 정부가 대량 실업의 장기화를 막고, 처음으로 적극적 고용 확대 정책을 펼쳤으며, 사회정책의 제도적 기본 틀을 마련했다는 점을 높이 평가한다. 하지만 두 정부의 급진적 구조조정 정책과 노동시장 유연화 정책으로 인해 이후 한국 사회에서 고용 문제가 만성적 사회문제로 구조화되었다는 점을 지적했다. 전반적인 노동 유동화, 고용구조 양극화, 비정규직 양산, 근로빈곤층 확대, 나쁜 일자리 중심의 고용 창출 등의 문제가 그것이다. 필자는 중소기업에서 양질의 일자리 창출, 노동시장 규제의 실질화, 비정규직 및 취약 근로자 계층에 대한 사회적 보호 확대 등을 향후 핵심 과제로 제시했다.

이어서 비정규직 문제에 초점을 맞춘 김유선(13장)의 글은 김영삼 정부에서 김대중, 노무현 정부를 거쳐 이명박 정부에 이르기까지 20년 동안 모든 정부의 최우선 노동정책은 바로 노동시장 유연화 정책이었다고 보고, 그 맥락에서 2000년대 비정규직 급증과 정규-비정규 격차 확대의 실태와 원인 기제를 분석했다. 이 시기 동안 비정규직 비중이 가파르게 상승했을 뿐 아니라, 정규직-비정규직 간에 임금, 사회보험 가입률, 노동조건 등 여러 측면에서 격차가 점점 더 심해져 왔음이 확인된다. 필자는 김대중·노무현 정부가 다양한 비정규직 대책을 내놓았지만 실효성이 거의 없었음을 비판하고, 향후 상시 지속 업무의 정규직화, 최저임금 현실화, 근로감독 강화, 단체협약 적용률 확대 등 더욱 적극적인 정책적 개입을 촉구했다.

한편 14장에서 강신욱은 외환위기 이후 등장한 또 하나의 심각한 사회문제인 소득불평등 심화 경향을 여러 측면에서 분석했다. 가구 가처분소득 지니계수를 지표로 봤을 때 한국의 소득불평등은 1990년대 초반부터 현재까지 꾸준히 증가해 왔는데, 1997년 외환위기 이후에 특히 상대빈곤율이 급증한 반면 중산층 비율은 급락한 것으로 나타난다. 나아가 이글은 김대중 정부에서 이명박 정부에 이르기까지 시장 소득의 불평등을 악화시켜 온 가장 중요한 원인이 임시 일용직 확대에 있으며, 반면 그런 추세 속에서도 가처분소득의 불평등을 완화시킬 수 있었던 주요인은 재분배 정책의 효과였음을 보여 줬다. 필자는 김대중·노무현 정부가 재분배 정책을 본격화시켰다는 점을 긍정적으로 평가하면서도, 소득불평등을 심화시킨 핵심 원인인 노동시장 분절에 대해 효과적 대책을 제시하지 못했다는 점을 비판했다.

이태수(15장)는 앞의 필자들이 논한 고용·소득 불평등과 불안정을 완화시키기 위해 김대중·노무현 정부가 펼친 복지정책들을 검토했다. 필자는 1997년 외환위기가 한국의 공공정책에서 '복지 팽창'의 시기를 가져온 계기가 되었음을 강조했다. 위기 직후의 대량 실업과 이후 지속된 고용 불안, 중산층 몰락은 복지정책에 대한 정치권의 인식 변화, 국민들의 폭넓은 동의, 시민사회의 활발한 개입을 가능케 했다는 것이다. 필자는 김대중 정부가 기초생활보장제도를 확립하고 사회보험을 확대·개혁해 한국을 '복지국가'의 반열에 올려놓았으며, 노무현 정부 역시 비록 집권 후반기이긴 하나 '비전 2030' 등 복지국가 기획을 수립했다는 점을 높이 평가했다. 하지만 신자유주의적 경제·노동 정책과 사회복지 확대의 조합이라는 이중 전략이 제대로 작동할 수 없었으며, 집권 세력 내에 명확한 복지국가 플랜을 갖고 추진할 핵심 집단이 부재했다는 점 등을 큰 문제점으로 지적했다.

이 책의 마지막 장인 16장에서 장수명은 제도주의적 관점에서 한국 고등교육 체제의 제도적 배열이 2000년대 들어 어떻게 변화했는지를 검토했다. 필자는 김대중·노무현 정부가 고등교육의 민주성과 공공성을 확대하고 숙련 형성 패러다임을 바꿀 수 있었음에도 불구하고 혁신에 실패했다고 평가했다. 한국 사회를 협력적 시장경제와 합의제 민주주의의 방향으로 개혁하기 위해서는 노동자·서민에 도움을 주는 방향으로 직업교육제도를 강화하고 고등교육에 대한 공공 투자를 확대했어야 했으나 그렇지 못했다는 것이다. 필자는 두 정부가 오히려 김영삼 정부에서 시작된 신자유주의적 교육개혁의 방향을 지속함으로써 사립대학 중심 체제, 학벌과 대학 서열화를 심화시키는 결과를 낳게 되었음을 비판하고 있다.

제1부

성장 체제와 재벌

# 1장

# 외환위기 이후
# 한국의 축적 체제

수출 주도, 수익 추구 성향과 저진로 함정

이병천

## 1. 문제 제기: 외환위기 이후 한국 경제,
##    어떤 혼성 체제인가?

압축 고도성장의 길을 걸어온 한국 경제는 1997년 외환위기를 분기점으로 크게 변모되었다. 위기 이전 압축 성장 체제는 그 기적적 성과만큼이나 심각한 문제점을 지니고 있었는데, 위기 이후 정부는 이 구조적 취약성의 해법으로서 '시장 규율'을 부과했다. 즉 기업, 금융, 노동, 공공 부문 등 4

● 이 글은 『동향과 전망』(2011년 81호)에 실린 필자의 글을 재수록한 것이다.

대 부문을 글로벌 경쟁과 전면적 개방의 물결 속에 집어넣는 대대적 구조 개편을 단행함으로써 위기를 극복하고자 했다. 이에 따라 다음과 같은 변화들이 일어났다. 기업 경영에서는 지난 시기 '고부채-고투자-저수익' 추구 모델로부터 '저부채-수익 지향' 경영과 그 제약하에서 투자 행위를 조절하는 모델로 전화했다. 부채비율은 미국보다 낮아졌다. 또 '수출 지향'은 한국형 성장 체제의 오랜 특징이었지만, 1997년 이후에는 단지 수출 지향을 넘어 그야말로 '수출 주도'형 모델로 전환되었다. 금융 부문에서는 국가에 의해 통제되고 유도된 금융으로부터 급진적인 금융 자유화·개방화가 이뤄졌다. 단시간 내에 주식시장을 키우기 위한 빅뱅식 개혁이 단행됨과 동시에, 은행 부문 또한 약 200조 원의 공적자금을 투입해 부실채권을 정리하고, 국제결제은행BIS 자기자본비율을 준수하는 영리 추구 경영으로 탈바꿈했다. 금융 부문(자본시장과 은행 모두)은 1997년 이후 한국 경제에서 외국자본이 가장 깊이 침투한 부문이기도 하다. 그리고 노동 부문은 종래의 '암묵적 고용 안정' 관행에서 벗어나 급격한 수량적 유연화를 추진하면서 대량의 비정규직 노동자를 쏟아 내게 되었을 뿐만 아니라, 투자 부진과 함께 '고용 없는 성장'이 한국 경제의 가장 취약한 두 개의 고리로 부각되게 되었다. 공공 부문에서도 역시 대대적인 민영화를 단행하는 중대한 변화가 일어났다. 이 같은 변화들은 그 기본선에서 미국식 자본주의를 준거 모델로 삼은, 한국식 개발 자본주의의 미국식 시장경제화라고 부를 수 있다. 1997년 이후 한국은 개발 자본주의의 미국식 시장화, 또는 앵글로색슨화라는 점에서 동아시아에서 최선두에 섰고 일본, 대만, 싱가포르, 말레이시아, 태국 등이 걸은 경로와는 크게 달랐다.

그러나 만약 우리가 1997년 이후 한국 경제의 구조 변화를 개발주의의 미국식 시장화라는 측면에서만 본다면 이는 매우 일면적이다. 외환위기와 구조조정을 거친 후 분명히 우리는 금융의 국가 통제, 그리고 산업정책적 견지에서 국가에 의한 민간투자의 유도, 차입에 의존하는 재벌의 고투자와 저수익 경영, 노동시장에서 고용 안정의 관행, 그리고 대외 개방에 대한 전략적·선별적 규제 같은 요소들, 그리고 그런 부문적 요소들을 전체 축적 모델로 엮어 내어 작동하게 만드는 협력과 헌신의 메커니즘을 찾아볼 수가 없다. 이는 1997년 이후 한국 경제가 이미 개발 자본주의의 핵심적 특성들을 탈각했음을 말해 준다. 그러나 외환위기 이후 한국 경제가 미국식 금융자본주의와는 매우 다른 특성을 보이고 있는 것 또한 매우 분명한 사실이다. 첫째, 무엇보다 한국 경제는 미국식 금융자본주의와 같이 금융 분야에 경쟁력을 갖고 있지 않다. 단적으로 미국 경제가 금융 강국임에 반해 한국 경제는 제조업에 경쟁력을 가진 제조업 강국이라는 점에 주목해야 한다. 1997년 이후 한국의 제조업은 죽었는가? 전혀 그렇지 않다. 미국이 금융 강국과 제조업 약체화의 길로 나아간 반면, 한국 경제에서 제조업의 위상은 1997년 이후 오히려 더 강화되었고, 전기·전자, 자동차로 대표되는 조립형 산업이 돌출해 수출을 주도했다. 물론 금융 부문이 수익을 추구하는 방향으로 그 역할과 위상이 근본적으로 변화된 것은 한국 경제의 1997년 체제의 새로운 특성이다. 우리는 이 금융 체제 변화가 어떻게 전체 성장 체제 작동에 변화를 가져왔는지를 봐야 한다. 그렇지만 그 효과가 제조업의 우위를 부정할 정도까지 진전된 것은 아니다. '조립 중심, 제조업 우위'의 물적 기반 위에서 수출 주도 축적 체제로의 전환도 가능했던 것이다. 둘째, 한국 경제에는 미국의 월가와 같은 금융 권력이 존재하지는 않는다는 사실을 지적해야 한다. 한국 경제에서 미국의 월가 금융 권력에 상응하는 것은 재벌 체제다. 1997년 이후 한국의 재벌 체제는 실로 큰 변화를 겪었다. 대우 재벌이 붕괴되었고, 현대 재벌이 계열 분리되었다. 또 많은 하위 재벌들이 구조조정되었다. 그러나 1997년 이후 한국 경제에서 재벌 체제는 여전히 지속되고 있고 재벌 피라미드 — 나아가 한국 경제 전체 — 의 꼭짓점에 삼성 재벌이 서있다. 또 재벌 체제의 경쟁력의 근간도 — 상당한 차이가 있지만 — 역시 제조업에 있다. 이렇게 한국의 재벌 체제에는 새로운 변화와 변화 속의 연속성이 함께 존재하는데 그것을 압축해서 보여 주는 것이 바로 삼성 재벌이다.

이상과 같이 우리는 1997년 이후 한국 경제가 이전의 개발 자본주의의 기본 특성을 탈각하고 미국식 시장화, 앵글로색슨화의 길로 나아갔지만 다른 한편 미국과 매우 다르게 제조업 강국의 경쟁력 기초와 재벌 체제라는 제도-권력 형태를 갖고 있고, 또 그 때문에 규모 확대를 추구하는 개발주의의 경로의존성도 일정하게 갖고 있다고 생각한다. 이 글은 1997년 이후 한국 경제가 이처럼 새로운 미국식 시장화와 개발주의적 경로의존성이 상호 침투하는 가운데 어떤 혼성hybrid 체제적 특성을 갖게 되었는지, 그리고 그런 구조 위에서 새로이 국제분업 구조가 재편된 시기에 어떻게 적극적으로 대응함과 동시에, 새로운 구조적 모순을 안게 됐는지를 살펴보고자 한다. 지금까지 많은 연구들은 1997년 이후 한국 경제가 전면적으로 미국식 시장화와 주주자본주의 길로 나아갔다고 보거나, 아니면 여전히 과거와 같은 재벌 자본주의가 지속되고 있다고 보거나 하는 이항 대립식 해석에 치우치는 경향을 보였다.[1] 단순화는 때로 현실을 알기 쉽게 설

---

1_1997년 이후 한국 경제가 전면적으로 미국식 주주자본주의로 전환됐다고 보는 대표적 견해로는 신장섭·장하준(2004), 장하준·정승일(2005)을 들 수 있다. 반면 외환위기 이후 한국 경제를 여전히 재벌 자본주의라고 보는 대표적 견해로는 김상조(2005)가 있다. 전자는 한국 경제의 문제를 주주자본주의 대 국적 재벌이라는 이항 대립 구도로 단순화하면서 재벌 개혁, '삼성 공화국' 개혁 과제에 불감증을 보인다. 금융 자유화·개방화의 폐해만 주목할 뿐 국가의 재벌 규제력 해체와 민주적 개혁 실패가 낳은 문제점은 보지 않는다. 반면 후자는 재벌 개혁을 (구)자유주의적 공정시장의 틀 안에 가두며 금융자유

명하는 데 도움이 될 때도 있지만 이런 단순 도식과 이항 대립적 해석은 1997년 이후 한국 경제가 어떤 혼성적 특성을 가지면서 두 얼굴을 하고 있는지를 이해하는 데 장애가 된다. 이 글은 이런 연구사적 한계를 넘어서 한국 경제 1997년 체제의 특성을 밝히고자 한다. 이 작업에서 우리는 새 축적 체제의 핵심을 수출 주도와 수익 추구라는 두 가지 특성에서 파악할 것이다. 왜냐하면 바로 이 두 특성에 축적 체제 변화의 복잡다기한 측면들이 응축되어 담겨 있다고 보기 때문이다. 그런데 이 두 특성은 상반된 성격을 갖고 있는가 하면 공통성도 갖고 있다. 수출 주도는 투자를 유발한다. 그러면서 제조업을 강화한다. 반면 수익 추구는 투자를 둔화시키며 이전의 투자 주도-규모 확대와는 근본적으로 다르다. 그렇지만 수출 주도와 수익 추구는 1997년 이전 투자 주도 체제의 해체 이후 출현한 신축적 체제의 쌍생아다. 그래서 일면 상반되면서도 쌍생아적 존재와 같이 공생하는 두 특성이 어떻게 결합하면서 한국 경제의 새 축적 구조와 동학을 창출했는지를 분석하려는 것이다. 본론에서는 먼저 제 2, 3절에서 수출 주도 체제로의 변화와 그 구조를 분석한다. 이어 4, 5절에서는 수익 추구 체제로의 변화와 그 구조를 살펴본다. 그리고 6절에서는 수출 주도, 수익 추구 체제가 빚어내는 악순환 또는 함정의 요인과 양상을 다각도로 제시한다. 7절에서는 연구 결과를 요약한다.

---

화 및 개방이 초래한 부정적 폐해에 둔감하다. 두 견해 모두 재벌 체제와 주주가치의 공생을 보지 않으며, 수출 주도와 수익 추구의 복합체인 한국 경제 1997년 체제의 구조와 동학에 다가서지 못했다(이병천 2008; 조성재 외 2008, 86). 장하준 등의 견해에 대한 전반적인 비판적 검토는 이병천(2012a)을 보라.

## 2. 투자 주도에서 수출 주도로

### 국내총생산 지출 구조의 추세: 1997년의 전환점

국내총생산GDP은 총량 수준에서 일정 기간 동안 일어난 나라 경제의 생산 흐름(유량)을 보여 주는데, 양극화가 크게 진전된 1997년 이후 경제 추이를 보는 데는 매우 미흡하다. 그렇지만 그것이 보여 주는 것도 많다. 국내총생산에 대한 지출 구조, 그리고 그와 관련된 경제활동의 부문별 변화로부터 우리는 1997년 이후 축적 체제가 그 이전과 어떻게 달라졌는지에 대해 중요한 내용을 읽어 낼 수 있다. 〈그림 1-1〉은 1970~2010년의 40년 기간 중 국내총생산, 소비, 투자, 수출의 분기별 실질값의 추세를 보여 준다. 그리고 〈그림 1-2〉는 국내총생산에서 수출 비중의 추세를 나타낸다. 이 호드릭-프레스코트 필터Hodrick-Prescott, HP Filter로부터 우리는 1997년이 한국 경제성장 경로에서 근본적 전환점임을 알 수 있다. 1980년대 중엽부터 1997년까지는 투자 주도적 성장 패턴이 선명하게 나타난다. 그리고 이 시기 수출 증가 곡선은 매우 완만하다. 그 대신 투자 증대와 소비 증대가 동행하면서 성장을 이끌고 있다. 그 반면 1997년 이후는 수출 주도 성장 패턴이 아주 뚜렷하다. 수출이 이전의 추세선에서 일탈해 급격히 증가하고 있다. 따라서 '수출 입국', '수출은 국력의 총화'라는 말을 귀가 닳도록 들어왔지만, 1997년 이후에야 말로 진정한 의미에서 수출 주도 체제가 출현했다고 해야 한다. 그와 대조적으로 투자 증가 추세는 급격히 꺾이고, 투자와 동행하던 소비 증가세도 같이 꺾이고 있다. 이와 함께 주목해야 할 또 한 가지 사실은 1997년 이후 판이하게 달라진 경제의 변동성이다. 이전 시기와는 비교할 수 없을 정도로 경제의 변동성이 급격히 높아졌다. 국내총생산, 소비, 투자, 수출 모든 항목들이 불안정하게 요동치고 있다. 이는 곧 경제 시스템과 대중의 삶 모두가 불안정의 바다 속에 내던져져 있음

그림 1-1 | 국내총생산, 소비, 투자, 수출의 중장기 추세

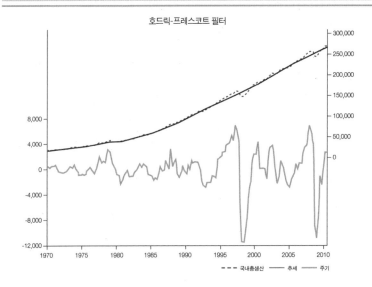

호드릭-프레스코트 필터

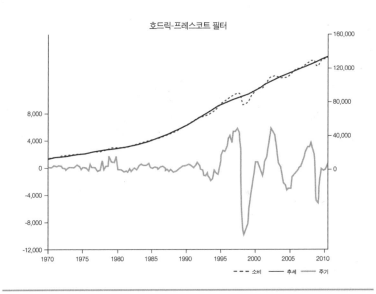

호드릭-프레스코트 필터

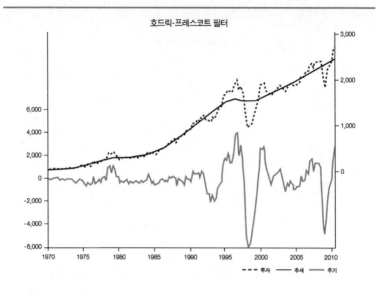

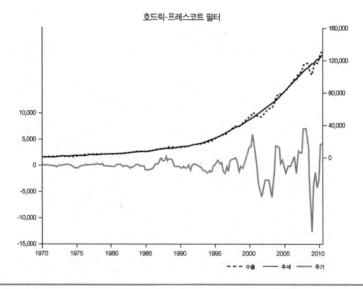

자료: 한국은행.

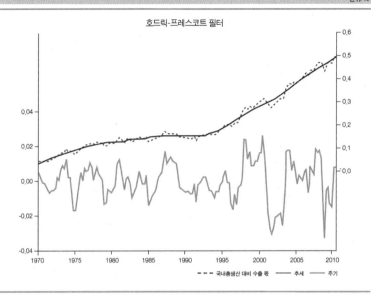

**그림 1-2 | 국내총생산 대비 수출 비중 추이**

단위: %

호드릭-프레스코트 필터

- - - 국내총생산 대비 수출 몫　── 추세　── 주기

자료: 한국은행.

을 말해 준다.

　다음으로, 호드릭-프레스코트 필터와 함께 〈표 1-1〉과 〈그림 1-3〉, 〈그림 1-4〉를 제시했다. 이들 자료에 의거할 때 1997년 이후 국내총생산의 지출 구조 변화가 보여 주는 가장 중요한 특징은 수출의 비약적인, 돌출적 증대와 이에 선명하게 대조되는 소비 및 투자의 정체, 부진 현상이다. 개발 연대 이래 1997년 외환위기 이전까지 고투자는 한국의 고성장 체제를 관통하는 가장 기본적인 특성이었다. 동아시아 기적의 파두에 선 한강의 기적은 빠르게 파이를 키우는 일뿐만 아니라 일자리를 창출하고 파이를 나누는 일에 있어서도 성적이 비교적 양호했다는 것, 그래서 물이 넘쳐 아래로 흘러내렸다'는 데서 그런 평가를 받는데, 그 기본 동인은 고투자였다. 높은 투자 증가율 그리고 무엇보다 설비투자 증가율이 성장률

**표 1-1 | 국내총생산 대비 지출 부문별 추이**

단위: %

|  | 1970~86 | 1987~96 | 1997~2005 | 2000~05 |
|---|---|---|---|---|
| 소비 비중 | 63.5 | 57.6 | 53.4 | 52.7 |
| 투자 | 21.7 | 34.9 | 30.7 | 29.8 |
| 내수 | 85.2 | 92.4 | 84 | 82.5 |
| 수출 | 12.2 | 20.2 | 41.4 | 45.1 |
| 경제성장률 | 7.6 | 8.1 | 4.1 | 4.5 |
| 소비 증가율 | 6.7 | 8.2 | 2.3 | 2.8 |
| 투자 증가율 | 11.5 | 12.2 | 1 | 2.9 |
| 내수 증가율 | 7.8 | 9.6 | 1.8 | 2.9 |
| 수출 증가율 | 17.5 | 10.9 | 12.4 | 10.6 |
| 소비 기여도 | 4.3 | 4.7 | 1.4 | 2 |
| 투자 | 2.4 | 4.2 | 0.1 | 1.3 |
| 내수 | 6.7 | 8.9 | 1.5 | 3.4 |
| 수출 | 1.8 | 2.4 | 5 | 5.1 |

자료: 홍순영 외(2006, 57-58; 63-64).

조차 상회하면서 고성장을 이끌었다. 고성장 체제는 무엇보다 고투자 체제였던 것이다. 특히 1990년대 우리나라의 국내총생산 대비 총투자의 비율은 유례를 찾을 수 없을 정도로 높았다. 총투자율은 약 35~40%대를 유지했다. 이는 투자 과열로 비판받았던 1970년대 중화학공업화 시기보다도 높은 수준이다. 그러나 이 같은 투자 주도형 고성장 체제는 1997년 이후 근본적으로 변화된다. 투자율은 30% 이하로 하락한다. 투자 증가율과 설비투자 증가율의 위축은 한층 더 급격하다. 1997년 이전 10%를 웃돌던 수준에서 2~3% 수준으로 하락한다. 이제 투자를 대체해 성장을 주도하는 지출 항목은 수출이 된다. 국내총생산에서 수출이 차지하는 비중은 1970~86년 12%, 1987~96년 20%에서 2000~05년에는 45%로 비약적 수준으로 높아졌다. 성장 기여도로 볼 때도 수출 주도는 뚜렷하다. 1997년 이전, 위의 같은 기간 동안 수출의 성장 기여도는 1.8%, 2.4%에 불과했다. 내수의 성장 기여도가 6.7%, 8.9%로 압도적 비중을 차지했다. 그 반면에 1997년 이후에는 수출 기여도 5.1%, 내수 기여도 3.4%로 위치가 역

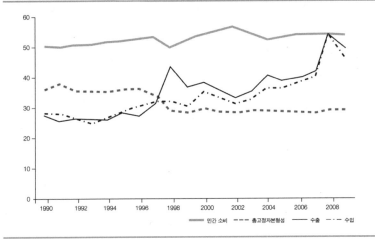

자료: 한국은행.

단위: %

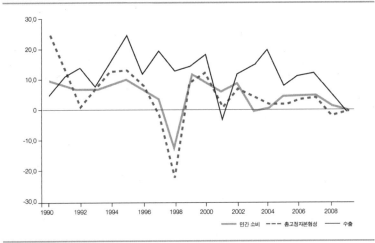

자료: 한국은행.

전됐다.

　주목해야 할 것은 단지 투자 주도에서 수출 주도로의 전환만이 아니라, 수출 주도로 변하면서 거시경제 성장 메커니즘에서 어떤 변화가 함께 일어났는가 하는 것이다. 이것은 앞으로 이 글 전체가 분석해야 할 과제이기도 하지만, 여기서는 적어도 두 가지 현상에 대해 지적할 수 있다. 첫째, 성장률이 둔화되었다는 것이다. 그뿐만 아니라 투자 증가율의 하락이 성장률 하락과 동행하면서 성장률 이하로 떨어졌다는 것이다. 당연히 투자의 성장 기여도 역시 크게 떨어졌다. 둘째, 더 중요한 것은 거시경제 성장 메커니즘에서 선순환의 해체다. 수출이 나 홀로 질주하는 가운데, 성장 감속과 동시에 내수 침체, 부진 현상이 나타났다. 요컨대 국내총생산 지출 구조 변화에서 볼 때, 1997년 이후 일방적 수출 독주 체제는 파이를 키우는 일, 파이를 나누는 일 모두에서 심각한 문제점을 노정하고 있다.

**수출 주도와 설비투자의 동행, 설비투자의 초집중**

그런데 수출이 나 홀로 독주하고 투자가 부진해졌다 해도, 수출 증대를 위해서는 당연히 그에 상응하는 투자의 뒷받침이 있어야 한다. 따라서 투자의 내부 구조를 더 살펴봐야 한다. 수출과 투자는 모두 국내총생산의 지출 항목이다. 더욱이 한국 경제는 오랫동안 대규모 설비투자가 고유의 특징이었으므로 그 변화를 더 구체적으로 살펴볼 필요가 있다. 먼저 설비투자를 기계류와 운수장비로 구분해 보면 사뭇 다른 모습이 나타난다. 〈표 1-2〉와 〈그림 1-5〉에서 우리는 기계류 설비투자가 수출과 나란히 동행하면서 꾸준히 증가하고 있음을 볼 수 있다. 그에 반해 운수장비 투자는 소비 부진과 동행하면서 침체 상태를 보인다. 기계류 투자가 주로 제조업 성장을 뒷받침하고, 운수장비 투자가 주로 서비스업의 성장을 뒷받침한다

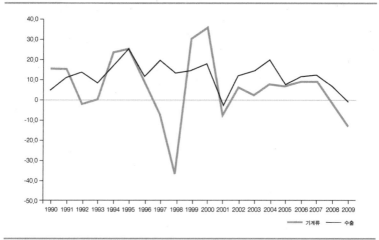

**그림 1-5 | 수출과 기계류 투자의 동행**

자료: 한국은행.

**표 1-2 | 설비투자 구분과 수출, 소비**

|  | 1997 | 1998 | 1999 | 2000 | 2001 | 2002 | 2003 | 2004 | 2005 | 2006 | 2007 | 2008 |
|---|---|---|---|---|---|---|---|---|---|---|---|---|
| 민간 소비 | 4.0 | -12.5 | 11.9 | 9.2 | 5.7 | 8.9 | -0.4 | 0.3 | 4.6 | 4.7 | 5.1 | 1.3 |
| 설비투자 | -8.4 | -40.6 | 37.5 | 32.9 | -8.3 | 7.3 | -1.5 | 3.8 | 5.3 | 8.2 | 9.3 | -1.0 |
| 운수장비 | -12.9 | -50.8 | 67.1 | 23.6 | -10.7 | 11.0 | -12.9 | -9.2 | -0.3 | 4.8 | 9.6 | 1.8 |
| 기계류 | -6.9 | -37.4 | 30.5 | 36.0 | -7.5 | 6.1 | 2.5 | 7.8 | 6.8 | 9.1 | 9.2 | -1.8 |
| 수출 | 19.8 | 12.9 | 14.4 | 18.1 | -3.4 | 12.1 | 14.5 | 19.7 | 7.8 | 11.4 | 12.6 | 6.6 |

자료: 한국은행.

는 점을 생각할 때, 설비투자 내부의 이런 상이한 추이는 곧 수출 주도와 내수 침체의 구도를 달리 표현하고 있다.

　이처럼 우리는 한편으로는 국내총생산의 구조상 수출이 독주하는 현상과 다른 한편으로는 수출이 설비투자와 동행하고 있는 현상을 같이 본다. 이 두 현상은 모순되는가. 이제 다시 설비투자가 어떤 분야에, 얼마나 집중되어 있는지를 보자. 업종별로 보면, 외환위기 이전에 비해 정보기술

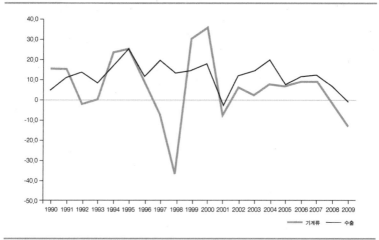

그림 1-6 | 제조업 설비투자에서 수출용과 내수용의 비중

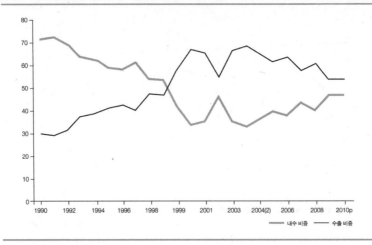

자료: 산업은행, 〈설비투자계획조사〉.

산업 집중도가 대단히 높다. 자동차 부문과 합하면, 그 비중은 50%를 넘는다. 그러나 산업은행의 〈설비투자계획조사〉는 투자 동기별 설비투자에서 수출 대비 투자와 내수 대비 투자를 구분해 주고 있는데, 이를 보면 더 중요한 사실이 나타난다. 투자 동기별 동향은 두 가지 사실을 명확히 보여 준다. 첫째, 1999년을 전환점으로 수출 수요 대비 설비투자가 내수 대비 설비투자 비중을 앞섰다는 사실이다. 이로부터 우리는 수출 주도 체제가 수출 수요의 국내 수요에 대한 우위라는 의미뿐만 아니라, 수출용 설비투자의 주도라는 의미도 같이 갖고 있다고 말하고자 한다. 둘째, 수출 수요 대비 설비투자의 업종별 집중도다. 〈그림 1-7〉은 수출 주도 체제가 확립된다고 할 수 있는 2000~05년 기간 중에 전기·전자 부문이 무려 수출용 투자 전체의 약 70~80% 정도라는, 압도적 비중을 차지하고 있음을 보여 준다. 가히 전기·전자의 초집중 투자라 할 수 있다.

그림 1-7 | 수출 수요 설비투자의 업종별 비중

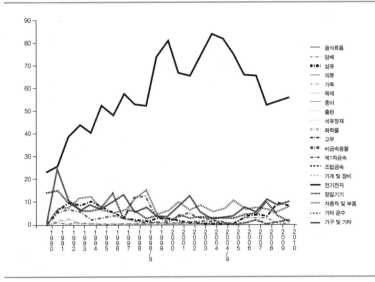

자료: 산업은행, 〈설비투자계획조사〉.

표 1-3 | 4대 재벌의 설비투자 비중

| | 1994 | 1995 | 1996 | 1997 | 1998 | 1999 | 2000 | 2001 | 2002 | 2003 | 2004 | 2005 | 2006 | 2007 | 2008 |
|---|---|---|---|---|---|---|---|---|---|---|---|---|---|---|---|
| 4대 재벌 (조 원) | 8.7 | 12.8 | 19.8 | 18.3 | 12.3 | 11.5 | 17.5 | 12.8 | 12.8 | 19.6 | 26.1 | 29.7 | 30.6 | 31.3 | 35.4 |
| 4대 재벌 (%) | 18.8 | 22.7 | 31.4 | 30.5 | 30.3 | 21.1 | 23.6 | 18.5 | 17.3 | 26.9 | 33.8 | 37.4 | 36.5 | 23.3 | 27.8 |
| (범)삼성 | 9.5 | 9.3 | 12.8 | 11.9 | 7.0 | 7.1 | 8.7 | 8.1 | 7.5 | 12.2 | 13.7 | 15.6 | 16.7 | 5.0 | 7.0 |
| (범)현대 | 5.1 | 6.4 | 8.7 | 10.7 | 13.9 | 5.7 | 4.1 | 2.7 | 0.6 | 5.1 | 7.5 | 8.8 | 8.5 | 9.1 | 9.7 |
| (범)LG | 2.3 | 4.3 | 4.7 | 3.8 | 5.3 | 5.2 | 5.9 | 4.9 | 5.2 | 5.9 | 9.0 | 9.4 | 7.7 | 5.4 | 6.2 |
| SK | 1.9 | 2.8 | 5.2 | 4.2 | 4.0 | 3.1 | 4.9 | 2.7 | 4.0 | 3.7 | 3.7 | 3.5 | 3.6 | 3.8 | 4.9 |

자료: 한국신용평가, 〈KIS-value〉.

다음에 규모별 집중도는 어떤가. 먼저 전체 설비투자(국민계정)에서 4대 재벌의 설비투자 비중을 본다(〈표 1-3〉).[2] 2005~06년 집중도는 37%까지 도달했다. 이는 이전의 31%를 훌쩍 능가하는 것이다. 즉 외환위기 이후 슈퍼 재벌로의 투자 집중도는 더욱 강화되었다. 이는 특히 삼성의 투자 집중 강화에 기인한다. 삼성의 비중은 2003~06년 동안 12%에서 17%까지 올라갔다. 그리고 절대 금액으로 보면, 2004년 이후 4대 재벌의 설비투자(명목값)는 외환위기 이전 최고 수준을 훌쩍 넘어선 사실이 확인된다. 또한 〈그림 1-8〉, 〈그림 1-9〉에서 보듯이, 종업원 규모별로는 종업원 5천 명 이상 기업의 집중도가 엄청난데, 그 비중은 2005~06년에는 35%를 넘는다.[3] 이는 흥미롭게도 동 기간 중 4대 재벌의 투자 집중도 37%와도 거의 비슷한 수치로서, 5천 명 이상 기업으로의 높은 투자 집중도는 재벌 주도 대규모 설비투자 특성이 지속되고 있음을 보여 준다. 이와 함께 규모면에서 또 한 가지 주목되는 부분은 종업원 1,000~4,999명 규모의 대기업, 그리고 300~499명 규모의 중견기업 비중의 현저한 하락 현상이다. 전자는 많은 부분 전통 주력 산업의 투자 위축과 관련되는 현상이지만 그것에만 국한되지 않고 생활 관련 업종에서도 이 규모 그룹의 투자 위축이 나타난다. 또 한 가지, 종업원 300~499명 규모의 중견기업의 정체·부진은 단지 투자 추이에서만 볼 수 있는 현상은 아닌데, 이는 외환위기 이후 한국에서 독립 중견기업이 발전하기 어려운 상황을 반영한다고 생각된다. 그 반면에 예상보다 중하위 규모에서 투자 비중이 꾸준히 증가하고 있다. 기업규모별 유형자산 증가율의 추세에서도 마찬가지 현상이 확인된다. 이는 수출 지향 대기업과 중소기업 간 하청 관계의 진전을 반영한다고 생각

---

2_4대 재벌(삼성, 현대, LG, SK)의 설비투자액은 한국신용평가의 〈kis-value〉에서 현금 흐름표상 유형자산의 취득 및 처분 수치로부터 추계했다. 구체적 추계 방법은 임경묵(2005)에 의거했다.

3_통계청의 〈광공업통계조사보고〉상의 설비투자액은 유형자산 증감액, 연말·연초 잔액을 기초로 추계했다.

그림 1-8 | 규모별 설비투자 ①

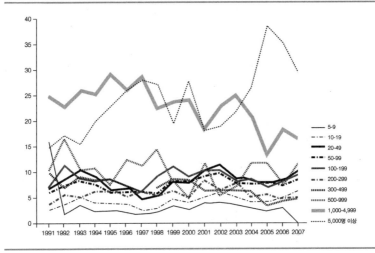

자료: 통계청, 〈광공업통계조사보고〉.

그림 1-9 | 규모별 설비투자 ②

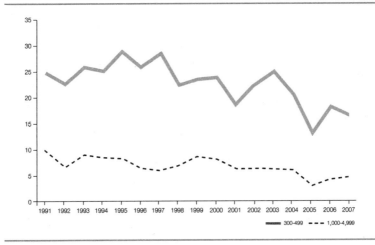

자료: 산업은행, 〈설비투자계획조사〉.

된다. 그러니까 독립 중견기업으로 홀로서기는 어려운 가운데, 대기업과 하청 관계에 의존하는 방식으로 중소기업이 나름 생존을 도모하고 있는 것이다(김주훈 편 2005).

위와 같은 사실로부터 우리는 한 가지 의문이 생긴다. 대체적 흐름에서는 투자 부진이라고 해도 상당한 투자가 일어난 것 또한 사실인데, 왜 국내 파급효과가 적고 '수출-투자'와 내수 간에 단절이 발생하는가 하는 문제다. 이는 투자의 특성 때문이라고 봐야 한다. 즉 투자가 고도로 집중되어 있는데다, 주로 수출 주도에 매여 있다는 사실, 그리고 그 투자가 부가가치 창출 효과나 일자리 창출 효과가 매우 약한, 대표적인 조립형 전기·전자 업종에 초집중되어 있는 사실 때문이다.


## 3. 국제분업 구조의 재편과 중국 효과

위에서 본 것처럼 한국 제조업의 무게 중심은 전통 중화학공업에서 전기·전자 그리고 자동차로 대표되는 조립 분야로 변화되었는데, 이 부문은 곧 수출 주도 부문이기도 하다. 더 정확하게 1997년 이후 한국의 산업은 신흥 첨단 IT산업에 전통 중화학공업이 결합된 구조를 갖추었다고 할 수 있다.[4] 그리고 이 제조업 경쟁력을 기초로 공격적인 수출 주도 체제를 밀고

---

4_이런 생산 기반은 세계적으로 일본을 제외하고는 그 예가 많지 않다. 한국은 메모리 반도체 선도국인데 그 세계시장 점유율은 43%나 된다(2006년 점유율은, 미국은 21%, 일본은 16%, EU는 10%, 대만은 9%였다).

나감으로써 새로이 재편된 국제분업 구조에 대응할 수 있었다. 1990년대 이후 새롭게 짜인 국제분업 구조의 기본 흐름은 다음과 같이 두 가지로 요약될 수 있다.

첫째, 종래 미국을 비롯한 선진국 기업들은 가치 사슬의 전체 생산과정을 수직적으로 통합해 부품에서 완제품까지 전 품목을 생산하고 있었으나, IT산업 및 기술이 급성장하면서 수직적 통합이 해체되고, 아웃소싱 등 글로벌 생산을 통한 기업 간, 산업 내 국제분업이 크게 진전되었다. 모듈화와 네트워크화는 이 "국제적 생산 분업 체제"international fragmentation(Jones 2001)를 한층 가속화시켰다. 선진국은 제조나 판매보다 주로 가치 사슬의 양끝인 핵심 부품, 운영 체제와 서비스 부문에서 이익을 창출하고 저수익 공정은 개도국·중진국으로 이전했다. 그리하여 동아시아를 위시한 중진국·개도국들은 이 같은 새로운 국제분업 구조에 올라타기 위해 치열한 경쟁을 벌리게 되었다.

둘째, 중국이 '세계의 공장'으로 부상했다는 것이다. 중국은 1990년대 이후 개혁 개방의 길로 나아감으로써 고도성장을 달성해 세계적 경제 대국으로 급부상했다. 특히 2001년 세계무역기구wto 가입을 계기로 단숨에 세계의 공장으로 올라섰다. 중국은 국제분업 구조 재편의 거대한 추동력이자 그 자신 이 분업 구조를 활용하는 공업화 전략을 도모했다. 외국인 투자를 적극 유치하는 한편 수출용 부품·소재를 수입함으로써 동아시아 성장 모델을 잇는 새로운 가공형 추격 공업화와 공세적인 수출 주도 전략을 추구했다. 그리하여 무엇보다 전기·전자 분야에서 중국은 세계 최대 생산국이자 수출국이 되었으며 한국을 위협하는 압축 추격, 추월국으로 성장했다(末廣昭 2014, 43-85).

1997년 이후 한국의 수출 주도 축적 체제는 이렇게 중국이 세계의 공장, 세계의 시장으로 부상하는 가운데 새롭게 재편된 국제분업 구조에 필

그림 1-10 | 외환위기 전후 한국의 지역 무역수지 구조 변화

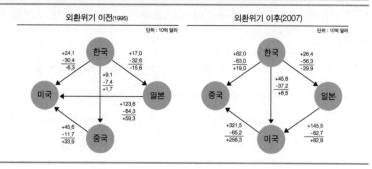

외환위기 이전(1995)

단위 : 10억 달러

외환위기 이후(2007)

단위 : 10억 달러

자료: 무역협회, 부품소재 종합 정보망.

사적으로 부응했다는 의미를 가진다.[5] 알고 보면, 외환위기 이후 높아진 제조업 비중의 증대도 대중국 무역의 비약적 증대를 통해 견인되었다(산업연구원 2005, 300). 외환위기 이후 아시아 대부분의 나라들이 내수가 급격히 감소했지만 한국의 경우는 특히 심했다. 내수 부진으로 곤경에 빠진 한국의 기업과 정부는 공격적인 수출드라이브로 이를 만회하고자 했다(아글리에타·베레비 2009, 29-31). 그뿐만 아니라 공교롭게도 21세기를 시작하는 2001년은 저무는 미국과 떠오르는 중국의 희비가 엇갈리는, 세계 경제의 지각변동을 알리는 상징적 해였다. 미국의 금융 주도 자본주의는 1990년대 '신경제' 성장의 끝자락에서 IT 버블이 붕괴되었고, 이를 만회하고자 위험하게 부동산 거품을 띄워 2008년 금융위기로 가는 자기 무덤

---

5_藤本隆宏(2004, 186-188)은 조직 능력의 측면에서 나라별 비교 경쟁 우위를 유형화한다. 이에 따르면 한국은 자금과 의사결정의 집중력에 조직 능력이 뛰어나고, 따라서 '자본집약적인 모듈 제품'에 경쟁력이 강하다. 더 구체적으로, 삼성전자에 대해서는 이병천 외(2014), 자동차에 대해서는 조성재(2014)를 참고할 것.

그림 1-11 | 전자 제품 수출의 지역별 비중 추이

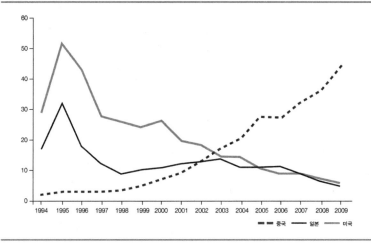

자료: 무역협회, 부품소재종합 정보망(www.mctnet.org/index.jsp).

을 팠다. 반면에 신흥 제조업 강국 중국에서는 개혁·개방의 여세를 몰아 세계무역기구에 가입하는 제2의 개방을 단행함으로써 세계의 공장으로 부상하는 새로운 모멘텀을 구축했다.

한국은 이처럼 미국이 밀려나가고 중국이 올라서는 세계경제의 지각 변동을 새로운 기회로 포착했다고 하겠다. 아래에서 우리는 이를 간명하게 보여 줄 수 있는 자료들을 제시했다. 〈그림 1-10〉은 한국의 지역별 무역 구조가 1997년 외환위기를 전환점으로 어떻게 급격히 변화되었는지를 대비시키고 있다. 위기 이전 한국의 지역별 무역 구조는 한-미-일 중심으로 짜였고, 이 구도에서 미국이 최대 수출 시장이었다. 반면에 위기 후에는, 미국의 여전히 비중이 크긴 하지만, 중국이 최대의 수출 시장으로 들어왔다. 1997년 이후 수출 주도 체제가 한중 교역 변화와 얼마나 밀접하게 연동되어 있는지 알 수 있다. 다음으로, 〈그림 1-11〉은 한국의 수

그림 1-12 | 부품·소재 수지의 지역별 구조

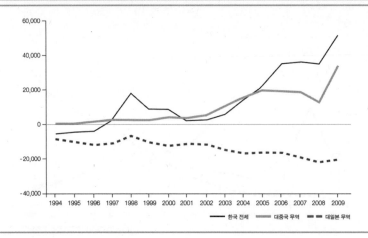

자료: 무역협회, 부품소재종합 정보망(www.mctnet.org/index.jsp).

출 주도 품목인 전기·전자 제품 수출 시장의 국가별 비중을 보여 준다. 2003년을 전환점으로 미국과 중국의 비중이 급격히 역전되고 있다.

이어서 〈그림 1-12〉는 대중국, 대일본 부품·소재 수지를 함께 나타낸 것이다. 대중국 무역 흑자가 새롭게 대일본 무역 역조를 만회해 주고 있는 수지 구조를 여실히 보여 준다. 한국식 조립형 성장 모델은 주로 일본에서 소재, 부품과 기계류를 수입해서 다시 이를 가공해 미국, 기타 지역에 수출하는 방식을 취했다. 그래서 무역수지가 일본에 대해서는 적자, 미국 등에 대해서는 흑자로 나타났다. 1997년 이후 한국은 종래의 조립형 생산-수출 패턴을 더욱 심화시켰는데, 그로 인해 조립형 모델의 역사와 함께 오랜 대일본 무역적자는 1997년 이후에도 여전히 지속되고 있다. 외환위기 이후 대일본 수입의 구조는 수년을 거쳐 다시 기계류와 부품을 수입하는 구패턴으로 되돌아갔다(服部民夫 2005; 2007). 그런데 이 만성적 적자를

그림 1-13 | 반도체 수출 단가 추이

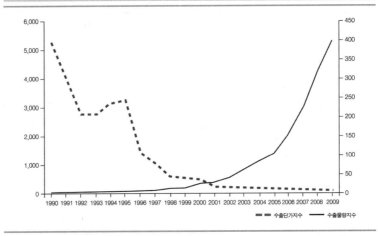

자료: 한국은행.

대중국 수지 흑자로 만회하고 있는 것이다. 그래서 이런 지역별 부품·소재 수지 구조는 1997년 이후 한-중-일 간 국제분업 구조 속의 한국의 위치, 즉 새롭게 '중국 효과'를 누리는 한편, 여전히 일본에 의존하고 있는 1997년 수출 주도 체제의 두 얼굴을 압축적으로 보여 준다.

마지막으로 두 가지 사실을 더 지적하고자 한다. 첫째, 한국 부품의 대중국 수출 증대 현상은 대중국 투자 증대에 크게 힘입고 있다는 것이다. 대중국 수출 중 중국 진출 현지 기업에 대한 수출 비중은 75%(2006년)나 되며 이 추세는 지속될 전망이다(전광명·노원중 2008). 둘째, 전기·전자 제품의 수출 단가가 지속적으로, 큰 폭으로 하락하고 있다. 무엇보다 반도체 가격이 가파르게 하락하고 있다(〈그림 1-13〉). 그만큼 치열한 글로벌 경쟁 상황 그리고 이른바 '치킨 게임'의 승자가 되기 위한 생산성 증대 및 비용 절감의 필사적 노력을 반영한다.

# 4. 규모 확대에서 수익 추구로

**부채비율 격감, 재무 건전성 개선과 자금조달 방식의 변화**

투자 주도 체제로부터 전환된 신축적 체제의 또 다른 측면은 수익성의 확보다. 1997년 이전 고도로 차입에 의존함으로써 대대적으로 규모 확대를 추구하고 수익성(정확히 말해 매출액 대비 경상이익 및 당기순이익)에 대한 고려는 미약했던 한국 경제는 1997년 이후에는 정반대로 가히 혁명적인 부채비율 축소 조치를 단행했다. 이와 함께 규모보다는 수익성을 우선적으로 추구하는 체제, 그리고 그런 수익성 고려의 제약 위에서 규모를 확대하는 체제로 전환했다.

기업 경영에서 수익 지향 체제로의 전환은 금융 체제가 은행 중심 체제에서 자본시장 중심 체제로 전환하고, 은행 또한 수익 추구 경영으로 전환한 것과 맞물려 있다. 그러면 이처럼 한국 경제가 규모 추구 체제에서 수익 추구 체제로 전환했다고 할 때, 이는 구체적으로 어떻게 나타나고 있는지, 여러 수준의 이익률 추이를 살펴볼 필요가 있다. 또 평균값을 넘어 규모별·업종별 이익률 추이를 봐야 한다. 그리고 수익성의 제약 아래에서 규모를 조절하는 방향으로 전환했다고 하더라도, 구체적으로 새로운 수익성 중시 규범과 종래의 규모 중시 규범이 1997년 이후에는 어떤 관련성을 갖게 되었는지에 대해서도 살펴봐야 한다.

〈그림 1-14〉는 한국은행의 〈기업경영분석〉 자료에서 가져온 재무 지표의 일부다. 이로부터 1997년을 전환점으로 부채비율이 얼마나 급진적으로 축소되었는지를 여실히 알 수 있다. 부채비율 개선은 정부 주도의 구조조정이 추진된 1998년부터 1999년 사이에 주로 이루어졌지만, 그 이후에도 꾸준히 개선되었다. 이와 함께 이자보상비율(=영업이익/이자비용)도 크게 개선되었다. 이는 매출액경상이익률의 획기적 개선을 초래했다. 구

그림 1-14 | 기업 재무 건전성의 개선

단위: %

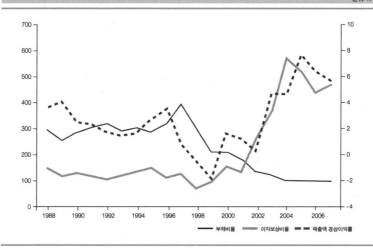

자료: 한국은행. 〈기업경영분석〉.

체적으로 1992년에서 2005년 사이에 부채비율은 318.7%에서 100.90%로 하락했고, 이자보상비율은 105.2%에서 525.4%로, 매출액경상이익률은 1.8%에서 7.79%로 크게 개선되었다. 부채비율은, 2006년부터는 100%이하로 내려갔다. 이는 미국과 비교해도 더 낮은, '미국보다 더 미국적인' 재무구조다(미국의 제조업 부채비율은 2006년에 131.5%).

부채비율의 이 같은 획기적 축소와 함께 주목해야 할 것은 그 동전의 뒷면을 나타내는 기업 자금조달 방식의 급격한 변화다. 차입 의존 경영이 퇴조하면서 금융기관에 대한 기업 자금 수요가 현저히 축소됐고 투하자본 규모가 감소됐다. 당연히 자금조달 구조에서 외부자금 비중이 크게 감소한 반면에 내부자금 비중이 크게 증가했다. 또 외부자금에서는 간접금융의 비중이 감소하고 직접금융의 비중이 증가했다. 구체적으로 외환위기 이전 총 자금조달의 약 30% 정도이던 내부자금 비중은 50% 이상으로

그림 1-15 | 기업 설비 자금조달 방식의 변화

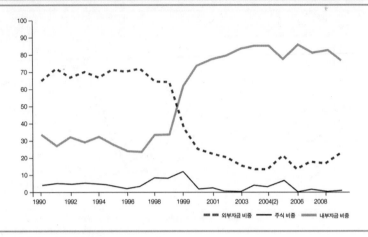

자료: 산업은행, 〈설비투자계획조사〉.

표 1-4 | 설비투자 자금조달 원천

단위: %

| | 1980~89 | 1990~97 | 1998~2000 | 2001~05 |
|---|---|---|---|---|
| 외부자금 | 64.9 | 72 | 43 | 18.3 |
| 　주식 회사채 | 14.1 | 22.4 | 21.7 | 6 |
| 　금융기관 차입 | 35.7 | 31 | 15 | 10.5 |
| 　기타 | 15.1 | 18.6 | 6.3 | 1.8 |
| 내부자금 | 35.1 | 28.2 | 57 | 81.7 |

자료: 산업은행, 〈설비투자계획조사〉.

증가했다. 외부자금의 구성을 보면, 1990~96년과 2000~05년 사이에 간접금융은 35.9%에서 27.2%로 대폭 감소했고, 직접금융은 42.7%에서 40.5%로 약간 감소했다. 특히 주식 비중이 13.0%에서 31.3%로 증가한 반면, 회사채 비중이 17.1%에서 2.6%로 대폭 감소한 것이 눈에 띈다. 국내의 직·간접 금융 비중이 모두 감소한 반면에, 국외 조달 비중은 6.7%에서 13.5%로 증가했다. 그런데 설비투자 조달의 구조를 보면 총 자금조달

그림 1-16 | 기업투자와 기업저축의 동행

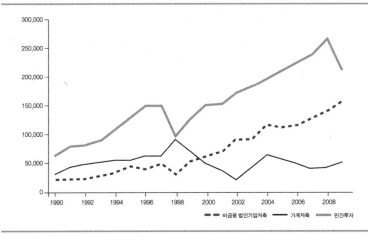

자료: 한국은행.

의 구조와는 많이 다르다. 설비투자 자금에서는 내부자금 비중이 한층 더 높게 나타난다. 2002년 이후 내부자금 비중이 무려 80%를 넘고 있다(〈그림 1-15〉, 〈표 1-4〉 참조). 추세상 내부자금 비중이 높을 것으로 짐작은 할 수 있지만, 매우 놀라운 숫자다. 전체적으로 외환위기 이후 기업들의 자금조달 방식은 운전 자금은 금융기관을 통해 수요를 지속적으로 늘리고 있으면서도, 설비투자 자금은 압도적으로 내부자금으로 조달했음을 알 수 있다(산업은행 산은경제연구소 2006, 51-52).

기업 자금조달 방식의 이런 변화는 국민계정에서 저축과 투자 간의 연관 방식의 변화로도 나타난다. 한국을 포함해 동아시아 성장 모델의 공통된 특징은 높은 가계저축률이었다. 이 고저축이 고부채-고투자를 뒷받침하는 금융 체제적 기초였다. 〈그림 1-16〉을 보면 1997년 이전에는 가계저축과 민간투자가 동행하고 있음을 볼 수 있는데, 이는 고저축-고부채-고투자 성장 체제의 특징을 표현한다. 그러나 1997년 이후 가계저축과 민간투자 간의 국내적 연관은 깨어졌다. 가계저축률은 급속히 하락했다(1998년 23.2% → 2007년 2.3%). 거꾸로 가계 부채가 급증해 가처분소득 대비 가계 부채율이 미국보다 높아졌다. 기업의 부채비율은 미국보다 낮아진 반면, 가계의 부채비율은 미국보다 높아진 것이다. 1997년 이후 가계저축과 기업투자 연관이 해체되면서 우리는 두 가지 현상을 목격하게 됐다. 한편으로 가계 자금 및 금융기관 자금이 부동자금화되고 투기 자금으로 흐르게 됐다. 다른 한편 이제 기업투자는 가계저축이 아니라, 기업 자체 저축과 밀접하게 동행하고 있다.


## 매출액영업이익률에서 총자산영업이익률로

이자보상비율 그리고 매출액경상이익률이 개선된 것은 외환위기 이후 기업 경영의 큰 변화를 보여 주는 중요한 측면이다. 그러나 재무구조 개선만이 아니라 기업의 경영 방식이 어떻게 변화되었는지, 영업실적이 어떤 내용으로 향상되었고, 기업의 성장성이 어떻게 변했는지를 알아야 한다. 먼저 기업 이익률의 여러 수준들이 어떻게 변화되었는지 살펴보자. 우리가 관심을 갖는 것은 네 가지 이익률, 즉 매출액영업이익률$_{ROS}$, 총자산영업이익률$_{RoA}$, 자기자본순이익률$_{ROE}$(주주자본이익률), 총자산순이익률$_{ROA}$의 추이다. ROS(=영업이익/매출액)는 기업의 순수한 영업 활동 성과를 매출액과 대비한 이익률로 자본과 자산을 어떻게 효율적으로 사용했는지는 묻지 않는다. RoA(=영업이익/총자산) 역시 영업 활동 성과를 보는 이익률이지만 매출액 기준이 아니라 자산(=자본+부채) 사용의 효율성을 묻는다. ROE(=당기순이익/자기자본)과 ROA(=당기순이익/총자산)는 주지하는 바와 같이 주주자본주의에서 기본적인 이익률이다. 사업을 어떤 식으로 하든 자본(주주자본)과 총자산의 해당 시기 단기적인 — 미래 성장성이 아니라

― 이익 청구를 나타내는 지표다. ROE는 다음과 같이 변형될 수 있다.

식 ①

자기자본순이익률ROE = 당기순이익/자기자본

= (당기순이익/총자산) × (총자산/자기자본)

= ROA × (1+부채/자기자본)

이 식에서는 ROE의 증대는 ROA를 높이거나 부채비율을 높임으로써 (레버리지 효과) 달성된다. 부채를 늘리는 것은 레버리지 효과는 높아지지만, 당기순이익을 어떻게 높이는가에 따라 ROE에 대한 효과가 달라진다. 부채를 낮추면 레버리지 효과는 작아지는 반면, 총자산(분모)이 작아지고 이자비용(분자)이 축소됨으로써 ROE를 높일 수 있다.

식 ②

자기자본순이익률ROE = (영업이익 + 영업외이익 − 법인세)/ 자기자본

= 영업이익/자기자본 + 영업외이익/자기자본 − 법인세/자기자본

이 식에서는 ROE가 영업 활동 성과와 영업 외 활동 성과로 분해된다. 그리고 세금 절감을 통해서도 ROE는 증가한다.

그러면 이제 한국은행의 〈기업경영분석〉 자료에 의거해 ROS와 RoA의 추이에 대해 살펴보겠다(〈그림 1-17〉). 먼저 ROS의 추이인데, 놀랍게도 1997년 이후 ROS는 개선되지 않았음은 물론, 오히려 소폭 하락한 것으로 나타난다(1991~96년 7.1% → 2002~06년 6.5%). 외환위기 이후 수익성 개선을 위해 그야말로 피나는 구조조정을 했음에도 불구하고 이처럼 ROS가 오히려 하락한 현상을 어떻게 설명해야 할까. 정구현 외(2008,

그림 1-17 | 총자산영업이익률과 매출액영업이익률

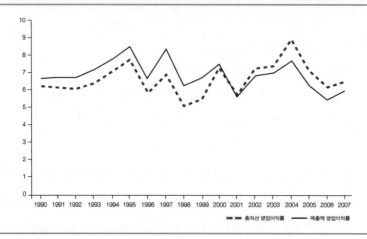

자료: 한국은행, 〈기업경영분석〉.

137-140)는 이를 '수익성 패러독스'라 부르면서 그 이유로 다음과 같은 세 가지를 들고 있다.

첫째, 기업은 성장을 해야 이익도 창출할 수 있다. 특히 한국과 같은 조건에서 는 성장이 정체된 상태에서 수익 개선은 한계가 있다.

둘째, 개방과 세계화에 따라 기업 간 경쟁이 심화되었다. 이 때문에 경쟁력이 향상되어도 수익성이 나빠질 수도 있다.

셋째, 기업 실적의 양극화가 심화되고 있기 때문에 평균의 의미가 퇴색했다.

위 설명은 1997년 이후 한국 기업 경영 상황을 매우 잘 짚고 있다고 생각한다. 그러나 정구현의 설명은 결정적으로 중요한 한 가지를 빠트리 고 있다. 즉 외환위기 이후는 수익성 규범이 외형 성장 시기 수익성 지표 인 ROS로부터 RoA로 전환됐을 가능성을 생각하지 않았다는 것이다.

그림 1-18 | 대기업의 두 영업이익률

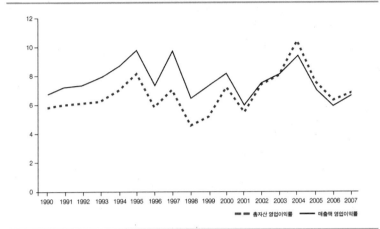

자료: 한국은행, 〈기업경영분석〉.

그림 1-19 | 중소기업의 두 영업이익률

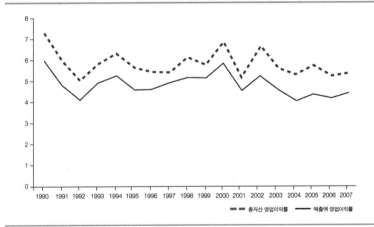

자료: 한국은행, 〈기업경영분석〉.

그림 1-20 | 대·중소 기업 총자산영업이익률

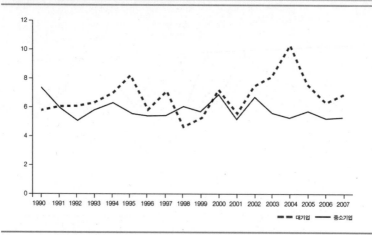

자료: 한국은행, 〈기업경영분석〉.

〈그림 1-17〉은 바로 이 가능성을 확인시켜 준다. 즉 1997년 이후 ROS의 하락과는 대조적으로 RoA가 현저히 개선되었다. 그리고 ROS보다 더 높게 올라갔다. 그런데 정구현의 지적대로 평균값만으로는 불충분하다. 대기업·중소기업의 이익률로 구분해 보면 또 하나의 사실이 발견된다(〈그림 1-18, 그림 1-19〉). 중소기업의 이익률은 1997년 이전이나 이후 똑같이 RoA가 ROS보다 높다. 반면에 대기업의 이익률은 1997년 이후 비로소 RoA가 ROS보다 높아졌다. 그리고 RoA만으로 봐도 대기업이 중소기업보다 높다. 중소기업에 관한 한 중소기업중앙회 자료가 유용하다. 〈그림 1-21〉은 중소기업의 경영 자산 영업이익률 추이를 보인 것인데, 1997년을 전환점으로 급격히 하락하고 있다. 중소기업 안에서도 중기업 이익률 하락은 완만한 반면, 소기업 이익률이 급락하고 있다. 즉 중소기업 영업이익률의 하락은 주로 소기업 이익률의 급락에 기인한다. 그런데 우리는 외감 기업을 대상으로 자산 이익률과 매출액이익률의 추이를 별도로 검

### 그림 1-21 | 중·소기업 경영 자산 영업이익률

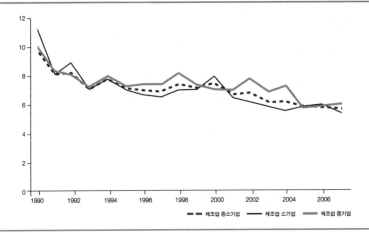

■■■ 제조업 중소기업　　—— 제조업 소기업　　—— 제조업 중기업

자료: 중소기업중앙회.

### 표 1-5 | 시기별·규모별 총자산영업이익률과 매출액영업이익률(외감 기업)

| | | 1990 | 1992 | 1994 | 1996 | 평균 (1990~95) | 2002 | 2003 | 2004 | 2005 | 2006 | 2007 | 평균 (2002~07) |
|---|---|---|---|---|---|---|---|---|---|---|---|---|---|
| 제조업 전체 | A | 6.3 | 6.4 | 7.7 | 6.1 | 7.1 | 8.0 | 8.3 | 10.0 | 7.4 | 6.2 | 6.4 | 7.7 |
| | B | 7.1 | 7.6 | 8.7 | 6.9 | 8.1 | 7.8 | 7.9 | 8.7 | 6.7 | 5.8 | 6.2 | 7.2 |
| 1~100 | A | 5.3 | 5.9 | 7.9 | 5.9 | 6.9 | 8.4 | 9.4 | 11.9 | 8.5 | 6.9 | 7.1 | 8.7 |
| | B | 6.5 | 7.8 | 9.8 | 7.3 | 8.6 | 8.6 | 9.2 | 10.8 | 7.9 | 6.5 | 7.2 | 8.4 |
| 1~10 | A | 4.7 | 6.3 | 10.4 | 6.8 | 8.3 | 9.9 | 11.6 | 16.0 | 10.8 | 7.7 | 7.8 | 10.6 |
| | B | 6.4 | 7.9 | 11.5 | 8.2 | 9.6 | 10.0 | 11.1 | 12.9 | 9.4 | 6.7 | 7.9 | 9.7 |
| 11~100 | A | 5.9 | 5.6 | 5.7 | 5.1 | 5.6 | 7.1 | 7.3 | 8.0 | 6.2 | 6.2 | 6.4 | 6.9 |
| | B | 6.6 | 7.7 | 7.9 | 6.3 | 7.4 | 7.0 | 7.2 | 8.2 | 6.3 | 6.2 | 6.5 | 6.9 |
| 101~끝 | A | 8.5 | 7.5 | 7.3 | 6.5 | 7.6 | 7.4 | 6.8 | 7.0 | 5.9 | 5.3 | 5.3 | 6.3 |
| | B | 8.1 | 7.1 | 7.0 | 6.4 | 7.3 | 6.6 | 6.1 | 5.9 | 5.1 | 4.8 | 4.9 | 5.6 |

자료: 한국신용평가, 〈Kis-value〉.
주: A는 총자산영업이익률, B는 매출액영업이익률

토해 보았다. 이 결과 위의 사실을 확인함과 동시에 새로운 사실들을 얻을 수 있었다(〈표 1-5〉). 첫째, 단지 대기업이 아니라 10대 기업이 RoA 우위를 선도하고 있고, 이들의 RoA가 현저히 개선되었다. 10대 기업의 ROS에는 특별한 변화는 없다. 둘째, 11~100대 기업의 RoA도 분명히 개선되

**표 1-6 | 각종 매출액영업이익률 추이**

| | | 1998 | 1999 | 2000 | 2001 | 2002 | 2003 | 2004 | 2005 | 2006 | 2007 |
|---|---|---|---|---|---|---|---|---|---|---|---|
| 제조업 전체 | | 6.11 | 6.62 | 7.40 | 5.52 | 6.74 | 6.87 | 7.56 | 6.12 | 5.34 | 5.88 |
| 수출 기업 | | 7.03 | 7.35 | 8.26 | 4.17 | 7.05 | 7.01 | 8.23 | 5.62 | 4.90 | 5.87 |
| 내수 기업 | | 5.33 | 6.18 | 6.87 | 6.28 | 6.59 | 6.76 | 6.96 | 6.55 | 5.71 | 5.89 |
| 전자 | 대기업 | 9.97 | 11.57 | 13.96 | 3.58 | 9.00 | 9.60 | 13.73 | 8.77 | 6.30 | 5.77 |
| 부품 외 | 중소 | 5.89 | 6.89 | 5.70 | 0.52 | 3.87 | 5.57 | 2.99 | 4.07 | 3.79 | 4.42 |
| 자동차 및 | 대기업 | -4.49 | -0.36 | 2.84 | 6.60 | 5.53 | 6.85 | 4.83 | 4.03 | 3.87 | 4.46 |
| 트레일러 | 중소 | 2.04 | 3.97 | 4.53 | 3.60 | 4.22 | 4.50 | 3.79 | 3.15 | 3.73 | 4.09 |

자료: 한국은행, 〈기업경영분석〉.

었다. 그러나 ROS와의 차이는 미미하며 ROS 자체는 다소 하락했다. 셋째, 101대 이하 기업은 1997년 이전부터 RoA 우위 경영을 지속하고 있는데 그 RoA와 ROS는 모두 하락했다. 이 결과는 외환위기 이후 RoA 우위 수익성 규범의 정착은 초대형 기업이 주도했다는 것, 그리고 규모가 클수록 이익률도 높다는 것을 말해 준다.

그러면 업종별 이익률은 어떤가. 우리는 한국상장회사협의회 자료를 통해 제조업 모든 업종들을 대상으로 1990년 이후 RoA와 ROS의 추이를 추적했다. 이로부터 전기전자, 자동차, 석유정제, 가죽·가방·신발, 가구, 전기 업종 등에서 RoA가 ROS를 앞서는 것이 확인되었다. 또 1차 금속, 금속 가공, 기계 업종 등에서 RoA가 개선된 것도 주목된다. 이로부터 1997년 이후 수출 주도 체제를 추동했던 전기·전자, 자동차의 두 업종이 전통 주력 업종인 석유정제와 함께 RoA 우위 수익성 규범을 선도했다고 할 수 있다. RoA를 중시하는 업종들은 제조업에서 영업이익 비중이 압도적인 부문들이기도 하다. 2007년 업종별 영업이익 집중도를 보면, 전기·전자 28.6%, 운수장비 20.0%, 철강·금속 21.7%, 화학 15.8%로 나타난다 (2007년 상장기업).

각도를 달리해 수출 부문과 내수 부문의 이익률을 비교해 보자. 〈그림 1-22〉는 수출·내수 부문의 ROS 추이를 보여 준다. 1997년 이전은 수

그림 1-22 | 수출·내수 기업의 매출액영업이익률

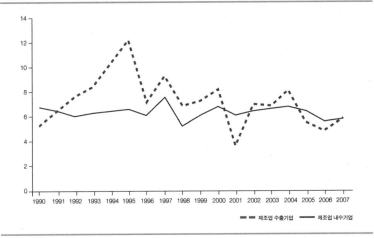

자료: 한국은행, 〈기업경영분석〉.

출 부문 ROS가 내수 부문보다 높았으나 1997년 이후는 크게 하락해 오히
려 더 낮은 년도가 많다. 반도체를 제외한다면 수출 부문의 영업이익률은
전반적으로 매우 낮다. 즉 수출 주도, 수익 추구 체제하 대부분의 수출 기
업이 저수익 경영을 하고 있다. 전자 부품의 대·중소 기업 ROS를 비교하
면 더 분명하다. 중소기업의 ROS가 지극히 낮다. 자동차에서는 대·중소
기업 모두 ROS가 낮지만, 중소기업 ROS가 더 낮다.


## 5. 수익 추구, 주주가치 추구 그리고 재벌 체제

### 자기자본순이익률, 총자산순이익률, 경제적 부가가치

수익 추구가 곧 주주가치 추구를 의미하는 것은 아니다. 이는 흔히 잘못

그림 1-23 | 네 가지 이익률 추이

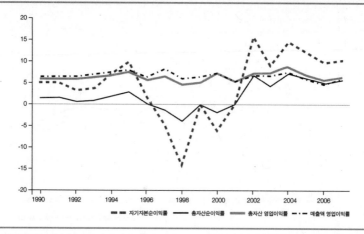

자료: 한국은행, 〈기업경영분석〉.

동일시되곤 하지만, 우리는 1997년 이후 수익 추구가 어느 정도 주주가치 추구를 함축하고 있는지, 또 수익 추구 체제에서 주주가치 추구와 재벌 체제는 어떻게 결합하면서 공생하고 있는지를 새로 따져 봐야 한다. 이제 이 절에서 이 문제에 대해 검토해 보려고 한다. 이를 위해 먼저 자기자본순이익률ROE(주주자본이익률)과 총자산순이익률ROA에 대해 살펴본다. 〈그림 1-23〉의 이익률 추이에서 보게 되는 것은 1997년 이후 ROE와 ROA가 획기적으로 높아졌다는 사실이다. 1997년 이전과 단절된, 거의 '혁명적인' 변화다. 그리고 상장기업 ROE가 회사채 수익률을 상향 돌파했다.[6] 이 사실을 어떻게 봐야 할까. 만약 한국 경제가 미국 자본주의와 같은 제도적·

6_자세한 것은 장진모(2004, 281-284) 참조.

**표 1-7 | 경제적 부가가치 추이(상장기업)**

| 상장 | 1998 | 1999 | 2000 | 2001 | 2002 | 2003 | 2004 | 2005 | 2006 | 2007 | 2008 |
|---|---|---|---|---|---|---|---|---|---|---|---|
| 기업 수 | 379 | 386 | 394 | 402 | 409 | 412 | 415 | 418 | 425 | 432 | 441 |
| EVA+ | 73 | 135 | 152 | 153 | 211 | 220 | 246 | 211 | 192 | 193 | 208 |
| EVA- | 306 | 251 | 242 | 249 | 198 | 192 | 169 | 207 | 233 | 239 | 233 |
| + 비중 | 19.3 | 35.0 | 38.6 | 38.1 | 51.6 | 53.4 | 59.3 | 50.5 | 45.2 | 44.7 | 47.2 |
| - 비중 | 80.7 | 65.0 | 61.4 | 61.9 | 48.4 | 46.6 | 40.7 | 49.5 | 54.8 | 55.3 | 52.8 |

자료: 한국신용평가, 〈Kis-value〉.

실질적 구조를 가졌다면, 이 추이를 놓고 우리는 한국 경제가 돌진적으로 주주가치 추구 경영으로 변모했다고, 또는 미국식 '금융화'가 급진전됐다고 해석할 수 있을 것이다. 그러나 이런 해석은 성급하며 주의를 요한다. 제도 형태, 역사적 맥락 등을 고려해야만 한다.[7]

　먼저 위에서 제시한 식 ①, ②에서 보듯이, ROE는 부채를 축소해 분모를 줄이고, 분자(영업외손익)를 늘림으로써 높일 수 있다. 따라서 1997년 이후 ROE가 놀랍게 개선된 데는 앞서 매출액경상이익률의 추이처럼 부채의 대폭 감축과 같은 재무적 요인이 있다. 다음에 ROE, ROA 등의 전통적인 재무 지표는 여전히 투하자본 조달에 소요된 자본비용을 반영하고 있지 않다는 점을 생각할 필요가 있다. 자본비용을 명시적으로 반영한 수익성 지표는 '경제적 부가가치'EVA인데, 엄격히 말해 '주주가치는 양(+)의 EVA를 실현하도록 강제하는 경영 규범'이라 할 수 있다(아글리에타 & 베레비 2009, 57). 이때 EVA 〉 0라는 규범은 기업 이익률이 시장균형 수익

---

7_필자는 미셸 아글리에타 & 로랑 베레비(Aglietta & Berribi 2007)의 세계자본주의의 무질서와 다양성에 대한 연구도 의외로 이 지점에 대한 주의가 부족하다고 생각한다. 제도 형태와 역사적 맥락의 논의 없이 ROE 상승을 곧 바로 미국식 주주가치 추구와 동일시한다. 그러나 일본, 독일 등의 ROE 상승을 무매개적으로 그렇게만 볼 수는 없다고 본다.

률보다 확실히 높아야 한다는 것을 의미한다. 우리는 ROE와 ROA만이 아니라, EVA가 어떻게 나타나고 있는지를 함께 살펴봄으로써 1997년 이후 한국 기업이 얼마나 자본 수익률을 중시하고 있는지를 알아볼 수 있다. 〈표 1-7〉에서 보듯이, 상장기업 제조업의 EVA는 1998년 이후 지속적으로 개선되고 있다. 2002년부터는 EVA가 양(+)인 기업이 전체 기업의 절반을 넘는다. 이는 앞서 확인된, RoA(총자산영업이익률) 우위 경영과는 또 다른 수준에서 1997년 이후 한국의 제조업이 예전의 규모 확대-저수익 경영에서 명확히 투자의 자본 수익성과 자본의 기회비용을 고려하는 경영으로 전환했음을 말한다.


## 재벌 체제와 주주가치 추구의 공생

이제 기업의 당기순이익이 어떻게 처분되고 있는지를 봄으로써 한국식 주주가치 추구가 어떤 특성을 갖고 있는지 검토해 보고자 한다. 우리의 기본 관심은 배당 및 자사주 취득이 당기순이익에서 차지하는 비중, 그리고 사내유보율 두 가지다. 기업은 배당금 증가와 자사주 취득을 통해 ROE를 높이고 주주의 요구에 부응할 수 있다. 그렇지만 또 기업은 재투자와 불확실성에 대비하기 위해 사내유보를 확보해 두어야 한다. 이렇게 주주가치 추구와 사내유보 정책에서 한국이 미국과는 다른 어떤 특성을 갖고 있는지 보려는 것이다. 〈표 1-8〉은 제조업 그리고 대표 재벌의 주주가치 성향과 사내유보율을 보여 준다. 배당금과 자사주 취득을 합한 총 주주가치 성향(2002~07년 평균)은 상장기업 32.3%, 외감 기업 30.3% 수준이며 양자 간 약간의 차이가 있을 뿐이다. 그런데 배당성향과 자사주 취득 성향은 두 기업군에서 각각 19.2%, 13.2% 그리고 21.3%, 9.0%로 상장기업이 자사주 취득을 더 선호하고 있다. 배당성향으로만 본다면 한국 제조 기업의 주

## 표 1-8 | 주주가치 성향과 사내유보

| | | 1999 | 2000 | 2001 | 2002 | 2003 | 2004 | 2005 | 2006 | 2007 | 2008 | 평균(2002~07) |
|---|---|---|---|---|---|---|---|---|---|---|---|---|
| 제조업 (상장) | A | 34.7 | 39.6 | 42.7 | 38.2 | 37.7 | 23.7 | 25.9 | 26.2 | 23.7 | 26.4 | 29.2 |
| | B | 6,483.7 | -82.6 | -149.6 | 23.8 | 21.3 | 14.0 | 16.0 | 18.3 | 21.5 | 24.5 | 19.2 |
| | C | 1,271.0 | -128.0 | -32.0 | 18.0 | 11.0 | 14.0 | 11.0 | 19.0 | 6.0 | 6.0 | 13.2 |
| | D | 7,754.7 | -210.6 | -181.6 | 41.8 | 32.3 | 28.0 | 27.0 | 37.3 | 27.5 | 30.5 | 32.3 |
| | E | | | | | 279.8 | 88.4 | 96.5 | 91.4 | 90.1 | | 91.4 |
| 제조업 (외감) | A | 36.5 | 46.7 | 43.8 | 35.6 | 40.3 | 30.2 | 32.8 | 33.5 | 31.0 | 35.0 | 33.9 |
| | B | -203.5 | -30.6 | -320.4 | 15.5 | 25.5 | 18.5 | 21.0 | 22.3 | 24.7 | 33.7 | 21.3 |
| | C | -27.6 | -28.8 | -47.4 | 7.6 | 9.2 | 11.1 | 7.8 | 13.5 | 4.6 | 7.9 | 9.0 |
| | D | -231.1 | -59.4 | -367.8 | 23.2 | 34.7 | 29.7 | 28.8 | 35.8 | 29.3 | 41.6 | 30.3 |
| | E | | | | | 77.5 | 94.4 | 93.6 | 92.2 | 94.5 | | |
| 삼성 전자 | A | 12.7 | 12.2 | 21.4 | 16.0 | 16.4 | | | | | | |
| | B | 10.8 | 7.0 | 8.6 | 11.8 | 13.5 | 7.2 | 9.9 | 9.4 | 14.8 | | 11.1 |
| | C | 0.0 | 9.0 | 0.0 | 21.0 | 33.0 | 34.0 | 25.0 | 21.0 | 23.0 | -3.0 | 26.2 |
| | D | 10.8 | 16.0 | 8.6 | 32.8 | 46.5 | 41.2 | 34.9 | 30.4 | 37.8 | -3.0 | 37.3 |
| | E | 81.0 | 93.2 | 91.1 | 88.1 | 83.6 | 88.9 | 90.0 | 90.4 | 84.9 | | 87.7 |
| 현대 자동차 | A | 48.6 | 54.5 | 47.0 | 48.8 | 46.3 | | | | | | |
| | B | 33.7 | 24.8 | 18.5 | 16.8 | 16.2 | 18.7 | 14.6 | 18.0 | 16.4 | 16.3 | 16.8 |
| | C | 0.0 | 0.4 | -0.2 | 0.0 | 0.0 | 0.0 | 0.3 | 0.0 | 0.0 | 0.0 | 0.1 |
| | D | 33.7 | 25.2 | 18.3 | 16.8 | 16.2 | 18.8 | 14.8 | 18.0 | 16.4 | 16.3 | 16.8 |
| | E | 79.7 | 74.1 | 80.7 | 82.7 | 83.7 | 78.2 | 87.3 | 82.2 | 83.5 | 81.2 | 82.9 |
| 삼성 그룹 | A | 24.2 | 20.3 | 29.2 | 24.6 | 25.1 | 12.1 | 15.9 | 14.9 | 15.7 | 12.5 | 18.1 |
| | B | 25.4 | 11.0 | 14.5 | 14.4 | 18.2 | 12.9 | 15.9 | 13.7 | 18.9 | 17.8 | 15.7 |
| | C | 3.0 | 7.0 | 1.0 | 18.0 | 28.0 | 28.0 | 20.0 | 15.0 | 23.0 | 2.0 | 22.0 |
| | D | 28.4 | 18.0 | 15.5 | 32.4 | 46.2 | 40.9 | 35.9 | 28.7 | 41.9 | 19.8 | 37.7 |
| | E | 85.5 | 92.9 | 93.3 | 87.7 | 83.3 | 83.6 | 87.7 | 89.1 | 90.5 | 88.2 | 87.0 |
| 현대 자동차 | A | | 50.5 | 45.2 | 46.0 | 44.8 | 26.3 | 24.7 | 29.9 | 26.5 | 26.7 | 33.0 |
| | B | | 18.0 | 13.3 | 14.2 | 15.9 | 16.4 | 12.1 | 14.9 | 14.5 | 12.2 | 14.7 |
| | C | | 62.0 | 6.0 | 1.0 | 6.0 | 5.0 | 14.0 | 0.0 | 3.0 | 0.1 | 4.8 |
| | D | | 80.0 | 19.3 | 15.2 | 21.9 | 21.4 | 26.1 | 14.9 | 17.5 | 12.3 | 19.5 |
| | E | | | 73.1 | 82.9 | 84.6 | 83.2 | 88.9 | 88.9 | 94.5 | 102.4 | 87.2 |
| SK | A | 15.7 | 14.5 | 16.9 | 48.4 | 15.6 | 13.7 | 15.0 | 16.6 | 19.2 | 18.0 | 21.4 |
| | B | 15.0 | 14.1 | 22.2 | | 14.2 | 21.6 | 20.0 | 21.0 | 24.3 | 43.3 | 20.2 |
| | C | 0.0 | 8.0 | 175.0 | -46.0 | 28.0 | 0.0 | 0.1 | 34.0 | 8.0 | 2.0 | 4.0 |
| | D | 15.0 | 22.1 | 197.2 | -46.0 | 42.2 | 21.7 | 20.1 | 55.0 | 32.3 | 45.3 | 20.9 |
| | E | 90.4 | 84.3 | 72.1 | | | 123.3 | 87.6 | 88.0 | 43.1 | 78.8 | |
| LG | A | 22.7 | 28.2 | 31.7 | 29.1 | 29.1 | 23.1 | 28.3 | 23.2 | 14.4 | 17.9 | 24.5 |
| | B | 21.4 | 40.8 | 40.3 | 24.4 | 23.8 | 10.2 | 16.8 | 39.8 | 19.4 | 17.3 | 22.4 |
| | C | 8.0 | 36.0 | -20.0 | -0.1 | -2.0 | -6.0 | 1.0 | 14.0 | 0.0 | -1.0 | 1.2 |
| | D | 29.4 | 76.8 | 20.3 | 24.4 | 21.8 | 4.2 | 17.8 | 53.8 | 19.4 | 16.3 | 23.6 |
| | E | 102.5 | 76.6 | 58.6 | 70.1 | 74.7 | 81.5 | 93.1 | 91.0 | 90.7 | 93.8 | 83.5 |

주: A는 노동소득분배율, B는 배당성향, C는 자사주 성향, D는 총주주가치 성향, E는 사내유보율.
자료: 한국신용평가, 〈kis-value〉.

주가치 성향은 미국에 비해 매우 낮고, 1997년 이전에 비해서도 큰 변화를 읽기 어렵다. 그러나 이전과 달리 배당금이 외국으로 빠져나가고, 배당성향은 낮지만 배당률(배당금/자본금)이 매우 높아진 점을 주목해야 한

**표 1-9 | 한·미·일 기업의 배당성향과 사내유보율**

단위: %

|  |  | 1998 | 1999 | 2000 | 2001 | 2002 | 2003 | 2004 | 2005 | 2006 | 2007 |
|---|---|---|---|---|---|---|---|---|---|---|---|
| 한국 | 배당성향 | 15.8 | 15.0 | 17.4 | 19.3 | 11.8 | 19.2 | 17.7 | 19.0 | 19.2 | 21.6 |
|  | 사내유보율 | 91.1 | 88.4 | 89.1 | 88.9 | 88.9 | 88.5 | 88.4 | 90.2 | 91.1 | 90.7 |
| 미국 | 배당성향 | 50.0 | 39.2 | 47.2 | 278.9 | 70.5 | 45.4 | 41.1 | 42.7 | 34.7 | 40.2 |
|  | 사내유보율 | 50.0 | 60.8 | 52.8 | – | 29.5 | 54.6 | 58.9 | 57.3 | 65.3 | 59.8 |
| 일본 | 배당성향 | 193.0 | 108.5 | 58.3 | 583.8 | 84.4 | 49.4 | 42.6 | 61.0 | 65.3 | 52.9 |
|  | 사내유보율 | -119.6 | -20.0 | 34.5 | -533.4 | 6.8 | 45.4 | 54.0 | 34.7 | 34.7 | 47.1 |

자료: 한국은행, 〈기업경영분석〉.

다. 1997년 이전 4~5% 수준이던 배당률이 2004년부터 12% 이상으로 뛰어올랐다. 그렇지만 가장 주목해야 할 것은 낮은 배당성향을 자사주 취득으로 만회하고 있는 부분이다. 이는 미국의 흐름과 유사하다. 미국도 1980년대 초 이후 현금배당이 감소하고 자사주 매입을 통한 주주가치 추구 방식이 급성장해 1998년부터는 현금배당 지급액을 초과했다(최창현 2005). 한국 최대 기업인 삼성전자의 경우 배당성향, 자사주 성향, 총주주가치 성향은 각각 11.1%, 26.2%, 37.3%다. 단연 자사주 취득 방식으로 투자자 요구에 부응하고 있다. 배당률도 1990년대 초 13%에서 2002년 이후 100%로 비약적으로 높아졌다. 반면 현대자동차는 삼성전자와 대조적이다. 자사주 취득 실적이 별로 없고 총주주가치 성향도 16.8%에 불과하다. 이런 대비는 다른 재벌 그룹에도 나타난다. 4대 재벌에서 삼성, SK는 주주가치 성향이 높은 반면에 현대자동차, LG의 성향은 낮다.

그런데 한국 기업의 이익 처분 방식에서 아주 중요한 특징은 사내유보 측면에서 발견된다. 즉 사내유보율이 매우 높다는 것이다. 제조업 평균은 90%를 웃돌고 있고, 대표적 대기업이나 그룹 수준에서도 80~90% 수준을 유지하고 있다(〈표 1-9〉). 심지어 한국의 사내유보율은 1997년 이전보다도 더 높아졌다. 그 반면 미국의 사내유보율은 50~60% 수준으로 낮다. 순이익의 중요 부분을 배당으로 유출하고 있기 때문이다.[8] 따라서 우리는 다음과 같이 말할 수 있다. 1997년 이후 한국 기업은 낮은 노동소득분배율을 강요하는 가운데 새로운 수익 추구 체제를 확립했는데, 이는 한편으로 미국식 주주가치 추구를 함축하지만 다른 한편 높은 사내유보율로서 개발주의적 특성을 유지하고 있다.

그러나 1997년 이후 수익 추구 체제의 한국적 특성은 높은 사내유보율에만 있는 것이 아니다. 주주가치 추구의 내용 안으로 더 파고들어가 봐야 한다. '어떤 주주냐'가 문제다. 한국 — 일본도 — 은 미국과 달리 '법인주주'의 존재가 매우 중요하다. 1997년 이후 구조조정에도 불구하고 한국 경제에는 여전히 재벌 체제가 엄존하며 재벌 그룹은 계열사 간 출자망으로 얽혀 있다.[9] 문제는 이 계열사 출자가 영업외손익의 구조에 큰 변화를 가져온다는 것이다. 그중에서도 지분법투자주식(대차대조표)에 상응하는 지분법이익(손익계산서)이 중요하다. 이 항목은 투자회사가 피투자회사에 대해 중대한 영향력을 행사할 수 있을 때(통상 의결권이 있는 지분을 20% 이

---

8_한국은행의 〈기업경영분석〉 자료에서 배당성향과 사내유보율 수치를 합하면 100%가 되는데, 이로 보아 배당성향에는 자사주 취득이 포함되어 있는 것으로 짐작된다. 이는 검토가 더 필요한 부분이다. 또 미국과 비교해 일본의 배당성향이 더 높고 사내유보율이 더 낮게 나와 있는데, 이 부분도 검토가 더 필요하다.

9_원래 계열사의 타 회사에 대한 출자 총액은 순자산의 40%로 제한되어 있었으나(1986년 개정 〈공정거래법〉), 1998년에 적대적 M&A(인수합병)의 허용, 외국기업에 대한 국내 기업의 역차별 등의 이유로 출자총액제한제도가 폐지되었다. 이 제도는 이후 부활되긴 했지만 유명무실할 정도로 크게 완화되었다. 이로 인해 1997년 이후 한국 경제는 주주 자본주의의 특성과 총수 일가 지분율은 작고 계열사 지분율이 매우 큰 재벌 자본주의의 특성이 공생하는 특이한 구조를 갖게 된 것이다(강신준 외 2005). 1997년 외환위기 이후 진행된 구조조정 자체가 재벌과 외자 주도 금융자본 간의 타협 체제를 구축하는 성격을 가졌다는 점에 대해서는 이병천(2013)을 참고할 것.

#### 표 1-10 | 지분법이익의 추이

| | | 1998 | 1999 | 2000 | 2001 | 2002 | 2003 | 2004 | 2005 | 2006 | 2007 | 2008 |
|---|---|---|---|---|---|---|---|---|---|---|---|---|
| 제조업 | A | 0.1 | -14.7 | -6.7 | 6.7 | -43.0 | -22.2 | 117.3 | 109.3 | 102.5 | 106.2 | -6.9 |
| (상장) | B | 0.1 | 10.1 | 11.5 | -44.6 | 10.5 | 3.9 | 16.6 | 20.0 | 24.4 | 26.2 | 4.6 |
| 제조업 | A | 0.0 | -2.9 | 2.9 | 6.5 | 30.2 | -10.6 | 195.9 | 148.0 | 142.3 | 143.4 | -0.4 |
| (외감) | B | 0.1 | -38.3 | 9.4 | 118.0 | 5.9 | 3.6 | 13.5 | 16.1 | 17.8 | 19.4 | 0.5 |
| 삼성 | A | 0.1 | -9.5 | -203.4 | 683.9 | 131.6 | 3.4 | 90.5 | 46.2 | 78.6 | 77.3 | 85.1 |
| 그룹 | B | 16.0 | 17.8 | 19.3 | 28.8 | 21.4 | -0.3 | 10.9 | 3.8 | 21.1 | 24.9 | 19.0 |
| 현대자동차 | A | – | – | -21.9 | -69.8 | 181.8 | 352.5 | 46.4 | 75.6 | 120.9 | 273.9 | -88.4 |
| 그룹 | B | – | – | 14.8 | 21.1 | 30.4 | 12.3 | 12.8 | 43.4 | 39.2 | 33.8 | 24.3 |

주: A는 지분법이익/영업외이익, B는 지분법이익/당기순이익
자료: 한국신용평가, 〈kis-value〉.

상 보유), 지분율만큼의 이익(당기순이익 × 지분율)을 지분법이익이라 하여 영업외이익으로 처리한다. 당연히 이 지분법이익은 당기순이익도 키우게 된다. 이런 사정이 ROE의 급증, 그리고 EVA 〉0을 미국식 주주가치 추구 또는 '금융화'의 진전과 곧 바로 동일시할 수 없는 또 한 가지 이유다. 〈표 1-10〉에서 보듯이 제조업 상장기업에서 영업외이익과 당기순이익에서 지분법이익이 차지하는 비중(2004~07년 평균)은 각각 108.8%, 21.8% 그리고 외감 기업에서는 각각 157.4%, 16.7%다. 놀랄 정도로 높다. 그룹 수준은 삼성 재벌만 보았는데 73.1%, 15.2%다. 영업외이익 대비 비중은 제조업 평균보다 낮지만 당기순이익 대비 비중은 비슷하다. 이런 높은 지분법이익의 존재는 한국 기업의 주주가치 추구가 단지 '외부 주주' 이익만이 아니라 계열사망을 통한 재벌 체제의 자기 확장이라는 의미를 가지며, 통상적 주주가치 추구와 재벌 체제 공생의 고리가 되기 때문에 매우 중요하다. 또 한 가지, 당기순이익에서 지분법이익을 제외할 경우 당기순이익(분모)이 그만큼 작아지기 때문에, 지분법이익을 감안한다면 앞서 보인 한국 기업의 주주가치 성향은 과소평가된 값이라고 생각된다.[10] 요컨대 1997년 이후 한국의 수익 추구 체제는 적어도 높은 사내유보율, 그리고 높은 지분법이익률의 존재 때문에 미국식 주주가치 체제와는 다른 한국적 특

그림 1-24 | 설비투자 성향과 영업이익률

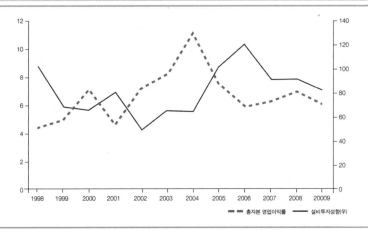

자료: 한국신용평가, 〈KIS-value〉.

성, 즉 개발주의의 경로 의존적 특성을 갖고 있다.

마지막으로, 수익 추구 체제하 설비투자 추이가 어떤지를 보자. 상장 기업의 경우, 영업이익 대비 설비투자 비중으로 본 설비투자 성향은 외환 위기 이전에는 150% 수준이었으나 외환위기 이후는 80~90% 수준으로 급락했다. 이것이 투자 성향의 측면에서 본 수익성 추구 체제의 중요한 특성이다. 수익성 확보와 낮은 부채비율이 우선적 규범이 되고, 설비투자를 주로 내부자금으로 조달할 때 기업의 투자 결정은 신중해지고 그만큼 위축될 수밖에 없다. 그렇지만 투자 성향이 반드시 자본이익률에 의해 결정된다고 볼 수는 없다. 〈그림 1-24〉에서 보듯이 2004~06년 기간처럼 영업

10_지분법을 고려한 속에서 상장 제조업의 주주가치 성향에 대한 더 진전된 연구로는 이
    병천(2012a)을 보라.

그림 1-25 | 설비투자와 영업이익

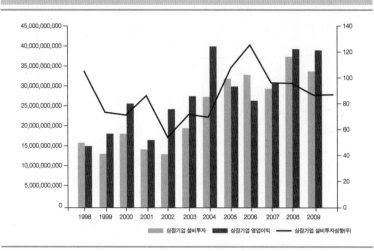

자료: 한국신용평가, 〈KIS-value〉.

이익률은 낮아지는데 투자 성향이 높아지기도 한다. 〈그림 1-25〉는 영업이익률과 함께, 영업이익의 규모가 설비투자를 규정하는 중요한 요인이 되고 있음을 보여 준다. 그런데 설비투자는 대체로 영업이익의 범위 안에서 이루어지고 있다. 그러나 이것은 상장 제조업의 평균적 추이이며, 반도체 같은 경우는 속성상 적자가 나더라도 대규모 설비투자를 시행해야 한다. 2005~07년 기간은 설비투자액이 영업이익액보다 더 큰데, 이는 반도체 부문의 추이를 반영하고 있는 것으로 보인다. 우리는 이미 앞에서 전기·전자 부문이 수출용 설비투자의 70~80%를 차지할 정도로 초집중되어 있음을 본 바 있다(〈그림 1-7〉 참조). 이처럼 1997년 이후 설비투자 추이에는 수익 추구 힘만이 아니라 수출 주도 힘과 재벌 체제가 복합적으로 작용하고 있다. 설비투자 패턴이 미국과 같을 수 없는 이유다.

# 6. 거시경제 악순환과 저진로 함정

## 신축적 체제의 두 개의 얼굴: 무엇이 변했나

외환위기 이후 한국 경제가 수출 주도와 수익 추구라는 두 방향으로 축적 체제의 성격을 근본적으로 전환한 것과 관련해 적극적으로 평가할 부분 이 없는 것이 아니다. 이 방향으로 구조조정과 제도 개혁을 단행함으로써 한국 경제는 대내적으로는 과다 차입에 의존하면서 규모 확대 일변도로 치달은 종래의 개발주의 모델의 취약한 경제 체질을 개선하고, 대외적으 로는 중국이 세계의 공장, 세계의 시장으로 급부상함으로써 새롭게 재편 된 국제분업 구조 위에 적극적으로 올라탔다고 할 수 있다. 이 측면에서 전면 개방경제 아래 수출시장과 금융시장은 외환위기 이후 재편된 축적 체제가 성과를 내도록 위로 끌어올린 두 개의 시장 규율 기제 역할을 수행했 다고 할 수 있다. 외환위기 이후 한국 경제는 이 두 시장 규율 기제를 고통 스럽게 감당해 내면서 떠오르는 중국과 저무는 미국이 연출한 이른바 차 이메리카의 새 국제분업 구조 위에 자신의 위치를 새롭게 자리매김했다. 한국 경제가 다른 나라에 비해 2008년 미국발 세계경제 위기의 파고를 예 상 외로 잘 헤쳐 나간 것도 이 때문일 것이다.

　　그러나 다른 한편, 이 축적 체제를 떠받치는 경쟁력의 기초와 질적 수 준이 얼마나 튼튼하고 탈추격 선도자 경제로 가는 낙관적 미래를 가진 것 인지, 성장과 분배가 국민경제 전반으로 파급·확산되는 어떤 동반·공유 메커니즘을 가진 것인지, 나라 경제가 얼마나 다수 국민의 살림살이 터전 으로서 의미 있는 거처가 되고 있는지 하는 물음을 제기했을 때 문제는 달 라진다. 이 물음 앞에서는 수출 주도, 수익 추구 체제의 밝은 얼굴은 뒤로 물러가고 어두운 얼굴이 전면에 등장한다. 수출 주도, 수익 추구 체제는 앞문으로는 구체제의 취약성을 개선하는 한편, 다시 뒷문으로 수출-투자

그림 1-26 | 수출 주도, 수익 추구 체제와 저진로 함정

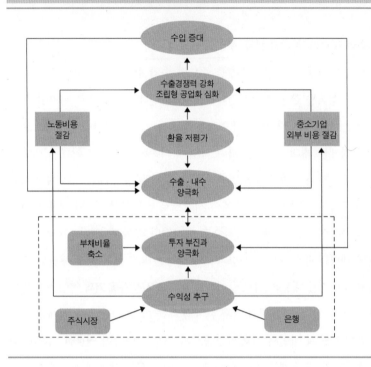

-소비의 선순환 메커니즘을 해체시키고 새로이 악순환 메커니즘을 불러들였다. 이 악순환 메커니즘을 도식화하면 〈그림 1-26〉과 같다. 그림으로 보인 이 거시경제 악순환 메커니즘의 골격을 구성하는 것은 ① 약한 경쟁력에 기초한 수출과 수출·내수의 양극화, ② 수익 추구와 투자 부진의 결합, ③ 분배 악화와 소비 침체, 투자 부진의 결합이다. 그리고 이 악순환의 뿌리로 더 내려가게 되면, 경제 시스템을 구성하는 각 부문들, 즉 자본 체제, 산업 체제, 기업 체제, 금융 체제, 노동 체제, 교육·훈련 체제 등이 서로 상생적으로 헌신·협력commitment and cooperation하고 동반·보완하는 관계에 서는 것이 아니라 유동성과 이탈liquidity and exit의 관계, 이른바 '갑과 을'

과 같은 일방적 지배 관계, 그리고 각기 따로 돌아가는 부조응mismatch 관계에 서있는 것을 목격하게 된다. 그 결정적 지점은 국가의 재벌 규율, 금융 통제, 자본의 국경 이동 통제가 모두 해체되었다는 것이다. 그리하여 재벌 자본 그리고 새롭게 국내외 금융자본은 자본의 "공공적 책임"(Amsden 1989; 이병천 2003)은 고사하고, 자유로운 이탈exit 권한과 자신의 요구를 들고 나오게 되었다. 수출시장과 금융시장이 성과를 올리도록 규율 효과를 갖게 되었다는 것은 시스템의 단지 하나의 측면에 불과하다. 주목해야 할 더 중요한 측면은 불공정한 위험 공유 및 협력에 기반을 둔 이전 개발주의 체제의 자유화와 국가 후퇴를 대체하는, 자본 권력에 대한 새로운 민주적 규율 기제가 수립되지 못함으로써, 이제 지배적 공생 관계에 서게 된 재벌과 금융자본이 자본에 고유한 유동적 이탈/위협권과 발언권을 틀어쥐게 되었다는 것이다.[11] 우리는 개발주의의 자유화와 국가의 대자본 규율의 해체 이후 경제 부문들 간의 관계 방식이 헌신-협력에서 유동성-이탈로 변질되면서 악순환을 노정하고 있는 수출 주도, 수익 추구 체제의 구조적 모순을 '저진로 함정'이라 부르고자 한다. 이하에서는 그 주요 측면들에 대해 살펴보려고 한다.

### 조립형 공업화 심화의 악순환

외환위기 이후 수출은 국내총생산의 40% 이상을 차지해 그 이전 1987~

---

11_신장섭·장하준(2004)과 장하준·정승일(2005)은 1997년 외환위기와 이후 한국 경제 진로에 대한 해석에서, 국가 후퇴가 재벌에 대한 규율력을 해체시켰다는 것과 이를 대체하는 민주적 규율 기제가 수립되지 못한 지점을 빼놓고 있다.

96년 기간의 20%에서 비중이 두 배 이상으로 확대됐다. 성장 기여도도 5%나 되어 가장 크다. 그러나 수출의 일방적 독주 체제는 수출과 내수의 극단적 양극화를 초래했다. 산업연관표상 수출과 관련된 여러 지표들의 추이에서 그 대략적인 양상들을 볼 수 있다. 외환위기 이후 부가가치유발계수, 수입유발계수, 수입유발의존도, 취업계수 등 모든 값들이 전반적으로 악화되고 있다. 1995년과 2005년 사이에 부가가치 유발 효과는 0.698에서 0.617로, 취업계수(명/10억 원)는 24.0에서 10.8로 하락했다. 이런 결과를 초래한 요인으로, 먼저 산업구조상 조립형 공업화가 심화되면서 수출의 투자·소비·고용에 대한 내발적 파급효과가 약화된 점을 들어야 한다. 수출이 증대될수록 수입도 증대되기 때문이며, 부품·소재 수입의존도가 높아 설비투자의 수입대체도가 빠르게 증대되었다. 그러나 단지 산업구조적 요인을 넘어 권력적·제도적·정책적 요인들이 내수 희생 위에 수출 독주를 밀고 나간 부분, 즉 국민경제 성장의 이름 아래 수출 증대를 지원한 비용을 내수에 전가시킨 지점이 있다. 내수를 구성하는 일련의 요소들은 서비스 산업 부문, 생활 관련 산업 부문, 중소기업, 자영업, 그리고 노동자와 일반 서민 생활인데, 이 구성 요소들의 희생과 '비용의 사회화' 위에서 IT로 대표되는 돌출적 가공 공업 부문, 소수 재벌 대기업의 협소한 이해를 도모한, 아주 강력한 구조적 힘(제도·권력·정책)이 존재했다. 그뿐만 아니라 문제는 수출의 일방적 독주 체제가 수출·내수의 양극화를 초래했을 뿐 아니라 그 취약한 경쟁력 기초를 재생산했다. 저진로 함정이란 그런 이중의 의미를 갖고 있다.

첨단산업을 좇아가는 조립형 공업화 방식은 한국이 개발 연대 이래 압축 고도성장을 달성할 수 있었던 기술적·산업구조적 기본 틀이었다. 그러나 이는 동시에 한국 경제에 뿌리 깊은 약한 고리이기도 했다. 주로 일본에서 소재·부품 및 기계류를 수입하고 이를 조립해서 미국이나 개도

**표 1-11 | IT 부문의 수입의존도**

|  | 2000 | 2001 | 2002 | 2003 | 2004 | 2005 | 2006 |
|---|---|---|---|---|---|---|---|
| IT 부품·소재 수입 (A) | 257.2 | 206.0 | 236.9 | 298.9 | 356.7 | 380.4 | 406.6 |
| IT산업 수출 (B) | 630.4 | 484.3 | 571.3 | 705.5 | 936.8 | 1,023.3 | 1,133.9 |
| A / B (%) | 40.8 | 42.5 | 41.5 | 42.4 | 38.1 | 37.2 | 35.9 |
| 총수입 (C) | 1,604.8 | 1,411.0 | 1,521.3 | 1,788.3 | 2,244.6 | 2,612.4 | 3,093.3 |
| A / C (%) | 16.0 | 14.6 | 15.6 | 16.7 | 15.9 | 14.6 | 13.1 |

자료: 한국은행(2007).

국에 수출하는 방식은 국내의 산업 간 분업 연관과 기업 간 협력 관계를
얕게 만들었다. 또 숙련 절약-노동 절약적인 기술 패턴은 다른 어떤 성장
경험에 비해서도 조숙하게 '일자리 없는 성장'을 가져왔다. 이런 이중구조
적 불균형뿐만 아니라, 대외적으로는 수출 증대가 만성적으로 대일본 수
입 적자를 부르는 악순환이 재생산되었다.

　1997년 이후 IT 주도, 수출 주도에 의해 다행히 대중국 흑자로 대일본
적자를 상당히 만회하는 구조를 갖게 되긴 했지만, 핵심 원천 기술과 부
품·소재의 대외 의존 때문에 대내적으로 부품·소재 부문, 중소기업 부문
이 취약하고, 일자리 창출 효과가 희미한 이중구조적 불균형은 더욱 심화
되고 고착화되었다. 이에 따라 IT 부문은 국민경제 여타 부문과 내발적 연
관성이 너무 얕아서 그 국민경제적 위상이 마치 '고립된 섬'과 같은 모습이
다(정준호·이병천 2007). 산업연관표상 IT 부문에 대한 지표들을 보면(1995~
2005년), 부가가치유발계수는 0.653에서 0.552로, 취업계수는 13.8명에
서 3.8명으로 하락했다. 또한 IT산업 수출에서 동 부품·소재 수입이 차지
하는 비중(수입의존도)이 40% 내외로 높다. 총수입에서 IT 부품·소재 수
입 비중도 약 15%에 이른다(〈표 1-11〉). IT산업은 원천 기술 부족, 부품·
소재 산업 취약, 산업 측면의 낮은 IT 활용도, 생산·고용·소득 창출원으
로서의 역할 저하, 주력 제품의 경쟁력 약화 가능성 등으로 성장 동력으로
서 한계에 봉착해 있다(한국은행 2007).

## 비용 경쟁력 만회 기제(1): 고환율

1997년 이후 한국 경제는 여전히 조립형 성장 전략에 의존하고 있고, 대부분의 산업은 원천 기술이 결여되어 있다. 따라서 경쟁력의 질적인 면에서 기술적 우위보다는 생산비 우위에 기반을 두고 있다. 이는 한국이 같은 제조업 강국이면서도 기술적 경쟁 우위에 기반을 둔 일본·독일과 같은 선진국과 갈라지는 결정적인 차이다(산업연구원 2005, 282). 비용 경쟁력에서 기술 경쟁력, 그리고 이와 관련된 숙련 경쟁력 단계로 올라서는 것은, 단번에 될 수 있는 일이 아니다. 한국적 조건에 맞는 과학·기술정책, 노동숙련정책, 복지정책, 교육정책을 수립해야 한다. 그런데 특별히 나쁜 일은, 조립형 성장 전략이 그 성질상 비용 경쟁력 방식을 계속 재생산하는 강한 유혹을 갖고 있다는 것이다. 자생적인 기술 경쟁력의 구축에는 오랜 시간이 소요되고 또 불확실한 데 반해, 단기적 성장 성과주의가 관성이 되어 있는데다가, 조립형 패턴에 의존하면서 비용 경쟁력을 답습하는 것이 훨씬 손쉬운 길이기 때문이다. 그리고 당연히 새롭게 이탈권 및 발언권을 갖게 된 재벌 자본과 이에 부응한 정책 기조가 1997년 이후 수출 주도 체제가 이 쉬운 저진로 길로 가도록 했다. 이때 재벌 기업과 정부가 비용 경쟁력을 높이기 위해 가동한 전략적 지주가 한편으로 고환율, 다른 한편으로 중소기업 착취 및 노동 배제 등, '을'들에 대한 쥐어짜기였다.

수출 주도 체제의 비용 경쟁력을 떠받치는 가장 강력한 기둥은 고환율 정책이다. 가공형 수출 주도 모델은 그 약한 경쟁력 기초로 인해 환율 변동에 매우 취약할 수밖에 없다. 환율은 늘 한국 수출 경쟁력을 좌우하는 중요 변수였지만 외환위기 이후 한국 경제는 유난히 환율 변동에 크게 좌우되었다. 왜냐하면 수출 주도 체제로 돌입한 데다 외국인 주식 투자 자금이 대량으로 유입되어 강력한 원화 절상 압력이 있었기 때문이다. 그리고 정부가 이 절상 압력을 막기 위해 지속적으로 개입했기 때문이다. 실질실

효환율로 볼 때, 원화 환율은 1997년 11월~2004년 11월까지 85개월이나 되는 긴 기간 동안 고환율(저평가) 상태에 머물러 있었고, 그 이후에도 절상 압력을 막기 위한 개입은 계속되었다. 외환위기 이후 수출 호조와 경상수지 흑자 기조의 정착은 물론 세계경제 호황 특히 중국의 부상, 그리고 수출 제품 자체의 생산성 향상에도 힘입었다. 그러나 고환율이 결정적 역할을 한 것으로 봐야 한다(홍순영 외 2006, 182-183).

이와 관련해 우리는 김대중·노무현 정부의 성장 정책 기조를 돌아볼 필요가 있다. 김대중 정부는 외환위기 및 국제통화기금IMF의 극단적 긴축 처방에 따른 1998년의 침체를 겪은 후, 고환율 그리고 부동산 투기 및 신용카드 규제완화를 핵심적인 두 정책 기조로 삼아 경기침체를 '극복'했다. 고환율은 1997년 이전의 저환율 고평가 정책에서 전환해 수출 주도 체제를 뒷받침하는 정책수단이었고, 부동산 및 신용카드 규제완화는 이에 따른 내수 부진을 만회하려는 경기 부양 정책이었다. 노무현 정부는 출범 때부터 이전 정부가 넘겨준 악유산, 특히 '신용카드 대란' 사태에 시달렸다. 거품 붕괴와 내수 침체에도 불구하고 노무현 정부가 김대중 정부 때처럼 무분별한 규제완화를 통한 경기 부양책을 자제한 것은 평가할 만하다. 그러나 우리는 노무현 정부가 여전히 고환율 정책을 통한 수출 주도 체제를 그대로 밀고 갔다는 사실에 주목해야 한다. 또 금융 자유화·개방화 정책도 강도 높게 밀고 가 동북아 금융허브 전략을 채택했으며, 마침내 한미 자유무역협정FTA까지 추진하게 됐다.[12] 두 정부의 일관된 고환율 정책은 1997년 이후 수출 주도 체제 확립을 떠받친 핵심 정책 기둥이었다. 외환

---

12_동북아 금융허브 전략에 대해서는 홍기빈(2014)과 김학렬(2014) 참조.

그림 1-27 | 환율, 수출, 무역수지

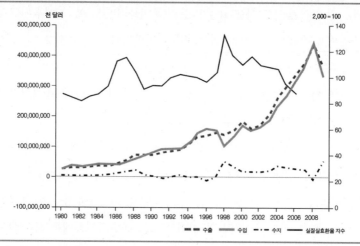

천 달러                    2,000 = 100

자료: 한국무역협회; 한국은행; 고영선(2008).

위기 이후는 개방에 대한 본래의 산업정책적 고려가 무장해제되고 오히려 환율 정책이 수출을 부양하고 재벌 대기업의 이익을 보조하는 최대의 산업정책 기능을 수행했다.

그러나 고환율은 수출의 가격경쟁력을 높이고 이를 통해 수출 증대와 대기업 이익 보조에 복무하는 한편, 내수 침체와 국민경제의 이중구조적 불균형을 심화시키는 양날의 칼이다. 수출·내수의 양극화를 조장하는 가장 강력한 비용 사회화, 이익 사유화 정책이다. 노무현 정부가 '동반 성장'을 부르짖었음에도 불구하고, 수출 호조, 내수 악화가 심화된 것은 바로 이 때문이다(조동철 2005). 정부의 인위적 환율 부양 정책은 적어도 환차손, 외평채·통안채 발행 부담, 물가 상승 등 세 가지 경로를 통해, 수출 대기업 지원 비용을 가계와 내수 기업에 전가하고 내수 침체를 강제한다(전창환 2007).

그림 1-28 | 고환율과 내수 위축

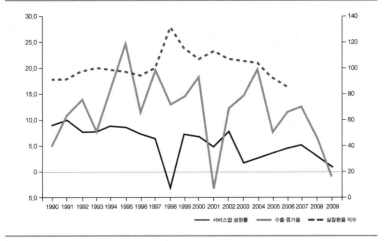

범례: 서비스업 성장률, 수출 증가율, 실질환율 지수

- 환율 하락을 방어하기 위해 현-선물시장에서 환율 상승 쪽에 배팅
  해야 하므로 환율 하락 폭이 커질수록 환차손이 증가한다. 또 환율
  개입은 외환보유액을 증가시키는데, 달러 가치가 하락할수록 달러
  표시 외환보유액(약 70%)의 가치가 동반 하락한다(평가손실).
- 외국환평형기금채권(외평채) 발행에 따라 조달금리와 운용 수익률
  차이로 인한 이자 손실이 발생한다. 또 국가채무가 증가하면 이는
  곧 조세부담의 증가로 이어진다. 그리고 원화 증발 압력을 흡수하기
  위한 통화안정증권 발행(불태화 개입)도 이자 지급 비용을 동반하고
  국민 부담으로 귀착된다.
- 또 고환율은 수입품 가격 상승 → 내수 비용 증가 → 실질 구매력 약
  화 경로를 통해 내수 부진의 악순환을 가져온다.

**표 1-12 | 외국환평형기금 추이**

단위: 조 원, %

| | 1997 | 1998 | 1999 | 2000 | 2001 | 2002 | 2003 | 2004 | 2005 | 2006 | 2007 | 2008 |
|---|---|---|---|---|---|---|---|---|---|---|---|---|
| 외평채 잔액 | 4.2 | 9.0 | 10.8 | 13.5 | 14.1 | 20.7 | 33.5 | 51.3 | 67.1 | 78.6 | 89.7 | 94.0 |
| 누적적자 | | -0.25 | -1 | -0.50 | -0.66 | -2.5 | -2.97 | -13.2 | 17.83 | 26.03 | 26.37 | 9.09 |
| 외평채 잔액 /국가채무 | 7.0 | 11.2 | 11.0 | 12.1 | 11.6 | 15.5 | 20.2 | 25.2 | 27.1 | 27.8 | 23.0 | 30.4 |

자료: 대한민국정부,기금결산보고서; 기획재정부, 〈국가채무관리계획(2008~2012)〉.

외환위기 이후 외평채 잔액은 1997년 4조2천억 원에서 2000년 13조 4천억 원으로, 2007년에는 90조 원(2009년은 104조 원)으로 기하급수적으로 급증했다. 외평 기금의 누적 적자(평가손, 금리손 합계)는 1998년 2,500억 원, 2000년 5천억 원에서 2007년 26조4천억 원으로 치솟았다(〈표 1-12〉). 또 환율 10% 상승 시 물가 상승효과는 2000년 2.46%에서 2007년 2.82%로 상승했는데, 이는 주로 수입 투입 비중의 상승에 기인한다(한국은행, 산업연관표 2007). 한 연구에 따르면 2007~08년 585개 비금융 상장 기업 중 환율 상승으로 주가가 올라 이익을 얻는 기업은 16개에 불과한 반면, 241개 기업은 오히려 주가가 손해를 본 것으로 나타났다(송민규·조성민 2010). 산업별로는 이익을 얻은 업종은 자동차·전자 부품, 컴퓨터, 1차 금속 산업 등 3개 수출 주도 업종에 불과했고, 건설, 목재, 펄프, 기타 기계, 도·소매 등 수입 관련과 내수 관련 산업에는 손해를 입었다. 즉 고 환율 정책은 극소수 수출 대기업을 지원하고, 대다수 중소기업 중심의 내 수산업에 부담을 전가했다. 그런데 이와 함께 매우 중요한 사실은 1997년 이후 환율 부양책이 수출·내수의 양극화를 조장할 뿐더러 비용 경쟁력에 주로 의존하는 범용 기술 산업의 주도력과 경제 체질을 만성화시켜 성장 잠재력을 약화시킨다는 것이다(김희식·장동구 2003).

**표 1-13 | 제조업 업종별 납품 단가 지수(2001년=100)**

| 업종별 | 2002 | | 2003 | | 2004 | | 2005 | | 2006 | | 2007 | |
|---|---|---|---|---|---|---|---|---|---|---|---|---|
| | A | B | A | B | A | B | A | B | A | B | A | B |
| 제조업 전체 | 96.0 | 96.2 | 96.8 | 96.9 | 101.2 | 99.4 | 99.1 | 100.1 | 98.4 | 100.4 | 102.2 | 101.0 |
| 화합물 및 화학제품 | 99.4 | 95.8 | 99.3 | 95.8 | 99.6 | 101.8 | 98.2 | 106.9 | 104.3 | 105.7 | 101.2 | 101.9 |
| 고무 및 플라스틱 제품 | 95.4 | 96.4 | 98.7 | 98.5 | 103.9 | 98.7 | 98.4 | 97.8 | 98.6 | 98.9 | 102.1 | 99.3 |
| 비금속광물 제품 | 93.5 | 93.9 | 90.2 | 95.4 | 99.6 | 98.6 | 96.3 | 95.2 | 99.4 | 100.4 | 102.0 | 96.4 |
| 제1차 금속 산업 | 99.1 | 96.4 | 107.0 | 100.9 | 105.1 | 105.9 | 104.5 | 101.6 | 102.6 | 104.2 | 103.7 | 103.7 |
| 조립 금속 제품 | 97.5 | 94.7 | 96.6 | 99.6 | 104.2 | 98.9 | 103.5 | 101.9 | 99.1 | 100.1 | 104.3 | 102.0 |
| 기타 기계 및 장비 | 96.6 | 95.7 | 96.3 | 103.7 | 101.3 | 97.6 | 92.8 | 102.5 | 96.5 | 103.8 | 104.0 | 102.1 |
| 사무, 계산 및 회계용 기계 | 96.4 | 95.7 | 89.6 | 96.4 | 97.2 | 100.3 | 97.8 | 94.0 | 97.9 | 98.3 | 103.3 | 103.6 |
| 전기기계 및 전기 변환 장치 | 97.7 | 97.8 | 96.1 | 96.9 | 98.8 | 99.0 | 99.9 | 96.9 | 104.5 | 100.9 | 99.5 | 99.1 |
| 영상, 음향 및 통신장비 | 92.3 | 95.8 | 89.7 | 95.3 | 95.2 | 100.5 | 95.7 | 97.3 | 99.0 | 98.5 | 100.8 | 95.5 |
| 의료, 정밀, 광학기기 및 시계 | 92.5 | 98.3 | 94.0 | 98.8 | 101.2 | 99.4 | 93.1 | 103.0 | 103.4 | 100.2 | 102.6 | 96.8 |
| 자동차 및 트레일러 | 97.1 | 97.9 | 99.2 | 98.7 | 100.4 | 100.0 | 101.3 | 100.1 | 96.7 | 99.8 | 100.2 | 102.2 |
| 기타 운송 장비 | 97.5 | 96.6 | 99.5 | 97.7 | 99.1 | 100.9 | 100.3 | 103.1 | 103.8 | 102.4 | 101.3 | 101.5 |

주: A는 단일 부품, B는 중간 부품.
자료: 중소기업중앙회.

## 비용 경쟁력 만회 기제(2): 중소기업 및 노동 쥐어짜기

비용 경쟁력을 뒷받침하는 또 다른 체제적 기둥은 중소기업과 노동에 대한 쥐어짜기 전략이다. 먼저 대·중소 기업 관계인데, 수출 주도 체제는 '조립 완제품 수출(재벌 대기업), 핵심 부품·소재 수입(외국), 저부가가치 위탁 가공(국내 납품 중소기업)'의 구조로 짜여 있다. 이 3자 구조는 이전부터 있었지만 1997년 이후 수출 독주 체제하에서 고착화되었을 뿐더러, 수출 대기업은 심화된 글로벌 경쟁 압력 앞에 비용 절감을 통한 가격 경쟁력 제고의 손쉬운 수단으로 국내 중소기업과 수직적 분업 체제를 진전시켰다(김주훈 편 2005, 63). 중소기업 쥐어짜기를 보여 주는 단적인 지표는 평균 납품 단가다. 중소기업중앙회의 조사에 따르면 2001~07년 중 제조업 평균 납품 단가는 단일 부품과 중간 부품의 경우 각각 2.2%, 1.0% 상승했을 뿐이다. 업종별로는 전기·전자는 각각 0.8% 상승, 4.5% 하락했으며 자동차는 각각 0.2%, 2.2% 상승했다(〈표 1-13〉). 그런데 동 기간 임금은

표 1-14 | 삼성전자·현대자동차와 부품 업체의 매출액영업이익률 비교

| | | 2007 | 2008 | 2009 | 2010 1/4 |
|---|---|---|---|---|---|
| 삼성전자 | 모기업 | 9.41 | 5.67 | 8.23 | 14.56 |
| | 부품 업체 | 6.51 | 6.50 | 5.66 | 4.87 |
| 현대자동차 | 모기업 | 6.35 | 5.83 | 7.01 | 8.35 |
| | 부품 업체 | 3.34 | 2.19 | 2.48 | 4.62 |

자료: 공정거래위원회.

56%, 원자재 가격은 173% 상승했다. 납품 업체들이 얼마나 어려웠을지 짐작하고도 남는다. 단가 인하의 가장 중요한 요인은 대기업이 임금 인상분, 원자재 가격 상승분, 환차손 전가로 나타나고 있다. 다수의 중소 제조 업체들은 내수 부진에 더해 이 같은 납품 단가 인하의 압박, 원자재값 상승, 높은 임대료, 채무 상환 등에 시달렸다. 중소기업의 영업률이 지속적으로 하락하는 것은 너무 당연하다(조덕희 2009, 249). 그런데 1997년 이후 중요한 것은 1차 하도급 업체는 감소하고 2차 이상의 하도급 업체가 증가해 하청 구조의 중층화가 진전되었다는 것이다. 하위 도급 업체일수록 교섭력이 약하고 경영 상태는 더 열악하다.

특히 〈표 1-13〉에서 주목되는 것은 제조업 중에서도 수출 주도 부문인 전기·전자의 납품 단가가 거의 최하위 수준이라는 사실이다. 이는 수출 주도 체제의 내부 구조를 드러내는 또 하나의 중요 지점이다. 자동차는 전기·전자보다는 높지만, 전체적으로 결코 높은 수준은 아니다. 이와 관련해 공정거래위원회가 제공한 〈표 1-14〉에 따르면 삼성전자의 영업이익률은 2007년 9.41%, 2008년 5.67%, 2009년 8.23%, 2010년 1분기 14.56%로 상승한 반면, 동 부품 업체의 이익률은 같은 기간 6.51%, 6.50%, 5.66%, 4.87%로 지속적으로 하락했다. 현대자동차의 영업이익률 또한 6.35%, 5.83%, 7.01%, 8.35%로 상승세를 보였지만 부품 업체는 3.34%, 2.19%, 2.48%, 4.62%로 지속적으로 하락하면서 모기업에 크게 미달하는 수준을

**표 1-15 | 대·중소 기업과 독립 중견기업의 이익률 비교**

|  | 종합 | 대기업 | 중소기업 | 독립중견기업 |
|---|---|---|---|---|
| 제조업 전체 | 5.87 | 6.82 | 4.41 | 4.68 |
| 식료품 | 4.62 | 5.87 | 3.25 | 2.19 |
| 화학물질 및 화학제품(의약품 제외) | 6.46 | 11.31 | 5.54 | 5.30 |
| 의료용 물질 및 의약품 | 10.55 | 7.16 | 9.55 | 11.93 |
| 전자 부품, 컴퓨터, 영상, 음향 및 통신 장비 | 5.39 | 6.29 | 4.19 | 1.89 |
| 전기 장비 | 4.81 | 8.81 | 3.47 | 4.75 |
| 기타 기계 및 장비 | 6.38 | 4.43 | 5.21 | 9.10 |
| 자동차 및 트레일러 | 4.26 | 7.92 | 3.85 | 4.12 |

자료: 한국은행, 〈기업경영분석〉; 고성진·김갑수(2009).

보였다.

하도급 업체는 혹독하게 불공정한 '을'의 위치에 놓여 있으나 역설적으로 거래 안정성이 보장된다는 점에서 본다면 그래도 사정이 나은 편이다. 수출 주도, 수익 추구 체제, 그리고 소수 재벌의 폐쇄적 독식 구조 아래 '홀로서기'란 지난한 일이다. 중소 하도급체 아래쪽에서는 제조업의 '영세화'가 진행되고 있다. 2003년 이래 창업 부진이 지속되고 있고, 신설 법인 중 제조업의 비중은 2001년 25.3%를 정점으로 계속 하락하고 있다. 그리고 위쪽으로는 대기업으로 성장할 수 있는 문이 너무 좁다. 한 연구에 의하면 1993년 중소기업에 속했던 사업체 5만6,472개 가운데 2003년까지 생존한 사업체는 1만4,315개로 생존율은 25.3%로 나타났다. 그중 300명 이상 업체로 성장한 기업은 0.13%(75개), 500명 이상 업체로 성장한 기업은 0.01%(8개)에 불과했다(김주훈 2006). 또 다른 연구는 독립 중견기업의 이익률이 얼마나 열악한지를 잘 보여 주는데, 여기서도 특히 전기·전자 업종의 이익률이 지극히 낮은 것이 확인된다(〈표 1-15〉).

노동 부문과 관련해서는, 먼저 수출 주도, 수익 추구 체제는 '고용 없는 성장'의 성격을 갖고 있다. 총 사업체 조사에 의하면 1993~2007년 기간 중 전 산업에서 제조업 고용 비중은 32%에서 20%로, 제조업 고용 중

300명 이상 대기업체 고용의 비중은 34%에서 20%로 격감했다. 둘째, 신축적 체제는 단지 고용 없는 성장이 아니라 '숙련 절약적' 성격도 함께 갖고 있다. 숙련 절약과 기술-숙련 분리는 일본과 다른 한국의 조립형 압축 성장 모델의 기본 특성이 되어 왔지만 1997년 이후 이 특성은 더 심화되었다(服部民夫 2005; 정준호·이병천 2007). 이는 전기·전자가 돌출적으로 성장 선도 부문이 되었다는 것, 노동시장의 수량적 유연화가 강행되었다는 것, 그리하여 재벌 기업이 인건비 절약을 비용 경쟁력 강화의 기본 전략으로 삼았다는 것 등의 요인에 기인한다. 이는 숙련 향상을 매개로 자본과 노동이 동반 성장할 수 있는 여지를 봉쇄함은 물론, '중간 허리'가 약한 한국의 산업 및 기업 구조의 파행성을 심화시키고, 산업-기업 체제와 교육 체제 간의 탈구 현상 또한 심화시켰다.

다음에 노동시장 양극화, 즉 사업체 규모별, 고용 형태별 양극화 구조가 중요하다. 우리는 수출 주도, 수익 추구 체제가 노동조건과 복지 조건에서 제2차 노동 부문인 비정규직-중소기업 노동자를 아웃사이드로 배제하면서, 제1차 노동 부문인 대기업 정규직 남성 노동자를 인사이드로 포섭하는 체제임을 강조하고자 한다. 1997년 이후 정규직과 비정규직은 '같은 노동계급'이면서도 거의 '다른 계층'이 되어 버렸다. 그리고 사업체 규모별 임금격차는 지속적으로 확대되었다.[13] 2007년 300명 이상 정규직 임금을 100으로 할 경우, 정규직 전체 평균은 81.3, 비정규직 전체 평균은 41.7로 절반 수준이다(2006년 8월). 제조업 업종별로는 어떤가. 〈표 1-16〉에서 이를 알아볼 수 있다.[14] 전체 제조업 노동자에서 전자 부품과 자동차

---

13_이병훈(2007; 2010) 참조

**표 1-16 | 제조업 업종별 고용 비중과 임금격차(2007년 8월)**

| | 종사자 비중 | 정규직 비중 | 비정규직 비중 | 비정규직 비중 (종사자=100) | 정규직 임금 (제조업 전체 정규직=100) | 비정규직 임금 (제조업 전체 정규직=100) | 임금격차 (업종 정규직=100) |
|---|---|---|---|---|---|---|---|
| 제조업 | 100 | 100 | 100 | 36.2 | 100 | 57.3 | 57.4 |
| 음식료품 제조업 | 7.5 | 6.0 | 10.2 | 49.4 | 80.7 | 48.6 | 60.3 |
| 섬유제품 제조업 | 4.8 | 4.0 | 6.3 | 47.6 | 91.8 | 47.3 | 51.5 |
| 봉제의복 및 모피제품 제조업 | 6.5 | 2.8 | 13.0 | 72.8 | 74.7 | 49.5 | 66.3 |
| 가죽, 가방 및 신발 제조업 | 1.6 | 0.8 | 3.0 | 67.9 | 90.4 | 44.6 | 49.4 |
| 목재 및 나무 제품 제조업, 가구 제외 | 0.8 | 0.7 | 1.0 | 44.8 | 80.9 | 43.3 | 53.5 |
| 펄프, 종이 및 종이 제품 제조업 | 1.8 | 1.8 | 1.9 | 38.1 | 99.8 | 48.0 | 48.1 |
| 출판, 인쇄 및 기록 매체 복제업 | 4.2 | 3.8 | 4.9 | 42.1 | 87.4 | 60.0 | 68.6 |
| 화합물 및 화학제품 제조업 | 4.9 | 5.8 | 3.4 | 24.7 | - | 76.9 | - |
| 고무 및 플라스틱 제품 제조업 | 5.1 | 5.5 | 4.5 | 31.6 | 87.7 | 49.4 | 56.4 |
| 비금속 광물 제품 제조업 | 3.0 | 3.2 | 2.6 | 32.0 | 106.4 | 71.6 | 67.3 |
| 제1차 금속 산업 | 3.5 | 4.4 | 1.9 | 19.8 | 116.8 | 68.4 | 58.5 |
| 조립금속제품 제조업(기계 및 가구 제외) | 6.8 | 6.5 | 7.2 | 38.6 | 93.3 | 61.9 | 66.4 |
| 기타 기계 및 장비 제조업 | 9.5 | 11.1 | 6.8 | 25.9 | 92.9 | 73.6 | 79.2 |
| 사무, 계산 및 회계용 기계 제조업 | 0.5 | 0.6 | 0.3 | 22.2 | 139.4 | 65.8 | 47.2 |
| 기타 전기기계 및 전기 변환 장치 제조업 | 4.1 | 4.5 | 3.5 | 31.0 | 102.3 | 57.8 | 56.5 |
| 전자부품, 영상, 음향 및 통신장비 제조업 | 13.2 | 14.7 | 10.5 | 29.1 | 97.5 | 60.9 | 62.4 |
| 의료, 정밀, 광학기기 및 시계 제조업 | 2.2 | 2.3 | 1.9 | 32.0 | 94.7 | 59.4 | 62.7 |
| 자동차 및 트레일러 제조업 | 10.0 | 12.5 | 5.7 | 20.9 | 109.9 | 60.8 | 55.3 |
| 기타 운송 장비 제조업 | 5.1 | 5.6 | 4.1 | 29.3 | 134.5 | 75.3 | 55.9 |
| 가구 및 기타 제조업 | 4.5 | 3.3 | 6.5 | 52.6 | 84.5 | 47.7 | 56.4 |

자료: 노동부.

업종 종사자 비중은 각각 13%, 10%로 수출을 선도하는 이 두 업종은 최상위 고용 업종이다. 정규직에서 차지하는 비중은 15%, 13%, 비정규직 비중은 11%, 6%다. 임금 수준은 제조업 전체 평균을 100으로 할 경우, 전자 부품의 정규직, 비정규직은 각각 97.5, 60.9 그리고 자동차의 정규직, 비정규직은 각각 109. 9, 60. 8 수준이다. 즉 정규직 임금에서 전자 부품이 제조업 평균 이하인 것이 확인된다. 자동차는 좀 더 높다. 비정규직에서는 전자와 자동차 간에 차이가 거의 없다. 자동차 대규모 사업장(현대자동

---

14_이 자료는 한국노동사회연구소 김유선 소장의 도움을 받았다.

차)에서 정규직의 높은 보수와 비정규직과의 분단은 널리 알려져 있는 바와 같다.[15]


## 7. 맺음말

이 글은 외환위기 이후 한국 경제의 축적 체제가 어떻게 새롭게 변화되었는지를 밝히는 것이었다. 우리는 새 축적 체제의 핵심을 수출 주도와 수익 추구의 두 특성의 복합체로 파악하고 일면 상반되면서도 투자 주도 체제 해체의 쌍생아인 이 두 특성이 결합하면서 새 축적의 구조와 동학을 어떻게 창출했는지, 새로운 미국식 시장화의 경향과 종래의 개발주의적 경로 의존성이 어떤 내용의 혼성 체제를 탄생시켰는지를 분석하고자 했다. 이 글의 결과를 요약하면 다음과 같다.

먼저 2절에서는 거시경제 성장 메커니즘이 투자 주도 체제에서 수출 주도 체제로 전환되었다는 것, 수출 주도 체제로의 전환과 함께 종래의 투자·수출·소비가 동반 성장하는 선순환이 해체되었음을 보였다. 그러나 수출 주도 체제는 결코 전반적 투자 부진 체제는 아니다. 수출 주도와 설비투자는 동행한다. 수출 주도 체제란 수출 수요의 국내 수요에 대한 우위라는 의미와 함께, 설비투자 추이에서 수출용 설비투자의 우위라는 의미도 갖고 있다. 수출용 설비투자의 우위는 곧 전기·전자 부문의 돌출적 주

---

15_최근의 연구로 박태주(2014) 참조.

도로 나타나는 설비투자의 초집중 체제인데, 그 국민경제적 연관과 파급효과는 미약하다. 따라서 국내총생산 지출 구조뿐만 아니라, 설비투자 구조에서도 수출·내수의 양극화 기제가 내장되어 있다.

3절에서는 각도를 달리해, 국내 선순환 메커니즘이 해체되는 한편, 제조업 경쟁력을 기반으로 국제분업 구조상 한국경제의 위상이 강화되었음을 살펴보았다. 1997년 이후 한국은 신흥 IT와 전통 중화학공업이 결합된 산업구조를 갖게 되었고, 이 산업 경쟁력을 기반으로 국제분업의 두 측면에서 일어난 새로운 구조 변화에 대응했다. 그 두 측면의 변화란 생산 공정이 국경을 넘어 여러 부품 공정으로 분해되어 수행되는 국제적 생산 분업 체제, 그리고 중국이 세계의 공장, 세계의 시장으로 부상한 세계경제의 지각변동을 말한다. 2절과 3절의 분석을 종합하면 1997년 이후 수출 주도 체제란 대내적으로는 낙수 효과가 미미한 이중구조적 불균형 체제이면서, 대외적으로는 이 대내적 불균형과 '비용의 사회화'를 발판으로 한국 경제 위상을 제고한, 대내외 비대칭 체제다.

4절, 5절에서는 신축적 체제의 또 다른 핵심인 수익 추구 체제의 실태와 구조를 분석했다. 수출 주도가 투자-수출-소비의 선순환을 해체시키면서도 여전히 종래의 규모 추구를 동반함에 반해, 수익 추구는 규모 추구를 근본적으로 변화시킨 새 경영 규범이다. 먼저 기업 재무구조 및 자금조달 구조의 변화를 보았는데, 한국 기업의 부채비율은 미국보다 낮아졌고 내부자금 의존도가 크게 높아졌다. 그 동전의 다른 측면은 금융 체제가 자유화·개방화되면서 종래의 가계 고저축-고부채-고투자 성장 체제가 붕괴되고 기업저축-기업투자가 동행하는 구조로 변모한 것이다. 수익 추구 행동에서 우리가 찾은 가장 중요한 사실은 대기업에서 매출액 순이익률은 물론이고, 총자산영업이익률 개선이 매우 중요한 규범으로 등장했다는 것이다. 이것이 수익 추구 체제의 실체다. 업종별로는 전기·전자, 자동차 등 수출 주도 업종이 동시에 총자산영업이익률 우위 규범도 선도했다. 그런데 반도체를 제외하면 대부분의 수출 부문의 수익률은 매우 낮다. 그리고 자기자본순이익률 및 총자산순이익률과 경제적 부가가치의 추이로부터 1997년 이후 한국 기업이 주주가치 추구 경영으로 전환했음을 보였다. 그러나 높은 사내유보율과 지분법이익의 존재는 재벌 체제와 주주가치 추구 공생의 논리를 보여 준다.

6절에서는 신축적 체제의 구조적 악순환, 즉 취약한 경쟁력과 양극화가 같이 진행되는 저진로 함정에 대해 밝혔다. 먼저, 왜 신축적 체제가 전향적 측면과 어두운 측면의 두 얼굴을 함께 갖고 있는지를 지적했다. 수출시장과 금융시장이 규율 기제로 기능한 측면이 있지만, 국가에 의한 재벌 규율과 금융 통제가 해체됨으로써 경제 부문들 간의 헌신과 협력 관계가 유동성과 이탈 관계로 변질된 점, 재벌 자본과 외자가 무책임하게 자신의 요구를 들고 나오고 국경을 자유롭게 이동할 수 있게 된 점에 대해 언급했다. 이것이 수출·내수 양극화의 악순환, 수익 추구와 투자 부진의 악순환, 분배 악화와 수요 부족의 악순환의 뿌리에 있다. 마지막으로 저진로 악순환의 주요 고리는 조립형 공업화 심화, 고환율 그리고 중소기업 수탈과 노동시장 유연화로 대표되는 '을' 쥐어짜기다.

# 2장

# 재벌과 민주 정부

## 삼성그룹을 중심으로

이종보

## 1. 머리말

한국 사회가 민주주의 체제라고 자부할 수 있으려면 시장 질서가 민주적
요건들을 갖춰야 한다. 민주적 가치는 시장경제의 상위에 있는 준거점이
되어야 한다. 시장경제의 운영 원리가 민주정치적 가치와 접합될 때 우리
는 그것을 경제민주주의라 부를 수 있을 것이다. 하지만 민주 정부 10년
간 경제민주화에 대한 평가는 만족스럽지 못하다.

---

● 이 글은 필자의 박사 학위 논문이자 단행본으로 발간된 『민주주의 체제하 자본의 국가 지
   배에 관한 연구: 삼성그룹을 중심으로』(한울, 2010)를 수정·보완한 것이다.

한국 사회에서 경제민주화 문제의 핵심은 여전히 재벌 문제다. 하지만 민주 정부조차 재벌의 민주화를 강력하게 추진하지 못했고 오히려 왜곡시켰다. 민주 정부는 경제 불황에 직면해 민주적 가치를 쉽게 내려놓았다. 민주적 가치는 경제정책의 확실한 준거가 되지 못했고 항상 '경제 위기 극복' 논리에 밀려났다. 민주적 가치는 중심을 잃고 시장경제적 가치의 하위 개념으로 전락했다. 민주 정부에서조차 민주적 가치의 중심성이 흔들리자 대중들은 '민주적 가치로부터의 도피'를 선택해 보수 정부의 시대가 열렸다.

이명박 정부의 등장은 '민주 정부의 시대가 종결'되고 '보수주의 시대가 개막'되는 '포스트 민주화 시대'로의 이행을 알렸다(조희연 2013). 민주 정부에서 보수 정부로의 이행 과정이 한국 사회의 발전에 질적으로 부정적인데 그 이유는 대중들이 민주적 가치를 폄훼하고 최고경영자CEO형 리더십에 열광하며, 불도저와 같은 "토건국가"(홍성태 2005)에 기대감을 드러낸 결과로 보수 정부가 등장했기 때문이다. 즉 정권 교체가 민주적 가치의 확고한 토대 위에서 이뤄진 것이 아니기에 민주주의의 전체적 발전이라는 구도에서 볼 때 부정적이라고 평가할 수 있다.

박근혜 정부라는 보수 정부의 재등장은 포스트 민주화 시대의 경제민주화 과정이 순탄하지 않을 것임을 예고한다. 비록 박근혜 정부가 경제민주화의 요구를 정책 공약으로 수용했지만 경제민주화는 이미 심각하게 탈색되었다.

하지만 박근혜 정부에서 '경제민주화' 대신 '경제 활성화'를 전면에 배치한 조치가 민주 정부 시기에는 찾아볼 수 없었던 '새로운 반전'으로 볼 수 있을지는 의문이다. 오히려 민주 정부 시기에 재벌 개혁이 좌초되었던 상황이 박근혜 정부에서 '재연'되고 있다고 볼 수도 있다. 물론 박근혜 정부의 경우 '대기업 일감 몰아주기 과세 완화'에서 보여 주듯이 민주 정부

보다 재벌 우호적인 성향이 강한 것은 분명하다. 하지만 민주 정부라고 해서 특별히 의미 있는 재벌 개혁을 이뤘다고 볼 근거는 분명하지 않다. 민주화를 갈망한 대중의 지지를 받았던 민주 정부라면 보수 정부보다 강력한 재벌 개혁을 추진할 것으로 기대할 수 있었지만 실제는 그러지 못했다. 오히려 민주 정부시기에 재벌의 권력이 강해진 징후가 곳곳에 나타났다.

예컨대 삼성의 재벌 체제는 민주 정부 시기 동안 더욱 확고해졌다. 삼성의 계열사는 1997년 국제통화기금IMF 구제금융 이후 1999년 37개까지 줄었으나 다시 2000년 이후 63개로 늘었다(김진방 2005, 96). 김대중 정부 말기에 삼성의 계열사 수가 대폭 증가해 노무현 정부에서 유지됐던 것이다. 역대 민주 정부에서 재벌 개혁이 거듭 실패한 점을 고려하면 그 원인을 보다 근원적으로 민주주의 체제의 역설적 한계에서 찾아보는 것도 유용할 것이다. 이런 맥락에서 민주 정부에서 나타난 경제민주화의 가능성과 한계가 민주주의 체제에 어떻게 접합되어 있는지를 점검할 필요가 있다.

오늘날 경제민주화의 난제를 풀기 위해서는 민주주의 체제에 대한 객관적 조명을 통해 판단해야 한다. 경제민주화의 왜곡이 특정 민주 정부의 문제라기보다는 민주주의 체제와 결부될 수 있기 때문이다. 민주주의 체제에 대한 이해는 최소주의적 접근으로부터 출발할 수 있는데, 이와 같은 관점에 따르면, '민주주의로의 이행'(O'Donnell & Schmitter 1986; Schumpeter 1990)은 자유롭고 공정한 선거 경쟁 및 견제와 균형의 묘를 살린 정치 체제의 도입을 의미한다. 이 점에서 민주주의 체제는 권위주의 체제와 다른 새로운 관계성을 내포한다.

민주주의 체제는 무엇보다 자유로운 경쟁 체제라는 점에서 '열린 공간 체제'open system로 이해할 수 있다. 권위주의 체제에서 억압된 민주화 운동 세력이 발언의 기회를 확보했다는 의미에서 열린 공간 체제는 유의미하다. 하지만 민주주의 체제는 민주화를 염원한 세력뿐만 아니라 그에 대립하는 세력에게도 공존의 기회를 부여한다. 이렇게 본다면 민주화 이후 민주화 운동 세력의 승리감은 단지 자본 세력과 경쟁하게 될 기회를 갖게 되었다는 것에 지나지 않는다. 문제는 민주화 운동 세력이 자본 세력과 경쟁할 수 있는 절차적인 기회의 평등이 결코 경제민주화의 성취와 승리를 보장하지 않는다는 점에 있다. 경쟁 기회가 형식적으로 공정하다고 해서 반드시 실질적으로나 결과적으로 공정한 것은 아니다. 이 딜레마는 민주주의 체제에서 경제민주화가 굴절될 수밖에 없었던 핵심적인 단서를 제공한다.

따라서 민주화 운동 세력의 실천만큼이나 주목해야 할 것이 자본의 전략이다. 민주화 이후 민주화 운동 세력의 경제민주화 추진 전략에 대해 자본 세력은 두 가지 전략을 취할 가능성이 있다. 하나는 민주주의 체제 자체를 거부하고 저항하는 것이며, 다른 하나는 민주주의 체제에 적응하며 자신의 이해관계를 관철하는 것이다. 하지만 민주주의 체제를 거부하는 급진적 방식은 자본 세력이 사실상 선택하기 어려웠다. 왜냐하면 민주주의는 민주화 이후 헤게모니를 갖는 언어가 되었기 때문이다.[1] 따라서 자본 세력은 차선책을 선택하기 쉽다. 다만 이 선택은 민주주의 체제에 순응하는 것이 아니라 정교하게 지배 전략을 구사하는 것이다. 왜냐하면 자본 세력은 자신이 누렸던 지배적 지위를 스스로 포기할 리 없기 때문이다.

---

1_ 2012년 보수 정치 세력이 '복지 요구'를 거부할 수 없었던 것도 '복지 담론'이 '포스트 민주화 시대'에 헤게모니를 갖는 언어가 되었기 때문이다. 따라서 보수 정치 분파는 '민중적' 혹은 '보편적 복지'를 보수적 형식으로 접합해 '현실적' 혹은 '선별적 복지'를 내세우는 전략으로 대응했다.

이와 같은 이론적 틀로 보자면 삼성의 지배 전략은 민주주의 체제에 대한 놀라운 적응력을 보여 준다는 점에서 중요한 연구 대상이다. 삼성은 민주주의 체제에 전략적으로 접속함으로써 민주화에 대응했다. 민주화의 효과로 나타나는 주기적인 선거, 정당 간 경쟁 체제, 권력분립에 따른 국가권력 기구의 이완, 시민사회의 활성화 등에 대해 삼성은 경제적·정치적·사회적 자원을 동원하는 전략으로 대응했다. 삼성의 지배 전략은 자신의 소유지배구조를 강화하기 위한 목적에서 출발했지만 경제민주화에 역행해 정치적·사회적 권력까지 포획하기에 이른다.

그러나 2012년 대선 정국에서조차 경제민주화 담론은 대자본 권력과 민주정치 간의 관계에 대한 비판과 재구성 차원에서 논의되지 못했다. 민주 정부 시기 정치과정을 되돌아볼 때, 현재의 정당정치 세력들은 경제민주화의 본질에 대해 여전히 정확히 이해하고 있지 못하다. 이 글은 지난 민주 정부 시기 재벌과 민주 정부 간의 관계를 되돌아봄으로써 '반독재 정치 분파'[2]가 간과한 자본 권력을 파악하고자 한다. 경제민주화의 과제를 선명하게 이해하기 위해서 민주주의 체제에 어떻게 삼성이라는 대자본이 적응하며 이를 통제해 왔는지, 삼성의 국가 지배 '전략'strategy은 어떠했으며 민주 정부는 이런 대자본의 전략에 어떻게 호응했는지를 돌이켜 볼 필요가 있는 것이다.

---

2_'반독재 정치 분파'는 '중도 자유주의 세력'으로 표현되기도 한다. '보수-중도 자유주의-급진(진보)' 정당의 삼분위 구분에 대해서는 조희연(2012, 200-202)을 참조.

## 2. 삼성 재벌 구조와 권력 네트워크

### 삼성의 소유지배구조와 지배 전략의 탄생

'재벌'[3]이 일반적인 기업 집단과 구분되는 가장 핵심적인 특성은 소유지배구조에 있다. 한국의 재벌은 총수 일가가 다양한 계열사 출자에 의존해서 적은 소유 지분으로 많은 기업들을 거의 절대적으로 지배한다. 재벌의 소유지배구조는 경제력 집중뿐만 아니라 정경유착과 '권력화'의 문제를 야기하는 근원이 된다. 삼성의 권력 문제 또한 소유지배구조 문제로부터 출발한다.

삼성그룹의 총수 일가는 5%에 미치지 못하는 지분율로 63개 계열사를 지배하고 있다(〈표 2-1〉 참조). 총수 일가의 지분 소유는 삼성에버랜드, 삼성생명, 삼성전자에 집중되어 있고, 주요 계열사는 다시 수많은 다른 계열사의 지분을 소유하고 있다.

삼성의 총수 일가는 소유지배구조를 지속하기 위한 전략을 꾸준히 추진했다. 삼성의 이건희 회장은 그의 아들 이재용에게 삼성그룹 전체를 상속하기 위해 삼성의 계열사 연계 고리를 활용해 계열사 지분 변화를 모색

---

3_재벌의 영어권 표기는 'chaebol'이다. 온라인 백과사전인 〈위키피디아〉는 'chaebol'이 복합기업들(conglomerates)을 칭하는 한국어라고 하면서도, 가족이 지배하는 한국의 기업집단을 일컫기도 한다고 덧붙이고 있다(www.wikipedia.org). 변형윤(1975)은 "통상의 재정, 노동관계와 경영체계를 가진 단일체제하에서 운영되는 대규모 기업집단으로 구성된 독점자본"이라고 경제학적으로 정의한다. 일반적으로 재벌이라는 용어는 경제력 집중, 다각화된 기업집단, 가족 자본주의 및 총수 중심의 소유지배구조, 정경유착 등의 결합적 조합으로 총체화되어 있다. 재벌의 개념에 대한 다양한 정의와 한국 이외의 다른 국가들에서 발견되는 재벌과 유사한 기업집단과의 비교에 대해서는 조동성 (1990)을 참조할 것.

**표 2-1 | 삼성그룹의 총수 일가 지분(각 연도 결산일 기준)**

단위: 10억 원, %

| | 계열사 | 자본금 | 자본 총계 (a) | 총수 일가 지분 상위 3사(b) | 총수 일가 지분 전체(c) | 지분율(c/a) | 집중도 (b/c) |
|---|---|---|---|---|---|---|---|
| 1997 | 56 | 4,433.6 | 14,687.4 | 495.1 | 617.9 | 4.21 | 80.12 |
| 1998 | 49 | 5,894.8 | 19,461.7 | 653.1 | 818.8 | 4.21 | 79.76 |
| 1999 | 37 | 8,180.7 | 33,353.6 | 1,209.3 | 1,318.0 | 3.95 | 92.75 |
| 2000 | 63 | 7,603.6 | 38,326.0 | 1,244.6 | 1,410.3 | 3.68 | 88.25 |
| 2001 | 63 | 7,630.1 | 47,115.7 | 1,664.0 | 1,824.5 | 3.87 | 91.20 |
| 2002 | 63 | 7,755.2 | 54,922.9 | 1,980.6 | 2,185.9 | 3.98 | 90.61 |
| 2003 | 63 | 7,412.3 | 67,305.3 | 2,906.0 | 3,181.0 | 4.73 | 91.35 |

주: 1) 상위 3사는 2003년 결산일 순 자산가 기준으로 총수 일가 지분이 가장 많은 삼성전자, 삼성생명, 삼성에버랜드.
    2) 부채가 자본보다 큰 회사의 자본 총계는 0으로 간주.
자료: 김진방(2005, 96).

했다. 이재용의 삼성 계열사 지분 확보는 1994년부터 시작되었다.

1994~95년 사이에 이재용은 이건희로부터 현금 60억8천만 원을 증여받고, 이에 대해 증여세 16억 원을 납부했다. 증여세 16억 원은 삼성그룹의 상속 승계 과정에서 이재용 측이 납부한 유일한 금액이었다. 이재용은 증여세를 납부하고 남은 금액으로 비상장회사였던 삼성에스원의 비상장 주식과 삼성엔지니어링의 신주인수권BW을 사들였고, 상장 뒤 주식으로 되파는 방법으로 약 560억 원의 시세 차익을 남겼다. 시세 차익에 대해 세금을 제대로 징수할 수 있었다면 약 224억 원이 국고에 들어왔을 것이지만, 이런 시세 차익 수익금에 대해 당시 세법은 세금을 부과할 수 없을 만큼 허점이 많았다. 또한 중앙개발(현재 삼성에버랜드)이 삼성에스원의 비상장 주식을 이재용에게 판매함으로써 이재용이 얻은 시세 차익은 고스란히 중앙개발의 대주주였던 중앙일보와 제일모직의 약 220억 원 손실을 의미했다. 기업의 손실을 야기한 주식 거래는 배임의 문제를 야기했다.

이재용은 시세 차익으로 얻게 된 자금을 이용해 1996년부터 1999년에 이르기까지 제일기획, 삼성에버랜드, 삼성전자 등의 사모전환사채, 그리고 삼성SDS의 신주인수권을 매입한다. 특히 이재용 남매가 주당 12만

7,750원으로 평가받던 에버랜드 전환사채를 7,700원이라는 헐값으로 구입했다. 삼성에버랜드의 대주주인 중앙일보와 제일모직이 전환사채의 인수를 포기하고 이재용 남매가 인수하는 데 협조한 점은 중앙일보와 제일모직에 큰 손해를 끼친 것으로 역시 배임의 문제가 발생한다.

특별히 삼성에버랜드의 사모전환사채가 이재용에게 인수된 것은 삼성의 소유지배구조에서 매우 중요했다. 삼성의 계열사 연계 고리에서 에버랜드는 중심축을 이루기 때문이다. 삼성 계열사들의 순환출자 구조 탓에 에버랜드의 지분을 확보하면 연쇄적으로 삼성 전체의 계열사를 지배할 수 있다.

결과적으로 이재용과 동생들은 에버랜드의 지분 64%를 확보했고, 에버랜드는 삼성생명의 지분 20%를 소유한 대주주가 된다. 이로써 이재용은 에버랜드를 정점으로 하는 삼성그룹 전체를 장악하는 데 중요한 고리를 잡게 된다.[4]

삼성은 법률상 배임죄의 논란을 야기하면서까지 소유지배구조를 지키려고 했다. 삼성의 소유지배구조에 대한 집착은 기존 법적·행정적 조치들과 대면하는 상황을 조성하고 '법치주의'를 형해화하는 탓에 시민사회 운동 세력과 갈등하게 만든다. 삼성은 이런 마찰들을 부드럽게 헤쳐 나갈 수 있는 권력 네트워크를 추구했다.

---

4_삼성의 소유지배구조 변동 과정에서 대해서는 곽노현 외(2001)를 참조.

## 삼성의 재벌 체제 유지를 위한 권력 네트워크의 구성

삼성의 권력 네트워크 구성은 재벌 체제 유지 및 확장과 깊은 관련이 있다. 행정 관료들이 재벌 체제를 유지하기에 적당한 정책을 추진할 수 있도록 삼성은 관료 영입에 적극적으로 나섰다.

삼성의 관료 포섭 시기를 분석한 자료(참여연대 2005a)에 따르면 김영삼 정부 시기에는 관료 영입 작업이 상대적으로 적었다. 그러나 삼성그룹이 자동차 산업에 진출한 직후인 1995년부터 통상산업부 관료들을 영입했다.

삼성은 1993년 6월부터 승용차 사업 진출을 공식적으로 선언하고 계열사를 확대하려 했지만 기존 자동차 업계의 반발과 과잉 중복 투자를 우려한 정부의 업종전문화 방침 때문에 1994년 5월 통상산업부는 삼성의 자동차 산업 진입에 대해 불허 결정을 표명했다. 이에 삼성은 정치권에 대한 대대적인 로비와 여론 조성 작업을 통해 정부가 1994년 12월 삼성 승용차 기술 도입 신고서를 수리하도록 만들었다. 통상산업부가 삼성의 승용차 사업 진입을 불허한 결정을 내렸던 경험은 삼성으로 하여금 통상산업부 관료들을 적극적으로 영입하게 만들었다.

IMF 외환위기 직후 김대중 정부가 등장하면서 삼성은 재벌 정책에 영향을 미칠 주요 행정 부처를 집중적으로 공략해 관료를 영입했다(참여연대 2005a). 재경부 소속 관료들을 이전 시기보다 세 배 이상 많이 영입했고, 재정 및 금융 관리의 중요성이 부각되면서 새롭게 주목받던 금융감독원과 국세청 출신 관료를 적극적으로 영입했다. 노무현 정부에 이르러서는 집권 초기부터 삼성과 매우 친화적이었으며 관료 영입도 활발했다. 특히 삼성은 공정거래위원회(약칭 공정위) 출신 3명을 영입했는데 이는 노무현 정부에서 공정위가 재벌 개혁을 주도했던 측면과 관련된다.

재경부와 같이 전통적으로 행정부 중심부에 있던 경제 부처 관료는 삼성에게도 여전히 중요한 영입 대상이었다. 동시에 민주 정부에서 정권별로 주목받는 부처들이 있었는데 삼성은 이들 부처 출신 관료들을 특별히 신속하고 적극적으로 영입했다.

한편 삼성의 소유지배구조를 유지 및 재생산하기 위한 조치들은 〈독점규제및공정거래 관한법률〉(약칭 〈공정거래법〉)과 〈금융산업의구조개선에관한법률〉(약칭 〈금산법〉) 등을 위반하면서 법적 분쟁을 야기했다(김상조 2005, 19). 이에 따라 삼성은 사법 요원들을 영입해 권력 네트워크를 구성했다.

삼성은 지배 구조와 관련된 수많은 소송이 제기된 시기에 집중적으로 판검사 출신들을 적극 채용했다(참여연대 2005a). 삼성은 삼성전자 전환사채발행 무효소송 1심이 있었던 1997년에 4명, 삼성 SDS 신주인수권 발행 배임죄 1차 고소와 삼성전자 전환사채발행 무효소송 2심이 있었던 2000년에 4명, 삼성 SDS 신주인수권 발행 배임죄 2차 고소와 삼성SDS의 공정위 과징금 최소 소송이 있었던 2001년에 6명, 삼성전자 계열사 주식 헐값 발행 배임죄 고발, 5대 재벌 부당내부거래 배임죄 고발, 삼성전자 전환사채 발행 무효소송 3심이 있던 2004년에 10명, 에버랜드 전환사채 관련 임원 배임죄 고발 1심, 삼성생명 이재용 관련 배임죄 고발, 재벌 총수들 정치자금 위반 혐의 고발이 있었던 2005년에 9명의 판검사를 영입해 다른 연도에 3명 이하의 인원을 영입했던 것보다 많았다. 또한 삼성은 경제 관련 수사를 도맡았던 특수부 출신의 검사들을 특별히 선호했다. 역설적이게도 수사 대상이기도 했던 삼성은 특수부 검사들을 적극적인 영입 대상자로 분류하고 삼성에 취업시킴으로써 소유지배구조를 지켜 내려고 했다.

## 3. 삼성의 국가기관 지배 전략

**삼성의 포괄적 정치자금 공세 전략**

민주화 이후 정치권력에 실질적으로 개입할 수 있는 자들은 정치권의 정치자금 수요에 대해 적절하게 호응할 수 있는 대자본가들이었다. 그중에서도 삼성은 막대한 정치자금으로 정치권을 공략해 재벌 체제를 유지하려 했다. 삼성이 정치권에 제공한 전체 정치자금 중 검찰 수사로 드러난 것만 해도 1980년대부터 2002년 대선까지 총 865억 원이었다(장영희 2005, 16).

IMF 구제금융의 주범 중 하나로 몰렸던 삼성은 재벌 체제를 유지하기 위해 IMF 구제금융 직후 치러진 1997년 대선에서 막대한 정치자금을 쏟아냈다. '안기부 엑스파일'(삼성 게이트)에 따르면, 삼성은 1997년 대통령 선거 당시 민주적 정당 체제를 교란시키는 야심찬 전략을 전개했다.

민주화 이후 삼성의 정치자금 공세는 특별한 변화 조짐이 나타났다. 민주화 이전만 하더라도 재벌의 정치자금 제공은 장기 집권하던 집권당에 집중적으로 투여되었다. 하지만 민주화 이후에는 어느 정당 세력이 집권할지 불분명해졌다. 이제 선거는 불확정적인 게임이었다. 만일 재벌의 정치자금을 수용한 정당이 집권에 실패하거나 제1당이 되지 못하는 경우 재벌은 지배의 안정성을 도모하기 어렵게 된다. 이런 불안정성을 해소하기 위해 재벌은 반독재 정치 분파에게도 전략적으로 접근하게 된다.

삼성은 1997년 대선 시기 한나라당 이회창 후보와 국민회의 김대중 후보 간의 경합이 나타나자 김대중 후보에게도 정치자금을 제공할 것인지를 논의했다. 이 논의는 삼성의 정치자금 공세 범위가 민주화 이후 변하기 시작했음을 잘 보여 준다.

대자본은 보수적 정치 분파의 집권을 기대했지만 이와 달리1997년

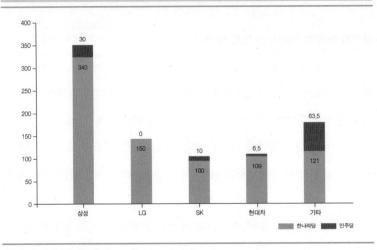

그림 2-1 | 2002년 대선 시기 자본 세력이 제공한 불법 정치자금의 정당별 비교

단위: 억 원

자료: 『오마이뉴스』(2004/03/08).

수평적 정권 교체에 의해 김대중 정부가 등장하자 삼성을 비롯한 대자본
은 위협감을 느끼지 않을 수 없었다. 특히 IMF의 주범으로 삼성을 비롯한
재벌이 지목되고, 김대중 정부 내에서조차 재벌 해체 논의가 공공연하게
회자되기 시작하면서 삼성은 반독재 정치 분파를 홀대할 수 없게 되었다.
이에 따라 삼성의 정치자금 동원을 통한 정치적 실천은 보수정당의 후보
에 국한되지 않았다.

삼성은 반독재 정치 분파인 노무현 대선 캠프에도 정치자금을 제공했
다. 물론 재벌들이 2002년 대선 당시 한나라당에게 불법적으로 지원한 선
거자금은 노무현 대선 캠프에 제공한 자금보다 일곱 배 이상이나 많았다.
재벌들은 보수적 정치 분파에 집중적인 투자를 했다. 삼성도 어느 그룹보
다 많은 340억 원의 정치자금을 한나라당에 제공했다(〈그림 2-1〉 참조).
하지만 삼성은 노무현 대선 캠프에 대해서도 정치자금을 제공해 크게 충

돌할 수도 있는 둘의 관계를 유연하게 만들었다. 삼성의 노무현 대선 캠프에 대한 정치자금 제공은 LG그룹이 한나라당에 150억 원의 정치자금을 제공하고 노무현 대선 캠프에 대해서는 정치자금을 전혀 제공하지 않은 사실과 대비된다. 삼성이 노무현 대선 캠프에 제공한 30억 원의 정치자금은 노무현 대선 캠프가 재벌로부터 받은 전체 금액의 63.8%를 차지할 만큼 비중이 컸다. 물론 정치자금을 제공한 것은 삼성이었지만 이를 거부하지 않고 수수한 것은 노무현 대선 캠프의 참모였다. 노무현 대선 캠프의 일부 참모들은 삼성과 노무현 정부를 잇는 가교 역할을 했던 것이다. 삼성과 노무현 정부 간의 우호적 관계는 이후 2005년 2월 홍석현 중앙일보 회장을 주미대사로 임명하는 데 기여했다.

한국의 대자본이 보여 준 정치적 실천은 여-야 간의 구분을 넘어 정치자금을 살포하는 일종의 '포괄적 정치'였다. 그 결과 주요 정당 모두가 불법적 정치자금에 예속되었다. 삼성의 포괄적 정치자금 공세는 정당 간 차이를 약화시켰다. 그동안 반독재 정치 분파는 한나라당을 부패 정당으로 공격함으로써 그 반대급부로서 자신의 정체성과 도덕적 우위를 점하고자 했다. 그러나 그런 차별성은 점차 사라졌다. 김대중 정부와 노무현 정부도 불법적 정치자금에 연루되면서 동일한 부패 정당으로 역공격을 받아야만 했다. 대중들은 여야 정당 간의 불법 정치자금 '액수 차이'에 대해 큰 의미를 부여하지 않았다. 특히 언론의 양비론적 보도는 반독재 정치 분파들의 도덕적 우위를 무너뜨리는 데 영향을 미쳤다.

삼성의 정치자금을 수용한 반독재 정치 분파는 집권한 이후에 삼성 재벌의 권력을 해체할 의지를 보여 주지 않았다. 노무현 대통령은 1997년 대선 후보에 대한 조사를 반대함으로써 비리에 연루된 기업과 정치 세력을 척결할 의지가 없었다(김의겸 외 2005). 노무현 대통령은 선거 기간 동안 발생한 사건들을 집권 이후에는 대부분 '과거의 일'로 묻으려고 했다.

반독재 정치 분파가 정치자금 비리를 근절시킬 의지를 상실하자 반독재 정치 분파와 보수적 정치 세력 간 차이가 불분명해졌다.

한편 정치권에 대한 재벌의 선거자금 공세는 공개적으로 변모했다. 삼성그룹은 2002년 대선을 앞두고 "시장경제와 기업 활동을 반대하는 후보에 대한 지원은 곤란하다"며 "선별 지원을 하겠다"고 밝혔다(최홍섭 외 2002). 재벌들은 정치자금을 무기로 대선 주자들의 선거공약을 평가함으로써 정당이 친재벌적 정책을 추진하도록 유도했다. 한국경제인총협회(약칭 경총)는 '대선평가위원회'를 구성해 대선 후보자들의 선거공약을 평가했다. 전경련의 '싱크탱크'Think-tank인 한국경제연구원은 2001년 말부터 치밀하게 준비한 "차기 정부 정책 과제"라는 보고서를 세 차례 발표하면서 정부·정치권이 자본의 이해를 반영할 것을 강력하게 압박했다(최홍섭 2002). 이런 행위들은 대자본가들에 의한 자본가적 '메니페스토Manifesto 운동'이라고 할 수 있다.

대자본의 메니페스토 운동이 노골화되면서 여-야 간의 경제정책 구분도 미약해졌다. 주요 정당들은 '기업하기 좋은 나라'를 만들겠다는 동일한 공약을 경쟁적으로 내세웠고, 이 방향에서 정당 간 정책적·이념적 차별성은 거의 존재하지 않았다.[5] 결국 주요 정당들이 경제민주화를 주요 의제로 내세울 수 없도록 만드는 데 재벌의 정치자금 공세가 중요한 역할

---

5_중앙선거관리위원회가 2005년 5개 분야, 37개 항목에 대한 각 당의 공식 입장을 받아 비교한 자료인 정당정책비교프로그램(www.nec.go.kr:8088/3pweb/)을 분석한 결과에 따르면 경제·민생·교육·사회복지·여성 등 21개 항목에서 여야의 이념 차이가 별로 없었으며, 법인세 인하, 사형제 폐지, 대체복무제, 국가보안법, 대북경제지원과 핵 문제, 주적 개념 등 6개 항목에서만 뚜렷한 입장 차이를 나타냈을 정도다(『중앙일보』 2005/11/15).

을 했다. 시민사회 운동 세력에 의해 획정되어진 '민주 대 반민주'의 대립 체제는 재벌의 정치자금 공세의 영향을 받아 심화되지 못했다. 이런 맥락에서 경제민주화를 기대하기 힘들게 하는 '보수 독점적 정당 체제' 혹은 '범자본의 정당 체제'라는 구조가 자본 세력의 전략적 계급 실천에 의해 재생산됐다고 말할 수 있다.

## 삼성의 국가기관 접속 전략

삼성은 민주화 이후 좀 더 정교화된 지배 전략을 구사하면서 국가기관에 접속했다. 이전의 권위주의 체제에서 자본의 지배 전략은 단순한 편이었다. 권위주의 체제에서 행정부와 사법부는 통치자 1인과 공안 기구 아래에서 위계적 사다리를 구성하고 있었던 탓에 자본 세력이 공략할 대상도 중앙 집중화되었다. 하지만 민주화 이후 삼권분립 체제가 정립되자 자본 세력은 더 많은 영역에 대해 정교한 지배 전략을 구사하기에 이르렀다.

삼성은 구조조정본부를 총수 지배는 물론 계급 지배의 조직적 수단으로 만들었다. 구조조정본부는 IMF 외환위기 이후 수많은 계열사를 효과적으로 관리하는 재벌 체제의 핵이었다. 하지만 민주화 시대에는 국가 권력 기구에 대한 전략적 접속을 지휘하는 본부로 발전했다. 삼성 구조조정본부의 기획홍보팀 산하 대외협력단은 경제 관련 부처의 요원들을 삼성 네트워크 안으로 끌어들이는 역할을 담당했다. 대외협력단 요원들은 정치인이나 관료 등 주요 인사들을 정기적으로 관리하며 재벌 체제에 유리한 정책을 유도했다.[6] 삼성은 대외협력단을 조직해 외환위기 이후 위축된 자신의 정치적 영향력을 빠르게 회복했다.

삼성은 국회와 정당을 넘어 정책 집행자 그룹인 행정 관료들을 직접 영입했다. 관료들은 민주화의 도전으로부터 자유로운 위치에 있었기 때문에 특히 유용했다. 관료들은 4년 혹은 5년에 한 번 교체되는 정권보다 훨씬 더 오래 지속되어 여러 정권에 걸쳐 권력을 유지했다(조덕현 2006). 그뿐만 아니라 반독재 정치 분파는 과거 '낡은 정부'의 관료들을 재임용했고 그들을 대체할 세력으로 '무장'되어 있지 못했다. 민주화 이후 반독재 정치 분파가 국가기구 내에서 주변화되어 간 반면에 행정 관료들의 역할과 기능은 증대되었다. 예컨대 반독재 정치 분파가 추진한 '고수익 아파트 분양 원가 공개', '주식백지신탁제도' 등은 조직화된 관료에 의해 폄하되었고 왜곡되거나 좌절되기 일쑤였다. 이런 권력관계의 변화를 기업가의 동물적 본능으로 정확하게 포착하고 계급적 실천을 전개한 것이 바로 삼성이었다.

삼성은 노무현 정부의 여당 의원과 관료들을 꾸준히 교육하고 지도했다. 삼성은 노무현 정부 시기 일부 언론이 '경제 과외'라고 소개한 '학습 붐'study boom을 주도했다. 삼성경제연구소가 여권 내 386세대 가운데 친노무현 세력으로 구성된 '의정 연구센터'와 함께 2004년 9월에 개최한 "경제 재도약을 위한 10대 제언" 공동 심포지엄은 그 분수령이 되었다. 여당 386세대 초·재선 의원들의 모임인 '국가발전을 위한 새로운 모색'도 친기업적 활동에 동참했다. 여당은 전국경제인연합회(약칭 전경련)와 간담회를 통해서 〈공정거래법〉 개정안 등에 대해 의견을 교환하기도 했다. 한나라당도 '디지털경제연구회', '수요공부모임', '국민생각', '국가발전전략연구회', '푸른정책연구모임', '21세기 비전과 전략 네트워크' 등 각종 모임에

---

6_대외협력단은 주요 계열사에 5~12명 남짓의 인력이 있으며, 전 계열사 임원급 간사와 차부장급 1~2명이 뒤를 받치고 있어 총 인원이 250명에서 400명 수준인 것으로 알려져 있다(정장열 외 1999; 주진우 2003, 63; 장영희 2000, 78).

서 친재벌적 시장경제 정책을 논의했다. 대자본의 '지도'를 수용하는 태도에는 여야 구분이 없었다(황인혁 2004; 이용욱 2004; 홍영식·양준영 2004).

삼성인력개발원은 2004년 9월부터 2005년 5월까지 국무총리실, 통일부, 기획예산처, 외교통상부, 공정거래위원회와 금융감독위원회, 기획예산처, 재경부 등 정부 핵심 부처의 고위 공무원들을 가르쳤다.[7] 공무원들의 기업 배우기는 지방자치단체로 확산되면서 관경 유착의 문제도 확장되었다(이상연 외 2006). 급기야 노무현 대통령은 2005년 5월 16일 대·중소 기업 상생협력 대책회의에서 "이미 권력은 시장으로 넘어간 것 같다"고 선언했다. 정부 부처들의 삼성 배우기가 확산된 시점에서 나온 대통령의 발언에는 재벌 개혁과 경제민주화의 의지를 찾아볼 수 없었다. 노무현 대통령의 발언은 대자본 권력의 시장 지배와 국민경제 지배, 권력 기구 포획을 사실상 인정한 무책임한 선언인 동시에 개혁 정책의 포기를 정치적으로 합리화한 것에 불과했다. 이렇게 경제민주화를 위한 민주 정부의 소명은 사라져 갔다.

한편 권위주의 체제의 위계적 국가기구들이 민주화 이후 이완된 형태로 변모하면서 새롭게 주목받게 된 국가기구는 검찰 및 사법부였다. 민주화 이후 법외적 기구에 의한 강압적 통치는 지양되어야 했기 때문에 사법적 통치가 민주화 이후 새로운 지배 양식으로 대두되었다. 그런데 반독재 정치 분파는 권위주의 체제로부터 엄존해 온 사법 권력에 대한 실질적인 개혁을 완수하지 못한 채 사법 권력을 있는 그대로 인정하고 의존했다. 나아가 정치 문제도 모두 사법적으로 해결하려는 '정치의 사법화'(박명림

---

2007; 박찬표 2007) 현상 조차 발생했다. 사회적 이해관계 대립의 표현 형태인 정치적 갈등이 사법적 판결에 내맡겨지게 된 것이다. 실제로 노무현 대통령 자신도 언론 및 야당과의 정치적 공방 과정에서 그 해결 방법으로 "사법 적극주의"(Galloway 1991)를 활용했던 것은 주지의 사실이다.[8] 이것이 사법 기구의 권력을 강화하는 기반이 되었다.

민주화 이후 법학이 '시장적 가치'를 획득하자 삼성은 법률 사업 체계를 구축해 절차적 민주주의 체제에 적용했다. 삼성은 민주화 이후 혁신적인 지배 방법의 가능성을 법무 조직에서 찾았다. 삼성의 법률 사업 구축은 1990년대 중반 이후 시작해 다른 재벌들보다 시기적으로 앞서 나갔다. 삼성은 경제 선진국 기업(제너럴일렉트릭GE)의 법률팀 조직을 적극적으로 수용했다(이태준 2005, 86). 삼성은 국내 기업 중에 최초로 법무 실장을 사장급으로 편성할 정도로 선진적으로 계급 지배 전략을 모색했다(김진 2007).

나아가 삼성에서 근무한 인물들이 국가기관으로 진출했다. 윤영철 헌법재판소장, 김석수 전 국무총리, 송정호 전 법무부 장관 등의 인사들이 모두 삼성을 거쳤다(이나리 2004). 삼성은 민주 정부의 등장 탓에 권력 체제로부터 소외될 수 있었지만 삼성에서 근무한 경력이 있는 자들을 국가 권력 기관에 내세움으로써 정치사회 내 약화된 권력 입지를 재탈환했다.

요컨대 권위주의 체제에서 국가기관 내 세력이 단일했던 것과는 달리 정권 교체 이후에는 반독재 정치 분파, 행정 관료, 사법 관료 등으로 국가 기관의 권력이 균열되었다. 반독재 정치 분파가 실무적 차원 및 법적 지위

---

8_노무현 대통령은 대통령 재직 시 대통령 자신과 정부에 대해 일부 야당 의원과 언론사들이 정치자금 의혹과 부동산 투기 의혹을 제기하자, 관련 의원과 언론사를 상대로 2003년 8월, 총 3회에 걸쳐 민형사 소송을 제기했다("청와대브리핑" 2003년 8월 11일자).

차원에서 행정 관료와 사법 관료보다 하위에 놓이게 되자, 삼성은 균열된 권력체를 삼성 안으로 끌어들이는 권력 네트워크를 구성하고 전략적으로 접속함으로써 권력관계를 변화시켰다. 국가기관의 권력체들이 삼성에 연계 혹은 종속됨으로써 삼성은 국가기관이 추진하는 정책에 지대한 영향을 미칠 수 있게 되었다.

## 4. 시민사회 영역에서의 시장주의적 변용 전략

### 언론 기관과 대학의 시장주의적 변용

삼성은 민주화 이후 활성화된 시민사회를 전적으로 거부하거나 배제할 수 없었다. 삼성은 '아래로부터의 저항'을 차단하기 위해 저항 집단의 본거지인 시민사회에도 주목했다. 시민사회 영역에서 무엇보다 주목해야 할 기관은 언론과 대학이었다.

먼저 삼성은 '언론의 자유 활성화'라는 민주주의 체제의 특성을 '언론 기관의 시장주의적 변용'으로 대응했다. IMF 경제 위기 이후에 언론 기관이 재정적으로 취약해지자 삼성은 각 언론사에 대해 광고비를 지속적으로 확대하며 독보적인 권력을 유지했다.[9] 한국에서 기업, 특히 삼성은 언론이 비판하고 감시해야 할 '취재원'이 아닌, 언론인을 먹여 살리는 '광고주'(프레시안특별취재팀 2008, 232-233)가 되었기 때문에 언론 보도에도 영

---

9_안경숙·김성완, "일부 신문 삼성 광고 비중 15% 넘어", 『미디어 오늘』, 2005.8.10.

향력을 행사할 수 있었다.

삼성의 언론사 보도에 대한 관리는 이건희 회장의 영향이 있었다(김영배 2007). 삼성의 언론 관리는 구조조정본부의 홍보팀 조직에 의해 체계화되었다. 홍보팀은 이건희 및 아들과 관련된 보도에 특별히 민감해서 그것이 보도될 가능성이 포착되면 해당 언론사로 출동해 보도 내용을 확인하고 '협조'를 요구했다(이철현 2005). 그 결과 삼성 관련 기사가 축소되거나 삭제되었고(『미디어오늘』 1995/06/28; 1997/06/25; 2001/04/26; 10/26), 삼성 비판 기사가 실리면 해당 언론사에 대한 광고 및 협찬을 중단하기도 했다(『미디어오늘』 2000/06/15; 2001/01/11). 민주화 이후 정치권력은 언론 기사에 대해 간섭하기 어렵게 되었지만 삼성은 가능했다(안철홍 2006). 언론 기관이 시장에 내던져지면서 언론의 자유는 다분히 자본에 의해 형식화되었다. 언론의 자유 확대를 삼성이 전략적으로 활용해 왔던 것이다.

한편 민주화 운동의 최대 거점이었던 대학 역시 삼성은 소홀히 다룰 수 없었다. 삼성은 '대학의 자율화'라는 민주주의의 효과를 시장주의적으로 변용하는 데 적극적이었다. 삼성은 1990년대 초반부터 대학들에 꾸준히 기부금을 내놓거나 각종 지원을 했다. 삼성은 자신이 재단법인으로 등록되어 있는 성균관대 이외에도 서울대, 연세대, 고려대, 이화여대 등에 집중적으로 기부했다. 재벌은 대학 기부를 늘리면서 자신의 기부 행위가 명시적으로 드러나기를 희망했고, 대학은 지속적인 기부금을 받기 위해서라도 재벌의 기부를 대외적으로 홍보했다. 재벌과 대학의 긴밀한 상호 관계는 1990년대 후반부터 대학 건물과 강의실에 대기업의 명칭들이 새겨지는 문화를 낳았다(변형주 외 2006).

기업의 기부금에 의존하는 대학들은 삼성이 제공하는 기업적 경영 방식을 무비판적으로 수용했다. 삼성경제연구소가 2006년 1월에 낸 "대학 혁신과 경쟁력"이라는 보고서는 대학 사회 내에 효율과 경쟁이라는 담론이 뿌리내리게 하는 데 결정적인 역할을 수행했다(경향신문특별취재팀 2007, 159; 203).

나아가 민주 정부는 대학이 경제적 부가가치 창출을 최고의 목표로 삼도록 적극적으로 도왔다. 교육부는 2005년 '시장 반응형 인간'의 육성을 교육의 목표로 삼았다(교육인적자원부·한국직업능력개발원 2005). 정부는 '대학 교육력 향상 지원 방안'을 통해 대학의 수익 사업 운영, 대학 내 타인 소유의 건축물 설치 등을 허용했다. 이에 대학들은 저마다 자금 운용과 수익 사업을 다각화했다. 또한 2007년 8월 교육부는, 학교법인의 독자적인 채권 발행을 허용했고, 학교 기업 금지 업종을 줄여 학교 밖에도 학교 기업을 설립하도록 해 사실상 대학이 기업처럼 운영되는 길을 열어 주었다(박창섭 2007).

삼성은 대학의 교육을 시장 상품으로 전환하는 데 적극적으로 개입했다. 삼성의 대학 투자는 회장 지시 사항에 따른 것이었다(김영배 2007). 삼성은 대학과 협약을 맺어 자금을 지원하고, 대학은 삼성의 요구에 맞춰 전문 인력을 공급했다(경향신문특별취재팀 2007, 159; 2008, 134-135). 삼성이 입사 기준으로 설정한 요건들은 곧 대학 교육 프로그램이 되었다. 예컨대 삼성전자가 공학교육 인증 프로그램을 이수한 공대 졸업생들을 우대하기로 결정하자 각 대학은 한국공학교육인증원으로부터 인증을 받기 위해 교육과정을 바꾸었다(홍대선 2006a).

나아가 삼성은 '반도체 학과', '휴대폰 학과'처럼 기업의 제품 생산에 직접 기여할 수 있는 신종 학과 설립을 지원해 대학이 기업 주문형 커리큘럼을 운영하도록 유도했고(홍대선 2006b), 삼성전자 공과대학교를 설립해 운영하는데 까지 이르렀다(삼성 2005; 조신 2004). 삼성은 대학 교육의 구심점이 되었다.

언론과 대학이 시장주의의 원리를 기업과 공유하게 되면서 시민사회의 저항력도 약해졌다. 언론은 삼성에 대해 비판적인 기사를 거의 쓰지 않았고, 대학에서 대규모로 재벌에 대해 비판적인 활동을 벌이는 것은 찾아보기 어려웠다. 언론과 대학이 재벌 개혁을 통한 경제민주화를 추진할 구심점이 되기에는 역부족이었다. 시민사회에서 시민사회 운동 진영과 대자본 간의 세력 균형은 삼성의 적극적 공세에 의해 경제적으로뿐만 아니라 정치적·사회적으로도 이미 크게 대자본 쪽으로 기울어져 있었다.

### 지식인의 포획과 친기업 담론의 유포

삼성은 사회 저명인사들을 영입했다. 삼성은 삼성문화재단(1965년), 삼성생명공익재단(1982년), 삼성언론재단(1995년), 호암재단(1997년), 삼성복지재단(1999년), 이건희장학재단(2002; 이상 괄호 안은 창립 연도) 등 다양한 재단을 설립하면서 시민사회 내 주요 인물들을 영입했다. 각 삼성 재단이 영입한 인물들을 분석하면, 총 80명 중에서 언론 관계자들로 구성된 삼성언론재단 20명을 제외한 60명 중 50% 이상이 교수 출신이었다.[10] 즉 삼성은 재단을 설립하면서 사회적 이데올로기의 유포에 핵심적 위치에 있는 학계와 언론계 인물들을 집중적으로 공략했다(참여연대 2005a).

삼성은 공익 재단을 여러 가지 측면에서 활용했다. 삼성의 공익 재단은 친자본 이데올로기를 적극적으로 유포하는 수단이었다. 공익 재단으로 혜택을 받은 사람들은 삼성 이데올로기를 끊임없이 사회에 전달했다.

---

10_참여연대(2005a)의 1차 자료들을 재단별로 재구성해 분석한 결과다. 사외이사 등으로 영입되었던 인물들은 모두 제외되었고 재단과 관련된 인물들(80명)만을 대상으로 재분석했다.

그림 2-2 | '재벌 해체'와 '기업하기 좋은 나라' 담론의 변화

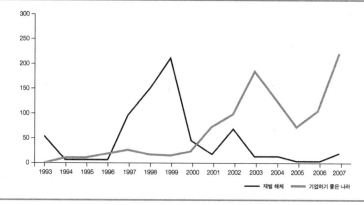

공익 재단은 삼성의 대외적 PR 활동을 다루면서 전반적인 삼성의 기업 이
미지를 '경제적 리더'에서 '사회적 리더'와 같은 광의의 범주로 확장시켜
나갔다(이지인 2004). 또한 삼성의 사회 공헌 활동은 정치적으로 활용되었
다. 예컨대 안기부 엑스파일 폭로, 김용철 변호사 양심선언 등 삼성 관련
사건이 불거질 때마다 삼성이 취한 유화 조치에는 항상 공익 재단을 통한
사회적 기금 조성 방안이 제시되었다.

　삼성이 헤게모니적 전략의 일환으로 담론 전략discourse strategy을 실천
하는 데 가장 중요한 자원은 삼성경제연구소가 제공했다. 이건희는 1996
년 삼성경제연구소의 운영 형태에 대해 "연구소가 너무 삼성의 이해관계
에 얽힌 문제나 경영 경제 분야에만 관심을 보인다"고 지적했다. 그 후 연
구소는 거시적 시각에서 국가와 사회 전반의 문제에 대해 개입해 왔다(이
의철 1996, 55).

　삼성이 유포시킨 담론 중 가장 대중화된 담론은 '기업하기 좋은 나라'

였다. 이 담론의 유포는 IMF 외환위기의 주범으로 삼성과 재벌이 궁지에 몰렸을 때 이데올로기 지형을 반전시키는 전략의 하나였다. 실제 '기업하기 좋은 나라' 담론은 IMF 외환위기 이후 크게 부각된 '재벌 해체' 담론을 압도했다(〈그림 2-2〉 참조). '기업하기 좋은 나라'는 민주화 이후 국가의 중심적 운영 목표가 되었다. 이로써 경제민주화 담론은 크게 위축되었다.

삼성경제연구소는 기업 차원의 연구를 넘어서 국정운영 전략까지 설계했다. 삼성경제연구소는 국가기관에 정책적 아이디어를 제안하거나 제공하고, 나아가 국가정책을 견인했다. 삼성경제연구소가 제출한 내용들은 정부 정책이나 법안에 반영되었다(김영배 2005). 그리고 삼성은 '국민소득 2만 달러 시대론', '선진화 전략', '강소국론', '매력 있는 한국', '대학 경쟁력' 등 다양한 시장 담론들을 전 국가적으로 유통시키며 '삼성 이데올로기'를 전파했다(경향신문특별취재팀 2007, 200). 이에 민주 정부는 삼성의 제안을 적극적으로 수용하며 호응했다. 그리고 정부가 이처럼 삼성 친화적 태도를 보이며 삼성의 경영 활동을 돕는 데 목적을 두는 한, 경제민주화 담론이 파급되기에는 큰 한계가 있을 수밖에 없었다.


# 5. 재벌 개혁을 둘러싼 각축과 시민사회 운동 세력의 딜레마

삼성의 권력 네트워크는 국가기관과 시민사회에 교두보를 확보했다. 그 덕분에 삼성은 노무현 정부 시기 자신을 압박하던 '재벌 개혁' 혹은 '시장 개혁'[11] 요구들에 효과적으로 대응할 수 있었다.

먼저 노무현 정부에 대한 삼성의 공세적 지배 전략이 부각된 계기는 집권 초기였던 2003년 3월 공정위[12]가 "시장 개혁 3개년 로드맵"을 발표하면서부터다. 시장 개혁 3개년 로드맵에서 핵심은 재벌 금융사의 의결권 제한, 산업자본의 금융 지배에 따른 폐해 차단, 출자총액제한 등이다(공정거래위원회 2005). 특히 금융사의 의결권 제한 조치는 재벌의 소유지배구조 개선 효과뿐만 아니라, 국민의 저축 자산이기도 한 금융자산이 소유지배구조 유지를 위한 방편으로 사용되는 것을 막아 국민의 금융자산을 보호하려는 취지도 있었기에 시장의 민주적 질서를 확립한다는 측면에서 매우 중요했다. 개혁안을 실현하기 위해서는 〈공정거래법〉의 개정이 필요했다. 하지만 〈공정거래법〉에서 재벌금융사의 의결권을 제한하는 조치는 삼성에버랜드에서 시작해서 삼성생명, 삼성전자, 삼성카드로 그리고 다시 삼성에버랜드로 이어지는 삼성의 순환출자 지배 구조와 충돌하기 때문에 삼성과 공정위는 극적으로 대립하게 되었다.

2003년 하반기에 〈공정거래법〉 개정 논의가 활발해지자 삼성의 기민한 대응이 가시화되었다. 삼성 비서실장 출신인 현명관 전경련 부회장은 〈공정거래법〉 개정안을 적극적으로 반대했다. 삼성 동맹 세력은 2004년 10월 25일 국회 공청회를 앞두고 홍보전과 병행해 공개 토론회를 개최

---

11_노무현 정부에서 공식적으로 '재벌 개혁'이 아닌 '시장 개혁'이라는 용어를 사용하고 있음에 주목해야 한다. 시장 개혁은 재벌만을 개혁목표로 삼지 않겠다는 의미였으며, 열린 공간 체제의 성격 탓에 재벌도 시장 개혁의 '주체'로서 정부가 주도한 시장개혁 T/F에 참여할 수 있었고 그 덕분에 협상력을 확보할 수 있었다.

12_노무현 정부는 삼성과 유연한 관계를 맺고 있었지만 개혁파들도 공존하고 있었다. 노무현 정부 내 대표적인 개혁파는 공정위였고 그 위원장은 시민사회 운동을 경험한 강철규였다. 노무현 정부 내 거의 유일한 재벌 개혁 성과였다고 할 〈공정거래법〉 개정은 공정위에 의해 추진되었다.

하고 경제 다섯 개 단체 명의로 반대의견을 재차 표명하며 여론 조성 작업을 벌렸다(『연합뉴스』 2004/10/20).

구체적인 〈공정거래법〉 개정 반대 운동은 삼성경제연구소가 주도했다. 삼성경제연구소는 연구보고서를 통해 삼성전자의 '적대적 M&A' 가능성을 제기하고 나섰다. 삼성전자의 한 임원은 삼성의 본사를 미국으로 이전할 수 있다는 가능성을 내비치고 주가가 급락할 것임을 언급했다(이형삼 2004, 134-137). 전경련뿐만 아니라 보수 언론도 삼성의 입장에 적극적으로 동조했다. 보수 언론은 삼성전자의 적대적 M&A 가능성을 대대적으로 보도하며 삼성을 지원했다(박중현·배국인 2004).

〈공정거래법〉 개정에 대응하는 활동에서 주요자원은 '국가경제 보호 이데올로기'였다. IMF 외환위기를 경험한 탓에 국가경제 보호 논리는 폭넓은 호응을 유도할 수 있었다. 삼성 동맹 세력은 '국가경제 보호'라는 의제를 광범위하게 공유하고 있는 이데올로기적 동맹의 성격을 갖는다. 국가경제 보호 이데올로기의 핵심은 '삼성 재벌 구조 보호=국가경제 보호'라는 등식이다. 국가경제를 보호하기 위해서는 삼성을 지켜야 하고, 삼성의 소유지배구조를 용인해야 한다는 연계 논리가 성립되어 이른바 '재벌 활용론'이 득세할 수 있었다.

삼성의 정치자금 공세에 가장 큰 수혜 대상이었던 한나라당 의원들은 정치활동의 근간이 되는 정치자금 지원 기반을 유지해야 하는 제약 때문에 2004년 11월 국회 정무위원회 회의실을 점거하면서 〈공정거래법〉 개정에 필사적으로 저항했다. 그러나 한나라당의 과도한 저항은 "한나라당 의원들 뒤에 삼성의 전방위적 로비가 있었던 것이 아닌가"라는 의심을 받아 오히려 역풍을 맞아야 했다. 한나라당이 삼성의 정치자금 지원을 노골적으로 인정하고 정치자금의 실리를 취하는 방식은 정치자금법을 위반한 국회의원에 대한 국민의 정서가 부정적인 한 선택하기 어려웠다. 결국 삼성의 로비 논란이 공론화되자 한나라당 의원들의 거센 저항도 시들해졌다(강철규 공정거래위원장 면담, 2008/08/06).

결국 〈공정거래법〉 개정안은 2004년 12월 19일 국회 본회의를 통과했다. 하지만 개정된 법안 내용은 김대중 정부 말기에 금융사의 의결권 행사 범위를 30%까지 허용되었던 것을 단계적으로 15%까지 축소하는 것에 불과했다. 개정된 〈공정거래법〉은 의결권 행사를 전면 금지시켰던 1986년 법률 수준에는 여전히 못 미쳤다. 삼성은 〈공정거래법〉 개정을 무력화시키기 위해 적극적으로 대응했으나 사실상 금융사의 의결권 제한이 단계적으로 시행되는 덕분에 후속 대응 수단을 찾으면 다시 소유지배구조를 유지할 수 있었다.

삼성은 국회의 '보위망'이 무너지자 새로운 전략을 모색했다. 2005년 6월 28일 삼성생명, 삼성화재, 삼성물산 등 삼성 계열사 3사는 개정된 〈공정거래법〉에 대한 헌법소원을 제기하며 실력 행사에 나섰다. 삼성은 과거 헌법재판관과 헌법재판연구관 출신인 변호사들을 중심으로 변호인단을 구성해 대응했다(공정거래위원회 2005). 특히 헌법소원을 맡아 심사할 헌법재판소의 소장은 이미 삼성에 법률고문으로 3년 넘게 근무한 경력의 소유자 윤영철이었기 때문에 헌법소원의 판결 결과는 예측하기 힘들었다.

그런데 삼성의 이데올로기를 적극적으로 유포하던 보수 언론들은 삼성의 헌법소원에서 대해서는 소극적으로 대응했다. 이는 헌법소원의 대응이 과도하다는 비판여론에 부담을 느낀 이유도 있지만, 결정적으로 당시 정세가 삼성을 옹호하기에는 부담이 지나치게 컸기 때문이었다. 즉 2005년 7월 삼성의 정치자금 모의 논의가 담긴 안기부 엑스파일이 공개되면서 여론이 삼성에 매우 비판적이었던 것이다.

〈공정거래법〉이 개정되던 당시와는 달리 보수 언론의 지원을 제대로 받을 수 없는 상황에서 삼성은 소극적으로 대응하는 양상을 보였다. 결국 검찰이 2006년 2월 7일 안기부 엑스파일 사건을 수사 종결하며 정치자금 법위반 등의 처벌을 면제해 주자 삼성은 "국민께 드리는 말씀"을 발표해 헌법소원을 취하하는 타협을 하게 됐다.

요컨대 개정된 〈공정거래법〉은 일방의 입장만이 관철된 것은 아니었다. 하지만 〈공정거래법〉 개정 논란 속에서 안기부 엑스파일의 폭로라는 거대한 정치적 사건이 개입되지 않았다면 〈공정거래법〉이 무력화될 가능성도 충분했다. 나아가 더 큰 문제는 정작 중요한 정치적 사건이었던 안기부 엑스파일 사건과 소유지배구조의 변경에서 나타난 범죄들이 처벌받지 못했다는 점이다.

삼성의 권력화 및 소유지배구조 문제와 관련해 에버랜드 전환사채 헐값 발행 사건은 중심적인 논쟁거리다. 삼성에버랜드 전환사채 헐값 발행과 관련해 2000년 법학 교수 43명이 이건희 삼성 회장을 특별 배임, 업무상 배임, 특수교사 및 〈특정경제범죄가중처벌등에관한법률〉 위반 혐의로 검찰에 고발한 사건은 김대중 정부 시기는 물론 노무현 정부 시기 전체까지 관통했다. 여기에 안기부 엑스파일 사건과 김용철 변호의 양심선언 등이 개입되어 삼성 문제는 복합적인 권력 문제로 비화되었다.

법학 교수들의 이건희 고발 이후 민주노총을 비롯한 8개 교수·변호사·사회·노동 단체는 '삼성 등 재벌의 불법 세습 척결을 위한 공동대책위원회(약칭 불법세습공대위)'를 발족하고 '스탑 삼성 캠페인'stop-samsung campaign을 시작했지만 삼성 문제는 문제 제기 수준을 넘지 못했다. 불법세습공대위 활동에서 대중 동원력이 가장 뛰어난 민주노총의 참여는 명분상의 참여에 그쳤고 임금 투쟁이나 〈노동법〉 개정 과정에서 보였던 대중 동원 능력을 보여 주지는 못했다(강준만 2000).

그러나 2005년 7월 22일에 '안기부 엑스파일'의 '삼성 게이트'가 공개되면서 삼성 문제가 사회적 이슈로 크게 부각되었다. 엑스파일 사건은 삼성에 반대하는 세력들의 규합을 촉진했다. 110여 개 단체들이 참여해 '삼성 불법 뇌물 공여 사건 등 정·경·언 유착 의혹 및 불법 도청 진상 규명을 위한 시민사회단체 공동대책위원회'를 결성했다. 시민사회 운동 세력은 안기부 엑스파일의 내용을 '이건희 게이트' 혹은 '삼성 게이트'로 규정하고 정기적인 1인 시위, 촛불문화제, 전국 삼성 공장 순례 투쟁, 삼성 바로보기 문화제 등 사회적으로 이슈화할 수 있는 다양한 저항 콘텐츠를 만들어 지속적인 저항을 했다(김덕련 2005). 대규모의 연대 활동이 광범위하게 형성될 수 있었던 이유는 부정부패에 대한 비판적 정서가 광범위하게 확산되어 있기 때문이고, 시민단체들이 서로 다양한 영역에서 활동하더라도 공공성을 공유하는 정서가 일상적으로 연결되어 있었기 때문이다.

삼성 게이트 폭로를 계기로 삼성이 연루된 불법행위에 대해 종합적으로 접근하려는 시도가 나타났다. 무엇보다 "삼성의 권력 네트워크가 체계적인 조직 구조를 갖고 있다"는 참여연대 보고서가 발표되면서 이를 언론사들이 심층 보도했고, 국회를 통한 추가 공개 및 개혁 입법 발의가 잇따르면서 저항 블록의 역량도 강화되었다(유창재 2005). 『한겨레』, 『경향신문』, 『시사저널』, MBC 등 각 언론사들도 '정-경-검-언'의 유착 문제를 의제화하며 집중적인 삼성 비판 기사를 쏟아 냈다. 엑스파일의 폭로를 계기로 시민단체와 언론, 그리고 진보 정당 간의 동맹이 포괄적으로 형성되었다. 그런데 여기서 대표적인 진보 언론으로 통용되는 『한겨레』와 『경향신문』은 광고 수익 중 삼성그룹의 광고비 비중(참여연대 2005b)이 10%를 넘어 『조선일보』, 『중앙일보』, 『동아일보』의 평균 3.8%보다 크게 웃돌았음에도 불구하고 삼성 비판 기사를 대량으로 생산했던 점이 특이했다. 그 이유는 이들 언론사들이 비판적 기사로 다른 언론사와 구분되는 정체성을 오랫동안 유지해 왔기 때문이며, 내부적으로 삼성의 금전적 혜택을 받은 인물이 있더라도 언론사 내 구성원들이 공유하는 정서가 공공 언론의 가치를 지향하고 있었던 덕분이다.

'삼성 공화국'이라는 단어로 집약되는 비판적 여론 동향 덕분에 2005년 9월 국회에서 삼성 문제를 대대적으로 다루는 '삼성 국감'이 가능했고, 2005년 10월에는 선고 연기를 거듭하던 에버랜드 사건에 대한 첫 유죄 선고도 나왔으며, 〈공정거래법〉 개정안에 대한 삼성의 헌법소원은 집중적인 포화를 당해야만 했다. 삼성에 대해 비판적 여론이 삼성의 전략적 계급 실천을 일정하게 제약했던 것이다.

한편 시민사회 운동 단체를 중심으로 저항적 동맹이 생겨났듯이 삼성을 옹호하고 지켜 내려는 다른 한편의 보수 반동 동맹이 강화되고 결집되었다. 정부, 검찰, 국회, 보수적 미디어 등이 삼성과 보조를 맞추어 반격에 나섰다. 엑스파일 폭로 국면에서 주목할 점은 삼성 동맹이 위축되지 않고 오히려 강화되었다는 점인데 이는 삼성의 불법 자금 지원을 받아 유착된 이해관계가 일치했기 때문이다.

이 시기 국회의 동향에 주목할 필요가 있는데 국회는 삼성을 수사하는 것이 경제에 해롭다는 논리를 내세워 삼성을 옹호하는 동맹에 결합했다.[13] 국회는 결정적으로 〈특검법〉을 좌절시킴으로써 삼성을 도왔다. 만일 〈특검법〉이 도입되면 특검의 의지와 성격에 따라 삼성이 위기에 봉착할 수 있는 위험이 있었지만 국회에서 〈특검법〉 제정을 저지함으로써 당시 혼란스러운 국면을 예측 가능한 상황으로 만들었다.

---

13_김무성 한나라당 사무총장은 "삼성에 대한 지나친 매도는 국가경제에 악영향을 미침과 동시에 수출은 물론 국내 경제에도 안 좋은 영향을 미친다"고 발언했다(『이데일리』 2005/09/29).

여기에 보수적 미디어들은 삼성 문제의 화두를 바꿔 놓는 데 결정적인 기여를 했다. 중도적 혹은 진보적인 미디어들이 '정-경-검-언 유착 관계'를 중심으로 엑스파일을 보도했던 것과 달리, 보수적 미디어들은 '불법 도청'이라는 명분 아래 범죄 집단의 타깃을 삼성에서 이전 정부 기관원들로 이전시켰다(이송지혜 2005, 7-8; 김어진 2005, 33).

노무현 대통령도 삼성 동맹에 결합해 삼성이 마주했던 어려운 상황을 극복하는 데 기여했다. 삼성 권력을 해체할 수 있는 결정적인 순간에 노무현 대통령은 "정-경-언 유착이라는 것과 도청 문제, 뭐가 본질이냐가 중요한지 모르겠지만 도청 문제가 더 중요하고 본질적이다"는 발언과 함께, "도청 문제야 말로 권력의 불법이라는 가장 중대한 본질적인 문제"라고 하여 삼성에 대한 수사 방향을 바꾸어 놓았다(김호준 2005).

이렇게 삼성 문제에 대한 정치적·사회적 논란을 대통령이 최종적으로 정리하자 검찰은 이에 부응하듯 정-경-언 유착에 대해 소극적인 수사로 일관했다. 검찰은 이건희 회장을 소환조차 하지 않은 채 서면으로 조사했고, 압수수색도 하지 않았다. 검찰은 수사를 빠르고 신속하게 진행시켜 삼성 게이트가 해를 넘겨 '사회적 의제'로 확산되는 것을 막았다. 결국 2005년 12월 삼성 엑스파일 수사 결과가 발표되었다. 검찰은 정치자금을 주고받은 것으로 지목된 이건희 회장과 이학수 부회장 등이 모두 부인한다는 이유로 무혐의 결정을 내렸다(정광섭 외 2005; 황상철 2005). 반면에 도청 녹취록을 유출한 공운영은 징역 1년 6개월이 확정되었다. 언론 보도의 위법성에 대해서는 고발도 없었지만 이를 보도한 MBC 이상호 기자는 불구속 기소되었다. 그는 2011년 대법원에서 유죄 확정 판결을 받았다. 녹취록에 나오는 '떡값 검사'의 실명을 공개한 노회찬 의원도 기소되었다. 결국 노회찬 의원은 2013년 대법원의 유죄 선고와 함께 의원직을 상실했다. 이는 국가권력이 삼성 권력에 도전하는 자들을 차단하는 민주화 이후 한국 민주주의 체제의 역설적 상황으로 이해할 수 있다.

시민사회 운동 세력의 저항은 사법 관료를 중핵으로 하는 제도적 틀 안에서 좌절되는 한계를 분명히 나타냈다. 반면 삼성은 지원 세력의 도움으로 점차 힘을 회복하고 삼성 동맹의 결속력을 높일 수 있었다.

그런데 삼성의 국가 지배를 둘러싼 갈등은 수면 아래로 가라앉다가 2007년 김용철 변호사의 양심선언을 계기로 다시 폭발해 삼성 문제는 새로운 국면을 맞이하게 된다. 이는 삼성이 국가기관과 시민사회에 권력 거점을 만들었으나 삼성의 지배 체제가 여전히 불안정하다는 것을 보여 준다.

삼성 구조조정본부 법무팀장이었던 김용철 변호사가 공개한 자료(김용철 2010)는 삼성의 거의 모든 불법행위들이 총망라되어 있었기 때문에 사회적으로 크게 이슈화되었다. 특히 은폐되었던 삼성 내부의 자료들이 공개됨으로써 삼성 문제를 좀 더 사실적으로 볼 수 있는 계기가 되었다. 정의구현사제단은 김용철 변호사의 양심선언을 계기로 범국민대책위를 구성하면서 삼성 문제의 성격을 대한민국의 경제민주주의와 미래가 걸린 문제로 재정립했다(정석구 2007).

삼성도 총력적으로 대응했다. 삼성은 비판적 언론 매체를 집중적으로 공격했다. 민주언론시민연합의 조사에 따르면 삼성전자, 삼성증권, 삼성화재, 삼성물산, 삼성투신, 삼성생명 등 삼성의 주요 계열사들은 『조선일보』, 『중앙일보』, 『동아일보』에 골고루 광고를 집행했지만, 『한겨레』와 『경향신문』에는 단 한 건도 싣지 않는 등 광고 탄압이 이어졌다(민주언론시민연합 2008). 삼성은 『한겨레』와 『경향신문』에 광고 게재를 중단해 2007년 예상 매출액에서 20억 원 정도의 타격을 입었다(안은주 2008, 148).

삼성의 적극적인 여론 형성 작업에도 불구하고 국회는 삼성의 불법행위 비판에 경쟁적으로 뛰어들어 〈특검법〉을 관철시킴으로써 안기부 엑스파일 폭로 국면보다 진일보한 자세를 보여 줬는데, 이는 안기부 엑스파일 폭로 국면과 달리 대선 정국이었기 때문에 가능했다. 하지만 〈특검법〉이 발효되어 특검의 수사 정국으로 상황이 바뀜에 따라 정치권은 관망하는 자세에 머물렀다. 정치권은 삼성의 후원을 받으면서 대중적 지지도 유지해야 하기에 최소한의 명분 쌓기 차원에서 〈특검법〉을 제정할 수 있었다. 시민사회 운동 단체들은 특검 사무실 앞에서 집회를 개최하며 수사에 압박을 가했지만 소수 인원만이 참여했다(김남일 2008a). 이는 정치권과 같이 관망하는 분위기가 어느 정도 작용한 것으로 볼 수 있다. 이렇게 특검을 통한 삼성 문제 해결 방식은 정치적으로 공론화할 기회를 크게 차단했고, 사법의 독립성이 강조될 수밖에 없는 탓에 매우 폐쇄적인 형태를 띠었다. 사법의 폐쇄성으로 인해 삼성 문제 처리 국면의 주도권은 특검에 넘어갔다.

정치권과 일부 시민사회 운동 세력의 관망 자세와 달리 삼성은 특검 수사 정국에서 수사 과정을 교란시키는 전략을 긴밀하게 사용했다. 삼성 측은 수사를 앞두고 내부 보안 강화라는 명분으로 증거인멸을 시도했다(김회승 2007; 김회승·고제규 2008). 자료 폐기와 더불어 특검 출석 거부, 관련자의 잠적, 차이가 없는 똑같은 진술의 반복, 숨진 구조조정본부 전무에게로의 책임 전가 등 다양한 방법으로 삼성은 수사를 무력화시키려는 시도를 했다. 삼성의 임원들은 조사받는 자리에서 회유성 발언을 하며 수사팀을 압박하는 메시지를 전달하기도 했다(고제규 2008a). 여기에 삼성 동맹 세력들도 성명서 발표와 관계자 접촉을 통해 삼성특검이 조기에 종결될 수 있도록 압박을 행사했다(이제명 외 2008).

특검은 시민사회 운동 세력의 요구로 성사된 것이었지만 실제 수사 과정은 시민사회 운동 세력의 바램을 충족시키지 못했다(김남일 2008b). 삼성에 우호적인 수사 분위기가 포착되자 시민단체들은 진실 규명이나 처벌 없이 사건이 종결되는 것을 막기 위해서 수사권을 검찰에 다시 넘기

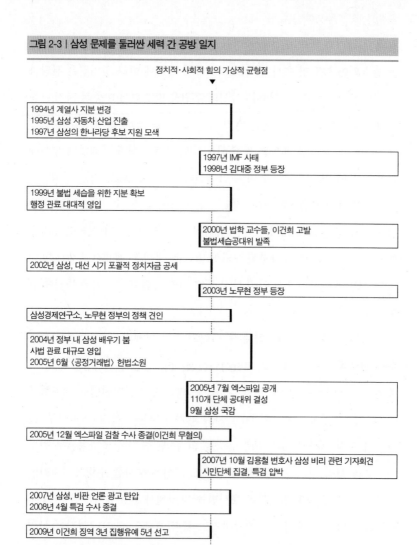

**그림 2-3 | 삼성 문제를 둘러싼 세력 간 공방 일지**

정치적·사회적 힘의 가상적 균형점

1994년 계열사 지분 변경
1995년 삼성 자동차 산업 진출
1997년 삼성의 한나라당 후보 지원 모색

1997년 IMF 사태
1998년 김대중 정부 등장

1999년 불법 세습을 위한 지분 확보
행정 관료 대대적 영입

2000년 법학 교수들, 이건희 고발
불법세습공대위 발족

2002년 삼성, 대선 시기 포괄적 정치자금 공세

2003년 노무현 정부 등장

삼성경제연구소, 노무현 정부의 정책 견인

2004년 정부 내 삼성 배우기 붐
사법 관료 대규모 영입
2005년 6월 〈공정거래법〉 헌법소원

2005년 7월 엑스파일 공개
110개 단체 공대위 결성
9월 삼성 국감

2005년 12월 엑스파일 검찰 수사 종결(이건희 무혐의)

2007년 10월 김용철 변호사 삼성 비리 관련 기자회견
시민단체 집결, 특검 압박

2007년 삼성, 비판 언론 광고 탄압
2008년 4월 특검 수사 종결

2009년 이건희 징역 3년 집행유예 5년 선고

2009년 12월 이명박 정부, 삼성 이건희 사면
2013년 대법원, 엑스파일 폭로 노회찬 의원 최종 유죄 선고

라고 주장했다(이해인 2008). 이것은 저항 블록의 분명한 딜레마였다. 검찰을 비판하고 특검을 요구한 세력이 다시 특검을 부정하며 검찰에 의존하려 한 것이다. 저항 블록의 정치적 역량과 민주화 이후 민주주의 제도가

갖고 있는 구조적인 한계점이 빚어낸 이 같은 역설은 반복되었다.

결국 2008년 4월 17일 발표된 특검의 수사 결과는 시민사회 운동 세력의 바람에는 크게 못 미쳤다(고제규 2008b). 특검은 불법비자금 조성과 불법 로비에 대해서는 의혹을 밝히지 못했고, 법원도 조세 포탈과 증권거래법 위반 혐의로만 이건희 회장에게 징역 3년, 집행유예 5년의 선고를 내렸다.

〈그림 2-3〉에서 보는 바와 같이, 삼성 문제를 둘러싼 세력 간의 공방이 겉으로는 이건희의 유죄 선고로 균형점을 찾는 듯 보였다. 하지만 집행유예 선고로 법정구속을 미룬 점은 결국 삼성에게 면죄부를 주는 기회로 작용했다. 실제로 이명박 정부가 이건희 회장 1인 사면을 단행함에 따라 힘의 '형식적' 균형 관계마저 급격히 기울어져 대자본 권력의 민주화는 좌초되고 말았다.

경제민주화의 발전 방향에 대한 새로운 사회적 의지는 움트고 있었지만, 국회, 정부 행정기구, 사법 기관은 시민의 의사를 수용할 만큼 '민주화' 되지 못했다. 그 중요한 이유는 시민사회 운동 세력이 자신의 의사를 반영할 국가 제도를 건실하게 키우지 못한 채 외곽에서만 맴돌았기 때문이라 생각된다. 시민사회 운동 세력이 소수의 정치 분파들을 통로로 삼아 시민 대중의 의사를 전달해 바꿀 수 있는 것은 너무 적었다. 무엇보다 시민사회 운동 세력의 사법 적극주의 전략이 정치적·사회적 접근을 차단하고 운동 역량을 왜소화 시킨 것으로 보인다.

민주주의 체제에서 사법 적극주의는 삼성도 적극적으로 사용할 수 있는 전략이었다. 삼성이 처음부터 적극적으로 사법 적극주의 전략을 선호하지는 않았지만 필사적으로 회피할 이유도 없었다. 왜냐하면 사법 적극주의 전략은 집단화되는 저항 세력을 개별적인 법정 공방으로 약화시킬 수 있는 이점이 있고, 폭넓은 사법계 네트워크 덕분에 판결 승률도 낮지 않았기 때문이다.

　민주주의 체제에서 사법 적극주의가 위험한 것은 법원의 판결이 갈등의 종착점이라는 것에 있다. 판결의 권위는 여론을 차단할 수 있기 때문에 사회운동의 역량을 약화시킨다. 어느 세력이든 법원의 최종 판결에 승복할 수밖에 없기 때문에 시민 대중의 정서와 다른 판결이 내려지는 순간 삼성의 권력을 민주적으로 규율하고 해체시킬 기회는 사라졌다. 시민사회 운동 세력과 삼성의 치열한 전쟁은 허무하게 끝났다.


# 6. 결론

경제민주화는 삼성을 비롯한 재벌 권력을 해체하는 것이 핵심이다. 왜냐하면 〈그림 2-4〉에서 보는 바와 같이, 삼성은 민주주의 체제에 순응하기보다는 스스로 권력이 되어 민주주의 체제를 왜곡·형해화시켰기 때문이다. 삼성은 민주화 이후 변화된 시스템에 정교하게 대응해 국가와 시민사회를 지배했다. 삼성은 먼저 국회와 정당 체제에 정치자금을 동원해 반독재 정치 분파의 집권에 효과적으로 대응했다. 나아가 삼성은 행정 관료를 포섭해 관료의 영혼을 빼앗았다. 삼성은 꾸준히 사법 기관의 요원들을 관리해 위기 때마다 사법 적극주의 전략을 구사하는 데 주저하지 않았다. 끝으로 삼성은 시민사회에 광범한 지지와 동의를 유인하는 전략을 사용해 집단화될 수 있는 시민적 저항 의지와 능력을 파편화시켰다.

　여기에 민주 정부는 대자본 권력과 시장 권력이 확장되도록 길을 열어 주었다. 그 길을 따라 삼성은 전략적인 정치적·사회적 실천을 통해 헤게모니를 장악해 나갔다. 개발 독재국가 시기에 국가의 지원을 받아 압축

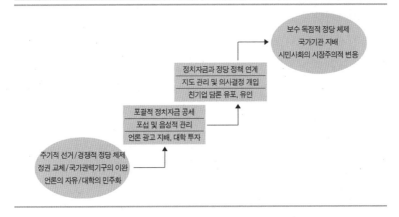

그림 2-4 | 삼성의 국가 및 시민사회 지배 전략과 민주주의 체제의 왜곡

적으로 자본을 축적한 삼성은 민주화 이후 경제적 자원뿐만 아니라 정치적·사회적 자원을 함께 동원해 경제민주화의 길을 굴절시켰다.

나아가 삼성은 국가 및 시민사회 지배 전략을 양성화해 합법성마저 취득했다. 삼성이 지배를 확장하는 과정에서 전략적으로 활용한 방식들은 삼성의 중요한 사업 체계를 이루어 기업 권력을 재생산했다. 삼성의 족벌 체제를 변호하는 변호사 그룹은 기업 로펌이 되었고, 삼성 옹호 논리를 개발하던 아이디어들이 모여 국내 최대의 싱크탱크가 되었다. 삼성 재단들은 시민사회의 저항을 무마하는 수단을 발휘하며 어엿하게 '자본의 재단'이 되었다. 심지어 노조 파괴 행위를 일삼던 구사대 조직은 경찰에 버금가는 경비 업체로 성장했다.

이런 맥락에서 삼성은 기술개발과 사업 경영에서 쌓은 역량을 계급 지배의 역량으로 응용하며 앞으로 더욱 세련되게 변모할 가능성도 있다. 삼성의 '스마트한 지배 전략'은 현대 산업의 특성을 따라가며 더욱 세련되어질 전망이다. 예컨대 삼성전자는 스마트폰에 연결되는 음악과 영상 콘텐츠, 주변기기, 소비자 네트워크를 아우르면서 '비즈니스 에코 시스템'

business eco-system을 구축하려고 하고 있는데, 컴퓨터, 자동차, 전자, 금융거래에 이르기까지 모든 경제 및 사회 활동이 삼성 스마트폰에 하나로 연결되듯 삼성은 계열사를 확장시켜 '산업의 융합화'를 내세울 수 있다. 삼성의 3대 세습 이후 소유지배구조의 새로운 버전은 '산업의 융합화'로 포장되어 더욱 세련되어질 전망이다.

삼성은 민주화 이후 거듭 진화된 지배 전략을 구축하고 있다. 반면 정치사회나 시민사회 영역에서 경제민주화 담론은 여전히 지난 시기 '시즌 1'의 개혁 담론을 반복하는 데 그치고 있다. 민주 정부는 재벌 개혁과 관련해서 제한 조치를 단계적으로 강화했다가 시행 시점에 이르러서는 다시 완화하기를 반복할 뿐 정치사회적 권력 문제를 좀처럼 다루지 못했다. 만약 민주 정부에 대한 추억으로 새로운 시대에 대응하려 한다면 이는 매우 시대착오적인 것이 되고 말 것이다.

경제민주화는 재벌의 소유지배구조의 일차적 개선뿐만 아니라 독점적 대자본의 권력화에 대한 심도 깊은 논의를 필요로 한다. 자본의 '사업' 영역이 된 국가기관들을 감시, 제약하고 그 고삐를 잡지 않고서는 어떤 개혁 정책도 실현되기 어려울 것이며 명실상부한 경제민주화라 부를 수 없을 것이다. 나아가 기업적 방식으로 헤게모니적 역량을 확보해 나가는 삼성의 방식에 대응해 시민사회 운동 세력도 전략적으로 자신의 헤게모니적 역량을 확보·축적해야 한다.

경제민주화를 열망하는 세력들은 자신들의 전략도 삼성만큼이나 정교화되지 않으면 안 된다는 사실을 기억해야 한다. 시민사회 운동 세력들과 정당정치 세력들은 경제민주화에 대한 의미를 새롭게 확장하고 심화시켜 민주주의에 대한 새로운 의미 규정을 만들어 가야 한다. 그렇지 않고서는 우리는 언젠가 다시 대자본 권력과 보수 정부가 주도하는 기만적인 '기업형 복지'의 길을 경제민주화의 길이라 여기며 걷고 있을지 모른다.

# 3장

# 대·중소 기업과
# 저진로 양극화 성장

홍장표

## 1. 머리말

우리나라에서 양극화 현상은 재벌 대기업과 중소기업, 제조업과 서비스업, 정규직과 비정규직 노동, 소득 계층 등 다양한 영역에서 진행되고 있다. 이 가운데 대기업과 중소기업 간 양극화는 생산물 시장에서는 수익성 격차, 생산성 격차, 노동시장에서는 대기업과 중소기업 노동자, 정규직과 비정규직 노동자 간 임금격차의 확대로 나타난다. 기업 간 양극화는 소수 대기업의 성장을 위한 비용은 다른 부문으로 전가되지만 그 성과가 공유

---

● 이 글은 『더불어 행복한 민주공화국』(김상곤 엮음, 폴리테이아, 2012)에 실린 필자의 글 "대기업과 중소기업의 상생을 위하여"를 수정한 것이다.

되지 않을 때 발생하며 심각한 사회경제적인 문제를 유발한다. 우리나라의 기업 간 양극화는 어디서 비롯된 것이고 또 어떻게 풀어야 할 것인가?

양극화의 원인과 그 대책을 둘러싸고 시장 만능주의적 입장과 이에 비판적인 입장 사이에 뚜렷한 시각 차이가 존재한다. 시장 만능주의에서는 양극화란 개방과 세계화의 불가피한 현상이며 세계화의 불확실성과 위험 증대에 대응해 사회안전망 구축을 통해 그 부작용을 최소화해야 한다고 본다. 양극화 현상과 일자리 감소는 사회안전망 강화와 성장 동력 확충과 같은 시장 개혁의 보완 조치를 통해 해결해야 할 문제이지 시장 규율 강화라는 정책 기조 자체를 변경해서는 안 된다는 것이다(국민경제자문회의 2006; 김주훈 외 2009). 이에 대해 시장 만능주의에 비판적인 입장에서는 주주자본주의를 지향하는 신자유주의적 개혁이 대기업의 성장 동력을 약화시키고 양극화를 초래했다고 한다. 양극화란 외환위기 이후 주주자본주의와 시장 규율을 강화하는 시장 개혁의 산물이기 때문에 재벌 체제의 복원을 중심으로 정책 기조를 전환해야 한다고 주장한다(정승일 2006; 장하준 2012).

이와 같은 논란의 근저에는 시장 기능에 대한 근본적인 인식 차이가 깔려 있다. 자원 배분 기구로서 시장의 기능은 이중적이다. 시장 기능은 경제주체의 자기책임과 자유경쟁을 통해 비용 효율성을 추구하고 자원 배분의 효율성을 도모한다. 하지만 거래비용이론에서 지적하는 것처럼 시장에서 경제주체의 단기적 사적 이익 추구는 기회주의적 행동을 유발하고 협력적 공동 이익 추구를 저해한다(Williamson 1985). 외환위기 이후 추진된 시장 개혁에 대해 시장 만능주의에서는 기업과 금융기관의 무책임 경영을 극복하고 자기책임성을 높이는 순기능만 보고, 장기적 관점에서의 공동체적 협력을 훼손시키는 문제점에 대해서는 침묵한다. 반면 후자의 시각은 시장 규율 강화의 단기주의적 한계에 대한 정당한 비판을 넘어 시장 단기주의를 극복하는 대안으로 재벌 체제를 옹호하는 반개혁적 성향을 보이고 있다. 이 글은 양극화의 원인과 대책을 둘러싼 시장이냐 조직이냐의 이분법적 시각이 지닌 편향성을 극복하기 위해 다음과 같은 두 문제에 초점을 맞추어 검토한다.

첫째, 이 글에서는 현 단계 한국 경제의 심각한 문제로 부각된 기업 간 양극화의 뿌리를 개발 시대 형성된 재벌 위주 성장 과정의 특성 속에서 찾는다. 일부에서는 국제통화기금IMF 외환위기 이후 신자유주의적 경제구조조정이 양극화를 초래했다고 보지만, 대기업과 중소기업 간 양극화는 이보다 앞선 '1987년 체제'에서 시작되어 외환위기를 거치면서 양극화 성장 체제로 확립되었다고 파악한다. 이와 같은 시각에서 양극화의 극복은 재벌 체제로의 복귀가 아니라 재벌 개혁과 성장 체제의 전환을 통해 이루어져야 한다고 파악한다.

둘째, 이 글에서는 외환위기 이후 시장경쟁 해법에 의존한 구조조정 정책은 성공하지 못했을 뿐더러 고부가가치 부문에서 저부가가치 부문으로 자원을 이동시키는 '양극화의 함정'에 빠져 한국 경제의 성장 잠재력을 약화시키는 결과를 초래했다고 파악한다. 이와 같은 시각에서 양극화 극복을 위해서는 시장주의적 해법이 아니라 양극화의 함정으로부터의 이탈과 성장 체제 전환을 도모하는 구조 개혁 해법이 요구됨을 강조한다.

## 2. 재벌 위주 경제구조와 저진로 양극화 성장

### 고진로 성장과 저진로 성장

기업의 성장 전략은 인적자원관리와 시장 전략 측면에서 고진로high road

전략과 저진로low road 전략으로 구분된다. 고진로 전략이란 노동자의 작업장 참여와 조직 헌신을 토대로 혁신을 유도하고 제품차별화를 통해 시장에서 품질 경쟁력을 확보하는 전략이다. 이에 비해 저진로 전략이란 해고와 고용 불안 등 노동자 위협 효과를 통해 비용을 삭감하고 노동강화를 통해 시장에서 가격경쟁력을 확보하는 전략을 말한다(Gil & Mayer 2008). 이 두 전략은 미시적 차원에서 기업이나 작업장 수준에 국한된 것이 아니라 이를 뒷받침하는 사회경제 제도들과 조응하며 거시경제 차원에서 각국 성장 경로의 특성을 반영한다. 고진로 성장 경로는 기업 수준에서는 고용 안정성과 노동자의 경영참가, 거시 수준에서는 높은 수준의 사회복지 지출과 같은 사회안전망을 배경으로 조직 구성원 간 장기적 협력과 상호작용을 바탕으로 집합적 혁신collective innovation을 추구한다. 이에 비해 저진로 성장 경로는 시장 규율에 의존하며 노동자 참가보다는 배제, 당근보다는 채찍에 의존한다. 노동시장의 유연화와 사회복지 지출 축소로 인한 높은 직업 상실 비용을 배경으로 임금 비용 삭감과 노동강도 강화를 실현함으로써 시장에서 비용 경쟁력을 확보하는 한편 혁신의 파트너를 소수의 개발자와 협력 업체에 한정시키는 개별적 혁신individual innovation으로 성장을 추구한다.

미국, 영국, 캐나다 등 저진로 성장 경로를 취하는 앵글로색슨 국가에서는 시장적 노사관계, 비용 삭감, 사회복지 프로그램의 감축이 지속적으로 이루어졌고 이로 인해 소득분배의 불평등성이 심화되었다. 이에 비해 유럽 대륙의 주요 국가들은 세계화에도 불구하고 이와는 다른 모습을 보여 주었다. 스웨덴, 덴마크, 네덜란드 등 고진로 경로를 취해 온 국가에서는 세계화의 압력 속에서도 강한 노조와 중앙 집중화된 노사관계, 차별화된 고품질의 제품 생산과 고임금, 높은 수준의 사회보장제도를 유지하고 소득불평등화를 방어하면서 제품 경쟁력을 추구하고 있다(Saez 2004;

Milberg & Houston 2005).

이 기준에 따르면 우리나라 경제는 저진로 성장 전략으로부터 시작되었다. 개발 시대 초기 등장한 재벌 위주의 경제 성장 과정에서 성립된 저진로 성장 전략은 1987년 노동자 대투쟁과 1997년 IMF 외환위기를 겪으면서 양극화 성장 체제로 진화해 왔는데, 다음에서 이를 살펴보기로 한다.

## 개발 시대 재벌 위주 경제성장과 저진로 양극화 성장 전략의 등장

개발 시대 한국 산업의 성장은 선도 부문 재벌 대기업 중심의 불균등 성장 방식이다. 대기업의 선제 투자를 통해 새로운 산업으로 진입하고 그 뒤를 이어 중소기업이 진입하면서 성장이 확산되는 패턴이다. 이에 따라 개별 산업이 고르게 성장한 것이 아니라 특정 산업이 상대적으로 높은 성장을 보이면서 전체 산업의 성장을 주도하는 역할을 했다. 수출산업과 대기업 등 선도 부문 성장을 통해 내수 부문과 중소기업의 성장을 유발했던 것이다.

대기업 위주의 불균등 성장 속에서 최종재 조립 부문 위주의 산업구조가 나타났다. 대기업은 성장산업의 최종재 조립 부문을 담당하고 자본재와 핵심 부품 소재는 수입에 의존했다. 이런 산업구조에서는 중간재와 생산재 부문의 발전이 지체될 수밖에 없는데, 이로 인한 성장의 한계는 새로운 성장 주도 산업 발굴과 육성으로 대응하는 방식을 취해 왔다.

한편 개발 시대 한국 산업은 노동과 자본 투입을 중심으로 한 요소 투입형 성장 패턴을 보였으며 산업의 경쟁력은 제품차별화나 품질 경쟁력보다는 비용 우위에 의존했다. 이는 노동자의 고용 안정성 보장과 공동체적 협력을 통한 제품차별화와 제품 경쟁력을 추구하는 고진로 성장 방식이 아니라, 대규모 설비투자에 의한 규모의 경제효과와 상대적 과잉인구와 저임금 노동력의 활용에 기반을 둔 비용 경쟁력에 의존하는 저진로 성

그림 3-1 | 제조업 기업규모별 고용 추이

단위: 만 명

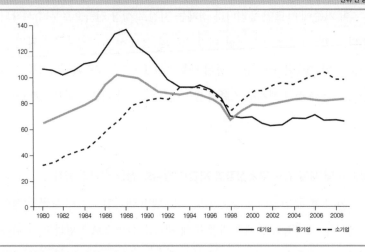

주: 대기업은 종사자 수 300명 이상, 중기업 50~299명, 소기업은 10~49명.
자료: 통계청, 〈광공업통계조사〉.

장이었다. 이와 같은 저진로 성장에서 중소기업의 성장 기반은 대기업과
의 하도급거래에서 주어지고, 하도급거래가 확대되면서 중소기업은 대기
업과의 수직적 분업 관계 속에서 성장한다(홍장표 2010).

1987년 이전 한국의 노사관계는 저임금-장시간 노동 체제와 병영적
노동 통제가 특징이며, 이곳이 대량생산과 대량 수출, 고생산성과 저임금
이 결합된 '주변부 포드주의'Peripheral Fordism를 뒷받침했다(김형기 1997).
1987년 민주 항쟁에 의해 촉발된 노동자 대투쟁은 이와 같은 성장 체제에
일정한 변화를 가져왔다. 1987년 노동자 대투쟁을 계기로 한 대기업 노동
자의 조직화와 임금 상승은 장시간-저임금 노동에 의존하는 기존 저진로
성장 체제의 위기 가져왔으며 대기업은 이에 대응해 수정된 성장 전략을
모색한다.

임금 상승과 대규모 사업장에서의 전투적 노동운동의 등장에 대해 대

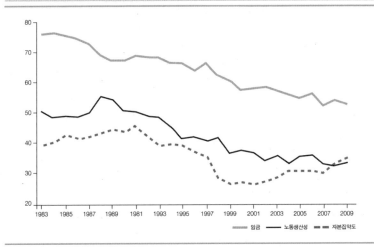

그림 3-2 | 대·중소 기업 임금, 노동생산성, 자본장비율 격차(대기업=100)

단위: %

주: 노동생산성은 종사자 1인당 부가가치 생산액.
자료: 통계청, 〈광공업통계조사〉.

기업은 노동시장을 이원화하는 분할-지배 전략을 구사했다. 대기업은 자
본집약적 생산방식으로 전환해 직접고용을 줄이는 한편, 외주 하청의 확
대를 통해 외부 저임금 노동력 활용도를 높였다. 이와 같은 대응은 기존의
저진로 전략을 달라진 환경 속에서 변형한 것으로, 자본집약적 고부가가
치 부문(대기업)과 노동집약적 저부가가치 부문(중소기업)으로 노동시장
을 이원화하고, 이를 하도급 관계를 통해 통합 관리하는 것이었다. 이로
써 대기업 노동시장은 고임금과 고용 안정성이 높은 1차 노동시장, 중소
기업은 저임금과 낮은 고용 안정성이 낮은 2차 노동시장으로 분화되었다.
대기업 노동자에 대해서는 고임금과 고용 안정성을 제공하는 반면, 외주
확대와 중소기업의 저임금 노동력 활용으로 원가 경쟁력을 추구하는 양
극화 성장 전략이 등장한다.

대기업은 노동집약적인 품목을 중소기업에 이양해 외주를 확대하는

한편, 자동화를 수반하는 대규모 설비 자본 투자를 통해 고용을 축소했다. 1987년 이후 제조업 대기업과 중규모 기업의 고용은 급속히 줄어든 반면, 소규모 기업의 고용과 영세 자영업자가 증가했는데, 대기업에서 방출된 노동력은 중소기업과 저부가가치의 생계형 서비스 부문으로 이동했다. 이를 바탕으로 기업 간 격차 확대 메커니즘이 작동했다. 1990년대 대기업이 대규모의 설비투자로 자본집약도가 높아지면서 대기업과 중소기업 간 노동생산성 격차가 확대되었다. 이로 인해 노동시장의 분단화가 급속히 진행되면서 기업규모 간 자본집약도 격차 확대 → 노동생산성 격차 확대 → 임금격차 확대의 메커니즘이 본격적으로 작동하기 시작했다(홍장표 2010).

## 양극화 성장 체제의 확립

### IMF 외환위기 이후 신자유주의적 구조조정

세계화와 신자유주의가 한국 경제에 가장 급진적인 방식으로 불어 닥친 것은 1997년 IMF 관리 체제 시기다. 세계화와 신자유주의가 재벌에 의해 유포된 이전과 달리, 외환위기 직후에는 IMF에 의해 주도된다. 외환위기 이후 한국 경제에 요구된 세계화는 워싱턴 합의Washington Consensus에 따른 미국식 표준을 수용하는 것이었다.[1] 외환위기를 극복하기 위한 김대중 정부의 정책은 미국식 자유시장경제 모델을 글로벌스탠더드로 하는 신자유

---

1_워싱턴 합의는 국제통화기금, 세계은행, 워싱턴의 정책결정자들 사이에서 개도국에 대해 미국식 자유시장경제를 채택하도록 합의한 것으로서, 정부 규제의 축소, 공기업 민영화, 외국자본에 대한 제한 철폐, 시장개방과 자본자유화 정책 등이 포함된 정책 패키지다.

주의적 정책 패키지를 수용했으며 빅뱅식 급진적 구조조정으로 '시장 규율'에 의존하는 미국식 자유시장경제의 제도적 요소들을 도입했다.

금융 부문 구조 개혁에서는 금융기관의 재무적 안정성과 보수적 위험 관리가 강조되면서 단기 '시장금융'이 강화되었다. 이로 인해 기업의 장기 투자 자금을 지원하는 기업 금융이 위축된 반면, 가계대출의 비중이 급속히 증가했다. 또한 주식시장의 전면 개방으로 외국인 투자자가 증가했고 기업 경영에서 주가 관리와 단기 수익성을 추구하는 경영 환경이 조성되었다.

IMF의 세계화 규범은 재벌 체제에도 일정한 균열을 가져왔다. 외환위기 이전 규제완화와 시장 자유화를 주장해 왔던 재벌에 대해 주주자본주의라는 미국식 세계화 규범의 적용은 투명 경영, 책임 경영을 요구했으며, 김대중 정부가 추진한 재벌 정책은 한때 '재벌 해체'로까지 불리기도 했다 (최장집 2005). 그런데 재벌은 신자유주의적 세계화 규범의 적용에 대해 규제완화와 노동시장의 유연화는 적극 지지했지만, 주주자본주의는 한국 경제의 성장 동력을 약화시킨다는 논리로 거부했다. 재벌은 개혁 정책을 무력화시키는 데 민족주의를 동원했으며 세계화 규범 적용을 통한 재벌 개혁은 기업지배구조 개혁 위주로 제한적이고 불철저하게 이루어졌다.[2]

외환위기 이후 몰아친 세계화의 파고는 노동시장에 커다란 변화를 가져왔다. 시장 규율 강화라는 신자유주의적 세계화 규범은 노동시장에서 급진적인 방식으로 적용되었으며, 정리해고제의 시행으로 대량의 실업이

---

2_기업구조조정의 파고를 거치면서 '삼성 공화국'으로 불리는 거대 경제 권력이 등장했고, 출자총액제한제도 완화와 같은 친 재벌 정책이 등장하는 등 국가의 자율성이 특정 재벌에 의해 제약되는 상황이 벌어졌다.

발생했고 노동시장 유연화로 고용 안정성이 약화되었으며 고용 불안이 일
상화되었다. 이로써 고용의 불안정화를 통한 위협 효과가 비용 삭감을 실
현하는 주요한 수단으로 자리 잡게 된다. 신자유주의적 구조조정에 따른
시장 규율의 강화를 배경으로 재벌 대기업은 주주가치 경영을 도입해 비
정규직 고용을 확대했으며, 외주 확대를 통한 단기 수익성 위주의 비용 삭
감 전략을 강화시켰다. IMF 이후 대량의 정리해고와 비정규직 확대를 통한
고용의 유연화는 중소기업뿐만 아니라 대기업 노동시장에도 적용되었다.

외환위기 이후 중소기업 정책도 크게 달라졌다. 외환위기 이전 정부
는 개발 시대 대기업 위주의 성장 과정에서 파생된 경제구조의 불균등성
을 시정하기 위해 중소기업 보호 정책을 실시했지만, 외환위기를 계기로
정책 기조가 보호에서 경쟁 촉진으로 방향 전환이 이루어졌다. 김대중 정
부는 〈벤처기업육성에 관한 특별조치법〉(1997년)을 통해 벤처기업 육성
정책을 시행하면서 경쟁력 강화와 시장 친화적 정책을 표방했으며, 노무
현 정부는 2004년 7월 중소기업 경쟁력 강화 종합 대책으로 중소기업 보
호에서 경쟁 촉진으로 정책 방향을 전환했다.[3] 이에 따라 지정 계열화 제
도와 중소기업 고유 업종 제도가 폐지되었는데, 진입 장벽 제거와 시장 규
율 강화로 중소기업 구조조정을 촉진한다는 시장 만능주의적 입장을 새
로운 정책 패러다임으로 삼았다.

---

3_대책의 주요 내용은 중소기업을 세 그룹으로 나누고 3만 개의 혁신형 중소기업 육성, 경
쟁력 없는 일반형 중소기업은 시장원리에 따른 구조조정, 영세 소상공인에 대한 종합 지
원 대책 수립으로 세 그룹에 대한 대책을 차별화하고 있다. 이에 따라 중소기업 보호를
위한 단체수의계약제도의 폐지, 중소기업 고유 업종의 단계적 폐지, 지정계열화제도의
폐지가 이루어졌다.

## 양극화 성장 체제의 확립

구조 개혁에 성공한 재벌 대기업들은 해외 진출을 통해 초국적 기업화의 길로 본격적으로 나섰다. 재벌 대기업은 개도국 해외 생산 공장 설립으로 글로벌 생산 네트워크 구축에 나서면서 생산자본의 세계화가 본격적으로 전개되었다. 그중에서도 특히 전기·전자 산업과 자동차 산업의 해외 진출이 두드러졌는데, 재벌 대기업은 아시아 지역 시장을 두고 일본 기업의 글로벌 생산 네트워크와 치열한 각축전을 벌인 데 이어 북미와 유럽 등 선진국 시장으로 나아갔다(조성재 2007; 홍장표 2009). 외환위기와 신자유주의적 구조조정 이후 재벌 대기업의 축적 영역은 대내적으로는 노동시장의 유연화와 계층화 확대, 대외적으로는 개도국 시장을 중심으로 한 해외 시장 확대의 양면으로 나타났으며 이를 배경으로 양극화 성장 체제가 확립된다.

재벌 대기업의 해외 진출과 부품 중소기업의 동반 진출에 따른 글로벌 생산 네트워크의 구축과 국제적 분업 연관의 확대는 중간재 조달에서 중국 가격을 목표 가격으로 하는 국제 경쟁 구매 방식을 탄생시켰다. 글로벌 생산 네트워크의 구축과 글로벌 아웃소싱의 확대로 국내적 분업 연관은 그만큼 약화되었다.[4] 한국은행에 따르면, 외환위기 이후 제조업의 수

---

4_외환위기 이후 생산자본의 세계화 이외에 금융자본의 세계화에도 주목할 수 있다. 외환위기 이전 한국의 성장 전략은 싱가포르나 홍콩처럼 선발국의 초국적 기업과 전략적 연계를 통해 성장을 추구하는 국제주의적 보완 전략(complementing strategy)이 아니라 토착 기업을 육성하는 민족주의적 대체 전략(substituting strategy)이었으며, 재벌은 세계시장을 놓고 초국적 기업과 경쟁하는 형태였다(신장섭·장하준 2004). 그런데 외환위기 이후 월스트리트 금융자본과 연계한 새로운 세계화 전략이 모색되었는데, 이는 세계적인 금융주도 축적 체제에 편승해 초국적 금융자본의 지원하에 대외 진출을 도모하는

그림 3-3 | 제조업 대기업과 중소기업의 외주 비중 추이

단위: %

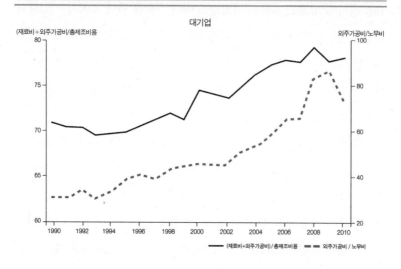

대기업

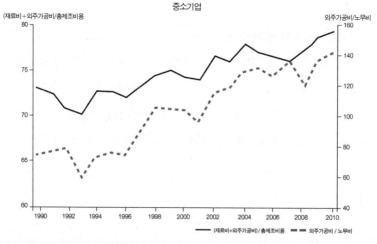

중소기업

자료: 한국은행, 〈기업경영분석〉.

전략이다. 외환위기 이후 국제수지 흑자 누적으로 인한 대규모 외환보유고의 증가, 국민
연금 적립금 증가, 기업연금제도의 도입 등으로 거대한 금융자산을 보유하게 되자, 노무
현 정부에서는 자산운용업을 중심으로 동북아 금융허브를 구축한다는 프로젝트가 추진
되기도 했다.

입유발계수가 크게 높아졌다. 우리나라 주력 수출산업인 조립 가공 업종의 수입유발계수는 1995년 0.282에서 2009년 0.405로 상승했으며, 그중에서도 전기·전자 산업은 0.499로 가장 높았다. 전기·전자 제품에 직간접적으로 투입되는 수입 중간재가 절반에 이른 것이다. 이와 함께 수출과 내수 부문 간의 연계성도 약화되었는데, 수출의 부가가치 유발 효과는 1998년 0.646원에서 2009년 0.561로 감소했다(한국은행 2011). 중간재 해외 조달의 확대가 수출 부문과 내수 부문의 분업 관련 성과의 낙수 효과 trickle down effect를 약화시킨 것이다.

외환위기 이후 대기업들은 한편으로는 강화된 시장 지배력을 토대로 연구개발 투자를 확대했다. 재벌 대기업은 노동자와 협력 업체들을 참여시키는 집합적 혁신보다는 제품개발에서 소수의 연구개발자와 핵심 부품 계열사들만 참여시키는 개별적 혁신을 추구했다. 이와 아울러 유연화된 노동시장에서 비정규직 고용을 늘리고 외주 확대를 통해 비용을 절감하는 비용 경쟁력 추구 전략을 강화시켰다. 〈그림 3-3〉에서 보듯이 대기업의 총 제조 비용 중 외주(재료비＋외주가공비)가 차지하는 비중이 1990년대 중반 이후부터 지속적으로 높아졌으며, 외환위기 이후 외주가공비/노무비 비중이 급상승해 인건비 절감을 목적으로 하는 외주 생산이 크게 늘어났다. 이와 같은 방법으로 대기업들은 외환위기를 계기로 이전의 요소 투입(자본 투입) 증가 위주의 성장 방식에서 총 요소 생산성 증가 위주의 성장 방식으로 전환해 갔다(홍장표 2010).

이에 비해 기술개발 능력이 취약한 중소기업은 대기업의 단기적 비용 절감 요구와 시장 개방으로 인한 저임금 국가와의 심화된 경쟁이라는 이중의 압력에 노출되었으며, 이에 비정규직 고용과 재하청으로 대응하면서 저임금 노동력에 대한 의존도는 더욱 높아졌다. 대기업으로부터 수주를 받은 중소기업들은 대기업의 단가 인하 요구에 소기업에 대한 재하청

그림 3-4 | 대·중소 기업 총 요소 생산성 증가율

단위: %

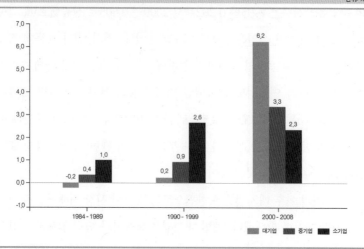

주: 대기업은 종사자 수 300명 이상, 중기업은 50~299명, 소기업은 10~49명 .
자료: 홍장표(2010).

을 늘림으로써 외주 생산의 다층화가 이루어졌다. 이를 배경으로 2000년
대 이후 대기업과 중소기업 간 생산성 격차가 확대되었으며, 총 요소 생산
성 격차가 생산성 격차를 유발하는 주된 요인으로 등장하게 된다.[5]

〈그림 3-4〉에서 기업규모별 총 요소 생산성 증가율을 보면, 1990년
대까지만 하더라도 50명 미만 소기업의 총 요소 생산성 증가율이 가장 높

___

5_글로벌화가 급속히 진행되면서 중소기업의 해외 진출도 급속히 증가했다. 해외 진출 동
　기에서도 대기업이 시장개척을 목적으로 한 진출이 많은 반면, 중소기업은 인건비 절감
　등 비용 절감을 주된 목적으로 한다. 그런데 생산 공장의 해외 이전과 같은 대응책은 일
　시적인 비용 절감 효과를 가져올 수는 있지만 중소기업 자체의 기술 능력 향상 투자를
　지연시킬 수 있다.

그림 3-5 | 한국과 일본 대·중소 기업 노동생산성 및 임금격차

노동생산성 격차(대기업=100)

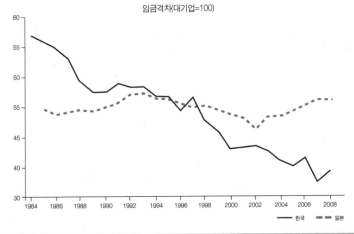

임금격차(대기업=100)

주: 1) 대기업은 종사자 수 300명 이상, 중소기업은 10~299명.
　　2) 노동생산성은 종업원 1인당 부가가치 생산액, 임금은 종업원 1인당 연간 급여액 기준.
자료: 홍장표(2010).

았으나, 2000년대 이후에는 300명 이상 규모의 생산성 증가율이 크게 높
아진 반면, 50명 미만 규모의 생산성 증가율은 오히려 낮아졌다. IMF 외
환위기 이전 기업 간 생산성 격차는 주로 자본 장비율의 격차 확대에서 비

**표 3-1 | 제조업과 서비스업 노동생산성 증가율 격차**

|  | 전 산업 | 제조업(A) | 서비스업(B) | 격차(A-B) |
|---|---|---|---|---|
| 1971~79 | 4.2 | 7.2 | 1.8 | 5.4 |
| 1980~89 | 5.0 | 6.0 | 1.9 | 4.1 |
| 1990~97 | 5.0 | 8.7 | 1.5 | 7.2 |
| 2000~06 | 3.2 | 7.8 | 1.2 | 6.6 |

자료: 이홍직·장준영(2007).

롯되었으나, 외환위기 이후에는 총 요소 생산성 격차가 이에 가세해 대기업-중기업-소기업으로 이어지는 계층적 분업 생산구조에 대응한 기업규모별 격차구조가 고착되었다.

〈그림 3-5〉에서 보듯이 1980년대 중반까지만 하더라도 중소기업의 노동생산성은 대기업의 50% 수준으로 일본과 비슷한 상황이었다. 그러나 1980년대 후반 생산성 격차가 확대되었고 2008년 중소기업의 생산성은 대기업의 30% 수준으로 하락했다. 생산성 격차와 더불어 임금격차도 확대되었다. 중소기업은 기대 이윤을 확보하기 위해 저임금에 대한 의존성이 강해지면서 기업 간 임금격차가 확대된 것인데, 중소기업의 임금은 대기업의 거의 절반 수준까지 하락했다. 이는 경제성장에 중소기업이 중요한 역할을 한 대만은 물론 한때 기업 간 격차가 확대되었지만 오늘날 대기업과 중소기업이 동반 성장하고 있는 일본과도 전혀 다른 양상이다. 외환위기 이후 대기업과 중소기업 간 격차는 세계에서 그 유래를 찾기 힘든 수준으로 벌어진 것이다.

양극화 성장은 비단 제조업뿐만 아니라 서비스산업에도 영향을 미쳤다. 〈표 3-1〉에서 보듯이 제조업 대기업의 고용이 줄기 시작한 1990년대 이후 제조업과 서비스산업 간 생산성 격차가 크게 확대되었다. 제조업과 서비스업의 노동생산성 증가율 격차는 1980년대에는 4.1%에서 1990년대 7.2%로 확대되었으며, 2000년 이후에도 6.6%에 달하는 등 큰 폭의 격

**표 3-2 | 한국 서비스산업의 OECD 국가 평균 대비 노동생산성 수준**

단위: %

| | 서비스산업 전체 | 도소매 및 음식·숙박업 | 운수·창고·통신 | 금융·부동산 및 사업 서비스 | 사회 및 개인 서비스 |
|---|---|---|---|---|---|
| OECD 평균 대비 노동생산성 | 68.5 | 49.2 | 65.9 | 68.3 | 91.3 |

자료: 김준경·차문중(2010).

차가 계속되었다. 이처럼 큰 폭의 생산성 격차가 지속된 것은 서비스업의 노동생산성 증가율이 제조업에 비해 크게 저조한 1% 대에 머문 데다 1990년대 이후 생산성 증가율이 계속 하락하는 추세를 보였기 때문이다.

서비스산업의 노동생산성 증가가 저조한 이유는 영세한 자영업자 비중이 높은 소매업, 음식·숙박업 등 전통 서비스업의 고용이 늘어난 데에서 찾을 수 있다. 〈표 3-2〉에서 우리나라 서비스산업의 노동생산성 수준을 보면, 경제협력개발기구OECD 국가 평균의 68.5%에 불과한데, 이 가운데 특히 소매, 음식·숙박업은 OECD 국가의 49.2% 수준으로 가장 저조하다.[6] 이는 제조업의 고용 흡수력이 빠른 속도로 하락하면서 제조업에서 방출된 인력이 주로 유통 서비스업으로 이동한 결과 이 부문에서의 영세 자영업자 비중이 과도하게 늘어난 데 따른 것이다. 이처럼 고용구조가 서비스업 위주로 재편되었지만, 서비스산업은 영세 자영업자 비중이 지나치게 높아 저생산성-저소득으로부터 벗어나지 못하고 있다.

---

6_도소매, 음식·숙박업, 개인 서비스 등 서비스산업의 시장 투명성이 낮기 때문에 서비스업 부가가치 통계가 과소평가되어 노동생산성이 낮게 계측될 수 있음에 유의할 필요가 있다.

# 3. 외환위기 이후 신자유주의적 구조조정의 귀결

## 신자유주의적 구조조정

구조조정은 국민경제 저기술 저부가가치 부문에서 고기술 고부가가치 부문으로 자원을 이동시키고 재배분하는 과정이다. 구조조정에 따른 자원의 재배분은 산업 간, 업종 간, 기업 간 다양한 차원에서 이루어진다. 외환위기 이후 정부는 시장 개방 및 산업 진입과 퇴출 규제완화를 통해 경쟁을 촉진시키는 신자유주의적 방식에 입각해 구조조정을 추진했는데, 그 성과를 어떻게 평가할 것인가?

먼저 〈그림 3-6〉에서 외환위기 이후 제조업 업종별 대기업과 중소기업 고용 증가율 변화를 통해 산업 차원의 구조조정을 보자. 먼저 노동집약적 경공업 부문의 고용이 감소한 반면, 자본 기술 집약적인 중화학공업의 고용이 증가했다. 이는 외환위기 이후 노동력이 저부가가치 업종에서 고부가가치 업종으로 이동해 산업 간 구조조정이 급속히 진행되었음을 보여 준다. 중국의 산업화가 급진전되고 시장 개방으로 저부가가치의 노동집약적인 부문의 고용은 감소한 반면, 조선, 자동차, 전기전자 산업의 호황으로 자본과 기술집약적인 산업의 생산과 고용이 증가한 것이다. 시장개방과 중국 경제의 부상에 따른 중국 제품 수입 확대로 저부가가치 부문의 퇴출 압력이 높아졌다. 그리고 시장 규율에 의존한 구조조정 정책으로 저위 기술과 노동집약적 업종으로부터 자본 기술 집약적 업종으로 자원을 이동시키는 경쟁 압력이 작용한 것으로 볼 수 있다.

그런데 노동집약적 업종으로부터 자본 기술 집약적 업종으로 노동력이 이동하는 과정에서 대기업과 중소기업 간 고용 증가율이 서로 달랐다는 점에 주목할 필요가 있다. 이 기간 동안 고용이 감소한 경공업 부문에서는 대기업의 고용이 주로 감소했고, 고용이 증가한 중화학공업 부문에

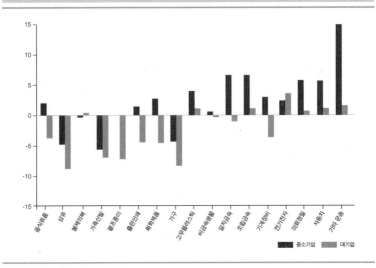

단위: %

자료: 통계청, 〈광공업통계조사〉.

서는 전기·전자 업종을 제외한 나머지 대부분의 업종에서 중소기업의 고용이 크게 증가했다. 이는 외환위기 이후 산업구조조정이 주로 대기업 고용 감소와 중소기업 고용 증가라는 '기업 간 구조조정'을 통해 이루어졌다는 것을 뜻한다.

노동력이 대기업에서 중소기업으로 하향 이동하는 '기업 간 구조조정'은 〈그림 3-7〉의 기업규모별 종사자 수와 비중 변화에서 뚜렷하게 나타난다. 1994~2009년 기간 중 300명 이상 대기업의 고용은 크게 감소한 대신, 50명 미만 소기업의 고용은 크게 늘어났다. 이처럼 산업구조조정이 이루어지는 속에서 대기업에 고용된 노동력이 영세 소기업으로 하향 이동했다는 것은 상대적으로 고생산성-고부가가치의 대기업에서 저생산성-저부가가치의 소기업으로 노동력이 재배분되었음을 뜻한다. 대·중소

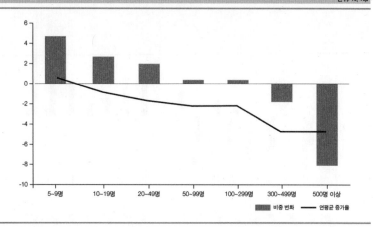

그림 3-7 | 기업규모별 종사자 수 및 비중 변화(1994~2009년)

단위: %, %p

범례: ▬ 비중 변화　━ 연평균 증가율

자료: 조덕희(2011).

기업 간 임금 생산성 격차가 확대되는 상황에서 임금과 노동생산성이 낮
은 중소기업이나 영세 소기업 부문으로 노동력이 이동하고 저임금 비정
규직 일자리가 늘어난 것이다.[7]

　이와 같은 산업구조조정의 특성 속에 중소기업 구조조정은 어떠했는
가? 한국개발연구원KDI의 실증 연구에 따르면, 중소기업 중 기존 산업에
그대로 존속한 업체나 업종을 전환한 업체 모두 자본집약도를 향상시키
지 못했으며, 높은 진입 장벽으로 고부가가치 부문으로 상향 이동하는 데
실패했다고 한다(한국개발연구원 편 2006; 신인석·한진희 편 2006). 이는 중
국으로부터의 수입 증가로 저부가가치 부문 퇴출은 강화되었지만 고부가

---

7_김유선(2011)에 따르면, 사업체 규모가 작을수록 비정규직 고용 비중도 그만큼 높다.

단위: %, 개사

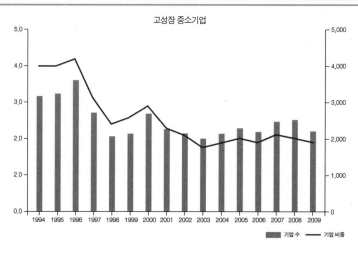

고성장 중소기업

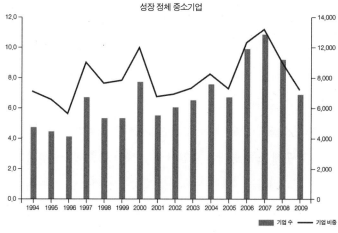

성장 정체 중소기업

자료: 중소기업중앙회, 〈중소기업실태조사〉.

가치 부문으로의 진입이 구조적으로 제약되었음을 뜻한다. 저부가가치
부문의 퇴출 압력은 강하게 작용했지만 고부가가치 부문으로의 진입은
원활하지 않았다는 것이다.

중소기업의 규모 이동을 통해 이를 구체적으로 살펴보자. 〈그림 3-8〉
에서 제조업 고성장 중소기업과 저성장 중소기업의 비중 추이를 보면,
2000년 이후 고성장 중소기업의 비중은 감소하고 성장 정체 중소기업의
비중이 증가했음을 알 수 있다. 전체 중소기업 중 업력이 10년 미만이면
서 종업원 수 50명 이상의 중기업으로 성장한 고성장 중소기업은 1994년
3,150사(4.1%)에서 2009년 2,203사(2.0%)로 감소했다. 이에 비해 창업 이
후 20년이 경과한 뒤에도 종업원 수 20명 미만에 머물러 있는 성장 정체
기업은 1994년 5,488사(7.1%)에서 2009년 8,061사(7.3%)로 증가했다. 요
컨대 중소기업이 중견기업이나 대기업으로 상향 이동이 저지된 가운데
성장이 정체된 기업들이 늘어난 것이다.

그렇다면 제조업에서 서비스산업으로 산업구조의 고도화는 순조롭
게 진행되었는가? 선진국의 경우 경제성장에 따른 서비스 수요의 확대를
배경으로 제조업에서 서비스산업으로 자원이 이동하면서 경제의 서비스
화 현상이 나타났다. 우리나라에서도 선진국과 유사하게 서비스산업의
비중이 꾸준히 증가했는데, 서비스산업의 구조 변화는 선진국과 비교할
때 매우 다른 모습을 보였다. 주요 선진국에서는 고용 비중이 지속적으로
상승하는 가운데 소득 증대에 힘입어 실질 생산 비중도 꾸준한 상승세를
보이지만, 우리나라는 〈그림 3-9〉에서 보듯이 서비스업 고용 비중은 가
파르게 상승했지만 실질 생산 비중은 외환위기 이후 크게 하락했다. 이는
서비스산업의 고용 증가가 소득 증가와 수요 구조 변화에 따른 것이기보
다는 제조업의 '고용 없는 성장'과 낙후된 서비스업 사이의 생산성 격차로
제조업 고생산성 부문에서 서비스업 저생산성 부문으로 노동력이 이동한
데 따른 것임을 나타낸다.

우리나라 서비스산업을 분석한 실증 연구에서 서비스산업의 고용 증
가 현상은 소비 구조 변화라는 수요 측 요인보다는 주로 제조업과 서비스

그림 3-9 | 서비스업과 제조업의 고용 비중과 실질 생산 비중

단위: %

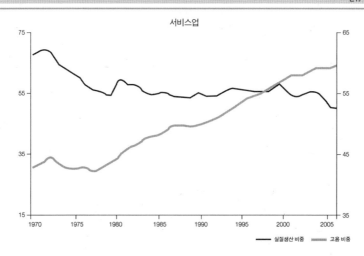

서비스업

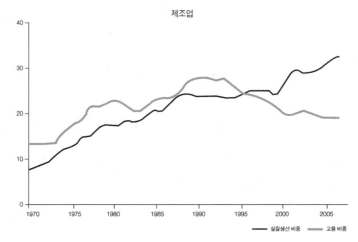

제조업

자료: 이홍직·장준영(2007).

업 사이의 생산성 격차에서 비롯된 것으로 분석하고 있다(김현정 2006; 이
홍직·장준영 2007; 오완근 2009). 이로 인해 우리나라에서는 서비스산업의
고용 증가가 경제성장을 둔화시키는 '보몰의 병'Baumol's Disease 현상이 나타

나고 있다고 한다. 강두용(2004)은 저부가가치 서비스 부문의 고용 확대가 1990년대에는 경제성장률을 연평균 0.2~0.3% 둔화시켰고, 이홍직·장준영(2007)은 2000년대에는 0.7% 둔화시킨 것으로 추정한 바 있다.

이상에서 보았듯이 외환위기 이후 개방과 시장 규율의 강화에도 불구하고 자원이 저부가가치-저임금 부문에서 고부가가치-고임금 부문으로 순조롭게 이동한 것이 아니라, 제조업의 고임금-고생산성 부문에서 제조업과 서비스산업의 저임금-저생산성 부문으로 이동했으며, 이것이 양극화 심화는 물론 성장에도 부정적인 영향을 미치고 있다. 요컨대 한국 경제는 시장 규율 강화에 입각한 구조조정으로 저진로 양극화 성장 체제가 본격적으로 가동되면서 자원의 효율적 배분이 왜곡되는 '양극화의 함정'에 빠진 것으로 보인다.


## 구조조정 부진과 양극화의 원인을 둘러싼 논란

시장 만능주의에서는 외환 외기 이후 구조조정의 성과가 부진한 것은 시장 개혁이 철저하지 못했기 때문에 이로 인해 양극화가 심화되었다고 주장한다. 김주훈 외(2009)와 김필헌(2009)은 1997년 외환위기를 맞아 대폭 증가된 정부의 중소기업 지원이 시장 기구의 작동을 저해하고 부실 중소기업의 퇴출을 지연시켰다고 한다. 정부 지원이 중소기업의 성장 촉진보다 부실기업의 퇴출 지연에 더 크게 작용했으며 퇴출 지연으로 신규업체 진입이 부진했다는 것이다.[8] 이와 같은 입장에서는 정부의 시장 개입으로

---

8_김주훈(2012)은 외환위기 이후 대기업과 중소기업 간 임금격차가 크게 확대된 것도 노동시장의 유연화가 대기업 노동조합의 반대로 불완전하게 진행되어 대기업의 고임금이

시장 규율에 입각한 구조조정이 제대로 추진되지 못했다는 것이다.

외환위기 이후 정부의 중소기업 금융 지원이 확대되었으며, 2009년 현재, 우리나라 중소기업 대출 총액 450조 원 가운데 정책 금융 비율은 29%이고, 정부 보증 잔액 규모는 국내총생산GDP의 7%로 중소기업의 나라로 불리는 대만(3%)보다 훨씬 높다. 2002~09년간 중소기업 가운데 잠재 부실기업이 차지하는 비중을 추정한 최요철 외(2011)에 따르면, 잠재 부실 중소기업의 비중은 2002년 3.8%에서 2009년에는 7.7%로 높아졌고 자산 규모가 큰 기업의 부실 비중이 자산 규모가 작은 기업보다 높았다고 한다. 하지만 이로부터 정부의 금융 지원이 부실 중소기업의 퇴출을 지연시켰다고 단언할 수는 없다. 강종구·정형권(2006)은 1994~2004년 외부 감사 대상 중소기업을 대상으로 한 분석에서 혁신적 중소기업에 대한 금융 지원이 수익성과 성장성을 높였다고 하고, 정연승 외(2007)는 중소기업에 대한 신용보증 지원이 기업의 자산 수익률을 증가시켰다고 한다. 2003~09년간 이루어진 188만 건의 중소기업 정책 금융의 효과를 분석한 이기영(2012)은 금융 지원이 중소기업의 안정성에는 기여했지만 수익성이나 성장성을 높이지 못했는데, 이는 중소기업에 대한 정책 금융의 혜택이 주로 낮은 납품 가격 형태로 대기업에 이전되는 경향이 있기 때문인 것으로 분석했다.

이와 같은 실증 연구 결과에 비추어 볼 때, 정책 금융이 자산 규모가 상대적으로 큰 부실 중소기업의 퇴출을 지연시키는 부정적인 효과와 혁신적 소기업의 성장을 촉진시키는 긍정적인 효과를 낳았다고 볼 수 있다.

---

지속된 데에서 비롯되었다고 주장한다.

게다가 대기업의 중소기업에 대한 금융 지원의 성과 가운데 상당 부분이 대기업으로 이전되었다는 점에서, 정책 금융을 중소기업의 구조조정을 지연시킨 주된 요인으로 간주할 수는 없다. 외환위기 이후 시장 개방으로 중소기업에 대한 경쟁 압력이 크게 강화된 반면, 대기업의 시장 지배력이 크게 높아졌음을 고려할 때, 구조조정 부진의 중요한 이유를 강화된 대기업의 독과점적 시장구조에서 찾아야 할 것이다.

한편 시장 만능주의와는 정반대로 외환위기 이후 주주자본주의를 지향한 신자유주의적 개혁이 양극화의 주된 원인이라고 보는 견해도 있다(정승일 2006; 장하준 2012). 이들은 재벌 체제는 후발국의 추격에 효율적인 경제 시스템이며 한국 경제의 성장 동력이 재벌 체제로부터 나온다고 보는데, 외환위기 이후 신자유주의적 개혁으로 재벌 체제의 성장 동력이 약화되었다고 주장한다. 무리한 재벌 개혁과 주주가치를 중시하는 주주자본주의의 도입으로 한국 경제는 초국적 금융자본에 포획되었고, 외부 주주에 대한 이익배당 증가로 투자가 위축되어 성장 잠재력이 훼손되었을 뿐만 아니라 단기 수익성 위주의 경영에 따른 외주와 비정규직 고용 증가로 양극화가 초래되었다는 것이다.

이와 같은 견해는 외환위기 이후 도입된 주주자본주의가 재벌 체제를 약화시켰다는 인식에 근거를 두고 있다. IMF 이후 기업 구조 개혁으로 주주권의 강화, 사외이사의 도입 등 기업 경영의 투명성과 책임성을 중시하는 주주자본주의적 요소가 도입되었지만, 재벌의 소유 구조까지 개혁하는 데 이르지는 못했다. 소유 구조에서는 출자총액제한제도의 폐지로 재벌의 내부 지분율이 더욱 높아졌고 총수의 지배력은 오히려 강화되었다. 재벌의 지배 구조 개선으로 주주의 발언권은 예전보다 높아졌고 단기 수익성 위주의 경영이 강화된 것은 분명하지만, 그렇다고 주주자본주의로 전환된 것은 아니다. 한국 자본주의는 외환위기 이후 기업지배구조 개혁에도 불구하고 외부 주주보다는 총수의 통제력이 여전히 강력하게 작용하는 총수 자본주의다(김기원 2006; 김상조 2012).

이런 측면을 고려한다면, 양극화가 주주자본주의를 지향하는 신자유주의적 개혁에서 비롯된 것으로 파악할 수는 없으며, 재벌 위주의 경제구조와 1987년 이후 등장한 저진로-양극화 성장 체제의 연장선상에서 이해할 필요가 있다. 이중화된 노동시장에서 비정규직과 중소기업의 저임금 노동력을 최대한 활용하는 재벌 대기업의 저진로 전략이 양극화의 기점이며, 외환위기 이후 노동시장의 유연화 등 시장 규율을 강화시킨 신자유주의적 개혁이 이를 가속화시킨 것으로 보아야 할 것이다.

# 4. 저진로 양극화 성장은 지속 가능한가?

### 양극화 성장 체제의 작동 조건

양극화 성장 체제에서 대기업과 중소기업은 부가가치의 생산과 분배 과정 양면에서 불균등하다. 대기업과 중소기업 간 분업 생산구조에서 대기업은 상대적으로 고기술 자본집약적, 중소기업은 저기술 노동집약적 부문으로 이원화된다. 대기업은 노동 절약적인 설비 자본 투자와 연구개발 투자를 통해 노동생산성이 빠르게 증가하지만, 노동집약적 분야에서 저임금 노동력에 의존하는 중소기업은 대기업보다 노동생산성이 낮다. 생산된 부가가치의 분배 과정에서도 불균등하다. 대기업은 시장에서 우월한 지배력을 행사해 독점적 고수익을 누리지만 경쟁적인 시장구조에서 중소기업의 수익률은 낮다. 이와 같은 양극화 성장 체제에서 중소기업의 존립 기반은 저임금 노동력을 활용한 비용 경쟁력에 있다.

이 체제에서 중소기업의 성장은 다음의 두 조건이 충족될 때 가능하다. 하나는 저임금 노동력의 공급이다. 노동시장에서 유휴 노동력이 존재하거나 대기업 노동시장에서 방출된 노동력이 중소기업 노동시장으로 이동할 때 이 조건이 충족된다. 다른 하나는 노동생산성의 증가다. 중소기업의 노동생산성이 대기업보다 지나치게 낮다면 저임금의 이점이 상쇄되어 비용 경쟁력은 확보되지 않는다. 이 두 조건이 충족되면, 대기업과 중기업-소기업으로 이어지는 생산 분업 구조의 계층화가 진행되며 분업 구조의 하층부에서 소기업의 신규 진입이 이루어지면서 중소기업의 확장 국면이 나타난다.

하지만 중소기업의 비용 경쟁력을 뒷받침해 주는 조건이 약화되면, 중소기업의 확장 국면은 지속될 수 없다. 중소기업은 생산성을 높여야 하지만, 저임금 활용과 생산성 향상은 모순 관계에 있다. 중소기업이 생산성을 향상시키기 위해서는 기술 능력을 높여야 하지만 저임금은 이를 제약한다. 노동시장에서 저임금 노동력이 소진되고 중소기업의 노동생산성 증가가 둔화되면 중소기업의 확장 국면은 마감되고 양극화 성장 체제를 지탱하는 기반이 와해된다.


## 양극화 성장 체제의 한계

과거 경제성장 과정에서 중소기업은 대기업과의 격차가 확대되는 속에서도 성장했다. 1980년대 이래 국민경제에서 중소기업이 차지하는 비중이 지속적으로 높아졌으며, 중소기업들은 대기업과 수직적 거래 관계를 맺으면서 성장을 지속할 수 있었다. 하지만 1997년 IMF 외환위기 이후 재벌 대기업이 중국, 동남아시아 등으로 해외 생산 공장을 확대하면서 저임금에 의존하는 중소기업의 성장 기반이 훼손되기 시작했다. 대기업의 글

그림 3-10 | 제조업 중소기업의 비중 추이

단위: %

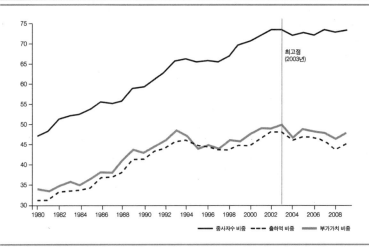

최고점
(2003년)

종사자수 비중 --- 출하액 비중 ── 부가가치 비중

자료: 통계청, 〈광업제조업통계조사〉.

로벌 아웃소싱으로 중국, 동남아시아로부터의 해외 조달이 확대된 2000
년대 중반 무렵부터 제조업 전체에서 중소기업이 차지하는 비중이 줄어
들게 된다.

〈그림 3-10〉에서 제조업 출하액과 부가가치 비중에서 중소기업이 차
지하는 비중이 2003년 최고점에 이른 뒤 2004년부터 하락하기 시작했다.
제조업 전체 종사자 수에서 중소기업이 차지하는 비중도 2003년 최고치
를 기록한 이후 정체된 모습을 보였다. 2000년대 중반 이후 제조업 중소
기업의 성장이 둔화되었으며 제조업에서 중소기업이 차지하는 비중이 하
락하게 된 것이다. 2000년대 중반 이후 중소기업의 성장이 둔화된 것은
양극화 성장 체제에서 중소기업의 성장을 뒷받침하는 기반이 약화된 데
에서 찾을 수 있다.

먼저 저임금 노동력의 공급 부족이다. 양극화 성장 체제에서 임금격

그림 3-11 | 중소기업 인력 부족률

단위: %

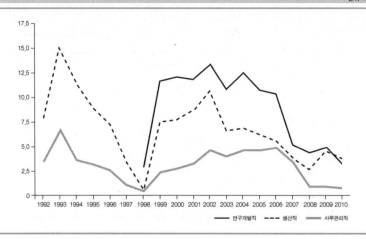

자료: 중소기업중앙회, 〈중소기업실태조사〉.

차가 지속적으로 확대되는 가운데 중소기업은 인력난을 겪는다. 2000년대 중반 이후 2차 노동시장에서 노동력 공급 부족 현상이 나타났으며, 대기업에서 방출된 인력이 줄면서 2차 노동시장에서 노동력 공급 부족이 현실화되었다. 〈그림 3-11〉은 노동 수요가 일시적으로 감소하는 불황기를 제외하고 중소기업은 만성적인 인력 부족 문제에 시달렸음을 보여 준다. 중소기업의 인력 부족 문제는 2000년대 이후 중소기업의 노동 절약적 설비투자로 인력 수요가 억제되었음에도 불구하고 해소되지 않았다. 이 가운데 연구개발직과 같은 기술 인력 부족이 가장 심각한 수준이었다. 취업 대란 속에서 중소기업이 겪는 극심한 인력난은 노동시장의 이중화와 다층화를 유발하는 양극화 성장 체제의 한계를 극명하게 보여 주고 있다. 외환위기 이후 더욱 커진 임금격차는 중소기업 기술 인력 확보를 어렵게 하고 이것이 저임금-저생산성의 악순환을 낳는 것이다.

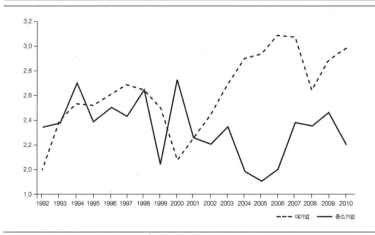

**그림 3-12 | 대·중소 기업 연구개발투자/매출액**

단위: %

주: 연구개발 투자액은 자체 부담액 기준.
자료: 한국과학기술기획평가원, 연구개발활동조사보고서.

다음으로 중소기업의 생산성 증가 둔화다. 외환위기 이후 기업구조조정으로 대기업의 수가 감소하면서 생산물 시장과 중간재 시장에서 대기업의 지배력이 높아진 반면, 시장 개방의 확대와 중소기업 간 과당경쟁으로 중소기업의 교섭력은 더욱 약화되었다. 수직적 하도급 관계에서 중소기업의 기술투자 부진으로 대기업과 중소기업의 기술 능력 격차는 더 벌어졌고 중소기업의 생산성 증가가 둔화되었다. 〈그림 3-12〉에서 보듯이 2000년대 대기업의 연구개발 투자는 크게 늘어났지만 중소기업의 투자는 위축되었다. 외환위기 이후 대기업은 연구개발 투자를 크게 늘렸지만, 중소기업은 벤처 버블의 붕괴와 기술 창업의 부진으로 연구개발 투자가 정체된 양상을 보였다. 앞서 보았듯이 2000년대 이후 중소기업의 총 요소생산성 증가가 둔화된 것도 이를 배경으로 한다.

중소기업의 기술투자가 부진한 것은 대기업과 중소기업 간 교섭력 격

그림 3-13 | 하도급 중소기업 수 추이

단위: 천 개

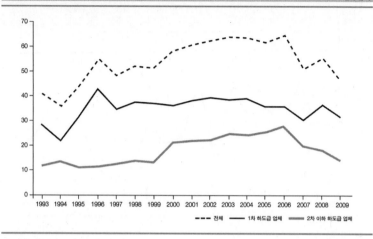

자료: 중소기업중앙회, 〈중소기업실태조사〉.

차와 약육강식의 약탈적 기업 생태계와 깊은 관련이 있다. 재벌 대기업의 시장 지배력이 높을수록 중소기업의 기술개발 투자 유인이 약화될 수밖에 없다. 교섭력이 높은 대기업이 기술개발 이익의 상당 부분을 가져가면 수익률이 낮아진 중소기업의 기술개발 투자 유인은 감소한다. 1998~2006년 한국은행의 〈기업경영분석〉 자료를 이용해 중소기업의 연구개발 투자가 수익성에 미치는 효과를 분석한 이규복(2009)에 따르면, 중소기업의 연구개발 투자는 대기업의 수익성을 개선시키지만 중소기업 자신의 수익성 개선에는 기여하지 못한다. 또 중소기업청의 〈중소기업기술통계조사〉 자료를 이용해 하도급 기업과 시장 판매 기업의 연구개발 투자를 비교 분석한 홍장표(2011)에 따르면, 하도급 중소기업은 시장 판매 중소기업보다 연구개발 투자의 수익성이 낮고 연구개발 투자가 부진하다고 한다. 이와 같은 실증 연구들은 교섭력이 취약한 중소기업 기술개발의 성과가 제대로 보호되지 못하고 대기업으로 유출되기 때문에 중소기업의

**표 3-3 | 제조업 창업률 및 휴·폐업률 추이(2004~09년)**

단위: 개, %

| | 2004 | 2005 | 2006 | 2007 | 2008 | 2009 |
|---|---|---|---|---|---|---|
| 신규 사업체 수(A) | 67,763 | 70,607 | 50,462 | 49,703 | 46,422 | 39,597 |
| 휴·폐업 사업체 수(B) | 64,193 | 59,186 | 52,259 | 51,824 | 61,568 | 38,192 |
| 사업체 증감 수(A-B) | 3,570 | 11,421 | -1,797 | -2,121 | -15,146 | 1,405 |
| 총 사업체 수(C) | 329,658 | 341,544 | 339,613 | 336,575 | 319,146 | 319,805 |
| 창업률(A/C) | 20.6 | 20.7 | 14.9 | 14.8 | 14.5 | 12.4 |
| 휴·폐업률(B/C) | 19.5 | 17.3 | 15.4 | 15.4 | 19.3 | 11.9 |
| 순 창업률 | 1.1 | 3.3 | -0.5 | -0.6 | -4.7 | 0.4 |

자료: 통계청(2011).

기술투자 유인이 감퇴된다는 것을 보여 준다.

중소기업의 성장 둔화는 2000년대 중반 이후 새로운 국면을 맞고 있다. 먼저 한때 중소기업의 양적 성장을 이끌었던 하도급거래가 더 이상 확대되지 못하고 위축되고 있다. 과거 하도급거래의 확대가 중소기업이 성장할 수 있었던 중요한 기반이었지만, 2000년대 중반 이후 하도급 중소기업의 수가 줄어들고 있는 것이다. 〈그림 3-13〉에서 보듯이 2007년 이후 중소 하도급 업체 수가 감소했으며, 이 가운데 특히 하도급 생산구조의 최하층에 위치한 2차 이하 하도급 업체 수가 가장 많이 줄었다. 이는 대외적으로 글로벌 아웃소싱의 확대와 대내적으로는 저임금 노동력이 소진된 가운데 생산성 둔화가 저임금을 활용하는 하도급의 이점을 상쇄시킨 데 따른 것으로 볼 수 있다. 다층화된 노동시장에서 차별화된 저임금 노동력을 활용한 비용 경쟁력 위주의 성장과 그로 인한 하도급 분업 생산구조의 확대가 더 이상 진행될 수 없는 지점에 도달했음을 보여 준다.

다음으로 소기업의 활력이 둔화되고 있다. 그동안 소기업의 활발한 창업으로 중소기업 수가 계속 증가해 왔으나 소기업의 창업이 줄어들기 시작한 것이다. 〈표 3-3〉에서 제조업의 창업률과 휴·폐업률을 보면, 2006년부터 신규 사업체 수가 감소하고 있다. 게다가 2006~08년에는 신규 사업체 수보다 휴·폐업 사업체 수가 더 많아 총 사업체 수가 감소했다. 업력 5년 미만 사업체 비중 지표를 사용해 순 창업률(=창업률-휴·폐업률) 추이를 분석한 조덕희(2011)에 따르면, 순 창업률은 이보다 훨씬 앞선 2003년부터 하락했으며 10명 미만의 창업 기업들이 10명 이상 규모로 성장하지 못하고 있다고 한다. 기업 생태계가 역동적일수록 소기업의 창업과 퇴출이 활발한 만큼, 창업률의 하락과 소기업의 성장 정체 현상은 기업 생태계의 역동성이 약화되고 있음을 말한다. 재벌 대기업이 양극화 성장 체제에서 저임금 중소기업을 이용해 비용 경쟁력을 높였다면, 창업률 둔화와 사업체 수 감소 현상은 이 체제의 최저변을 구성하는 소기업층의 활력이 약화되었음을 보여 준다고 할 수 있다. 요컨대 저임금 노동력 공급의 소진과 중소기업 생산성 둔화로 중소기업의 확장 국면이 마감된 후 기업 생태계의 역동성이 약화되는 쇠퇴 국면으로 진입하고 있는 것이다.

## 5. 성장 체제의 전환을 위해

지금까지 한국 제조업 대기업과 중소기업 간 격차 확대를 재벌 대기업 중심의 양극화 성장 체제의 성립과 발전이라는 관점에서 검토했다. 이에 따라 대기업과 중소기업 간 이원화된 생산구조에서 차별화된 저임금 노동력 활용을 통한 비용 경쟁력에 의존하는 성장 체제의 작동과 그 한계에 주목했다.

차별화된 저임금 노동력과 중소기업의 비용 경쟁력을 기반으로 하는 양극화 성장 체제는 기업 간 격차 확대와 저임금-저생산성의 악순환을 낳는다는 점에서 지속 가능하지 않다. 임금노동자의 절반을 저임금 비정규직으로 내모는 양극화 성장 체제는 생산성 저하와 내수 기반 위축으로 성장 잠재력을 약화시킨다. 2000년대 중반 이후 저임금 노동력의 고갈과 중소기업의 생산성 둔화로 중소기업의 활력이 소진되고 있다. 계층화된 분업 생산구조의 최하층부에 위치한 소기업의 존립 기반 붕괴가 25년간 지속된 양극화 성장 체제의 한계를 뚜렷하게 드러내고 있는 것이다.

중소기업의 성장은 활발한 기술투자와 안정적인 인력 공급이 뒷받침될 때 지속될 수 있다. 양극화 현상은 대기업과 중소기업 간 생산구조와 성장 방식의 이중화에 그 뿌리를 두고 있으며, 양극화 성장 체제에서 주조된 노동시장과 생산물 시장의 이중성이 중소기업의 성장을 구조적으로 제약하고 있다. 이런 측면에서 기업 간 양극화 문제는 먹이사슬의 계층적 시장구조를 그대로 둔 채 시장 개방과 규제완화와 같은 시장 규율에 의존하는 시장 해법으로는 해결되기 어렵다. 대기업=경쟁 부족, 중소기업=경쟁 과잉을 낳는 양극화된 시장을 교정하는 구조 개혁 해법이 불가피하다. 양극화 성장 체제의 극복과 새로운 성장 체제로의 전환은 '양극화의 함정'에 빠진 저진로 성장 경로에서 이탈하는 구조 개혁 정책과 고진로 성장 경로 진입 유도 정책의 복합적인 정책 패키지를 필요로 하는 것이다.

양극화의 함정에서 벗어나는 최우선의 과제는 노동시장의 차별과 격차를 시정하는 구조 개혁이다. 재벌 대기업은 계층화되고 분단된 노동시장에서 생산의 외주화를 통해 외부의 저임금 노동력을 활용해 왔으며 이것이 중소기업의 저임금-저생산성의 악순환을 낳고 있다. 양극화는 계층화된 노동시장을 토대로 작동하는 만큼, 기업규모와 고용형태 간 노동조건의 격차가 해소되지 않고서는 지속 가능한 성장은 보장되지 않는다. 저진로 성장 경로로부터의 탈출은 노동시장 개혁 없이는 불가능한 것이다. 대·중소 기업 간 임금격차 완화와 비정규직 축소 대책 강화 등 차별과 격차의 해소는 저임금-저생산성의 악순환에서 벗어나 고임금-고생산성의 선순환을 낳는 새로운 성장 체제로의 이행을 위한 선결 과제다.

다음으로 양극화의 함정에서 벗어나기 위해서는 약육강식의 약탈적 기업 생태계가 극복되어야 한다. 대기업의 불공정 하도급거래, 재벌 대기업의 계열사 부당 지원 규제, 중소 상공인 사업 영역의 보호 등 공정한 시장경제 질서 구축을 지향하는 자유주의적 과제는 미국식 자유시장경제와 주주자본주의 구축을 위한 것이 아니라 양극화 성장 체제에서 재벌 대기업의 부담 전가 행위를 차단하고 중소기업의 성장 활력을 회복하기 위한 것이다.

이와 같은 노동시장과 생산물 시장의 구조 개혁을 바탕으로 다음과 같은 요건을 충족하는 성장 체제가 저진로 양극화 성장 체제를 극복하는 대안 체제가 될 수 있을 것이다. 첫째, 저진로-양극화 성장 체제가 재벌 대기업의 개별적 혁신과 중소기업의 저임금을 활용하는 비용 경쟁력을 추구한다면, 대안적 성장 체제는 공동체적 협력과 집합적 혁신으로 고품질의 제품 경쟁력을 추구한다. 둘째 저진로-양극화 성장 체제에서 특정 부문에 자원이 집중되고 성장의 부담이 다른 부문으로 전가된다면, 대안적 성장 체제에서는 국민경제 내 산업 간 연관성을 높여 경제적 성과가 사회적으로 공유되는 동반 성장을 추구한다. 이 두 요건을 충족하는 성장 체제는 인적자본 투자와 연구개발 투자를 성장의 엔진으로 하고 기술과 기능의 조화를 지향한다. 인적자본에 대한 투자와 비정규직과 중소기업 노동자에 대한 차별 시정과 임금 보조 → 숙련 상승 → 생산성 향상 → 임금 상승 → 내수 확대의 선순환을 추구하며, 기술투자는 선도 기업에 대한 선별적 지원 방식에서 공공재적 지원 방식으로 전환함으로써 집합적 연구개발 활동과 협력적 네트워크 구축을 유도하는 것이 바람직하다.

# 4장

# 한국 산업의 경쟁력 기초

## 현대자동차의 사례

조성재

## 1. 머리말

자동차 산업은 기술집약적이고 자본집약적인 산업이며, 상당한 정도의
수요 기반이 필요하기 때문에 선진국을 중심으로 발전해 왔다. 미국의 빅
3와 일본의 5대 메이커, 유럽의 6대 양산차 메이커와 벤츠, BMW 등 몇몇
고급차 업체를 중심으로 한 글로벌 과점 구조는 1960년대부터 1980년대
까지 견고하게 유지되어 왔다. 그 내부에서 일본 차 업체들이 약진하고 미

---

● 이 글은 참여사회연구소에서의 발표와 토론을 계기로 2011년에 초고가 집필된 후 나중
에 수정·보완되었다.

국 업체들이 고전하는 정도의 변화였다. 이런 선진국 중심의 자동차 산업 구조를 비집고 개도국 출신의 한 업체가 등장했는데, 그것이 한국의 현대자동차(약칭 현대차)다. 말레이시아의 프로톤, 폴란드의 FSO, 유고의 자스타바 등의 사례에서 볼 수 있듯이 개도국 정부들은 모두 산업 발전을 위한 전략적 요충으로서 자동차 산업을 육성하고자 했으나, 중국이 등장하기 전까지 이런 산업정책이 성공한 유일한 사례가 현대차라고 볼 수 있다.

더욱 놀라운 것은 2008년 말 이후 글로벌 금융위기를 계기로 현대차가 한 단계 더 도약해 이제 폴크스바겐, 피아트 등과 더불어 세계 자동차 시장을 선도하기에 이른 것이다. 이런 현대자동차의 2000년대 호조는 일시적인 것인가, 아니면 구조적이고 체질적으로 경쟁력을 확보했기 때문인가? 개도국의 후발업체로서 이런 추격catch-up이 가능했던 요인은 무엇인가? 추격은 글로벌 불황을 계기로 완성되었는가? 앞으로의 전망은 어떤가?

이 글은 이런 의문에 답하기 위한 탐색적이고, 시론적인 글이다. 이하 2절에서는 현대차의 2000년대 성과를 판매 대수와 경영 실적 등을 통해 알아본다. 3절에서는 이런 성과가 가능하기까지의 역사적 경로를 개략적으로 설명한다. 4절은 본고의 핵심으로서 품질, 기술, 국제화, 생산관리, 부품 조달 등 부문별로 경쟁력을 평가해 보도록 한다. 5절에서 이들 부문별 평가를 토대로 현대차의 추격 과정을 종합적으로 평가한다. 마지막으로 6절에서 향후 전망을 제시하도록 한다. 본고에서 다루는 현대차는 현대자동차 단독 법인을 중심으로 하되, 경우에 따라서 1999년에 인수한 기아자동차(약칭 기아차) 등 계열사를 포함한 현대차 그룹을 의미하기도 한다.

## 2. 현대자동차의 2000년대 시장 성과와 경영 지표

현대자동차가 글로벌 금융위기하에서 저력을 발휘한 양상을 먼저 살펴보도록 하자. 〈표 4-1〉에서 볼 수 있듯이 현대차의 국내 생산 대수는 2007년을 정점으로 2008년과 2009년에 2년 연속으로 줄어들었다. 이는 2008년에 내수가 타격을 입었고, 2009년에는 수출이 감소한 데 따른 것이다. 2008년 하반기부터 자동차 내수 시장은 얼어붙었으나, 세계 각국과 마찬가지로 2009년 들어 한국 정부도 경기 부양책의 일환으로 자동차 구매 보조금을 지급하면서 내수가 회복되는 양상을 나타냈다. 그러나 수출은 오히려 줄어들었는데, 이는 러시아 등의 수요가 급감하고 체코 공장의 가동이 개시된 데 따른 것이다.

그런데 생산 대수의 감소에도 불구하고 매출액은 오히려 2008년에 늘어났으며, 2009년의 감소 폭도 1.0%에 불과하다. 이는 그만큼 가격이 오르거나 환율이 올랐다는 것을 의미한다. 실제로 현대차의 경우 2008년을 전후로 환율 상승의 덕을 톡톡히 보았으며, 이는 같은 기간 동안 달러에 대한 엔화 가치가 상승한 것과 대비되면서 일본 업체들에 비해 상당한 가격경쟁력을 확보할 수 있도록 했다. 결국 이런 환율 효과로 인해 원화로 표시한 매출액이 늘거나 조금밖에 줄어들지 않았으며, 더욱 주목할 것은 영업이익과 경상이익이 2009년에 급증했다는 점이다. 특히 2004~06년 3년간 매출액은 27조 원 수준에 머물러 있었으며, 각종 이익률 역시 정체 혹은 감소 현상을 보였다는 사정을 고려하면 표면적으로 보았을 때 현대차의 2000년대 후반 호조는 이런 환율 효과로 설명될 수 있다.

그러나 불황기인 2009년에 생산 대수가 4.0%밖에 줄어들지 않은 것은 다른 선진 업체들과 비교하면 놀라운 성과다. 2009년 현대차의 세계시장 점유율은 5.2%로서 사상 처음으로 5%를 돌파했다. 이는 도요타가

표 4-1 | 현대자동차의 주요 경영 지표 추이

단위: 천 대, 억 원

| | 2000 | 2004 | 2005 | 2006 | 2007 | 2008 | 2009 |
|---|---|---|---|---|---|---|---|
| 생산 대수 | 1,525 | 1,674 | 1,684 | 1,618 | 1,707 | 1,674 | 1,607 |
| 내수 판매 | 647 | 550 | 571 | 581 | 625 | 571 | 703 |
| 수출 대수 | 828 | 1,124 | 1,131 | 1,032 | 1,076 | 1,099 | 911 |
| 매출액 | 182,310 | 274,725 | 273,837 | 275,274 | 306,197 | 321,898 | 318,593 |
| 영업이익 | 13,133 | 19,814 | 13,841 | 14,265 | 19,455 | 18,772 | 22,350 |
| 경상이익 | 8,964 | 25,003 | 27,391 | 18,859 | 22,220 | 17,950 | 37,813 |
| 순이익 | 6,679 | 17,454 | 23,146 | 15,261 | 16,824 | 14,479 | 29,615 |

자료: 현대자동차, 영업보고서, 각 호.

1980년에 돌파한 수치로서 현대차는 도요타의 성장 경로와 비교되고 있다. 현대차는 사실 도요타보다 해외 현지생산 공장 전개의 속도가 더 빠른데, 미국 앨라배마, 중국 베이징, 인도 첸나이, 터키 이즈밋, 체코 노소비체 등에서 현지 공장을 가동하고 있다. 이들 해외 공장의 2009년 생산 대수 합계는 149만 대로서 국내 공장 생산분과 합친 전체 311만 대의 48.1%를 차지하고 있다.

현대차만으로 311만 대를 생산한 것은 전년에 비해 11.7%가 늘어난 것이며, 매출액은 53조 원에 달한다. 앞서 현대차의 이익이 크게 개선된 것은 사실 해외 현지 자회사들의 선전이 반영되었기 때문이기도 하다. 더욱이 현대차가 1999년에 인수한 기아차 역시 2009년에 최고의 실적을 거두었다. 국내 생산 114만 대, 내수 41만 대, 수출 74만 대, 해외 생산 39만 대가 그것이다. 현대차 그룹은 기아차 이외에 현대제철과 현대캐피탈 등 다른 업종도 포함하고 있는데, 그룹 전체로 2009년 연결 결산 매출액은 91조5천억 원에 달한다. 이는 2000년 32조5천억 원에 비해 불과 10년 만에 약 세 배로 커진 것이며, 2006년 64조 원을 기록한 지 불과 4년 만의 일이기도 하다.

어떻게 이런 고속 성장이 가능했을까? 외부 여건으로만 설명하기에는 충분치 않으며 내적인 경쟁력에 대한 궁금증을 풀어낼 필요가 있을 것이다. 그 전에 현대차의 개략적인 역사를 개관해 경영 및 성장 과정의 특성을 파악하는 것이 도움이 될 것이다.

## 3. 현대차 발전의 약사[1]

현대자동차는 한국의 재벌, 즉 대규모 기업집단의 대표 주자인 현대그룹의 일원으로서 1967년 당시 한국 자동차 산업을 주도하던 신진자동차(후일 GM대우자동차)와 기아산업(후일 기아자동차)에 도전장을 내고 창립되었다. 여느 개도국 업체와 마찬가지로 현대차는 어떤 산업 기반도 갖추지 못한 상태에서 KD Knock Down 부품을 수입해 조립하는 것으로부터 출발했다. 최초 기술 도입선은 포드자동차로서 코티나 모델을 도입하기로 하고, 울산에 생산 공장을 건설하는 한편 정부가 정한 부품 국산화율 21%를 맞추기 위해 주로 경인 지역에 있던 부품 업체들을 끌어들였다.

　대량생산방식의 선구자였던 포드로부터 현대차는 조립 기술 매뉴얼과 조립 작업 순서 공정표 등을 도입해 제대로 굴러가는 자동차를 만드는 것이 급선무였다. 부품 국산화는 매우 어려운 과제였기 때문에 현대차는 포드사에서 파견된 기술자와 함께 부품 업체들을 방문 지도하면서 시제품을 생산했다. 이 시제품들은 호주 포드에 보내져서 기술 인정을 받고, 합격품에 한해 양산에 착수할 수 있었다. 그러나 포드와의 합작 사업은 오

---

1_이 절의 앞부분은 조성재 외(2008)의 제5장 "보론"에 주로 의거하고 있다.

래 가지 못했다. 포드는 다른 개도국에서 했던 것과 마찬가지로 현대차의
기술 능력 발전을 지원하기보다는 초국적 기업의 한 부분으로서의 역할
만을 수행할 것을 요구했다. 비록 산업 기반이 취약하지만, 자립적인 발
전을 원했던 현대차 및 한국 정부는 이를 수용하지 않았으며, 결국 1973
년 양사의 합작 사업은 무산되게 된다.

이후 현대차는 고유 모델 개발 사업에 착수해 1974년 포니를 개발함
으로써 자립적 발전의 길을 개척하게 된다. 이탈디자인사의 차체 디자인
과 엔진과 변속기 부문에서 미쓰비시와의 기술제휴 등에 힘입어 현대차
는 1975년 이후 일약 국내 1위 업체로 도약하게 되며, 흑자로 전환할 수
있었다. 1978년부터는 10만 대 생산 체제를 갖추기로 함으로써 대량생산
시스템 구축을 향한 노력을 가속화했다.

현대차는 제품 기술에 있어서 독자적인 발전의 길을 개척했을 뿐만
아니라 생산기술 측면에서도 어느 한 나라나 특정 업체의 기술을 모방하
는 데 머무르지 않았다. 현대차는 독자적으로 기술 도입 계획을 수립하고
다양한 학습 경로를 개척한 것으로 특징지어진다. 포니 생산을 위한 종합
자동차 공장에 설치될 기타 시설재는 주로 유럽에서 들여왔으나 실제 제
품을 만드는 데 수반되는 노하우와 금형, 조립용 용접기, 치공구 등의 설
비는 일본에서 들여온 경우가 많았다(현대자동차30년사편찬위원회 1997,
235). 이렇듯 현대차의 생산방식이 자주적이고 독창적이라는 점은 이런
다양한 기술 습득 경로와 자체적인 소화 능력에서 입증되고 있다. 미국식,
유럽식, 일본식의 혼종화hybridization는 현대차의 출발부터 주어진 특성이
라고 볼 수 있을 것이다.

1980년 대불황과 산업구조조정을 거치면서 현대차는 제2도약을 위
한 준비를 진행했다. 특히 GM과의 합작을 요구했던 정책 당국을 설득해
자립적인 발전의 길을 고수한 것은 이후 한국 자동차 산업의 지속적 발전

측면에서 중요한 갈림길이었다. 현대차는 1980년대 중반까지 승용차 시장의 복점 구조를 활용해 생산량을 회복하고 창출된 이윤을 투자로 연결시켰다. 그리고 그 결과가 북미 시장의 엑셀 신화로 나타나게 되었다. 즉 한 해에 미국으로 40만 대 이상의 엑셀이 수출되어 팔려 나갔던 것이다.

그러나 1990년대는 현대차에게 있어서 위기 극복과 새로운 도약, 그리고 외환위기라는 더 큰 위기의 봉착 시기였다. 현대차는 1980년대 후반의 엑셀 신화에도 불구하고 품질이 뒷받침되지 않으면서 북미 수출이 급감하는 위기를 맞이했다. 다행히 내수 시장의 지속적 확장으로 '상대적 침체'(조형제 1992)에 그쳤지만, 기존의 테일러-포드주의 양적 성장만으로는 소비의 다양화 시대에 글로벌 업체로 성장하기는 어렵다는 점이 분명해지고 있었다. 그러나 뚜렷한 변화의 계기를 찾지 못한 가운데 기본 역량을 다지는 데 주력했다. 다만, 1990년에 알파 엔진을 독자적으로 개발한 것은 획기적인 사건이었다. 현대차는 카뷰레타 엔진조차 스스로 만들 능력이 벅찬 상황에서 시장 흐름을 놓치지 않기 위해 전자 제어 엔진 개발에 도전했고, 이것이 성공하면서 개도국 업체 가운데 유일하게 엔진을 스스로 설계하고 제작할 수 있는 능력을 보유하게 되었다.

현대차의 경영 시스템은 1999년 경영진의 교체에 의해 또 다른 변화의 계기를 맞이했다. 즉 현대그룹 창업주인 정주영 회장은 기아차 인수를 계기로 동생인 정세영 회장과 그 아들이 갖고 있던 현대차의 경영권을 장남인 정몽구 회장에게 넘기도록 했다. 새로 등장한 정몽구 회장 체제하에서 현대차는 네 가지 중요한 전략적 변화를 경험한다. 첫째는 1990년의 슬로건이었던 글로벌 TOP-10을 대체해 글로벌 TOP-5가 새로운 목표로 제시되었다. 이는 당시 다임러크라이슬러, 르노닛산 등 대형 기업인수합병M&A의 영향으로 향후 세계에서 5대 메이커만 살아남을 것이라는 글로벌 과점화설이 유포된 데 따른 것으로 보인다. 둘째, 단지 양적 성장뿐만 아니라 수익성의 제고와 이를 통한 주가 중심의 경영이 채택되었다. 이는 외환위기 이후 국제통화기금IMF의 요구 등에 따라 재벌 개혁이 추진된 결과, 경영의 투명성과 주주에 대한 책임 경영이 강조된 데 따른 것이다. 셋째, 현대차는 저가 소형차의 대량 수출 단계를 뛰어넘어 브랜드가치를 높이기 위해 품질수준을 한 단계 업그레이드하는 것이 요구되었으며, 따라서 회장 이하 전 임직원이 품질 향상을 위해 전력을 다하는 품질경영이 선포되었다. 넷째, 현대차는 판매의 세계화에 비해 생산의 세계화 수준이 매우 낮았으며, 따라서 환율 변동과 무역 마찰, 현지 소비자 취향 변화 등에 능동적으로 대응하기 위해서는 해외 현지생산을 늘리는 것이 요구되고 있었다. 더욱이 한정된 내수 시장을 돌파해 글로벌 TOP-5를 달성하기 위해서도 해외에서 생산능력을 확대하는 것이 목표로 설정되었다.

지난 10여 년간 이런 목표들은 어느 정도 달성된 것으로 보인다. 현대차는 성장성과 수익성, 품질과 글로벌화라는 함께 달성하기 어려운 과제들을 동시에 돌파하는 저력을 보여 주었다. 그러나 1987년 노조 설립 이후 2009년까지 23년간 파업이 없던 해가 두 번밖에 없을 정도로 노사관계만큼은 소모적 대립과 갈등이 반복되었으며, 이는 생산방식과 연관되어 있다는 점에서 현대차 경영의 마지막 아킬레스건이 생산방식과 노사관계라는 지적에 많은 전문가들이 동의하고 있는 것으로 보인다.

## 4. 부문별 경쟁력 평가

### 품질, 제품력 및 마케팅

과거 현대차는 가격경쟁력은 뛰어나지만 품질수준은 조악한 것으로 평가

그림 4-1 | 현대차와 도요타의 IQS 추이

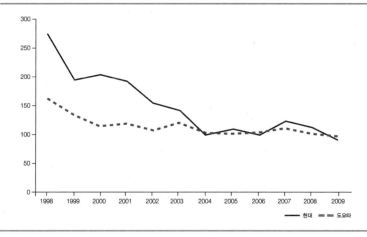

자료: 한국자동차산업연구소 내부 자료.

받아 왔다. 그러나 2000년 이후 현대차의 품질수준은 괄목할 만한 수준으로 개선되어 왔다. 경쟁력의 시험대인 미국 시장에서 전문 기관인 JD파워사가 평가한 초기품질지수IQS[2]의 추이를 나타낸 〈그림 4-1〉을 보면 2000년대 초반까지 도요타와 상당한 차이를 보이다가 2000년대 중반 이후로는 도요타와 대등한 수준에 도달했음을 알 수 있다.

더욱이 중고차 가격에 큰 영향을 미치는 내구 품질 지표를 보더라도 〈그림 4-2〉에서 볼 수 있듯이 2000년대 후반으로 가면서 산업 평균 이하로 불량 건수가 떨어지고 있다. 이는 1999년 이후의 품질경영의 성과가 내구성에서도 확인된다는 점에서 현대차 품질관리 능력의 개가라고 할

---

2_Initial Quality Survey, 출하 후 6개월 이내의 신차 100대당 품질불량 건수를 나타낸다.

그림 4-2 | 현대차·기아차 VDS 추이(1999~2009년)

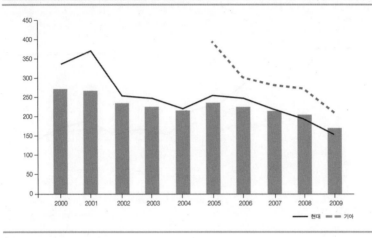

자료: 한국자동차산업연구소 내부 자료.

것이다. 다만, 기아차 내구 품질의 개선 과제가 남겨져 있는 것은 분명한 사실일 것이다.

현대차의 품질수준이 제고되는 것과 함께 전반적인 상품력과 마케팅 능력이 획기적으로 개선된 것으로 보인다. 현대차의 미국 시장 성공을 이끌어낸 전략은 1999년에 이루어진 파워트레인에 대한 10년 10만 마일 무상 보증이었다. 당시 경쟁 업체들이 일반적으로 6년 정도의 무상 보증을 하던 것에 비하면 파격적인 조건이었으며, 이로 인해 상당한 정도의 소비자 신뢰를 얻을 수 있었다. 이는 공급 측면에서 품질수준이 확보되지 않으면 엄청난 비용이 소요되는 하나의 모험이었다. 현대차는 자신이 갖고 있는 품질 역량에 비하면 미국 시장에서 과소평가되고 있다고 판단했으며, 다른 한편으로는 구성원들에게 벼랑 끝 전략을 제시했다고 볼 수도 있다. 즉 품질수준을 높이지 못하면 몰락할 것이라는 위기감을 심어 주게 된 것이다. 1999년의 품질경영 선언과 함께 제시된 무상 보증 기간 연장 전략

**표 4-2 | 『컨슈머 리포트』가 선정한 신뢰성 평가 추천 차종**

| | 모델명 |
|---|---|
| 2005 | 그랜저XG, 아반떼XD, 아만띠(오피러스) |
| 2006 | TG 그랜저, NF 쏘나타, 앙트리지, 투싼, 세도나(카니발), 아만띠, 소렌토 |
| 2007 | TG 그랜저, NF 쏘나타, 아반떼, 투싼, 싼타페, 로체, 스포티지 |
| 2008 | 엘란트라(아반떼), 싼타페, 베라크루즈, 아제라(TG 그랜저), 쏘나타, 론도(카렌스), 옵티마, 스포티지 |

은 보기 좋게 성공으로 돌아갔으며, 앞서 언급한 바와 같이 이제 내구 품질수준까지 확보됨으로써 브랜드 이미지 제고에 성공한 것으로 보인다.

2008~09년 글로벌 금융위기 극복 과정에서도 현대차의 마케팅 전략은 주효했던 것으로 보인다. 현대차는 미국 시장에서 차량 구매 후 1년 내에 실직자 차량의 반납이 가능한 어슈어런스 프로그램을 내놓았다. 경제 위기에 따른 실직자 급증으로 사회적인 이슈로 발전, 400여 개의 언론 매체에 노출되면서 브랜드 인지도가 향상될 수 있었다. 딜러 방문자 수가 증가하면서 직간접적인 구매 요인으로 작용했으며, 때마침 투입한 고급차 제네시스의 '2009 올해의 차' 선정과 시너지효과를 일으켜 현대차 판매 확대에 기여했다[3].

현대차의 마케팅 전략이 성공을 거두게 되는 요인은 물론 품질수준 제고나 일시적인 홍보 전략 혹은 프로모션 조치들에만 있지 않고, 탄탄한 제품력이 받쳐 주기 때문이다. 미국의 권위 있는 전문 잡지인 『컨슈머 리포트』Consumer Report가 선정하는 신뢰성 평가 추천 차종 현황이 〈표 4-2〉에 제시되어 있다. 값만 싼 싸구려 차 이미지로 고전하던 10여 년 전과 비

---

3_어슈어런스 프로그램 런칭 후 현대차의 시장점유율은 2.7%에서 4.8%까지 급증했다(한국자동차산업연구소 내부 자료).

교하면 현대차의 소비자 신뢰도는 획기적으로 개선되어 2008년에는 무려 8개 차종이 선정되었으며, 특히 아반떼는 소형차 부문에서 2년 연속으로 최우수 추천 차종에 선정되었다.

이 밖에 크로스오버차에서 기아의 쏘울은 세계 3대 디자인상 중 하나인 '2009 레드 닷 디자인상'을 수상한 데 이어 결국 경쟁 차종인 도요타의 싸이언 xB를 판매량에서 제치기도 했다. 현대차는 유럽 소비자들이 선호하는 디자인이나 제품 사양을 강화한 i30에 이어 i10, i20 등 시리즈를 내놓음으로써 브랜드파워를 향상시키고 점유율을 늘릴 수 있었다.

중국 시장에서의 놀라운 성과 역시 위에둥이라는 현지 개발 모델이 큰 기여를 했다. 아반떼를 베이스로 한 이 모델은 크고 화려한 것을 좋아하는 중국 소비자들의 고급화 니즈에 대응해 중국적 디자인 감성을 강조하면서 동급 최대 크기 및 고성능 엔진을 장착해 시장에서 선풍적 인기를 모으게 되었다. 위에둥 런칭 이후 C 세그먼트 시장 내에서 7.1%에 불과하던 시장점유율이 10.6%까지 성장하게 되었다(2008년 3~6월).

요컨대 현대차는 품질수준의 제고와 더불어 적절한 마케팅 전략으로 시장을 효과적으로 공략해 온 것으로 보인다. 이것은 미국, 유럽, 중국 등 현지 사정에 적합한 차종의 공급에 의해 가능한 것이었는데, 그런 점에서 현대차에 기술개발 능력이 있는지에 대해 검토할 필요가 있다.

## 연구개발과 상품 구성

현대자동차의 기술력이 어느 정도인지에 대한 평가는 관련된 별도의 분석이 필요할 것이다. 한 가지 분명한 것은 1990년 알파 엔진 개발 이후 감마, 세타 엔진 등 독자적으로 다수의 엔진을 개발해 적합한 모델에 탑재하고 있을 뿐만 아니라 이들 엔진 성능에 대해서도 해외에서 호평을 얻고 있다는 점이다. 일례로 현대차의 타우 엔진(4.6리터 가솔린)이 미국의 자동차 전문 미디어인 워즈 오토Ward's Auto가 선정한 2009년 세계 10대 엔진(2009 10 best engines winners)에 선정되기도 했다.

현대차의 연구개발 능력은 서울에서 약 1.5시간 거리에 소재한 남양 기술연구소로 대표된다. 여기서는 현대차뿐만 아니라 기아차도 개발하는 등 현대와 기아의 기술개발 조직은 통합되어 운영되기 때문에 시너지효과가 뛰어나다. 현대차는 전통적으로는 울산연구소에서 이런 제품개발 활동을 수행해 왔으나, 남양기술연구소가 설립된 1986년 이후는 이곳이 제품개발을 주로 담당해 왔다. 한편 1980년대 초반에 독자 엔진을 개발하기 위해 경기도 용인 마북리에 선행기술연구소를 설립하고 각종 엔진과 트랜스미션의 개발, 기타 선행연구를 수행해 왔다. 기아의 경우는 소하리에 중앙기술연구소를 두어 제품개발의 중추 기능을 담당하고 화성 공장과 시화 공장에서 실험과 시작차試作車 개발 등 보조 기능을 수행하도록 했다. 현대와 기아는 이외에도 동경, 디트로이트, 프랑크푸르트 등에 해외 기술 연구소를 운영하면서 해외 업체들의 기술개발 동향을 파악하고 필요한 첨단 기술은 도입하는 첨병으로 삼아 온 바 있다.

현대가 기아를 인수한 이후 연구개발 활동을 합리화하기 위해서는 이렇게 전국과 해외에 산재해 있는 연구소들을 통합해 중복 기능을 제거하고 필요한 부분에 역량을 결집할 필요가 있었다. 현대와 기아는 장기적으로 남양기술연구소로 승용차를 중심으로 한 모든 연구개발 활동을 집약하기로 하고, 상용차 개발은 전주 공장 내 상용기술연구소로 모으기로 했다. 따라서 2000년 말까지 마북리연구소를 남양으로 이전하는 등의 조치를 취했는데, 이런 공간 이동은 곧 조직의 통·폐합을 통한 중복 투자의 제거를 의미한다.

중복 투자 제거의 예는 무수히 많다. 기아의 기술력이 현대에 비해 다

그림 4-3 | 현대차·기아차의 플랫폼 통합에 따른 비용 절감 효과

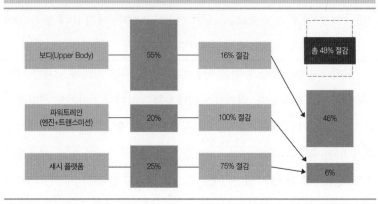

자료: 한국자동차산업연구소 내부 자료.

소 떨어지고 있었기 때문에 로열티를 지불하고 수입하던 것을 현대의 기술로 해소함으로써 기술료 절약액이 2000년 한해에만 수십억 원에 달하고, 시설 투자가 필요하던 것을 피할 수 있게 됨으로써 1천억여 원을 절감할 수 있었다. 또한 차세대 자동차 개발이나 각종 전자 기술의 응용 등 신기술개발 활동을 중복되게 하지 않음으로써 상당한 액수의 연구개발비를 절감했다.

인력의 경우 통합 이전에 양사 합계 기술인력 수가 7천여 명에 달했는데, 그중 800여 명은 상용기술연구소로 분리하고 승용차 부문은 5천여 명 수준으로 유지했다. 따라서 순수하게 1,200여 명이 감소하게 되는 셈인데, 이 인력은 생산, 품질관리 등으로 배치 전환되거나 자연스레 감소되었다고 한다. 5천여 명의 경우도 플랫폼 통합에 따라 일상적인 제품개발 활동에 투입된 인력은 상대적으로 줄어들고 차세대 자동차 개발 등에 더 많은 인원이 투입된 것으로 보인다.

현대와 기아의 플랫폼 통합 계획은 1999년 이후 꾸준히 이루어져 왔

**표 4-3 | 현대차의 승용차 차급별 생산 판매 대수와 비중(2009년)**

단위: 대, %

| | 생산 (비중) | 내수 (비중) | 수출 (비중) |
|---|---|---|---|
| 소형 | 265,820 (19.6) | 15,603 (2.8) | 249,386 (30.8) |
| 준중형 | 440,563 (32.5) | 140,999 (25.7) | 297,891 (36.8) |
| 중형 | 165,003 (12.2) | 146,326 (26.7) | 21,772 (2.7) |
| 대형 | 173,809 (12.8) | 130,341 (23.8) | 44,315 (5.5) |
| SUV | 308,902 (22.8) | 114,698 (20.9) | 195,115 (24.1) |
| 승용 합계 | 1,354,097 (100) | 547,967 (100) | 808,479 (100) |

자료: 한국자동차공업협회 자료를 재정리.

는데, 모델 변경 주기 등이 일치하지 않고 구래의 플랫폼이 잔존해 2009
년 현재에도 사용되는 총 플랫폼 수가 18개에 달했다. 이는 2006년 시점
의 폴크스바겐의 6개나 혼다의 9개에 비해 과도하게 많은 것이며, 따라서
플랫폼당 생산 대수가 24만7천 대에 불과해 규모의 경제를 누리고 있다
고 하기 어려웠다. 그러나 향후 모델 교체 주기가 지난 플랫폼에 대한 폐
기 작업이 이루어지고 나면 2012년경에는 플랫폼 수가 6개로 실질적으로
줄어들고, 플랫폼당 생산 대수는 80만 대를 넘을 것으로 예상하고 있다.
2002년 당시 현대와 기아가 22개 플랫폼으로 29개 모델, 모델당 12만5천
대를 생산하던 것에 비하면 10여 년 만에 획기적인 변화가 이루어진다고
할 것이다. 이에 따른 비용 절감 효과는 〈그림 4-3〉에서 볼 수 있듯이 총
48%에 달한다고 한다. 2009년 현대차의 대표 모델인 YF 쏘나타가 출시
되면서 이미 이런 새로운 사이클은 시작되었다고 볼 수 있다.

한편 상품 구성과 관련해, 현대차 그룹이 글로벌 금융위기를 맞이해
강점을 보인 것이 소형차 부문에 강한 경쟁력을 갖고 있다는 점이다. 글로
벌 금융위기의 영향이 작았던 개도국 시장의 주요 판매 차종일 뿐만 아니
라 미국 시장에서도 소형차를 중심으로 시장이 재편되면서 여기에 강점
을 갖고 있는 현대와 기아차가 수혜를 입었다고 할 수 있다.

현대차의 경우 해외 현지생산은 중국, 인도, 미국 등 현지 사정에 적합

한 차종을 투입하고 있다. 국내 생산의 경우 이런 차종 구성이 어떻게 되는가에 대해 살펴보기로 하자. 〈표 4-3〉에서 볼 수 있듯이 현대차 국내 승용차 생산은 2009년에 135만 대였는데, 그중 준중형차(엔진 배기량 1.5~1.8리터)가 차지하는 비중이 32.5%로 가장 높으며, 다음으로는 SUV가 차지하고 있다. 그런데 이를 수출만으로 보면 67%, 즉 3분의 2가량이 소형차급에 집중되고 있음을 알 수 있다. 더욱이 SUV에서도 준대형인 베라크루즈의 수출 대수는 연간으로 1만6천여 대에 불과하고, 준중형급인 투싼이 17만 대로 가장 큰 비중을 차지하고 있다. 결국 현대차의 수출은 소형차가 주력임을 확인하게 된다.[4] 내수 시장은 이미 중형차가 최대 차급을 차지한 것이 1990년대 중반부터이므로 중형과 대형, 그리고 SUV 중심의 시장구조를 갖고 있는 것이 확인된다. 결국 소형 승용차는 내수보다는 세계시장을 겨냥해 개발·생산되고 있음을 알 수 있다. 그리고 이렇듯 소형차에 강점을 갖고 있는 것이 글로벌 금융위기를 계기로 현대차가 도약하게 된 계기가 된 것은 두말할 필요가 없을 것이다.


### 국제화

국제화를 달성하지 않고서는 기업 성장과 규모의 경제를 확보하기도 어렵고, 시장을 다변화하지 않으면 변화하는 국제경제 환경에 적절히 대응하는 것이 불가능하다. 일차적인 국제화는 수출의 확대일 것인 바, 현대

---

4_물론 과거에는 소나타의 수출도 적지 않았지만, 미국 알라바마 공장이 가동되면서 대미 소나타 수출물량이 줄어든 것도 일부 영향을 미쳤을 것이다. 그러나 그 양은 10만 대에 도 미치지 못한다.

**표 4-4 | 현대차의 지역별 수출 대수**

| | 2008 | | 2009 | | 전년비 증감률 (전 차종) |
|---|---|---|---|---|---|
| | 승용차 | 전 차종 | 승용차 | 전 차종 | |
| EU | 115,195 | 125,993 | 12,798 | 15,636 | -87.6 |
| 유럽기타 | 160,924 | 173,170 | 20,058 | 22,725 | -86.9 |
| 아프리카 | 34,429 | 54,763 | 37,097 | 59,541 | 8.7 |
| 아시아 | 43,967 | 53,080 | 52,434 | 67,099 | 26.4 |
| 중동 | 166,528 | 197,757 | 169,138 | 195,729 | -1.0 |
| 태평양 | 50,274 | 54,477 | 71,791 | 79,239 | 45.5 |
| 북미 | 292,850 | 300,370 | 302,663 | 307,095 | 2.2 |
| 중남미 | 110,667 | 139,609 | 142,500 | 164,024 | 17.5 |
| 합계 | 974,834 | 1,099,219 | 808,479 | 911,088 | -17.1 |

자료: 한국자동차공업협회 자료를 재정리.

차는 설립 초기부터 수출을 지향해 고유 모델 개발 전략을 구사한 바 있다. 이는 특히 한국의 경제 규모와 인구수가 작아서 대외 지향이 불가피했다는 사정도 작용했다. 1990년대 중반 이후 이미 190여 개국에 차량을 수출하고 있으며, 내수보다 수출량이 많은 것은 주지하는 바와 같다. 글로벌 금융위기 이후 확인된 것은 현대차가 이머징마켓에서 상당한 정도의 시장 지배력을 갖고 있으며, BRICs와 개도국에 적합한 소형차의 경쟁력이 매우 뛰어나다는 점이다. 〈표 4-4〉에서 보는 바와 같이 현대차는 글로벌 금융위기의 여파와 체코 공장 가동 개시로 유럽 지역에 대한 수출이 급감했지만, 아시아·태평양, 그리고 중남미와 아프리카 등지로는 오히려 수출을 늘렸다. 결국 다른 업체들에 비해 비교적 양호한 17%의 수출 감소에 그쳤다.

〈표 4-4〉에서 볼 수 있듯이 현대차의 수출 지역은 2008년의 경우 북미와 유럽이 중심이었지만, 아시아·태평양 등 개도국 지역으로 수출 지역이 매우 다변화되어 있음을 알 수 있다. 그리고 이런 지역 포트폴리오 구성이 글로벌 금융위기 시 힘을 발휘했다고 볼 수 있을 것이다.

현대차의 국제화는 수출 지역 다변화에 그치는 것이 아니라 2000년

표 4-5 | 현대기아차의 해외 현지공장 생산능력 확장 추세

단위: 천 대

| 회사명 | 연도 | 생산능력 | 회사명 | 연도 | 생산능력 |
|---|---|---|---|---|---|
| 현대 모터인도 | 2003 | 150 | 현대 앗산(터키) | 2003 | 60 |
| | 2005 | 300 | | 2007 | 100 |
| | 2007 | 600 | 현대 알라바마 | 2007 | 300 |
| 베이징 현대 | 2004 | 150 | 현대 노소비체(체코) | 2009 | 300 |
| | 2005 | 300 | 둥펑위 에다기아 | 2005 | 130 |
| | 2008 | 600 | | 2007 | 430 |
| 기아 조지아 공장 | 2009 | 300 | 슬로바키아 질리나(기아) | 2007 | 300 |

주: 여기서 연도는 설립 혹은 확장 공사 준공 시점임.

대 이후 활발하게 전개된 해외 현지생산에 기반한 것이다. 현지생산은 환위험으로부터 벗어날 수 있도록 해줄 뿐만 아니라 무역 마찰 예방이나, 현지 소비자에 대한 신속 대응 측면에서 반드시 필요한 것이다. 그러나 현대차는 1990년대 초반에 건설한 캐나다의 부르몽 공장이 실패로 돌아가면서 해외 생산 기지 건설에 소극적이었다. 부르몽 공장의 설비를 해체해 활용한 인도 공장은 그런 점에서 현대차의 재기에 매우 중요한 시금석이었다. 현대차의 인도 사업은 현지에 뿌리내리려는 각고의 노력 끝에 전통적인 1위 업체인 마루티에 이어 2위로 도약하기에 이르렀다. 이에 힘입어 현대차는 인도에 제2공장을 건설하고 생산능력을 30만 대에서 60만 대로 확장했다. 한편 현대차는 떠오르는 최대 시장인 중국에 대한 진출을 서둘러 2002년 베이징에 공장을 건설했다. 이후 역시 제2공장을 건설하면서 확장을 거듭하고 있다.

2008년 말 기준으로 현대차는 인도에서 49만 대를 생산했으며 2009년에는 51만 대를 생산한 것으로 추정된다. 중국 현지 공장의 생산량은 2007년과 2008년의 고전을 벗어나 2009년에 무려 54만 대로 뛰어오른 것으로 추정된다. 이는 경제 위기에 대한 중국 정부의 정책에 부합한 차종을 현대차가 보유하고 있었던 것이 큰 힘이 된 것으로 보인다. 현대차는

**표 4-6 | 주요 자동차 업체별 중국 시장 판매**

|  | 2004 | 2005 | 2006 | 2007 | 2008 | 2009(~7) |
|---|---|---|---|---|---|---|
| 상해VW | 354 | 287 | 349 | 456 | 490 | 376 |
| 일기VW | 300 | 277 | 345 | 461 | 499 | 356 |
| 상해GM | 252 | 325 | 406 | 495 | 445 | 345 |
| 북경현대 | 144 | 234 | 290 | 231 | 295 | 301 |
| 동풍닛산 | 12 | 158 | 204 | 272 | 351 | 278 |
| 기서 | 87 | 189 | 302 | 261 | 356 | 225 |
| 일기도요타 | 82 | 147 | 219 | 283 | 366 | 208 |
| 광주혼다 | 202 | 231 | 260 | 295 | 306 | 196 |
| 장안포드마쓰다 | 47 | 63 | 136 | 218 | 205 | 165 |
| 길리 | 86 | 150 | 204 | 220 | 222 | 140 |
| 동풍열달기아 | 63 | 110 | 115 | 101 | 142 | 112 |
| 기타 | 862 | 960 | 1,400 | 1,971 | 1,969 | 1,515 |
| 합계 | 2,491 | 3,130 | 4,231 | 5,265 | 5,644 | 4,216 |

자료: 한국자동차산업연구소 내부 자료.

미국 알라바마 공장에서 20만 대 내외의 생산량을 나타낸 바 있으며, 향후에도 이런 추세는 당분간 계속될 것으로 보인다. 아울러 일찌감치 진출한 터키와 2009년 새로 진출한 체코에서 각각 10만 대 내외의 생산 실적을 올리고 있다. 결국 현대차 전체로 해외 생산량은 2008년에 이미 113만 대에 달했으며, 언론 보도에 따르면 2009년에는 현대차 전체 생산량의 48.1%인 149만여 대에 달했다고 한다. 이른바 국내와 해외 생산이 같은 비중을 차지하는 시대에 접어든 것이다.

이 밖에 플랫폼을 공유하는 기아차의 해외 현지 공장도 늘어나고 있다. 기아차의 슬로바키아 공장 생산량은 부침이 있기는 하지만 15~20만 대 수준을 유지할 것으로 보이며, 한동안 고전을 면치 못하던 중국 생산 법인의 경우 2009년을 계기로 확장세를 보여 향후 30만 대까지 늘어날 수 있을 것인지 관심이 모아지고 있다.[5]

〈표 4-6〉은 2009년을 계기로 자동차 생산과 소비에서 세계 1위 국가로 도약한 중국의 경쟁 상황을 보여 주고 있다. 전통적인 1위 업체인 폭스바겐이 여전히 수위를 달리고 있는 가운데, 상하이 GM이 그 뒤를 바짝

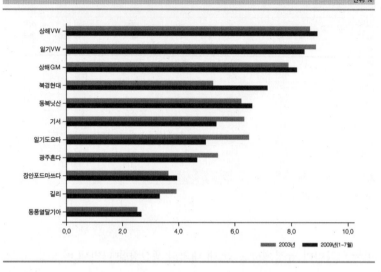

그림 4-4 | 자동차업체별 중국시장 점유율

단위: %

상해VW
일기VW
상해GM
북경현대
동북닛산
기서
일기도요타
광주혼다
장안포드마쓰다
길리
동풍열달기아

0.0     2.0     4.0     6.0     8.0     10.0

■ 2003년  ■ 2009년(1~7월)

쫓고 있다. 이들은 모두 중국의 전통적 강자인 상하이자동차나 일기자동
차와 합작 관계를 형성하고 있다. 또 다른 전통적 중국 업체인 둥펑자동차
는 일본의 닛산자동차와 합작 관계를 갖고 있는데, 2009년에 다소 부진한
양상을 드러냈으며, 이와 더불어 일본계인 광주혼다와 일기도요타, 장안
포드 모두 판매량이 줄어들었다(7월 시점). 그러나 베이징현대만은 오히
려 판매량이 늘어나는 양상을 보였으며, 이는 소형차 중심의 중국 수요 진
작책에 호응했을 뿐만 아니라 앞서 언급한 바와 같이 위에둥이라는 중국
시장용 신모델을 적절한 시점에 내놓았기 때문이다.

---

5_기아차 중국 법인의 생산능력은 43만 대이기 때문에 30만 대는 필요 최소 생산량이라고
볼 수 있다.

〈그림 4-4〉는 이들 주요 업체들 가운데 어느 업체도 10% 이상의 점유율을 차지하고 있지 못함을 나타내고 있다. 중국 시장은 기존 자동차 산업의 과점 시장 구조와는 달리 안정적인 경쟁 구도보다는 무한 경쟁의 양상을 보일 것이며, 지역별·차급별로 분화된 시장별로 강점을 갖는 업체가 다른 업체의 영역에 부단히 도전하는 양상으로 경쟁이 전개될 것이다. 또한 할부 금융이나 딜러 시스템 등이 기존 선진국 시장과 다르고 정부의 산업정책에 따라 경쟁 환경이 급변할 수 있다는 점에서 유연성과 신속성, 심지어 무정형성을 갖고 있는 업체가 유리할 수 있다. 현대차의 약진은 이런 유연성 및 민첩성과 관련되어 있는 것으로 보인다. 그리고 이는 인도 시장에서 일약 2위 업체로 도약한 요인을 설명할 때도 유효한 시각일 것이다.

### 생산관리와 노사관계[6]

생산방식은 생산의 기술적 요소와 인적 요소의 결합 방식으로 이해할 수 있으며, 따라서 기술 체계와 작업 조직으로 분해될 수 있다. 이런 생산방식은 19세기말 유럽의 수공업적 방식에서 포드자동차로 대표되는 대량생산방식으로, 그리고 도요타로 대표되는 린 생산방식으로 발전해 온 것으로 평가된다(Womack et al. 1990). 이제 현대차 생산방식 전개의 시기 구분을 해보면 〈표 4-7〉과 같다. 현대차 생산방식 전개에 있어서 가장 큰 특징은 그 고유성과 독자성에 있다. 즉 초기 몇 년간 포드자동차와의 합작

---

6. 이 절의 내용 중 일부분은 조성재 외(2008)의 제5장 "보론"에 주로 의거하고 있다.

**표 4-7 | 현대차 생산방식 발전의 시기 구분**

| 시기 | 경영(이윤) 전략 | 기술 체계 | 작업 조직 | 생산방식 |
|---|---|---|---|---|
| 1기<br>(1967~79년) | 고유 모델 개발 | 포드주의 도입 | 병영적 테일러주의와<br>일본식 작업 관행의<br>병존 | 대량생산방식의 기반<br>구축 |
| 2기<br>(1980~89년) | 성장을 위한 축적(저가<br>소형차의 대량 판매) | 포드주의와 일본식 JIT | 변형된 테일러주의와<br>노조의 등장 | 대량생산방식 성립 |
| 3기<br>(1990~98년) | 모델 구성의 다양화와<br>양적 성장의 지속<br>(volume & diversity) | 시스템 합리화 전략 | 네오테일러주의와<br>작업장 갈등 | 정보기술을 이용한<br>대량생산방식의 유연성<br>제고와 외연 확장 |
| 4기<br>(1999년~현재) | 글로벌화를 통한<br>이윤과 성장의 동시<br>추구 | 시스템 합리화 전략,<br>모듈화, 품질경영 | 네오테일러주의의<br>변형(노조 우위의<br>작업장 노사관계) | 불완전한<br>고품질·저비용 유연<br>대량생산방식 |

자료: 조성재 외(2008, 127).

사업을 추진하던 때를 제외하면 일찍부터 고유 모델 포니의 개발에 착수했고, 이후 1990년 독자 엔진 개발이라는 분수령을 거쳐 1999년 이후 품질경영과 해외 공장의 잇단 건설에 이르기까지 매우 자주적인 발전 전략과 경로를 보여 주고 있다. 결국 이런 경영전략에 부합하는, 그리고 한국적 노사관계 상황에 조응하는 매우 고유한 성격을 지닌 생산방식이 발전해 올 수밖에 없었던 것이다. 즉 본질적으로는 일관되게 양적 성장과 기술 중심주의를 토대로 하는 대량생산방식을 향해 달려왔으나, 일본식 생산방식과 대립적 노사관계의 영향 등으로 인해 테일러-포드주의의 원형과는 상당한 차이를 보여 온 것으로 판단된다.

현대차 생산방식 발전의 제1기는 고유 모델 개발을 주축으로 하여 포드주의 흐름 생산방식을 도입하면서도 일본식 작업 조직의 색깔도 지니는 혼종화의 양상이었던 것으로 판단된다. 더욱이 이런 대량생산방식의 구축기에 병영적 노동 통제가 일반적이었다는 점은 노동 배제적 생산방식이 성립할 수 있는 한국적 기반으로 작용했다고 할 것이다. 제2기에 접어들면서 엑셀 신화로 대표되는 저가 소형차의 대량 수출 전략과 이후 내수 시장의 자동차 대중화motorization에 힘입어 현대차는 대량생산, 대량 판매의 기회를 맞이했으며, 이를 신속한 투자 결정과 강력한 추진력으로 선취함으로써 빠른 기업 성장을 실현했다. 이 과정에서 현대차 생산방식은 테일러-포드주의의 한국적 변형, 즉 1970년대의 독창적 발전 경로를 고도화했으나, 1987년 노조의 등장과 병영적 통제의 이완 속에서 새로운 작업 조직을 모색하는 데서는 그다지 성공적이지 않았던 것으로 판단된다.

현대차가 1990년을 전후로 하여 채택한 기계와 설비, 그리고 정보통신 기술을 이용한 기술 체계를 '시스템 합리화 모델'로 명명할 수 있다. 그것은 테일러-포드주의적 합리화 전략의 생존 능력이 소진했다고 보면서, 이후 합리화 전략의 지향은 노동이 아니라 기술의 탄력적 잠재력이며, 정보기술을 이용한 합리화 전략이 개별 작업 공정 또는 기업이 아니라 기업 간 관계에까지 확장된다고 본다(정승국 1995). 따라서 생산과 분배의 전 사슬의 차원에서 유연성과 경제성이 추구되는데, 신생산 개념론과는 달리 탈숙련화가 진행되면서 엔지니어에 대한 의존이 더욱 심화된다고 주장한다. 다시 말해서 소비의 다양화와 극소 전자Micro Electronics 기술 시대에 생산 유연성의 원천은 노동이나 숙련이 아니라 기술이라는 점이다. 현대차의 이런 노동 배제적인 자동화 중심의 유연 생산 시스템이 노동조합의 등장에 의해 촉발된 것인지, 단지 더 촉진된 것인지, 아니면 무관한 것인지는 불분명하다. 다만 분명한 것은 독일에서와는 달리 현대차의 경우 네오테일러주의와 이런 유연 자동화 설비를 연계했으며, 따라서 노동 배제적 성격, 혹은 노동의 소외는 더욱 심화될 가능성이 높았다는 점이다.

시스템 합리화 모델의 가장 큰 특징은 유연 자동화와 합리화 전략이 기업의 경계를 넘어 확장된다는 데 있다. 이를 위해서는 부품의 적기 공급과 각 부문 생산의 동기화 문제가 해결되어야 하는데, LAN과 VAN이 그 핵심 수단이다. 현대차는 울산 3공장의 건설 이전인 1988년 12월에 이미 LAN 시스템을 개통했다. 이런 LAN 개통에 있어서도 현대차는 독자적인 경로를 개척했는데, 예를 들어, 간선용으로는 스미토모 방식, 지선용으로는 IBM 사의 토큰링 방식을 채택했던 것이다. 이렇게 LAN 시스템 개통으로 통합 생산관리CIM로 나아갔다.

또한 현대차는 3공장에 적용하기 위해 ALC시스템을 개선(1990년 9월)했는데, 역시 세계 최초로 DAE distributed automation edition 시스템을 채택함으로써, 현대차 ALC 시스템은 데이터 자동 입력 단계를 넘어 작업을 자동으로 지시하는 단계에 도달하게 되었다. 이 밖에 2공장 차체 공정에 FBL 방식을 적용(조형제 2005)하는 등 유연 자동화 투자는 1990년대에 걸쳐 일관되게 추진되었던 것으로 보인다.

1999년 이후 현대차 생산방식의 전개에서 뚜렷한 특징 중 하나는 품질경영 이외에 모듈화가 적극적으로 추진된 것이다. 모듈화는 다양한 모델을 저비용으로 생산할 수 있는 효과적인 기법으로서 유럽으로부터 확산되어 왔는데, 현대차는 신경영진의 모태이자 현대차그룹의 지주회사였던 현대정공을 현대모비스로 재편하면서 모듈 업체로 육성했다.[7] 새시 모듈과 프런트 엔드 모듈을 비롯해 다수 모델의 모듈을 공급하면서 현대모비스 역시 글로벌 부품 업체로 성장해 왔다. 모듈화는 시스템 합리화 모델에서 설명하듯이 기업 간 경계를 뛰어넘어 1차 모듈 업체와 2차 부품 업체에까지 이르는 생산의 동기화를 요구하기 때문에 정보기술을 활용한 현대차 생산방식의 유연 합리화가 새로운 단계로 나아갔음을 의미한다.

---

7_1999년까지 국내 최고의 부품 업체는 만도기계였으나, 한라그룹의 부도로 인해 5개 부문으로 분할 매각되었고, 이로 인해 현대차로서는 새로운 모듈업체를 육성할 수밖에 없었다. 핵심 모듈업체는 완성차 업체와 긴밀한 협조 관계를 필요로 한다는 점에서 지주회사가 모듈 업체로 등장한 것은 어쩌면 당연한 결과이기도 했다.

현대차는 현대모비스 이외에 위아, 덕양산업 등 여러 업체를 모듈 업체로 육성해 오고 있어서 부품 조달 체계를 포함한 생산방식의 전반적 변화를 추동해 온 것으로 보인다.

그러나 모듈화는 완성차 조립라인의 필요 인원을 축소하는 기술 관리 방식이기 때문에 고용 불안을 우려한 노조의 반발을 불러일으켰다. 때로 이것은 사내 모듈 형태로 귀착되었는데, 이 경우 기업규모 간 임금격차를 사용자가 활용하지 못한다는 점에서 모듈화의 효과가 제한되기도 한다.

모듈화는 시스템 합리화 모델의 틀 내에서 이루어지기 때문에 1990년 이후 추진되었던 현대차의 유연 대량생산방식의 전략을 벗어나는 것이 아니다. 더욱이 현대차는 품질경영을 위해 남양기술연구소 내 모의 생산라인을 건설하고 파일롯 생산을 진행하는 등 노동과 숙련에 대한 불신을 여과 없이 드러냈으며, 이런 설비와 자동화 기기들에 대한 투자비 회수를 위해 생산량을 늘리고 가동률을 높이는 것이 지상 과제로 대두되게 된 것이었다. 그리고 이것은 장시간 노동과 작업장 내 사용자의 교섭력 저하를 초래함으로써 다시 노사관계가 악화되는 악순환에 빠진 것이었다.

결국 기술 체계 측면에서 1990년 이후 채택된 유연 자동화와 정보기술을 활용한 엔지니어 위주의 합리화 전략은 곳곳에서 강화되는 것으로 나타났으며, 1998년 고용 조정 직후 작업장 내에서 사용자의 권력이 강할 당시에는 MODAPS 공법 등을 통해 노동강도의 강화로도 이어졌다. 소위 네오테일러주의의 강화라고 이름 붙일 만한 변화 속에서 노조는 단결력과 현장력을 제고하면서 2000년 이후 재차 작업장 노사관계에서 힘의 역전을 모색했다. 생산량이 중요한 경영 목표 가운데 하나인 상태에서 노조와 대의원들의 잔업 거부나 부분파업 등은 사용자의 잇단 양보를 끌어내게 되었으며, 이는 곧 작업장 권력관계의 새로운 재편을 의미했다.

이제 기술 체계는 유연화되었으나, 작업 조직 측면에서는 사용자의 노무관리 재량권이 크게 제약되었으며, 따라서 기계설비가 지닌 잠재적 유연성은 충분히 발휘되지 못해 온 것으로 보인다. 그럼에도 불구하고 네오테일러주의에서 상정하듯이 작업의 파편화와 탈숙련화가 일반적인 것도 아니다. 주무현(2006)의 연구에 의하면 현대차 작업자들의 기능 수준은 자동화가 진행됨에 따라 높아지는 것으로 나타났으며, 작업 공정별 숙련 습득 기간도 6개월 이상이라고 응답한 비중이 가장 높고, 또한 직무 통합이 직무 세분화 경향보다 우세한 것으로 드러났다. 조성재 외(2004, 61)의 다음 구절은 이와 관련한 작업장 내 현황을 잘 요약해서 보여 주고 있다.

"조와 반 단위에서 자발적으로, 혹은 반장이나 주임의 주도하에 직무 순환이 이루어지기도 하지만, 그것은 작업자들끼리 업무의 공평성을 기하기 위해서, 혹은 직무의 단조로움을 극복하기 위해서 실시하는 것으로서, 체계적인 다능공화나 질적 유연성 확보를 위한 것과는 거리가 멀다. 또한 작업 조직 내부에서 고근속자들이 자연적으로 형성된 기업 특수적 숙련을 체화하고 있으나, 이것을 이론과 결부지어 현장의 개선으로 승화시키려는 노력은 제대로 이루어지고 있지 못한 것이다." 결국 노측 우위의 작업장 노사관계 지형이 독특한 작업 조직을 만들어 내고 있음을 알 수 있다.

요컨대 현대차 생산방식은 시스템 합리화 모델에 따라 기업의 경계를 넘어서까지 유연 자동화가 극한까지 추구되고 모듈화와 결합되고 있으나, 작업 조직 측면에서는 사용자의 유연 합리화 전략이 미치지 못하고 있는 것이다. 이는 기업지배구조와 기술 체계상의 노동 배제적 성격이 구조화된 데 비해 행태적 측면에서는 생산량 지상주의를 달성하기 위해 노사담합이 지속되고 있기 때문이다. 따라서 박태주 외(2006)가 적절히 지적하듯이 현대차의 대립적 노사관계는 의사 전투성에 기초한 것일 뿐이다. 작업장 내 노측 우위하의 담합 관계는 낮은 편성 효율과 장기간이 소요되

표 4-8 | 현대차의 낮은 생산성 수준

| | 현대차 국내 | 기아차 국내 | 현대차 앨라바마 | 현대차 인도 | 북미 평균 |
|---|---|---|---|---|---|
| HPV(시간) | 31.1 | 34.7 | 24.0 | 30.0 | 21.4 |
| 편성 효율(%) | 73.3 | 56.6 | 92.1 | 87.4 | 90% 내외 |

주: 1) HPV(Hours per Vehicle): 대당 투입 노동시간으로서, 낮을수록 생산성이 높음.
　　2) 편성 효율: 조립시간 대비 투입 인원 비율로 의장 조립 라인의 순수한 작업시간 비중을 평가하는 지표임.
자료: Harbor Report(2006)를 토대로 한국자동차산업연구소 작성.

는 Man Hour 협상 및 전환 배치, 그리고 높은 정규직의 임금수준으로 인해 생산성에 부정적 영향을 미칠 것이 분명하다. 〈표 4-8〉은 이와 관련해 현대차와 기아차 국내 공장의 낮은 생산성 수준을 여실히 보여 주고 있다.


**부품 조달 체계와 부품 산업 기반**

현대자동차는 시스템 합리화와 모듈화를 추진하는 것을 통해 부품 조달 체계를 합리화해 나갔다. 모듈 화율은 〈표 4-9〉에서 보듯이 모델 교체가 거듭되면서 상승해 2000년대 후반 40% 선을 넘고 있는 것으로 나타났다. 이는 그만큼 부품 조달 체계의 중층화가 진행된다는 것을 의미하며, 우리 나라와 같은 이중 노동시장 상황하에서 완성차 업체가 임금격차를 적극적으로 활용한다는 것을 의미하기도 한다(조성재 외 2004). 외주화 확대에도 불구하고 IT 기술을 활용한 정보 전달 체계가 고도화되었기 때문에 상당한 정도의 유연성과 동시성을 확보했다. 필자가 방문 조사한 바에 따르면 종업원 수 50명 미만의 소기업에서도 완성차의 생산 흐름을 사장실에서 파악할 수 있을 정도로 통합 전산화가 진행되어 있다. 이는 부품 조달 체계 전체가 이상 상황에 대해서 탄력적으로 대응할 수 있다는 것을 의미한다.

　사실 한국 자동차 부품 산업 역시 현대차와 기아차의 통합을 계기로

**표 4-9 | 현대차의 차종별 모듈화율**

| 차종<br>(양산 시점) | 스타렉스<br>(97.1) | 산타페<br>(99.4) | 아반떼XD<br>(00.4) | 투싼<br>(04.2) | NF소나타<br>(04.8) | 그랜저TG<br>(05.4) | 아반떼HD<br>(06.3) | G스타렉스<br>(07.5) |
|---|---|---|---|---|---|---|---|---|
| 모듈화율(%) | 12.5 | 24 | 26 | 36 | 36 | 36 | 42 | 42 |

자료: 김철식(2009).

하여 한 단계 도약한 것으로 평가된다. 과거에는 현대, 기아, 대우 등에 전속으로 납품하는 소규모 부품 업체들의 단층 조달 구조를 특징으로 했으나, 이제 모듈화를 계기로 중층화가 진행되었으며, 아울러 현대와 기아의 통합으로 규모의 경제효과도 누릴 수 있게 되었다. 최소 효율 규모MES에 미달해 연구개발 투자 등이 미진하던 1990년대 상황을 벗어나게 된 것이다. 자동차 부품 업체들 가운데 종업원 수 300명 이상의 대기업 숫자는 2005년에 86개였으나, 2008년에는 118개로 크게 늘어났다. 핵심 부품 업체들의 규모 확대는 다시 규모의 경제효과를 통해 완성차 업체의 비용 경쟁력을 강화시켜 주게 된다.

한편 우리나라와 같은 기계 산업의 불모지에서 자동차공업을 일으키는 과정에서 완성차 업체뿐만 아니라 부품 업체들의 경우도 해외 전문 부품 업체들의 기술 지원을 필요로 했다. 현대차는 자신의 부품 협력 업체에 대해 스스로 기술 지도를 하는 한편으로 전문 부품 업체와의 기술제휴를 알선하기도 했다. 결국 부품 업체들은 완성차 업체와 해외 전문 부품 업체라는 두 가지 원천으로부터 기술 지원을 얻을 수 있었고, 이를 통해 비약적으로 성장해 왔다. 그런데 1997년 말에 닥친 외환위기와 기아차, 대우차 부도 사태 등을 거치면서 재무구조가 취약한 부품 업체들의 도산이 잇따랐으며, 이를 기회로 하여 많은 수의 우량한 부품 업체들이 해외 부품 업체에 인수되었다. 2008년 말 현재, 170개 1차 부품 업체에 외국인 지분이 존재하며, 그중 절반 이상이 50% 이상의 지분을 가져 경영권이 외국인

**표 4-10 | 자동차 부품 산업의 연도별 매출액 추이**

단위: 억 원

| | OEM | A/S | 수출 | 합계 | 증감률 |
|---|---|---|---|---|---|
| 2004 | 292,361 | 20,465 | 53,812 | 365,638 | 14.1 |
| 2005 | 326,834 | 22,878 | 67,610 | 417,322 | 14.1 |
| 2006 | 360,004 | 23,400 | 76,704 | 460,108 | 10.3 |
| 2007 | 386,409 | 23,185 | 92,306 | 501,900 | 9.1 |
| 2008 | 368,486 | 22,109 | 105,271 | 495,866 | -1.2 |

자료: 한국자동차공업협동조합, 『자동차산업편람』, 각 연도.

수중에 있는 것으로 알려졌다. 이들은 1990년대까지의 기술 지원에 머물지 않고 직접 자회사 경영에 간여하며, 이를 통해 상당한 수익을 올리기도 한다. 그러나 현대차 역시 기아차와 합칠 경우 상당한 볼륨을 확보했기 때문에 해외 유력 부품 업체라 하더라도 단가 교섭 등에서 현대차의 요구를 수용할 수밖에 없는 것으로 보인다. 평균적으로 다국적 부품 업체 소속 부품사들의 영업이익률이 다소 높은 것으로 알려진 가운데, 기술력과 품질력은 부품 산업 전반에 걸쳐서 크게 향상된 것으로 평가되고 있다. 이는 현대차의 품질 확보에 대한 강한 요구와 일정한 규모 확보로 기술개발 투자가 가능하게 된 것이 영향을 미친 것으로 보인다.

한편 부품 업체들이 성장하게 된 또 다른 계기는 현대차의 해외 현지 생산 확대에 따른 동반 진출이었다. 일본 업체들과 유사하게 현대차와 기아차는 중국, 인도, 미국, 슬로바키아 등에 진출할 때 부품 협력 업체와 동반 진출하는 양상을 보인다. 수십 개 부품 업체가 동반 진출해 현대차와의 긴밀한 협력 관계를 지속하며, 아울러 이들 부품 업체들이 새로운 사업에 뛰어들 기회를 포착하기도 한다. 현대차의 국제화에 동반한 부품 업체들의 국제화 역시 부품 산업 기반을 탄탄하게 해주고 있으며, 이와 별도로 한국 부품 산업의 탄탄한 경쟁력으로 인해 미국 빅3와 일본 업체 등으로부터 주문이 늘어나고 있기도 하다. 〈표 4-10〉에서 볼 수 있는 바와 같이 자동차 부품 산업 매출 구성 중에서 완성차 업체에 직적 납품하는 부분이 37조 원 정도로 최대를 차지하지만, 수출 부분이 2004년 이후 급속히 늘어나 거의 두 배에 달하고 있음을 알 수 있다. 이는 슬로바키아, 중국, 인도 등지에 진출한 업체들이 핵심 부품을 한국으로부터 가져가기 때문이기도 하지만, GM, 포드 등으로부터 주문이 늘어난 데 따른 것이기도 하다.

　부품 산업의 이런 성장은 다시 현대차의 가격경쟁력을 강화시켜 주었음은 물론이다. 현대차와 기아차의 통합으로부터 시작된 부품 산업의 규모 확대와 품질 확보, 그리고 기술개발과 국제화 경향은 현대차와 기아차의 성장과 동시에 이루어짐으로써 서로가 서로를 강화해 주고 있는 것으로 보인다. 이 과정에서 현대차는 모듈화를 중심으로 부품 산업을 합리화, 부품 조달 체계를 중층화했으며, 아울러 다국적 부품 기업들의 대거 진출에 힘입어 세계 최고 수준의 기술과 품질을 체화한 부품을 납품받고 있다.

## 5. 종합 평가[8]

2000년대 후반에 일본의 도요타가 부진을 거듭하고 있는 것에 비해 현대차의 약진은 양사가 걸어온 길을 비교하게 만든다. 도요타도 구미 업체들에 비해서는 후발자로서 새로운 발전 경로를 개척했고, 특히 일본의 적은 내수 시장하에서 11개 사가 치열한 경쟁을 전개하는 과정에서 도요타 생

---

8_본 절의 내용 중 〈그림 4-5〉 및 그 설명 중 일부는 필자의 글인 조성재(2014)와 중복되나, 논의의 일관성과 적절성을 위해 그대로 게재하기로 했다.

산방식이 탄생한 바 있다. 현대자동차 역시 서구 업체는 물론 도요타와 구분되는 독자적인 발전 경로를 개척한 것으로 특징지어진다. 그리고 그 기반이 된 것은 창립 이후 일관되게 강조해 온 독자적·자립적 발전의 길이다. 이런 Hyundai Way의 특징은 무엇이며, 어떻게 성공할 수 있었을까?

현대차의 독자적 발전의 길은 1974년의 포니 개발 전략과 1990년 알파 엔진 개발로 특징지어진다. 다른 개도국 업체들과는 달리 불리한 조건으로 포드와 합작하는 것을 거부했으며, 강력한 군사정권의 압박에도 불구하고 1980년 GM과의 합작을 거부했다. 현대차보다 앞서 한국 자동차 산업을 이끌던 대우차가 GM과 합작한 이후 오히려 기술력이 뒤처지게 된 것은 아이러니다. 현대차는 제품 기술과 생산기술에서 모두 스스로 처한 문제를 해결하는 방식으로 고유한 발전 경로를 개척했다.

1999년 경영진이 교체된 이후에도 이런 기본 특성은 변화하지 않았다. 오히려 변화된 상황에 맞는 또 다른 독창적 전략이 돋보이고 있다. 현대차는 1999년경에 유행했던 담론인 글로벌 과점화설에 초점을 두었다. 즉 다임러크라이슬러의 합병, 르노의 닛산 인수, BMW의 로버 인수 등 인수합병 열풍 속에서 다임러크라이슬러와 전략적 제휴를 맺는 한편, 기아자동차를 인수함으로써 스스로 규모의 경제를 확보하는 길을 선택했다. 그런데 기아를 인수하더라도 생산능력은 300만 대에 불과해, 500만 대 이상이 되어야 살아남을 것이라는 당시 논리로는 턱없이 부족했다. 현대차는 규모를 확장하기 위해 해외 현지생산이 불가피했으며, 이는 환위험 관리나 무역 마찰 회피, 현지 소비자 대응 측면에서도 바람직한 것이었다. 인도와 터키 공장에 이어 미국, 중국, 체코 등에 잇따라 현지 공장을 건설했으며, 2000년대 후반에는 각각 제2공장을 건설해 규모 확장에 주력했다. 그중 특히 중국과 인도 공장의 규모 확장 전략은 양국의 빠른 경제성장으로 인해 투자비의 조기 회수로 귀결되어 왔다.

한편 글로벌 시장에서 500만 대 이상을 판매해 TOP5라는 목표를 달성하기 위해서는 품질수준과 브랜드 이미지가 제고되지 않으면 안 되었다. 신경영진은 경쟁력의 시험대인 미국 시장에서 성공하기 위해 품질경영을 선언하고, 아직 품질이 확인되지 않은 상황 속에서도 엔진과 파워트레인 10년 10만 마일 무상 보증이라는 모험적인 마케팅 전략을 구사했다. 결과적으로 성공으로 귀착되었으나, 구성원들은 품질을 확보하지 못할 경우 망할 것이라는 긴장감 속에서 품질 향상을 위해 모든 노력을 경주했다.

그런데 노조 설립 이후 23년간 21번 파업이 일어날 정도로 매우 갈등적인 노사관계하에서 품질수준을 확보한다는 것은 매우 곤란한 일이었다. 현대차 경영진은 이로 인해 엔지니어를 중심으로 사전적으로 품질을 확보하기 위해 노력했으며, 그 일환으로 남양기술연구소 내에 모의 생산 라인을 설치하기도 했다. 양산이 개시되기 전에 품질 문제를 야기할 수 있는 모든 요소들이 사전 점검되었다. 그것도 모자라서 품질검사를 전담하는 비정규직 여성 근로자들이 생산라인의 제일 뒤에 추가로 투입되기도 했다. 요컨대 현대차는 세계 최고 수준의 IQS를 획득하기까지 매우 자원 투입적인 방식으로 대처했다. 더욱이 제품개발 과정에서 품질수준을 맞추지 못하면 리드 타임이 길어지거나 코스트가 올라가는 것도 최고 경영진에 의해 용인되었다. 품질에 대한 이 같은 집착은 결국 품질을 중심으로 불균형 성장 전략을 취한 것을 의미한다. 결과적으로 품질수준은 제고되었으며, 이제 리드 타임과 코스트를 절감하는 수순으로 나아가고 있기 때문에 현대차는 나선형 발전 전략을 취했던 것으로 풀이된다.

〈그림 4-5〉는 이 같은 현대차의 1999년 이후의 도약 과정을 경쟁력 요소 간 관계로 보여 주고 있다. 글로벌 TOP5 목표를 달성하기 위해 좁은 국내를 벗어나 잇단 해외 현지 공장 건설에 나섰고, 국제화를 위한 기반으

그림 4-5 | 현대차의 경쟁력 요소 간 관계

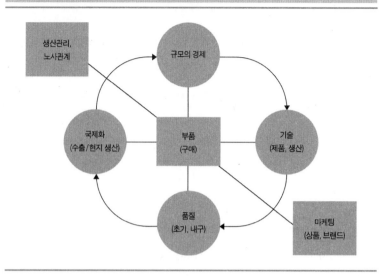

로서 품질경영이 선포되었다. 품질은 생산관리 영역보다는 엔지니어에 의존하는 방식으로 확보되었는데, 생산기술 및 제품 기술의 업그레이드에 요구되는 투자비는 규모 확대에 의해 조달되는 선순환 구조를 구축했던 것이다.

그리고 이런 네 가지 경영 영역 간의 선순환 구조는 그대로 부품 산업과 구매 전략에도 반영되었다. 부품 업체들은 현대차와 기아차의 통합으로 인해 규모 확대의 계기를 맞이했으며, 현대차그룹의 국제화에 발맞추어 동반 진출 혹은 다른 완성차 메이커들에 대한 납품 기회를 획득했다. 국제 수준의 부품을 생산·공급하기 위해 요구되는 품질을 확보하기 위해 역시 로봇 도입 등 자동화 투자를 확대하고 기술개발 투자를 늘렸다. 여기에 요구되는 투자비가 한국 자동차 산업 전체의 성장세에 의해 뒷받침된 것은 완성차와 마찬가지였다. 또한 그림의 오른 쪽 아래에서 볼 수 있듯이 현대차는 적절한 마케팅 전략과 홍보 전략, 현대와 기아의 브랜드 차별화를 위해 노력했다.

그러나 현대차 경영의 이런 선순환 구조는 매우 모험적인 것이었는데, 그것을 알게 모르게 뒷받침하면서도 자체적으로는 엄청난 문제점을 안고 있었던 것이 바로 생산관리와 노사관계 영역이었다. 규모 확대를 위해, 그리고 설비투자와 기술투자에 들어간 돈을 회수하기 위해 생산량 목표를 달성하는 것이 생산 관리자들에게 부여된 최고의 목표였다. 그렇지 않아도 현대차 노조는 우리나라에서 가장 조직력이 강한 노조인데, 이렇게 생산 담당 임원들의 목표 함수가 분명한 상황에서 파업과 태업의 위력은 매우 클 수밖에 없었다. 결국 작업장 노사관계에서 권력관계가 노조 측으로 기울면서 사용자가 끌려 다니는 노사관계가 고착되게 되었다. 사용자는 한편으로 모듈화를 추진하는 것을 통해 완성차 노조의 힘을 우회하고자 했으며, 품질관리는 엔지니어와 비정규직 여성 근로자에 의존했고, 생산의 흐름은 자동화와 IT화로 확보하고자 했다. 이는 숙련 경시형 생산방식을 의미하는 것이며, 이로 인한 노동의 소외는 다시 근로자들의 노조로의 결속을 강화했다.

그러나 이런 생산관리와 노사관계의 난맥상에도 불구하고 이미 상당한 정도로 외주화가 전개되고 있는 상황에서 현대차는 한국의 기업규모 간 임금격차로 인해 비용 상승을 억제할 수 있었다. 이는 다른 한편으로는 부품 업체들의 성장을 제약하는 경로이기도 했다. 이 대목에서 부품 업체들은 해외 진출이나 다른 완성차 업체에 대한 납품 기회 확대 등을 통해 성장을 모색하는 것이 도움이 되었다고 볼 수 있을 것이다.

# 6. 맺음말

현대자동차는 1967년 설립 이후 40여 년 만에 기계 산업의 불모지에서 글로벌 TOP5 업체로 도약했다. 이는 선진 업체 추격catch-up 목표를 달성한 것으로 평가되는데, 개도국 업체에서 유일하게 이런 추격을 완성했다는 점에서 하나의 기적이라고 할 것이다. 더욱이 기존의 상식을 뛰어넘는 경로를 개척하면서 다른 선진 업체들과 어깨를 나란히 하게 되었다. 그 가장 기본적인 전략은 자립적 발전의 길, 독자 기술 확보 전략이었다. 또한 소유 경영체제하에서 강력한 리더십을 구축하고 저돌적 추진력을 강점으로 하는 기업 문화를 구축한 것이 큰 힘이 되었던 것으로 보인다. 이렇게 현대자동차 경영의 성공은 인적 요소에 힘입은 바 큰 데, 특히 매우 갈등적인 노사관계하에서 생산 기능직보다 엔지니어와 사무직 중간관리자들의 헌신성과 유능함이 결정적이었던 것으로 보인다.

향후 현대차가 'Hyundai Way'의 유효성과 지속 가능성을 입증하기 위해서는 황제 경영의 단점을 뛰어넘는 보다 정식화된 기업 문화의 틀이 필요할 것이며, 기술적으로는 전기 자동차 등 친환경차 부문에서도 강점이 있다는 것을 보여 주어야 한다. 아울러 2000년대 후반 들어 최근 노사관계에 협력 분위기가 조성되고 있기는 하지만, 기술과 인간이 조화되는 작업장을 구축하려는 노력도 결코 포기되어서는 안 될 것이다. 현대차는 세계 최대의 성장 시장인 중국에 인접하고 있다는 혜택을 누리고 있지만, 미국 등에서 성장세가 멈추었을 때 기존의 시스템이 어떻게 작동할 것인지에 대해 유의할 필요가 있다. 일반적으로 성장이 거듭될 때는 문제점이 잘 드러나지 않기 때문이다. 특히 글로벌 금융위기하에서는 소형차에 강점이 있다는 것이 도약에 큰 도움이 되었지만, 향후 고급차 시장에서도 성공하고, 그럼으로써 브랜드가치를 더욱 높일 수 있을지 귀추가 주목된다고 할 것이다.

# 5장

# 탈(脫)추격 혁신의 전개와 한계

### 1990년대 후반 이후 과학기술혁신과 정책

송위진

## 1. 머리말

1990년대 후반 이후 한국의 과학기술혁신 활동은 새로운 모습을 보이고 있다. 선진국을 추격하는 과정에서 형성된 혁신 방식이 변화하고 있기 때문이다. 산업화 과정에서 이루어진 혁신 활동은 외국 기술을 도입·소화·개량하는 것이었다. 이미 문제와 답이 주어진 상황에서 우리의 조건에 맞게 도입된 기술을 변형시켜 문제를 해결하는 것이 혁신 활동의 중심을 이루었다. 그런데 1990년대를 거치면서 반도체, 디지털 가전, 휴대전화, 조

● 이 글을 작성하는 데 송위진 외(2006), 송위진(2009a), 최영락 외(2008)에 많이 의존했다.

선, 자동차 분야가 기술개발을 통해 선두 그룹에 진입하게 되었으며 이로 인해 해결해야 하는 문제의 성격이 바뀌기 시작했다. 이제 몇몇 분야에서는 선진국도 해결하지 못한 문제를 풀어야 하는 상황이 전개되고 있다(Hobday 2004; Lee & Lim 2001; 송위진·이준석 2007).

외국 기술 모방을 통해 기술혁신을 꾀한 추격형 혁신과는 달리 스스로 새로운 궤적을 만드는 탈추격post catch-up 혁신 활동[1]은 과학기술혁신정책에서도 새로운 관점을 취하도록 하고 있다. 기술과 사회는 동시 구성co-construction되기 때문에 새로운 기술 궤적을 형성하는 활동은 그 기술이 개발·활용되는 새로운 사회시스템을 필요로 한다. 따라서 탈추격 혁신을 지향하는 정책은 새로운 사회·기술 시스템에 대한 비전을 형성하면서 사회·경제 분야 정책과 과학기술혁신정책을 통합적으로 접근하는 정책 과정을 필요로 한다.

그러나 이런 과학기술혁신 활동과 정책의 새로운 경향들이 구현되고

---

1_탈추격 개념에는 후발국이 선진국을 '추격하는 단계에서 벗어나 선도하는 단계에 진입' 하거나 '기존의 모방 전략에서 새롭게 경로를 창출하는 창조 전략으로의 변화'라는 의미가 포함된다. 따라서 탈추격 대신에 일반적으로 통용되는 '선도', '창조' 등의 개념을 사용할 수도 있다. 그럼에도 이 글에서 탈추격이라는 개념을 사용하는 이유는 탈(脫)을 강조함으로써 선진 정책과 제도의 따라잡기를 뛰어넘어 독자적인 발전 경로를 탐색해야 한다는 성찰과 의지를 좀 더 명확히 할 수 있기 때문이다. 선진국을 따라 기술을 개발하고 제도를 도입하는 모방형 활동은 현재 우리의 혁신 체제에 깊이 각인되어 있기 때문에 쉽게 바뀌기 어렵다. 이런 상황에서 선도형, 창조형을 이야기하는 것은 우리의 '독자적인 발전 궤적' 또는 '독자적인 혁신 체제'를 창출해야 한다는 의미보다는 선진국과 유사한 시스템을 구축해야 한다는 '모방형'의 의미로 다가올 수 있다. 이때 탈추격이라는 개념을 사용하면, 기술혁신과 제도혁신의 목표가 현 선진국 시스템을 구현하는 닫힌 문제가 아니라 지향점이 정해지지 않은 상태에서 독자적인 시스템을 구축하는 열린 문제가 된다. 이는 결국 한국형 혁신 체제와 혁신 모델을 구축하는 논의가 된다.

제도화되는 데에는 상당한 어려움이 있다. 과거 추격 시대의 관행들이 강하게 작동하고 있어 새로운 경향들이 쉽게 자리 잡을 수 없기 때문이다. 제도는 경로의존성이 있기 때문에 1990년대 후반 이후 한국의 혁신 활동에서는 과거와 미래가 서로 공존하는 이행기적 양상이 나타나고 있으며 추격체제의 연장선에서 탈추격 혁신 활동이 이루어지고 있다.

이 글은 1990년대 후반 이후 이루어진 한국 과학기술혁신정책과 민간 부문의 혁신 활동을 탈추격 혁신의 관점에서 살펴보고자 한다. 먼저 2절에서는 한국 과학기술혁신 활동 전반의 변화를 개괄한다. 이어 3절에서는 탈추격형 혁신을 추진한 민간의 산업 혁신 활동의 성과와 한계를 분석한다. 4절에서는 1990년대 후반 이후 나타난 과학기술혁신정책의 변화와 한계를 살펴본다.

## 2. 과학기술혁신 활동의 변화

### 과학기술혁신 활동의 투입과 성과

1990년대 후반부터 한국은 매우 공격적인 연구개발 투자를 해왔다. 정부와 민간의 총 연구개발 투자액은 1997년 128억 달러에서 2007년의 336억 달러로 2.5배 이상 증가했다. 1997년부터 2006년 사이의 총 연구개발 투자의 연평균 증가율은 8.9%로 세계 최고 수준이다. 또 국내총생산GDP 대비 총 연구개발 투자는 2007년에는 3.47%까지 증가했는데 이는 세계 3위에 해당하는 수치다.

정부 연구개발 예산은 1998년에는 2조9,375억 원이었지만 2007년에는 8조1,396억 원으로 증가했다. 또 기업 연구소 수는 1997년 3,060개에

그림 5-1 | 총 연구개발 투자의 변화 추이

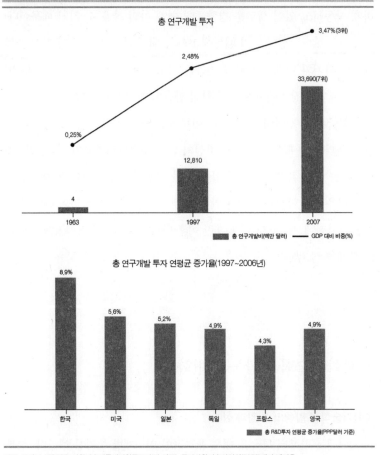

총 연구개발 투자

3.47%(3위)

2.48%

33,690(7위)

0.25%

12,810

4

1963            1997            2007

■ 총 연구개발비(백만 달러)    —— GDP 대비 비중(%)

총 연구개발 투자 연평균 증가율(1997~2006년)

8.9%
5.6%
5.2%
4.9%
4.3%
4.9%

한국    미국    일본    독일    프랑스    영국

■ 총 R&D투자 연평균 증가율(PPP달러 기준)

자료: 교과부·KISTEP, 과학기술연구개발활동조사(각 연도); 국가과학기술위원회(2009)에서 재인용.

서 2004년 9월에는 1만 개로 급증했으며 2008년에는 1만5천 개를 넘어
섰다. 이에 힘입어 민간 부문의 기술 집약도(매출액 대비 연구개발비)도
2000년 2.0% 수준에서 2007년 2.4% 수준으로 증가했다.

　연구개발 투자와 함께 연구개발 인력 또한 지속적으로 증가했다. 총
연구원 수는 1997년 13만8,400명에서 2007년에는 28만9,100명으로 늘

**표 5-2 | 주요 과학기술 관련 지표**

| | | 1997 | 2000 | 2003 | 2005 | 2007 |
|---|---|---|---|---|---|---|
| 경제<br>지표 | GDP(10억 달러) | 4,595 | 5,118 | 6,080 | 7,913 | 9,699 |
| | GDP 성장률(%) | 4.7 | 8.5 | 3.1 | 4.2 | 5.0 |
| | 1인당 국민소득(달러) | 11,176 | 10,841 | 12,717 | 16,413 | 20,045 |
| 연구<br>개발<br>투자 | 연구개발 투자액(억 원) | 121,858 | 138,485 | 190,687 | 241,554 | 313,014 |
| | 연구개발 투자/GDP(%) | 2.48 | 2.39 | 2.63 | 2.98 | 3.47 |
| | 연구개발 투자 민간 부담률(%) | 72.5 | 72.4 | 74.0 | 75.0 | 73.7 |
| 연구<br>인력 | 연구원 수(천 명) | 138.4 | 160.0 | 198.2 | 234.7 | 289.1 |
| | 인구 1만 명당 연구원 수(명) | 30.1 | 34.0 | 41.4 | 48.8 | 59.7 |
| 기업 부설 연구소(개) | | 3,060 | 7,110 | 9,810 | 11,810 | 14,975 |
| 산업<br>재산권 | 특허 출원 수(건) | 92,734 | 102,010 | 118,652 | 160,921 | 172,469 |
| | 실용 시안 출원 수(건) | 45,809 | 37,163 | 40,825 | 37,175 | 21,084 |

자료: 산업기술진흥협회(2008)에서 일부 수정.

어나 세계 7위 수준에 이르게 되었다. 인구 만 명당 연구원 수는 1997년 30.1명에서 2007년에는 59.7명으로 증가했다.

과학기술혁신 활동 성과의 경우, 특허출원 건수가 1997년에는 9만 2734건, 2007년에는 17만 2,469건에 달하게 되었다. 특히 미국에 등록된 특허의 경우 2000년 3,314건에서 2006 5,908건으로 56.1% 증가해 세계 5위 수준으로 올라섰고, 미국·일본·유럽 특허청에 등록되어 있는 삼극 특허Triad Patent Families는 2000년 820건에서 2005년 3,158건으로 약 3.9배 증가했다.

국제 학술 논문(SCI) 게재 건수를 보면, 2000년 12,475편에서 2006년에는 23,286편으로 두 배 이상 증가했으며, 세계 점유율 또한 2000년 1.39%에서 2006년도에는 2.05%로 상승했다. 아울러 연구개발 활동 효율성 지표인 연구원 100명당 논문 수도 2000년 7.8건에서 2006년에는 9.07건으로 향상되었다.

또한 첨단 연구 성과가 산업화로 이어지고 일부 분야에서 세계 최고 수준의 성과를 시현하면서 자동차, 조선, 철강 등 전통 산업을 비롯해 반도체, 디스플레이, 휴대폰 등 신산업 부문에서 높은 경쟁력을 확보했다. 이제 추격의 시대가 막을 내리고 있다.


## 과학기술혁신 활동의 문제

이렇게 과학기술혁신 활동에 대한 투입과 산출에서 상당한 성과를 보여주고 있지만 한국의 과학기술혁신 활동에는 몇 가지 문제점이 있다(국가과학기술위원회 2009).

먼저 새로운 성장 동력의 등장이 지체되고 있다. 산업화 과정에서 반도체, 디스플레이, 휴대전화, 자동차, 조선 분야는 한국 경제의 성장 동력이었다. 그러나 이들 제조업과 IT산업 이후 아직 새로운 성장 동력 분야가 나타나지 않고 있다. 새로운 성장 동력 발굴을 위해 많은 연구개발 투자가 이루어지고 바이오, 나노 분야 등을 후보 분야로 논의하고 있지만 아직 확실한 가능성은 나타나지 않고 있다.

이와 함께 과학기술 활동의 성과인 논문과 특허의 질적 수준도 높지 않다. 2007년 우리나라 연구자들의 SCI 논문의 피인용도는 세계 30위 수준에 머물고 있다. 특허의 경우 2006년 기준 미국 특허에 대한 영향력 지수가 0.83으로 기준치인 1.0 이하이며, 특허의 질적 수준이 낮아 특허 1건당 특허료 수입도 외국 유수 기관과 비교할 때 매우 낮은 상태다. 일정 수준에 도달한 경제 규모와 연구개발 투자에도 불구하고 세계를 이끄는 연구 성과가 부족하다.

그동안의 성장 과정에서 완제품 위주의 산업 발전 전략을 취해 왔기 때문에 부품·소재 산업의 원천 기술개발 능력도 취약한 상태에 있다. 완제품 업체들이 국내 다른 주체들과의 협력을 통해 필요한 핵심 부품·소재를 개발하기 보다는 해외에서 구매하는 전략을 취해 왔기 때문이다. 게다

그림 5-2 | 정부 연구개발 투자 중 경제개발 대비 환경·보건 투자 비율

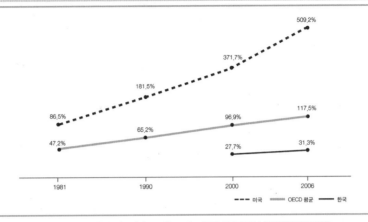

자료: OECD, Main Science and Technology Indicators(December 2008); 국가과학기술위원회(2009)에서 재인용.

가 급속하게 전개되고 있는 경제활동의 세계화는 국내 완제품 업체와 부품·소재 업체와의 연관 관계를 더욱 약화시키고 있다. 이로 인해 대기업 중심의 수출 주도형 완제품 산업 발전이 중소기업 발전 및 고용 창출과 연결되는 구조가 점점 약화되고 있다.

한편 2000년대 들어와 삶의 질 향상을 위한 과학기술혁신정책의 중요성이 강조되고 있지만, 공공복지 향상을 목표를 하는 정부의 연구개발 활동은 취약한 상태에 있다. 추격형 발전 과정에서 경제 발전과 산업 육성에 우선순위가 부여되었기 때문이다. 2006년 현재, 정부 연구개발 투자 중 경제개발 대비 환경·보건 분야의 비중을 보면 OECD 평균이 117.5%인 데 반해 우리나라는 31.3%에 불과한 실정이다.

# 3. 민간 부문 산업 혁신 활동의 성과와 한계

## 민간 주도 혁신 체제 형성

1990년대 후반 이후 민간 부문의 혁신 능력은 비약적으로 발전했다. 그동안 축적한 생산기술과 제품개발 능력을 토대로 몇몇 대기업들은 글로벌 기업으로 도약했고 연구개발 활동은 이런 발전의 원동력이 되었다. 이들의 경영 자원과 과학기술 능력이 고도화되면서 민간 주도 혁신 체제가 완성되었다. 정부·정부출연연구기관이 주도해 핵심 기술을 개발·이전하는 방식에서 민간 부문이 기술개발을 주도하는 시스템으로 전환된 것이다.[2]

기업의 연구개발의 산실이 되는 기업 부설 연구소 수는 1990년대 이후 획기적으로 증가해 2008년에는 1만6천 개를 돌파하게 되었고, 기업 기술개발의 질적 수준도 크게 향상되었다. 기업 부설 연구소 수의 증가는 연구개발 투자와 인력의 확대를 수반했다. 2007년도 기준으로 기업은 총 연구개발 투자의 76.2%인 23조 8,649원을 사용해 국가 연구개발 활동을 주도하고 있다. 또 전체 연구원 64.2%에 해당하는 18만5,600명이 기업 연구소에서 활동하고 있다. 명실 공히 한국의 혁신 체제는 민간 기업에 의해 주도되고 있다.

---

2_선진국의 과학기술 활동은 대학의 학문 활동에서 시작했다. 그 후 과학기술의 경제·사회적 잠재력이 인식되면서 기업연구소와 정부연구소가 제도화되었다. 그러나 우리나라는 이와 다르게 초기부터 과학기술의 경제적 잠재력에 주목해 정부 주도로 과학기술 활동이 시작되었다. 이런 결과, 선진국에서는 과학기술 활동의 제도화가 대학 → 기업 → 정부연구소의 순서대로 진행된 반면, 우리나라는 역방향인 정부출연연구소 → 기업 → 대학 순으로 제도화되었다. 1990년대 후반 이후 연구개발과 기술혁신 활동에서 정부출연연구소의 역할은 줄어들었으며 기업이 혁신 활동을 주도하게 되었다.

표 5-4 | 한국 기업의 세계 연구개발 투자 순위

단위: 백만 달러, %

| 기업명 | 순위 | 연구개발 투자액 | 연구개발/매출액 |
|---|---|---|---|
| 삼성전자 | 10 | 5,783 | 6.7 |
| LG전자 | 60 | 1,689 | 3.6 |
| 현대자동차 | 67 | 1,466 | 2.3 |
| 하이닉스 반도체 | 173 | 467 | 6.0 |
| 한국전력 | 183 | 450 | 1.6 |
| LG필립스LCD | 185 | 444 | 4.1 |
| KT | 222 | 350 | 1.9 |
| 포스코 | 236 | 332 | 1.3 |
| 삼성전기 | 276 | 280 | 12.4 |
| SK텔레콤 | 331 | 216 | 1.9 |

자료: BERR, The R&D Scoreboard(2008); 산업기술진흥협회(2008)에서 재인용.

표 5-5 | 대기업과 중소·벤처 기업의 연구개발 역량 비교(2007년 기준)

| | 대기업 | 중소기업 |
|---|---|---|
| 연구소 1개당 연구비(억 원) | 182.2 | 4.5 |
| 연구소 1개당 연구원 수(명) | 106.6 | 5.9 |
| 연구소 1개당 박사 연구원 수(명) | 8.7 | 0.3 |
| 연구원 1인당 연구개발비(억 원) | 1.71 | 0.76 |

자료: 과학기술 연구개발 활동 조사 보고(2008); 국가과학기술위원회(2009)에서 재인용.

이와 함께 한국 기업의 연구개발 활동 위상도 크게 높아졌다. 영국이 발표한 '2007 R&D Scoreboard'에 따르면 세계 연구개발R&D 투자 상위 1,250대 기업 중 우리나라 기업 21개가 포함되어 있다. 그중에서 삼성전자는 세계 10위, LG전자 60위, 현대자동차 67위의 순위에 올라 있다.

그러나 이와 같은 혁신 체제의 발전은 대기업 중심으로 이루어졌고 중소기업의 성장은 동반하지 못했다. 경제활동의 세계화가 심화되고 산업을 선도하기 위한 경쟁이 이루어지면서, 대기업들은 최고의 품질과 가격경쟁력을 확보하기 위해 글로벌 차원에서 부품과 소재를 조달하고 생산 활동을 전개하게 되었다. 국내 대기업과 부품·소재 중소기업의 분업 연관이 약화되고 대기업과 중소기업의 격차가 심화되고 있다.[3]

## 산업 혁신의 전개 양상[4]

### 자동차 분야의 혁신

자동차 분야에서는 핵심 기술인 엔진 기술의 자립이 이루어졌다. 자동차 엔진의 설계·제작은 매우 어려운 기술이고, 이 기술 없이는 자동차 업계에서 세계적인 기업이 될 수 없다. 현대자동차는 외국 기술의 소화·흡수를 통해 기술 능력을 향상시켜 1991년 알파 엔진을 개발, 독자 엔진을 장착한 국산 자동차를 생산했다. 이어서 중형차 부문에서 강화되는 환경 규제에 대응하고 선도 기업과 경쟁하기 위해 2004년 세타 엔진을 개발했다. 이 엔진은 다임러클라이슬러 및 미쓰비시와 공동개발되었는데, 이들로부터 총 5,700만 달러의 기술 사용료를 받았다. 세타 엔진은 이전의 베타 엔진과 달리 개발 기간 동안 71개 국내 및 해외 특허를 출원하는 성과를 올렸다. 현대자동차의 독자적인 엔진 개발 성공에 따라 한국은 세계 5위 자동차 생산국의 지위를 다지는 기틀을 마련했다.

### 조선 분야의 혁신

우리나라는 2001년을 제외하면 1999년 이후에 2007년까지 계속해서 수주량 기준으로 세계시장 점유율 1위를 차지하고 있다. 조선 분야에서는 2000년대 들어 육상 건조 공법, 재기화 LNG선, 쇄빙 유조선이 개발되었

---

3_2007년 기준으로 대기업 부설 연구소 수는 총 기업 부설 연구소 수의 6.4%에 불과하지만, 연구비의 73.4%를 사용하고 연구원의 55.2%를 보유하고 있다.

4_산업 혁신의 전개 양상은 최영락 외(2008)의 논의에 기반하고 있다. 우리나라 산업 혁신의 다양한 양상에 대해서는 송위진 외(2006), 이근(2007) 등을 참조할 것.

다. 현대중공업이 개발한 육상 건조 공법은 통념을 깨고 도크가 아닌 육상에서 선박을 건조하는 혁신을 이루었다. 이 방식은 선체에 손상이 가지 않도록 밀리미터 단위의 정밀도를 유지해야 하는 첨단 기술을 요구하고 있다. 재기화 LNG 선박은 액화 천연가스를 기화시켜 수요지에 바로 공급하는 새로운 형태의 선박이다. 이 선박은 육상의 저장 탱크나 기화 시설 없이 LNG선에서 액화천연가스를 기화시켜 바로 육지에 공급할 수 있다. 그리고 삼성중공업은 영하 45도의 외기 온도에서 1.5미터의 얼음을 깨면서 독자적으로 안전하게 항해할 수 있는 7만 톤급 쇄빙 유조선을 세계에서 처음으로 개발·건조했다.

철강 분야의 혁신

철강 분야에서는 포스코의 급성장이 이루어졌다. 생산량에서 포스코는 1990~92년의 세계 3위와 1993~97년의 세계 2위를 거쳐 1998년, 1999년, 2001년에는 세계 1위를 기록했다. 2002년 이후에는 유럽과 일본 등에서 대규모 철강 업체들이 통합됨에 따라 세계 4위, 5위의 철강 업체가 되었다. 포스코의 성장은 단순히 생산 규모의 확대만이 아니라 기술 발전을 동반하면서 이루어졌다. 포스코는 선진국을 급속히 추격하는 과정을 거쳐 2000년을 전후해 고유 기술을 정립했다. 포스코는 외국에서 도입한 용융환원 기술인 코렉스 공법을 심화·발전시켜 2007년 연산 150만 톤 규모의 파이넥스 공장을 세계 최초로 건설하고 상용화에 성공했다. 이 공장은 동일 규모의 용광로와 비교할 때 설비 투자비가 80% 수준이며, SOx 및 NOx 등 공해 물질 배출량은 용광로 대비 각각 3%와 1% 미만으로 환경 친화적이다. 포스코는 용광로를 사용하지 않는 새로운 공법을 개발해 새로운 생산 시스템을 구현했다.

### 반도체 분야의 혁신

1990년대 초부터 메모리 분야에서 두각을 나타내기 시작한 반도체 분야는 1996년 세계 최초로 1G DRAM을 개발하면서 명실상부한 세계 최고의 메모리 반도체 국가로 인정받게 되었다. 2001년에는 삼성전자가 4G DRAM을 개발했으며, 2002년에는 90나노 DRAM 양산 기술을 활용해 업계 최초로 2G NAND 플래시메모리 시범 생산에 성공했다. 이를 통해 반도체 공정의 마의 벽으로 인식되어 온 0.1미크론을 뛰어넘어 나노 공정 시대를 열었다. NAND 플래시 메모리의 경우 메모리 개발 과정에서 축적한 공정 기술과 경제성 있는 생산방식을 새로운 제품 영역에 활용하는 전략을 택해 성과를 올릴 수 있었다. 이는 기존에 축적한 능력을 최대한도로 확장시키는 전략을 통해 그 분야를 선도하는 기술혁신 활동을 수행한 것이다.

### 디스플레이 분야의 혁신

디스플레이 분야에서는 반도체 산업에서 축적된 공정 기술과 브라운관 생산을 통해 구축된 부품 산업을 기반으로 1990년대 초부터 TFT-LCD 개발이 본격적으로 이루어졌다. 초기에는 낮은 수율과 높은 원가 등으로 고전을 면치 못했다. 그러나 기술개발을 꾸준히 추진하면서 1998년 일시적인 세계적 공급 과잉으로 업계가 불황을 겪을 때 과감한 시설 투자를 단행해 대화면 디스플레이에서 주도권을 쥐게 되었다. 우리나라 기업들은 2001년 TFT-LCD 분야에서 세계 최대 생산국으로 부상한 이후, 양산 기술력을 바탕으로 먼저 제5세대 투자를 추진함으로써 국제 경쟁에서 우위를 확보했다. 이후에도 삼성전자와 LG 디스플레이가 계속적으로 제6세대, 제7세대, 제8세대 양산 라인에 투자해 일본, 대만에 대해 우위를 점하고 있다.

이동통신 분야의 혁신

이동통신 분야에서는 CDMA 방식의 디지털 이동통신 기술개발이 성공해 극적인 도약의 기회를 마련했다. ETRI와 퀄컴, 국내 업체의 공동 연구로 추진된 디지털 이동통신 시스템 기술개발 사업은 여러 난관을 넘으며 기술개발에 성공해 1996년 세계 최초로 상용 서비스를 실시하게 되었다. 이 과정에서 축적된 기술을 바탕으로 이동통신 단말기 및 시스템 수출이 1999년부터 시작되었으며 2000년대에 들어서 삼성전자와 LG전자는 휴대전화 생산을 주도하는 기업이 되었다. 이런 기술적 성공을 통해 한국은 IT 강국으로 발전할 수 있는 기반을 구축하게 되었다.

## 산업 혁신의 성과와 한계

성과: 경로 실현형 혁신의 구현

앞서 살펴본 1990년대 후반 이후 한국의 대표적 혁신들은 세계 수준에서 새로운 개념을 창출한 혁신이 아니다. 구체적인 제품으로 아직 현실화되지 않은 여러 대안(주로 선진국이 개발)들이 존재하고 있는 상황에서 특정 대안을 선택해 기술적·경제적 가능성을 실현시킨 '경로 실현형'path revealing 혁신이다.

1980년대까지 한국이 수행해 온 혁신 활동은 '경로 추종형'path following 혁신이었다. 이는 선진 기술 추격 과정에서 발생하는 문제를 해결하는 데 초점을 둔다. 경로 추종형 혁신은 선진국이 형성한 기술 발전 궤적을 따라가는 것이기 때문에 문제가 잘 정의되어 있으며 그것을 해결하기 위한 수단 또한 잘 알려져 있다. 문제 해결을 위한 지식은 외국에서 도입하거나 역逆엔지니어링을 통해 획득할 수 있다.[5]

**표 5-6 | 후발국의 산업 혁신 유형**

| | 경로 추종형 혁신 | 경로 실현형 혁신 | 경로 창출형 혁신 |
|---|---|---|---|
| 목표 | 이미 정의된 문제를 기존 궤적에서의 문제풀이를 통해 해결(추격형 혁신) | 이미 정의된 문제를 새로운 궤적을 형성하는 혁신을 통해 해결(탈추격형 혁신) | 새로운 문제를 새로운 궤적을 형성하는 혁신을 통해 해결(탈추격형 혁신) |
| 해결해야 할 문제 | 확실 | 확실 | 불확실 |
| 문제 해결 대안 | 확보 가능 | 불확실 | 불확실 |
| 원천 기술 획득 방식 | 도입 기술 | 도입＋자체 개발 | 자체 개발＋아웃소싱 |

자료: 최영락 외(2008)를 일부 수정.

1990년대에 들어서면서 경로 추종형 혁신 활동을 넘어 경로 실현형 혁신 활동이 이루어지기 시작했다. 경로 실현형 혁신은 문제는 이미 정의되어 있지만 대안들이 아직 맹아적 상태에 있는 상황에서 이루어지는 혁신이다. 여러 개의 후보 원천 기술들이 존재하고 있지만 어느 것이 시장에서 받아들여질 기술인지 알 수 없기 때문에 기술개발의 불확실성이 높다. 따라서 경로 실현형 혁신은 원천 기술 수준에 있는 기술들을 치밀하게 탐색해 특정 대안을 선택, 상업적 성공으로 실현시키는 혁신 활동을 수행해야 한다.

한국에서 이루어진 경로 실현형 혁신은 크게 두 가지 유형으로 구분할 수 있다. 첫 번째 유형은 산업의 기술 패러다임 전환기에 이루어지는 혁신이고 두 번째 유형은 기존의 패러다임 내에서 기술 심화deepening 및 차별화 과정을 통해 이루어지는 혁신이다.

---

5_기술 추격 과정에 대한 포괄적인 논의는 UNIDO(2005)를 참조할 것. 한국의 추격 과정에 대해서는 Kim(1997), 이근(2007)을 살펴볼 것. 이근·임채성은 기술 추격 과정을 경로 추종형 추격(path following), 단계 생략형 추격(stage-skipping), 경로 개척형(path creating) 추격으로 유형 구분하고 있다. 이 글에서 다루는 탈추격 혁신은 이근·임채성의 경로 개척형 추격과 유사한 개념이다(Lee & Lim 2001).

첫째 유형은 기술 패러다임이 전환되면서 지배적 설계가 등장하지 않아 기술이 유동기 상태에 있을 때, 가능성이 있다고 알려진 대안들 중 특정 대안을 선택해서 상업적 성공으로 연결시키는 혁신 활동이다. 이때 그것을 반드시 기업 내부나 국내에서 개발될 필요는 없다. 혁신 주체들의 원천 기술 창출 능력이 취약하거나 기술개발 리스크가 크다면 외부 기업이나 연구소에서 획득할 수 있다.

패러다임 전환기에 이루어진 경로 실현형 혁신은 외국에서 도입한 원천 기술이나 아이디어를 경쟁자보다 빨리 구현해 산업화하는 방식을 취했다. 선진국 기업들은 기존 기술에 고착되어 있거나 몇 개의 다른 대안들을 선택할 수 있기 때문에 특정 기술을 선택해 집중적인 개발 활동을 하는 데 다소 소극적이었다. 그러나 우리나라 기업들은 가능성이 보이는 특정 기술을 선택해서 공격적인 개발·상용화 작업을 수행했다. 그리고 이 과정에서 정부는 국가 연구개발 사업을 통해 여러 대안을 사전적으로 실험해 보거나 기술개발의 리스크를 공유해 기술개발의 불확실성을 낮추어 주는 역할을 했다(송위진 외 2004).

휴대전화와 포스코의 파이넥스 기술개발이 전형적인 사례가 될 수 있다. 휴대전화의 경우 디지털 전환기에 국내 기업들이 벤처기업이었던 퀄컴의 원천 기술을 바탕으로 재빠르게 CDMA 방식의 통신 시스템과 단말기를 개발해 세계 최초로 CDMA 기술을 상용화 했다. 당시 GSM, TDMA 등 여러 방식이 각축을 벌이고 있었는데, 다른 외국기업들이 관심을 갖지 않는 CDMA 방식을 선택해 상업화에 성공했으며 이를 통해 축적된 제품개발 능력과 생산관리 능력을 바탕으로 휴대전화 산업의 '재빠른 이인자'fast second로 성장할 수 있었다(송위진 2005).

파이넥스의 사례도 유사하다. 용광로 기술을 대체하는 차세대 기술 대안들이 서로 경쟁하고 있는 가운데 포스코는 외국기업이 개발한 코렉스 기술을 도입·개량해 파이넥스 기술을 개발했다. 이를 통해 가능성으로만 존재했던 용융환원법을 세계 최초로 상용화 할 수 있었다(송성수·송위진 2010).

한편 CDMA 휴대전화 기술과 파이넥스 기술을 개발하는 과정에서 강도 높은 기술 학습이 이루어졌다. 원천 기술을 외국에 의존했기 때문에 상용화 과정에서 다른 대안을 택할 수 없었고, 실패를 보완할 수 있는 여력도 부족해 기술개발을 담당한 프로젝트팀은 밤낮없이 고도의 집중력을 발휘해야했다. 자유로운 분위기에서 창의적인 아이디어를 구현하는 방식이 아니라 리스크가 큰 기술을 선택한 후 고도의 몰입과 투자가 이루어지는 기술 학습 활동이 전개된 것이다.

그리고 이 과정에서 정부는 산·학·연이 참여하는 대형 국가 연구개발 사업으로 디지털 이동통신 기술개발 사업, 용융환원법 제철 기술개발 사업을 추진해 기술적·경제적 불확실성을 공유하는 기반을 마련했다. 또 표준을 CDMA 방식으로 결정해 새롭게 개발된 기술의 시장을 창출했다.

두 번째 유형의 경로 실현형 혁신은 기존에 축적된 공정 기술, 생산관리 기술, 제품 기술을 바탕으로 그것을 빠른 속도로 개선해서 기술을 더욱 심화하고 차별화하는 혁신 활동이다. 이 유형의 혁신은 기존 기술 패러다임 내에 축적된 능력을 최대한 확장시키면서 새로운 시장을 열거나 차별화된 제품을 개발했다. 이 과정에서 다른 분야의 축적된 기술을 효과적으로 활용해 기존 기술을 한 단계 더 업그레이드시키는 작업을 수행했다. 메모리 반도체 분야, 디스플레이 분야에서의 혁신, 자동차 세타엔진 개발에서 이루어진 혁신, 조선의 육상 건조 공법 등이 이에 해당하는 사례다.

삼성전자 NAND 플래시메모리는 메모리 개발 과정에서 축적한 공정 기술과 생산관리 능력을 확장해 새롭게 성장하는 모바일 분야에 적용한 사례다(신장섭·장성원 2006). 디스플레이의 경우도 유사하다. 메모리 반도체 분야와 가전 분야에서 축적한 능력을 확장해 대규모 디스플레이 기술 혁신을 선도하게 되었다. 현대자동자의 세타 엔진도 알파 엔진과 베타 엔진을 개발하는 과정에서 축적한 능력을 확장함으로써 중형차 분야에서 경쟁력이 있는 엔진을 개발했고 기술을 수출하게 되었다. 현대중공업의 육상 건조 공법도 해양 플랜트 진수 기술을 선박에 응용한 것으로서 이를 통해 육상에서 선박을 건조할 수 있게 되었다(최영락 외 2008).

이렇게 추진된 경로 실현형 혁신은 대기업들의 원천 기술 선택 능력, 집중적 자원 동원 능력, 개발에서 대량생산까지의 시간을 단축시키는 속도가 뒷받침되었기 때문에 가능했다. 어떤 기술이 가능성 있는 기술로 부상할 것인가를 탐색하다가 어느 정도 기술 발전 방향이 좁혀지면 특정 기술을 선택해 이에 대한 집중적인 투자와 함께 속도에 기반한 개발 및 대량생산 시스템을 구축해서 새롭게 성장하는 시장을 장악하는 전략이 유효했다.

### 한계

### ① 경로 창출형 혁신의 제약

국내 기업들은 여러 가지 가능한 대안들 중 특정 대안을 선택해서 신속하게 상업화로 이끄는 경로 실현형 혁신 활동에 성공했지만 새로운 경로를 창출하는 혁신에는 소극적인 모습을 보여 주고 있다.

경로 창출형path creating 혁신은 새로운 개념을 정립해 기술혁신 경로를 창출하는 혁신이다. 따라서 경로 창출형 혁신이 이루어지는 맥락은 문제도 명확하게 정의되어 있지 않고 그것을 해결하기 위한 대안도 불확실한 상황이다.

새로운 경로를 창출하는 경로 창출형 혁신에도 두 가지 유형이 있다. 첫 번째 유형은 과학 지식을 활용한 경로 창출형 혁신이다. 이는 과학적 성과를 토대로 원천 기술을 개발하고 그것을 통해 새로운 산업을 개척하는 혁신 활동이다. 줄기세포와 관련된 지식을 바탕으로 새로운 맞춤 치료 방법을 개발하는 혁신 활동이 이에 해당한다.

두 번째 유형의 혁신은 이미 존재하고 있는 여러 요소 기술을 새로운 개념에 입각해서 새로운 방식으로 통합해 새로운 시장과 수요를 창출하는 혁신이다. 크리스텐센이 강조하는 새로운 소비자와 시장을 대상으로 하는 '파괴적 혁신'disruptive innovation이 이런 유형에 해당한다(Christensen 1997). 애플의 아이폰이 전형적인 사례다. 애플은 휴대전화와 관련된 요소 기술을 콘텐츠 및 소프트웨어 다운로드 서비스와 통합시키고, 그것을 혁신적인 디자인으로 재구성해 서비스와 기술이 결합된 새로운 제품을 개발함으로써 신시장과 소비자들을 창출했다. 애플은 유려한 디자인을 지닌 사용하기 쉬운 제품과 서비스만 개발한 것이 아니라 사용자와 상호작용하면서 콘텐츠와 소프트웨어를 지속적으로 공급하는 혁신 기업의 생태계를 만들어 냈다.

경로 창출형 혁신 활동은 기술개발과 함께 그 기술이 개발·사용되는 사회를 전망하고 구성하는 능력을 필요로 한다. 새로운 개념의 기술개발은 기술만을 개발하는 것이 아니라 그것이 개발되고 활용되는 사회시스템을 동시에 개발하는 것이기 때문이다.

현재 한국에서 경로 창출형 혁신 활동은 거의 이루어지지 않고 있다. 새로운 개념을 창출하는 것보다는 기존 개념에 입각한 기술을 새로운 방식으로 개발하는 활동에 익숙해져 있기 때문이다. 외국 선도 기업의 기술 경로를 추격하는 혁신 활동을 뛰어넘어 프론티어 영역에서 기술혁신 활동을 수행하고 있지만, 기존 개념의 연장선에서 새로운 대안을 찾고 있다.[6] 경로 창출형 기술혁신을 본격적으로 추진하기 위해서는 기존의 관점과 시각을 뛰어넘는 새로운 접근과 다양한 의견이 제시되고 실험이 이루어질 수 있는 개방형 혁신 네트워크가 필요하다.

② 대기업 중심의 폐쇄형 혁신 네트워크 강화

1990년대 중반 이후 기존에 추진된 경로 실현형 기술혁신은 폐쇄된 네트워크와 수직적 위계를 통해 이루어졌다. 신속한 의사결정과 대규모 집중투자, 재빠른 제품개발과 생산을 위해서는 범용 기술과 제품은 아웃소싱하고, 중요한 기술개발은 공통의 지식 기반을 구축하고 전략을 효율적으로 집행할 수 있는 잘 훈련된 혁신 주체들을 활용하는 것이 필요했다.

이런 상황은 결국 대기업이 주도하는 폐쇄적 네트워크에 참여하는 기업들이 중심이 된 혁신 활동을 강화시켰다. 이 네트워크에 참여한 기업들은 대기업과 같이 발전할 수 있었지만 그렇지 않은 기업들은 비록 대기업에 납품을 하거나 하도급 업체로 활동하더라고 혁신 활동의 성과를 공유하는 것이 어려웠다. 한국의 경로 실현형 혁신은 새로운 기술을 중심으로 다양한 주체들이 참여해 자기 조직화하면서 발전하는 '생태계 형성'형 혁신이 아니었던 것이다. 이런 측면에서 보았을 때 경로 실현형 혁신은 추격 단계의 대기업 중심 폐쇄형 혁신 체제의 연장선에서 혁신 활동이 이루어졌다고 할 수 있다. 기술개발의 불확실성과 관련 기업이 축적한 기술 능력

---

6_국내 기업의 이런 모습에 대한 생생한 묘사는 신기주(2010)를 참조할 것. 삼성전자는 2006년 11월 현재의 스마트폰과 유사한 MITs(Mobile Intelligent Terminal by Samsung)라는 제품을 개발했다. 이 제품이 나오자 소비자들이 인터넷카페를 만들고 스스로 사용법을 익히려는 움직임을 보였다. 아이폰 등장 초기의 모습들이 나타난 것이다. 그러나 삼성전자는 자신들이 무엇을 만들었는지 알지 못했고 이 기회를 놓쳐 버렸다. 새로운 개념 창출에 대한 경험과 비전이 없었기 때문에 이런 현상이 나타난 것이다. 기술은 있었지만 그것을 활용할 상상력이 부족했다.

의 깊이 및 폭에서 차이가 있었지만, 핵심 조직이 방향을 정하고 자원을 집중적으로 투입했다는 점에서는 유사한 접근을 취한 것이다. 세계적 차원에서의 경쟁을 위해 능력이 있는 기업과 그렇지 않은 기업을 차별화하고 부족한 부분은 아웃소싱을 활용하는 이런 혁신 활동은 추격 체제에 존재했던 대기업-중소기업, 네트워크 참여 기업-단순 하도급 기업의 간극을 더욱 심화시키는 결과를 낳았다.

경로 실현형 혁신 모델의 폐쇄성으로 인해 산업의 풀뿌리가 되는 중소기업 전반의 혁신 활동은 정체되고 있다. 벤처기업을 포함한 중소기업의 기술혁신을 촉진하기 위한 다양한 노력들이 이루어졌지만 중소기업의 수익성은 계속 악화되었다. 이로 인해 혁신 활동이 취약하게 되어 수익성이 더욱 나빠지는 악순환이 일어나고 있다. 중소 제조업의 영업이익률은 2000년 5.44%에서 2006년 4.31%로 축소되었다. 이런 수익성 악화로 투자 여력이 위축되어 중소기업 연구개발 투자액(2007년)은 전체 기업의 4분의 1에 불과한 실정이다(국가과학기술위원회 2009).

한편 대기업 중심의 폐쇄형 네트워크가 지배적인 혁신 모델이 되면서 다른 유형의 혁신 네트워크 발전이 어려워지고 있다. 구글·애플과 같은 미국식 벤처기업과 독일·일본식 히든챔피언 기업 육성이 이야기되고 있고 몇 개의 기업들이 활동하고 있지만 이를 통해 대기업 중심의 폐쇄형 네트워크에 대응하는 새로운 하부 혁신 체제를 구성하는 것은 현재로서는 매우 어려운 일이라고 할 수 있다. 하나의 모델에 지배되는 단순화된 혁신 체제는 다양성이 부족해 외부 환경의 급격한 변화에 대응하기 어렵다는 점을 감안한다면 이는 우리나라 혁신 체제의 위협 요인이 될 수 있다.

# 4. 과학기술혁신정책의 전개와 한계

## 과학기술혁신정책의 변화

### 과학기술혁신정책의 부상

추격 체제의 과학기술혁신정책은 경제정책, 산업정책에 비해 중요도가 낮았다. 과학기술혁신은 추격을 위한 투자 활동을 보완하는 활동이었기 때문이다. 과학기술혁신정책은 경제정책의 하위 정책으로서 과학기술계에 한정되는 정책으로 파악되었다. 그러나 1990년대 후반기부터 과학기술혁신정책의 위상이 높아지고 범위도 확장되기 시작했다. 경제·사회 발전의 원천이 투자 능력에서 혁신 능력으로 전환되면서 과학기술혁신정책이 부문 정책을 넘어 범국가 차원의 주요 정책으로 발돋움하게 되었다. 국민의 정부의 '지식 기반 경제', 참여정부의 '혁신 주도형 경제'라는 구호에는 과학기술혁신정책의 중요성이 반영되어 있다.

국민의 정부에서 이루어진 국가과학기술위원회 설치와 〈과학기술기본법〉 제정은 이런 변화를 보여 주는 출발점이었다(1999년 1월). 대통령이 위원장인 국가과학기술위원회를 통해 각 부처의 연구개발 사업에 대한 평가와 사전 조정 작업이 시행되고 중요 정책에 대한 심의가 이루어졌다. 그동안은 종합과학기술심의회, 과학기술장관회의(의장: 과학기술부 장관) 등을 통해 조정 활동이 이루어졌으나 이제는 그 활동이 격상되어 대통령 수준에서 관장하게 된 것이다(과학기술부 2003). 또 〈과학기술기본법〉(2001년 1월 제정)은 과학기술 관련 법의 모법이 되면서 이 법에 근거해 과학기술 발전의 중기 비전과 목표, 추진 전략 등을 담고 있는 '과학기술 기본 계획'이 수립되기 시작했다.[7]

2003년 출범한 참여정부에서는 과학기술혁신정책이 정부의 핵심 정책으로 자리를 잡았다. 참여정부는 과학기술 중심 사회 구축을 주요 국정 과제 가운데 하나로 제시하고, 제2의 과학기술 입국, 동북아 연구개발 허브 구축 등을 핵심 어젠다로 내세웠다.

이와 함께 과학기술행정 체제 개편도 이루어졌다(2004년). 개편의 핵심은 과학기술 부총리제의 도입과 과학기술혁신 본부의 설치다. 과학기술 정책을 통해 국정 과제를 해결해야 한다는 관점이 도입되면서 과학기술혁신을 중심으로 산업·인력·지역 관련 정책들을 총괄 기획·조정할 수 있도록 과학기술 부총리제가 도입되었다. 국정 분야별 협의 및 조정 시스템을 활성화하기 위해 ① 경제, ② 인적자원개발, ③ 통일·외교·안보, ④ 사회 4대 분야 부총리급 책임 장관 제도가 시행되었는데, 여기에 과학기술 분야가 추가된 것이다. 과학기술 부총리는 국가과학기술위원회의 부위원장을 맡으면서 과학기술혁신정책 전반을 총괄하는 기능을 수행하게 되었다.

또 과학기술혁신본부가 설치되어 국가과학기술위원회의 사무국 역할을 담당하게 되면서 각 부처가 수행하고 있는 국가 연구개발 예산에 대한 종합 조정이 체계적으로 이루어지게 되었다. 약 100여 명의 인력으로 구성된 과학기술혁신본부는 주요 보직을 관계 부처 및 민간 전문가에게 개방해 기획·조정의 전문성을 강화했다.[8]

---

7_제1차 기본 계획(2003~07년)은 '참여정부의 과학기술 기본 계획', 제2차 기본 계획(2007~12년)은 '이명박 정부의 과학기술 기본 계획'으로 명명되었다. 이렇게 기본 계획의 시간적 범위를 각 정부의 통치 기간과 일치시킴으로써 과학기술혁신정책에 대한 관심과 책무성이 고양되는 효과가 나타났다.

8_이명박 정부가 출범하면서 과학기술행정 체제의 개편이 이루어졌다. 이명박 정부는 교육과학기술부를 출범시켰으며, 산업 육성과 기술혁신 행정을 결합한 지식경제부를 만

탈추격형 혁신을 위한 새로운 시도

새로운 기술 궤적을 창출하는 탈추격형 기술혁신은 매우 불확실성이 높은 활동이다. 추격형 기술혁신은 이미 존재하는 기술을 모방하는 활동이기 때문에 이를 추진할 때 기획 활동의 필요성이 크지 않았다. 그리고 기술혁신의 목표가 이미 알려져 있기 때문에 일사불란하고 재빠른 집행이 중요했다. 그러나 탈추격형 기술혁신은 스스로 발전 궤적을 선택하고 개발해야 되기 때문에 미래에 대한 예측을 고려한 기획 활동이 중요하다. 또한 기술혁신 활동에서도 연구자의 자율성과 창의성이 뒷받침되어야 한다. 어디로 갈 것인지 방향성이 명확하지 않은 상태에서는 다원화된 접근이 필요하기 때문이다.

2002년 국가기술지도National Technology Roadmap, NTRM 사업은 창조적 기술혁신을 촉진하기 위해 수행된 국가 차원의 기술 기획이었다. 그동안 각 부처나 기술에 따라 개별적으로 이루어졌던 기획 활동이 이를 통해 국가 수준의 기획 활동으로 종합되었다. 이 사업에서는 10년 후인 2012년까지 달성해야 할 목표를 설정하고 이를 위한 핵심 기술 도출과 기술 지도를 작성했다. 이런 활동들은 더욱 강화되어 '국가 연구개발 사업 중장기 발전 전략Total Roadmap, TRM' 사업으로 발전했다.

국가 차원의 종합적 기술 기획 활동을 강화하는 정책과 더불어 창조적 혁신을 이끌기 위해 새로운 방식의 국가 연구개발 사업이 등장하기 시

들어 산업 기술혁신을 위한 정책과 행정을 맡겼다. 이 과정에서 참여정부 과학기술행정 체제 개편에서 도입한 과학기술 부총리제와 과학기술혁신본부를 폐지해 국가과학기술 위원회의 기능을 축소시켰다. 그러나 정책 조정 과정에서 여러 문제가 발생해 2011년에 국가과학기술위원회를 상설위원회로 만들고 사무국을 대폭 강화시키는 개편 작업이 이루어졌다.

작했다. '창의적 연구 진흥 연구 사업(1997년)'(이하 창의 사업)과 '21세기 프론티어 연구개발 사업(1999년)'(이하 프론티어 사업)은 그 대표적인 사례라고 할 수 있다. 이 사업들은 세계시장을 주도할 수 있는 기초·원천 기술을 확보하기 위해 새로운 접근을 시도한 대표적 사례로서, 새로운 형태의 조직 구조와 운영 방식을 형성했다. 창의 사업과 프론티어 사업은 연구비 사용과 연구 인력 충원에 대한 연구 책임자의 권한을 강화해 연구자의 자율성을 높이는 연구단 체제를 취했다. 연구단 체제는 소속 대학이나 출연 연구소 조직 수준의 관행이나 제도를 따르지 않고 독자적으로 운영되는 방식이다. 이는 기존 모방형 연구 관행 및 조직 운영과의 단절이 필요하다는 인식에서 새롭게 도입된 조직 방식이었다.

산업 혁신과 관련해서는 새로운 성장 동력을 확보하기 위한 차세대 성장 동력 사업(참여정부)이 시행되었다. 차세대 성장 동력 사업은 성장 가능성이 높은 미래 산업에 필요한 기술력을 확보하고 사전 투자를 해야 지속적인 성장이 가능하다는 탈추격 논리에 따라 시행되었다. 2003년 8월 지능형 로봇을 비롯해 미래형 자동차, 차세대 반도체, 디지털 TV 및 방송, 차세대 이동통신, 디스플레이, 지능형 홈 네트워크, 디지털 콘텐츠, SW 솔루션, 차세대 전지, 바이오 신약 및 장기 등이 10대 차세대 성장 동력 사업으로 확정되었다.

한편 이런 개별 정책들은 '선진국 추격형'에서 '창조형'으로 국가혁신 체제의 전환이 이루어져야 한다는 정책 패러다임으로 수렴되기 시작했다. 과학기술혁신정책의 기본 방향에서 큰 변화가 이루어진 것이다.

통합형 혁신 정책의 등장
과학기술혁신정책을 시스템적 관점에서 접근하는 국가혁신체제 개념은 1980년대 중반 프리만c. Freeman을 통해 혁신 연구에 도입되기 시작했다

(Freeman 1987). 국가혁신체제National Innovation System론은 한 나라의 기술혁신 성과는 기술혁신과 관련된 혁신 주체들의 네트워크와 제도들의 배열에 영향을 받는다는 주장을 통해 과학기술혁신정책에 대한 폭 넓은 관점을 제시했다(Freeman 1987; Lundvall 1992; 송위진 2008). 정책 영역에서는 핀란드 정부가 1990년대 초 국가혁신체제 개념을 사용하기 시작했는데 우리나라에서는 국민의 정부 때부터 논의되기 시작했다. 이 당시 국가혁신체제는 현상을 종합적으로 분석하기 위한 서술적 개념으로 사용되었으며 시스템적 관점에서 과학기술혁신 문제를 해결하는 정책적 틀로는 활용되지 않았다.

그러나 참여정부에 들어와 '국가혁신체계NIS 구축'이 과학기술혁신정책의 핵심 정책으로 등장하면서 시스템적 관점이 본격적으로 도입되기 시작했다. 시스템적 관점은 기술혁신을 촉진하기 위해서는 산·학·연과 같은 혁신 주체들의 상호작용과 함께 이들을 둘러싼 산업 발전, 인력 양성 제도, 금융 시스템, 지역 기술혁신, 노사관계 등을 종합적으로 고려해야 한다는 입장을 취하고 있다.

참여정부의 '국가혁신체계 구축' 방안에서는 그동안 과학기술혁신정책 내에서 각개약진 식으로 전개되어 왔던 기업 혁신 역량 강화 정책, 과학기술 인력 양성 정책, 국가 연구개발 사업, 산·학·연 협력 정책들의 연계를 고려해, 과학기술혁신정책을 통합적으로 추진하기 위한 논의들이 다루어졌다. 기술개발 → 혁신적 신제품 생산 판매 → 고수익과 높은 연구개발 투자 → 연구개발 인력에 대한 수요 증대 → 고급 연구 인력 양성 → 기술혁신 촉진이라는 선순환 연쇄를 구축하기 위한 종합적 접근이 필요하다는 것이 '국가혁신체계 구축' 방안의 기본 시각이었다.

이런 관점은 과학기술행정 체제의 개편 과정에도 반영되었다. 혁신 과정 전체를 종합적으로 고려하기 위해서는 기존의 과학기술부 체제로는

**표 5-7 | 혁신 정책의 진화**

| | 제1세대 혁신 정책 | 제2세대 혁신 정책 | 제3세대 혁신 정책 |
|---|---|---|---|
| 혁신에 대한 관점 | 선형적 관점 | 시스템적 관점 | 시스템적 관점 |
| 정책목표 | 경제성장 | 경제성장 | 경제성장, 삶의 질, 지속 가능한 발전 |
| 혁신 정책의 영역 | 부문 정책 | 여러 영역과 관련된 정책 | 여러 영역과 관련된 정책 |
| 정책의 주요 관심영역 | 과학을 위한 정책 | •혁신을 촉진하기 위한 정책<br>•혁신 친화적 고용정책, 금융정책 | •정책 문제 해결을 위한 혁신 정책<br>•환경 정책과 혁신 정책의 통합 |
| 정책에 참여하는 주요 주체 | 과학기술계 | 과학기술계와 경제계 | 과학기술계, 경제계, 사용자 및 시민사회 |

자료: 성지은·송위진(2008).

어렵다는 판단하에 새로운 행정 체제를 모색하게 된 것이다. 과학기술 관련 산업정책, 인력정책, 지역혁신정책들을 개별 부처 차원이 아니라 국가 전략 차원에서 종합하고 조정하는 기능들이 과학기술 부총리와 혁신 본부에 부여되었다.

참여정부 후반기에는 과학기술을 통한 삶의 질 향상을 지향하는 정책이 제시되었다. '기술 기반 삶의 질 향상 종합 대책'(2007년)을 마련해 삶의 질을 향상시키기 위한 연구개발 정책이 본격적으로 추진되기 시작했다. 이는 참여정부 후반기의 '동반 성장론'에 입각한 "사회비전 2030"이 국가 발전 전략으로 제시되었기 때문에 가능한 일이었다. 과거 수사적 수준에서 삶의 질 제고가 과학기술혁신정책의 목표로 제시되었지만 이 종합 대책이 마련되면서 예산이 배분되는 사업이 기획되었다. 또 재난에 종합적으로 대처하기 위해 '소방방재청'을 신설(2004년 5월)하고 '재난 및 안전관리 기술개발 종합 계획'(2007년)을 제시해 사회 안전 및 재난 대응과 관련한 정책도 추진되기 시작했다(대한민국정부 2008, 41).

이런 과정을 통해 과학기술혁신정책의 폭은 더욱 확대되었으며, 과학기술계 중심의 부문 정책, 경제성장 중심의 정책을 뛰어넘어 사회정책까지도 고려하는 정책으로 발전하게 되었다. 이는 혁신 정책에서 새로운 패러다임으로 등장하고 있는 '통합형 혁신 정책'integrated innovation policy의 관점과 맥을 같이하는 것이다. 독립된 부문 정책으로 파악했던 혁신 정책을 인력정책, 금융정책, 산업정책, 환경정책, 복지정책 등 다른 부문 정책들과 연계해 통합적으로 추진해야 한다고 주장하는 이 정책은 '총체적 혁신 정책'holistic innovation policy, '제3세대 혁신 정책'으로 표현되기도 한다(성지은·송위진 2008).

## 과학기술혁신정책의 한계

### '선택과 집중'형 정책의 지속

1990년대 말 이후 과학기술혁신정책은 그 위상이 과거 그 어느 때보다 높아졌다. 그리고 모방에서 창조로의 전환, 삶의 질 제고와 같은 새로운 목표를 설정해 정책의 고도화를 꾀하고 있으며, 정책의 구성과 정책개발 과정들도 체계화하고 있다.

그러나 발전 국가의 유산이 남아 있기 때문에 아직도 정부가 특정 분야를 선택해서 집중 지원하는 '선택과 집중'targeting 방식으로 진행되는 경우가 많다. 민주 정부하에서 정책결정에서의 참여와 분권화를 지향하는 거버넌스의 개념이 도입되었지만 집중과 통치라는 거번먼트government 개념이 중요한 힘으로 작동하고 있는 것이다.

국가혁신체제라는 개념이 정책의 키워드로 등장하고 있지만, 여전히 정책은 전략 과학기술 분야에 대한 자원 투입에 초점을 맞추고 있다. 과학기술혁신 활동과 정책에 대한 시스템적 관점은 정책 커뮤니티에 널리 받아들여지지 않고 있다. 과거 발전 국가의 주요 정책수단이었던 전략산업, 전략 기술의 선택과 집중이 여전히 중요한 정책으로 자리 잡고 있으며 혁신 주체들 간의 관계와 상호작용 방식을 변화시켜 혁신 체제를 고도화하는 정책은 상대적으로 낮게 평가된다. 시스템을 변화시키는 정책은 그 효과가 나타나기까지 상당한 시간이 걸리고, 정책 내용의 가시성이 떨어져 언론과 시민사회의 주목을 받기 어려워 정책의 추진력이 떨어지는 경향이 있기 때문이다.

한편 이런 선택과 집중형 정책은 대기업 중심의 혁신 네트워크를 강화시키는 효과를 낳았다. 발전 국가 단계에서도 그러했지만 특정 산업이나 기술에 대한 선택과 집중을 통해 자원을 집중적으로 배분하면서 그것을 책임지고 성공으로 이끌 만한 능력이 있는 주체로 대기업을 선택하기 때문이다. 단기적으로 성과를 내고 승진해야 하는 공무원의 입장에서는 이미 충분한 기술 능력을 가지고 있는 대기업을 정책 파트너로 선정하는 것이 영리한 선택인 것이다.[9]

### 산업 혁신에 포획된 정책

참여정부 후반기부터 사회문제 해결을 지향하는 정책이 기획·집행되고 있다. 그러나 추격 단계의 과학기술혁신정책이 산업혁신정책을 모델로

---

9_양극화 문제가 주요 의제로 부상하면서 국가 연구개발 사업에 중소기업의 참여 비중이 확대되고 있지만 그 과실은 여전히 대기업에 많이 돌아가고 있다. 중소기업이 국가 연구개발 사업을 통해 기술을 개발하는 경우 그것이 대기업이 필요로 하는 기술인 경우가 많기 때문에 그 연구개발 사업은 대기업이 스스로 자원을 투입했어야 할 연구를 정부 지원을 통해 수행한 셈이 된다. 또 대기업과 중소기업의 컨소시엄 형태로 추진되는 국가 연구개발 사업의 경우도 실질적인 협력보다는 연구개발 하청의 형태로 진행되는 경우가 많다고 보고되고 있다. 대기업-중소기업 공동 연구개발 사업 형태로 과제를 수주한 후 중소기업이 대부분의 연구를 수행하게 된다는 것이다("대기업 배만 불리는 연구분야 지원 예산," 『조선일보』 2010/08/05).

하고 있기 때문에 공공복지를 지향하는 연구개발 사업도 산업 혁신의 틀을 따라가는 경향이 있다. 환경이나 보건·복지 관련 연구개발 사업 임에도 불구하고 우선적 목표인 삶의 질 향상보다는 부차적 목표인 산업 육성 및 경쟁력 강화가 강조되는 경우가 많다.

또 공공복지 분야 연구개발 사업은 사회·복지·환경 관련 사업과 서로 연계 없이 추진되는 경우가 많다. 사회정책 관련 부처 내에서도 공공 구매 및 보급 사업은 외국의 기술과 제품을 활용한 보급 사업의 방식으로, 연구개발 사업은 보급 사업과 충분히 연계되지 않은 사업으로 전개되고 있다. 연구개발 사업은 사회정책 부처 사업에서 주요 사업을 혁신하고 효과성을 높일 수 있는 수단으로서 통합적 관점에서 고려되지 못하고 있다. 그보다는 산업 혁신 부처의 사업과 연계를 가지면서 그것과 유사한 형태로 추진되는 경우가 많다.

이를 벗어나기 위해서는 사회문제 해결에 초점을 맞추어 문제의 인식부터 기술혁신, 서비스 전달까지 산업 혁신과 다른 접근을 취하는 사회적 혁신 정책의 모델을 만드는 것이 필요하다. 동시에 이런 혁신 활동을 수행하고 정치적으로 지지하는 혁신 주체들의 양성 또한 요청된다.

## 추격형 정책개발 체제
### ① 단기·집중형·기술 중심의 정책개발

정책결정 과정에서도 추격 단계의 단기·집중형 태스크포스 팀 방식들이 작동하고 있다. 행정 관료, 관련 기구의 소수 전문가들이 모여 매우 짧은 시간에 정책을 개발하는 방식이 지속적으로 활용되고 있는 것이다. 이 때문에 과학기술을 둘러싼 환경의 변화나 현재 한국 혁신 체제와 과학기술 현황을 충분히 분석하고 기존의 정책 경험들을 평가해 정책을 개발하는 과정은 생략되는 경우가 많다. 또 관련 이해 당사자들이나 시민사회의 이해를 충분히 반영·검토하지 못하고 있으며 다른 분야 정책과 과학기술혁신정책의 연계를 고려하는 데에 한계가 있다. 사회·기술 시스템의 변화에 대한 전체적인 조망이 필요하지만 과학기술 중심의 정책결정이 이루어지고 있는 것이다.

소수 전문가 중심의 단기·집중형 정책개발은 모방형 정책개발에서 효과적으로 활용된 방식이다. 이미 외국에 존재하고 그 효과 또한 알고 있는 정책을 한국의 조건에 맞게 수정해 재빨리 개발·시행하는 방식들은 성공적인 결과를 낳았다. 그렇지만 이제 다른 나라에서는 경험할 수 없는 새로운 정책 문제들이 등장하고, 다양한 정책들이 이미 시행되어 새로운 정책의 개발이 쉽지 않은 상황이기 때문에 이런 정책개발 과정은 효과를 보지 못할 가능성이 높다.

단기·집중형 정책개발 방식은 새로운 이슈에 재빨리 대응할 수 있는 기동력과 속도를 가지고 있다. 그러나 과학기술과 관련된 다양한 사회·경제적 요소를 고려해 사회·기술 시스템의 진화 방향을 이끌어 가는 정책 패러다임을 만들고 그를 위한 세부 정책을 형성해 가는 탈추격형 정책 활동에는 적합하지 않다.

② 미흡한 참여형 거버넌스

1990년대 후반 이후 과학기술혁신정책 거버넌스에서는 눈여겨볼 만한 변화가 있었다. 다양한 주체들을 정책 과정에 참여시키려는 노력들이 시작된 것이다. 그러나 이것은 밑으로부터의 변화가 아니라 정부가 주도하는 위로부터의 개혁이었다. 때문에 민간 부문과 일선 과학기술인이 정책 결정에 참여할 수 있는 기회가 제공되었음에도 의제 형성에는 큰 영향을 미치지 못하고 있다. 주요 정책 의제 형성과 정책 방향 제시는 아직도 정부가 주도하고 있다.

또한 2001년 〈과학기술기본법〉이 제정되면서 시민 참여를 활성화할 수 있는 근거가 마련되어 시민 참여가 보장되는 개방형 정책 과정이 도입되고 있지만 아직은 맹아 단계다. 참여정부 출범 이후 전문가 그룹이 주도하던 기술 영향 평가 사업을 일반 시민에게도 개방하고 기술 위험[10]에 대한 사전적 평가들이 이루어지고 있지만, 형식적인 면에 그치는 경우가 많다. 기술 영향 평가가 신기술개발과 관련된 문제점을 점검하는 기능을 담당하고 있지만 정책개발이나 연구개발 사업 기획에는 큰 영향을 미치지 못하고 있다.

이처럼 새로운 시도들이 도입되고 있지만 과거의 유산으로 인해 실제 과정은 아직도 과거의 틀들을 그대로 답습한 경우 많다. 제도는 과거의 방식에 고착되는 특성이 있기 때문이다.

---

10_탈추격 상황은 기술개발만이 아니라 기술 위험(technological risk)에 대해서도 새로운 접근을 필요로 한다. 추격 단계에서 개발했던 기술은 이미 선진국에서 널리 사용되던 것이었기 때문에, 기술개발 및 활용 과정에서 나타나는 기술 위험 문제들이 상당정도 해결된 상태에 있었다. 또 그 기술을 둘러싼 관련 규범과 표준, 기술 위험의 내용, 안전기준과 수칙, 기술 위험 대응 방안 등도 이미 선진국에 존재하고 있었기 때문에 모방전략을 통해 확보할 수 있었다. 그러나 탈추격 단계에 들어서면서 새로운 문제가 발생하게 된다. 개발하고자 하는 기술의 개념이 명확하지 않으며 기술 사용 과정에서 발생하는 안전성 문제에 대해서도 충분한 해결책이 제시되어 있지 않은 경우가 많다. 또 새롭게 개발되는 기술은 사회에 처음 등장하는 것이기 때문에 그것과 관련된 안전기준, 표준, 기술 위험의 양상 등도 정의되어 있지 않다. 기술과 함께 그것을 사용하는 데 필요한 사회제도들이 동시에 구성되어야 하는 상황이 전개되고 있는 것이다. 나노기술을 활용한 화장품과 가전 기기들이 개발되고 있지만 그것이 널리 사용되기 위해서는 나노 입자에 의한 위험의 양상, 안전기준과 안전성 확보를 위한 기술과 제도에 대한 설계와 사회적 합의가 필요하다.

# 5. 맺음말

1990년대 후반 이후 한국의 과학기술혁신 활동은 급속한 발전을 이룩했다. 과학기술혁신 활동에 대한 자원 투입은 이제 선진국에 필적하고 있으며 혁신 활동의 성과도 상당한 수준에 도달했다. 과학기술 성과와 기업들의 혁신 능력은 선진국에 크게 뒤지지 않고 있다. 한국의 과학기술혁신 활동은 이제 선진국이 제시한 기술과 제도를 모방하고 그것을 소화·개량하는 추격 단계를 넘어 스스로 새로운 기술과 제도의 궤적을 형성하는 탈추격 단계에 진입하고 있다고 할 수 있다.

새로운 궤적을 형성하는 탈추격형 혁신은 민간 부문의 기술혁신과 공공 부문의 과학기술 정책과정에서 새로운 접근을 요구한다. 이 때문에 한국의 과학기술혁신 주체들은 일하는 방식의 변화 필요성을 인식하고 새로운 시스템을 구축하기 위해 노력하고 있다. 과학기술혁신 활동에서 창조성이 강조되고 혁신 활동을 과학기술 분야를 넘어 사회·문화 등 다른 분야와 연계하는 폭넓은 관점들이 나타나고 있다. 과학기술혁신정책을 종합적으로 검토하는 국가과학기술위원회가 설치·운영되고 있으며, 경제성장을 넘어 삶의 질과 환경을 중시하는 사업들이 새롭게 등장하고 있다. 민간 기업의 혁신도 산업을 선도하는 결과를 산출하고 있다.

그러나 일하는 방식은 쉽게 변화하지 않기 때문에 과거 추격형 혁신 활동을 뒷받침했던 제도들이 아직도 힘을 발휘하고 있다. 민간 부문과 정부 부문에서 여전히 수직적이고 폐쇄적인 의사결정 구조가 작동하고 있으며, 기술개발과 정책개발에서 새로운 개념을 창출하는 능력은 아직도 부족한 상태다. 또 대기업과 중소기업의 양극화가 여전히 지속·확대되고 있으며 산업 발전이 삶의 질 향상 및 지속 가능성보다 우선적인 목표가 되고 있다. 추격형 혁신 체제의 연장선에서 탈추격 혁신과 정책개발이 이루어지고 있는 것이다.

과학기술혁신정책과 민간 부문의 혁신 활동이 새로운 단계로 전환하기 위해서는 일하는 방식의 변화와 함께 새로운 문화가 필요하다. 이것은 한 순간에 얻어지는 것이 아니라 명확한 비전을 바탕으로 한 다양한 실험과 정책 학습을 통해 확보되는 것이다. 과학기술혁신정책에서는 이를 이끌어 갈 수 있는 전환적 리더십이 요구되고 있다.

# 6장

# 1997년 외환·금융 위기 이후
# 구조조정과 증권화

전창환

## 1. 문제 제기

2007~09년 미국의 금융위기는 경제의 금융화financialization와 금융의 증권
화securitization[1] 간의 상호 상승작용의 결과로 발생한 21세기 초 최대의 경

---

• 이 글은 『동향과 전망』(2011년 81호)에 실린 필자의 글을 재수록한 것이다.

1_우리나라에서는 증권화가 자산유동화라는 용어로 굳혀진 듯하다. 증권화란 넓은 의미
　로는 비유동성 자산을 현금화하는 일체의 행위를 의미한다. 좁은 의미로는 유동성이 없
　는 자산, 대출채권(카드론 채권, 학자금융자 채권, PF 채권), 매출채권(receivables) 주
　택저당대출채권 등의 자산을 유가증권 및 기타 채무 증서의 형태로 전환해 자본시장에
　서 현금화하는 일련의 행위를 말한다. 일반적으로 자산유동화는 좁은 의미로 사용된다.
　자산유동화의 결과로 발행되는 증권을 자산담보부증권 내지 자산담보부증권(Asset

제 위기였다(전창환 2010). 흔히 증권화는 금융기관의 대출 자산 매각과 이를 통한 현금화(유동성 확보)로 정의된다. 이 증권화의 핵심에 주택저당대출mortgage loan 자산의 매각이 자리하기 때문에 주택저당대출 시장이 아주 중요하다. 아울러 주택저당대출을 기초자산으로 삼아 새로 발행한 채권의 일종인 주택저당증권Mortgage Backed Securities(약어 MBS)이 증권화에서 주택저당대출과 함께 양대 축을 형성한다.

이 주택저당대출 시장의 규제완화와 민영화가 글로벌 금융자본의 이해와 맞아떨어지면서 미국 경제의 금융화가 더욱 광범위하게 진행되었다 (Immergluck 2010, 2-3). 또한 골드만삭스Goldman Sachs로 대표되는 월가의 투자은행 등 금융자본의 정치적 권력(Foster & Holleman 2010)이 확대·강화되면서 신자유주의적 규제완화와 친금융화 정책이 더욱 강도 높게 추진되었다. 더 결정적으로는 증권화가 파생금융시장 특히 금융의 대량 살상 무기로 알려진 신용파생상품 신용부도스와프Credit Default Swap(약어 CDS)와 결합되어 금융위기의 파괴력이 그 어느 때보다 더 컸다.[2]

하지만 한국은 어땠는가? 2007~09년 미국 금융위기 및 글로벌 금융위기 직후 수출 및 성장세가 대폭 줄어들면서 급속한 경기 위축 경험을 했다. 증권거래소의 시가총액은 거의 반 토막이 날 정도였다. 하지만 미국 및 글로벌 금융위기로 직접적으로 큰 타격과 손해를 본 기업이나 금융기

---

Backed Securities, ABS)이라고 한다. 특히 주택저당대출(mortgage loan)을 유동화해 발행한 새로운 자산담보부증권을 주택저당증권(Mortgage Backed Securities, MBS)이라고 부른다. 법학 쪽에서의 증권화의 정의에 대해서는 신흥철(2009) 참조. 요컨대 증권화는 유동성이 거의 없거나 유동성이 낮은 은행대부에 유동성을 부여함으로써 은행을 유동성 제약으로부터 해방시킨다. 이런 면에서 증권화는 자본의 민주화로 불린다.

2_이에 대해 보다 자세한 것은 전창환(2010) 참조.

관은 다른 나라에 비해 아주 적었다. 일례로 미국의 경우 씨티Citi나 뱅크오브아메리카Bank of America 등 주요 거대 금융기관뿐만 아니라 캘퍼스CalPERS와 같은 주정부 공무원연금기금이 이번 글로벌 금융위기로 엄청난 손실과 타격을 입었던 것에 비해 우리의 경우, 국내 최대 연기금인 국민연금기금은 별다른 손실을 입지 않았으며 우리은행 정도만 약간의 손실을 입은 것으로 알려졌다. 이는 국민연금 등 주요 연기금들이 금융화와 증권화에 덜 노출되었다는 것을 의미한다. 다른 한편 한국의 거시경제는 불과 1년도 안 되어 급속한 경제 회복을 달성했다. 특히 이 과정에서 자동차와 전자 등 일부 부문의 세계시장에서는 재벌계 국내 기업들이 괄목할 만한 약진을 보여 주었다.

　1997년 외환·금융 위기 이후 김대중 정부와 노무현 정부 10년에 걸쳐 여러 차원의 구조조정과 구조 개혁이 있었다. 그중에서도 노동시장 유연화, 기업지배구조 개혁, 금융 구조조정 등이 강도 높게 진행되었다. 이 세 분야에서는 유난히 신자유주의적 시장 규율(노동시장 유연화와 자본시장 규율의 강화)이 철저하게 관철되었다. 특히 자본시장 규율의 강화가 경제의 여러 부문에 큰 영향을 미쳤다. 경제 전역에 걸쳐 광범위하게 진행되고 있는 극심한 양극화 기세도 바로 이런 신자유주의적 구조조정과 무관하지 않다.

　외환·금융 위기 이후 국내에서 진행되었던 신자유주의적 구조조정은 궁극적으로 금융화[3]와 증권화를 지향했다. 하지만 구조조정의 세부 내용

---

3_금융화에 대한 정의는 워낙 다양해 일의적으로 정의하기가 매우 어렵다. 최근까지 금융화에 대한 개념 정의에서부터 시작해 금융화를 둘러싼 관련 학계의 다양한 논의, 나아가 선진국에서 금융화의 다양성(varieties of financialization) 내지 금융화의 유형화를 시

을 좀 더 자세히 살펴보면, 상당한 부문 간 불균등성이 드러남을 알 수 있다. 은행의 감시 규율이 현저히 약해진 데 비해 자본시장 규율은 그 어느 때보다 강해졌으며 특히 자본시장의 규율과 성과가 개인 및 기업, 은행, 기관투자가들 등 주요 자본시장 참가자들에게 실시간으로 아주 빠르게 전달되고 있다. 이처럼 어떤 영역에서는 금융화가 아주 빠른 속도로 그 효과를 드러내고 있지만 가계자산 보유 구조, 주택금융과 같은 다른 주요 영역에서는 금융화와 증권화가 지체되고 있다. 일례로 외환·금융 위기 이후 대중들의 주식 투자 문화가 급속히 확산되고 있음에도 불구하고, 투자은행이 매우 취약하며 가계 금융자산에서 예적금이 차지하는 비중이 여전히 높다(전창환 2008). 특히 1990년대 말부터 2000년대 초반까지 구조조정의 중요한 일환으로 시작되었던 증권화는 결과적으로는 상당히 지지부진하게 진행되었음을 확인할 수 있다.

이 글은 신자유주의적 구조조정과 관련해 금융화와 증권화가 매우 중요하다고 보고, 1997년 이후 경제의 구조조정 가운데 중요한 고리였던 증권화에 초점을 맞출 것이다. 사실 한국이 2007~09년 글로벌 금융위기로부터 받은 타격과 피해가 다른 나라들에 비해 상대적으로 적었던 이유도 증권화의 진전 정도와 무관하지 않다. 따라서 글로벌 금융위기의 결정적인 요인 가운데 하나인 증권화가 한국에서는 어떻게 추진되어 어떤 형태로 제도화되었는지를 추적할 필요가 있다. 더 중요한 것은 무슨 요인에 의해 증권화가 금융 당국이 의도한 대로 잘 확산되지 못했는지를 확인하는 일이다. 이 글은 지난 10년간 한국 경제의 구조 변화 가운데 증권화의 제

---

도한 것으로는 Engeln & Konings(2010)를 참조. 또한 주변부 국가(개발도상국)에서 금융화가 어떤 특수성을 지니는지에 대해서는 Becker(2010)를 참조.

도화 과정과 그 성과를 분석해 봄으로써 그 해답의 일부를 찾고자 한다.


## 2. 금융화, 주택저당대출의 확대 그리고 증권화

자산유동화가 다른 어떤 나라의 추종을 불허할 정도로 독보적으로 비대하게 발전한 나라가 바로 미국이다. 〈표 6-1〉에서 너무나 분명하게 확인되는 것처럼, 자산유동화의 대표적 지표인 자산담보부증권Asset Backed Securities (약어 ABS) 발행액을 기준으로 보면, 미국의 연간 ABS 발행액 규모가 2007~09년 금융위기 직전 유럽 전체의 8배, 독일, 네덜란드의 70~90배, 일본의 39배, 한국의 137배에 달했다. 미국 단일국가의 ABS 발행액이 전세계 ABS 발행액에서 차지하는 비율이 거의 80%에 달한다(IFLE 2010, 1-2). 또한 위 표는 2007~09년 미국의 금융위기 및 글로벌 금융위기로 미국의 ABS 발행 잔액이 얼마나 많이 파괴되었는지 극명하게 보여 준다.

증권화의 핵심 축은 주택저당대출을 기초자산으로 하여 발행된 주택저당증권(약어 MBS) 시장이다(Aalbers 2008). MBS는 주거용주택저당증권 Residential Mortgage Backed Securities(약어 RMBS)과 상업용부동산저당증권Commercial Mortgage Backed Securities(약어 CMBS)으로 구성되는데, 그중에서도 RMBS가 더 중요하다. 이 MBS가 바로 미국 금융위기의 핵심 고리 중의 하나다 (Fligstein & Goldstein 2010).

이 주택저당대출의 활성화와 이를 신속·원활하게 유동화하는 증권화 시스템은 의사 상품fictitious commodity으로 불리는 주택의 상품화commodification를 더욱 촉진한다(Schwartz & Searbrooke 2009). 실제 미국은 주택의 철저한 상품화를 통해 자가보유율[4]을 극단적으로 높여 왔다. 프랭클린 루

표 6-1 | 자본주의 유형별 증권화 발행 규모 비교(연간 총 발행액)

단위: 10억 달러

| | 2004 | 2005 | 2006 | 2007 | 2008 | 2009 |
|---|---|---|---|---|---|---|
| 미국 | 2,649 | 3,175 | 3,298 | 3,000 | 1,508 | 2,113 |
| 호주 | 76 | 76 | 91 | 67 | 18 | 21 |
| 캐나다 | 18 | 25 | 29 | 45 | 77 | 57 |
| 영국 | 130 | 157 | 242 | 237 | 400 | 123 |
| 스페인 | 41 | 50 | 55 | 84 | 119 | 87 |
| 네덜란드 | 23 | 49 | 36 | 56 | 107 | 61 |
| 이태리 | 40 | 41 | 38 | 36 | 121 | 95 |
| 독일 | 10 | 19 | 47 | 26 | 74 | 37 |
| 아일랜드 | 3 | 1 | 13 | 14 | 60 | 19 |
| 벨기에 | 3 | 1 | 3 | 6 | 51 | 38 |
| 프랑스 | 10 | 9 | 10 | 5 | 21 | 10 |
| 포르투갈 | 10 | 9 | 7 | 15 | 22 | 18 |
| 범유럽 | 19 | 63 | 143 | 132 | 41 | 58 |
| 기타 유럽 | 12 | 8 | 10 | 12 | 32 | 31 |
| 유럽 전체 | 303 | 407 | 604 | 622 | 1047 | 577 |
| 일본 | 51 | 81 | 83 | 76 | 58 | 50 |
| 한국 | 24 | 28 | 24 | 21 | 19 | 28 |
| 기타 아시아 | 7 | 4 | 6 | 3 | 19 | 10 |
| LA | 11 | 14 | 20 | 20 | 18 | 14 |
| EEMEA | | | | | | |
| 신흥 시장 전체 | 46 | 55 | 64 | 53 | 63 | 52 |
| 세계 전체 | 3,142 | 3,818 | 4,155 | 3,854 | 2,764 | 2,870 |

자료: IFSL(International Financial Services London), *Securitisation 2010*, April, 2010; *Securitisation 2009*, *Securitisation 2008*, *Securitisation 2007*, *Securitisation 2006*.

4_자가보유율(home-ownership rate)은 특정인이 자기 소유의 집이 아니라 타인 소유의 집에 살더라도 다른 곳에 집을 보유하고 있으면 자가 보유자로 간주된다. 자신이 자신 소유의 집에 살고 있는지 여부 문제는 고려하지 않는다. 이에 비해 자가점유율은 특정인 이 자기 소유의 집에 사는 사람들의 비율을 집계한 것이다. 대부분의 주요 선진국에서는 전월세가 거의 없기 때문에 자가보유율은 자가점유율을 의미한다. 주요 선진국이 공표 하는 자가보유율은 자가점유율로 보아도 무방하다. 일부에서는 자가보유율과 자가점유 율을 구분하지 않고 자가점유율로 단일화해서 사용하기도 하며 양자 모두 그냥 자가율 이라고 부르기도 한다. 한국의 경우 자가보유율이 60.3%인 데 비해 자가점유율은 55.6%에 이른다. 자가보유율이 자가점유율보다 더 높은 이유는 1가구 이상 보유하는 가 구가 105만 가구로 전체 가구의 8.3%를 차지하기 때문이다(Ronald & Jin 2010, 2267-2268). 우리의 경우 중저소득층 자가 보유 비율이 아주 낮은데, 이는 전적으로 주택융자 의 부재 때문이다.

표 6-2 | 각국 정부의 주택저당대출 시장 지원 체계 비교

| | 정부의 주택저당대출 시장 지원 체계 | | |
|---|---|---|---|
| | 정부 차원의 주택저당대출 보험 | 정부 차원의 보증 | GSEs |
| 미국 | FHA(연방주택청) / VA(퇴역군인청) | 지니메이(GNMA) | 패니메이, 프레디맥, FHLBs |
| 독일 | X | X | X |
| 일본 | X | 주택금융 지원 기구 JHF(Japan Housing Finance Agency) | 주택금융 지원 기구 (JHF) |
| 덴마크 | X | X | X |
| 한국 | X | 국민주택기금 | 한국주택금융공사 |

자료: Lea(2010, 11)에 필자가 추가 수정.

스벨트 대통령의 뉴딜 정책 이래 자가 보유 권장 정책이 미국의 주택정책, 나아가 미국의 공공정책의 근간을 구성해 왔다. 주택과 관련된 정책에서 는 루스벨트가 유럽의 사회적 임대주택 내지 공공 임대주택의 길을 거부 하고 허버트 후버의 자가 보유 권장 정책을 그대로 채택했다. 자가 보유는 아메리칸드림의 핵심이라고 해도 과언이 아니었으며, 2000년대 들어와 서는 소유자 사회ownership society라는 미명하에 더욱더 강도 높게 추진되었 다. 이런 점에서 미국만큼 주택의 자가 보유를 강조한 나라가 없다(Lea 2010). 서브프라임 대출이 최고로 성행했던 2007년 미국의 자가보유율은 한때 69.3%라는 경이적으로 높은 수준을 기록했다(Haughwout et al 2010, 1-11). 물론 인종별 자가보유율이 극단적으로 달라 백인의 자가보유 율이 70%를 넘는 데 비해 라틴아메리카인의 자가보유율은 50%에도 못 미친다(JCHS 2010).

자산유동화가 원활하고 신속하게 이루어진다는 것은 그만큼 주택금 융 시스템이 자유롭다는 것을 의미한다. 또한 원활한 자산유동화는 가계 자산 중 가장 큰 비중[5]을 차지하고 있는 주택(부동산)의 금융화를 더욱 가 속화한다.[6] 더 나아가 주택의 금융화는 주택의 상품화를 촉진한다. 이렇 게 원활하고 신속한 자산유동화, 자유로운 주택금융 시스템, 주택의 금융

화, 그리고 주택의 상품화는 주택시장 및 자산유동화 시장의 자생적 결과
가 아니라 정반대로 미국의 예에서 알 수 있는 것처럼 정부의 주도면밀한
개입과 체계적인 지원 없이는 불가능했다. 주택금융 시스템과 관련해, 미
국처럼 체계적이고 전면적인 개입이 이루어진 나라를 찾아보기 어려울
것이다(Lea 2010, 16). 패니메이Fannie Mae, 프레디맥Freddie Mac과 같은 주택
저당증권MBS 발행 기관뿐만 아니라 지니메이Ginnie Mae와 같은 공적 주택저
당대출 보증 기관 및 MBS 발행 기관이 있다. 앞의 두 기관은 연방정부지
원기관(업)Government Sponsored Enterprise(약어 GSE)으로 분류되며 지니메이는
GSE가 아닌 완전한 정부 기관이다. 더 나아가 미국 정부는 1990년대 들
어 주택금융 관련 GSE에 대한 감시·감독 기구까지 설립했다. 두 GSE의
재무 건전성 감독 기구로 연방주택금융감독국Office of Federal Housing Enterprise
Oversight(약어 OFHEO)을 설립했다. 우리나라의 국토건설부에 해당하는 주
택도시개발부Department of Housing and Urban Development(약어 HUD)는 두 기관
의 임무 이행도 내지 임무 충실도에 대한 감독 기능도 떠맡았다. 그럼에도
불구하고, 2007년 서브프라임 위기가 발발하면서 GSE의 재무구조는 급
격히 악화되어 갔다. 마침내 두 GSE는 2008년 사실상의 국유화를 거쳐
현재에는 상장 폐지 단계에까지 왔다. 2008년 금융위기 과정에서 주택금

---

5_한국 가계의 자산에서 부동산이 차지하는 비율이 80~90%로 다른 어떤 나라(70%)에 비
해 기형적이다(김현정 2009, 25) 이런 기형적인 가계자산 보유 구조를 정상화하는 것이
아주 중요하다. 가계자산 보유 구조에서 주택이 차지하는 비중뿐만 아니라 주택금융 자
체가 금융 시스템의 비교에서 극히 중요함에도 불구하고 기존의 비교 자본주의론이나
자본주의 다양성 이론은 이런 점을 전혀 보지 못했다(Schwartz & Seabrooke 2009,
238-241).

6_주택 및 주택정책이 금융화에 적지 않은 영향을 미친다(Aglietta & Berrebi 2007, 56).

융 관련 기구에 대한 전면적 개편이 단행되면서 OFHEO가 폐지되고 연방주택금융국Federal Housing Finance Agency(약어 FHFA)이 신설되었다. 또한 HUD가 가지고 있었던 두 GSE의 임무에 대한 감독 권한도 FHFA로 이전되었다.

미국과 영국처럼 증권화가 고도로 진전된 대부분의 나라들의 공통적인 특징 가운데 하나는 공적 연기금, 기업연금, 뮤추얼펀드, 사모펀드, 헷지펀드 등 기관투자가들이 아주 광범위하게 보급 내지 제도화되어 있다는 점이다(Engeln & Konings 2010, 610-611). 이들은 자산의 장기 포트폴리오 다변화 과정에서 필연적으로 ABS와 MBS를 지속적이고 대규모로 수요하게 된다. 이런 면에서 주요 연기금 등 기관 투자가들과 유동적liquid 금융-자본시장 간에는 긴밀한 친화성이 존재한다. 그 반대로 대륙 유럽에서는 증권화가 전반적으로 크게 지체되어 있음을 금방 확인할 수 있는데, 유럽 전체의 ABS 발행 잔액이 미국의 8분의 1에 불과한 현실이 이를 단적으로 보여 준다. 유럽에서 예외적으로 증권화가 상대적으로 광범위하게 진전되고 있는 네덜란드는 다른 어떤 대륙 유럽 국가보다도 탄탄한 공적 연기금과 기업연금제도를 갖추고 있다.

대륙 유럽 국가 중에서 네덜란드 못지않게 주택저당대출 금융이 발달한 나라가 바로 덴마크다. 미국과 덴마크와의 유일한 차이는 전자에서는 MBS와 자본시장을 중심으로 증권화와 장기주택저당대출이 발달했다면 덴마크는 커버드본드Covered Bond와 은행에 기반해 장기주택저당대출을 발전시켰다는 점이다. 이 점에서 덴마크는 아주 예외적이고 특이한 사례라 하겠다.

이제 여기서 우리가 주목해야 할 것은 자본시장과 장기주택저당대출 시장이 매우 잘 정비되어 발전해 있는 미국과 영국의 경우 일상생활의 금융화가 아주 많이 보편화되어 있다는 점이다. 다시 말해 증권화와 장기주택저당대출이 발달해 있는 나라에서는 주택이 금융화의 중심에 자리한다 (Aalbers 2008, 160). 증권화의 결과 주택저당대출 시장은 더욱더 금융화 되어 간다.

일례로 일단 가계가 주택저당대출을 통해 집을 장만하게 되면 거의 모든 가계가 홈-에쿼티론home equity loan[7]에 기초해 신용한도credit line를 부여받는다(Heilpern et al. 2009, 99-113). 이것을 홈-에쿼티-라인-오브-크레딧home equity line of credit이라고 부르는데 미국 가계는 교육비, 가옥 보수, 의료비 등을 제반 지출과 비용을 이 신용 한도에 기초한 차입으로 충당한다. 이에 따라 일상생활의 금융화도 상당 정도 진전된다. 또한 동시에 경제 전역에 복잡한 상호 부채 관계가 아주 촘촘히 형성되어 간다.

미국에서는 1985년 투자은행이었던 살로몬 브라더스Salomon Brothers사가 자동차론, 리스 등을 기초자산으로 자산담보부증권ABS을 발행하면서 증권화가 크게 보편화되기 시작했다(Jassur et al. 2009, 406). 그 이후 1980년대 말 바젤 I의 채택을 계기로 증권화가 크게 확산되기 시작했다. 특히 법원Appeals Court에서 증권화가 〈글래스-스티걸법〉Glass-Steagall Act 위반이 아니라는 판결이 나온 이후 증권화가 급격히 강화되었다(Barth et al. 2010, 133).

하지만 미국에서 증권화가 이 두 가지만으로 발달했다고 보기는 어렵다. 사실 이것보다 더 중요한 것은 광범위하게 활성화되고 있는 장기 고정

---

7_담보가 되어 있는 주택의 현재 가격에서 담보로 빌린 융자 잔액을 뺀 것(잉여 담보 가치)을 의미한다. 미국 가계는 바로 이 잉여 담보 가치에 기초해 자유롭게 차입을 하는데, 이것을 홈-에쿼티론(home equity loan)이라고 부른다. 글로벌 금융위기 직후처럼 주택 가격의 하락이 계속되면 잉여 담보 가치(home equity)가 마이너스로 전환하기도 한다.

금리의 주택저당대출과 이에 기초한 증권화였다. 미국 정부가 자가 보유의 확대를 공공정책의 목표로 설정한 이상, 집을 장만하기에 충분한 소득이 없는 노동자계급이 자가 보유를 달성하려면 장기 고정금리의 주택저당대출을 얻는 수밖에 없다. 요컨대 미국은 자가 보유의 확대를 위한 주택저당대출의 제도화를 통해 노동자계급을 금융시장으로 통합시켜 왔다(Engeln & Konings 2010).

초기에는 1차 주택저당대출 시장에서 주택저당대출의 반 이상이 패니메이, 프레디맥 등에 의해 증권화되었는데, 이는 그만큼 미국 정부가 노동자계급의 금융시장으로의 통합에 매우 심혈을 기울였다는 것을 의미한다. 이런 면에서 패니메이, 프레디맥, 지니메이 등 정부계 주택금융기관의 발전이 증권화의 결정적인 숨은 공신이었다고 해야 할 것이다. 역설적으로 2007~09년 미국의 금융위기와 그에 이은 패니메이, 프레디맥의 상장 폐지 조치는 과도한 증권화가 가져온 자기 파괴적 결과로 보인다. 주택저당대출의 활성화와 주택저당대출의 증권화를 통해 자가보유율을 높이고자 했던 미국식 주택금융·복지 제도가 이번 2007~09년 위기를 계기로 큰 시련에 직면했음을 알 수 있다. 2007~09년 금융위기 이후 자가보유율이 감소로 돌아섰고, 특히 홈-에쿼티론이 마이너스가 되어 사실상 주택의 자가 보유가 불가능해진 가계까지 고려하면 미국의 자가보유율이 더 하락했음을 예상할 수 있다.

## 3. 1997년 외환·금융 위기 이후 한국의 증권화

그렇다면 한국의 경우는 어떤가? 1997년 외환·금융 위기 이후 김대중 정부의 최우선 과제가 신자유주의적 구조조정이었다는 것은 너무나도 잘 알려진 사실이다. 민주주의와 시장경제의 병행 발전이라는 미명하에 정부 주도로 추진된 것은 다름 아닌 금융시장(자본시장) 및 외환시장 논리의 전면화였다(전창환 외 2004). 특히 자본시장의 조기 자유화에 따른 외국인 국내 주식 투자의 완전 자유화가 결정적으로 중요했다. 자본시장의 규율이 나름대로 작동하기 시작했지만 자본시장의 규율이 본궤도에 오르려면 보완·개선해야 할 한두 가지가 아니었다. 무엇보다도 특히 연기금, 뮤추얼펀드, 신용평가기관, 한국판 투자은행 등 자본시장 중개자들이 확고한 뿌리를 내릴 정도로 견실해야 했지만 현실은 전혀 그렇지 못했다.

1997년 외환·금융 위기 이후 몇몇 분야를 제외하면 경제의 주요 부문에서 신자유주의적 구조조정이 관철되었다. 특히 노동 부문, 기업지배구조 개혁, 그리고 금융 구조조정에서는 강도 높은 구조조정이 이루어졌다. 대체로 외환·금융 위기 이후 이들 부문의 구조조정과 그 이후 한국 경제 시스템의 변화에 대해서는 많은 분석과 지적이 있었다. 하지만 외환·금융 위기 이후 김대중 정부, 나아가 노무현 정부하에서 은행·기업구조조정 못지않게 중요한 제도 개혁이 단행되었는데, 증권화가 바로 그것이다. 김대중 정부하에서 소수의 금융 관료들과 유관 분야의 테크노크라트들이 중심이 되어 증권화를 일사천리에 추진해 입법화·제도화했다. 불행하게도 당시 대부분의 사회과학자들은 김대중 정부가 도입했던 증권화의 의미에 대해 거의 관심을 보이지 않았다.

무관심의 대상이었던 증권화가 다른 부문의 구조조정처럼 철저하게 진행되어 그 본연의 효과가 제대로 나타났다면 2007~09년 금융위기 때 한국 경제는 어떻게 되었을까? 이 문제에 대한 답은 2007~09년 세계 금융 위기와 한국 경제의 연계성과 접합 구조뿐만 아니라 향후 한국 내의 금융화와 증권화의 결합 구조를 이해하는 데에도 아주 중요할 것으로 생각된다.

## 한국에서 증권화의 제도화 노력

1998년 김대중 정부는 기업 및 금융 구조조정 과정에서 증권화 시장을 도입했다. 1998년 9월 〈자산유동화에 관한 법률〉 도입과 2000년 1월 동 법률의 일부 개정 이후 자산담보부증권ABS 및 주택저당증권MBS 시장이 성장하기 시작했다.[8] 이를 계기로 1998년 이전에는 존재하지 않았던 ABS 시장이 확대되기 시작해, 동아시아에는 일본 다음으로 최대 규모를 자랑하게 되었다(Barnhill et al. 2010). 증권화 시장은 주식시장·채권 시장과 함께 자본시장의 3대 축의 하나로서 한국의 금융·자본시장의 확대·심화에 필수 불가결한 부분인 것으로 평가된다.

초기에는 자산유동화 시장이 부실기업과 금융기관의 부실자산 처리와 구조조정을 위해 도입되었다. 이를 통해 부실채권의 유동화가 부분적으로 이루어졌다. 특히 1999~2001년 사이에 은행과 기업들의 부실채권 처리 과정에서 자산담보부증권이 많이 발행되었다(You 2005). 실제 당시 정부가 〈자산유동화에 관한 법률〉의 시행에서 기대했던 것은 자산관리공사KAMCO가 금융기관들로부터 일괄 양수한 부실자산NPL을 조속히 처분하는 것이었다. 실제 자산관리공사는 1999년 6월 국내 처음으로 부실채권을 담보로 선순위 채권 2,950억 원, 후순위 채권 250억 원의 자산담보부증권을 발행했다. 이를 계기로 자산관리공사는 2000년 말까지 국내외에서 일반 및 특별 채권 7조2천억 원을 기반으로 해서 총 13회에 걸쳐 자산담보부증권을 발행했다(박훤일 2009, 8-9).

---

8_놀랍게도 일본의 경우 MBS가 1997년에 처음 발행되어 자산유동화가 영미에 비해 확실히 지지부진하다는 것을 알 수 있다. 커버드본드의 경우, 한국주택금융공사가 2010년에 일본보다 먼저 발행했다(小林正宏 2010a, 57).

하지만 기업 및 금융 구조조정이 끝나자 기업이나 은행의 부실채권을 기반으로 한 자산유동화는 더 이상 모멘텀을 계속 유지해 나갈 수 없었다. 즉 구조조정으로 금융위기가 진정되자, 부실채권 물량이 줄어들면서 자산유동화 대상 자산에서 부실채권이 차지하는 비중이 대폭 감소했다. 이를 계기로 유동화 대상 자산은 대출채권, 매출채권, 신용카드채권 등 정상적인 채권 중심으로 바뀌기 시작했다. 또한 기업들이 다양한 자금조달 수단으로 자산유동화 시장을 활용하기도 했다(금융위원회 2010, 1).

한편 2000년 말부터 신용카드 위기가 발생하기 직전인 2002년까지는 신용카드채권의 유동화가 크게 활성화되었다. 당시 정부는 미국의 IT·주식 거품 붕괴에 따른 국내 경기침체 압력을 완화하기 위한 방편으로 내수, 특히 국내 소비 진작을 본격적으로 추진했다. 이 과정에서 신용카드에 대한 각종 규제가 완화되면서 신용카드 이용이 급격히 확대되었다. 신용카드 회사는 신용카드채권을 유동화해 추가적인 자금조달과 유동성 확보를 도모했다. 그리하여 신용카드 발행이 남발되고 신용카드 이용을 통한 소비지출이 늘어나면서 2002년 한때에는 신용카드채권이 전체 자산담보부증권의 55.7%를 차지하기도 했다. 하지만 2003년 신용카드 대란이 발생하면서 신용카드채권을 통한 자산유동화도 급속도로 위축되었다. 결국 부실채권이나 신용카드채권만으로는 자산유동화의 저변을 넓히기에는 역부족이라는 것이 확연하게 드러났다. 이는 자산유동화 내지 증권화를 제도적으로 안착시키는 데 크게 기여할 또 다른 인프라가 필요하다는 것을 의미했다.

김대중 정부는 1997년 외환·금융 위기 이후 급속한 경기회복을 위해 먼저 주택 경기를 활성화하기로 하면서 부동산가격 규제를 철폐했을 뿐만 아니라 부동산 세제도 대폭적으로 완화했다(Ronald & Jin 2010, 2380-2381). 하지만 중장기적으로 더 중요했던 것은 자산유동화의 물적 기반이라고 해도 과언이 아닌 주택저당대출의 증권화 시스템을 새롭게 도입하고자 자산유동화에 관한 일련의 법과 제도를 도입했다는 점이다.

자산유동화와 관련해서는 다음과 같은 세 가지 법률이 결정적으로 중요하다. 첫 번째가 1998년 9월의 〈자산유동화에 관한 법률〉(이하 〈자산유동화법〉)이고, 두 번째가 1999년의 〈주택저당채권유동화회사법〉이다. 세 번째가 2003년의 〈한국주택금융공사법〉(2004년 4월 30일 시행)이다. 제일 먼저 제정된 〈자산유동화법〉은 주택저당대출을 포함한 모든 자산유동화 거래에 관한 일반법이라고 할 수 있다(김용호·이선지 2009, 95). 원래 〈자산유동화법〉이 주택저당증권Morgage Backed Securities(약어 MBS)까지 규제하기로 되어 있었으나 자산유동법의 특수목적회사SPC는 유한책임회사 형태의 페이퍼컴퍼니라서 주택저당대출을 증권화하기에는 부적절하다고 판단되었다. 이에 따라 관련 당국은 특수목적회사 대신 항구적이고 믿을 만한 기관이 증권화를 담당하도록 하는 새 법을 만들었다(Lee 2005, 26). 이것이 바로 한국주택저당채권유동화주식회사Korea Mortgage Corporation(약어 KoMoCo. 이하 주택저당채권유동화회사)에 관한 법이다. 결국 이 법에 기초해 김대중 정부는 증권화의 핵심 대상인 MBS를 발행할 새로운 기관으로 주택저당채권유동화회사를 설립했다.[9] 이 주택저당채권유동화회사는 그 뒤 한국주택금융공사로 흡수·통합되어 완전한 공적 주택금융기관으로 변신했다.

이 회사는 주택자금조달의 애로를 해소하고 자본시장으로부터 자본

---

9_김대중 정부를 계승한 노무현 정부는 주택저당채권유동화회사(KoMoCo)와 주택금융 신용보증기금을 통합해 한국주택금융공사(KHFC)를 설립했다. 한국주택금융공사는 한국판 패니메이, 프레디맥에 다름 아니다.

을 원활하게 조달하기 위해 주택저당대출을 유동화하고자 했다. 그러나 당시 1차 주택저당대출 시장에서 주택저당대출을 유동화하라고 넘겨주는 민간은행들이 거의 없었기 때문에, 실제 주택저당채권유동화회사는 건설교통부 관할하에 있었던 국민주택기금의 주택대출채권을 넘겨받아 유동화하는 방식으로 근근이 조직을 유지해 나갔다. 당시 시중은행들은 굳이 중개 비용을 지불해 가면서까지 주택저당대출을 증권화해야 할 정도로 유동성 부족에 시달린 적이 없었다. 이 때문에 이 주택저당채권유동화회사는 이렇다 할 만한 영업실적을 올리지 못했다. 실제 2000년 주택저당채권유동화회사에 의해 발행된 MBS는 불과 1조3천억 원에 그쳤으며 2003년에는 3,266억 원으로 감소했다(Lee 2005, 207-208).

주택저당채권유동화회사의 자산유동화 실적이 부진한 것이 이 회사 자체의 내부적인 문제 때문이라고 보기는 어렵다. 오히려 그보다는 한국의 자산유동화 시장의 구조적 문제, 특히 1차 주택저당대출 시장에서 주택저당대출을 제공하는 상업은행들이 주택저당대출 자산을 매각·유동화할 내재적 동기가 미약했기 때문이라고 보는 것이 더 타당하다. 자산유동화회사법상 2차 주택저당대출 시장에서 자산유동화회사를 설립하는 데 별다른 제약이 없었음에도 불구하고 금융감독위원회(약칭 금감위)에 자산유동화회사 설립을 신청한 회사가 하나도 없었다는 것은 위에서 언급한 1차 주택저당대출 시장의 구조적 한계를 반영한다.

이런 상태에서 주택저당채권유동화회사의 내부자들이나 재정경제부 관료들은 기존 회사 조직을 유지·존속시키는 것과 동시에 자기 관할 영역의 확대를 도모할 목적으로 반관반민의 소유 구조를 지닌 기존의 주택저당채권유동화회사를 없애고 완전한 공적 금융기관을 새로 설립하는 쪽으로 방향을 굳혔다. 이들이 새로운 공적 주택금융기관을 설립해야 하는 명분으로 내세운 것은 1차 주택저당대출 시장에서 단기 변동금리부 주택저당대출의 경쟁적 확산에 따른 시스템 리스크의 확대를 막고 장기주택저당대출의 제도화를 통해 증권화를 확립한다는 것이었다. 이들은 기업(도매)금융보다 위험은 더 낮은데 수익성이 더 높은 가계(소매)금융(주택저당대출)에 앞 다투어 진출하고자 했던 상업은행들이 주로 단기 변동금리부 주택저당대출만을 취급하려고 했다는 것을 잘 알고 있었다. 또한 이들은 한국의 1차 주택저당대출 시장의 특성상 대출 자산을 매각·유동화하는 것보다는 대차대조표상에 보유하는 것이 훨씬 더 이익이 되기 때문에 한국에서 2차 주택저당대출 시장의 활성화와 MBS 시장의 육성이 쉽지 않다는 것을 정확히 알고 있었다.

마침내 주택저당채권유동화회사와 재정경제부는 노무현 정부하에서 장기주택저당대출의 확대와 이 주택저당대출의 증권화를 주도적으로 담당할 수 있는 새로운 공적 주택금융기관으로 한국주택금융공사를 신설했다. 한국주택금융공사는 2003년 12월 말 제정된 〈한국주택금융공사법〉에 의거해 설립되었다. 한국주택금융공사의 전신인 주택저당채권유동화회사KoMoCo의 경우, 2002년 말 기준으로 정부가 31.8%의 소유 지분을 보유하고 있었고, 국민은행이 26.7%, 외환은행이 13.3%, 삼성생명 등이 각각 8.9%, 기타가 1.5%의 소유 지분을 보유했던 데 비해(Lee 2005, 30), 주택저당채권유동화회사를 계승해 새로 신설된 한국주택금융공사의 경우, 민간 보유 지분은 하나도 없고 정부가 61%, 한국은행이 29%, 국민주택기금이 10% 각각 출자하고 있다.

한국주택금융공사는 주택저당채권유동화회사의 기능과 인력을 흡수하는 한편, 주택금융신용보증기금을 공사 내에 설치해 별도 계정으로 통합·관리했다. 증권화는 한국주택금융융공사의 고유 계정과 신탁계정에서 이루어지고 주택금융신용보증기금은 별도 계정으로 관리되었다. 한국주택금융공사는 주택저당대출의 유동화와 주택금융신용보증기금 업무 이외에도 2009년 장학 재단으로 이관된 학자금 대출 및 학자금 대출채권의 유동화 업무도 수행했다.

이로써 일단 형식상 김대중 정부와 노무현 정부는 자산유동화 시장에서부터 증권화의 토대인 주택저당대출의 제도화를 단행했다. 시장경제의 발전이라는 기치하에 증권화의 형식적 기반은 다 마련한 셈이었다. 하지만 다행인지 불행인지 모르지만 한국주택금융공사의 설립은 MBS, 나아가 ABS 시장의 확대를 가져오지 못했다. 어디에 무슨 문제가 있었을까?

2005년 이후에는 비전형 비등록 유동화, 즉 〈자산유동화법〉에 의거하지 않고 상법의 유한회사 규정에 의거한 자산유동화가 크게 증가하기 시작했다(박준 외 2009). 〈자산유동화법〉이 자산 보유자의 자격을 제한[10]하고 있는데 바로 이 〈자산유동화법〉의 자산 보유자 자격에 저촉되어 자산담보부증권을 발행할 수 없는 중소기업 등은 정상적으로 금융 당국에 등록하는 형태로 자산유동화를 할 수는 없었다. 이에 따라 이들은 〈자산유동화법〉이 아니라 상법상의 주식회사 규정에 의거해 자산을 유동화하는 비전형·비등록 유동화라는 유동화 방식을 채택했다. 부동산 프로젝트 파이낸스Project Financing(약어 PF) 대출채권의 유동화가 바로 그것이다. 2005~07년 부동산 붐으로 PF 대출의 유동화 수요가 크게 증가[11]했지만

---

10_자산 보유자의 자격 이외에도 유동화 계획의 등록 절차, 일정상의 제약, 발행분담금의 부담 등 〈자산유동화법〉상 여러 가지 제약이 가해지고 있었다. 2005년 이후 부동산 경기 호황으로 부동산 PF 대출 등 유동화 수요가 크게 증가하자, 금융감독원 당국은 〈자산유동화법〉의 여러 가지 엄격한 조건을 내세워 자산유동화의 등록을 잘 받아 주지 않았다.

11_2005년 부동산 경기 호황의 결과 부동산 PF 대출채권의 유동화가 급속히 증가해 비등록 유동화 거래로 발행된 자산담보부증권이 2005년 발행 금융 기준으로 전체 자산담

그 이후 부동산 경기의 침체에 따라 이런 유동화가 금융 시스템의 불안을 초래하기도 했다.

이런 비등록 유동화 방식으로 발행된 대표적 자산담보부증권이 바로 자산담보부기업어음Asset Backed Commercial Paper(약어 ABCP)이다. 대출채권을 보유한 은행들이 ABCP를 반복적으로 그리고 대규모로 발행하기 위해 도관導管을 설립했다. 은행들이 보유 자산을 이 도관에 매각하면 부외 처리가 가능했다. 게다가 부외 처리된 자산에 대해서는 50%의 위험 가중치만 부여되었다. 그 결과 은행들이 고수익·고위험 자산을 늘리는 한편, 이를 도관에 매각해 ABCP를 발행하는 비등록 유동화를 많이 이용했다.

비등록 유동화 거래가 ABCP 방식을 취하는 이유는 상법상 주식회사의 경우 사채발행 한도가 순자산액의 네 배로 한정되어 있어 ABS 발행 총액을 맞출 수 없었기 때문이었다. 나아가 자산유동화회사SPC가 자본금도 마련하기 어려웠다. 반면 기업어음CP 발행을 위해서는 특수목적회사SPC가 최저 자본금 요건만 갖추면 되기 때문에 상대적으로 ABCP 거래가 활발해질 수 있었다. 2005년 이후 은행을 중심으로 부동산 대출이 활발했는데, 바로 이것이 비등록 유동화 거래를 통해 ABCP 발행 급증으로 이어졌다.

그러나 공시 의무도 없는 도관을 통한 ABCP 발행의 증가는 한 가지 치명적인 취약성을 수반했다. 즉 ABCP 시장의 경우, 신용 경색이 일어나거나 건설사의 자금난이 심각할 경우, 차환 발행이 곤란해 금융시장에 교란이 생기기 쉽다. ABCP에 대한 규제 필요성도 바로 여기서 나온다(김필

---

보부증권의 26.9% 수준이었으나 2006년에는 39.1%, 2007년에는 58.1%로 급증했다(김용호 외 2009, 144-145). 원자료는 '한국신용평가가 발표한 것이다.

규 2009, 4). 이런 점에서 정부 당국은 가능한 한 비전형 유동화 거래를 〈자산유동화법〉 틀 안에 끌어들이려고 했다. 2010년 〈자산유동화법〉 개정 논의도 이와 무관하지 않다. 사실 이미 2008년에 〈자산유동화법〉 개정 논의가 상당히 진전되었지만 서브프라임 위기로 개정 논의가 중단되어 버렸다. 그러다가 2010년 거의 10년 만에 〈자산유동화법〉이 개정되어 자산유동화가 훨씬 더 용이해지도록 했다(금융위원회 2010).

### 한국에서의 주택담보대출과 주택저당증권 발행 현황

그렇다면 과연 주택담보대출 자산의 유동화는 어느 정도 진전되고 있을까? 2000~10년 동안의 가계신용 및 가계대출, 나아가 주택담보대출 규모를 살펴보기로 하자.

2010년 9월 말(3분기 말) 기준으로 가계신용 잔액이 약 770조 원을 약간 웃돌고 있으며, 여기서 판매신용을 뺀 가계대출 잔액은 725조204억 원에 이른다. 가계신용 및 가계대출 모두 2001년부터 약 10년 사이에 두 배 이상 증가했다. 그중에서도 주택담보대출 총 잔액이 394조 원 정도에 달하고 있으며 전체 가계대출의 54.3%를 차지하고 있다. 2000년대 후반 3~4년 사이에 주택담보대출이 크게 증가하고 있음을 확인할 수 있다.

2010년 3분기 말 현재, 제공된 주택담보대출의 금융기관별 구성을 보면,[12] 역시 제1금융권을 중심으로 한 상업은행·예금은행들의 비중이 70.2%, 상호저축은행을 중심으로 한 비은행권이 17.8%, 마지막으로 공적 주택

---

12_박창균(2010, 4)의 구분 기준을 따라 업데이트한 것이다.

단위: 10억 원

| | 가계신용 | 가계대출 | 주택담보대출 | 주택담보대출 내역 | | |
|---|---|---|---|---|---|---|
| | | | | 은행 | 비은행 | 공적 기구 |
| 2001 | 341,673.2 | 303,519.3 | | | | |
| 2002 | 439,059.8 | 391,119.3 | | | | 18,323.8 |
| 2003 | 447,567.5 | 420,938.3 | | | | 18,725.9 |
| 2004 | 474,662.3 | 449,398.2 | | 169,235.9 | | 22,076.4 |
| 2005 | 521,495.9 | 493,468.7 | | 190,236.7 | | 28,262.2 |
| 2006 | 581,693.5 | 550,431.3 | | 217,116.3 | | 30,941.0 |
| 2007 | 630,678.6 | 595,397.2 | 302,887.7 | 221,640.0 | 46,629.6 | 34,681.1 |
| 2008 | 688,246.3 | 648,327.2 | 335,003.8 | 239,688.3 | 55,995.8 | 39,319.7 |
| 2009 | 733,660.0 | 691,966.6 | 374,272.3 | 264,228.3 | 64,603.0 | 45,441.0 |
| 2010년 3분기 말 | 770,026.2 | 725,020.4 | 394,070.9 | 276,807.8 | 70,215.6 | 47,047.5 |

주: 1) "공적 기구"는 국민주택기금, 한국주택금융공사(2003년 말 이전은 주택저당채권유동화회사).
　　2) 보도자료 2010년 3/4분기 가계신용 현황 중 통계편, 2010년 11월 27일; 2008년 3/4분기 가계신용, 2007년 3/4분기 가계신용 현황.
자료: 한국은행, 가계신용 통계, 가계신용 잔액 현황(각 연도)

금융기관인 한국주택금융공사 및 국민주택기금의 비중이 약 12% 정도에 달하는 것으로 나타나고 있다. 2004년부터 2009년까지 은행권 및 비은행권의 주택담보대출이 빠른 속도로 증가했음을 확인할 수 있다. 한편 한국주택금융공사나 국민주택기금 등 공적 주택금융기관의 주택담보대출은 여전히 낮은 10% 안팎에서 벗어나지 못하고 있다. 이는 그만큼 아직 주택담보대출에서 공적 금융기관이 차지하는 비중이 낮다는 것을 잘 보여 준다.

한국주택금융공사의 대표적인 주택담보대출 상품인 보금자리론과 은행권의 주택담보대출 잔액을 비교해 보면 공적 주택금융의 취약성을 쉽게 알 수 있다. 〈표 6-4〉에서 알 수 있는 바와 같이 2010년 3분기 말 현재, 주택금융공사의 보금자리론의 규모는 은행권 주택담보대출의 5.4.%에 불과하다. 그것도 2010년 보금자리론의 규모가 많이 늘어난 것이지만 비중에서는 이제 가까스로 5%대를 넘어섰다.

은행, 비은행, 한국주택금융공사 등이 제공하는 모든 주택담보대출이 2010년 3분말 현재, 394조 원에 이르는데 그중 유동화되어 발행된 MBS

**표 6-4 | 보금자리론과 은행의 주택담보대출 잔액 비교**

단위: 10억 원, %

| | 보금자리론(A) | 은행권 주택담보대출(B) | 비율(A/B) |
|---|---|---|---|
| 2004 | 2,875.5 | 169,235.9 | 1.7 |
| 2005 | 6,799.3 | 190,236.7 | 3.6 |
| 2006 | 6,353.7 | 217,116.3 | 2.9 |
| 2007 | 8,162.2 | 221,640.0 | 3.7 |
| 2008 | 10,731.1 | 239,688.3 | 4.5 |
| 2009 | 13,051.1 | 264,228.3 | 4.9 |
| 2010년 3/4분기 | 15,066.6* | 276,807.8 | 5.4 |

주: *는 2010년 10월 말까지의 실적.
자료: 『주택금융월보』(2010, 11월호); 『가계신용통계』(2010년 11월); 박창균(2010, 26).

는 약 6조 원에도 못 미치는 수준이다. 전체 주택담보대출 중 274조 원의 방대한 은행의 주택담보대출 중 유동화되어 발행된 MBS는 2조 원도 안 될 정도로 극히 미미했다. 2006년 이후 은행권에다 비은행권을 포함한 광의의 민간 금융권이 주택담보대출 자산을 유동화해 발행한 MBS의 규모는 2조 원 안팎에 불과했다. 오히려 한국주택금융공사의 MBS 발행 실적이 주택담보대출 잔액 대비로는 상대적으로 더 높은 편이다. 한해 발행된 MBS 최대 액이 10조 원에 육박할 때도 있었지만(〈표 6-5〉) 대부분 10조 원 미만이며 한해 평균 5조 원의 MBS가 발행된 셈이다.

민간은행, 비은행, 공적 주택금융기관이 제공한 총 주택담보대출 규모가 거의 400조 원에 육박하는데, 그중 MBS로 유동화된 금액이 10조 원에 채 못 미친다는 것은 MBS 증권화 비율이 극단적으로 낮다는 것을 의미한다.

주택저당대출의 증권화 비율을 한국과 미국 간에 비교하면 비교 자체가 무의미할 정도로 격차가 크다. 미국의 경우, 연방주택청/퇴역군인청 FHA/VA 론이나 컨포밍론Conforming loan은 증권화율이 거의 80%가 넘으며, 프라임론Prime loan이나 알트-A/서브프라임론Alt-A/Subprime loan은 민간의 투자은행이나 주택저당대출 회사 등이 이 주택저당대출을 사들여 증권화하

표 6-5 | 주택저당증권(MBS) 발행 실적

단위: 조 원

| | 2001 | 2003 | 2004 | 2005 | 2006 | 2007 | 2008 | 2009 | 2010년 10월 말 |
|---|---|---|---|---|---|---|---|---|---|
| 한국주택금융공사[1] | 0.7 | 0.3 | 3.0 | 3.9 | 1.7 | 2.2 | 2.6 | 8.6 | 4.1 |
| 은행[2] | 0.1 | 0.0 | 2.0 | 7.7 | 2.0 | 2.1 | 2.9 | 0.7 | 1.6 |
| 기타[3] | | | - | - | - | 0.1 | | | |
| 합계 | 0.8 | 0.3 | 5.0 | 4.6 | 3.7 | 4.4 | 5.5 | 9.3 | 5.7 |

주 1) 2004년 이전 수치는 주택저당채권유동화회사(KoMoCo) 기준.
  2) SC제일은행의 발행 실적, 변동금리 주택담보대출이 대부분을 차지.
  3) GE캐피탈코리아.
자료: 한국주택금융공사, 『주택금융월보』(2010, 11월호); 금융감독원(2010), 2009년 자산담보부증권 발행 실적 분석보고서; 금융감독원(2008), 2007년 자산담보부증권 발행 실적 분석, 2월; 김인규(2007, 16).

는데 증권화율이 50%를 넘는다(이 글의 맨 뒤 〈부표〉의 미국 증권화율 참조). 한국의 경우, 한국주택금융공사가 제공한 주택저당대출의 증권화율이 민간은행이 제공한 주택저당대출의 증권화율보다 다소 높지만 그 비율이 극히 낮은 수준이다. 민간은행 및 금융기관은 증권화를 거의 하지 않는다고 해도 과언이 아니다.


**한국에서의 증권화의 지체 요인**

김대중 정부와 노무현 정부는 민주주의와 시장경제의 병행 발전이라는 기치하에 선별적 산업정책과 금융 억압financial repression을 핵심 특징으로 하는 구발전국가 모델(전창환 2005)을 개혁함과 동시에 증권화를 위한 모든 과정을 빈틈없이 추진했다. 특히 ABS 및 MBS 시장의 도입이 한국 금융시장, 특히 자본시장 중·장기 채권 시장의 발전에 크게 기여할 것으로 기대되었다. 당시 한국의 채권 시장 특히 장기채 시장의 미성숙 및 저발전이 여러 가지 면에서 금융 발전의 걸림돌로 작용해 왔다는 것을 생각해 볼 때, 자산유동화 시장의 도입은 금융 당국으로서 중요한 정책 과제였을 것으로 판단된다. 금융 당국이 이런 제약이나 한계를 돌파할 수 있는 수단으로 생각한 것이 바로 한국주택금융공사의 설립이었다. 금융 당국은 이를 통해 장기주택저당대출을 제공함과 동시에 2차 주택저당대출 시장을 제도화할 수 있을 것으로 생각했다.

혼히 주택저당대출 시장은 1차 시장primary market과 2차 시장secondary market으로 구분된다. 1차 주택저당대출시장이란 민간 주택융자 제공 기관과 주택융자 차입자가 거래하는 시장을 의미하는 데 비해, 2차 주택저당대출시장이란 한국주택금융공사와 민간주택융자 제공기관이 거래하는 시장을 말한다. 이 두 주택저당대출시장이 정상적으로 작동하려면 1차 시장에서 주택융자를 제공한 민간 금융기관이 주택융자를 제공한 결과로 보유하게 된 주택담보대출 자산을 은행 내의 대차대조표 내에서 그대로 보유하는 것이 아니라 2차 시장으로 적극 넘겨 유동화해야 한다. 증권화와 관련해 이 2차 시장에서 결정적으로 중요한 역할을 수행하는 기관이 바로 한국주택금융공사다. 실제 한국주택금융공사는 2차 시장으로 넘어오기로 되어 있는 주택담보대출자산을 인수해 증권화하기로 되어 있었다.[13] 이를 통해 금융 당국은 한국에서도 자산유동화를 촉진할 수 있을 것이라고 낙관했다. 하지만 결정적인 문제는 1차 주택저당대출 시장에서 주택저당대출을 제공한 민간은행들이 그 주택저당대출 채권을 자신의 대차대조표에서 덜어내어 2차 주택저당대출 시장으로 넘겨야 함에도 불구하고 오히려 그것을 보유하려는 동기가 더 강하다는 점이다(Yoo 2005; 김영도 2008). 즉 우리나라에서는 자산유동화의 가장 기본적인 원리인 대출

---

[13]_주택대출과 관련해 1차 시장이란 주택담보, 주택자금대출, 국민주택기금대출, 주택금융공사 모기지론을 말하고 2차 시장은 주택저당대출을 유동화하는 시장으로 금융기관 또는 주택금융공사가 주택저당대출을 유동화한다.

조성(주택저당대출 제공) 및 판매Originate to Distribute(약어 OtoD)[14]가 아니라 정반대의 대출 조성 및 보유originate to hold(약어 OtoH) 구조가 강고하게 유지·온존되고 있어 자산유동화가 좀처럼 확산되지 않고 있다.

이를 좀 더 다른 각도에서 보면, 주택담보대출 취급 민간 금융기관의 경우 대출해 준originate 뒤 이 대출 자산을 장부(대차대조표)에서 덜어 내어 유동화 전문 회사에 매각distribute하는 미국의 주택저당대출 취급 민간 금융기관과 달리 주택저당대출을 제공한originate 뒤 대출 자산을 그대로 자신의 대차대조표상에 둔다hold는 것을 의미한다. 결국 은행을 중심으로 민간 금융기관들이 자발적으로 주택담보대출에 기초한 자산을 유동화하려고 하지 않는다는 점이다. 그렇다면 국내에서는 무슨 이유 때문에 자산유동화가 금융 당국이 기대했던 것만큼 진척되지 않는 것일까?

MBS 발행액 실적이 지지부진한 데에는 여러 요인이 있을 수 있지만 그중에서도 주택저당대출을 제공했던 국내 은행들 간에 존재하는 치열한 규모의 경쟁이다(김영도 2008, 4-5). 이런 상황에서는 은행 등 금융기관이 자산 내지 몸집을 불리는 것이 더 유리하다. 이에 따라 금융기관들은 은행의 자산계정에서 주택저당대출론이라는 대출 자산을 떼내어 부외화off-balance하기보다는 가능한 한 은행들이 움켜쥐고 있으려는 경향을 보인다. 문제는 앞으로도 당분간 은행권에서는 자산 규모를 늘리는 외형 확대 경쟁 추세에 큰 변화가 있을 것으로 보이지 않는다는 점이다. 이런 외형 확대 경쟁이 은행권에 지배하는 한, 은행들은 자신의 자산 규모를 매우 중시하기 때문에 자산 규모를 줄이는 결과를 초래하는 대출채권 매각보다

---

14_흔히 OtoD model이라고 부르고 정반대의 은행 사업 모델은 OtoH model이라고 부른다.

는 오히려 자산 규모를 유지·확대하기 위해 은행 내 자산으로 보유하는 것을 더 선호할 것이다(김인규 2007, 36).[15]

둘째, 국내 은행이 대출채권을 증권화하는 데 상대적으로 적극적이지 않았던 또 다른 이유로 자기자본비율 산정 시 주택담보대출의 위험 가중치가 50%로 기업 대출의 위험 가중치 100%보다 훨씬 낮았다는 점을 들 수 있다. 따라서 은행이 주택담보대출 자산을 많이 보유하더라도 그것은 은행의 자기자본비율 유지에 큰 부담으로 작용하지 않았다. 즉 바젤 II의 이런 신용 위험 가중치 적용으로, 대출 자산을 그대로 대차대조표상에 그대로 남겨 두더라도 자기자본비율 조건 충족에 전혀 부담으로 작용하지 않았다. 바로 이런 점들이 미국의 주택담보대출 취급 금융기관과 한국의 주택담보대출 취급 금융기관이 처한 중요한 여건상의 차이점이다.

셋째, 민간의 주택담보대출을 해왔던 시중 상업은행들이 미국의 민간 주택저당대출 제공 금융기관처럼 이렇다 할 유동성 부족 압박에 시달리지 않고 있다는 점이다. 전체적으로 볼 때, 국내 금융기관의 풍부한 유동성 때문에 자산유동화의 유인이 상대적으로 미약하다. 2000년대 말 이래 예대율 상승으로 은행들이 유동성 압박을 받기도 했지만 이것이 지속적인 현상이라고 보기 어려웠다. 또한 유동성 압박 정도가 그다지 심각하지 않았기 때문에, 자산유동화 압력이 단기에 급속도로 높아질 것으로 보이지 않았다. 요컨대 아직까지는 주택저당대출 제공 시중은행들이 자산유동화에 별 매력을 느끼지 못하고 있기 때문에 자체적인 유동화 요구가 미

---

15_대출 자산 규모 중시하는 국내 은행의 영업 관행을 수용하면서도, 장기주택담보대출에 적극적으로 유도할 수 있는 방안이 바로 MBS 발행을 통한 자산유동화가 아니라 커버드본드의 발행이다.

약한 실정이라 하겠다.

마지막으로 MBS 발행 규모가 미미해 그만큼 발행 비용이 높다는 점, 원리금 일시 상황의 대출이 원리금 분할상환 대출보다 훨씬 많아 상대적으로 조기 상환 리스크가 높다는 점도 증권화의 확산에 불리하게 작용했다. 왜냐하면 조기 상환이 허용되는 자동 이전pass-through 형의 경우 원금과 이자 지급 부담이 투자가에 이전·전가되기 때문에 투자가들이 떠안게 되는 위험이 더 커지기 때문이었다(김영도 2008, 4-5). 설상가상으로 자산담보부증권의 최대 수요층인 국내 기관 투자가들도 만기일시상환을 선호해 이래저래 ABS와 MBS의 저변 확대가 쉽지 않은 상황이다.

이상에서 볼 때 주택담보대출을 제공하는 민간 금융기관 특히 은행의 경우 자산유동화의 유인이 거의 없어 전체적으로 증권화에 대한 절실한 필요성을 느끼지 못하고 있음을 확인할 수 있다. 미국의 경우 패니메이와 프레디맥은 1차 주택저당대출 시장에서 주택저당대출을 제공한 민간 금융기관이 밀어낸 주택저당대출을 적극적으로 사들여 전체적으로 증권화를 엄청나게 진전시켰지만[16] 한국의 민간 금융기관의 경우, 증권화를 위한 강력한 동기나 내재적인 유인을 찾아보기 어렵다. 한국주택금융공사가 무주택 서민들에게 장기 고정금리 융자를 제공하고 MBS도 발행하지만 이것만으로 자산유동화 시장을 끌고 가기는 역부족이다.

한국주택금융공사는 현재 시중은행에 의한 '단기 변동금리부 일시상환 대출'을 '장기 고정금리부 원리금 분할상환 대출'로 전환함으로써 주택

---

16_2004~07년 패니메이와 프레디맥이 주택저당대출의 최대 구매자였다. 2008년 여름까지 두 기관은 2차 주택저당대출 시장의 90%를 통제했으며 전체 주택저당대출 시장의 50%를 좌지우지했다(Thompson 2009, 18).

표 6-6 | 2009년 말 한국주택금융공사의 자산담보부증권 발행 및 상환 현황

단위: 억 원

| | 발행 누계 | 상환 내역 | 발행 잔액 |
|---|---|---|---|
| 주택담보부증권(MBS) | 249,288 | 70,136 | 179,162 |
| 학자금융자담보부증권(SLBS) | 77,779 | 11,036 | 66,743 |
| 합계 | 327,067 | 81,172 | 245,905 |

한국주택금융공사, "2009년 연차 보고서," 2010, 19.

금융 시스템의 안정성을 제고한다는 목표를 추구해 왔다. 2000년대 말 한국주택금융공사는 그 일환으로 만기가 10년 이상, 30년 미만까지의 장기 고정금리부 원리금 분할상환 대출의 일종인 보금자리론을 공급해 왔다. 보금자리론의 공급 방식을 보면, 주택금융공사가 인터넷상으로 직접 신청을 받기도 하지만 주된 공급 방식은 주택금융공사가 시중의 21개 민간 금융기관과 위탁판매 계약을 체결해 보금자리론을 판매하는 것이다. 결국 민간 금융기관이 한국주택금융공사로부터 중개수수료를 받고 보금자리론을 대신 팔아 주는 형태를 취하고 있다. 시중은행들 입장에서는 자체 자금 부담 없이 한국주택금융공사의 주택저당대출 상품을 위탁·판매해 주고 수수료를 받으면 되기 때문에 은행 경영에 특별히 부담이 될 게 없다.

2010년 10월 말 현재, 보금자리론의 대출 잔액은 15조666억으로 은행권 주택담보대출 잔액 276조8,078억 원의 5.4%에 불과하다(〈표 6-4〉). 한국주택금융공사가 주택담보대출 채권의 유동화를 통해 발행한 MBS 잔액이 2004년 4조8천억 원에서 2009년 말 17조9,162억 원으로 증가했지만(〈표 6-6〉) 그 비중은 극히 미미한 수준이다. 이는 장기 주택담보대출의 보금자리론이 전체 주택담보대출에서 차지하는 비중이 극히 미약하다는 것을 말해 준다. 원리금 분할상환의 장기 주택담보대출을 도입해 단기 변동금리부·일시상환 위주의 주택금융시장의 취약성을 극복해 보겠다는

표 6-7 | 한국과 선진국의 주택대출 금리 유형 비교

단위: %

| | 미국(2005) | 독일(2005) | 프랑스(2005) | 영국(2005) | EU 평균(2004/5) | 한국(2006) |
|---|---|---|---|---|---|---|
| 변동금리* 비중 | 31 | 16 | 32 | 35 | 46 | 95 |
| 고정금리** 비중 | 69 | 84 | 68 | 63 | 54 | 5 |

주: *는 1년 이하 변동금리.
　　**는 1년 초과 고정금리 및 전 기간 고정금리.
자료: 이중희(2007, 22).

원래 취지가 좀처럼 빛을 발하지 못하고 있다.

결국 증권화 시장이 확대되려면 우량 장기 주택담보대출 자산이 많아야 한다. 한국주택금융공사가 제공하는 장기 주택담보대출인 보금자리론을 여러 가지 인센티브를 통해 은행으로 하여금 많이 팔도록 하는 것도 중요하지만 더 중요한 것은 민간 주택담보대출 기관이 스스로 장기 주택담보대출을 많이 제공해야 한다는 점이다. 딜레마는 바로 여기에 있다.

민간은행의 경우 정작 중요한 것은 장기 고정금리의 원리금 분할상환인 보금자리론의 위탁판매가 아니라 자체자금으로 주택저당대출을 제공하는 업무다. 전자는 위탁수수료를 받는 것으로 끝나지만 자체 자금으로 제공한 주택저당대출을 위탁수수료보다는 훨씬 막대한 수익을 가져온다. 이를 위해 민간은행은 리스크 관리나 수익면에서 장기 고정금리부 대출보다는 단기 변동금리부 대출을 훨씬 더 선호한다. 〈표 6-7〉은 우리나라 주택담보대출이 다른 나라에 비해 얼마나 단기화되어 있는지를 단적으로 보여 준다. 2005~06년경 대부분의 선진국들에서 고정금리 및 초기 고정금리부 주택대출이 최소 50% 이상 최대 80~90%를 차지하는 데 비해 우리나라는 극단적으로 정반대로 변동금리부 주택대출이 95%(은행권의 2006년 말 잔액 기준)에 달했다.

다음으로 주택담보대출 자산의 증권이 미발달한 이유 중의 하나가 주택담보대출의 만기가 대단히 짧다는 점이다. 2009~10년 담보대출의 만

표 6-8 | 은행권 가계대출의 만기 구조

단위: %

| | 3년 이내 | | | 3~5년 | 5년 초과 | |
| | 1년 이내 | 1~3년 | | | 5~10년 | 10년 |
|---|---|---|---|---|---|---|
| 2003 | 77.7 | 27.7 | 50.0 | 9.1 | 13.1 | - | - |
| 2004 | 70.8 | 41.7 | 29.1 | 6.5 | 22.7 | - | - |
| 2005 | 57.1 | 35.2 | 21.9 | 9.1 | 34.6 | 8.9 | 24.9 |
| 2006 | 41.7 | 23.9 | 17.8 | 7.4 | 50.9 | 11.5 | 39.4 |
| 2007 | 37.8 | 21.0 | 16.7 | 6.9 | 55.3 | 14.4 | 40.9 |
| 2008 | 34.4 | 18.3 | 16.1 | 23.7 | 41.9 | 4.9 | 37.0 |
| 2009 | 39.5 | 17.9 | 21.6 | 24.1 | 36.4 | 5.3 | 31.1 |
| 2010년 3/4분기 | 34.9 | 14.0 | 20.9 | 17.6 | 47.5 | 7.5 | 40.0 |

자료: 한국은행(2010).

기가 많이 길어졌음에도 불구하고 다른 나라에 비해서는 여전히 짧은 편이다. 가계신용이 폭발적으로 증가하기 시작한 2000년대 초반 만기 3년 이하의 대출이 70%를 넘는 수준이었다. 2000년대 중반 주택담보대출의 급속한 증대에 제동을 걸기 위해 총부채상환비율DTI 등 각종 규제가 도입되면서 만기 10년 이상 대출이 빠르게 증가할 수 있었다. 2005년 말 24.9%에 불과했던 10년 이상 만기의 담보대출 비중이 2010년에는 40%대까지 상승했다(한국은행 2010). 하지만 이 비율도 10년 이상 장기 대출 비중이 90%에 이르는 선진국에 비해서는 여전히 낮은 수준이다(박창균 2010, 7).

더 중요한 점은 주택저당대출을 빌리는 일반 가계도 장기 고정금리의 원리금 분할상환 대출을 절실하게 원하지 않는다는 사실이다. 일반 가계의 경우 주택 가격 상승에 따른 자본이득을 목적으로 주택 구입 내지 투기를 많이 하다 보니 원리금을 균등하게 분할상환해야 하는 장기 고정금리부 대출보다는 금리도 낮고 원금은 만기에 일시상환하는 단기 변동금리부 일시상환 대출을 더 선호하는 편이다.

민간은행들의 경우, 한국주택금융공사의 보금자리론을 위탁·판매하는 것보다 자체의 대출 상품(만기가 짧은 변동금리부 주택담보대출)을 판매해 거두는 수익이 더 큰 이상, 장기 주택담보대출의 일반화와 그에 기초한 자산유동화를 기대하기는 쉽지 않을 것이다. 이런 점에서 은행들로 하여금 보금자리론을 더 적극적으로 판매하도록 유도하기 위해 대출 취급 수수료를 대폭 상향조정하는 방안(박창균 2010)도 한계가 많은 정책이다. 왜냐하면 은행이 위탁·판매하는 장기 고정금리의 원리금 분할상환의 보금자리론이 전체 주택담보대출에서 차지하는 비중이 아주 미미하기 때문에 설령 대출 취급 수수료를 상향 조정하더라도 전체적인 효과는 극히 미미할 수밖에 없다. 한국주택금융공사가 수수료를 어느 정도까지 인상할 수 있는 여력이 있는지도 미지수다. 심지어 민간 금융기관에서는 주택금융공사의 이런 식의 보금자리론의 확대와 민간 주택담보대출 시장의 잠식에 대한 거부감(장민 2010)이 만만치 않아 큰 힘을 발휘하기 어려울 것으로 판단된다.

좀 더 근본적인 것은 민간 경제주체들이 스스로 장기 고정금리 대출에 대해 확고한 의지를 보일 수 있어야 한다는 점이다. 주택저당대출을 제공하는 상업은행의 경우 장기 고정금리에 따른 리스크를 지기 꺼려한다. 은행의 경우 단기 부채가 많은 상태에서 만기가 긴 장기 자산인 장기 주택담보대출을 많이 하는 데에는 큰 위험이 따른다(淸水俊夫 2009, 86-94). 또한 차입자들이 장기 고정금리 주택담보대출로 인한 원리금 분할상환을 거부하고 그 대신 주택 거래를 통한 단기 차익 실현 기대가 팽배해 장기 고정금리와 분할상환보다는 단기 변동금리와 일시상환을 선호한다. 이런 상태에서는 민간 주택융자 기관들이 장기 주택담보대출을 기피할 수밖에 없다. 결국 한국에서는 증권화의 근간이라고 할 수 있는 MBS가 아직 한국주택금융 공사를 통해 극히 일부분만 도입되어 있을 뿐, 민간 금융 일반으로 확산되어 가고 있다고 보기는 어려울 것이다. 설령 민간 금융기관이 장기 고정금리의 주택담보대출을 제공했다 하더라도 그것을 증권하는 데에는 근본적인 한계와 제약이 존재한다. 이미 지적한 바와 같이, 주택담보대출 자산을 증권화하는 것이 회계상 해당 은행의 자산 규모를 줄이는 결과를 초래하기 때문에 외형적인 자산 규모 확대 내지 은행 덩치 키우기에 민감한 민간은행들로서는 자산 규모를 줄이는 대출 자산의 유동화를 적극적으로 추진할 하등의 이유가 없다.

일부에서 MBS 대신 커버드본드[17]를 발행해 장기 주택담보대출을 활성화할 것을 제안하기도 한다.[18] 커버드본드는 주로 유럽 등에서 주택융자나 공공단체에 대한 융자를 담보로 하여 발행되는 채권bond으로 일종의 금융채[19]이다. 커버드본드가 각광을 받기 시작한 것은 2007~09년 금융위기로 MBS 시장의 결함이 드러나고, 특히 민간 MBS 시장이 거의 궤멸 상태에 빠진 데 비해 이 커버드본드 시장은 금융위기로부터 거의 타격을 받지 않았기 때문이다. 특히 커버드본드는 유럽에서 20~30년 장기주택저당대출을 확대하는 데 크게 기여한 것으로 평가된다. 일례로, 유럽에서 가장 만기가 긴 30년 고정금리를 넓게 보급한 나라로 덴마크의 주택금융제도를 주목하는데, 바로 여기서도 커버드본드가 결정적인 역할을 했다. 요컨대 미국이 패니메이, 프레디 맥 등 GSE를 기반으로 하여 30년 장기 주택저당대출 시장과 정부기관 주택저당대출Agency MBS 시장을 발전시킨

---

17_커버드본드(Covered Bond)의 기본 개념과 유럽 주요국 사례에 대해서는 정소민(2009, 366-400)을 참조.

18_김영도(2008, 241-2), 박창균(2010, 24-5).

19_독일의 Pfandbrief, 프랑스의 Obligations Foncireres, 스페인의 Cedulas Hipotecrarias가 유럽에서 대표적인 커버드본드다. 유럽 통합 이후 커버드본드의 법제화로 2010년 7월 현재, 25개국에서 커버드본드에 대한 법률이 정비되고 있다(小林正宏 2010b, 76)

데 비해 덴마크는 30년 장기주택저당대출 금융과 커버드본드에 기초해 장기 주택융자 제도를 발전시켰다. 흥미롭게도 덴마크에서는 국가 대란에 준하는 상황에서도 커버드본드의 지불 불능default 사태가 한 건도 없었을 정도로 장기주택저당대출 금융시장이 견고하다고 한다(小林正宏 2009).

커버드본드와 MBS간의 결정적인 차이[20]는 다음과 같다. 첫째, MBS의 경우 대출 자산이 주택저당대출을 제공한 금융기관의 대차대조표에서 완전히 분리·제거되지만 커버드본드의 경우, 대출자산이 주택저당대출을 제공한 금융기관의 대차대조표에 그대로 남는다. 따라서 MBS의 경우, 원자산인 대출채권의 신용 리스크가 대출 제공자로부터 완전히 분리되어 투자가에게 전가되지만 커버드본드의 경우 대출 제공자에게도 신용 리스크가 남아 있다. 따라서 MBS의 경우 차입자에 대한 감시·모니터링의 유인이 전혀 없고 그 결과 도덕적 해이 가능성이 높지만, 커버드본드의 경우 대출채권이 주택저당대출 제공 금융기관의 대차대조표상에 그대로 남아 있기 때문에 차입자들을 지속적으로 감시·모니터링해야 할 유인이 생긴다. 이런 면에서 커버드본드에서는 도덕적 해이 문제가 발생하기 어렵다.

커버드본드의 또 다른 중요한 특징 중의 하나가 바로 이중 청구권dual recourse을 가지고 있다는 점이다. 커버드본드의 경우 발행 기관이 파산한 경우 담보 자산뿐만 아니라 융자를 제공한 은행에 대해서도 지급을 청구할 수 있다. 하지만 MBS의 경우, 오직 담보 자산에 대해서만 지급을 청구할 수 있을 뿐 진정 판매true sale를 수행한 융자 제공자는 지급 청구에 응할 하등의 책임이 없다. 이런 점에서 커버드본드의 이중 청구권은 커버드본

---

20_이에 대한 설명은 小林正宏(2010b)을 참조.

드의 신용도를 높이는데 아주 중요한 요소라 하겠다.

커버드본드의 이런 특징으로부터 MBS 발행과 달리 커버드본드의 발행의 경우 대출채권이 은행 자산 계정에서 그대로 남아 있기 때문에 결코 은행 자산 규모를 줄이는 일이 발생하지 않는다. 따라서 은행들이 자산 규모 축소를 우려할 필요가 전혀 없게 된다. 게다가 커버드본드 보유자가 이중 청구권을 가지기 때문에 설령 주택담보대출 자산이나 공공 부문 대출 자산이 부실화된다고 하더라도 이 커버드본드를 가진 사람들이 제일 우선적인 회수권을 갖는다. 이 점에서 커버드본드는 MBS보다 신용 리스크가 작다고 하겠다.

2011년 미국에서도 서브프라임 위기의 한 요인으로 지적된 MBS 제도의 결함을 시정하기 위해 커버드본드의 도입에 대해 본격적인 검토에 들어가 입법화까지 나아갔다.[21] 국내에서도 민간 금융기관의 자산유동화의 부진을 만회하는 차원에서 카버드본드를 활성화할 것을 제안했다(박창균 2010; 김영도 2008). 한국주택금융공사는 이미 2010년 여름에 외화 표시 커버드본드를 발행했다. 우리나라에서도 덴마크에서처럼 커버드본드가 장기주택저당대출의 제도화에 크게 기여하려면 민간 금융기관이 커버드본드의 이용에 적극적이어야 한다. 다만, 과연 그것이 우리나라 실정에서 얼마나 유효할지는 완전히 또 다른 새로운 문제로 별도의 면밀한 검토를 요한다.

---

21_이에 대해 보다 자세한 것은 Surti(2010), 小林正宏(2010b)을 참조.

# 4. 맺음말에 대신하여

이 글의 출발점에는 2007~09년 미국 및 글로벌 금융위기가 경제의 금융화와 금융의 증권화 간의 상호 상승작용의 결과임과 동시에 증권화가 금융의 시한폭탄으로 알려진 신용파생상품과 연결되면서 위기가 더 증폭되었다는 기본 인식이 깔려 있었다. 또 하나 늘 중요하게 간직하고 있는 생각은 전세계에서 주택저당대출을 매개로 증권화가 최고로 진전되어 있는 나라가 바로 미국이라는 점이다. 금융화도 미국에서 가장 고도로 진전되어 있다는 것(Krippner 2010)은 두말할 필요도 없다. 요컨대 영미형 자본주의모델(자유시장경제모델, 주주자본주의모델)에서 금융화와 증권화가 최고로 진전되어 있다. 이들 지역은 영어를 모국어로 쓸 뿐만 아니라 판례법 common law 중심주의가 자리하고 있다. 금융시스템도 상업은행 중심의 금융시스템이라기 보다는 자본시장 내지 시장 중심으로 한 금융시스템에 훨씬 가깝다. 이에 비해 비영미형 대륙유럽 자본주의모델(조정형 시장경제모델, 이해당사자모델)에서는 금융화와 증권화가 상당히 지체되어 있고 대부분 비영어권이다. 금융시스템도 시장기반 형이라기보다는 은행기반형에 가깝다. 21세기 금융화 시대에서 대륙유럽의 조정형시장경제모델이 금융화와 증권화의 진전을 위해 무엇을 추구하고 있는지 관심의 대상이 아닐 수 없다.

그렇다면 한국은 어떤가? 선별적 산업정책과 대내외적 금융 억압에 기반해 고도·압축 성장을 이끌었던 한국의 발전 국가 모델은 1997년 외환·금융 위기를 계기로 최종적으로 파산했다. IMF의 구제금융과 맞물려 진행된 한국 경제의 구조조정이 신자유주의적 원리에 기초했다는 것은 두말할 필요가 없다.

이 글에서 집중적으로 분석했던 것은 한국의 증권화였다. 김대중 정부는 경제 구조조정의 핵심 요소 중의 하나로 증권화를 제도화하기 위해 여러 가지 법과 제도를 도입했다. 김대중 정부 시기 〈자산유동화법〉과 자산유동화회사법이 제정·통과되었다. 마침내 노무현 정부 초기 한국주택금융공사가 설립됨으로써 증권화를 위한 제도적 기반 마련이 일단락되었다. 당시 증권화를 위한 법과 제도 개혁을 주도한 금융 관료들의 계획은 정말 야심차고 원대했다. 하지만 10년이 지나고 특히 글로벌 금융위기를 겪고 난 현 시점에서 다행스럽게도 증권화의 진전이 극히 미진한 것으로 판명되었다.

김대중 정부와 노무현 정부가 도입·추진한 증권화는 미국과 같이 장기 고정금리 중심의 주택저당대출을 확대·보급하고 이것을 유동화해 MBS, ABS 시장을 활성화하는 것이었다. 이 글에서 보여 준 것처럼 장기 고정금리 중심의 주택저당대출의 확산·보급이 기대에 훨씬 못 미쳤을 뿐만 아니라 MBS 시장의 활성화도 크게 진전되지 못했다. 요컨대 민주 정부 10년 동안 노동개혁, 금융개혁, 기업지배구조 개혁 등 여러 가지 주요한 신자유주의적 구조조정이 성공리에 이루어졌지만 이보다 더 신자유주의적 색채가 강했던 증권화는 정책당국의 의도와 달리 아주 지지부진했다. 역설적으로 들리지는 모르지만 오히려 이런 지지부진 때문에 우리는 2007~09년 글로벌 금융위기로 인한 직접적인 피해와 타격을 줄일 수 있었다.

이미 앞에서 지적한 바와 같이, 미국 금융위기의 파급효과는 증권화와 신용파생상품이라는 금융의 대량 살상 무기와의 위험천만한 조우 때문에 더 증폭되었다. 우리가 2007~09년 전 세계 금융위기로부터 비교적 덜 타격을 받은 것에는 파생금융상품에 대한 정부의 보수적 규제가 크게 작용했다. 하지만 정부의 이런 규제도 글로벌 금융 추세를 반영해 서서히 변하고 있다. 마침내 파생금융상품이 금융시장에서 본격적으로 제조될 수 있도록 허용한 법이 제정되었는데 그것이 바로 〈자본시장과 금융투자업에 관한 법률〉(약칭 〈자본시장통합법〉)이다. 역대 정부 중에서 가장 개혁적이고 진보적인 정부라고 자처했던 노무현 정부가 정신분열적으로 동북아 금융허브 구상, 한국투자공사의 설립, 〈자본시장통합법〉의 제정 등을 추진했다. 이 모든 것은 궁극적으로 금융화와 맞닿아 있다. 흥미롭게도 이명박 정부, 나아가 심지어 박근혜 정부의 금융 선진화 구상도 금융화 노선을 계승하고 있다.

〈자본시장통합법〉은 파생금융상품의 활성화를 통해 금융화를 더욱 촉진할 것이다. 증권화의 경험에 비추어 볼 때 그 효과는 아주 천천히 완만하게 나타날 가능성이 높다.

김대중 정부와 노무현 정부의 진보적 핵심 참모들은 신자유주의적 구조조정에서 결정적으로 중요한 금융화와 증권화 등에 관한 금융 관련법이 한국 경제의 구조 변화, 나아가 한국 사회의 진보와 실질적 민주화에 얼마나 중대한 효과를 가져올지에 대해 별로 관심이 없었다. 그러는 동안 기재부, 한은, 금융위 등 주요 금융 부처와 관료들은 거의 별다른 견제와 제약을 받지 않고 정책을 추진해 왔다. 늘 그렇듯이 금융 관련 의제는 소수의 금융 관료, 금융기관(은행, 증권회사, 보험회사, 자산운용사), 국민연금 등 기관투자가, 한국투자공사 등의 국부펀드, 나아가 금융 관련 전문가들(변호사, 회계사 등)의 전유물이 되고 있다. 금융 관련 공적 기관, 한국투자공사, 한국주택금융공사, 정부 부처의 각종 기금, 심지어 한은 금통위의 거버넌스 구조를 보면 얼마나 폐쇄적이고 비민주적인지를 단적으로 확인할 수 있을 것이다. 유일한 예외가 국민연금의 기금운용위원회이지만 이마저도 기존 금융 관련 공적 기관의 비민주적이고 폐쇄적인 거버넌스 구조로 퇴행할 가능성이 높아지고 있다(전창환 2007). 향후 우리의 일상생활에서 결정적으로 중요해질 금융 관련 의제들이 언제쯤이면 노동·시민 세력, 나아가 국민 대중의 감시 대상에 제대로 오를 수 있을까?

## 부표 | 미국 주택저당대출(모기지론) 및 증권화 현황

| | | 연방주택청/퇴역군인청 보증론 | 컨포밍론 | 프라임론 | 알트-A/ 서브프라임론 | 리파이넌스론 | 합계 |
|---|---|---|---|---|---|---|---|
| | | 공적 주택저당증권 | | 민간 주택저당증권 | | | |
| 2001 | 대출액(10억 달러) | 175.0 | 1,265.0 | 445.0 | 215.0 | 115.0 | 2,100.0 |
| | 증권화액(10억 달러) | 172.2 | 914.9 | 142.2 | 98.4 | 15.5 | 1,344.7 |
| | 증권화율(%) | 98.7 | 72.3 | 32.0 | 45.8 | 13.5 | 60.7 |
| 2002 | 대출액 | 176.0 | 1,706.0 | 571.0 | 267.0 | 165.0 | 2,720.0 |
| | 증권화액 | 172.2 | 1,270.4 | 171.5 | 176.1 | 24.8 | 1,817.4 |
| | 증권화율 | 97.8 | 74.5 | 30.0 | 66.0 | 15.0 | 63.0 |
| 2003 | 대출액 | 220.0 | 2,460.0 | 650.0 | 395.0 | 220.0 | 3,725.0 |
| | 증권화액 | 218.5 | 1,912.4 | 237.5 | 269.1 | 20.4 | 2,662.4 |
| | 증권화율 | 99.3 | 77.7 | 36.5 | 68.1 | 9.3 | 67.5 |
| 2004 | 대출액 | 132.0 | 1,210.0 | 515.0 | 715.0 | 355.0 | 2,920.0 |
| | 증권화액 | 126.4 | 892.3 | 233.4 | 521.1 | 49.1 | 1,826.8 |
| | 증권화율 | 95.8 | 73.7 | 45.3 | 72.9 | 13.8 | 62.6 |
| 2005 | 대출액 | 86.0 | 1,092.0 | 570.0 | 1,005.0 | 365.0 | 3,120.0 |
| | 증권화액 | 85.6 | 879.1 | 280.7 | 797.4 | 49.1 | 2,111.8 |
| | 증권화율 | 99.5 | 80.5 | 49.2 | 79.3 | 13.8 | 67.7 |
| 2006 | 대출액 | 83.0 | 990.0 | 480.0 | 1,000.0 | 430.0 | 2,980.0 |
| | 증권화액 | 83.2 | 816.9 | 219.0 | 814.3 | 74.2 | 2,016.0 |
| | 증권화율 | 100.2 | 82.5 | 45.6 | 81.4 | 17.3 | 67.6 |
| 2007 | 대출액 | 101.0 | 1,162.0 | 347.0 | 466.0 | 355.0 | 2,430.0 |
| | 증권화액 | 98.6 | 1,062.0 | 178.1 | 432.5 | 32.9 | 1,804.2 |
| | 증권화율 | 101.0 | 91.4 | 51.3 | 92.8 | 9.3 | 74.2 |

주: 1) 연방주택청/퇴역군인청 보증론을 증권화한 주택저당증권은 민간 금융기관에 의해 발행되고 지니메이에 원리금 지급이 보증된다.

　　2) 컨포밍론이란 패니메이나 프레디맥에 의한 매입 대상 기준을 충족하는 주택융자이며 이것을 증권화한 주택저당증권은 패니메이와 프레디맥 자신에 의해 발행·보증된다.

자료: Inside Mortgage Finance Publications, "Securitization Rates for Home Mortgages," *Mortgage Market Statistical Annual 2008*,

# 7장

# 금융 엘리트의 독주

### 금융허브 계획의 실상과 문제점

홍기빈

## 1. 금융허브론: '심의'되지 않은 국가 개조 계획

2003년 이래 노무현 정권에서 가장 일관되게 추진된 정책이 있다면, '금융허브' 계획이 그중 하나다. 허브hub라는 말은 바퀴의 축으로서, 바퀴의 원형을 지탱하는 수십 개의 바퀴살spoke이 뻗어 나가는 중심이 된다. 이 단어는 노무현 정권이 들어서던 무렵부터 갑자기 '동북아 경제 중심'이라는 의미의 경제 시사용어가 되었다. 세계경제 성장의 엔진으로서 무섭게 성

---

• 이 글은 『시민과 세계』(2007년 12호)에 실린 필자의 글을 수정·보완한 것이다.

장해 가고 있는 동아시아 경제에 있어서 한국은 그 지리학적인 위치를 십분 이용해 그 중심의 자리를 잡아야 한다는 생각이었고, 이는 다시 '동북아 물류허브'와 '동북아 금융허브'라는 연결된 듯 보이지만 상당히 다른 두 가지의 생각으로 나누어져 있었다.

빌 클린턴과 김대중이 미국과 한국의 '대통령이던 시절 6·15 남북정상회담으로 절정에 달했던 남한의 '햇볕정책' 그리고 그것이 꿈꾸었던 남북한을 포함해 일본, 중국, 미국, 러시아 등이 모두 참여하는 동아시아 경제의 그림은 조지 W. 부시 정권의 등장과 9·11 사건 이래 급변한 지정학적 구도에서 삽시간에 현실적 적실성을 잃게 된다. 해양과 대륙 사이의 자유로운 물자 이동을 전제로 그 가교의 위치를 점한 한국의 지리적 이점을 살린다는 '물류허브'의 아이디어도 곧 새 정권에서 설득력을 잃어 가게 된다.

하지만 금융허브론은 다르다. 아마도 신문의 경제란이나 경제 신문을 유심히 읽는 이라면 노무현 정권의 기간 동안 이 말이 하나의 유령처럼 한국 사회를 배회하는 것을 보았을 것이다. 하지만 많은 사람들이 이를 그야말로 하나의 '유령' — 아직 이루어질지 어떨지 불투명한 상태로 공중을 떠돌고 있는 아이디어 정도 — 으로 여기고 있는 것 같으며, 또 그 내용도 '대외 경제 정책' 정도로 생각하는 듯하다. 즉 우리나라와 세계경제의 관계에 국한된 것이며, 공간적으로는 여의도나 을지로, 기껏해야 인천 부근의 일부 지역 정도에 관련된 지역 정책 정도로 생각되는 경향이 있다. 하지만 이는 실제와 다르다. 이 생각은 단순히 정체 없는 유령으로 떠돌고 있는 것이 아니라 튼튼한 발목을 가진 채 한국 사회를 행진하면서 치밀하게 준비되어 가고 있는 구체적 기획project이다. 나아가 이는 단순히 대외 경제 정책이나 금융 부분에 한정된 기획이 아니다. 경제 부문 전체, 나아가 잠재적으로는 공공 부문이나 사회 부문에까지도 근본적인 구조 개혁을 가져올 수도 있는 포괄적인 국가 개조 계획의 성격을 가지고 있는 것이다.

지금 한국 경제는 한미 자유무역협정FTA과 〈자본시장과 금융투자업에 관한 법률〉(약칭 〈자본시장통합법〉)을 필두로 한 일련의 '금융 빅뱅' 조치들을 계기로, 10년 전 국제통화기금IMF 사태 이후와 맞먹는 또 한 번의 구조 변동으로 들어서고 있다. 이 금융허브론을 음미해 보는 것이 현재 한국의 지배 세력들이 기도하고 있는 변화의 방향을 알아내는 것에 큰 의미를 가질 것이라고 본다. 다시 말하지만, 금융허브론은 항간에서 흔히 이야기되는 바대로 동아시아 경제에서의 한국의 전략이라고 하는 대외적인 의미만 있는 것이 아니다. 금융허브가 되기 위해서 국내의 정치·경제 구조를 어떻게 고쳐야 하는가라는 것이 이 논의의 진정한 방향이라는 점을 볼 때, 대내적인 의미가 훨씬 더 클 수 있는 것이다.


## 2. 서울파이낸셜포럼과 노무현 정권의 동북아 금융허브 프로젝트

우리는 먼저 김대중 정권 시기에 진행된 '개혁'의 상대적인 무계획성을 염두에 둘 필요가 있다. 김대중 정권의 기간에 정부 기관 특히 재정경제부(약칭 재경부)를 중심으로 자리 잡은, 교과서적인 신자유주의를 신봉하는 관료 세력이 자본과 지배 세력 전체를 아울러서 자신들의 헤게모니가 관철되는 지배 블록을 형성했다고 보기는 어려울 것이다. 외환위기 직후에는 일단 정치적으로 수세에 몰렸던 재계의 대재벌 세력들은 곧 전열을 정비하고 이런 신자유주의적 관료 세력들에 대해 일정한 이견을 표출하면서 정부의 개혁 정책에 대해 일정한 견제를 행사한 것이 사실이다. 그래서 김대중 정부 시기 동안 자본과 지배 세력이 폭넓게 동의해 함께 추진할 수 있는 포괄적인 '축적 기획'으로서의 신자유주의적 개혁이 진행되었다고 말하기에는 조심스런 부분이 있다. 김대중 정권 시기에 자본과 지배 세력 스스로가 자신들을 능동적인 단일한 주체로서의 지배 블록으로 조직했다고 보기에는 힘든 면이 많다.

그래서 한국의 자본과 지배 세력의 보다 적극적인 '축적 기획'으로서 금융허브 계획이 나오는 것은 노무현 정부의 시기까지 기다려야 했던 것 같다. 금융, 기업, 노동, 공공 분야에 걸쳐 급진적인 신자유주의적 계획을 실현하려 들던 경제 관련 관료 집단들과 안팎의 비난에 휩싸인 채로나마 이런 계획이 자신들의 이익을 침해하는 부분에 대해서 계속 저항하던 재계와의 긴장이 항존하고 있었다. 이 상황에서 김대중 정권은 시급한 현안들에 대해 대처할 수밖에 없는 상황에서 일관된 국가 개조 계획을 제시하고 실행했다고 보기는 힘들었다. 그러다가 정권 후반부로 들어가면서 한국개발원KDI 등의 정부 싱크탱크 등에서부터 '통상 국가론' 등의 주장이 나오기 시작하며, 한국을 동북아의 금융허브로 만들자는 생각도 이따금씩 나오곤 했다.

하지만 이 금융허브 아이디어가 구체적이고도 포괄적인 형태를 띠고서 하나의 국가 발전 전략으로서 본격적으로 제출된 최초의 문건은 '서울파이낸셜포럼'에서 2003년 1월에 내놓은 문건 "아시아 국제금융 중심지로서의 한국: 비전과 전략"이라고 보아야 한다.[1] 서울파이낸셜포럼은 정

---

1_이 문건은 서울파이낸셜포럼의 홈페이지(www.sff.or.kr)에서 볼 수 있다.

부 단체가 아니라 금융업과 관련된 여러 인사들이 모여서 설립한 비영리 단체다. 따라서 이 문서도 표면적으로는 민간 일각에서 제기된 하나의 제언 정도로 볼 수도 있지만, 골드만삭스 국제 고문, 씨티뱅크 한국 대표, 우리금융지주 회장을 포함한 주요 은행 은행장들, 주요 증권 및 보험사 사장들, 재경부를 중심으로 한 전·현직 주요 관료들, 증권거래소 이사장, 금융감독원 부원장, 장하성·정운찬 등의 교수들을 포괄하는 단체 회원의 면면을 보면 그 무게가 만만치 않음을 알 수 있다.

150쪽에 달하는 분량의 보고서는 "우리나라가 경제성장과 사회 발전을 지속하기 위해서는 동북아의 국제금융 중심지가 되지 않으면 안 된다는 확신하에 만들어진 것"이라고 스스로의 목적을 밝히면서, 한국이 추구해야 할 금융 중심지의 모습을 지역 금융 중개, 자산 모집과 분배, 자산 거래와 시장 조성, 글로벌 네트워크로의 통합, 투자자의 이익 극대화를 최우선으로 하는 구조 개혁, 기업하기 좋은 나라, 영국의 런던을 모델로 할 것 등으로 제시하고 이를 달성하기 위해 '범국가적인' 공동 노력이 필요함을 역설하고 있다. 그리고 국내 개혁의 과제로서 단순히 금융 산업 부분의 구조 개혁에 그치지 않고 '기업 경영의 투명성 제고'와 '노동시장의 유연화' 등을 함께 주장하고 있다. 즉 포괄적인 정치·경제 구조의 전반의 개혁을 주장하고 있는 셈이다.

여기에서 다시 서울파이낸셜포럼의 보고서에서 금융허브 전략이 추구해야 할 '기본 가치'의 의미를 음미할 필요가 있다.

앞으로 한국의 모든 금융기관 및 시장의 운영은 과거와는 달리 투자자의 이익 극대화를 최우선으로 하며, 이를 위해서는 건실한 비즈니스 모델과 재무 구조를 갖춘 유망한 투자 대상 발굴에 최선을 다한다(89쪽).

경제의 운영의 최우선 가치를 '투자자의 이익 극대화'로 둔다는 말이 의미하는 바가 무엇인가? 투자자의 관점에서의 가치 평가로서 경제적 관계와 행위는 물론, 나아가 사회적 관계와 행위들도 재구조화할 것을 암시하고 있는 것이다. 투자자의 관점이란, 즉 모든 경제적·사회적 존재들과 행위들을 시장에서의 현재 가치로 다시 말해서 지금 당장 시장에 내다 팔았을 때에 어느 만큼의 가격으로 평가되는가라는 관점에서 본다는 것을 뜻하며, 시장에서의 현재 가치를 극대화하기 위해서는 '현금 흐름'cash flow 의 창출 능력에 대한 평가하는 것으로 귀결된다. 그리고 이를 극대화해 '유망한 투자 대상'이 되도록 경제적 관계와 경제주체들을 구조조정하는 것이 경제의 합리적·효율적 운영으로 정당화된다.

2003년 1월은 대통령 선거 이후 새 정권이 출범하는 시점이다. 서울 파이낸셜포럼은 새로 출범하는 정권의 국정 운영 방침에 영향을 주고자 미리부터 준비해 그 시점에 맞추어 보고서를 냈을 것이다. 이런 기대는 헛되지 않은 듯하다. 2003년 12월 재정경제부 산하에 동북아 금융허브 추진 전담 부서가 생겨나고 그 추진 방안에 대한 보고서가 나오게 된다. 이 문서는 서울파이낸셜포럼의 보고서와 기본적 인식을 공유하고 있지만, 그 구체적인 추진 전략을 구체화하는 가운데에 '자산운용업 특화 금융허브'라는 중요한 수정을 가한다. 이미 동아시아에는 싱가포르나 홍콩과 같은 금융 도시들이 존재한다. 한국이 이들을 넘어서서 금융허브의 위치에 올라설 수 있는 구체적인 방안은 무엇인가. 먼저 '자산운용업'을 무기로 내세우는 '특화'niche 금융허브를 건설하는 것이다.

한국은 이 도시들과 달리 한국은 상당한 규모의 산업과 제조업을 국민경제의 배경으로 가지고 있으며, 여기에서 국민연금, 외환 준비 등의 형태로 엄청난 양의 금융자산이 축적되고 있다. 이를 배경으로 먼저 우리나라를 '자산운용업' 특화 금융허브로 키워야 한다. 금융허브는 뉴욕 런던과 같은 '글로벌 시티'만 있는 것이 아니다. 기능과 특징에 따라 틈새niche를 채우는 다양한 '특화 금융허브'가 있을 수 있다. 따라서 영국이나 미국과 같은 '글로벌스탠더드'에 맞도록 국내의 제반의 정치·경제 제도를 개혁하고 개방하는 것만으로는 이미 그런 제도를 갖추고 있는 다른 도시들을 앞지르는 데에 충분하지 않다. 먼저 한국의 큰 경제 규모에 따라 축적되어 있는 자금을 국내의 금융시장에 지속적으로 주입할 필요가 있다.

이렇게 되면 국내의 각종 금융자산들의 가치는 유지되거나 사실상 계속적인 상승으로 이어질 것이다. 동아시아를 떠도는 해외 자본은 이런 매력에 끌려 서울을 자신들의 기착지로 삼을 것이고, 이에 따라 서구의 주요 금융기관들의 아시아 지사들이 들어오게 될 것이다. 또 국민연금이나 한국투자공사KIC 등이 운용하는 막대한 규모의 돈을 재위탁하는 과정에서 세계 유수의 자산운용사들로 하여금 서울에 지사 혹은 동아시아 본부를 설치하라는 조건을 걸 수 있을 것이다. 이에 따라 국내의 상대적으로 낙후되어 있는 금융기관들도 그들의 각종 선진 기법을 적극적으로 배울 수 있게 되고, 중국, 베트남 등 아시아 지역으로의 금융적 진출에서도 주도적인 위치를 선점할 수 있게 될 것이다. 또 이에 따라 금융업과 연결된 각종 지식산업 등의 서비스산업도 함께 자라나서 이미 중국과 일본 사이에서 '샌드위치'가 되어 경쟁력을 잃기 시작한 전통적인 제조업 위주의 산업구조를 대체하고 한국 경제의 새로운 성장 동력으로 기능하게 될 것이라는 것이다. 이런 자산운용업을 앞세운 특화 금융허브를 2012년까지 건설할 것이며, 이를 거점으로 하며 마침내 2020년에 홍콩, 싱가포르와 어깨를 나란히 하는 아시아의 3대 금융허브로 발돋움한다는 것이다. 요컨대 한국이라는 무시할 수 없는 크기의 경제를 배경으로 축적되어 있는 각종의 기금을 무기로 삼아서 금융허브로의 꿈을 추진한다는 이야기가 되는 것이다.

이 꿈을 이루기 위해 노무현 정부는 금융허브를 건설하기 위한 법률적 준비를 치밀하게 추진해 왔다. 먼저 한국을 '자산운용업 중심의 금융허브'로 육성하겠다는 계획을 세우고 지난 2003년 한국투자공사KIC를 설립했으며, 〈간접투자자산운용업법〉을 제정했다. 2005년엔 금융기관의 아웃소싱을 활성화할 목적으로 〈금융기관의 업무 위탁 등에 관한 규정〉(금융기관 아웃소싱법)의 개정안[2]을 냈으며, 2007년 현재, 〈자본시장통합법〉을 시행할 예정이었다. 이는 결국 한국의 자본시장 관련 제도를 이른바 선진국 기준에 맞추는 한편 해외 금융회사와 자본시장 부문에서 경쟁할 수 있는 대형 금융투자회사를 만들어 내겠다는 것이다. 이를 차례로 살펴보도록 하자.

## 3. 2003년 이후 금융허브 기획의 진전

### 한국투자공사

한국투자공사KIC는 참여정부가 지난 2003년 12월 동북아시아 금융허브 구축을 위한 7대 과제를 제시하면서 핵심 수단의 하나로 설립하기로 한 대형 투자 기관이다. 2005년 7월 한국투자공사KIC가 자산운용사의 국내 유치를 목표로 설립된다. 2012년까지 세계 50대 자산운용사 중 10~20개의 지역 본부를 국내에 유치하겠다는 것을 명시적으로 제시한 것이다. 간

---

2_원안인 〈금융기관의 업무 위탁 등에 관한 규정〉은 2000년 1월 제정되었다.

단히 말하자면 한국투자공사는 외국계 자산운용사를 국내로 끌어들이기 위한 수단인데, 연기금(2007년 현재, 570조 원), 외환보유액(2007년 현재, 2,390억 달러) 등을 해외 금융기관에 투자 일임하는 방식으로 위탁할 계획이다. KIC는 2012년까지 세계 50대 자산운용사 중 10~20개의 지역 본부를 국내에 유치하겠다는 목표를 가지고 있다. 2007년, 연기금의 위탁 운용이 가능해지면서 한국투자공사의 운용자산이 100조 원을 웃돌 것으로 추정되는 바, 그중 80~90%를 국내외 자산운용사에 다시 위탁할 계획이다.

그런데 한국은행은 이미 외환보유고를 활용한 투자 운용을 시행해 오고 있었다. 그런데 이와 별로도 한국투자공사를 설립한 이유는 금융허브 전략 추진에 있어서 은행권을 일정하게 배제하고 재경부가 독자적인 영향력을 행사할 기구가 필요했기 때문이 아닐까라고 추측된다.

## 간접투자자산운용업법

〈간접투자자산운용업법〉은 각종 펀드(간접투자)를 동일한 법률로 규율, 간접투자[3]를 활성화하기 위한 법률로 2003년 10월에 통과된다. 이 법은 투자 대상의 정의를 유가증권 이외에도 장내 및 장외 파생상품, 부동산, 실물자산 등으로 대폭 확대했으며, 자산운용사의 범위도 은행, 보험회사 등으로 확대했다. 증권투자신탁, 뮤추얼펀드, 불특정금전신탁, 변액보험 등 모두 간접투자지만 각각의 다른 법률로 규율되어 오던 펀드들을 〈간접투자자산운용업법〉으로 통합 관리하게 된 것이다. 또한 법 제정 이전

---

3_간접투자란 투자자로부터 자금 등을 모아서 투자 증권, 장내 파생상품 또는 장외 파생상품, 부동산, 실물자산 등에 운용하고 그 결과를 투자자에게 귀속시키는 것으로 정의된다.

까지 각종 펀드들은 주식, 채권 등 유가증권에 투자할 목적으로만 투자자를 모을 수 있었다. 그러나 〈간접투자자산운용업법〉 제정 이후엔 금, 은, 영화, 부동산, 곡물 등 실물자산과 파생상품(환율, 금리)도 투자의 대상이 될 수 있도록 했다.

뒤이어 2004년 〈간접투자자산운용업법〉 시행령 개정을 통해서 사모펀드private equity fund 설립이 가능해지고, 그 운용을 위한 제약도 대폭 완화된다. 출자액이나 투자 의무를 완화해 사모펀드를 쉽게 설립할 수 있도록 했고, 리스크가 큰 부실채권NPL에도 사모펀드가 투자할 수 있도록 허용한 것이다. 정부가 제시한 사모펀드 활성화의 당위성은 토종 기업을 지키고 자본 유출을 막는다는 것이었다. 즉 한국의 토종 기업을 해외 사모펀드에 빼앗기기에 앞서 토종 사모펀드가 인수해야 한다는 논리이다. 변양호 전 재정경제부 금융정보분석원장의 '보고VOGO 인베스트먼트' 역시 이렇게 설립된 토종 사모펀드 중 하나다.

서울파이낸셜포럼의 보고서와 재경부 금융허브 추진 전략이 공히 제안하고 있는 대로 자산운용업을 금융허브 설립을 위한 선도 산업으로 육성하기 위해서는 국민연금, 공무원연금, 사학연금 등으로 이미 거대하게 조성되어 있는 펀드 자금을 금융시장에 붓는 것이 필수적인 일이다. 〈간접투자자산운용업법〉은 사실상 이 3대 연금의 자산운용을 빌미로 하여 대규모 자본시장을 단기간에 육성하기 위한 전략으로 볼 수 있다.


## 자본시장 덩치 키우기

퇴직연금제 도입, 연기금 주식투자 허용 등도 국내 자본시장의 덩치를 키우기 위한 조치도 이루어졌다. 먼저 퇴직연금 시행령이 2005년 12월에 시행되면서 정부는 퇴직연금 운용에서 40%까지 국내외 상장 주식, 주식형 펀드, 해외 펀드, 회사채 등에 투자할 수 있도록 허용했고, 또 기업이 적립한 퇴직금의 60%를 외부 금융기관이 위탁 운용할 수 있도록 했다. 퇴직금이 일종의 금융상품이자 투자자산이 된 것이다.

또한 국민연금의 외부 위탁 비율도 대폭 확대하기로 했다. 이후 국민연금의 경우 위탁 운용의 비율은 2003년 3.9%에서 2004년 8.1%, 2005년 10.0%, 2006년 10.2%, 2007년 15% 등으로 지속적으로 늘어 왔다. 2007년엔 국민연금 가운데 4조7,500억 원을 해외 주식에 투자, 해외 주식 투자 비중을 현재 전체 기금의 0.6% 수준에서 2.8%로 높일 계획이었다. 2007년 9월 정부는 국민연금의 지배 구조를 7인의 민간인들(펀드매니저)들에게 일임하고 또 주식시장에의 투자분도 30%까지 대폭 확대한다는 계획을 발표했다.

## 금융기관의 업무 위탁 등에 관한 규정 및 개정안

〈금융기관의 업무 위탁 등에 관한 규정〉 및 개정안은 금융기관의 노동 유연화를 위한 법률이다. 금융허브 구축의 필요조건 가운데 하나는 외국 금융기관의 국내 진출을 유도하는 것이라고 할 수 있다. 이는 금융 부문 노동 시스템이 영미 수준으로 유연화되고 아웃소싱도 적극적으로 허용되어야 한다는 것을 의미한다(이는 FTA에서도 마찬가지다).

특히 개정안은 금융기관의 아웃소싱을 포지티브 규제 방식(원칙적으로 금지되나 예외적으로 허용)에서 네거티브 방식(원칙적으로 허용하나 예외적으로 금지)으로 바꿨다. 이는 금융기관의 '본질적 업무'에 해당하거나 큰 피해가 발생할 수 있는 업무 이외의 모든 영역에 대해 아웃소싱을 허용한다는 이야기다.

**정부 기금 투자 대상 다변화**

연기금뿐 아니라 공제회 등 정부 관련 기금 역시 주식 투자 비중을 확대할 뿐만 아니라 투자 대상도 다변화할 계획이다. 투자 상품도 종래의 국내 채권, 주식에서 리스크가 큰 파생상품이나 헤지펀드에까지 확대할 예정이다. 고용보험, 산재보험 등 10조 원 이상의 기금을 운용하는 노동부는 2007년에 모두 2,500억 원의 자금을 해외 펀드 및 주가 연계 펀드에 투자할 계획이다. 사학연금의 경우에도 2007년 현재, 금융자산의 70%를 채권에, 10.5%를 주식에 투자하고 있지만 앞으로는 채권 비중을 줄이고 주식 비중을 최대 20%까지 확대할 예정이었다. 한편 2006년 상반기 대한투자증권이 연기금으로부터 400억여 원의 헤지펀드 투자금을 유치한 것을 시작으로 연기금의 헤지펀드 투자도 늘어날 전망이다.

## 4. 2007년 상황

김대중 정부가 추진한 금융화는 노무현 집권기에 한 단계 도약했다. IMF 금융위기 이후 한국에 강요된 신新금융 질서를 적극적으로 내재화하고 '우리의 역량'으로 바꿔, 다른 개발도상국에서 '한국이 당했던 그 방식'으로 금융적 이익을 추구하는 구상을 갈고 닦았던 시기가 지난 4년이라고 할 수 있을 것이다.

하지만 이런 제도적 정비만으로는 아직 '금융허브'의 추진이 완전한 동력을 얻어 본령에 올랐다고 하기 힘든 면이 있다. 먼저 금융시장 전체를 미국식의 '글로벌스탠더드'에 맞게 고치는 포괄적인 '금융 빅뱅'이 필요하다. 그리고 금융 체제뿐만 아니라 경제 전반, 나아가 정치사회적 구조 또한 투자자의 이익 극대화라는 원칙에 맞게 바꾸어 나갈 거시적 구조 개혁과 전면적 개방이 필요하다. 대규모 외국 금융기관들이 물밀 듯 밀려오게 하기 위해서는 그것이 필요하다. 또 한국의 토종 자본들도 이런 거대한 외국 금융기관들과 어느 정도라도 어깨를 맞추기 위해서는 자산의 규모를 크게 불리는 것이 필수적인데, 이를 위해서는 재벌 기업들이 축적한 자본이 금융시장으로 전면적으로 들어올 수 있도록 해야 하며, 옛날 제조업의 업종 연관의 틀을 아직도 띠고 있는 재벌 기업들도 철저하게 '기업의 시장 현재 가치'를 원칙으로 개조해 공격적인 금융자본으로서 거듭날 수 있는 기업 형태로 변할 필요가 있다.[4]

이것이 2007년 목하 벌어지고 있는, 하지만 외견상 크게 관련이 없어 보이는 4개의 퍼즐 조각, 즉 〈자본시장통합법〉, 한미 FTA 추진, 금산분리 철폐 움직임, 재벌 기업들의 지주회사 전환 등을 연결하는 논리적 고리일 것이다. 2008년 시행될 예정인 〈자본시장통합법〉, 오는 정기 국회나 대통령선거 이후 시도될 한미 FTA 비준, 금산분리 철폐 및 한국판 〈엑슨-플로리오법〉(사실상의 재벌 그룹 소유지배구조 안정화 법안) 추진, 생명보험사 상장, 재벌 그룹들의 지주회사 전환 움직임 등이 그것이다. 이런 움직임들은 결국 재벌을 '금융화의 완료'에 동력으로 활용하겠다는 것이다.

---

4_그렇기 때문에 '금융허브'론은 김대중 정권 시기 일정한 거리와 긴장을 가지고 있었던 신자유주의적 관료 세력들과 국내 재계의 대자본들 사이에 일정한 이익의 융합을 대표하고 있을 가능성이 있다. 최근 밝혀진 바, 삼성이 이미 2005년 6월부터 금융 계열사들을 중심으로 금융지주회사를 형성하고 '금산분리 완화 내지 철폐'를 통해 본격적으로 은행업무를 포함하는 금융 산업 전체로 진출하겠다는 계획을 구체화하고 있었다는 점은 여기에서 시사하는 바가 많다.

## 자본시장통합법

2008년 시행될 예정인 〈자본시장통합법〉은 〈증권거래법〉, 〈선물거래법〉, 〈간접투자자산운용업법〉 등을 종합, 자본시장 관련 업종(금융 투자업)을 총체적으로 규율하기 위한 법률이라고 할 수 있다. 현재 추진되고 있는 〈자본시장통합법〉의 핵심 내용은 크게 두 가지로 분류해 볼 수 있다. 첫째, 금융기관별 장벽의 해체다. 현행법은 각 업종별 기관별로 독립적인 규제 장치를 마련해 놓고 있다. 이런 규제는 새로운 금융상품의 진입, 금융상품의 결합, 금융기관 간 합병, 다른 업종으로의 전환 모두에 있어서 장벽으로 작동한다. 조직 구조의 논리가 투자 권리를 제한하고 있는 셈이다. 〈자본시장통합법〉은 기관별 규제를 기능별 규율 체제로 전환할 것을 제시함으로써 이 장벽을 해체하고자 한다. 다시 말해서, 자본시장 관련 금융 업종엔 증권사, 자산운용사, 신탁회사, 종금사, 선물회사 등이 있는데, 2007년 현재까지도 겸업이 금지되어 있다. 예컨대 증권회사가 자산운용업을 취급하려면 별도의 회사를 설립해야 하는 것이다. 그러나 이런 장벽이 사라지면 하나의 금융투자회사가 주식, 펀드, 선물, 투자 자문 등 모든 업무를 다룰 수 있게 되기 때문에 자본시장 관련 회사들 간의 집적과 집중으로 초대형 투자회사가 나타날 수 있다는 것이다. 이에 따라 일각에서는 〈자본시장통합법〉 이후엔 대규모 자본과 창의적이고 다양한 금융상품을 겸비한 한국판 골드만삭스나 메릴린치가 탄생할 것이라는 기대를 표명하고 있다.

또한 이 맥락에서 주목할 것은, 〈자본시장통합법〉이 기존 은행권이 가지고 있던 독점적 권한을 약화시키고자 한다는 점이다. 결제권은 국가 권력의 보장을 통해 성립되며, 구매력으로서의 화폐 기능과 화폐가치를 보장하는 최종적 수단이었다. 이 때문에 결제권은 국가가 은행을 매개로 사회적 자원 배분에 개입하는 추상적 근거였다. 물론 역으로 결제권이 은행에게만 부여되어 있다는 것은 계좌 개설 계약 절차나 계좌 수수료 등을 통해 다른 금융기관의 수익 실현을 제한하는 것이기도 하다. 비록 소액 결제로 제한되어 있기는 하나 다른 금융기관이 결제권을 보유하게 된다는 것은 은행의 특권을 해체함으로써 금융기관 간 경쟁과 통합을 극대화하겠다는 것이다. 그리고 이런 변화는 국가 개입의 추상적 근거에 대한 훼손을 통해서이든, 은행의 수익성 기조를 강화시키는 것을 통해서이든, 기존 금융기관이 가지고 있었던 자원 배분 모델이 일소되고 투자-수익 모델로 완전히 전환됨을 의미한다.

이것은 〈자본시장통합법〉이 주로 은행권 내에 대해 가지는 의미라고 할 수 있을 것이다. 그렇다면 금융 체제 전체로 보면 금융투자회사에 지급 결제권을 허용한다는 의미가 무엇인가. 바로 금융 산업의 세 축인 은행-증권-보험 간의 장벽이 다시 한 번 무너지게 된다는 이야기다. '다시 한 번'이라는 용어를 사용한 이유는 이미 은행의 경우 투자 상품과 보험 상품을 판매하고 있으며, 증권사 등 자본시장 영역의 금융기관을 자회사로 두고 있기 때문이다. 이른바 은행 지주회사다.

물론 지금까지는 은행 지주회사 이외에 증권 지주회사나 보험 지주회사는 허용되고 있지 않다. 그러나 이후의 추이를 보면 모두 허용될 가능성이 크다. 그 이유는 지급 결제권이 증권사에 부여될 경우 은행과 금융투자회사 간 차별성은 매우 모호해지고 이런 상황이 이어지면 금융투자회사가 증권사를 자회사로 두겠다(증권 지주회사 허용)는 요청의 타당성은 매우 강해질 수밖에 없기 때문이다. 더욱이 이미 보험 업계도 지급 결제권을 부여해 달라고 요청하고 있다. 장기적으로 보험 지주회사 허용을 목표로 하고 있다는 것도 사실이다. 2008년 무렵에는 생명보험사 상장이 허용되기도 했다. 다시 말하지만, 이는 지금까지 은행-은행, 증권사-증권사, 보험사-보험사 형태로 이루어져 왔던 금융업계 내 경쟁이 금융업계 간 경쟁으로 확대되리라는 것을 의미한다. 미국, 영국, 일본, 호주 등에서 이뤄졌던 금융 장벽 철폐, 즉 금융 빅뱅의 조짐이 조성되고 있는 것이다. 그리고 이 나라들에서 그랬듯이 금융업계 간 경쟁의 전쟁터는 자본시장이 될 것이다.

둘째, 남아 있는 자본시장에 대한 규제완화다. 그중에서도 열거주의에서 포괄주의 규율 체제로의 전환은 의미심장하다. 현행 제도 내에서는 금융상품의 범위를 사전적으로 열거하고 있는 반면, 〈자본시장통합법〉에서는 '금융투자상품'이라는 개념을 도입해, 그 개념을 추상적으로 정의하게 된다. 이는 일차적으로는 포괄적 규정에 준하는 다양한 금융상품이 개발되고 자본시장 내에서 창의성과 혁신성을 제고하도록 유도하는 조치다. 그러나 그 의미를 뒤집어 보면, 이런 포괄적 규정을 통해 세상 만물이 금융상품의 기초자산이 된다는 것을 의미한다. 또 이 가운데에 금융 투자업을 수행하는 과정에서 발생하는 외국환 업무를 규제 없이 허용하게 되며 국경 간 금융 서비스 거래 허용 등 기존에 존재했던 300여 개 자본시장 관련 규제의 3분의 1 이상을 철폐 완화시키게 된다.[5]

결론적으로, 〈자본시장통합법〉이 통과되면, 최소한 자본시장 내에 존재했던 투자-수익 창출을 위한 제한들은 사실상 사라진다. 투자자는 모든 것에 투자해 모두와 경쟁할 수 있게 되는 것이다. 여기에 덧붙여 2007년 무렵에는 보험사에도 지급 결제 기능을 부여하고 또 보험사를 근

---

5_금융투자상품 규제를 열거주의에서 포괄주의로 전환하고, 금융 산업 내 장벽(은행-증권-보험)을 제거하는 것은 미국이 이전부터 계속 요구해 온 것이다. 심지어 〈자본시장통합법〉이 통과될 예정이었기 때문에 한미 FTA 금융 부문 협상이 크게 차질을 빚지 않았다는 시각도 있다.

간으로 한 금융지주회사를 장려하려는 움직임이 있다. 결국 금융시장은 이제 모든 기관이 모든 기관을 상대로 경쟁을 벌이는 장으로 변해 갈 것이다. 이것은 당시 이헌재, 권오규 등 주요 전·현직 경제 관료들이 돌아가며 운을 떼었던 '한국판 금융 빅뱅이 임박했다'는 말과 통한다.

## 금산분리 철폐 움직임

증권업계나 보험업계가 지급 결제권을 가지게 된다는 것의 다른 의미는 재벌이 지급 결제권을 가지게 된다는 이야기다. 그동안 산업자본적 성격이 강했던 재벌들이 드디어 금융 부문으로 본격 진출할 태세를 보이고 있는 것이다. 이와 함께 일부 국회의원들이 금산분리 철폐를 주장하고 있는 사실도 의미심장하다. 현재의 〈은행법〉에 따르면 재벌 등 비금융 주력자들은 은행의 주식 중 10% 이상을 가질 수 없고, 또한 소유 상한인 10%를 가진다고 해도 4% 이상의 의결권을 행사할 수 없다. 이를 철폐하자는 것은 결국 재벌들이 은행까지 지배할 수 있도록 허용하자는 것이다.

우리의 금융 기업들의 자산 규모는 세계적인 수준의 초국적 기업과 비교가 되지 않는다. 그나마 남한에서 가장 큰 자산가치 보유자인 재벌들이 직접적으로 자본시장에 개입하지 않으면 외국자본과의 경쟁에서 살아남을 가능성이 제로에 가깝다는 것은 적나라한 현실이기도 하다(물론 재벌이 개입한다 해도 상황이 크게 달라지는 것은 아니다). 금산분리의 완화 정책은 자본시장 내부를 넘어서 금융과 산업 전체를 가로질러 기업 간 경쟁과 기업지배구조의 합종연횡을 창출하기 위한 기획이라고 볼 수 있다.

문제는 재벌의 증권, 보험업계가 지급 결제권을 보유하거나, 심지어 재벌 지배의 은행이 나타난다는 것은 재벌 그룹의 산업자본적 성격을 탈각시킬 가능성이 크다는 점이다. 미국의 제너럴일렉트릭GE가 좋은 사례다. GE는 1980년대 초반에 최고경영자CEO로 취임한 잭 웰치의 '주주가치 경영'으로 20년 동안(1980~98년) 주식 가치를 40배 가까이 올렸다(1981년 120억 달러에서 2000년엔 5237억 달러). 이는 ① 자사의 산업적 연관과 관계 없는 기업 인수합병, ② 대규모 정리해고와 연구개발 투자 감소를 통한 '산업'적 비용 절감, ③ 금융 자회사 설립을 통한 금융 수익 창출(GE 그룹의 자회사인 GE 캐피털이 전체 그룹 수익의 40%를 차지), ④ 자사주 매각 등을 통해 가능했다. 그러나 이 같은 경영 행태가 '실물 부문'에 대한 투자와 관계가 없거나 심지어 역행한다는 것도 사실이다.

한때 IBM, 벨연구소 등과 함께 미국의 3대 연구 허브였던 GE의 연구 개발 투자는 잭 웰치 이후 급격히 줄어 당시 미국 내 16위로 추락했다. GE의 연구개발 투자는 미국 전 산업 평균치의 절반 수준이며, 히다치나 지멘스의 20% 정도에 불과하다. 또한 1981년 이후 GE는 생산직 근로자 13만 명 이상을 감원했다. GE는 이렇게 제조업을 버렸다.


## 재벌 그룹의 지주회사 전환

이런 점들을 감안하면 최근 다수의 재벌 그룹들이 지주회사로 전환했거나 전환을 계획하고 있는 것은 우연이 아니다. 지주회사라는 기업집단 형태는 기업구조조정 및 주주가치 경영에 매우 유리한 환경을 조성한다. 인수합병, 사업 폐쇄 등 자본 이동을 용이하게 수행할 수 있는 제도이기 때문이다.

정부 관련 기관의 강력한 장려 속에서 〈지주회사법〉 법률 개정 및 지주회사로의 기업지배구조 전환이 이루어지고 있는 현실을 음미해 볼 필요가 있다. 2003년 LG가 지주회사로 전환한 이래 지금까지 대기업 집단의 지주회사 전환은 하나의 '러시'를 이루고 있다 해도 과언이 아니며, 최근에는 삼성조차 삼성물산과 삼성생명을 모회사로 해 금융업과 제조업 두 부분으로 지주회사화를 추진하고 있다는 소문이 들리고 있다. 원래 우리나라의 지주회사 관련 법에서는 모회사는 자기자본 부채비율이 200% 미만이어야 하며 자회사(상장회사의 경우)는 30% 이상의 지분을 가지고 있어야 한다고 규정되어 있었다. 이 요건을 만족시키면서 지주회사로 전환하려면 대단히 많은 자금이 필요로 하게 되어 있는 것이다. 그런데 당시 정부는 이 규정을 부채비율 300%, 자회사 지분 한도를 20%로 고치는 법안을 제출해 지주회사 전환을 장려하고 있었다.

지주회사는 산하 기업들의 주식 가치에 따라 언제든 매매를 통해 탄력적으로 기업의 구조를 바꾸고 전체 시장가치를 극대화할 수 있는 유리한 기업 형태다. 이렇게 되면 지주회사는 제조업체인가, 금융업체인가라는 정체성은 물론 한국 기업인가 초국적 기업인가라는 정체성에서도 자유롭게 마음껏 시장가치를 극대화할 수 있다. 실제 동양 그룹의 경우 금융업을 주로 노리는 지주회사임을 천명하고 있으며, 지주회사는 아니지만 지난 5년간 줄지은 대형 인수합병의 성공으로 기업 가치를 열 배로 불린 두산그룹의 경우 산하에 미국, 루마니아, 중국, 영국 등의 유수 기업들을 거느리고 있다. 그 과정에서 대표적인 제조업체였던 OB맥주 등을 이미 예전에 매각한 지 오래다.

## 한미 FTA 금융 부문 타결안

한미 FTA 금융 부문 협상은 상당한 수준의 금융시장 개방과 〈금융허브육성법〉, 〈자본시장통합법〉 등 금융시장 개방 관련 법안이 상정돼 있는 상태에서 진행됐다. 결론부터 말하자면 노무현 정부는 이 부문에서만큼은 당초의 목적을 이루는 데 성공했다. 그 목적이란 바로 해외 금융기관을 국

내로 끌어들이는 것, 즉 해외 금융기관이 국내에 '상업적 주재'를 하도록
하는 것이다.

정부가 금융 부문 협상에서 내세웠던 원칙은 '상업적 주재는 포괄주
의(네거티브시스템), 국경 간 거래는 열거주의(포지티브시스템)'였는데 그
의미를 풀어쓰면 다음과 같다. '한국 내에 법인을 둔 해외 금융회사에는
어떤 금융 서비스를 제공하는 것도 허용한다. 그러나 외국 금융회사가 한
국 내에 법인을 두지 않고 국내 고객에게 직접 서비스를 공급하는 경우엔
엄격하게 규제한다.' 이는 명백히 금융허브 정책의 연장이다. 1970년대의
자유 수출 공단 정책이 그랬던 것처럼, 국내에 들어온 외국기업에 사실상
의 특혜를 부여함으로써 고용을 촉진함과 동시에 — 더욱 중요하게는 —
기술 이전을 유발해 토종 금융 기업을 육성하겠다는 것이다.

이 같은 노무현 정부의 의도는 적어도 한미 FTA 금융 부문 협상에서
는 충실하게 관철됐다고 본다. 정부가 지금까지 발표한 금융 부문 협상 결
과만 놓고 봐도 — 그 협상 결과가 사실이라는 전제하에 — 그렇다.

해외 금융회사가 국내에 지점이나 자회사를 두지 않고, 즉 '상업적 주
재'를 하지 않고 제공할 수 있는 서비스인 '국경 간cross-border 금융 서비스'
개방 수위는 FTA 협상 타결 이전인 2007년 3월 수준으로 거의 고정됐다.
설령 한미 FTA가 비준·발효된다고 해도, 국내 법인이 없는 해외 금융회
사가 국내 소비자들에게 직접 '예금 및 대출(은행업) 영업을 하거나, 보험
상품과 펀드를 판매하는 것'은 여전히 불가능하다. 한국 측이 '양보'한 것
으로 발표된 투자 자문, 무역 관련 보험, 국내 펀드 외환 자산의 해외 위탁
등도 사실은 지난 김대중 정부 시절에 이미 개방된 부문들이다. 지금까지
발표된 내용이 사실이라면, 정책 금융기관들과 시중은행에 대한 미국의
새로운 개방 요구도 거의 차단했다.

금융허브론의 관점에서 볼 때 이 같은 협상 결과는 대단히 고무적인

것으로 인정할 수 있다. 특히 농업 부문의 협상 결과와 비교해 보면 '버리는 자식'과 '키우려는 자식' 간 차별이 섬뜩할 정도다. 미국에는 있으나 한국에는 없는 금융상품 및 서비스, 즉 '신금융 서비스' 협상 결과도 역시 외국 금융기관에게 한국에 '상업적 주재'를 하도록 강제하는 기계숄計라고 할 수 있다.

물론 타결안 내용 그 자체는 상당히 살벌하다. 미국의 금융회사는 한국에 없는 금융상품을 국내 고객에게 판매하려면 상품별로 우리 금융 당국의 인가를 받아야 한다. 그 '무서운' 금융감독원이 신상품 하나하나를 엄격히 심사한 뒤에야 판매 여부를 허용하겠다니 외국 금융회사들에게 죄송할 마음이 들 정도다. 그러나 다른 조건들을 고려하면 그렇지 않다. 예컨대 2009년 시행될 예정인 〈자본시장통합법〉에 따르면, 국내의 금융투자회사들은 포지티브시스템으로, 즉 법률에서 금지하지 않는 것 이외의 모든 금융상품을 출시할 수 있게 된다. 미국 금융투자회사 역시 국내에 상업적 주재를 두기만 하면 한국 회사로 인정받아 동일한 혜택을 누릴 수 있게 된다. 그러나 한국에 지사나 자회사가 없는 미국 금융투자회사들은 국내 자산운용사를 통해서만, 그것도 신상품 하나하나에 대해 일일이 금융 당국의 인가를 받아야만 한국 고객들을 만날 수 있는 것이다. 사정이 이러하다면 미국 금융투자회사들은 한국에 상업적인 주재소를 두는 전략을 고려할 수밖에 없을 것이다. 금융허브 정책이 의도한 바로 그것이다.

또한 주목해야 할 것은 '새로운 헌법'인 투자자-국가소송제ISD다. 이 제도는 한국의 정치경제 체제가 국내외의 투자자들의 '주권'이 관철되도록 구조 개혁을 촉진할 강력한 무기가 될 것이다. 금융 부문으로 보자면, FTA 협상 당시 중요한 쟁점이 되었던 것, 업종 및 금융상품의 네거티브시스템으로의 변경 요구, 금융 서비스 국경 간 거래 허용, 신금융 서비스 허용 등이 있다. 하지만 FTA의 금융 부문은 이미 국내에서 독자적으로 진행되고 있는 전술한 각종 금융 개방 및 개혁 조치들을 전제로 한 것이 많아서 함께 생각할 필요가 있다. 그리고 일단 벌어진 자유화 조치는 뒤로 돌릴 수 없다는 소위 래칫ratchet(역진 불가 조치) 조항이 FTA에 포함되어 있다는 것 또한 염두에 둘 필요가 있다.


# 5. 맺음말: 시민은 '금융허브'론을 추인했는가

신자유주의 시대의 국가형태의 특징 하나는 경제 관료들의 권위주의적 독주다. 행정부 수반과 입법부 구성원을 국민들이 직접 선출해 국가 관료 기구의 운영을 지시하고 통제하고 감시한다는 대의민주주의의 기본적인 얼개는 신자유주의적 정치경제 체제에서 거의 유명무실화되었다고 할 수 있다. 중요한 정치적·사회적 의제들이 논의되는 언어의 틀이 거의 전면적으로 경제적 차원에서의 비용과 편익이라는 소위 '합리성'과 '효율성'의 문제로 바뀌게 되면서, 국민들 간의 합의나 여론과 같은 '정치적 담론'을 형성하는 것을 주된 기능으로 삼는 각급 선거 등은 사실상 무력화되고 말았다. 그 자리를 메꾸고 거의 무소불위의 권력을 갖게 되는 것은 경제 관료들이다. 이들은 보통 사람들이 알아들을 수 없는 각종 경제학 개념과 수치와 통계로 무장하고서 모든 중차대한 사회적 사안들을 다 경제적 합리성의 문제인 것처럼 바꾸어 자신들의 소관으로 삼아 버린다. 그리고 일단 문제가 그렇게 기술 관료적technocratic인 것처럼 바뀐 이상, 여기에 '비전문가'들이 이런저런 의견을 내는 것은 간단히 무시해 버리고 또 아예 그런 의견을 듣거나 토론할 필요조차 거부해 버린다. 그래서 선출되지 않은 권력인, 특히 경제 관료들은 만사가 다 돈과 경제의 문제가 되어 버린 신자유주의 시대에 아무도 통제할 엄두를 내지 못할 권력으로 비대화한다.

김대중 정부 멀게는 김영삼 시대부터 시작된 이런 경제 관료들의 권력의 비대화와 전횡의 예를 특히 우리는 지난 1년간의 한미 FTA의 진행과정에서 뼈저리게 실감한 바 있다. 'FTA 거부는 쇄국론이다', '우리는 장보고의 후예이므로 할 수 있다'는 등의 온갖 기상천외의 선동을 휘둘러 가며 수많은 이들의 경제적 안녕을 좌우할 미국과의 경제통합을 일사천리로 결정하는 모습은 실로 경악 그 자체였다고 할 것이다. 이런 경제 관료들의 독선과 전횡은 과연 어디까지 계속될 것인가. 그들이 내린 결정들의 직간접적인 결과를 모두 생활로 몸소 겪어 내야 할 이들은 몇 천만의 국민들이건만, 이들은 아무도 어떤 영향력도 끼칠 수 없는 상태에서 과천 어디의, 광화문 어디의 몇 몇 관료들의 뜻이 일방적으로 관철된다. 이것은 단순히 경제적 차원에서의 문제가 아니다. 도대체 경제 관료들의 무소불위의 권력 앞에서 대의민주주의의 원칙이 과연 무슨 힘을 갖는가를 따져 보아야 할 중대한 정치적 문제이기도 하다.

이 '금융허브' 계획은 도대체 누가 심의했으며 어떤 절차를 거쳐 누구에 의해 승인된 것인가? 여기에서 김대중·노무현 양 정권의 기간 동안 경제 관련 부처에서 큰 역할을 맡았던, 금융 관련의 경제 엘리트 관료들의 역할에 대해 묻지 않을 수 없다. 애초에 이 계획의 기폭제가 되었던 서울파이낸셜포럼(2003년 1월)의 보고서의 마지막 장에는 그 보고서가 발표된 당시의 서울파이낸셜포럼의 회원 50명과 임원진의 명단이 나와 있다. 회장은 1997년 말 전권대사로서 IMF와 협상을 벌였던 김기환 씨다. 회원의 명단을 보면 전 경제부총리이자 당시 동부금융그룹 회장 강경식, 재경부 국제금융 국장 권태신, 재경부 금융 정책국장 변양호, 전 재무부 장관 사공일, 전 재경부 장관 이규성, 전 재경부 장관이자 현 국무총리 한덕수 등의 이름이 보인다. 금융과 관련된 관료로서는 최고의 자리에 있었던 전·

현직의 관료들이 어째서 골드만삭스, 씨티은행 등의 외국 금융기관은 물론 우리금융지주를 필두로 삼성생명, 삼성증권을 아우르는 국내의 금융기관의 수장들과 하나의 집단을 형성해 이토록 포괄적인 국가 개조 계획을 제출할 수 있는가. 그리고 어째서 그 계획은 이후 제대로 토론도 심의도 거치지 않은 채 참여정부 5년간 이토록 일관되게 추진되어 올 수 있었단 말인가.[6]

물론 '금융허브'론이 과연 실현 가능한 것인가도 큰 쟁점이 되지 않을 수가 없을 것이다. 하지만 그것이 설령 계획대로 실현된다고 해도, 그것이 실행되는 과정에서 국민들의 삶과 국민경제의 앞날에 얼마나 큰 충격과 변화를 가져올 것인가는 별개로 따져 보아야 할 문제다. 즉 그것의 실현 가능성과 또 실현되었을 때의 편익이 얼마이건, 그것은 항상 그것을 위해 치러야 할 비용이 어느 만큼인가와 비추어서 평가할 수밖에 없는 것이다.

게다가 이런 편익-비용의 계산을 넘어서서 그것이 구체적인 정치적

---

6_서울파이낸셜포럼은 2006년 8월에도 보고서 "국제금융중심지로서의 한국: 당면 우선 과제와 중단기 정책목표"를 발표한다. 이 문서는 노무현 정권의 금융허브 관련 정책들을 냉철하게 평가하고 2007년에 이루어야 할 구체적 과제들을 제시하면서 이 정책의 성공 여부야말로 정권의 역사적 정당성까지 좌우할 수 있는 것임을 강력하게 주장하고 있다. "참여정부 역시 과거정부처럼 임기를 마치게 되면 한국을 선진사회로 만드는데 어떤 성과를 거두었는가로 국민들에게 평가될 것임. 참여정부가 지금까지 추진한 많은 정책 중 한국을 금융허브로 만들겠다는 정책이 역사적 견지에서 볼 때 가장 의미 있는 정책이었음. 이렇게 볼 때, 참여정부가 금융허브전략을 임기만료시점까지 차질 없이 추진하는 것이 매우 중요함"(3쪽), "참여정부는 금융허브전략을 추진하는 데 있어 계속 모멘텀을 유지해야 함. 만약 참여정부가 이 보고서에서 제안된 일련의 우선 정책 과제들을 실행해 필요한 모멘텀을 유지하지 못하면, 참여정부는 한국의 지속적인 경제발전을 어렵게 할 뿐만 아니라 후세대로부터도 올바른 평가를 받지 못할 것임"(18쪽).

기획으로서 추진된다면, 그 비용을 누가 감당하는가, 즉 상대적인 이익과 피해의 재분배가 어떤 결과를 낳을 것인가, 그것을 최소화할 수 있는 방법은 무엇이며 그 전 과정을 어떤 의사결정의 감시 과정 아래에 두어야 하는가 등등은 실로 중대한 문제가 아닐 수 없다.

금융업에 있어서 수익 추구는 불가결의 일 측면이며, '자산운용업'도 그래서 금융 산업의 한 부분으로서 분명히 존재 이유를 갖는다. 그런데 이것이 금융의 본질이며, 자산운용업을 머리로 삼아 금융 산업 전체를 재편하는 것이 반드시 금융 산업의 '선진화'이며 '합리화'라는 것은 지나친 주장이 아닐 수 없다. 금융은 수익 추구 이외에도 현실의 다양한 산업적 사회적 관계를 매개하는 '유동성'liquidity을 제공해야 한다는 공공적인 존재 이유와 목적 또한 가지고 있다. 이 두 가지가 반드시 서로 적대적 모순 관계로 발전하라는 법은 없지만, 그 두 측면이 항상 어느 한쪽을 추구하면 반드시 다른 한쪽도 '최상으로' 충족된다고 하는 생각은 실로 천진난만한 극단적 자유주의자의 머리에서나 나올 만한 생각이 아닐 수 없다. '자산운용업'을 중심으로 금융 산업의 구조를 재편한다면, 그것이 '실물'의 산업과 국민 생활에 가져올 충격은 어떤 것인가. 그 결과는 누가 어떻게 관리할 것이며 편익과 비용은 누가 어떻게 평가하고 재분배할 것인가.

지금 우리가 먼저 물어야 할 질문은 '금융허브'가 현실적인가, 아닌가의 이익이 얼마나 될 것인가 등등이 아니다. 이렇게 정치적·경제적으로 지극히 예민한 질문들과 문제들로 산적해 있는 게다가 국민경제의 구조 전체 — 금산분리 철폐, 〈자본시장통합법〉, 한미 FTA, 국민연금 관리 등의 굵직한 문제들을 상기해 보라 — 의 재구조화를 함축하는 이 거대한 기획은 누가 제기했으며 누구의 권위로 인가되었으며 누구의 허락을 받고 추진되고 있는가가 먼저 따져 보아야 할 문제다. 게다가 이 '금융허브'는 외국 금융기관이나 기업에 대한 조세 규정을 고치고 인천 어딘가의 지역

을 개조하면 끝나는, 다분히 '대외 경제'적 성격을 가진 종류의 금융허브
가 아니다. 국민연금과 외환 준비금, 각종 공기금과 퇴직연금 등 국민경
제 전체가 축적해 온 막대한 현금 자산을 지렛대로 하여 추진되는 '자산
특화 금융허브'다. 요컨대 지금 '판돈'으로 걸려 있는 것은 국민들 전체가
축적해 온 돈인 셈인 것이다. 과연 시민들 어느 숫자만큼이 이런 '큰 판'이
진행되고 있고 그 함의가 무엇인가에 대해 충분한 설명과 숙의할 수 있는
기회와 시간이 주어진 적이 있었던가.

국가이성raison d'Etat의 개념은 숱한 비판을 받아온 바 있지만, 특정한
상황과 조건에서는 분명히 그 존재 가치를 양보해 주어야 할 부분이 있다.
예를 들어, 집단적인 특수 이익들이 첨예하게 맞서는 가운데에 '공익'이라
고 할 만한 것의 추진이 원천적으로 가로막히고 있는 상황에서 국가이성
그리고 그것의 담지자임을 자임하는 관료 기구가 스스로의 합리성을 내
세워서 그런 특수 이익들의 주장을 초월해 버릴 필요도 있을 수 있다. 그
렇지 않다면 혐오 시설은 어디에도 세울 수가 없으며, 비용이 단기적으로
크게 또 그 분배가 불균등하게 발생하는 하지만 장기적으로 꼭 필요한 정
책은 아예 추진이 불가능하게 될 것이다. 여기에서 '국가이성'의 대표자들
인 관료 기구가 스스로의 재량을 가지고 특수 이익이나 시민사회의 토론
의 재가를 받지 않고도 스스로의 정책을 추진해 나갈 일정한 독자성을 인
정할 근거가 있을 것이다. 그런데 그 독자성의 한계는 어디인가? 앞에서
우리가 본 바와 같은, 경제정책이라기보다는 일종의 '국가 개조 계획'에
맞먹는 이 거대한 플랜을 시민사회는 고사하고 의회나 정치권에서조차
다양한 각도에서 심의deliberation를 거친 적이 있었는가? 이 정도의 깊이와
규모를 가진 계획이 그런 심의를 거치지 않고서 지금과 같이 철저하게 추
진되고 있는 상태를 어떻게 정의해야 할 것인가?

재언하지만, 지금 먼저 논의할 일은 '금융허브' 계획의 적실성 등이 아

니다. 이것이 어떻게 시민들의 광장에서의 토론을 피해간 채 진행되어 왔다는 점이다. 즉 '금융허브'는 지금 '경제문제'가 아니다. 경제정책에 관한 한 소수의 엘리트 집단과 관료 세력이 민주적 절차와 공론장에서의 토론이라는 장치를 완전히 우회해 어느 만큼 큰 전제 권력을 가지게 되었는가를 보여 주는 '정치 문제'요, '민주주의'의 문제다. 이 문제에 대한 해명이 선결되고 납득할 수 있는 투명한 심의 장치와 절차가 마련하는 것이 가장 먼저 이루어져야 할 일이다. 한미 FTA 추진 과정에서 나타난 바 있는 경제 관료들의 민주주의에의 도전은 '금융허브' 계획 추진 도상에서 어쩌면 한층 더 심각한 규모로 나타나고 있는 것인지도 모른다.

• • •

**추기 1**

이 글은 2007년 10월 19일 참여연대 느티나무 홀에서 있었던 심포지엄 "세계화 시대 관료독주, 어떻게 대응할 것인가"에서 처음 발표된 것을 수정한 것이다. 당시 토론에서 어느 논평자는 다음과 같은 문제 제기를 한 바 있다. 이 글에서 논의되고 있는 여러 정책이나 법안 등은 모두 독자적인 것들로서 공식적인 정부의 의결 과정을 거친 것들인데, 이것들이 모두 과연 '금융허브'라고 하는 하나의 플랜에 맞추어서 진행되어 온, 이를테면 퍼즐 조각 같은 것이라고 주장하는 것이 타당한가. 마치 무슨 그림자 정부 같은 것이 이 모든 정책들을 오케스트라를 지휘하듯 몰고 왔다는 '음모 이론'에 근접한 것이 아닌가라는 취지의 지적이었다. 필자는 이렇게 다양한 정책과 법안들이 '금융허브' 계획을 중심으로 연결되어 있다는 것이 필자의 억설이거나 숨겨진 사실이라기보다는 오히려 정부의 해당 부서에서 적극적으로 홍보하고 있다는 점을 지적하고자 한다. 서울파이낸셜포럼-한국투자공사-〈자본시장통합법〉-〈간접투자자산운용업법〉-국민연금 및 퇴직연금-한미 FTA와 관련된 외환 및 자본시장 규제 개혁 등이 모두 현재 추진 중인 '금융허브' 계획과 연관되어 있는 바는 여러 정부의 홍보 문서에서 누차 강조되고 있는 바다. 대표적으로 다음의 세 개의 문서만을 들고자 한다. "21세기 번영의 길: 동북아 금융허브"(대통령자문 동북아시대 위원회, 재정경제부, 2004),[7] "동북아 금융허브 꿈 영근다"(재정경제부 금융허브기획과장 홍재문, 『나라 경제』 2007년 9월호),[8] 재정경제부 2006년 6월 14일 제2차 금융허브추진위원회 개최 보도자료.[9] 이 문서들은 모두 인터넷에서 볼 수 있다.

## 추기 2

이명박 정권에서 이 금융허브 정책은 '금융 중심지'로 이름만 바꾼 채 계속 추진될 것이 천명된 바 있었고, 산업은행의 민영화를 통한 초 거대 규모의 '글로벌 투자은행' 창출 계획도 추진되고 있었다. 하지만 이 글이 발표되고 난 뒤인 2008년 9월, 주지하듯이 리먼브라더스의 파산 사태와 뒤

---

7_http://www.kiep.go.kr/skin.jsp?grp=news&bid=ResBodo&mode=view&num=126305

8_http://eiec.kdi.re.kr/nara/contents/nara_view.jsp?sendym=200909&idx=5722&pg=20

9_http://www.korcham.net/EconNews/EconInfo/CRE04102R.asp?m_Type=&m_DataID=30445&m_data=&m_query=&m_Gubun=&m_Code=&m_queryText=

이은 전 세계적 금융 공황 및 경제 위기가 시작되었다. 이 때문에 전 세계의 금융업 자체가 크게 위축되었고, 미국과 유럽의 글로벌 거대 은행들 다수가 심각한 위기에 들어가기도 했다. 이런 전 세계적인 금융업의 위축과 세계경제의 구조 변화로 노무현 정권에서 이명박 정권으로 대를 이어 온 금융허브 프로젝트 또한 큰 타격을 입었다고 보인다. 이 글에서도 언급한 바 있는 서울파이낸셜포럼의 김기환 씨는 "비행기 몇 대 추락했다고 해서 항공업이 망하지 않는다"는 기묘한 비유의 수사학으로 본래 계획의 계속적인 추진을 주장하기도 했고, 이후 산업은행장으로 취임한 강만수 씨도 계속적인 글로벌 투자은행 계획을 언급했지만, 금융허브론과 관련된 정책은 이후 별다른 성과나 소식을 들을 수 없었고 한국제 글로벌 메가뱅크의 출현도 이루어지지 않았다. 금융허브론과 관련된 서울과 수도권의 여러 지역 개발 계획도 무산되거나 큰 부채만 남긴 채 정체 상태에 있다. 그 절정이 용산 개발 계획의 무산이라고 보인다.

하지만 이런 상황 변화를 가장 극적으로 보여 주는 사건은 아마 고 노무현 대통령의 언급일 것이다. 그는 2009년 초 자신이 그토록 적극적으로 추진했던 한미 FTA 자체를 전면적으로 재검토해 볼 필요가 있다는 발언을 한 바 있다. 이 발언은 많은 논쟁과 비판을 불러일으키기도 했으나, 이 글의 관점에서 보자면 금융허브로의 전환을 통한 금융 주도 성장 계획 자체가 전망이 불투명해진 상황을 고려할 때 충분히 나올 수 있는 사고의 전환이라고 생각된다. 이 점에 대한 필자의 생각은 "개방과 통합을 어떻게 볼까?"(이정우 편, 『노무현이 꿈꾼 나라』, 동녘, 2010)라는 글에 개진한 바 있다.

# 8장

# 투기자본-로펌-관료들의 삼각동맹

장화식

## 1. 회전문 인사와 사적 이익 추구

### 회전문 인사

'회전문 인사'revolving door는 기업을 대변하는 압력 단체가 합법적으로 허용된 미국이라는 특수한 상황에서 만들어진 용어다. 사적 영역private과 공적 영역public을 번갈아 오가며, 공직자가 기업이나 업계를 대변하는 이익 단체의 로비스트가 되어 기업의 이해관계를 대변하고, 퇴직 후에는 일했던 부처와 관련 있는 기업이나 단체에 취업하는 현상을 가리키는 용어다.

---

• 이 글은 『시민과 세계』(2007년 12호)에 실린 필자의 글을 수정·보완한 것이다.

일본에서는 '아마쿠다리'天下り라는 말이 있다. 낙하산 인사라고 하는데, 회전문 인사와 비슷한 뜻으로 사용되고 있다. 아마쿠다리는 관청에서 퇴직한 간부들을 민간 회사가 받아들이는 것을 말한다. 고위 관료들은 퇴직 후 지방자치단체, 공단 등의 특수법인, 재단·사단 등의 공익법인, 은행, 제조업 등 민간 기업의 간부나 중역으로 재고용된다.

그 정도는 각 성, 청의 실질적인 세력 판도와 밀접한 관계를 갖는다. 재고용된 그들을 통해서 성, 청과 민간 기업은 긴밀하게 연결되어진다. 정보교환, 네트워크 형성이라는 긍정적인 측면을 내세우기도 하지만, 그와 반대로 퇴임 후를 대비한 봐주기식 행정과 인맥 형성이라는 부정적 측면도 있다. 대장성과 금융기관(은행)의 유착이 대표적인 예다.

한국에서는 낙하산 인사와 모피아MOFIA라는 말이 있다. 우리나라는 정부 주도의 경제정책과 정부 우위의 전통으로 낙하산 인사라는 용어가 회전문 인사보다 더 자주 사용된다. 재정경제부(약칭 재경부)는 '예산'과 '세제', '금융'이라는 절대적인 정책수단을 갖고 있어서 정부 부처들 중에서도 갑이다. 그중에서도 이재국(경제정책국, 현재 금융위원회 금융정책국)은 재경부 힘의 상징이었다. 막강한 부처 힘을 바탕으로 낙하산 인사의 원조가 되었고, 재경부 이재국 출신 인사들은 모피아로 불린다. 모피아는 재정경제부MOFE와 마피아MAFIA의 합성어다. 2014년 4월 16일 참사(세월호 참사) 이후에는 관료와 마피아의 합성어인 '관피아'라는 용어가 널리 사용되고 있다.


## 모피아의 생성과 위기

1948년 정부 수립 초기에는 정부 내 균형을 위해 재무부가 세제와 금융·국고를 담당했고 국무총리실 산하의 기획처가 예산을 담당했으며 외환과 금융감독 업무는 한국은행의 소관이었다. 그러다가 1961년 '경제개발 5개년 계획'이 수립되면서 경제기획원이 생겼는데 정부 주도의 경제개발 정책에서 막강한 힘을 발휘했고 경제기획원 장관은 경제부총리를 겸임했다. 재무부의 힘이 커진 것은 아니러니 하게도 경제기획원이 주도한 경제개발 때문이었다.

개발 정책으로 대기업이 생기고 시장이 확대되자 재무부가 갖고 있던 세제와 금융 권한은 서서히 힘을 발휘했고, 1974년 당시 박정희 대통령의 절대적인 신임을 받던 김용환 재무부 장관이 취임하면서 재무부의 위상은 높아지기 시작했다. 김 장관은 한국은행의 금융감독원에 여신관리국을 신설하고 이 자리에 재무부 이재국 출신을 국장으로 앉혀서 금융권과 대기업의 자금줄을 틀어쥐었다. 이때부터 재무부를 퇴직하고 은행 임원과 은행 자회사 임원으로 가는 재무부 퇴직 관료의 먹이사슬이 생기기 시작했으며, 김용환 장관은 모피아 1세대를 형성했고 그들을 상징하는 인물이 되었다.

사람이 많아지면 세력이 되고, 세력이 커지면 조직을 만들고, 그 조직을 유지 확대하기위해 제도와 법률마저 바꾸는 것이 조직의 생리다. 1994년 김영삼 정부에는 경제기획원과 재무부가 통합되어 재정경제원이 출범했고 재정경제원 장관은 부총리를 겸임했다. 재무부의 금융·세제·국고 업무에 경제기획원의 정책·예산 기능을 갖게 되고 부처 간의 업무를 조정하는 부총리 역할까지 맡게 되자 재정경제원은 공룡부처가 되었다. 국무회의에 올라가는 모든 경제정책은 부총리 겸 재경원 장관이 주재하는 회의를 거쳐야 했다. 공룡이 되면 그 무게를 스스로 지탱하지 못하듯이 재경원은 1997년 외환위기가 닥치자 위기의 총책임자로 지목되었고, 모피아에게는 처음으로 생존의 위기가 닥쳤다.

김대중 정부는 재정경제원을 재정경제부로 격하시키고 업무를 쪼갰으며 경제부총리도 폐지했다. 재정경제부는 금융·세제·국고·정책 업무를 맡았고, 예산은 예산청과 기획예산위원회로 나눠졌고, 금융감독위원회가 신설되어 금융감독 업무를 맡았다. 1999년에는 금융감독위원회의 집행 기구로 금융감독원이 설립되었는데, 증권감독원, 보험감독원, 신용관리기금, 그리고 한국은행에 있던 은행감독원을 통합한 무자본 특수법인이다.

## 모피아의 부활

그런데 외환위기의 주범으로 지목되어 고개를 숙였던 재경부 모피아의 위기는 오래가지 않았다. 모피아는 외환위기를 극복하는 과정에서 기업구조조정의 칼자루를 쥐면서 '한국 경제의 구원투수'로 화려하게 부활했다. 1997년 12월 정권 교체기의 금융·외환 위기를 극복하기 위해 '비상경제대책위원회'가 출범했고, 위원장으로 김용환 전재경부 장관(자민련 부총재)이 위원장을 맡았다.

김용환 위원장은 비상대책위원회를 꾸리면서 산하에 실무기획단장에는 당시 한직인 조세연구원 고문으로 나가 있던 이헌재를 선임했다. 이헌재는 1974년 김용환 재부부 장관 밑에서 이재국의 후신인 금융정책 과장을 맡았었는데, 당시에도 수시로 장관 방을 드나들어 '부장관'으로까지 불리기도 했다. 비상경제대책위원회 실무기획단장을 맡은 이헌재 단장은 외채 협상을 주도하고 금융구조조정을 추진했으며, 기업구조조정 5대 원칙을 마련했다. 30대 그룹의 기조실 임원들은 모아 기업의 구조조정 및 재무구조 개선 계획을 제출받는 등 기업과 금융기관의 생사여탈권을 쥐게 되었다. 이헌재 단장이 작성한 보고서는 김용환 비상대책위원장을 거쳐 일산에 있던 김대중 대통령 당선자의 집으로 보고되었다.

곧이어 이헌재 단장은 김대중 정부에서 '비상대책위원회'의 권한을 그대로 승계 받아 구조조정을 단행하는 권한을 가진 '금융감독위원회' 초대 위원장으로 선임되었는데, 재경부 모피아는 이헌재 밑으로 모여들었다. 구조조정의 실무 업무는 민간 전문가들과 함께 재무부 금융정책국 출신들에게 맡겨졌다. 구조조정과 개혁이라는 이름하에 기업과 금융기관의 생사여탈권을 쥐게 되자 재경부 모피아는 화려하게 부활했다. 2001년 1월 진념 재정경제부 장관이 부총리겸 재경부 장관에 임명됨으로써 재경부는 부총리부처로 격상되었고, 모피아는 대내외에 부활을 선언했다.

재정경제부는 2008년 이명박 정부조직 개편 때 기존의 재정경제부와 기획예산처의 일부 기능이 통합되어 새롭게 지식경제부로 이름이 바뀌었고 경제부총리 제도도 폐지되었다. 그러나 한번 부활한 재경부 모피아의 아성은 부처 명칭이 변경되었다고 무너지거나 사라지지 않았다. 지식경제부는 2013년 현재, 부총리 부처로 다시 승격돼 경제정책의 컨트롤타워 역할을 맡고 있다.

지식경제부는 제1차관과 제2차관 산하에 3개실과 9개국 그리고 16개관과 93과를 가진 거대한 조직이다. 외청으로는 국세청과 관세청, 조달청, 통계청을 두고 있고, 산하기관으로는 복권위원회가 있으며, 공공기관 운영위원회를 비롯한 20개의 자문위원회를 갖고 있다. 그리고 세계은행 World Bank, 국제통화기금IMF, 아시아개발은행ADB, 미주개발은행IDB, 아프리카개발은행AFDB, 유럽부흥개발은행EBRD, 경제협력개발기구OECD, 녹색기후기금GCF 등 국제금융 기구의 통로이기도 하다.


**이헌재 사단**

모피아의 제1세대 인물로 김용환 전 재무부 장관이 있다면, 제2세대를 대표하는 인물은 이헌재 부총리다. 1997년 외환위기 이후 4대 부분(금융, 재벌, 노동, 공공) 구조조정을 추진한 금융감독위원장을 맡으면서 금융기관 곳곳에 자기 인맥을 포진시켰다. 그리고 노무현 정부 시절에 경제부총리를 맡으면서 이를 더욱 공고화시켰다. 재경부 출신들은 끈끈한 인맥과 학맥, 그리고 그들만의 동질성으로 정부와 민간에 걸쳐 배타적인 네트워크를 형성해서 '마피아'가 되었다. 이들은 '이헌재 사단'으로 불린다. 나이스홀딩스 회장으로 있는 정건용 전 산업은행 총재, 유지창 유진투자증권 회장, 그리고 재경부 금융정책 국장과 금융정보분석원장을 지낸 변양호 보고펀드 대표, 재경부 장관과 KDB지주 회장을 지낸 강만수 장관, 김석동 전 금융위원장, 기재부 장관을 지낸 윤증현 장관, 최중경 전 지식경제부 장관 등이 이른바 '이헌재 사단'의 핵심들이다.

2008년 정부 조직 개편 때 재정경제부의 금융정책 기능은 금융위원회로 이관되어 지식경제부의 금융기관에 대한 영향력은 금융위원회와 나눠 먹는 관계로 예전만 못하게 되었고, 금융위원회의 파워를 빗대어서 '금피아'라는 신조어가 생기고 있다. 그렇지만 2013년 부총리 부처로 승격돼 경제정책의 컨트롤타워 역할을 수행하고 있기에 여전히 관료 사회와 공기업 및 금융기관에 걸쳐 막강한 영향력을 행사하고 있다. 그리고 모피아와 금피아는 재경부라는 한 뿌리에 두 개의 가지일 뿐이다.

박근혜 정부에서는 현 지식경제부 장관인 최경환 장관이 주목받고 있다. 대통령의 신임과 부처 간의 조정권을 바탕으로 경제 부처의 인사에 강력한 영향력을 발휘하고 있으며, 정부 정책결정을 주도하고 있다. 이런 추세가 계속된다면 새롭게 '최경환 사단'이 생겨나고 이헌재 사단을 대체할까? 관료주도의 정책과 인적 네트워크의 형성 그리고 금융과 세제와 감독을 통한 산하 기관의 장악이라는 연결 고리가 유지되는 한, 이름이 어떻게 바뀌던 낙하산 인사나 회전문 인사는 여전할 것이고 '모피아'라는 용어도 여전히 이들을 가리키게 될 것이다.


## 회전문 인사의 기본 축은 사적 이익 추구

회전문 현상은 공적 경험을 기업에 활용하거나 기업의 효율성을 공적 영역에 도입한다는 취지와는 달리 사적인 이익 추구로 변질된다. 회전문을 이용하는 인사는 공직에 있어서도 자신을 키워 주고 성장시켜 준 기업이나 업계를 의식하게 되고 자기가 되돌아갈 기업에 대해 우호적인 결정을 내린다. 이른바 개혁과 규제완화라는 이름으로 행해지는 기업을 위한 정책들과 법률제도가 그것이다. 민간 기업에서도 그들은 고문이라는 직책으로 국가기관과 민간의 뚜쟁이 역할을 하고 공공의 이익에 반하는 부패의 커넥션을 이룬다. 이로 인해 입법·행정·사법 전 부분에 걸쳐 부패가 만연하게 된다.

글로벌정치경제연구소의 홍기빈 소장은 "공공의 복리를 증진시켜야 할 관료들이 합리성과 효율성이라는 명분 아래 공공성을 파괴하는 기술관료적 정책결정을 비밀리에 주도하고 있다"면서 "비전문가인 국민에게 정보를 공개하고 국민의 의견을 듣는 것을 간단히 무시하는 것이 민주화 20년 우리의 현실"이라고 비판한다. 경제 관료들은 보통의 사람들이 알아들을 수 없는 각종 경제학 개념과 수치, 통계로 무장하고 모든 중요한 사회적 사안들을 모두 경제적 합리성의 문제로 바꿔 버린다. 이들은 국가 개조에 맞먹는 결과를 가져올 여러 정책들, 예를 들어 한미 자유무역협정FTA이나 금융허브 전략 등을 추진하면서도 국민적 동의나 추인을 받지 않는다(홍기빈 2007).

최장집도 민주주의를 제약하는 요소로 통합 이데올로기와 도덕주의, 전문가주의 그리고 신자유주의를 들면서 "정책결정 과정에서 전문가주의가 수반하는 효율성의 가치는 민주적 결정이 아닌 기술 관료적 결정을 정당화시킨다"고 주장하면서, 전문 기술주의를 민주주의의의 최대의 적이라고 규정했다(최장집 2006).

미국의 대표적인 회전문 인사는 2001년부터 2009년까지 미국 부통령으로 재직했던 딕 체니Dick Cheney의 경우다.[1] 1989~93년 미국 국방부 장관이었던 그는 1995년에 에너지 회사인 할리버튼[2] 최고경영자CEO를 거쳐 부통령이 되었다. 할리버튼은 2003년 3월 이라크전쟁 이후, 이라크 재건 사업 프로젝트를 맡아서 엄청난 이익을 챙겼다. 당시에 부시 행정부는 전통적으로 공화당이 그랬듯이 석유 자본과 가까웠다. 딕 체니 부통령뿐만 아니라 백악관 안보보좌관 콘돌리자 라이스, 상무장관 도널드 에번스 등 부시 행정부 고위 관료 40여 명이 석유 회사 대주주이거나 관련 인사였다. 부시 대통령조차도 한때 석유 회사를 소유했다. 클린턴 행정부 시절 재무부 장관이었던 로버트 루빈Robert Rubin도 회전문 인사의 사례다. 골드만삭스 출신인 루빈은 미국 재무부 장관을 거쳐 2007년 11월부터 2009년

1_성시경(희망제작소 연구원), "K-street와 세종로."

2_할리버튼(Halliburton)은 한국과는 평택 미군 기지와 관련이 있는데, 할리버튼은 자회사인 KBR(Kellogg Brown & Root)로 하여금 2005년 5월에 한국 지사를 내도록 했다. 할리버튼이 한국에 자회사를 내고, 국내 기업과 컨소시엄을 구성한 시점은 절묘하게도 한미 양국이 용산 기지 이전을 위한 '기술 양해각서'를 합의한 2005년 7월보다 두 달 전이다. 바로 KBR에게 한국 유력 업체와 컨소시엄을 미리 구성하도록 점지한 '신통한 보살'은 다름 아닌 용산 기지 이전 협상의 실무인 이 모 대령이다(서정환 2006). 이 모 대령은 국방 시설 본부 대미 사업부장으로 일하다가 2005년 4월 30일 전역하자 그 다음 날 즉시 KBR 한국 지사 사장으로 임명되었다. 그가 KBR 한국 지사장이 된 것과 KBR이 미군 기지 사업 관리자 선정 기준에 꼭 맞는 컨소시엄을 구성한 것이 우연일 가능성은 없다. 고 김선일 씨가 소속된 회사 '가나무역'이 바로 KBR의 하청 회사다.

까지 씨티그룹 회장을 맡았다.


## 미국의 사적 이익: 로비공개법을 통한 양성화

미국은 1996년 〈로비공개법〉Lobbying Disclosure Act을 시행하고 있다. 로비스트는 관련 정부 기관에 등록을 해야 하며, 자신이 수행 중인 로비활동의 성격과 목적 그리고 보수 등을 보고해야 한다. 미국 상원의 공공자료국 Senate Office of Public Records은 지난 2001년부터 인터넷 홈페이지(www.sopr.senate.gov)를 통해 로비 보고서를 공개하고 있다.

미국에서 등록된 로비스트는 2006년 기준으로 2만513명에 달한다. 로비스트 가운데는 정치인, 관료 출신과 변호사들이 많다. 조지 미첼 전 민주당 상원 원내총무를 포함해 현재 로비스트로 등록돼 있는 전직 의원만 138명이나 된다. 1993년과 1994년에는 공화당의 윌리스 그래디슨 의원과 민주당의 글렌 잉글리시 의원이 임기 도중 로비스트가 되기 위해 하원을 떠난 일까지 있다. 거물 정치인과 관료 출신 중에는 로비스트로 정식 등록하지 않은 채 실질적으로는 로비활동을 하는 사람들도 많다.[3] 또한 재계에선 전직 관료를 파격적인 조건으로 영입하고 있다.

일본에서는 한국과 마찬가지로 로비활동을 인정하거나 제한하는 법이 없다. 그 대신 '요정 로비'와 정치자금을 빙자한 '뇌물 공여'가 많다. 이권을 둘러싼 먹이사슬의 한가운데에 정치인들이 자리 잡고 있는데, 이는 일본이 내각책임제여서 중앙 부처의 장관들이 모두 현직 국회의원들이기

---

3_1996년 대통령 선거에 공화당 후보로 나섰던 밥 돌(Robert Joseph "Bob" Dole) 전 상원의원 경우가 대표적이다.

때문이다. 이들을 움직이는 것은 당의 파벌 영수이기에 재계의 이권 로비는 당의 파벌 영수들에게 집중되고, 장관들의 지휘하에 있는 관료들은 이를 묵인할 수밖에 없다. 이 때문에 정계-관계-재계의 3자 관계를 '철鐵의 삼각 구도'라고 부른다.

당의 파벌 영수들 외에 로비의 표적이 되는 사람들은 국회 상임위원회의 '족族의원'들이다. 이들은 한 상임위에 오랫동안 있는 고참 의원들을 말하는데, 한 상임위원회에 오래 있으면 업계 사정에 밝을 뿐만 아니라 관료들에 대한 영향력도 커진다. 이들 의원들을 '족의원'이라고 부른다. '방위족', '건설족', '문교족' 등으로 부르는 식이다.


## 2. 한국: 공직자윤리법과 사각지대

### 공직자윤리법

우리나라는 공직자의 부정한 재산 증식을 방지하고, 공무집행의 공정성을 확보하는 등 공익과 사이의 충돌을 방지하고, 퇴직 관료와 업계와의 유착을 규제하기위해 〈공직자윤리법〉을 두고 있다. 그리고 〈공직자윤리법〉 제17조에서는 퇴직 공직자가 유관 사기업체에 취업해서 발생하는 폐단을 막기 위해 '취업제한 규정'을 두고 있다. 현재 취업 심사 대상자는 〈공직자윤리법〉상 제3조의 규정에 의한 재산 등록 의무자인데, 공무원과 공직 유관 단체의 임직원들이다.

〈공직자윤리법〉은 사회적 반향이 큰 사건이 생길 때마다 개정이 이루어져 왔다. 이 과정에서 '취업 심사 대상자(재산 등록 의무자)'의 범위가 지속적으로 확대되어 왔고, 적용 대상이 되는 사기업체私企業體의 범위도

**표 8-1 | 공직자윤리법 개정에 따른 공직자 취업제한 업체 변화**

|  | 현행 | 개정 후 |
|---|---|---|
| 영리 사기업체 | 3,910개(자본금 50억 원, 외형 거래액 150억 원) | 1만3,043개(자본금 10억 원, 외형 거래액 100억 원) |
| 법무법인 | 19개(외형 거래액 150억 원) | 21개(외형 거래액 100억 원) |
| 회계 법인 | 12개(외형 거래액 150억 원) | 15개(외형 거래액 100억 원) |
| 협회 조합 | 예외 규정 삭제 | 114개 추가 |

자료: 안전행정부.

확대되었다. 특히 2014년 4월 세월호 참사 이후에는 '관피아 척결'이 사회적 화두로 등장하면서 퇴직 관료의 취업제한 대상 기관과 사기업체 기준, 취업제한 기간 등이 대폭 강화된 〈공직자윤리법〉과 시행령이 마련되었다. 하지만 〈공직자윤리법〉은 공무원과 업계의 유착을 규제하고 방지하는 것이 아니라 오히려 퇴직한 공무원의 합법적인 낙하산 통로로 전락했다는 비판을 받아 왔다.

이번에는 퇴직 관료의 취업제한 대상 기관으로는 영리 분야 사기업뿐만 아니라 비영리 분야의 안전 감독, 인허가 규제, 조달과 직결된 공직 유관 단체, 대학 및 학교법인, 종합병원 및 관련 법인, 사회복지법인 등으로까지 확대되었다. 사기업체 기준 또한 자본금 10억 원 이상, 연간 외형 거래액 100억 원 이상으로 하향 조정했다. 취업제한 기간은 퇴직 후 2년에서 3년으로 연장되었고, 2급 이상 고위 공직자는 취업을 제한하는 직무 관련성 기준이 '퇴직 전 5년간 소속 부서'에서 퇴직 전 5년간 소속 기관으로 강화되었다. 〈공직자윤리법〉을 수차례 개정을 거듭했지만 관료와 사기업체의 유착과 이로 인한 폐해를 막기에는 여러 가지 면에서 역부족이다.

### 합법적 낙하산 통로로 전락한 공직자윤리위원회

먼저 가장 큰 문제 조항이 광범위한 퇴직 후 취업을 보장하는 단서 조항의 존재다. 〈공직자윤리법〉 제17조 제1항의 단서에 의하면 "다만 관할 공직자윤리위원회의 승인을 받은 때에는 그러하지 아니하다"고 규정하고 있다. 따라서 '공직자윤리위원회'의 승인만 있으면 얼마든지 취업이 가능하다.

2004년부터 2007년 9월까지 4년간 취업제한 대상 공직자들의 재취업 현황 580건이나 됐고, 이런 현상은 2004년 134건, 2005년 168건, 2006년 174건, 2007년 6월 말까지 104건으로 매년 증가하는 추세였다. 반면 공직자윤리위원회로부터 취업제한 조치를 받은 사람은 2004년에 없고, 2005년 1명, 2006년 2명, 2007년 5명으로 총 8명에 불과했다(김정권 2007).

또한 2010년부터 2013년 6월까지 공직자윤리위원회는 취업 승인 신청 1,108건 중 1,030건(93%)을 승인하고, 단 7%에 해당하는 78건만 취업에 제한을 한 것으로 확인됐다. 박근혜 정부에서도 (2013년 3월부터 6월 말 기준) 취업 승인 신청 136건 중 125건(92%)을 승인하고, 11건만 취업제한을 받은 것으로 확인되었다(김기식 2013). 구체적으로 살펴보면 2010년에 344명 신청에 35건 거절, 2011년에는 280건 신청에 16건 거절, 2012년 301건 신청에 15건 거절, 2013. 6월까지 183건 신청에 12건만 거절된 것으로 밝혀졌다.

공직자윤리위원회의 위원의 임기, 선임 및 심사 절차, 그 밖에 필요한 사항에 관해서는 국회, 대법원, 헌법재판소, 중앙선거관리위원회 등은 자체 규칙으로 정하도록 되어 있으며, 정부는 대통령령으로 정하고, 지방자치단체와 지방자치교육청의 공직자윤리위원회는 해당 지방자치단체나 교육청의 조례에 의해 정하도록 하고 있다(〈공직자윤리법〉 제9조).

공직자윤리위원회는 위원장과 부위원장 각 1명을 포함한 11명의 위원으로 구성되는데, 위원장을 포함한 7명의 위원은 법관, 교육자, 학식과 덕망이 있는 사람 또는 시민단체에서 추천한 사람 중에서 선임하고 나머지 4명은 규정이 없다. 그래서 대체로 해당 부처나 기관의 직원들로 구성되어 있다. 정부 공직자윤리위원회는 비상설 기구로 독립적인 사무국을 갖추지 못한 채 안전행정부가 실질적인 사무국 기능을 한다. 11명의 위원 가운데 대통령이 위촉하는 7명을 제외한 임명직 4명은 공무원이다.

국회, 대법원, 헌법재판소, 중앙선거관리위원회, 중앙부처, 지방자치단체, 교육청 등 기관별로 흩어진 공직자윤리위원회에서 제 식구 감싸기가 일어나는 것은 불을 보듯 뻔하다. 공무원들의 제 식구 감싸기와 이로 인한 〈공직자윤리법〉의 사문화 현상이 발생하고 공직자윤리위원회가 합법적인 낙하산 통로로 전락하는 것은 필연적인 귀결이다.

이에 대한 대안으로는 정부, 사법부, 입법부, 지방자치단체 등으로 나뉜 공직자윤리위원회를 하나로 통합해 독립적인 위원회로 만들어 독립성과 전문성을 높이는 것도 좋은 방법이 될 수 있다.


**공직자윤리법의 또 다른 무력화: 사전 취업과 솜방망이 과태료**

안전행정부가 국회에 제출한 '2008년 이후 퇴직 공직자 재취업 현황'에 따르면, 전체 퇴직 공직자는 총 1,219명으로 '취업 확인·승인'을 받은 재취업자가 803명(65.9%)이고, 일제 조사에서 적발된 임의 취업자는 416명(34.1%)이었다(진선미 2012).

취업 확인이나 승인을 받지 않고 취업한 공무원에 대해 아무런 처벌 조항이 없다가 과태료 처분 규정이 마련되어 시행된 것은 2011년 11월 30일이었다. 현재의 〈공직자윤리법〉에는 "취업 심사 대상자가 취업이 제한되는 사기업체 등에 취업을 하려는 경우에는 관할 공직자윤리위원회에 취업이 제한되는지를 확인하여 줄 것을 요청하여야 한다"고 규정하고 있

표 8-2 | 퇴직 공직자 재취업 현황(2008~12년 8월)

| | | | 2008 | 2009 | 2010 | 2011 | 2012년 8월 | 합계 |
|---|---|---|---|---|---|---|---|---|
| 취업자 | 취업 확인·승인 | 취업 확인 | 152 | 165 | 151 | 172 | 146 | 786 |
| | | 취업 승인 | 7 | 5 | 2 | 1 | 2 | 17 |
| | 일제 조사 시 적발된 임의취업자 | | 76 | 63 | 156 | 91 | 30 | 416 |
| | 합계 | | 2,160 | 2,174 | 2,161 | 2,183 | 2,158 | 786 |
| 고위 공직자 재취업자 | 취업 확인·승인 | 취업 확인 | 46 | 45 | 33 | 48 | 50 | 222 |
| | | 취업 승인 | - | 1 | - | - | 1 | 2 |
| | 일제 조사 시 적발된 임의취업자 | | 12 | 10 | 27 | 26 | 7 | 82 |
| | 합계 | | 58 | 56 | 60 | 74 | 58 | 306 |

자료: 안전행정부.

으며, 이를 어길 경우 1천만 원 이하의 과태료를 부과하도록 하고 있다. 하지만 2011년 이후에도 임의 취업자는 30명으로 16.8%를 차지하고 있으며, 공직자윤리위원회는 이들에 대한 과태료 처분도 임의대로 1년 연장한 것으로 드러났다(진선미 2012). 진선미 의원은 "퇴직 공직자들의 재취업에 대한 인식 부족도 문제지만, 공직자윤리위원회가 임의 취업자나 취업제한 업체에 취업한 사항을 적발하고도 봐주기로 일관하고 있다"고 비판하면서 엄정한 법 집행과 위반 사항에 대한 공표 등 제도적 보완이 필요하다고 주장했다.


### 직무 관련성 사각지대: 금융감독원의 꼼수

금융감독원(약칭 금감원)은 금융기관을 검사·감독하는 기구다. 따라서 퇴직자들의 '이해 충돌' 문제가 발생할 가능성이 가장 높은 직종이다. 〈공직자윤리법〉 시행령에 따르면 금감원은 2급 이상에 대해서만 취업 심사 및 취업제한 대상으로 삼았지만 저축은행 사태 직후인 지난 2011년 10월부터 대상자를 4급 이상으로 확대했다.

2011년 4급으로 확대되기 전에 금감원 2급 이상은 〈공직자윤리법〉

상 퇴직 후 2년간, 퇴직 전 3년 이내 소속 부서 업무와 '밀접한 관련'이 있는 민간 업체 등에 취업할 수 없었다. 그러나 금감원은 〈공직자윤리법〉상 취업제한인 업무의 '밀접한 관련'을 피하기 위해 금융감독원 2급 이상 고위직 출신 가운데 상당수가 퇴직 직전 인력개발실이나 총무국, 소비자보호센터 등 금융감독 업무와 직접 관련이 없는 부서로 이동했다가 금융회사 감사나 대표이사로 자리를 옮겼다. '낙하산 인사'에 대한 사회적 논란을 피하기 위해서 꼼수를 부린 것이다. 이에 따라 금감원이 '낙하산 인사'에 대한 사회적 논란을 피하기 위해 '경력 세탁용 편법 인사'를 했다는 비난을 받았다.

금감원이 국회 정무위에 제출한 "퇴직 임직원 금융기관 재취업 현황" 자료에 따르면, 금감원이 설립된 2001년 이후 퇴직한 2급 이상 고위직은 모두 141명으로, 그중 83명이 금융회사에 재취업한 것으로 집계됐다. 특히 83명 가운데 51명은 퇴직 직전 인사에서 인력개발실, 총무국, 소비자보호센터 등에 배치됐던 것으로 나타났다(『동아일보』 2010/09/10). 더구나 83명 중 68명은 퇴직 바로 다음 날 은행, 보험사, 증권사의 감사 등으로 옮겨 가 현직에 있는 동안 감독 대상인 금융회사와 재취업을 협의한 것이 아니냐는 비판마저도 나오고 있다.

이에 대해 금감원은 바로 보도 해명 자료를 배포하고, "금감원 인사는 전문성과 경력을 고려한 적재적소 배치를 원칙으로 하므로, 취업을 위해 근무 경력을 세탁하는 일은 발생할 수 없다"고 해명했다. 그리고 "금감원 임원 및 2급 이상 직원은 〈공직자윤리법〉상 퇴직 후 2년간, 퇴직 전 3년 이내 소속 부서 업무와 '밀접한 관련'이 있는 영리 사기업체 등에 취업할 수 없다"고 강조하면서 "업무 관련성 여부에 대해 정부공직자윤리위원회의 확인을 받아 취업을 하고 있다"고 밝혔다. 또한 "최종 경력이 인력개발실, 소비자보호센터 등인 금융회사 취업자의 동 부서 근무 기간이 대부분

**표 8-3 | 2007년 금융회사에 재취업한 금융감독원 고위직 현황**

| 이름(직급) | 퇴직 당시 부서 | 취업 금융회사 | 퇴직일 | 취업일 |
|---|---|---|---|---|
| 김용걸(1) | 소비자보호센터 | 동양생명보험 감사 | 1월 5일 | 1월 18일 |
| 노명환(2) | 소비자보호센터 | 하나로상호저축은행 감사 | 2월 27일 | 3월 20일 |
| 정제풍(1) | 인력개발실 | 부산은행 감사 | 3월 19일 | 3월 22일 |
| 박해균(2) | 검사지원국 | 현대스위스저축은행 감사 | 3월 19일 | 3월 20일 |
| 정태철(임원) | 부원장보 | 하나은행 감사 | 3월 21일 | 3월 22일 |
| 한복환(1) | 총무국 소속파견 | 광주은행 감사 | 3월 23일 | 3월 26일 |
| 김명호(2) | 소비자보호센터 | KB신용정보 감사 | 5월 10일 | 5월 11일 |
| 김기훈(2) | 소비자보호센터 | 대신증권 감사 | 5월 23일 | 5월 25일 |
| 송시영(1) | 인력개발실 | 동양종금증권 감사 | 5월 23일 | 5월 25일 |
| 하위진(2) | 인력개발실 | 한화증권 감사 | 5월 23일 | 5월 25일 |
| 방영민(임원) | 감사 | 서울보증보험 사장 | 5월 27일 | 6월 20일 |
| 손광기(1) | 인력개발실 | 삼성화재보험 감사 | 5월 30일 | 5월 31일 |
| 최일규(2) | 검사지원국 | 교보증권 감사 | 5월 31일 | 6월 1일 |
| 유병태(1) | 총무국 소속 | 대우캐피탈 감사 | 6월 7일 | 6월 8일 |
| 이순관(2) | 소비자보호센터 | 미래에셋생명보험 감사 | 6월 7일 | 6월 8일 |
| 이인욱(1) | 인력개발실 | 현대캐피탈 감사 | 6월 7일 | 6월 8일 |
| 이상일(2) | 소비자보호센터 | 메리츠화재 감사 | 6월 13일 | 6월 14일 |
| 이원관(2) | 검사지원국 | CJ투자증권 감사 | 6월 14일 | 6월 15일 |
| 신영태(2) | 비은행검사1국 | KB자산운용 감사 | 6월 26일 | 6월 27일 |

주: 송시영, 이순관은 취업제한 조치지임.
자료: 김정훈 의원실, 재구성.

1년 내외로, 인력개발실, 소비자보호센터 등이 퇴직 전 3년간 경력을 관리하기 위한 목적으로 운영되었다고 볼 수 없다"고 해명했다.

금융기관과 금융시장을 감독하고 규제해야 할 금감원이 금융기관의 감사 자리를 독차지한다면, 퇴직 후 일자리를 보장하는 업계를 의식한 정책을 펼 가능성이 있다. 금융회사와 소비자 간 분쟁에서는 금융회사의 이익만을 대변할 가능성이 있다. 나아가 금융기관을 감사하거나 감독할 때 퇴직 관료들은 비공식 로비스트나 방패가 된다. 금융기관 현직 감사가 직장의 옛 선배인 경우가 됨으로써 검사나 감독 업무가 제약되고 감독이 느슨해질 우려가 있으며 소비자가 고스란히 피해를 떠안게 된다.

이는 2013년 4만 명의 금융 피해자와 1조6천억 원의 피해 금액을 야기한 '동양그룹 회사채 및 CP 사기 발행 사건'에서도 여실히 드러났다. 당시 금융감독 기관은 투기 등급 계열사의 회사채를 계열사 금융기관을 통해서 팔지 못하도록 규정을 개정했지만 시행을 6개월 유예했다. 이 기간 동안 동양증권은 투기 등급의 동양 계열회사의 회사채와 기업어음CP을 집중적으로 팔아서 수많은 피해자를 양산시켰는데, 금융감독 당국의 업계 봐주기의 결과였고 그 이면에는 퇴직 관료들의 동양그룹 취업이 숨어 있었다.

## 공지자윤리법의 사각지대: 로펌

2014년 6월에 개정된 〈공직자윤리법〉의 가장 큰 구멍은 소위 '전문 자격증 소지자'에 대한 특례의 유지라고 할 수 있다. 전관예우 논란을 빚는 법조계나 입법부의 민간 유착에 대해서는 아무런 제한을 가하지 않았다. '변호사, 회계사, 세무사' 자격을 지닌 공직자의 취업 심사 예외 조항이 그대로 존속되었기 때문이다.

〈공직자윤리법〉 제정 당시에는 고위 공직자들의 퇴임 2년 이내 재취업 금지 대상 사기업으로 '자본금 50억 원 이상 연평균 외형 거래액 150억 이상'으로 한정했다. 김앤장 등 대형 로펌들은 매출액 150억 원 이상이지만, 자본금이 적거나 회사(로펌) 형태가 아니어서 제한 대상에서 제외되어 왔다. 따라서 전문성이란 이름으로 무장한 그들은 특별한 자격증이 없어도 로펌의 고문이나 혹은 직원으로 다양하게 자리를 잡았다.

그러다가 저축은행 사태나 론스타게이트 등 사회적 지탄을 받는 사건이 발생하고 퇴직 공직자의 '이해 충돌 방지'라는 제도의 취지를 전혀 살리지 못한 것에 대한 비판이 거세졌다. 판사나 검사들이 퇴직하자마자 대형 로펌 위주로 재취업에 나선 것도 전관예우에 대한 논란을 낳았다.

위와 같이 논란이 확산되자 2011년 10월 안전행정부는 퇴직 공직자들에 대한 전관예우를 막기 위해 〈공직자윤리법〉을 개정해 김앤장과 광장, 삼일 등 대형 법무법인과 회계법인, 세무법인 등 37곳을 퇴직 공직자의 취업제한 업체로 지정했다. 또 국회 사법제도개혁특별위원회도 〈변호사법〉을 개정(2011년 5월 17일 시행), 공직자가 변호사 자격 없이 로펌에 취업할 경우 로펌은 이들의 명단과 업무내역서를 매년 1월말까지 법조윤리협의회에 제출토록 했다. 국세청·공정거래위원회·금융감독원·재경부 등 힘 있는 기관에서 퇴직한 고위 공직자들이 대형 로펌에 취업해 자신이 속했던 기관을 상대로 '로비스트' 활동을 하는 것을 방지하기 위해서였다.

이런 조치에도 불구하고 자격증을 가진 고위 공직자나 대법관이나 판사, 검사 중 고위직에 대해서는 퇴직 후 활동에 아무런 제약이 없으므로 이들이 고문으로 근무하면서 사실상 로비스트 역할을 해도 아무런 규제가 없다. 이것이 후술하는 바와 같이 금융 관료들, 투기자본, 엘리트의 삼각동맹을 낳는 시발점이 된다.

## 3. 투기자본, 금융 관료, 엘리트: 삼각동맹

투기자본은 안정적 이익보다는 위험을 무릅쓰더라고 투기적 이익을 추구한다. 이를 위해 종종 비정상적인 방법을 동원하기도 한다. 관료와 사회의 엘리트 집단(변호사, 회계사 등)과 결탁해 비공식적 의사결정을 만들어내고, 정부의 공식 의사결정 기구를 통해 형식적 정당성을 갖추어 간다. 이미 은밀한 거래를 통해 내용을 확정해 놓고 사후적인 비난이나 법적소송을 회피하기 위해 형식을 갖추는 것이다. 이 과정에서 은행의 주주총회,

금융감독위원회의 승인 등은 무력화되고 들러리로 전락한다. 이 과정에서 투기자본과 관료들과 엘리트들은 나름대로 이득을 추구한다. 이것을 금융 관료, 투기자본, 엘리트의 '삼각동맹'이라고 부른다.


**누가 투기자본인가?**

투기자본은 '외국자본'과 종종 동일시된다. 투기자본이라 불리는 수많은 자본이 해외에 본거지를 둔 외국에서 들어온 자본이었기 때문에, 외국자본과 투기자본이 동일시되는 현상이 나타났다. 그렇지만 동일하지가 않다. 나아가 국내 자본이 투기적이지 않다는 의미가 아니다. 지금은 국내 자본의 외국자본 '따라 하기'가 진행 중이다. 자본의 크기에서 문제가 크게 부각되지 않을 뿐이지 폐해나 행태는 고스란히 닮아 있다.

  금융 부분에서 재무적 투자자와 전략적 투자자라는 용어를 사용한 적이 있다. 재무적 투자자란 단기적인 자본 차익(투자 수익)을 노리고 들어오는 투자자로서 헤지펀드나 사모펀드PEF, 뮤추얼펀드를 일컫는 용어였다. 반면 전략적 투자자란 은행 등 금융기관이 시너지 목적으로 투자하는 장기 투자로서 이들을 구분했다.

  우리나라도 2007년 1월 현재, 등록된 사모펀드 규모가 28개 펀드에 5조8천억 원에 달한다.[4] 국민연금 및 퇴직연금이 급성장하고 간접투자가 활성화되면서 뮤추얼펀드 및 사모펀드 시장이 확대될 전망이고, 연기금들은 수익률 제고 및 투자수단을 다양화하는 추세다. 이를 위해 헤지펀드

---

4_금융감독원, "사모주식투자펀드(PEF) 등록 현황."

나 사모펀드 등에 위탁하는 추세가 늘어나고 있다. 금융기관도 수익성 제고를 위해 헤지펀드나 사모펀드에 투자하는 금액이 증가하고 있다.

결국, 재무적 투자자뿐만 아니라 전략적 투자자도 점점 재무적 투자자의 형태를 닮아 가거나 재무적 투자의 비중을 확대하고 있다. 이것은 투기자본이라고 불리는 자본이 본래적 형태일 뿐만 아니라 규제의 정도(감시의 정도)에 따라 그 얼마든지 변모할 수 있다는 것을 보여 주는 것이라고 할 것이다. 따라서 투기자본에서의 투기는 자본이 가지는 속성이며, 자본주의하에서 모든 자본이 투기자본이라고 할 수 있다.


## 삼각동맹의 형성 동인: 이해관계의 일치

투기자본의 기본적인 목표는 수익 창출이다. 자본주의사회에서 수익은 리스크에 비례한다. 하이리스크 하이리턴이다. 그래서 종종 법을 어기는 위험을 무릅쓰기도 하지만, 불법이 발각될 경우 처벌을 받거나 명성을 일순간에 잃어버릴 수도 있다. 그래서 대부분의 경우 불법과 합법의 아슬아슬한 경계를 넘나들면서 곡예를 한다. 때로는 불법을 합법으로 둔갑시켜야 한다. 이때 필요한 전문가가 바로 변호사와 회계사다. 이들은 자기들이 가진 전문성으로 투기자본의 이익을 극대화시켜 줄 수 있다. 법률적 규제를 피하거나 세금을 회피하는 방법을 조언해 줄 수 있고, 이를 토대로 투자 구조도를 만들어 준다. 사모펀드나 헤지펀드 등 투기자본은 거물급 퇴직 관료들을 '얼굴 마담'으로 영입한다. 목적은 '규제완화와 로비'다. 또한 이들을 내세우면 펀딩(돈을 끌어모으는 것)에도 유리하기 때문이다. 퇴직 관료는 '투기자본의 방패'가 된다. 나아가 일부 관료들은 직접 사모펀드를 설립해 운영하기도 한다.

변호사와 회계사 등 전문가들은 이와 같은 기업인수합병M&A 업무를 수행하면서 돈을 챙긴다. 착수금, 업무 수수료, 성공 보수금 등으로 받는 돈은 일반인의 상상을 초월한다. 투기자본의 수익 중 일부를 나눠먹는 것이다. 김앤장법률사무소(약칭 김앤장)의 매출액 5천억 중에는 이와 같은 각종 M&A와 기업 자문이 커다란 비중을 차지한다. 파생상품인 키코를 사서 손해를 본 중소기업과 이를 판매한 은행과의 소송에서 은행에게 승리를 안겨 준 김앤장은 1천억 원을 벌어들였다. 그런데 이런 소송의 이면에는 퇴직한 고위 법관의 로펌행이 자리 잡고 있었다. 이렇게 로펌은 변호사라는 전문가를 내세워서 법률자문이라는 이름의 컨설팅과 로비도 하고 이를 통해 자기들의 이익을 실현해 나간다. 로펌의 고문들이 관료나 법관들을 상대로 로비가 통하는 이유는 끈끈한 인맥과 상사로 올 가능성 및 자기자리 미리 봐두기 때문이다. 로펌의 고문들이 언제든지 인사권과 승진·고과권을 가진 장관이나 상사로 올 수 있다고 생각한다면 이들의 말이나 요구를 거절하거나 무시하기 어려울 것이다.

고위 공직자는 로펌이나 사무펀드가 퇴직 후에 갈 주요한 직장이 된다. 금융위원장을 하다가 김앤장법률사무소에 갔다가 다시 기획재정부 장관으로 돌아온 윤증현 장관은 인사청문회에서 회전문 인사에 대해 비판을 받자 "우리는 (공직을) 그만두면 모래바닥에 코 박고 죽어야 하냐"고까지 말했다. 당시 그는 21억 원의 재산을 신고했다. 고위 공직자가 로펌이나 사모펀드의 로비나 입김을 뿌리치기 힘든 이유 중 하나는 속칭 '한건주의'도 있다. 공직에서의 성공이 고위직을 보장하고 이후 로펌이나 사모펀드에서의 고위직이 가능하다. 그런데 공직에서의 성공은 실적이 중요하다. 규제완화나 민영화, 투자 유치, 국제적인 조약의 체결 등의 '건수'가 필요한 관료들에게 로펌은 논거와 법률해석, 법률자문을 제공해 주고 사모펀드는 내용을 채워 주는 무기가 된다.

은행 매각이나 금융 규제완화, 금융허브 정책, 한미 FTA 등이 바로 이런 이해관계의 일치 속에서 이루어지는 것이다. 투기자본, 금융 관료, 엘리트 집단(전직 관료 및 로펌의 변호사와 고문 등)의 삼각동맹은 이렇게 형성되고 보다 더 끈끈해지는 것이다.

헤지펀드나 사모펀드 등 투기자본이라 불리는 펀드들이 정·재계 인사를 영입해 로비에 활용하는 것은 일반인의 상상을 초월한다. 영국의 센토러스캐피탈은 전 스페인 총리와 전 영국 재무부 장관을 영입했다.[5] 로렌스 서머스[6] 전 미국 재무부 장관도 헤지펀드 사장이다. 블랙스톤에는 폴 오닐 전 미국 재무부 장관이 2003년부터 고문으로 활동하고 있으며, 브라이언 멀로니 전 캐나다 총리는 이사다. 칼라일그룹에는 조지 H. W. 부시 전 미국 대통령과 제임스 베이커 국무장관을 고용하고 있다. 존 스노 전 재무부 장관은 사모펀드 서버러스[7] 회장이고, 댄 퀘일 전 부통령은 이 업체 국제투자 부분 회장이다. 매들린 올브라이트 전 국무장관은 아예 올브라이트캐피탈매니지먼트라는 헤지펀드를 만들었다.

투기자본의 행태와 폐해를 가장 극적으로 보여 주는 사례가 론스타 사태다. 론스타 사건은 투기자본이 자신들의 이익을 위해 어떻게 하는지를 잘 보여 주고 있다. 론스타는 국내 최대 로펌인 김앤장을 법률 대리인으로 선임했다. 이는 단순한 법률 서비스가 아니라 김앤장이 가지고 있는

---

5_센토러스캐피탈(Centaurus Capital)은 운용 규모 45억 달러의 헤지펀드로 1996년부터 2004년까지 스페인 총리를 역임한 호세 마리아 아즈나르와 1993~97년까지 영국 재무부 장관을 역임한 켄 클락크 등으로 자문위원회가 만들어졌다.

6_로렌스 서머스는 1997년 IMF 외환위기 당시 IMF 구제금융 협상 패키지를 디자인한 인물이고, 당시에는 로버트 루빈 장관 밑에서 부장관을 맡고 있었다.

7_서버러스는 크라이슬러 자동차를 인수하기도 한 펀드다.

고문과 퇴직 관료들의 막강한 힘을 동시에 활용할 수 있기 때문이었다. 김앤장은 산업자본인 론스타가 〈은행법〉을 어기면서까지 외환은행을 인수하도록 만들어줬다. 론스타펀드는 7년 만에 4조5천억 원을 벌었다. 세금은 한 푼도 내지 않았고, 부과된 세금에 대해서는 국세청을 상대로 소송을 진행하고 있다. 이 과정에서 김앤장은 차별화된 서비스와 거래의 성공을 통해 막대한 수임료를 챙길 수 있었다. 그리고 자신들의 명성을 유지할 수 있었다. 관료들은 관직에 있을 때는 유능하다는 평가를 받고, 퇴직 이후에도 안정된 자리를 보장받을 수 있었다.

2000년 칼라일펀드가 한미은행을 인수할 때, 은행을 인수하기위해서는 금융기관이라야 한다는 규정을 충족시키기 위해 금융기관과 비금융기관이 50 대 50으로 투자해서 페이퍼컴퍼니를 만들라고 조언해 준 곳도 바로 김앤장이었다. 그런데 그렇게 해서 만들어진 페이처컴퍼니에 금융기관이 50%를 투자하지 않았고 투자자는 금융기관이 아니었다. 하지만 김앤장은 자신들의 논리대로 법률 규정과 그에 따른 해석 의견을 금융위원회에 보내서 인수가 승인되도록 만들었다. 그래서 칼라일펀드는 3년 만에 8천억 원을 벌었다.

이런 '부정과 부패'를 규명하기 위한 활동은 '외국자본에 대한 공격'이나 '편협한 민족주의'로 매도당하거나 심지어 '정서법'culture law으로 호도되기도 했다.


## 삼각동맹의 또 다른 요인: 신자유주의 이데올로기의 내재화

경북 구미에 있는 오리온전기는 2005년 10월 30일 청산되었다. 그 이유는 정리해고를 넘어서 기업 청산을 하는 펀드(MP)로 오리온전기가 매각되었기 때문이다. 오리온전기의 M&A 주관사는 KDB 파트너스다. KDB

&PARTNERS(K&P)가 정식 명칭이고, 국내의 기업구조조정전문회사(CRC) 이며, 사장은 우병익이다. 그는 강경식 전 경제부총리의 비서관과 재경부 은행제도과장을 거쳐 2000년 5월 KDB 론스타의 사장이 되었다. KDB 론스타는 론스타펀드와 산업은행이 각각 35억 원씩 50 대 50으로 합작투 자해서 2000년 5월 만든 기업구조조정전문회사다. 론스타는 2003년 12 월 31일 지분을 전부 매각했다. 그리고 그 지분을 바로 우병익 사장이 사 들여서 국내기업구조조정전문회사인 KDB 파트너스를 만든 것이다.

KDB 파트너스를 만들 당시 "한국판 론스타를 한번 만들어 보고 싶습 니다"라고 이야기했다(『서울신문』 2004/06/07). 그리고 K&P의 컨소시엄 을 구성할 때도 직원 20명을 동참시켰다. '함께 나누어야 성공한다'는 론 스타의 경영 기법을 모방한 것이다.[8] "앞으로 론스타처럼 국제적인 큰손 역할을 할 수 있는 '한국의 론스타'를 만들고 싶습니다. 이익만을 추구하 는 기업이 아니라 명예와 가치를 함께 추구하는 기업 말입니다. 그게 제 꿈입니다." 이 말이 K&P 우병익 사장의 인터뷰다.[9]

우병익 사장뿐만 아니라 1997년 외환위기 이후 잘나가던 재경부 관 료들이 외국 투기자본을 본떠서 돈벌이에 나선 것은 그들 스스로가 신자 유주의 이데올로기를 적극 수용한 때문이었다. 신자유주의가 득세하던 1990년대와 2000년대에 미국에서 투자금융회사들이 금융상품이나 금융

---

8_감사원 관계자에 의하면 론스타는 2003년 외환은행을 인수할 때 론스타코리아의 임직 원들을 동참시켰고, 그들도 론스타와 함께 대박의 꿈에 부풀어 있었다.

9_우병익 사장은 론스타의 외환은행 인수 과정에 기여한 공로로 외환은행장에 도전했다 는 루머가 있었다고 한다(『조선일보』 2006/04/29). 재경부의 은행제도과장 이력이 그 것을 가능하게 했을 것이다.

기법만으로도 천문학적인 수익을 창출하는 모습을 보자 그것을 본받으려고 자발적으로 나선 것이다. 공직에 있는 관료들은 규제완화나 공기업의 사유화, 금융허브 정책을 밀어붙였다. 재경부에서 퇴직한 관료들은 우병익 사장처럼 국가 금융기관(산업은행)과 사모펀드(론스타펀드)가 합작해서 구조조정회사를 만들거나, 변양호 국장처럼 론스타펀드를 본떠서 '보고펀드'를 만들어 스스로 대표로 취임하기도 했다. 바야흐로 관료 사회의 안팎에서 신자유주의 광풍이 불어온 곳이다. 그 광풍은 2008년 미국에서 리먼브러더스가 파산할 때까지 계속되었고, 우리나라에서는 미국에서의 금융 파산 이후에도 지속되다가 2014년 '보고펀드' 파산으로 서서히 막을 내리고 있다.

## 우리나라 대표적 회전문 인사: 이헌재 사단과 한덕수 국무총리

우리나라의 대표적인 회전문 인사는 이헌재 전 부총리다. 그는 '이헌재 사단'이라고 불리는 모피아 조직의 실질적인 리더다. 1969년 재무부 기획관리실 이재국에서 5급 공무원을 시작한 후 1973년 9월 대통령 경제비서실에 근무했으며, 1978년 6월 이재국 재정금융심의관으로 있다가 1979년 9월에 퇴직했다.

이헌재 부총리는 1997년 12월 '비상경제대책위원회'의 실무기획단장을 맡았다. 그 후 1998년 3월~2000년 1월까지 초대 금융감독위원회 위원장을 역임했고, 2000년 1~8월까지 재정경제부 장관을 했다. 그런데 금융감독위원장이 되기 전에 김앤장법률사무소의 고문으로 있었다.

2000년 8월 재경부 장관 퇴직 후 2001년 11월부터 또다시 김앤장법률사무소의 비상임고문으로 일했다. 그리고 2004년 2월 부총리 겸 재정경제부 장관에 취임했고, 2005년 3월 퇴직하자마자 또다시 김앤장의 고문으로 들어갔다. 공직과 로펌의 회전문을 거치면서 '이헌재 사단'이라는 한국의 모피아를 만든 것이다.

한덕수 국무총리 또한 우리나라의 대표적 회전문 인사 중 한 명이다. 1970년 행정고시 합격한 이후 2001년 11월~2002년 7월까지 대통령비서실 경제수석비서관으로 근무했다. 퇴직 후 2002년 11월~2003년 7월까지 김앤장법률사무소 고문으로 재직하다, 2003년 7월 산업연구원 원장, 2004년 2월 국무총리 국무조정실장, 2005년 3월~2006년 7월 부총리, 한미 FTA 체결 지원 단장을 거쳐, 2007년 4월 국무총리에 취임했다.

한덕수 국무총리는 2002년 11월~2003년 7월까지 8개월간 김앤장법률사무소의 고문으로 일하면서 월 1,700만 원의 월급을 받았다. 김앤장은 외국계 금융기관들이 2004년부터 2007년 6월까지 쓴 총 535억 원의 법률자문료 가운데 73%에 이르는 393억 원을 독차지했다. 법률자문 건수에서도 김앤장은 총 4,995건 가운데 2,987건으로 60%를 차지했다.


**확산되고 있는 회전문 인사**

국내에 도입되어 시행되고 있는 새로운 공직 인사 제도는 회전문 인사를 제도화시키고 있다. 대표적인 제도가 고위공무원단제도와 정부와 민간의 인사교류 제도인 민간근무휴직제도, 그리고 개방형 공무원임용제도다.

고위공무원단제도는 고위직의 개방과 경쟁을 확대하고 성과 책임을 강화하기 위해 중앙인사위원회가 2006년 도입한 인사관리 정책이다. 고위 공무원단 직위 중 일정 비율을 민간과 공무원이 경쟁하는 개방형 직위로 운영되고 일부는 소속 부처를 불문하고 공무원 간의 경쟁을 통해 공모 형태로 운영된다. 특히 개방형 직위는 도입 당시부터 공적 영역과 사적 영역을 오가는 회전문 현상을 제도화시킬 것이라는 우려가 제기되었다.

민간근무휴직제도는 공무원이 민간 부분의 업무 수행 방법과 경영 기법 등을 습득해 공직에 도입하고, 민간 부분은 전문 지식과 경험을 활용함으로써 민-관 간의 이해 증진 및 상호 발전을 도모하기 위해 2003년부터 시행된 제도다. 민간근무휴직제도는 정부와 민간 영역 간의 대표적인 인사교류 제도인데, 이와 같은 인사교류 제도는 중간관리자에게까지 회전문을 확대할 것으로 우려되었다. 왜냐하면 중간관리자가 공직 실무의 중추 역할을 수행하고 있으며, 다시 복귀한 공무원들이 어떤 정책결정을 할 것인지는 민간 기업에서 예측이 가능하기 때문이다.

공정거래위원회(이하 공정위)의 경우 이런 폐단이 구체적으로 드러나기도 했다. 민간근무휴직제도를 악용해 직원이 업무와 연관된 대기업에 근무하면서 거액의 연봉을 받고, 청탁과 함께 고급 승용차와 거액의 뇌물을 받는 등 비리 행위로 2006년 공정위 전체 직원의 10%에 육박하는 43명이 징계를 받았다. 이런 현상은 공정위 직원들이 휴직 기간 중 민간 기업에 근무하다가 다시 공정위에 복귀하는 회전문 인사가 주원인이며, 퇴직 후 비싼 몸값을 받고 로펌이나 민간 기업에 재취업함으로써 전·현직 간 공생 관계를 형성하는 것이 그 원인이라 하겠다.

민간근무휴직제도는 정부에서 이야기한 도입 취지와는 달리 공무원들이 대기업에 가서 고액 연봉을 받거나 민·관 유착 등의 논란이 나오면서 많은 비판과 문제점이 제기되자 2008년부터 2011년까지는 단 한 차례의 교류도 진행되지 않아 사실상 폐지됐다.

이후 2012년 정부는 공무원이 대기업이나 금융지주회사·로펌·회계법인 등에서 아예 근무할 수 없도록 하고 보수도 공직에서 받던 보수의 일정 비율 이상을 초과해 받지 못하도록 하는 등으로 제도를 대폭 정비해 부활시켰다.

이렇게 되자 민간근무휴직 대상자를 영입하겠다고 신청한 기업은

2012년에는 7곳, 2013년에는 6곳에 불과했다. 한창때인 2004~05년의 신청 기업 24곳과 비교하면 4분의 1로 수준으로 급감한 것이다. 그나마 2013년 신청 기업은 한국의료기기산업협회, 한국통신사업자연합회, 부국증권, 코리아지엘에스, 한국능률협회컨설팅, 개성공업지구지원재단 등으로 민간 기업보다는 협회나 재단 등이 더 많았다. 결국 공직자 입장에서는 고액 연봉을 받을 기회가 없으니 외면하는 것이고, 민간 기업 입장에서도 공무원을 상대로 로비가 필요한 로펌이나 금융기관이 제외되자 실효성을 느끼지 못하는 것이다. 민간근무휴직제도가 공직과 사기업을 연결하는 로비 통로가 되어 왔다는 것을 여실히 보여 준다 하겠다.

## 4. 삼각동맹의 결정체: 김앤장법률사무소

### 김앤장과 퇴직 관료

한국에서 이런 형태를 가장 잘 보여 주는 곳이 바로 김앤장이다. 김앤장은 설립자인 김영무 변호사와 장수길 변호사의 성姓을 따서 이름을 지은 법률사무소를 말한다.

미국의 링컨 카플란Lincoln Caplan은 "수완을 발휘하던 1980년대에 사업에 관한 법률이 법률 사업이 되었다"The law of business became the business of law)고 말한다(Caplan 1994). 법률 자체가 하나의 거대 사업으로 변화되어 기업이 되었다는 것이다.

김앤장을 '법조계의 삼성'이라고 표현하고 있다. 그러나 이제 단순히 법조계의 일등이라는 범위를 벗어나 그 자체가 하나의 비즈니스 영역이 되었고, 한국 사회의 제국을 구축하고 있다고 하겠다. 그리고 이런 의미

표 8-4 | 김앤장법률사무소의 전·현직 고문

| 이름 | 최종 직위 | 고문료 | 비고 |
|---|---|---|---|
| 이헌재 | 경제부총리 | 2003년, 4억2천만 원 | |
| 한덕수 | 국무조정실장 | 2004년, 월 1,700만 원 | |
| 김순배 | 금융감독원 신용감독국장(1급) | 2006년, 월 2,300만 원 | 2006년 4월 |
| 서영택 | 건설교통부 장관, 국세청장 | | 세무사 |
| 최병철 | 국제조세관리관 | 2005년, 월 3,200만 원 | |
| 구본영 | OECD 대사, 과학기술처 장관 | | 1998년 |
| 최명해 | 국세심판원장 | 2006년, 월 3,500만 원 | |
| 김병일 | 공정위 부위원장 | | |
| 황재성 | 서울지방국세청장 | 2005년, 6억9천만 원 | |
| 이주석 | 서울지방국세청장 | 2005년, 4억1천만 원 | |
| 원봉희 | 재경부 | | 미국 변호사 |
| 전형수 | 서울지방국세청장 | 2005년, 월 3,400만 원 | |
| 한승수 | 주미 대사, 부총리 | | 파트너(제프리 존스[11]) |
| 전홍렬 | 재경부 | 2003년, 4억6천만 원 | |
| 현홍주 | 미국 대사 | | 한미재계협회 |
| 최경원 | 법무부 장관 | | 변호사 |
| 양수길 | OECD 대사 | | |
| 윤종규 | 국민은행 부행장 | | |
| 제프리 존스 | 주한미상공회의소 회장 | | 미국 변호사 |

자료: 임종인 의원, KBS.

에서 미국의 스캐든 압스와 한국의 김앤장이 만나는 것은 필연이었는데, 그들은 투기자본 론스타를 통해 만났던 것이다.[10]

---

10_론스타펀드가 2003년 외환은행을 인수하고자 할 때 선임한 대리인이 미국에서는 스캐 든 압스가 맡았고, 한국에서는 김앤장법률사무소가 맡았다.

11_'파란 눈을 가진 한국인'이라는 제프리 존스의 추악한 모습이 최근 드러났다. 투기자본 감시센터는 매주 월요일 진행되는 '론스타 재판'을 감시하고 방청기를 작성하고 있다. 2007년 10월 1일 '유회원 론스타코리아 대표의 외환카드 주가조작 사건'에서 검찰 신 문 가운데 "재경부에 대해 론스타의 외환은행 인수 자격 문제 해결을 위해 로비가 필요 하고, 론스타와 김앤장법률사무소, 제프리 존스 사이에 이메일이 오갔으며, 로비 대금 흥정(350만 달러 내지 200만 달러)이 있었다"는 내용이 있었다. 실제로 제프리 존스는 김진표 부총리와 2003년 6월 15일 골프 회동을 했고, 7월 22일 김진표 부총리 블룸버 그 인터뷰, 7월 28일 외환은행 매각 당사자 합의에 이르렀다. 일부 언론에서 자신의 취

김앤장 파워의 원천 중의 하나가 국가 고위 관료 출신의 고문을 들 수 있다. 오랜 기간 국가공무원을 하면서 키운 전문 지식을 활용한다는 장점에도 불구하고, 학연과 고시 기수로 끈끈하게 얽혀 있는 공직 사회의 특성을 감안하면 비공식적인 로비 창구로 활용된다는 비난에 직면하고 있다. 특히 경제 부처(재경부, 금감위)나 공정거래위원회, 금융감독원, 국세청 등 법률사무소의 업무 처리와 긴밀히 연관되어 있거나 돈을 다루는 부처 출신이 유독 고문으로 재직하는 경우가 많다.

김앤장에서 채용하는 인력은 주로 재무·세무·금융·공정위 등 경제 부처에 집중되어 있다. 김앤장 홈페이지의 검색 결과 2006년 5월 말 현재, 고위 공직자 출신은 65명에 달한다. 국세청 23명, 재경부 9명, 관세청 5명, 산자부 6명, 노동부 3명, 금감원 6명, 감사원 2명, 공정위 4명, 그리고 외교부, 문광부, 국무조정실, 보건복지부, 정통부, 한국은행, 국방부 출신이 각각 1명인 것으로 드러났다. 고문뿐만 아니라 삼각동맹의 핵심 고리 중 하나가 이들 고위 관료 출신들의 김앤장 진출이다. 이들은 관료 시절의 경력과 직위에 따라서 다양한 직책을 가지면서 김앤장의 고객client을 위해 '고품질 서비스' 제공에 일조하고 있다(『뉴스메이커』 2006/12/12).

## 김앤장과 투기자본

김앤장과 투기자본은 거의 동반자 관계다. 그리고 김앤장의 역할은 수많은 논란을 낳고 있다. 관료들은 퇴직 후 김앤장법률사무소에 취업하면서

---

재인 양 기사를 작성하기도 했고, 검찰도 10월 8일 언론에 재판 심문 내용 일부를 공개하기에 이르렀다(투기자본감시센터 홈페이지 www.specwatch.or.kr).

**표 8-5 | 논란이 되는 기업 M&A와 김앤장의 역할**

| 시기 | 인수합병 내용 | 김앤장의 역할 | 논란의 내용(차익 규모) |
|---|---|---|---|
| 1999년 12월 24일 | 제일은행 뉴브릿캐피탈 매각 | 법률 대리 | 외국 사모펀드와 풋백옵션<br>(뉴브릿지 1조1,500억 원 차익) |
| 2000년 9월 8일 | 한미은행 칼라일 펀드 매각 | 법률 대리 | 실제 주인인 사모펀드의 은행 인수 여부 |
| 2004년 3월 26일 | 씨티은행의 한미은행 인수 | 법률 대리 | 논란과 50 대 50 SPC의 불법성<br>(칼라일 7천억 원 차익) |
| 2003년 4월 | 골드만삭스의 진로 파산 신청 | 파산 신청 대리 | 소송 수행 주체, 내부 정보 이용 여부,<br>수임료 규모 등<br>(골드만삭스 6~7천억 원대 차익) |
| 2003년 7월 | SK-소버린 자산운용<br>경영권 분쟁 | 소버린의<br>주식취득 신고<br>대리 | 내부 정보 이용 여부와<br>〈외국인투자촉진법〉위반, 주가조작 논란<br>(소버린 8천억 원대 차익) |
| 2003년 9월 26일 | 외환은행 론스타로 매각 | 법률 대리 | 불법 매각, 불법 로비 등 불법성 논란 |
| 2006년 3월 | 론스타와 국민은행 동시 대리 | 법률 대리 | (론스타 4조5천억 원 차익 예상) |

투기자본을 위해 일하고 있다. 의뢰인을 위해서 일한다는 명분을 내세우지만, 변호사도 아닌 고위 공직자들이 공직생활에서 배운 자신의 전문성을 투기자본의 돈과 맞바꾸는 것이다.

투기자본이 공공성에 대한 공격과 노동자에 대한 해고와 구조조정, 비정규직 확산과 저임금을 통해 수익을 창출하는 것이니 만큼, 이들이 받는 엄청난 보수는 결국 비정규직과 해고자, 공공성 파괴로 인한 피해자들의 눈물인 것이다.

이렇게 해서 김앤장이 올린 매출액은 2005년도에 3,700억 원이었고, 2012년에는 7천억 원으로 급증했다. 그리고 아무도 매출액의 정확한 규모를 알지 못하고, 수익의 배분 등은 철저히 비밀에 붙여져 있다.

### 공정거래위원회와 민간근무휴직제도

민간근무휴직제도 시행 이후 2006년 말까지 공정위의 민간근무휴직제도 파견자는 총 15명이고, 그중 8명은 근무를 마치고 공정위에 복귀했고, 현재는 7명이 민간 기업에서 근무 중이다. 그런데 이들 총 15명 중 10명이 〈공정거래법〉 위반 업체들의 법률 대리인으로서 나서고 있는 로펌에 취업했고, 로펌에서의 담당 업무 역시 법률자문 및 상담을 주로 담당하고 있음이 밝혀졌다.

특히 김앤장에 파견된 경우가 10명 중 5명으로 절반에 달하고 있는 것으로 나타났다. 이에 따라 현직으로 돌아갈 공정위 공직자들이 로펌의 공정위에 대한 로비 창구로 악용되는 것은 아닌지 의심스럽다는 주장이 제기되었다.


## 민간 휴직 제도 악용: 공정거래위원회와 기업의 유착 사례

실제로 지난 2003년 김앤장에서 1년간 근무하다 복귀한 이석준 팀장(독점감시팀장)의 경우 SK가스(주)의 가격 남용 행위를 조사하면서, SK가스 측의 대리인이자 자신의 민간 근무지였던 김앤장에 자문을 구하면서 사건 자료를 유출시켜 감사담당관실의 조사를 받기도 했다. 이 팀장은 조사에 반발하며, 9월 15일 퇴직하고 법무법인 율촌으로 옮겼다(서혜석 2006). 또한 법무법인 율촌에서 근무했던 박정원 팀장은 복귀 후 율촌이 대리인인 두건의 사건을 담당, 처리했고, 박 팀장 역시 지난 7월 18일 퇴직 후 법무법인 세종으로 자리를 옮겼다. (주)포스코에서 지난해 말까지 2년간 민간 근무했던 박귀찬 재정협력팀장의 경우 지난 9월 21일 퇴직하고, 바로 다음 날인 22일 다시 포스코로 취직하기도 했다. 이에 따라 민간 부문의 효율적인 업무 수행 방법과 경영 기법 등을 습득해 공직 사회에 도입하겠다는 취지는 좋으나, 공정위와 민간 기업 간 유착의 고리로 이용된다면, 제도 자체에 대한 전면 재검토가 필요하다는 주장이 국회에서 제기되었다.

## 로펌에서 공직으로 취업: 한국판 회전문 인사

로펌에서 공직으로 다시 로펌으로, 이른바 회전문으로 불리는 현상이다. 김앤장에 근무하고 있던 직원이 정부 고위 관료로 옮기는 경우에 아무런 문제점이 없을까? 이헌재 전부총리의 경우 재경부 장관을 두 번씩이나 지냈다. 공무원의 인사권을 가지고 있는 장관이 어느 날 로펌에서 근무하다가 온다고 생각하면, 정책 담당자들이 로펌의 비위를 거슬러서 추진할 경우 자신에 대한 불이익을 생각하지 않을 수 없을 것이다. 김앤장만 문제가 있는 것은 아니다. 대형 로펌의 경우 고문으로 있다가 잠시 공직에 몸담은 다음 다시 친정인 로펌의 고문으로 복귀하는 경우가 발생하고 있다.

지난 2006년 8월 29일자로 공정위 심결 지원2팀장에 임명된 박익수 변호사는 임용 직전까지 김앤장에서 공정위를 상대로 소송을 진행한 변호사였다. 당시 김앤장은 공정위를 상대로 1천억 원대의 소송을 진행하고 있었다. 박익수 팀장이 김앤장에서 담당한 사건은 총11건이었는데 이 중에서 3건은 종결되고 나머지 8건은 재판이 진행 중이었다. 박익수 변호사는 공정위 팀장으로 임명되기 직전인 8월 28일자로 법원에 사임계를 제출했다. 김앤장에서 근무할 때는 공정위를 상대로 해서 김앤장의 고객인 대기업을 변호하다가, 공정위 팀장으로 발령이 나게 되자 자신이 소속된 부처를 상대로 소송을 진행해야 하는 황당한 처지가 된 것이었다.

공정위의 심결지원팀은 공정위 상정 안건의 심사 보고서 작성 및 이의신청 심사, 재결서를 작성하는 곳으로, 각종 공정위 심결의 법리적 얼개를 짜는 역할을 수행하는 곳이다. 박익수 팀장이 얼마 전까지 공정위를 상대로 소송을 수행했고, 그가 담당했던 사건이 8건이나 재판 중에 있었으며, 그 소송 또한 소속했던 김앤장에서 수행하고 있었다. 공정위 소송에 영향을 미칠 수 있는 사안이었고, 미리 사표를 낸 대목은 공정위와 김앤장의 유착 의혹도 받을 수 있는 것이었다.

**표 8-6 | 김앤장의 납세자 표창 수상 내역**

| 성명 | 소속 | 표창종류 | 표창일 |
|---|---|---|---|
| 김영무 | 김앤장법률사무소 | 대통령 표창 | 2000년 3월 3일 |
| 이재후 | 김앤장법률사무소 | 국무총리 표창 | 2003년 3월 3일 |
| 김앤장법률사무소 | - | 대통령 표창 | 2004년 3월 3일 |
| 김영무 | 김앤장법률사무소 | 대통령 표창 | 2007년 3월 3일 |

자료: 국세청

## 국세청 퇴직 인사와 납세자 표창: 제도를 활용한 세무조사 면제

김앤장에는 전직 국세청장과 서울지방국세청장의 집합소라 할 수 있을 정도로 국세청 출신들이 많이 근무하고 있다. 김앤장은 2008년 이전까지 한 번도 국세청의 세무조사를 받은 적이 없다. 김앤장이 대한변협에 등록된 형태는 합동 법률사무소이고, 국세청에 등록된 것은 단일한 하나의 사업장 등록증을 가진 '공동 사업장'이다. 법률상 로펌이 아니므로 복잡한 세금 문제가 발생할 소지가 있고, 국세청이 해마다 자영업자 세금 납부 문제를 엄격히 조사하고 있으니 한 번이라도 세무조사를 받아야 한다. 그러나 1998년 이후 10년 동안 한 번도 세무조사를 받은 적이 없다. 그 이유가 바로 납세자 표창 제도의 활용이다.

납세자의 날에 표창을 받게 되면 2년간 세무조사가 면제된다. 심지어 김앤장은 법무법인이 아닌데도 불구하고 2004년에는 단체 표창까지 받는 특혜를 받고 있다. KBS에서는 김앤장 소속 변호사들이 실제 받는 돈과 국세청에 신고 되는 수입에는 엄청난 괴리가 존재한다고 밝힌 바 있다.[12] 김앤장에서는 공동 비용 또는 사무실 비용이라고 해명했지만, 엄청난 공

---

12_KBS 시사기획 〈쌈〉, 2008년 1월.

동 비용이 발생하지 않는 변호사 사무실의 특성을 감안하면 이해가 되지 않는 대목이었다. 2008년 국세청은 김앤장에 대해 세무조사를 실시했지만 김앤장의 반발에 밀려 강제적인 조사는 못한 채 자료를 제출받아 조사했다. 그리고 그 결과에 대해 아무런 발표도 없었다.

## 5. 회전문 인사의 폐해와 제도 개선 필요성

### 회전문 인사의 폐해: 민주주의에 대한 파괴

간접민주주의 제도하에서 국민들은 투표를 통해 대표를 선출하고 정책결정이나 주요 의사결정을 위임해 주고 있다. 그런데, 대통령을 비롯해 선출된 공직자는 의사결정을 위해 전문적인 관료 집단에 자료와 정보를 의존하게 된다. 만일 회전문 인사 등을 통해 관료들이 사적 영역의 이익의 대변자가 된다면 국민의 선거 → 선출직 선출 → 의사결정 관료 의존 → 회전문 인사로 사적 영역 대변 → 선출직의 판단에 영향 → 사적 영역의 선출직 포섭 현상 → 국민 의사 통제로 이어지면서 민주주의는 내용은 없고 형식적 뼈대만 남는 형해화形骸化 현상이 나타나거나 파괴되는 현상이 발생한다.

또 하나 회전문 인사의 폐해는 사적 영역을 법률적으로 정당화시키는 현상이다. 절차적 민주주의를 활용함으로써 사적 영역의 이익이 정당화된다. 투기자본의 불법과 투기 행위도 소위 '리스크 테이킹'이 되거나 법률적인 절차를 통한 문제 제기를 불가능하게 만든다.

## 개선 방안: 로비공개법 제정, 민간근무휴직제도 개선, 공직자윤리법 강화

고위 공직자의 기업이나 로펌행이 성행하는 것은 기업의 입장에선 그들이 갖고 있는 정보와 인맥, 그리고 직무 연관성이 로펌에게는 매력적이기 때문이다. 이들이 하는 일이 무엇이겠는가? '고문'이라는 직책으로 국가기관과 민간 부분의 뚜쟁이 역할을 하고, 공공의 이익에 반하는 부패의 커넥션을 이루고 있는 것이며, 행정-입법-사법부에 걸치는 국가 통치 기관 전부분에 부패 문화를 만연시키고 있다.

우리나라의 경우 정부의 정책결정 과정에 개방성, 투명성, 공정성, 정직성이 결여되어 부패가 만연하고 있으며, 중하위직 관료들도 정책결정의 적법성이나 공익성을 따지는 것이 아니라, 맹목적으로 전·현직 상관의 지시에 추종함으로써 부패가 오히려 국가기관의 운용 원리 중 하나가 되고 있는 실정이다(고형식 2007). 그리고 이런 대규모 부패 사건의 수사 결과 항상 초라하기 그지없다. 따라서 우리나라의 고위 공직자 제도, 고시나 학연으로 얽힌 사회구조, 그리고 이를 통한 로비와 부패의 먹이사슬에 비춰볼 때 이들을 양성화시켜 로비스트로 등록할 필요가 있다.

이렇게 되면 현재 가장 큰 권력을 가지고 있으면서 아무런 견제도 받지 않는 모피아와 그 정점에 있는 이헌재 사단 같은 비공식 조직이 양성화될 것이다. 이들이 과연 로비스트로 등록할지는 의문이지만, 로비스트로 등록해 보고서를 제출하게 만든다면, 지금까지와 같이 비공식적으로 정부의 정책이나 입법, 각종 인·허가 심지어 인사에 대해서 까지 영향을 미친다는 의혹의 실체가 어느 정도 드러날 것이다.

또 하나의 방법은 민간근무휴직제도 개선(로펌과 공정위)이다.[13]정부의 민간근무휴직제도의 대상에 대기업 집단은 제외되어야 된다. 특히 경제 검찰이라고 불리는 공정위가 그러하다. 그뿐만 아니라 일정 정도 변호사 숫자를 가진 대형 로펌 또한 제외되어야 한다. 제도의 취지대로 피해를 당할 우려가 있는 기업이나 업체에 가서 애로 사항을 청취하고 그 입장에서 제도를 개선시키는 일을 할 수 있도록 제도를 운영해야 할 것이다.

현행법에 의하더라도 공무원이 김앤장에 민간 휴직을 통해 근무하는 것은 위법이다. 지금까지 김앤장은 공무원 임용령 제50조제2항의 법인·단체·협회 등에 속하는 것으로 분류되어 공무원의 근무가 가능하다는 해석이었다. 그러나 김앤장은 개별 변호사들의 집합체에 불과하다. 법인이 아닌 것이다.

민간 휴직 후 문제가 생기면 공직에서 퇴직함으로써 모든 문제를 무마하는 것도 잘못된 일이다. 사고를 치고 나서도 로펌이나 대기업의 품에 안 길 수 있다면 그 만큼 공직자로서의 윤리 의식과 준법정신은 약해질 것이다. 이들에 대해서는 퇴직 후 사법 처리의 진행은 물론이고, 공직자윤리위원회의 심사를 받도록 하여야 할 것이다.[14]

셋째, 〈공직자윤리법〉의 개정과 엄격한 적용이다. 적용 기업체의 범위와 업무 관련성에 대한 규정을 개정하고 폭넓게 해석함으로써 '이해 충돌'과 '이익 대변'의 가능성을 줄여 나가는 노력이 필요할 것이다.[15]

넷째, 불법행위 공직자의 승진 문제다. 고위 관료들이 투기자본이나 그 대리인인 로펌의 이해를 대변하는 이유는 퇴직 후의 취업도 고려하지

---

13_처음 이 글을 쓸 2007년 당시에 주장한 내용임.

14_민간근무휴직제도는 많은 비판과 문제점이 제기되자 2008년부터 2011년까지는 단 한 차례의 교류도 진행되지 않아 사실상 폐지됐다가, 2012년 제도를 대폭 정비해 부활되었다는 것은 앞에서 기술한 바와 같다.

15_이 대목 역시 2011년 론스타와 저축은행 사태, 2014년 세월호 참사를 거치면서 〈공직자윤리법〉이 개정되었다는 것은 앞에서 서술한바 있다.

만, 당장 공직에 있을 때의 승진 문제다. 론스타 사건의 실무 총책인 김석동 금감위 국장은 재경부 제1차관을 거쳐 금융위원장을 지냈다. 10인회의 보고받은 청와대 관계자인 권오규 경제수석은 부총리겸 재경부 장관을 역임했다. 금감위 불법 승인에 참석한 양천식 금감위원은 금감위 부위원장을 거쳐 수출입은행장을 했다. 그는 수출입은행장 재직시에 감사원의 소송 요구도 묵살했다. 이강원 당시 외환은행장은 굿모닝신한증권 사장을 거쳐 KIC 사장을 지냈다. 김앤장의 고문이었던 한덕수 고문은 국무총리를 역임했다. 이렇게 소위 '이헌재 사단'은 공직에서는 승승장구, 퇴직 후에는 산하 기관장 또는 금융기관 CEO를 맡고 있다. 그리고 로펌의 고문으로 엄청난 고문료를 받으며 로비스트로 활동하고 있다.

'이헌재 사단' 대한 인적 청산 없이는 관료-투기자본-로펌의 삼각동맹은 공직 사회를 부패시키고, 국가권력을 사유화시키며, 투기자본의 첨병 역할을 계속할 것이다. 2007년 6월 이헌재 부총리가 직접 모임을 소집해서 론스타 사건에서 위축된 자기 사단의 멤버를 격려하고 "더 이상 밀리지 말라"고 독려했다.


## 근본적인 개선 방안: 정당정치 존재

공직자의 퇴직 후 취업이나 민간근무휴직제도의 경우, 직업 선택의 문제나 민간 교류의 관점에서 무조건 막을 수는 없다고 할 것이다. 따라서 근본적 개선점이 필요하다.

먼저 제안할 수 있는 것은 국회에 의한 감시와 견제다. 우리나라는 정부 주도로 경제를 성장시켜 오다 보니 행정부 조직의 권한이 비대하다. 행정부를 견제하고 감시하며 비대화된 권한을 축소시킬 필요가 있다. 이것은 국회를 통해 가능할 것이다.

그리고 국회에는 강력한 이념 정당이 존재하면서 정당이 관료를 통제하고, 정당의 강령과 이념과 이상을 구현하는 역할을 관료들이 수행하도록 강제할 때 비로소 국민의 뜻이 왜곡되지 않을 것이다. 또한 관료들이 정책결정을 주도하면서 민주주의를 형해화시키는 폐단을 막을 수 있을 것이다.

또 한 가지 덧붙이자면 내부 고발과 힘의 균형 유지가 필요하다고 할 것이다. 이를 위해서는 내부 고발자에 대한 보호 조치와 제도적 장치가 필요하겠다. 그리고 내부적 힘의 균형은 조직내부자에 의한 균형이 유지될 때 진정한 의미를 찾을 수 있다. 이런 의미에서 노동조합 조직의 건설과 허용은 필요하며, 노동조합은 조직원들의 이해관계뿐만 아니라 사회적 역할에 대해서도 진지한 고민과 실천이 필요하다고 하겠다.

# 9장

# 1997년 외환위기 이후
# 일상생활의 금융화

장진호

## 1. 일상생활의 금융화란 무엇인가?

가계 부채 1천 조의 시대를 맞아 이로 인한 새로운 경제 위기의 가능성을 정부 당국과 전 국민이 크게 걱정하고 있는 듯한 2014년 현재에도, 여전히 케이블TV 채널에서는 'ㅇㅇ론'과 'XX사랑 대출'을 (이자는 나중에나 신경 쓰고) 얼른 쉽게 받아 가라는 대부업계의 광고가 한창이고, 일반인들의 휴대전화에는 어떤 경로를 통해 자신의 번호가 노출되었는지는 모르지만 시도 때도 없이 보다 나은 조건으로 카드 대출을 받아 가라는 광고 스팸 문자가 발송되거나 금융회사로부터 권유 전화가 직접 오기도 한다.[1]

2000년대에 넘어와 십수 년이 이미 지나간 현재 한국 사회에 사는 성인들의 일상은 이처럼 금융회사들의 관심과 영업의 그물망에 깊게 포획되어 있다. 이런 일들은 이제 만성화되어, 마치 이런 상황이 매우 오래전 부터 우리 사회에서 계속 일어났던 일인 듯한 착각마저 들게 할 정도다. 하지만 이처럼 국내에서 성인 대중들의 일상이 한편으로는 거대한 가계 부채의 짐에 허덕이게 되면서, 다른 한편으로는 용이한 현금 대출이나 할 인 서비스가 추가된 신용카드와 같은 각종 금융상품의 구매를 권유하는 금융회사들의 영업 행위와 빈번한 접촉을 하게 된 것은 상대적으로 근래 의 일로서, 이는 또한 역사상 특정 시기에 일어난 국내 경제구조 저변의 변화 및 이를 가져온 정부 정책 및 제도의 변화와 관련되어 있다.

여기에서는 이런 상황을 1997년 이후 10여 년간 확대되어 온 '일상생 활의 금융화'라는 개념으로 정리해 살펴보고자 한다. 그런데 '일상생활의 금융화'라는 현상에 초점을 맞추어 분석을 전개하기 위해서 먼저 '금융화' 라는 개념이 무엇을 의미하는지를 정의할 필요가 있다. 금융화에 대해서 는 10여 년 전부터 국내외에 다수의 연구들이 있어 왔는데, 연구자에 따 라 금융화의 의미가 종종 다르게 이해되거나 사용되곤 했다. 이에 대한 명 확하게 합의된 단일 개념 규정은 존재하지 않더라도, 여러 연구들은 다음 과 같은 몇 가지 특징들을 금융화라는 개념으로 파악하곤 했다.[2] 첫째는, 개별 기업의 수준에서 볼 때, 비금융 기업에서 금융적 투자를 통한 수익 비중이 증대해 금융 기업과 비금융 기업 간 수렴 현상이 발생하는 것이다

---

1_2009년 4월 당시 이명박 대통령은 국무회의를 주재하던 중 대부업체가 대출을 권유하 는 스팸 문자를 하나 받았다. 대통령조차 대부업체의 광고에서 자유롭지 않은 사회가 되 었다(송태경 2011, 70).

2_금융화와 관련해 『동향과 전망』(2008년 여름호)에 실린 논문들은 국내의 논의들을 본 격화하며 더욱 풍부하게 해주고 있다(유철규 2008; 전창환 2008; 홍기빈 2008).

(Crotty 2003). 둘째, 국민경제와 산업 부문의 수준에서도 금융 부문의 비중이 증대하거나, 교역이나 생산보다 금융적 채널을 통한 수익이 커지는 축적 양식의 변화를 금융화로 규정하기도 한다(Arrighi 1994; Krippner 2005). 셋째, 축적의 패턴을 형성하는 지배의 관점에서 금융 부문이나 금융자본의 여타 경제 부문에 대한 혹은 여타 사회경제 세력에 대한 지배를 금융화로 지칭하기도 한다(Dumènil & Lèvy 2006; Chenais 1996). 마지막으로 금융화는 사람들이 일상생활의 차원에서 금융적 기준과 가치를 상대적으로 우선시해 살아가는 것과 같은 생활 규범과 코드의 변화를 지칭하거나, '투자 문화의 대중적 확산'과 같은 문화와 습속의 차원을 가리키기도 한다(Martin 2002; Harmes 2001).

이와 같이 금융화를 규정하는 다양한 경우들 중에서, 마지막에 해당하는 일상생활 수준의 금융화가 여기서 논의를 전개할 대상에 해당한다. 일상생활의 금융화를 좀 더 구체적으로 살펴보면, 먼저 대중들의 주체적 차원에서는 일상생활에서 투자나 자산 증식과 같은 금융적 관심이 지배적이 되고, 생활과 판단에서 금융적 가치가 우선하며, 개인의 삶을 금융적 기준에 의거해 조직하고 관리의 대상으로 삼는 현상들을 가리킨다고 하겠다.[3] 이런 내용 정의에 완벽하게 부합하지는 않을지라도, 이런 모습

---

3_이에 대해서 "개인들이 금융 수단의 활용을 통한 이익 창출이라는 목표를 중심으로 일상을 재조정하고 생애를 설계하는 것"이라는 또 다른 정의도 참고할 수 있다(최민석 2010, 91). 국내 가계의 자산 구성에서 몇몇 선진국들과 비교할 때 '금융자산'에 비해 여전히 높은 부동산 등 '실물자산'의 비중은 2000년대 들어와서 오히려 증대했다(신진욱 2011). 그런데 2000년대 중반 부동산 거래 붐이라는 현상에서는 부동산 자체가 일종의 금융적으로 매개된 투자 대상으로서 더 유동자산화했다는 점에서, 이를 국내 '일상생활의 금융화'의 특수성을 구성하는 주요한 차원으로 볼 수 있다.

에 가까운 경향 혹은 추세도 이 개념으로 포괄할 수 있을 것이다. 다른 한편, 경제사회 구조나 조건의 차원에서 대중들의 삶이 금융 업계의 관심과 상품/서비스 및 영업의 그물망에 긴밀하고 심층적이며 확대된 범위에서 얽혀 있는 상황도 '일상생활의 금융화'와 관련된 주요한 차원이다. 따라서 앞에서 언급한 것처럼 개별 기업과 국민경제에서의 비중, 축적 양식 및 지배의 차원에서 '금융화'로 규정된 현상들도, 당연히 일상생활의 금융화와 무관할 수는 없다.

이처럼 금융화의 수준을 몇 가지로 구분하고 그간의 논의들에 나타난 개념 규정들 간의 차별성을 확인하더라도, 각각의 규정들이 주목하는 현상들이 서로 완전히 분리된 것들만은 아니다. 가령 개별 기업에서 금융적 투자를 통한 수익이 증대하면, 국민경제는 전체적으로도 금융적 채널을 통한 축적 양식으로 변화해 가게 되고 이는 그 반대도 마찬가지이다. 국민경제의 구조와 제도가 정책 등을 통해 금융적 축적에 유리한 방식으로 전환되어 나갈 때, 개별 기업들 역시 이를 기회로 활용할 것이기 때문이다. 그런데 이런 조건이 마련되면, 개별적 혹은 집합적 행위자로서 금융자본이나 금융 기업의 경제 및 사회적 활동 범위와 영향력은 특히 증대하기 마련이며, 금융자본의 헤게모니하에서 사회 내의 기타 행위자들은 일상생활 수준에서까지 금융화된 규칙과 가치, 규범에 포섭되게 된다. 따라서 일상생활의 금융화를 분석하기 위해서는 구조적이고 제도적인 차원에서의 변화와, 이를 가져온 조건으로서의 역사적 계기 및 정부 정책의 변화도 함께 살펴보는 것이 필수적이다.

다음 절에서는 국내에서 일상생활의 금융화를 구성하는 두 차원으로서 '부채 경제'와 '대중 투자 문화'의 논리를 살펴보고, 이런 상황을 가져오게 된 역사적 계기, 구조적이고 제도적인 변화 및 이와 관련된 정책들을 살펴보고자 한다(장진호 2013).

## 2. 일상생활 금융화를 가져온 역사적 계기, 정책 개입, 제도 및 구조적 전환

일국적 금융화와 개별 국가 금융시장의 지구적 통합을 가속화시키는 이데올로기이자 정책 및 통치 구조를 포괄하는 개념인 신자유주의는 한편으로는 '부채 경제'를 필연화하는데, 이는 수익을 극한적으로 추구하는 자본의 실현을 위한 운동이 대중들의 미래 소득과 소비 능력을 현재의 시간으로 앞당겨 소진하도록 하는 정도까지 경제 시스템을 변화시키기 때문이다. 다른 한편, 대중들은 신자유주의적 노동 유연화가 초래한 불안정한 삶 속에서 정체되거나 상대적/절대적으로 줄어든 소득과 소비 능력을 금융화된 조건에서 소비자 신용의 확대를 통해 보상받고자 하는데, 이런 요구는 다시 다양한 금융상품과 서비스를 제공하면서 대중들의 일상을 금융화하는 자본의 실현을 위한 조건이 된다(장진호 2011, 206; Lazzarato 2011).

한국전쟁 이후 최대의 국난으로까지 일컬어진 1997년 국내 외환위기는 한국 경제에 큰 전환점이 되었다. 이를 계기로 한국 경제는 이후 십여 년간 보다 심화된 신자유주의적 전환을 경험하게 되는데, 이런 전환을 특징짓는 구조적이고 제도적인 주요 변화는 '금융 부문'과 '고용'에서의 변화라고 할 수 있다. 여기에서는 이런 금융 부문과 고용의 변화가 대중들의 일상생활의 금융화라는 현실을 가져오고 만들어 가게 된 상황적 조건으로서, 한편으로는 국내에서 가계 부채의 폭발을 통해 '부채 경제'가 형성되고 공고화된 과정을 정리하고, 다른 한편으로 '대중 투자 문화'mass investment culture의 확산이 일어나게 된 과정을 살펴본다(Harmes 2001).

## '부채 경제'를 불러온 금융자유화 및 고용 유연화

먼저 금융 부문의 변화를 살펴보자. 1997년 외환위기 이후 특히 금융 부문에서는 위기 전부터 진행되어 오던 금융자유화가 보다 더 심화되고 확대된 형태로 진행되었고, 따라서 외국자본에 대한 금융시장 개방, 관치금융에서 시장금융으로의 전환, 기업의 자금조달에 있어서 은행 중심 간접금융에서 자본시장 중심 직접금융으로의 전환, 국내 산업구조에서 금융 및 서비스 산업의 비중 확대 및 금융 산업의 선진화와 독자적인 성장산업으로의 육성 등과 같은 내용들이 지속적인 정책목표와 기조가 되었다. 이런 전환은 '글로벌스탠더드'라는 구호 아래 의문의 여지 없이 정당화되었고, 국내 경제 제도 및 구조상의 '금융화 드라이브'는 마치 1970년대의 국내 산업화를 특징지은 '중화학공업화 드라이브'에 비견될 듯한 인상마저 주어 가며 정책적으로 추진되었다.[4] 이런 국가 정책적 금융화로서 금융자유화와 금융 산업의 육성은 먼저 국내 금융시장의 확대와 활성화를 위해 보다 대중적인 기반을 필요로 했고, 이는 대중들의 삶과 금융시장의 논리가 더욱 전방위적이고 심층적으로 얽히게 되는 것을 요구했다. 무엇보다도 국내 시중은행의 외자 매각 시범 케이스가 된 제일은행의 해외 매각 이후, 제일은행을 선두로 시중은행들의 가계대출은 점차 자유로워졌고 그

---

4_이런 정책적 금융화 드라이브는 1997년 외환위기 이전에도 한미금융정책회의 등을 통해 큰 계기가 주어졌지만, 이후 국민의 정부와 참여정부에 이르는 10여 년간보다 심화된 형태로 일관되게 이어졌다. 보다 구체적으로 김대중 정부 시기인 2002년 7월 재정경제부는 "금융정책의 새로운 패러다임"을 발표했는데 여기서는 주식시장 중심의 자금순환 체계 구축을 지향했고, 노무현 정부 시기에는 2003년 12월 "동북아 금융허브 3단계 추진 로드맵"이 발표되어 금융 산업의 독자적인 성장산업 육성을 목표로 했다(박종현 2008; 금융경제연구소 2010, 6장; 장진호 2013).

그림 9-1 | 국내 금융권의 가계대출 증가 추이(2002~12년)

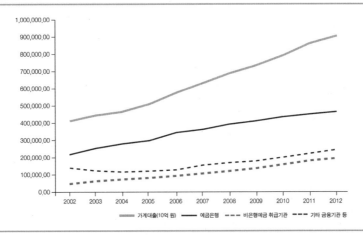

주: 1) 비은행예금취급기관: 상호저축은행, 신용협동조합, 상호금융, 새마을금고, 우체국 등.
2) 기타 금융기관: 보험기관, 연금기금, 여신전문기관, 기타 금융중개회사 등.
자료: 한국은행 경제통계시스템(ecos.bok.or.kr).

규모는 상대적으로 위험 가능성에 취약해 기피된 기업 대출을 마침내 능가하게 되었다. '가계대출의 해금'이라고까지 말할 수 있는 가계대출 자유화는 이전과 크게 달라진 국내 금융 환경의 변화 및 시중은행 경영 형태의 변화를 드러내 주는 것이었다(〈그림 9-1〉). 이와 같이 국내 은행들의 가계대출이 자유로워지고 확대된 것은, 점차 대중들의 일상생활을 금융 논리의 압박 아래 가둬 오며 오늘날 산더미 같이 늘어난 국내 가계 부채의 주원인이 되었다. 물론 외환위기 직후 금융자유화의 일환으로 추진된 신용카드업의 활성화와 1998년 이후 이자 제한을 철폐한 대부업 활성화 역시 가계 부채 증대에 함께 크게 기여한 요인들로 작용했다.[5]

다음으로 고용에 있어서는, 1997년 외환위기 직후 추진된 'IMF 플러스' 조치로 정리해고제 및 파견 근무제의 도입과 함께 '고용 안정성의 신화'가 본격적으로 무너지고, 비정규직 고용 및 청년 실업이 확대되는 동시에 국내 노동자들의 실질임금 역시 정체 혹은 심지어 감소하는 현상이 일어나게 되었다.[6] 따라서 위기 직후 대량 실업의 파고를 거치며, 다수의 정

---

5_가계 부채의 정의와 관련해서는 대해서는 다음과 같은 인용을 참조할 수 있다.

"가계 부채의 규모는 중앙은행인 한국은행이 집계하는 가계신용 또는 자금순환표상 개인부채 통계로 파악하는 게 일반적이다. 가계신용은 '가계대출'과 '판매신용'으로 구분된다. 가계대출은 가계가 생활 및 부업 등을 위해 받는 대출을 의미하고, 판매신용은 신용카드 및 할부금융사를 통한 외상 거래를 뜻한다. 자금순환표상 개인 부채는 가계뿐 아니라 소규모 개인 기업과 민간 비영리단체의 부채도 일부 포함하고 있다. 따라서 자금순환표상 개인부채는 가계신용보다 광의의 개념이다. 자금순환표상 개인 부채는 경제협력개발기구(OECD) 등 국제기구가 권고하는 국민계정체계 편제기준에 따라 작성 되고 있기 때문에 국가 간 가계 부채 수준을 비교할 때 자주 쓰인다"(이성신 2012).

국내의 가계신용은 노무현 정부 시기인 2003년 말 472조 원에서 2007년 665조4천억 원 규모로, 그리고 이명박 정부 시기인 2008년 말 723조5천억 원에서 2012년 말 963조8천억 원 규모로 증대했고, 전체 10년간 두 배 이상 증대했다(〈그림 9-2〉). 언론에 종종 등장하는 "1,000조 원 가계 부채"는 자금순환표상 개인 부채로, 이 수치가 국내에서는 2011년 말에 이미 1,103조 원에 달했다. 2012년 12월 말 기준으로 이 수치는 약 1,158조 원에 달한다. 세계경제포럼의 과다 가계 부채를 판정하는 임계치가 GDP 대비 85% 임을 감안할 때 국내의 이 수치는 2011년부터 거의 90~91%에 달하고 있다(제윤경·이헌욱 2012, 25). 심지어 1997년 이후 국내 가처분소득 대비 가계 부채율은 미국보다 높아지게 되었다(이병천 2011, 30). 이런 가계 부채 문제는 또한 계층별로 심각성에 차이가 있다. 저소득층일수록 가계에서 부채 상환에 사용하는 금액의 비중이 크고, 제1·제2금융권 이용이 어려운 대신 '빚의 악순환'으로 빠져들기 쉬운 대부업체 등 고금리 대출기관에서 자금을 융통해야 한다는 점에서 더 심각하다.

6_흥미로운 점은 1997년 11월 외환위기 극복을 위해 대외 경제협력 담당 특별 대사로서 한국 정부를 대표해 IMF와 협상을 하러 간 인사이자 그 해 12월에 다시 국제금융계에 영향이 있는 미국 재무부의 협조를 얻어내려 워싱턴으로 가게 되는 김기환은 국민의 정부 경제사에 대한 언론 기록에서 강력한 구조조정과 정리해고제 도입 등 노동 유연화 추진을 포함하는 'IMF 플러스' 안의 제안자로 지적되고 있는데, 그는 또한 이후 국내 경제의 전환 과정에서 참여정부 시절 '금융허브론' 등 금융화 드라이브를 주도한 '서울파이낸셜포럼'이라는 전직 관료와 업계 인사들이 주축이 된 민간단체의 회장이자 중심인물이며, 1999년부터 미국 투자은행 골드만삭스의 국제 고문을 맡고 있기도 하다(김수길 외

그림 9-2 | 가계 부채 증가 추이(2002~12년)

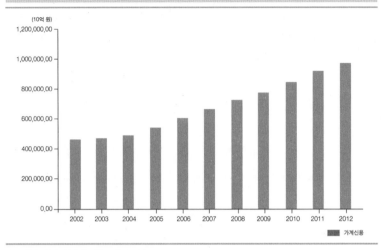

자료: 한국은행 경제통계시스템(ecos.bok.or.kr).

규직 노동자가 조기퇴직이나 실업 후, 자영업자로 전환하거나 비정규직으로 재취업하게 되었다. 전자의 경우 국내 영세 자영업체의 증가로 이어지게 된 동시에 개업이나 사업체 운영에 필요한 자금 수요가 생겨나게 되었고, 후자의 경우엔 정규직 시절에 비해 크게 줄어든 소득으로 인한 가구 재생산 비용의 부족분을 충당하기 위한 수요가 생겨나게 되었다. 이런 수요에 대해 은행들은 외환위기 후 변화된 상황에서 이전보다 자유롭게 가계대출을 제공했다. 은행대출에 제약이 있거나 추가적인 자금을 필요로 하는 경우에도, 대중들은 카드사나 대부업체 등의 대출을 통해서도 전보다 쉽게 자금 수요를 충당하게 되었다. 또한 실업 후 퇴직금과 같은 여유

2003; 최민석 2010, 40; 지주형 2011, 5장).

자금을 갖고 있지 않거나 비정규직으로라도 재취업을 할 수 없는 경우 역시 생계를 위해 돈이 필요하기는 마찬가지이고, 이때에도 보다 '자유화된 가계대출'이라는 조건은 가계 부채의 확대에 기여했다고 볼 수 있다.

다른 한편, 은행 등 다양한 금융기관으로부터 대출을 받은 '부채 인간'으로서의 대중은 동시에 '자산 투자자'로 전환되기도 했는데, 고용 불안, 소득 감소, 자금 수요 증대와 저축 고갈이라는 제약 상황 속에서 자산 투자를 통한 소득 추구는 유망한 대안으로 부상했다. 특히 소위 '묻지 마 투자' 열기로 유명했던 1999년의 벤처 투자 붐과 2000년대 중반의 부동산 투기 붐, 2007년의 펀드 붐 등 외환위기 이후 몇 차례에 걸친 투자 열풍은 대중들을 자산 투자 대열로 몰아넣고는 했다. 특히 국내 은행들의 가계대출 자유화와 확대는, 2000년대 중반 정점에 이른 부동산가격 상승과 맞물리며 서로 상승작용을 일으켜 거품을 만들기도 했다.[7] 문제는 이후 부동산가격 거품이 걷히며 대출을 끼고 구입한 투자자산으로서의 부동산 가치가 초기 구입 가격보다 하락해 손실의 원인이 되거나, 혹은 충분히 가격이 상승하지 않거나 매매 거래 자체가 급감해 대출금의 개인 상환이 어려워진 나머지 투자 자금으로서의 가계대출이 결국 상환 불가능해진 부채가 되는 경우마저 생기게 되었다는 점이다.

금융자유화로 인해 확대된 가계대출은 이처럼 2000년대 중반 부동산가격의 상승에 기여했다. 그리고 부동산시장의 거품이 꺼진 현재 해소되지 않고 누적된 가계 부채는 국내 소비 위축과 가계 파산 위험에 기여한

---

7_1997년 이전과 이후 대중들의 주택 마련 전략에서도 차이를 찾아볼 수 있다. "기존의 주택 마련이 저축의 성과를 안정적으로 실현하는 행위였다면, 구조조정을 경과하면서부터 이는 대출이라는 리스크를 감수하는 행위로 변화해 갔다"(최민석 2011, 4).

주된 요인으로 남게 되었다. 반면 부동산가격의 상승은, 고용 구조조정으로 인해 임금 소득이 감소한 임금 소득자 가구의 경우 또 다른 차원에서 대출 수요 증대의 요인으로 작용하는 동시에 부채 위험 증대의 요인으로 작용하기도 한다. 이처럼 과열된 부동산 붐 이후 부동산가격이 하락하는 경우 이전에 주택 구입이나 투기를 목적으로 소득에 비해 무리한 대출을 받은 부동산(주택) 구입자(소위 '하우스푸어')의 경우 부채 위험이 증대했다. 반면 부동산가격이 계속 상승하는 경우에는 높아진 주택 가격을 충당하기 위한(주택 보유를 희망하는) 주택 미보유자의 대출 수요가 증대해 결국 부채 위험이 증대하는 딜레마 상황이 발생하게 된다. 양자 모두 다른 방식이긴 하지만 가계대출 자유화로 인해 부채 인간으로 전락한 희생자의 대열에 놓여 있게 된 것이다.[8]

## 금융자유화, 금융 산업 육성과 '대중 투자 문화'의 확산

1997년 경제 위기 이후의 금융자유화 및 이와 연관된 급격하고 심도 깊은 신자유주의적 경제 전환은 앞서 논한 것과 같은 '부채 경제'의 측면만을 가져온 것은 아니었다. 미국 등의 사례에서도 발견되듯이, 금융자유화 과정에서 시중 예금은행들은 예대 마진과 같은 이자 수익보다 수수료 등을

---

8_물론 2000년대 중반 부동산가격이 고점을 향해 내닫는 시점에서, 가계대출은 주택 구입의 여력이 있어서 대출을 투자의 용도로 사용할 수 있는 계층과 그렇지 못하고 가계대출을 그저 당장의 생계 지출을 위해 소비해야 했던 계층 간 간격을 더 확대하는 기제가 되기도 했다. 이처럼 부채를 투자 목적으로 활용할 수 있는 조건에 있는 계층과 그렇지 못한 계층 간 격차의 확대는 1980년대 이래 거의 모든 발전된 자본주의사회에서 경험된다는 지적도 있다(신진욱 2011, 126).

올리거나 수수료의 적용 대상과 범위를 확대해 비이자 수익을 추구하거나, 혹은 펀드 판매나 보험 판매(방카슈랑스)와 같은 다양한 업무의 '겸업화'universal banking를 통해 새로운 수입원 확보에 주력한다.[9] 이는 은행에 국한된 저축이나 대출 등 단순한 금융 활동에 익숙한 채 새로운 금융상품이나 서비스의 필요성을 크게 못 느끼거나 별 아쉬움이 없던 금융기관 이용자들을 새로운 금융상품의 그물망에 던져 넣게 된다. 예금을 하거나 대출을 하는 과정에서 은행 이용자들은 이제 펀드 가입이나 보험 가입을 권유받고 다양한 금융상품의 소비자/투자자가 되도록 유인된다. 과거에 주식시장 근처에 가보지 못했거나 자발적인 주식거래의 경험과 경력이 일천할지라도, 개인은 더 높은 수익 가능성이라는 은행 창구의 설득에 혹해 결정한 펀드 가입을 통해 간접적으로 투자금융기관/펀드매니저에 의한 주식이나 채권 등의 증권 투자 혹은 대체투자 활동의 회로에 접속되게 된다. 이처럼 대중들의 삶을 자본시장과 연결하는 방식은 정부 정책에 의해서도 적극적으로 유도된다. 2005년 12월부터 도입된 '퇴직연금제도'의 확산이나 국민연금의 주식시장 투자 확대 역시 이에 기여하게 된다. 따라서 자본시장의 논리는 이제 대중들이 예상되는 이자를 기대하며 관행처럼 해오던 은행 저축의 안정성을 파괴하며, 주가의 등락은 펀드화된 개인의 저축이나 연금을 시장의 위험에 노출시키게 된다. 어느덧 대중들은 애초 적극적으로 의도하지 않았을지라도 금융시장에서 형성되는 가격의 등락에 웃고 우는 존재가 되어 간다.

또한 금융자유화로 변화된 조건에서 개인들은 단순히 금융시장에 수

---

9_국내 저축률의 하락 혹은 저축의 과소는 사회적 위험 및 불안의 증대 상황과 맞물려 세계 10위권이 된 국내 민간 보험 시장의 거대한 팽창으로 이어졌다.

동적으로만 참여하지 않는다. 국가 정책적 금융 산업의 육성은 '예금에서 투자로!'를 구호로 한 은행과 증권사 등 금융기관의 서비스 확대 및 심화와 발맞추어, 개인들의 자금을 동원하기 위해 이들을 '적극적인 투자자들'로 변모시키기도 했다.[10] 자본시장의 확대와 심화를 위한 인프라 구축과 함께 개인들의 컴퓨터를 이용한 간편한 일일거래가 확산되고, 모바일 거래 환경도 마련되었다. 금융 전문(즉 주식 투자) 케이블TV 방송 채널이 생겨나거나 신문이나 뉴스에서 상장기업들의 주식 시세를 포함하는 재테크 면이 신설되고 확대되기도 했다. 2000년대 초 국내 TV 광고에서 시작된 "부자 되세요"라는 대사는 슬그머니 듣기 좋은 인사말로 바뀌어 대중화되기 시작했고, 언제부턴가 넘쳐 나게 된 재테크 서적이나 투자 서적에서는 "부자 아빠"와 "슈퍼 개미"가 칭송되며, 조지 소로스나 워렌 버핏 등 성공한 투자자들의 영웅담들이 고전적 투자 기술서들과 함께 대형 서점의 서가를 메운다. 임금노동자로서 외환위기 이후 노동 불안정화의 희생자가 되거나 그럴 가능성에 크게 노출된 대중들은 생계의 필요에 떠밀려 이제 자산 증식을 위한 투자처를 찾아 나섰다. 중산층의 경우에는 노후 대비 자금의 부족분을 은행 저축보다 금융시장 투자로 더 크게 보충할 수 있다는 설득에 의하거나 투자로 '대박'이 난 주변인들에 대한 시샘과 부러움에 충동되어, 혹은 개인적인 영웅이자 역할 모델이 된 세계적인 거부들의 대열

---

10_이를 단적으로 보여 주듯이, 국내에서 2007년에는 처음으로 자산운용사의 수탁고가 정기예금 잔액을 앞질렀다. 또한 2007년부터 펀드의 개인 투자자 계좌 수는 국내 가구 수를 능가하기 시작해, 한 연구자는 "가구당 중복 계좌를 고려하지 않고 단순 수치로 본다면 이제 주식투자와 무관한 가구는 없는 셈"이라는 결론을 짓기도 했다(유철규 2008, 155; 158).

에 합류하고 싶은 욕망에서 재테크 서적이나 투자 기법서에 몰두하거나 투자 강연장을 들락거린다(장진호 2008). 전문 경영자나 대기업 임원들에게 '스톡옵션'이 보수의 일종으로 제공되는 한편, 일반 노동자들은 '자사주'를 제공받고 주식시장의 논리에 더 긴밀하게 포박되며 그 명령에 더 굴종적이 된다. 퇴직한 이후 사업가로의 변신을 목표로 하거나 노후 자금을 확충하기 위해서, 투자 수익을 기대하고 마지막 받은 퇴직금 등 남은 자산을 금융시장 투자에 올인했다가 모두 날린 이들은, 시장의 섭리에 의해 선택받지 못한 자신만을 책하며 절치부심 재기를 위해 힐링에 빠져들거나 폐인 혹은 범죄자가 된다.

지금까지는 일상생활의 금융화를 낳게 된 역사적 계기와 정부의 정책 개입으로서 1997년 외환위기, 정부의 정책적 금융자유화 및 금융 산업 육성 드라이브, 그리고 고용 측면의 노동 불안정화, 그리고 이런 결과로서 나타난 시중은행 등 금융기관들의 행태 변화 및 이와 연관된 가계대출/부채의 증대, 부동산가격의 거품 형성, 대중 투자 문화의 형성과 확산에 대해 개괄해 보았다. 다음으로는 국내에서 전개된 '일상생활의 금융화'라는 현상을 몇 가지 사례들을 통해 좀 더 구체적으로 살펴보고자 한다. 선택된 사례들은 일상생활의 금융화를 가져온 두 측면으로서 먼저 '부채 경제'를 구성하고 '부채 인간'homo debitor을 낳는 주요한 측면인 신용카드업과 대부업체의 성장 및 학자금 대출 확대 등이고, 다음으로는 '대중 투자 문화'를 구성하고 '투자자 주체'homo investus를 낳는 주요한 측면인 금융 교양 확대와 펀드 붐 등이다.

## 3. 일상생활의 금융화를 가져온 두 측면: 부채 경제와 대중 투자 문화

### 부채 경제(1): 신용카드업의 성장과 채무를 낳는 소비자 금융

1998년 9월 28일 김대중 당시 대통령은 청와대에서 가진 경제 관련 기자 회견을 통해 실물경제의 붕괴를 방치하지 않겠다는 발언을 통해 내수 진작을 통한 경기 부양 의지를 내비친 셈이 되었는데, 이후 세부 정책을 검토한 재경부는 '소비자 금융을 확대한다'는 목표 아래 신용카드 사용 활성화 정책들을 제안하고 추진하게 되었다.[11] 이 정책들은 수요자의 카드사용 확대라는 측면에서 신용카드 사용 금액 소득공제 제도 및 신용카드 영수증 복권 제도의 도입, 그리고 신용카드사에 대한 규제완화라는 측면에서 부대 업무 비율(40%) 규제 폐지 및 현금 서비스 이용 한도(월 70만 원) 폐지 조치들을 수반했다. 이런 조치들은 카드사들로 하여금 현금 대출 영업에 치중하게 하는 구조를 만들고 신용카드 시장의 급팽창을 가져왔다 (김순영 2011, 48-52).

따라서 신용카드사들은 성장세의 한계를 보이는 결제 수수료보다 수익 발생의 규모가 훨씬 큰 카드론 등의 개인 대출 시장을 선점하기 위해 서로 경쟁하는 동시에, 여타 대출 관련 금융기관들과도 경쟁하게 되었다.[12] 그런데 이는 역설적이지만 국내 신용카드업의 기형적 운영을 보여

---

11_신용카드 정책과 관련해서는 이처럼 경기 부양의 차원만이 아니라, 정부 관료 입장에서 재정 적자 문제와 관련된 세원 확보 차원의 고려를 우선적인 동기로 지적하기도 하며, 또 다른 차원에서 2000년 총선을 앞두고 좋은 경기 여건을 만들어야 하는 정치적 동기도 무관하지 않음을 지적한다(김순영 2011, 59; 195).

그림 9-3 | 신용카드 관련 신용불량자 증가 추이

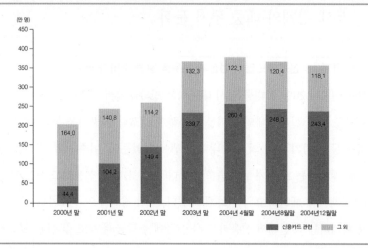

자료: 김순영(2011, 17).

주는데, 현금 사용을 줄이기 위해 도입된 신용카드가 오히려 현금 융통을
위한 가계대출 수단으로 변질되고 있기 때문이다. 가령 미국과 유럽 등에
서는 신용카드 사용액 중 물품 구매 비중과 현금 서비스(대출) 비중이 약 8
대 2인 데 반해, 국내에서는 1998년부터 2002년 사이에 후자 즉 현금 대
출 비중이 오히려 전체 사용액의 절반을 넘어서는 모습을 보여 주고 있기
때문이다(김순영 2011, 3). 이는 공급자인 카드사의 고수익 추구라는 측면
외에도, 1997년 외환위기 직후 구조조정 과정에서 어려워진 가계와 개인

---

12_"신용카드사들은 주업무인 신용판매에서 전체 매출의 30%를, 이른바 부대 업무라고
    불리는 현금 서비스와 카드론에서 매출의 70% 이상을 올리는 등 기형적인 구조를 갖
    고 있었다"(김순영 2011, 8). 신용카드사의 현금 서비스 수수료율은 20%를 훨씬 초과
    하며, 연체 이자율도 약 30%로서 고리대금업과 별 차이가 없다는 평가도 가능하다.

들이 생계를 위해 급하게 필요한 현금을 조달하는 수단으로 신용카드를 사용했음을 보여 주는 것이기도 하다. 특히 2001년 이후 이른바 '묻지 마카드 발급 경쟁'이라고 할 수 있는 신용카드 발급 수의 폭증은 단순한 마케팅의 결과를 넘어서, 현금 서비스 대출로 빚을 진 사람들의 카드 돌려막기와 무관하지 않다는 진단마저 존재한다(김순영 2011, 80). 이런 점에서 신용카드업은 국내에서 신용카드라는 수단에 의한 대부업과 다를 바 없는 상황이었고, 이는 2003년 이후 '카드 신용불량자 200만 명 시대'를 고착시켰다(〈그림 9-3〉).[13]

1999년에서 2001년 사이 정부의 신용카드 사용 장려 정책에 추동되어, 신용카드 산업은 양적 성장을 이루었다. 특히 1988년 이후 금지되었던 재벌의 신용카드업 진출이 허용되어 현대가 2001년에, 롯데가 2002년에 카드 시장에 새롭게 진출했는데, 과당경쟁 등으로 인해 연체율이 늘어나고 신용카드사의 손실 규모가 증가하게 되었다. 결국 2003년 3월에 신용카드사들의 유동성 위기('신용카드 대란')가 발생했고, 그해 11월에는 업계 1, 2위를 놓고 삼성카드와 규모 경쟁을 벌이던 LG카드가 유동성 위기

---

13_'신용불량자'는 1997년 외환위기 이후 등장해 2004년 4월 말 382만5천 명이라는 최고 수치를 기록하고 그 명칭은 그해 말 사용이 금지되어 2005년 4월 공식적으로 사라졌다. 이는 당시 경제활동인구의 16%로, 전국은행연합회에서 공식적으로 집계·관리되었지만 2004년 말 정부는 이 명칭과 집계·관리를 중단시켰다. 이는 사실상 문제의 심각성을 은폐하려는 조치로 비판된다. 언론에서는 이 용어를 그대로 쓰고 있으며, 공식 대체 명칭으로는 '과다 채무자', '채무불이행자' 등이 쓰이고 있다. 이들의 수치는 2000년대 중반 이후 감소세를 보이지만, 이는 오히려 2005년 4월 이후 연체자 등록 기준의 변화와 관련 있으며, 같은 시기 500만 명에서 600만 명으로 추정되는 사채 이용자 수의 급속 증대는 이 문제가 해결되어가기보다 오히려 심화되고 있음을 보여 주는 것일 수 있다(김순영 2011, 13-4; 송태경 2011, 53).

표 10-1 | 신용카드 발급 수 및 가맹점 수

| | 경제활동인구<br>(천 명) | 발급 신용카드 수<br>(천 매) | 경제활동인구 1인당<br>평균 소지 카드수(매) | 가맹점 수<br>(천 점) |
|---|---|---|---|---|
| 1997 | 21,782 | 45,705 | 2.1 | 4,257 |
| 1998 | 21,428 | 42,017 | 2.0 | 4,649 |
| 1999 | 21,666 | 38,993 | 1.8 | 6,192 |
| 2000 | 22,134 | 57,881 | 2.6 | 8,611 |
| 2001 | 22,471 | 89,330 | 4.0 | 12,627 |
| 2002 | 22,921 | 104,807 | 4.6 | 15,612 |
| 2003 | 22,957 | 95,517 | 4.1 | 16,949 |
| 2004 | 23,417 | 83,456 | 3.6 | 17,095 |
| 2005 | 23,743 | 82,905 | 3.5 | 16,124 |
| 2006 | 23,978 | 91,149 | 3.8 | 17,037 |
| 2007 | 24,216 | 89,565 | 3.7 | 14,701 |
| 2008 | 24,347 | 96,248 | 4.0 | 15,612 |
| 2009 | 24,394 | 106,993 | 4.4 | 16,568 |

자료: 김순영(2011, 80).

즉 흑자도산 상황을 맞았다. 이후 LG카드는 신한금융그룹에 인수되어 2007년 신한카드와 통합되었다. 하지만 당시의 교훈을 망각한 듯 현재는 2003년 카드 대란 이후 카드 발급이 제한되었던 저신용자들에게도 다시 카드가 발급되고 있다. 2011년 국내 신용카드 이용 금액은 총 558조5천억 원으로 이는 카드 대란 직전인 2002년 이후 한해의 사용 금액으로는 가장 큰 규모를 기록했으며, 발급된 카드 수는 이제 1억2천만 장을 넘어섰다. 이런 카드 산업 및 소비 확장의 결과 2008년 우리나라의 카드 결제 비중은 49.7%로 신용카드 원조 대국인 미국(34.6%)을 제치고 세계 1위가 되었다. 2011년에 국내의 그 수치는 59.6%를 기록했으며, 연간 카드 사용액은 500조 원을 돌파했다.

또한 2003년 카드 대란을 겪으면서 과도한 채권추심이 문제가 되었는데, 2009년 〈채권의 공정한 추심에 관한 법률〉(약칭 〈공정채권추심법〉)이 시행되기 전까지 채무자들은 법적 보호의 사각지대에 놓여야 했다(제윤경·이헌욱 2012, 21; 161).

**부채 경제(2): 채무 노예를 낳는 대부업체의 성장과 고금리의 덫**

1997년 외환위기를 기점으로 지방은행·상호저축은행·신용협동조합 등 국내에서 서민 금융에 주력하던 지역 밀착형 금융기관이 크게 퇴조하고, 이들 기관에 의한 대출액도 국내 금융기관의 총 대출액에서 차지하는 비중이 일반은행의 늘어난 비중에 비교할 때 상대적으로 줄어들었다. 심지어 상호저축은행의 경우 영업 전략을 부유층 대상 담보대출이나 프로젝트 파이낸싱으로 전환해 서민들을 대상으로 한 소액 대출액은 크게 감소하고 있다(박종현 2008, 142). 일반은행을 포함해 제도권 금융기관들에 의한 고소득층 대상 가계 담보대출은 증대한 반면, 저소득층의 제도권 금융기관에 대한 접근은 더 어려워지고 이들에 대한 대출은 감소하는 등 '금융 접근의 양극화'가 일어났던 것이다. 이런 상황에서 저소득층과 영세 사업자들은 필요한 자금을 마련하기 위해 앞서 지적한 신용카드 대출이나 사금융 대부업체를 통한 대출을 이용하게 되었다.[14]

사채업자·대부업자·사금융업자·고리대금업자는 같은 대상을 지칭하는 다른 표현들이다(송태경 2011, 12). 이들은 은행을 가리키는 제1금융권, 증권사나 보험사를 가리키는 제2금융권에 이어, 제3금융권으로 분류되기도 한다. '사채업자'는 정부의 공식적인 인허가와 무관하게 금융 거래업을 해온 사람들인데, '대부업자'라는 말은 2002년 재정경제부나 금융감독원, 일부 국회의원 등이 옹호해 온 '대부업 양성화론'에 힘입어 제정된

---

14_"2001년의 경우를 보면, 사금융이 전체 서민 금융 대출의 50%를 차지하고 있으며 카드 대출도 23.2% 수준이었던 반면 상호저축은행 등 제도권 서민 금융기관의 대출 비중은 27%에 지나지 않는 등 카드 대출 및 사금융이 제도권 서민금융기관의 대출액을 압도하고 있다"(박종현 2008, 144).

〈대부업법〉에서 사채업을 정부의 인허가 없이 할 수 있도록 합법화시키면서 만들어졌다. 대부업자는 지방자치단체에 대한 등록 여부에 따라 등록 대부업자와 미등록 대부업자로 구분된다.[15]

국내에서 대부업체의 공적 가시화는 1999년 4월 일본계 대부업체 A&O크레디트(러시앤캐시의 전신)의 진출을 시작으로 현재 국내 대부업 시장을 평정한 일본계 대부업체들이 본격적으로 진출하면서 시작되었다. 이런 일본계 대부업체들로는 현재 1위 업체인 러시앤캐시 외에 2002년에 진출한 2위 업체 산와머니, 원캐싱 등이 유명한데, 원캐싱은 러시앤캐시의 회장이 최대 주주이기도 하다. 2010년 기준 이들의 자산 총계는 1조 원을 넘으며, 주요 자금조달 창구로 국내 저축은행이 이용되기도 한다. 2002년 〈대부업법〉 제정 후에는 심지어 은행·보험·저축은행 등 국내 제도권 금융기관들의 자금도 대거 유입되었다. 2003년 국정감사 자료에 따른 이들 세 기관의 대부업체 여신 잔액은 3,582억 원이었다. 제일은행을 비롯한 국내 주요 은행과 국내외 50여 개 금융기관도 국내에 진출한 일본계 대부업체에 자금을 제공한 것으로 드러났다. 사채시장 규모는 〈이자제한법〉 폐지 이전 추정치인 4조 원에서 2006년 말 기준 18조 원(한국금융연구원) 혹은 약 30조 원(금융감독원 등)으로 성장한 것으로 추정되었다. 2010년 기준 러시앤캐시의 누적 이용자 수는 200만 명, 산와머니는 88만 명인 것으로 밝혀졌다(송태경 2011, 71). 이들의 진출은 일본 내 대부업체

---

15_이런 사채·대부업·고리대금의 양성화는 채무의 성격을 더욱 악화시켰다고 평가된다 (송태경 2011, 53). 사실상 우리 사회의 기득권층이나 제도권 금융기관들은 대중을 '채무 노예화'하는 대부업과 이해관계를 같이하며 긴밀한 관계가 있다. 국내 대부업의 '비정상적인' 규모와 확산은 이런 배경과 무관하지 않을 것이다.

에 대한 강력한 규제(가령 29.2%의 대부업 상한 금리를 20%로 하향 조정)와 비슷한 시기에 진행된 국내의 〈이자제한법〉 폐지 등 규제 해제가 주요 동기가 되었으며, 배후에 일본 폭력 조직(야쿠자)이 관여하기도 하는 것으로 알려져 있다("달콤한 이자율, 대부업이 살찐다,"『한겨레21』 2006/08/18; 송태경 2011, 55).

한국의 대부업자들은 합법적으로 보장된 고리대 덕분에 놀라운 성장을 기록해 왔다. 국내 1위의 대부업체인 러시앤캐시의 경우 1999년 설립 이후 2000년 9월 말 기준 자본 총계는 133억이었으나, 설립 10년 후 2009년 9월 말 자본 총계는 약 43배 증가한 5,723억 원이 되었고, 당기순이익은 같은 기간 51.9배 증가해 1,194억 원이 되었다. 2009년의 이 수치들은 국내 거대 인터넷 포털 업체인 다음커뮤니케이션의 자본 총계의 2배를 상회하고, 당기순이익은 3배를 상회한다. 하지만 2000년에는 두 수치에서 다음커뮤니케이션이 모두 약 3배, 4배 정도로 컸다. 즉 2000년부터 10여 년간의 성장세 면에서 국내 대표적 정보통신 업체인 다음커뮤니케이션보다 '돈으로 돈을 버는' 대부업체인 러시앤캐시가 더 컸다는 말이다(송태경 2011, 17).

국내에서 연 이자율은 1997년 이전까지 연 25%였던 것이 연 40%로 상향 조정되었고, 그해 12월 29일에 국회 재정경제위원회(위원장 이상득 의원, 현재 기획재정위원회)의 〈이자제한법〉 폐지 결의에 이어, 1998년 1월 13일 대통령 공포와 함께 정부는 고리대금에 대한 최소한의 안전 장치이자 피해 발생 시 구제의 기준이기도 했던 〈이자제한법〉을 폐지했다. 그 결과 사채의 금리가 200%가 넘는 살인적인 수준으로 높아지고 서민들의 고통이 커지는 문제가 일어나게 되었다. 2007년 정부는 〈이자제한법〉을 부활해 등록 대부업체를 제외한 개인적 금전 거래나 미등록 사채업자의 경우 최고 이자율이 연 40%를 초과하지 못하게 했고, 등록 대부업체의 경우에는 2002년 제정 당시 〈대부업법〉에서 연 66%를 최고 이자율로 하던 것에서 2007년 10월 연 49%, 2010년 7월에는 연 이자율을 44%, 2011년 6월부터 연 39%, 2014년 4월 2일부터 현재까지는 연 34.9%로 인하했지만, 불법 대부업체의 경우 여전히 수백 퍼센트의 고금리를 적용하고 있다. 고리대와 (특히 불법 대부업체의 경우) 법망을 비켜 가는 가혹한 채무 독촉, 그리고 초기에 유명 연예인까지 동원한 막대한 광고비 지출은, 제1금융권이나 제2금융권보다 높은 이용자의 연체율에도 불구하고 이 같은 대부업체의 고속 성장과 증식을 지탱하는 세 기둥이다.[16] 이런 가혹한 채무 독촉은 일종의 사회문제가 되어, 2000년대 후반 이후 수년간 국내 영화계에서 히트한 많은 영화 작품의 소재나 주요 등장인물의 특징으로 등장하고 있을 정도다.[17]

금융위원회와 금융감독원에 따르면, 2010년 6월 말 현재, 정부에 등록된 대부업체는 1만5,380개, 거래자는 189만3,535명에 이른다. 하지만 이는 공식적인 수치일 뿐이고, 불법 사채를 포함하면 그 규모는 이보다

---

16_"2009년 러시앤캐시가 쏟은 광고비는 254억4,300만 원이었고, 산와머니는 314억 9,100만 원이었다!"(송태경 2011, 40). 참고로 2004년 당시 가장 광고비 지출이 많았던 삼성카드의 광고비 지출액은 184억593만5천 원이었다. 국내 주요 케이블 텔레비전 채널의 주 수입원은 바로 이런 대부업계 광고인 것으로 알려져 있기도 하다. "대부업 광고는 이미 전체 케이블 채널 광고 매출의 최대 15%까지 점유하고 있다. 지상파 방송의 계열사인 SBS Sports, SBS Plus, MBC 드라마넷의 경우에[2010년 7월_인용자] 한 달간 대부업 광고로만 2억 원 이상의 매출을 기록하고 있는 것으로 확인됐다"("방통심의위원님들, '대부업 광고'나 좀 보시죠?," 『미디어스』 2010/06/01).

17_가령 베니스영화제에서 황금사자상을 수상한 김기덕 감독의 영화 〈피에타〉(2012)나, 원작은 일본 소설이지만 변영주 감독이 국내에서 리메이크한 영화 〈화차〉(2012) 등은 불법 대부업자에 의한 채권추심의 잔혹성을 중심 소재와 주제로 다루고 있다.

2~3배 이상 된다는 전망도 있다(김순영 2011, 9). 대부업체 이용은 대개 신용카드를 통한 소비나 카드론 이용 가능성이 연체 등으로 한도에 도달하거나 신용 불량으로 서비스 이용이 불가능해진 단계에서, 그리고 다른 동원 가능한 신용을 대부분 사용한 이후 이루어진다. 심지어 카드 사용으로 생겨났으나 갚기 어려워진 빚을 갚기 위해 고금리인 대부업체의 대출을 이용했다가, 더 깊은 빚의 수렁에 빠지기도 한다. 카드 이용과 대부업 이용 사이의 상관관계는, 2009년부터 카드 사용 급증과 대부업 이용 증대가 함께 늘어난다는 점에서도 보이고 있다(제윤경·이헌욱 2012, 158).

2012년 4월부터 2013년 1월 말까지 '불법 사금융 피해 신고 센터'에 접수된 상담과 피해신고 사례는 약 10만 건에 달했는데, 법정 이자율을 상회하는 고금리 대출, 불법 채권추심, 대출 중개수수료 요구, 선입금을 요구하는 대출 사기 등이 포함됐다. 이와 같이 '사금융 이용'과 관련된 사태의 심각성에도 불구하고 금융감독원은 2008년의 조사에 이어 새 정부가 들어선 2013년에야 5년 만에 사금융 이용에 대한 전면 실태 조사에 들어갔다.[18]


**부채 경제(3): 높은 등록금과 학자금 대출, '부채 인간'이 된 대학생**

일상생활의 금융화를 구조화하는 조건으로서 부채 경제를 낳는 국내의

---

18_"2008년 4월 실시된 실태 조사에서는 사금융 규모는 16조5천억 원, 이용자 수는 189만 명으로 집계돼 1인당 873만 원을 이용하는 것으로 나타났다. 당시 사금융 평균 이자율은 연 72%, 연체자 비율은 26.4%, 제도권 대출 동시 이용자는 57.4%로 집계된 바 있다"("금감원, 사금융 실태 조사 나선다," 『매일경제』 2013/02/25).

**표 9-2 | 대학 등록금 인상률과 물가 상승률(2001~10년)**

단위: %

| | | 2001 | 2002 | 2003 | 2004 | 2005 | 2006 | 2007 | 2008 | 2009 | 2010 |
|---|---|---|---|---|---|---|---|---|---|---|---|
| 등록금 인상률 | 국립대학 | 4.7 | 7.6 | 7.7 | 9.7 | 6.8 | 8.9 | 9.5 | 8.4 | 2.6 | 1.4 |
| | 사립대학 | 5.8 | 6.9 | 6.8 | 5.8 | 5.1 | 6.5 | 6.8 | 6.7 | 0.4 | 1.6 |
| 소비자 물가 상승률 | | 4.1 | 2.7 | 3.6 | 3.6 | 2.7 | 2.2 | 2.5 | 4.7 | 2.8 | 2.6 |

자료: 한국대학교육연구소(2011, 72).

주요하고 특수한 조건 가운데 하나는 과도한 등록금 규모와 상승률, 그리고 이런 등록금에 대한 교육 수요자인 학생 개인들과 가계가 지는 높은 비중의 사적인 부담이다. 2001~10년까지 10년간 국내 대학 등록금 인상률을 물가 상승률과 비교해 보면 〈표 9-2〉와 같다.[19]

소비자 물가 상승률을 크게 상회하는 국내 대학들의 등록금 인상률은 더구나 1인당 국내총생산GDP 대비 등록금 액수의 비중을 나라별로 비교했을 때, 그리고 70%가 넘는 국내의 높은 대학 진학률과 상대적으로 학비가 비싼 (독립형) 사립대학이 학생 수에서 차지하는 비중이 지나치게 큰 점을 감안했을 때 더욱 충격적으로 나타난다. 즉 국립대학에 있어서 그 비중은 비교 대상인 주요 12개 국가 중 가장 높았으며, 사립대학의 경우에도 미국과 멕시코 다음으로 높은 편에 속했다(〈표 9-3〉 참조).[20]

---

19_특히 눈에 띄는 점은 사립대학보다 높은 국립대학 등록금의 인상 폭이다. 이는 2002년 국립대학 법인화 논의와 맞물려 정부가 국립대학의 수업료와 입학금을 자율화하면서 국립대학들이 일반회계에 포함되는 '수업료'를 보조하며 학부모들의 자율 협찬금 성격을 지닌 '기성회비'를 오히려 등록금 전체의 4분의 3 가까이 될 정도로 크게 올리면서 시작되었다. 이 배경에는 또한 정부의 국립대학 재정 지원 방기와 이에 따른 국립대학의 높은 등록금 의존도가 존재한다. 사학에서도 (심지어 적립금을 크게 쌓아 놓은) 사학 법인들의 턱없이 낮은 대학 재정 기여도는 마찬가지로 사립대학 등록금 인상의 주요인이 되고 있다(한국대학교육연구소 2011, 110-3).

**표 9-3 | 국가별 1인당 국민소득 대비 등록금 비중 비교**

| | 국민 1인당 GDP(달러) | 1인당 GDP 대비 등록금 비중(%) | | | 대학 유형별 학생 수 비중(%) | | |
|---|---|---|---|---|---|---|---|
| | | 국·공립 대학 | 정부 의존형 사립대학 | 독립형 사립대학 | 국·공립 대학 | 정부 의존형 사립대학 | 독립형 사립대학 |
| 노르웨이 | 57,600 | 0.0 | 9.1 | - | 88 | 12 | - |
| 미국 | 46,000 | 12.9 | - | 47.8 | 67 | - | 33 |
| 스웨덴 | 37,000 | 0.0 | 0.0 | - | 93 | 7 | - |
| 영국 | 34,200 | - | 13.7 | - | - | 100 | - |
| 핀란드 | 34,100 | 0.0 | 0.0 | - | 87 | 13 | - |
| 일본 | 32,600 | 13.6 | - | 21.3 | 25 | - | 75 |
| 프랑스 | 32,500 | 0.6~3.7 | - | - | 86 | 1 | 13 |
| 이탈리아 | 29,900 | 4.0 | - | 14.6 | 93 | - | 7 |
| 한국 | 28,100 | 16.8 | - | 30.3 | 22 | - | 78 |
| 뉴질랜드 | 27,300 | 10.0 | - | - | 98 | 2 | - |
| 체코 | 24,800 | 0.0 | - | - | 89 | - | 11 |
| 멕시코 | 13,200 | 0.0 | - | 36.7 | 66 | - | 34 |

주: 1) 여기서 등록금의 비중을 측정하기 위한 각국 대학의 등록금 추청치는 미국 달러의 구매력지수(PPP) 환산액을 사용.
   2) 등록금 자료는 2006~07학년도 기준의 액수를 기준으로 하고, 국민 1인당 GDP는 2009년의 수치를 기준으로 함.
자료: 한국대학교육연구소(2011, 59).

이런 상황에서 가계의 교육비 지출 부담은 더욱 커지게 되었고, 다른 한편 과거와 달리 중고생 과외 등의 아르바이트를 통해 대학생들이 엄청나게 오른 등록금을 충당할 수 없게 된 현실은 대학생들을 학자금 대출, 심지어는 고금리 사금융 대출을 선택하도록 몰아갔다. 많은 대학 진학생들이 '부채 인간'으로 대학 시절을 시작하고 마무리하게 된 것이다. 높은 등록금에 대한 정부의 우선적 대응으로 나온 것이 신자유주의를 대표하는 경제학자 밀턴 프리드먼이 고안한 '취업 후 학자금 상환제'라는 대출 제도를 도입·권장한 것인데, 2009년 9월 '잡코리아'의 조사에 따르면

---

20_국내 대학의 연간 등록금은 2010년 기준으로 국립대학의 경우 계열 평균이 444만 원, 사립대학의 그것은 754만 원에 이르지만, 사립대학의 경우 인문사회 계열을 제외한 모든 계열에서 평균을 상회하는 최고액은 1천만 원을 넘기고 있다(한국대학교육연구소 2011, 72).

20~30대 직장인 867명 가운데 대학 시절 학자금 대출을 받아 본 사람의 비중은 53.7%에 달했고, 그중 84%는 아직도 대출금을 상환하지 못했거나 상환 중이라고 응답했다. 대학 시절 시작된 부채의 짐이 직장인이 되어서도 끝나지 않게 된 것이다. 높은 청년 실업률이라는 근자의 상황까지 고려하면, 대학 입학이야말로 채무불이행으로 가는 가능성을 높이는 선택지, 하지만 높은 대학 진학률이라는 상황에서, 불가피한 선택지가 되고 만다.

더구나 대출받은 학자금을 갚지 못하는 경우도 크게 늘어, 학자금 연체 총액은 2008년 말 1,759억 원에서 2009년 6월 말 기준 2,663억 원으로 6개월 만에 50% 가까이 늘어나고 말았다. 학자금 대출자 중 금융채무 불이행자, 즉 과거의 표현과 기준에서 신용불량자가 된 경우도 2006년 670명에서 2009년 1만3,804명으로 단기간에 급증했다(한국대학교육연구소 2011, 220).

또한 공식적인 학자금 대출의 사각지대에 놓여 있는 경우에는 최종적으로 다음과 같이 고금리인 사금융의 덫에 빠지게 된다. "2012년 6월 금융위원회의 발표에 따르면 전국 대학생 298만 명 중 고금리 대출 이용자가 11만 명, 금액으로는 약 3천억 원 규모에 이른다. 그중 사채·대부업을 이용하는 대학생 수는 3만9천 명에 달하는 것으로 추산된다"(제윤경·이헌욱 2012, 156). "대학 등록금 1천만 원" 시대는 "가계 부채 1천조 원" 시대와 병행해 존재한다. 대학생들을 '부채 인간'으로 만들어 성인으로서의 인생을 빚잔치로부터 시작하게 하는 2000년대 이후 국내의 이런 상황은 신자유주의적 '부채 경제'의 주요한 요소로 작동하며, '일상생활의 금융화'라는 그물망으로 새롭게 성인이 되는 사회의 구성원 주체들을 빈틈없이 강고하게 포획해 나간다.

## 대중 투자 문화(1): 금융적 교양의 확산과 투자자 주체의 형성

서울대학교 사회발전연구소의 조사에 따르면, "한국 사회에서 성공하는 데 필요한 조건"으로 1996년의 조사에서는 '그렇다'는 응답이 개인의 노력(38.2%), 인간관계(36.9%), 직업(36.7%), 돈(35.0%), 학벌(15.3%) 순으로 나타났으나, 2007년의 조사에서는 돈(60.5%), 학벌(36.4%), 직업(31.2%), 개인의 노력(24.2%), 인간관계(21.4%) 순으로 외환위기 전과 이후 크게 바뀐 모습을 나타냈다(최민석 2011, 70). 이와 쌍을 이루는 현상으로, 1997년 외환위기 이후 한국 사회 전반에서 각종 투자, 재테크, 펀드, 주식 등에 대한 지식과 관심이 대중화하는 등 소위 '금융적 교양'financial literacy이 크게 증대했다. 그리고 어떤 대학에서는 '부자학 개론' 강의가 개설되었고, 대학 동아리에도 부자 동아리, 투자 동아리, 취업 동아리 등 과거에 없던 새로운 성격의 동아리들이 우후죽순 생겨나 구성원인 대학생 개개인들의 관심을 반영하는 동시에, 이들에게 새로운 관심과 동기를 확산시키며 캠퍼스의 분위기를 바꾸어 놓았다. 그리고 언제부턴가 국내 서점의 경제 부문 진열대와 서가에는 '재테크', '투자' 혹은 심지어 '부자 되기'라는 노골적인 소항목 아래 서점 내 전체 도서들 중 상당량의 비중을 차지하는 도서들이 쏟아져 나오는 신간들과 더불어 진열되기 시작했다.[21] 이제 대중문화

---

21_가령 2000~09년까지 10년간 국내 대형 서점인 교보문고의 베스트셀러 종합 순위 상위 50위 안에 포함되는 도서 중 제목에 "부자", "투자", "재테크", "돈"이라는 단어가 직접 들어가거나 이와 관계가 큰 도서들의 제목에는 다음과 같은 것들이 있다. 『부자 아빠, 가난한 아빠 1』(2000년 3위, 2001년 4위, 2002년 40위), 『나는 초단타매매로 매일 40만 원 번다』(2000년 27위), 『경제기사는 돈이다』(2001년 44위), 『열두살에 부자가 된 키라』(2002년 49위, 2003년 39위), 『한국의 부자들』(2003년 6위), 『집 없어도 땅을 사라』(2004년 27위), 『한국의 젊은 부자들』(2006년 23위), 『시골의사의 부자 경제학』

차원에서 부자나 금융적 투자, 돈에 대한 노골적인 관심과 가치 부여는 더이상 전혀 낯설거나 부정적인 평가(가령 '졸부', '속물', '투기' 등)와 관련된 것이 아니게 되었다.

'대중 투자 문화', 그리고 부자 되기 열망의 확산이라고 볼 수 있는 이런 사회현상의 등장은, 국내 경제구조의 신자유주의적 전환 과정과 결과에서 등장한 사회경제적 위험 상황 — 불안정 노동 확산과 부채 경제화 — 과, 이 상황을 국가가 정책 대응을 통해 해소하지 못할 것이라는 대중들의 부정적 전망이 결합된 산물이기도 하다.[22] 즉 사회 구성원들은 이런 위험의 해소를 위해 개별적인 금융 투자를 통해 경제적 안정을 확보하는 것을 의미하는 바 '자산적 개인주의'asset individualism라는 해결책을 대대적으로 선호하게 된 것이다. 그리고 그저 경제적 안정을 추구하는 것을 넘어서, '부자'라는 지위적 성취 목표는 행동과 삶의 동기와 모범을 제공해 주는

---

(2006년 23위), 『부동산투자는 과학이다』(2006년 35위), 『대한민국 20대 재테크에 미쳐라』(2006년 42위, 2007년 3위), 『금융회사가 당신에게 알려주지 않는 진실』(2007년 29위), 『4개의 통장』(2009년 5위) 등. 이상에서 볼 수 있듯이 이런 '금융적 교양'이나 '부자 되기'에 대한 관심은 글로벌 금융위기가 닥친 2008년 이후 다소 주춤하기는 하지만 2000년대 10년간 꾸준히 대중들의 높은 관심을 유지해 왔다고 볼 수 있으며, 특히 2006년에는 당해 국내 부동산 붐의 정점을 상징하듯이 관련 도서가 다수 베스트셀러 상위권에 올라 있음을 볼 수 있다. 사실 국내 신문에서 "재테크"라는 용어와 관련해 1990년대 중반까지는 주로 기업의 재테크를 투기와 동일시하면서 부정적으로 보는 비판 기사가 대부분이었던데 반해, 이후 개인의 재테크 기법을 소개하는 기사가 엇비슷하게 등장하다가 1998~99년부터 개인의 재테크 기법에 대한 담론이 폭발적으로 증식하기 시작했다(최민석 2010, 87).

22_한 연구는 이런 상황을 가져오는 불안과 공포를 '장기적인 전망의 결핍에서 오는 공포'로 보고, 이를 구체적으로 실업 공포, 빈곤 전락 공포, 지위 상실 공포, 생존 경쟁 낙오 가능성에 대한 공포 등으로 열거한다(정수남 2012, 62).

거대한 기준이자 상징이 되었다. 1990년대 초까지 국내에서 노동에 근거하지 않은 부, 즉 졸부에 대한 경멸이 일반적인 사회문화적 정서의 기준으로 작동했다면, 1997년 외환위기 이후 만성화된 노동 유연화와 더불어 축소된 노동 기회, 노동 윤리의 쇠퇴, 사회적 위험의 개인주의화는 '투자자 주체'homo investus로의 전환, 자산 투자를 통한 부자 되기 혹은 부 자체에 대한 대중적 열망을 사회적으로 정당화해 주는 기제로 작동했다(최민석 2010, 77).

또한 이처럼 구조적인 차원의 위험이나 공포와 같이 사회 구성원들을 내모는 상황과, 국가의 사회적 보호에 대한 불신 및 노동 윤리의 실종과 결합된 사회 구성원들의 '자산적 개인주의'와 같은 새로운 행위 선택 및 투자자 혹은 부자로의 주체 지향은, 전술한 바와 같이 1997년 외환위기 이후 십수 년간 제도적이고 구조적으로 이들을 유인하는 정부의 새로운 금융정책들과 금융 산업의 확장, 그리고 이와 맞물려 금융 영역에 대한 조명과 비중이 커지고 투자자 주체의 창출에 보다 적극적이 된 언론 매체나 인터넷카페, 도서 등 기타 지식 정보 매체들에 의한 '금융적 교양'의 확산에 의해 자극받으며 보완되고 강화된다.[23]

이런 상황에서 국내 주식시장은 주식 투자 인구의 증대라는 측면에서 1999년 이후 특히 첨단 기술주 시장인 코스닥의 투자자들을 포함하며 큰 폭의 증가세를 보여 주고 있는데, 김영삼 정권 시기 100만 명대를 유지했고 김대중 정권 초인 1998년 191만5천 명으로 약간 증대하기 시작한 주식 투자자 수는 1999년에 335만5천 명으로 크게 뛰어오르고, 다시 노무

---

23_"여러분, 부자 되세요"라는 광고 카피가 대유행한 해가 2002년이었고, 이후 이 구호는 자연스러운 인사와 대중적인 덕담 정도로 수용 확산되었다.

표 9-4 | 정권 시기별 국내 주식시장의 성장

**(1) 김영삼 정권 시기(1993~97년)**

| | 1993 | 1994 | 1995 | 1996 | 1997 |
|---|---|---|---|---|---|
| 상장회사 수 | 693 | 699 | 721 | 760 | 776 |
| 상장 주식시가총액(백만 원) | 112,665,260 | 151,217,231 | 141,151,399 | 117,369,988 | 70,988,897 |
| 상장 주식 거래량(천 주) | 10,398,402 | 10,911,205 | 7,656,032 | 7,785,416 | 12,125,338 |
| 종합주가지수(연월 중 평균) | 728.40 | 965.30 | 934.90 | 833.40 | 654.50 |
| 주식 투자자 수(천 명) | 1,486 | 1,708 | 1,548 | 1,466 | 1,329 |
| 주식투자인구/경제활동인구(%) | 7.48 | 8.37 | 7.42 | 6.90 | 6.14 |

**(2) 김대중 정권 시기(1998~2002년)**

| | 1998 | 1999 | 2000 | 2001 | 2002 |
|---|---|---|---|---|---|
| 상장회사 수 | 748 | 725 | 704 | 689 | 683 |
| 상장 주식시가총액(백만 원) | 137,798,451 | 349,503,966 | 188,041,490 | 255,850,070 | 258,680,756 |
| 상장 주식 거래량(천 주) | 28,533,107 | 69,359,139 | 73,785,337 | 116,417,318 | 209,167,796 |
| 종합주가지수(연월 중 평균) | 406.07 | 806.80 | 734.22 | 572.80 | 757.00 |
| 주식 투자자 수(천 명) | 1,915 | 3,355 | 3,304 | 3,888 | 3,974 |
| 주식투자인구/경제활동인구(%) | 8.93 | 15.51 | 15.05 | 17.53 | 17.37 |

**(3) 노무현 정권 시기(2003~07년)**

| | 2003 | 2004 | 2005 | 2006 | 2007 |
|---|---|---|---|---|---|
| 상장회사 수 | 684 | 683 | 702 | 731 | 745 |
| 상장 주식시가총액(백만 원) | 355,362,626 | 412,588,139 | 655,074,595 | 704,587,508 | 951,900,447 |
| 상장 주식 거래량(천 주) | 133,876,427 | 92,850,770 | 116,439,734 | 68,936,783 | 89,477,973 |
| 종합주가지수(연월 중 평균) | 679.80 | 832.90 | 1,073.60 | 1,352.22 | 1,712.46 |
| 주식 투자자 수(천 명) | 3,937 | 3,763 | 3,537 | 3,613 | 4,441 |
| 주식투자인구/경제활동인구(%) | 17.2 | 16.1 | 15 | 15.2 | 18.5 |

**(4) 이명박 정권 시기(2008~12년)**

| | 2008 | 2009 | 2010 | 2011 | 2012 |
|---|---|---|---|---|---|
| 상장회사 수 | 763 | 770 | 777 | 791 | 784 |
| 상장 주식시가총액(백만 원) | 576,887,540 | 887,935,183 | 1,141,885,458 | 1,041,999,162 | 1,154,294,167 |
| 상장 주식 거래량(천 주) | 88,090,952 | 122,871,286 | 95,595,708 | 87,732,413 | 120,646,923 |
| 종합주가지수(연월 중 평균) | 1,529.49 | 1,429.04 | 1,764.99 | 1,983.42 | 1,930.37 |
| 주식 투자자 수(천 명) | 4,627 | 4,665 | 4,787 | 5,284 | |
| 주식투자인구/경제활동인구(%) | 19 | 19.1 | 19.51 | 21.24 | |

주: 주식 투자자 수, 주식투자인구/경제활동인구는 1999년부터 시작된 코스닥 시장의 그것을 유가증권시장의 그것과 합산. 나머지 항목은 모두 KOSPI 지수에 반영되는 유가증권시장만의 항목들임.
자료: 한국은행 경제통계시스템(ecos.bok.or.kr; 한국거래소 주식통계(krx.co.kr/index.jsp).

현 정권 말기인 2007년에는 444만1천 명까지 증가했다(〈표 9-4〉 참조). 경제활동 인구 대비 주식 투자 인구 비율은 따라서 김영삼 정권 시기 내내 10% 미만을 유지하다가, 김대중 정권 시기에는 첫해에 8.93%에서 마지막 해 17.37%로 두 배 정도 상승했다. 노무현 정권 시기에는 주식 투자 인구 비율이 17.2%에서 18.5%로 올라가, 상승 폭에서는 오히려 김대중 정

**표 9-5 | 국내 판매 펀드 계좌 수 및 설정액**

|  | 2003 | 2004 | 2005 | 2006 | 2007 | 2008 | 2009 |
|---|---|---|---|---|---|---|---|
| 계좌 수(천 좌) | 3,608 | 4,671 | 9,872 | 12,391 | 23,535 | 23,330 | 20,272 |
| 계좌 수 증가율(%) | - | 29.46 | 111.35 | 25.52 | 89.94 | -0.87 | -13.11 |
| 설정액(억 원) | 1,345,248 | 1,783,296 | 1,988,244 | 2,306,698 | 2,924,471 | 3,529,472 | 3,256,812 |
| 설정액 증가율(%) | - | 32.56 | 11.49 | 16.02 | 26.78 | 20.69 | -7.73 |
| 설정액/계좌 수(만 원) | 3,729 | 3,818 | 2,014 | 1,862 | 1,243 | 1,513 | 1,607 |

자료: 최민석(2010, 33).

권 시기보다 미진했다. 하지만 이 시기의 주식 투자 규모가 정체했다기보다, 노무현 정권 시기에 크게 증대한 시가총액의 규모나 주가 상승의 폭을 보면 이는 이 시기에 추진된 '펀드 등 간접투자의 활성화'를 반영한 것이라고 볼 수 있다. 즉 간접투자에 참여한 개별 펀드 가입자들은 '개인'의 항목으로 주식 투자 인구에 반영되기보다 '기관'의 투자 항목으로 집계되기에 외양적으로 보이는 이 기간 중 주식 투자 인구 증대 폭의 축소가 반드시 주식 투자 인구의 정체로 볼 수 없다는 것이다.

실제로 유가증권시장과 코스닥시장을 합친 국내 주식시장에서, 노무현 정권 시기 시가총액에서 개인 투자자가 차지하는 비중은 2003년 23.29%에서 2007년 25.25%로 약간의 증가세만을 보여 주고 있으나, 기관 투자자가 차지하는 비중은 같은 기간 15.70%에서 19.98%로 더 큰 증가폭을 보여 주고 있다. 같은 기간 기업과 외국인의 비중은 오히려 축소되었으며 일반 법인의 비중도 기관 투자자 비중의 증가폭을 따라가지는 못하는 것으로 보아, 국내 개인 투자자의 투자 형태가 직접투자에서 펀드 투자와 같은 간접투자로 이 시기에 급격히 변화한 것으로 보인다.[24] 그리고

---

24_실제로 국내 개인 주식 투자자 수와 국내 판매 펀드 계좌 수는 2004년부터 역전(각각

이런 간접투자는 국내 증시에 대한 투자만이 아니라 2000년대 중반부터 일어나기 시작했던 해외 펀드 붐으로 연결되기도 했다.

## 대중 투자 문화(2): 펀드 붐과 예금자의 (간접)투자자화

대중 투자 문화의 형성에서 특히 중요한 것은 펀드와 같은 간접투자의 대중적 활성화다. 1997년 외환위기 이후 십여 년간 앞서 언급한 바와 같은 정부의 정책적 금융화 드라이브의 기조, 즉 주식시장을 통한 자금순환 체계 마련 및 동북아 금융허브 추진 전략 등에 발맞추어, 국내에서는 자산운용업의 발전을 위한 법적·제도적인 장치 보완 및 규제완화 등이 추진되었고, 수익증권 등 간접투자상품의 판매 확대를 위한 여건이 특히 참여정부 시기에 와서 조성되게 되었다. 따라서 2004년 4월에 〈간접투자자산운용업법〉이 시행되었고, 은행·투신·보험 등 금융 권역별로 분산되었던 각종 투자 관련 규제는 자산운용이라는 하나의 기능에 맞춰 통합되었다. 〈간접투자자산운용업법〉 시행 이후 투신사들의 수신액은 2003년 말 145조 원에서 2007년 4월 현재, 237조 원으로 증가했고 투신사들의 주식 보유 금액은 같은 기간 약 3조 원에서 61조 원으로 크게 늘어났다. 따라서 특히 참여정부 시기에 와서 주가는 큰 상승 폭을 보여 주는데, 참여정부 출범 당시 592포인트였던 주가는 2007년 5월 말 1,700.91포인트가 되었다 (〈그림 9-5〉).

이와 같이 노무현 정권 시기 펀드와 같은 간접투자의 확대와 성장은

---

376만3천과 467만1천)되어 후자가 전자를 능가하게 되었다(〈표 9-4〉, 〈표 9-5〉 참조).

그림 9-4 | 국내 주식시장의 성장(1990~2012년)

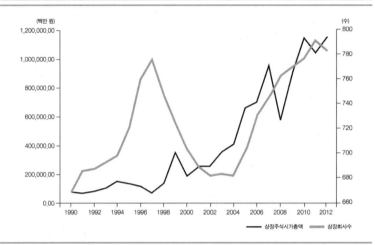

상장주식시가총액 ── 상장회사수 ──

자료: 한국은행 경제통계시스템(http://ecos.bok.or.kr/).

그림 9-5 | 국내 주가의 추이(1990~2012년 연월 중 평균)

단위: 1980. 01. 04=100

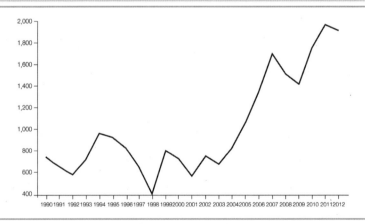

자료: 한국은행 경제통계시스템(http://ecos.bok.or.kr/).

또한 정치적으로 지원된 과정의 산물이기도 했다. 심지어 대통령 자신이 본인의 사례를 들며 국민들에게 이와 같은 펀드 투자를 독려하기도 했던 것이다. 노무현 전 대통령은 2005년 7월 국회의장 공관 5부 요인의 만찬장에서 "부동산 투기를 하지 않고 주식을 사는 국민이 늘어나는 것이 좋다"고 발언했으며, 같은 시기에 스스로 '8천만 원을 펀드에 투자했음'을 밝히기도 했다. 부동산 투기에 대해서는 문제시했음에도 주식형 펀드와 같은 자본시장 참여는 기술개발 등과 같은 생산적 부분으로 쓰일 수 있다고 생각하고 그런 분위기의 성장에 일조한 것이다(최민석 2011, 42). 하지만 문제는 이 시기의 주가 상승과 이렇게 조장된 자본시장 투자가 기업의 자금조달 증대로 이어지지는 않았고, 오히려 주식시장의 자금 중개 기능이 외환위기 이전에 비해서도 오히려 약화되었다는 분석도 있다(박종현 2008, 105-125). 어쨌든 정권 차원의 독려와 더불어 이 시기 펀드 판매에 전력을 기울인 은행 등 금융기관들의 '불완전 판매', 즉 예금자들에 대한 '묻지 마 펀드 가입' 권유는 대중들의 간접투자 폭발을 낳았고, 국민연금의 주식 투자 확대와 더불어 마침내 2007년 7월에는 국내 코스피 주가가 최초로 2천을 넘게 하는 데 기여했다. 하지만 2008년 9월에 시작된 미국발 글로벌 금융위기와 그해 말 국내로 전이된 금융위기는 다시 주가 하락과 간접투자 붐에 파열구를 냈고 그해 10월에 코스피 주가는 1천으로 크게 추락했다.

## 4. 자산적 개인주의를 넘어서

지금까지 일상생활의 금융화를 가져오고 구성해 온 주요한 두 측면인 '부채 경제'와 '대중 투자 문화'에 대해 살펴보았다. 먼저 이 현상을 만들어 온 역사적 계기, 정부 정책, 국내 경제 제도 및 구조의 전환을 검토했다. 그 다음으로는 각각을 특징적으로 구성하는 몇 가지 사례들(신용카드업의 성장, 대부업의 성장, 대학 등록금 증대와 학자금 대출, 금융적 교양의 증대, 그리고 펀드와 같은 간접투자의 확산 등)을 보다 세부적으로 살펴보았다.

1997년 외환위기 이래 10년간 집권한 국민의 정부나 참여정부와 같은 소위 '민주 (개혁) 정부들'은 이 시기 정치적 민주주의와 개혁성에 대한 국민들의 기대와 열망에도 불구하고, 경제면에서는 경제 관료들의 전문성, 효율성 및 전문가주의의 논리에 포획되었고, 국제금융자본의 요구와 이해에 대해 '글로벌스탠더드'를 외치며 적극적으로 부응한 결과, 맹목적으로 금융자유화를 밀어붙이게 되었다. 이런 가운데 국내 금융 부문은 공공성을 무시하고 수익성만을 추구하는 자율적인 영역이 되어 성장 전략의 중심 산업으로까지 부상했다. 이런 방향으로 현실화된 정부 정책들과 국내 제도 및 구조의 전환은 대중들의 일상생활의 차원, 그리고 규범과 가치의 차원에서 개인들이 금융적 자산 투자를 통해 삶의 안정성과 부의 성취를 도모하는 일에 생의 에너지를 소진하도록 하는 소위 '자산적 개인주의'asset individulaism의 사회문화적 분위기를 확산시켰다.

하지만 2008년 미국발 금융위기 이후 장기간 지속되고 있는 지구적 경기침체Great Recession 상황은 이전과 같은 금융 중심적 경제정책과 발전, 그리고 이로 인해 금융화된 일상 속에서 대중들이 선택한 삶의 전략인 자산적 개인주의의 '지속 불가능성'이라는 문제를 드러내고 있다. 이런 현실 속에서 일상생활의 금융화를 최근까지 확산시키고 공고화해 온 '부채 경제'와 '대중 투자 문화'는 그 자산적 개인주의로 인해 국내에서 사회 연대성과 공적 시민사회의 약화, 심지어는 민주주의의 위기를 가져온 것으로 진단되기도 한다(신진욱 2010; 장진호 2013). 물론 1997년의 외환위기라는 상황 속에서 이런 흐름과 경향이 배태되기는 했지만, 부채 경제와 대중 투자 문화를 낳은 경제구조의 전환과 금융 산업의 팽창, 그리고 이와 결부된 일상생활의 금융화가 특별히 십 년에 걸친 소위 '민주 (개혁) 정부'의 집권 시기에 줄곧 진행된 원인과 조건, 그리고 과정들에 대한 검토는, 장기 침체의 늪과 가계 부채의 폭발, 가구의 재생산 위기 및 사회적 재앙의 증대와 같은 위험들을 피하기 위한 경로를 모색하는 데 도움이 될 수 있을 것이다.

# 10장

# 민주 정부 10년의
# 부동산정책

### 평가와 남겨진 과제

변창흠

## 1. 들어가는 말

우리나라는 세계에서 유래가 없을 정도로 빠른 도시화와 산업화, 인구성
장과 소득 증가를 경험해 왔다. 이런 현상들은 엄청난 규모의 토지와 주택
에 대한 수요를 낳았다. 시기적으로나 국지적으로 공급 부족이 발생하게
되면 부동산가격이 급등하고 부동산 투기가 유발되어 산업적·사회경제
적인 문제를 유발했다. 이 때문에 역대 정부의 부동산정책의 최우선 과제
는 토지와 주택을 신속하게 그리고 대규모로 공급하는 데 초점이 맞추어
질 수밖에 없었다.

그렇다고 역대 어느 정부의 부동산정책이 단순히 토지와 주택을 공급
하는 역할에만 한정된 것은 아니었다. 경기침체 시에는 부동산정책이 경

기를 활성화하고 일자리를 창출하는 수단으로도 활용되었다. 대부분의 정권에서는 대규모 부동산 개발사업이나 주택 공급 구상 자체를 개혁의 상징이나 성과의 표상으로 활용하고자 했고, 부동산가격의 급등기에는 정권의 정당성을 확보하기 위해 어쩔 수 없이 초대형 개발사업을 발표하기도 했다.

그동안 우리나라에서는 토지와 주택의 만성적 부족과 그로 인한 부동산가격의 급등락 문제를 해소하는 데 부동산정책의 초점이 맞추어져 있었기 때문에 집권당의 차이에 따라 부동산정책의 차이가 나타나기 어려웠다. 또한 우리나라에서는 보수당과 진보당이 계급적 이해보다 지역적 이해에 기반해서 탄생했기 때문에 정당 간 이념의 차이도 명확하지 않은 것이 사실이다. 따라서 경제협력개발기구OECD 국가들의 부동산정책이 복지정책에 대한 계급적 이해를 반영하고 있으며 복지정책의 가장 중요한 수단 중의 하나로서 역할을 담당해 왔던 것과는 달리 그동안 우리나라의 부동산정책은 계급적인 특성을 거의 갖지 않았다.

우리나라 부동산정책이 이념적·계급적인 문제로서 본격적으로 인식되기 시작한 것은 참여정부 때부터라고 할 수 있다. 이때부터 특정 지역의 부동산가격 급등과 지역 간 격차 문제가 계급적인 문제로까지 해석되기에 이르렀고, 부동산가격 안정을 위해 재산세를 확대하고 종합부동산세를 도입하면서 부유층에 대한 징벌적인 조세 문제가 사회적인 쟁점으로 등장하게 되었기 때문이다. 이 문제는 집권 기간 내내 정치적인 쟁점이 되었을 뿐만 아니라 노무현 정부 다음으로 집권한 이명박 정부가 지난 정부가 추진했던 대부분의 부동산정책을 파기하고 새로운 정책을 발표하면서 부동산정책을 둘러싼 갈등은 더욱 분명하게 드러나게 되었다.

민주당이 집권했던 1998년부터 2008년까지 10년간은 우리나라 부동산시장이 극단적으로 급등락을 반복한 시기였으며, 이에 따라 부동산정책도 양극단을 오갈 수밖에 없었다. 이 때문에 같은 진보적 개혁 세력이 집권했던 기간이라고 하더라도 두 정부 간, 가격 급등락 시기 간 부동산정책의 차이는 서로 다른 정당이 집권했던 시기의 부동산정책 간의 차이보다도 더 크게 나타나는 경우도 많았다. 그럼에도 불구하고 민주당 집권 기간 동안의 부동산정책은 그 이전이나 그 이후의 부동산정책과 차별화되는 특성을 가질 수밖에 없었을 것이며, 그것을 추동하는 힘이 무엇인지를 파악하는 것은 의미 있는 연구가 될 수 있다고 본다.

이 글은 김대중 정부와 노무현 정부의 부동산정책이 지닌 성격을 평가하고 그 성과와 한계점을 분석함으로써 향후 부동산정책의 발전 과제를 도출하는 데 목적이 있다. 이를 위해 부동산정책에서 각 정부가 선택할 수 있는 정책의 방향에는 어떤 경로가 있으며, 그중에서 무엇을, 왜 선택할 수밖에 없었는지를 확인하고, 그 정책의 선택이 어떤 효과를 유발했는지를 평가하고자 한다. 이를 기초로 부동산정책에서 진정한 의미의 개혁이란 무엇을 의미하는지, 이를 위해 어떤 주체가 어떤 역할을 해야 하는지를 확인하고자 한다.

## 2. 우리나라 부동산정책의 모형과 제도적 유산

이명박 정부는 집권하면서 김대중 정부와 노무현 정부 기간을 '잃어버린 10년'이라고 조롱하면서 두 정부 기간 동안의 부동산정책을 동일시하고 이 정책들과 차별화하겠다고 선언한 바 있다. 그러면 민주당 집권 기간이었던 김대중 정부와 노무현 정부 동안 발표된 부동산정책은 기조나 목표, 정책수단 측면에서 유사성을 가지고 있으며, 그 이전 정부나 그 이후의 이명박, 박근혜 정부와 뚜렷하게 구분될 만큼 차별성을 지니고 있는가?

## 복지국가 주거정책 모형과 민주당 주택정책 모형의 평가

각 국가의 주택정책은 소유나 임대 등에 대한 역사적인 유산과 주택의 수요와 공급에 영향을 미치는 많은 요소들이 작동해 결정된다. 따라서 특정 국가의 주택정책을 몇몇 변수를 사용해 유형화하는 것은 많은 한계를 지닐 수밖에 없다. 그럼에도 불구하고 주택정책의 유형화는 주택정책의 특성을 종합적으로 이해하는 데는 매우 유용하기 때문에 여러 학자들이 시도해 왔다.

　일찍이 번(Bourne 1981)은 주택시장에 대한 국가 개입의 유형을 자유방임형laissez-faire, 자유주의 국가 개입형liberal interventionists, 사회민주주의형social democratic, 사회주의 국가 주도형socialist-dominant state control, 사회주의 국가 통제형Socialist-pure state control으로 구분한 바 있다. 그러나 이런 유형은 사회주의 국가들이 대부분 붕괴하면서 설명력이 떨어지게 되었다. 할로(Harloe 1995)는 복지국가 모형을 활용해 주택정책을 유형화했다. 이 시도는 에스핑-앤더슨(Esping-Anderson 1990)이 복지국가의 활동을 탈상품화와 계층화 등의 기준에 따라 자유주의 모형liberal model, 보수적 조합주의 모형conservative corporative model, 사회민주주의 모형social-democratic model으로 유형화한 것을 주택문제에 대한 국가 개입의 성격에 대해서도 동일하게 적용한 것이다.

　그러나 복지국가의 유형화를 주택정책 모형에 적용하는 것은 한계가 많다는 주장이 많았다. 더구나 서구 자본주의국가를 대상으로 한 이런 주택정책의 유형화는 한국이나 싱가포르, 대만과 같은 국가들을 설명하는 데는 한계가 있었다. 국가가 주택정책에 적극적으로 개입하면서도 사회주의적이거나 조합주의적 성격을 갖기보다는 가부장적 특성을 지니고 있기 때문이다. 이에 따라 동아시아 국가들의 주택정책을 새롭게 규명하고자 하는 시도가 나타나기 시작했다. 가장 대표적으로 김수현(2013)은 외환위기 이후 한국, 대만, 홍콩, 싱가포르 4개국 사례연구를 통해 발전주의 복지 체제라는 동아시아 국가 전체적인 공통성을 가지고 있을 뿐만 아니라 각 국가별로 다른 경로를 걸어왔음을 보여 주고 있다.

민주당 집권 기간 동안의 주택정책이 그 전후의 보수당 정부의 주택정책과 차별성을 지닐 것이라고 기대하기 위해서는 진보적인 주택정책이 노동자, 농민 등의 저소득층이나 낙후지역 주민들의 계급적 이해에 바탕을 두고 그 수단과 내용이 결정되어야 한다. 그러나 그동안 역대 주택정책은 주택 공급 부족이나 주거의 질 개선, 주택 가격 등락과 같은 현실적인 문제를 해결하는 데 초점이 맞추어져 있었기 때문에 주택정책에서 보수와 진보를 특성을 구분해 내기가 쉽지 않았다. 저소득층의 주거 문제나 전세 대란, 불량 주택 문제가 대두되었을 때는 보수 정부와 진보 정부의 구별 없이 정부의 적극적인 개입을 통해 해결하는 가부장적인 특성을 지녔던 것이 사실이다.

그럼에도 불구하고 민주당 집권 기간 동안 주택 가격 급등락의 관리와 주택 공급 부족 문제가 어느 정도 안정된 이후부터는 핵심적인 주요 복지국가 주택정책 수단을 적극적으로 도입해 시행하기 시작했다. 공공임대주택이나 주거비 보조, 주거환경개선 제도 등이 대표적이다. 이 글에서는 이들 정책들이 어떤 과정을 거쳐 도입되었으며 어떤 성과와 한계점이 있는지를 확인하고자 한다.

참여정부 이후부터 복지국가에 대한 사회적·정치적 요구가 급증하면서 우리나라 주택정책에서도 주거복지 차원에서 접근해야 한다는 주장이 더욱 커지고 있다. 각종 선거에서 보수당과 진보당의 구분 없이 공공임대

주택 확충과 임대료 보조 제도가 핵심 공약으로 등장하고 있다. 이에 따라 공공임대주택의 확충 규모나 임대료 보조의 정도를 통해 주택정책이 보수적인지 진보적인지를 평가하기도 어려운 상황이 되었다. 그럼에도 불구하고 현재 막연하게나마 국민적 지지를 받고 있는 주거복지 프로그램들이 민주당 정부 때 실행 비전과 내용이 처음으로 도입되었다는 점은 평가받을 필요가 있다.

## 한국 경제의 발전과정과 부동산 관련 제도적 유산

우리나라에서 부동산정책의 성격은 주거복지를 위한 계급적 이념보다도 한국 경제의 발전 경로의 특성이나 부동산 관련 경험과 제도적 유산에 더 결정적인 영향을 받았다. 먼저 한국 경제의 발전 경로의 특성 때문에 특정 지역에 주택 수요가 집중될 수밖에 없었다. 한국 경제는 수출 주도형 경제발전 정책을 채택했기 때문에 국내외 교류 거점인 수도권과 제조업의 기반인 영남권이 빠르게 성장했다. 급속한 소득 증가와 더불어 서울을 비롯한 대도시와 경부축에 인구가 집중하면서 이들 지역에서 주택 수요가 급증했다.

1960년대 이후 주택정책의 핵심적인 과제는 주택 수요에 맞추어 주택 공급을 확대하는 것이었다. 그러나 산업부문의 지원과 기반시설 확충에 국가의 재정이 집중되면서 주택정책을 위한 정부의 재정 투자는 제한될 수밖에 없었다. 정부의 재정 투자가 거의 이루어지지 않는 상황에서 주택 공급에 치중한 주택정책은 공공 주도에 의한 주택 공급을 가능하게 하는 제도적 틀을 형성하고 민간 건설업체들을 동원하며, 주택 경기를 조절하는 규제 수단을 활용하는 것이 될 수밖에 없었다. 정부의 부동산에 대한 개입 요구는 많은 반면, 주거복지와 토지의 공공성 확보를 위한 정부 재정 지출은 제한되어 있었기 때문에 대부분의 부동산정책은 재정을 수반하지 않는 규제 정책이나 개발이익을 활용한 주택 공급 방식을 선택될 수밖에 없었다.

우리나라 부동산정책의 성격에 영향을 미친 또 다른 요소는 부동산가격의 급등 경험이 만들어 낸 과도한 부동산 선호다. 국민들은 부동산시장의 주기적인 변화와 정부의 부동산 경기조절정책을 경험하면서 부동산가격은 반드시 상승하며 부동산이 최적의 투자수단이라는 부동산 불패 신화를 갖게 되었다. 우리나라 부동산시장은 그동안 1960년대 말, 1970년대 말, 1980년대 말, 2000년대 초반에 걸쳐 약 10년을 주기로 집값이 폭등해 왔다. 정부의 부동산정책도 부동산가격의 급등락에 따라 투기 억제 대책과 부동산시장 활성화 대책을 반복해 왔다. 이런 역사적인 경험 때문에 일반 국민들은 부동산가격 상승에 대한 막연한 기대와 부동산 보유에 대한 열망을 낳게 되었다.

부동산 제도형성과정의 특성이나 국민들의 부동산에 대한 강한 선호 때문에 우리나라에서 부동산은 공공성을 띠기보다는 과도하게 상품화되어 투자 수익용 자산으로 받아들여지게 되었다. 그 결과 전체 가계자산에서 부동산이 차지하는 비중이 약 80%에 이르며 그중 대부분은 주택이 차지하게 되었다. 모든 가계들은 부동산가격의 상승을 부동산정책의 중요한 목표로 받아들이게 되었고, 그로 인한 이익의 사유화에도 익숙하게 되었다.

그 결과 부동산의 소유와 개발에서 발생하는 자본이익을 환수할 수 있는 제도적 기반을 갖추는 데 엄청난 저항이 나타날 수밖에 없었다. 우리나라에서 부동산의 공공성을 강화할 수 있는 획기적인 제도의 도입이 주로 군사정권과 같이 권위주의 정부에서 추진될 수밖에 없었던 이유도 여기에 있었다. 박정희 정부에서 시작된 개발제한구역 지정, 전두환 정부가 도입한 공영택지개발 제도, 노태우 정부 때 추진되었던 토지공개념 등이 대표적이다. 부동산가격이 급등해 자산가치 증대가 일반 국민이 수용하기 힘들 정도로 과도한 경우에만 제한적으로 부동산조세를 통해 환수하거나 투기를 억제하는 수단을 발표할 수 있었다. 반면 이런 제도는 항구성을 갖지 못한 채 부동산시장이 침체되면 과도한 부동산시장에 대한 규제를 완화한다는 명분으로 폐지되거나 완화되는 운명에 처하게 되었다.

## 3. 주거복지의 기초를 구축한 김대중 정부의 부동산정책

### 부동산정책에 영향을 미친 사회경제적 여건 분석

김대중 정부는 1960년 윤보선 대통령 이래 38년 만에 처음으로 서민층을 기반으로 한 정당이 평화적인 선거를 통해 승리함으로써 출범하게 되었다. 저소득층과 노동자, 호남 지역을 지지 기반으로 출범한 새정치국민회의는 3당 합당 이후 진보적 정치단체와 연대함으로써 개혁적인 정당의 대표성을 띠게 되었다. 이런 특성은 1997년 대통령 선거공약을 통해 잘 드러나게 되었다.

그러나 1998년 2월에 출범한 김대중 정부는 출범과 동시에 경제 위기 극복을 위해 불가피하게 수용했던 국제통화기금IMF의 요구조건 때문에 분배 우선과 복지 확대의 대통령 선거공약은 제약을 받을 수밖에 없게 되었다. 우리나라는 1997년 11월 21일 IMF에 구제금융 지원을 요청했고, 12월 3일 IMF, IBRD, ADB, 미국, 일본 등의 협조융자를 포함해 총 580억 달러 규모의 긴급 자금을 지원받게 되었다. IMF는 자금 공여의 조건으로 경제 정상화 프로그램을 제시했다. 이 조건들은 외환보유고 증가와 긴축통화와 긴축재정을 통한 강력한 거시경제 운용 틀 구축, 금융 분야 구조조정, 기업의 단기차입금 의존 비율 저감, 저성장 기조의 유지, 재정지출의 억제 및 세수 증대. 금융긴축 운용. 금융시장의 개방 가속화와 투명성 제고 등이었다(임서환 2002, 286-7).

한국 경제의 대외 개방을 확대하고 기업의 투명성을 제고하며 노동시장의 유연성을 제고하는 것이 핵심적인 과제였다. 이런 개방 논리는 당초 김대중 정부가 대선 공약을 통해 내걸었던 분배 확대와 복지 위주의 정책들과는 갈등 관계를 일으킬 수밖에 없었다. 그러나 외환 부족과 구제금융, 높은 실업률과 마이너스성장이라는 국가적인 위기 속에서 자율성이 부족한 정부가 선택할 수 있는 여지는 크지 않았다.

이런 사회경제적 여건은 김대중 정부의 부동산정책의 방향에도 결정적인 영향을 미쳤다. 연쇄적인 도산의 위기에 빠진 건설산업을 구제해야 할 뿐만 아니라 건설산업을 일자리 창출과 경기 활성화의 수단으로 사용해야 한다는 요구가 커질 수밖에 없었다. 이에 따라 부동산정책의 방향에 있어서도 부동산의 공공성 확대나 주거복지 보다는 부동산시장 활성화에 초점을 맞출 수밖에 없게 되었다.


## 김대중 정부의 부동산시장 안정 및 주택 공급 정책

김대중 정부의 부동산정책은 부동산시장 동향에 따라 변화해 왔다. 1997년 전국과 서울의 매매 시장은 2.0%의 약한 상승률로 안정되어 있었으나, IMF 위기 이후인 1998년에는 전국의 매매가격의 하락률은 12.4%, 서울은 13.2%에 이르렀다. 이런 매매가격 하락은 경기의 회복과 정부의 각종 부동산시장 활성화 대책 덕분에 다음 해부터 상승세로 반전되어 1999년

표 10-1 | 김대중 정부 기간 동안의 주택 가격 동향

| | | 초기 | | 안정기 | | 후기 | |
|---|---|---|---|---|---|---|---|
| | | 1997 | 1998 | 1999 | 2000 | 2001 | 2002 |
| 전국 | 매매 | 2.0 | -12.4 | 3.4 | 0.4 | 9.9 | 16.4 |
| | 전세 | 0.8 | -18.4 | 16.8 | 11.1 | 16.4 | 10.1 |
| 서울 | 매매 | 2.0 | -13.2 | 5.6 | 3.1 | 12.9 | 22.5 |
| | 전세 | -1.1 | -22.7 | 22.2 | 13.8 | 18.7 | 10.8 |

자료: 건설교통부, 『건설교통백서』, 2002.

에는 전국은 3.4%, 서울은 5.6%의 상승률을 보이고 있다. 그로나 2001년부터 이런 상승세는 더욱 가파르게 진행되어 전국의 주택 가격 상승률은 2001년에는 9.9%, 2002년에는 16.4%까지 상승하게 된다. 서울의 주택 가격은 이보다 더 가파르게 상승해 2001년에는 16.4%, 2002년에는 22.5%에 이르게 된다.

김대중 정부의 부동산정책은 대응 수단에 치중했던 정권 초기와 부동산시장이 안정된 이후의 안정기, 후기로 나누어 살펴볼 필요가 있다. 초기의 부동산정책은 IMF 경제 위기를 맞아 경기침체가 부동산시장과 건설산업의 위기로 확산되는 것을 방지하는 데 초점이 맞추어져 있었다. 반면 1999년 이후부터는 부동산시장이 안정되면서 각종 주거복지정책이 본격적으로 추진되기 시작했으며 부동산가격이 다시 상승했던 후기부터는 각종 부동산 투기 억제 대책을 발표하는 대책으로 바뀌게 된다.

초기의 부동산정책은 주택시장 활성화와 건설산업 육성을 통한 일자리 창출에 초점을 맞추어져 있었다. 주요 정책의 내용은 주택 공급과 수요 관련 부동산 규제완화, 조세감면 확대, 주택 수요 촉진을 위한 주택자금 지원과 청약 조건 완화 등이 포함된다. 이 시기의 부동산정책으로 가장 대표적인 것은 1998년 5월 22일에 발표된 주택 경기 활성화 대책이었다. 이 대책에서는 신축 주택 구입 시 양도소득세를 면제하고, 취등록세 부담을 경감하며, 주택자금 이자상환에 대해 소득공제를 확대하며 국민주택채권

**표 10-2 | 김대중 정부의 주요 부동산 대책 현황**

| | 시기 | 주요 내용 |
|---|---|---|
| 초기 | 1997년 12월 | 대선 공약<br>•2002년까지 주택보급률 100% 달성<br>•영구임대주택 20만 호 건설,<br>•주택 가격의 30%만으로 구입을 가능하게 한 주택금융의 활성화 등 |
| | 1998년 1월 1일 | 소형 아파트 의무 공급 제도 폐지 |
| | 5월 | 주택 경기 활성화 대책<br>•신축 주택 구입 시 양도소득세 면제, 취등록세 감면<br>•국민주택채권 매입 부담 완화<br>•주택 구입 자금 출처 조사 일시 면제<br>•재개발 및 재건축사업의 규모별 의무 공급 비율 폐지 |
| | 6월 | 주택 경기 활성화를 위한 자금 지원 방안<br>•분양가 자율화 민영주택의 재당첨 금지 폐지<br>•분양가 상한제 적용 민영주택의 재당첨 금지 기간 단축(10년 → 5년)<br>•국민주택기금 등으로 주택 구입 자금 지원(3조6,400억 원) |
| | 8월 | 전매제한 규정 일부 완화 |
| | 9월 | 수도권 내 25.7평 초과 공공택지 주택 분양가 자율화 |
| | 12월 | •1세대 1주택의 양도소득세 비과세 요건 완화(3년 이상 보유 → 1년 이상 보유)<br>•분양가 원가연동제 폐지, 분양가 자율화(공공택지 85㎡ 초과 민영주택)<br>•준농림지 토지, 재개발·재건축 규제완화 |
| 안정기 | 1999년 2월 8일 | 주택 분양자의 지위와 주택전매제한 폐지 |
| | 5월 | •국민주택 입주 자격 완화<br>•2주택 이상 소유자를 민영주택 1순위에 포함<br>•공공택지 민영주택 당첨자 재분양 금지 폐지(2년 규정) |
| | 10월 | 민영주택 청약 자격 완화(20세 이상 1인 1통장, 60㎡ 이하 자가 소유자 허용) |
| | 2000년 1월 | 대통령 신년사<br>•주택 구입 자금, 전세 자금 장기저리 확대<br>신년사 후속 대책<br>•근로자 서민주택 자금 지원 규모 3조 원으로 확대<br>•민영주택 청약 자격 확대, 국민주택 5년간 재당첨 제한 규정 폐지 |
| | 11월 | 임대 사업 조세감면 확대(양도소득세, 재산세, 종합토지세 감면) |
| | 3월 27일 | 1가구 1청약 제도 폐지 |
| 후기 | 2001년 5월 23일 | 주택 경기 활성화 대책 발표(전용 50평 이하, 시가 6억 원 미만 2002년까지 양도소득세 면제, 18~25.7평 이하 주택 구입 시 취등록세 감면, 최초 분양자 신규 주택 구입 자금 70%까지 대출) |
| | 8월 15일 | 8·15 대통령 경축사(중산층과 서민의 주거 안정 대책)<br>•향후 3년간 국민임대주택 20만 가구 건설<br>•서민 전월세 자금 지원 확대<br>•생애 최초 주택 구입 자금 지원 확대(18평 이하에서 25.7평 이하로) |
| | 2002년 1월 8일 | 부동산시장 안정화 대책(수도권 개발제한구역 10만 가구 주택 건설, 세무조사로 투기 억제) |
| | 1월 16일 | 상반기에 30만 가구 주택 공급 |
| | 2월 19일 | 전국 18개 개발제한구역에 10만 가구 공급(국민임대 6만, 일반 분양 4만 가구) |
| | 3월 6일 | 주택정책 안정화 대책 발표(분양권 전매제한, 25.7평 이하 물량의 50% 청약저축 5년 이상 무주택자 우선 분양, 재건축 시기 조정, 투기과열지구 지정, 1가구 2주택자 양도소득세 면제 기간 1년으로 단축) |
| | 4월 3일 | 건설교통부 업무 보고(2012년까지 주택 500만 가구 건설) |
| | 5월 21일 | 서민 주거 안정 대책(2012년까지 국민임대주택 100만 가구 건설) |

자료: 건설교통부(2002); 대한주택공사(2002).

의 매입 부담을 완화하고 주택 구입 자금 출처 조사를 일시적으로 면제하는 조치 등이 포함되었다. 1998년 12월 12일에는 우리나라 부동산정책에서 아주 논쟁이 많이 제기되는 정책을 발표하기 이른다. 1세대 1주택의 양도소득세 비과세 요건을 완화하고(3년 이상 보유 → 1년 이상 보유), 공공택지에서 공급하는 85㎡ 초과 민영주택의 분양가를 자율화하며, 재개발·재건축 규제를 완화하는 조치를 발표했다. 이런 이점을 통해 폐지된 조치들은 나중에 참여정부가 부동산가격 상승을 억제하기 위해 다시 채택하게 되는데, 이때 엄청난 저항을 받게 되었다.

초기에 부동산시장을 활성화하기 위해 채택한 조치들 때문에 경제 위기가 극복된 이후 부동산가격이 상승하게 되었다. 양도소득세 감면 조치나 분양가 자율화, 재개발·재건축 사업에서의 규제완화 등은 부동산 투자의 수익률을 제고시켰을 뿐만 아니라 주택 수요를 유발해 주택 가격의 상승을 부추기게 되었다. 결국 김대중 정부는 2002년 3월 6일 주택정책 안정화 대책을 발표하고, 분양권 전매제한, 25.7평 이하 물량의 50% 청약저축 5년 이상 무주택자 우선 분양, 재건축 시기 조정, 투기과열지구 지정, 1가구 2주택자 양도소득세 면제 기간 단축 등의 조치를 발표하기에 이르렀다. 김대중 정부의 후반부에 시작된 부동산가격 상승 추세는 참여정부에까지 그대로 이어져 참여정부 초기의 부동산정책이 부동산가격 안정화를 위한 부동산 투기 억제 방안에 초점이 맞춰질 수밖에 없었다.

## 김대중 정부의 주거복지정책

김대중 정부의 부동산정책은 경제 위기 극복이라는 비상시기에 부동산시장에 대응하기 위해 채택된 대책보다는 당초 김대중 정부가 실현하고자 했던 주거복지정책을 통해 평가되어야 한다. 비상 시기의 부동산시장 대응정책은 어느 정부나 유사한 대책을 발표할 수밖에 없는 경기 조절적 성격을 띠고 있는 반면, 주거복지정책은 김대중 정부가 대변하고자 하는 계층의 이해와 정당의 이념을 반영해 그 내용과 규모가 결정될 수 있기 때문이다.

김대중 정부가 추진했던 가장 대표적인 주거복지정책은 공공임대주택 확충, 주거급여제도의 시행, 최저주거기준의 제정 등을 들 수 있다. 먼저 공공임대주택 공급은 주거복지정책에서 가장 상징적이며 대표적인 수단 중의 하나다. 김대중 정부는 영구임대주택 20만 호를 2002년까지 주택보급률 100% 달성, 주택금융 활성화 정책과 함께 대선 공약으로 발표했다. 그러나 정부가 출범하면서 발표한 100대 국정 과제에서는 2002년까지 영구임대주택은 10만 호가 줄고 그 대신 공공임대주택 50만 호 공급계획을 발표했다(임서환 2002).

그나마 이 계획은 경제 위기 심화 때문에 지켜지지 못하고 임대 기간이 10년과 20년인 국민임대주택을 2003년까지 5만 호 건설하는 것으로 축소되었다. 경제 위기가 다소 완화되고 주택 매매가격뿐만 아니라 전세가격이 급등하면서 공공임대주택 건설에 대한 요구가 증가하기 시작했다. 2001년 초 공공임대주택이 10만 호로 확대된 이후 2001년 8·15 경축사를 통해 20만 호로 늘어났다. 2003년 〈주택법〉이 제정되어 최초로 수립된 주택종합계획에서는 2012년까지 국민임대주택 50만 호를 포함한 공공임대주택 100만 호 계획이 포함되었다. 2002년 대통령 주재 경제장관 간담회에서는 국민임대주택 건설 계획을 2012년까지 100만 호로 다시 확대되었다(임서환 2002).

국민임대주택의 공급량 결정 과정을 보면, 우리나라의 국민임대주택은 어느 계층을 대상으로 얼마나 공급할 것인가, 짐 케메니(Kemeny 1995)가 주장하듯이 민간 임대주택시장과의 관계에서 단일 임대주택시장으로 관리할 것인지, 이중 임대 시장으로 관리할 것인지, 국가와 지방자치단체 간 역할 분담을 어떻게 할 것인지에 대해 거의 논의가 이루어지지 않은 채 대통령과 청와대에 의해 일방적으로 공급 수량이 결정되고 발표되어 왔다는 것을 알 수 있다. 이런 방식의 국민임대주택 공급량은 참여정부뿐만 아니라 그 이후 이명박·박근혜 정부에서도 공공임대주택 확대가 주거복지정책의 상징적인 사업이자 정치적 슬로건이 되는 계기가 되었다. 그러나 이런 슬로건은 제대로 실행되지 않았다. 박윤영(2004)은 실제 김대중 정부 기간 동안(1998~2002년) 건설된 국민임대주택 물량은 118,782호에 불과해 노태우 정부 기간 동안 190,077호가 공급되었던 영구임대주택보다도 더 작은 수치였다고 비판하고 있다.

김대중 정부의 두 번째 주거복지정책은 주거급여제도다. 이 제도는 1999년 〈국민기초생활보장법〉이 통과되면서 시행되기 시작했다. 주거급여는 생계급여와 함께 현금급여로 이루어지는데 주거급여만큼 생계급여가 줄어들기 때문에 전체 현금급여의 크기에는 차이가 없었다. 그러나 주거급여를 분리함으로써 주거 비용을 독립적으로 제공한다는 의미가 있고, 추후 국민기초생활보장제도와 별개로 독자적인 주거 보조금 제도가 도입될 수 있는 단초가 될 수 있었다(박윤영 2004). 실제 서울시에서 독자적으로 주거급여제도를 시행하고 있고, 박근혜 정부가 주택바우처제도를 본격적으로 시행하기로 발표함에 따라 주거급여제도의 도입은 이후 공공임대주택과 별개로 주거비를 현금으로 지급하는 제도가 도입되는 데 좋은 계기로 작용하게 되었다.

김대중 정부의 세 번째 주거복지정책은 최저주거기준의 발표다. 최저주거기준은 존엄성을 지키는 데 필요한 최저한의 주거와 주거환경을 위한 기준으로 선진국에서는 오래전부터 핵심적인 주택정책의 수단이었으며(박윤영 2004), 우리나라에서도 철거 투쟁 과정에서 세입자들의 생존권을 보호하기 위해 주거 운동 단체가 주장한 요구 사항 중의 하나였다. 2002년 9월 최저주거기준 발표는 국가가 공식적으로 주거빈곤의 최저선을 인정했다는 데 의의가 있으나, 최저주거기준을 어떻게 실현할 것인가, 최저주거기준 미달 가구에 대해 어떤 조치를 취할 것인가, 이행하지 않는 경우 어떻게 할 것인지가 명확하지 않은 채 선언적인 의미만 지니게 되었다.

오랫동안 추진되었던 〈주거기본법〉 제정 운동이 참여정부 들어 결국 〈주택건설촉진법〉을 전면 개정하는 〈주택법〉 제정으로 결실을 맺게 되면서 최저주거기준이 마침내 법적인 기반을 갖게 되었다. 그러나 〈주택법〉에서도 최저주거기준 미달 가구에 대한 정부의 지원 의무가 명확하게 규정되어 있지 않아 여전히 실효성을 갖지 못하게 되고 말았다.


**김대중 정부의 부동산정책 평가**

김대중 정부가 채택한 주거복지정책 중 1999년 〈국민기초생활보장법〉을 통해 시행하게 된 주거급여제도와 〈주택법〉의 제정으로 시행하게 된 최저주거기준 제도는 우리나라 주택정책에서 매우 중요한 의미를 지닌다. 주택정책을 부동산 경기나 건설산업과의 연계성이 아니라 복지정책의 일환으로 인식했음을 잘 보여 주고 있기 때문이다. 다만 주거급여는 최저생계비에 훨씬 못 미치는 수준으로 책정되어 상징적인 효과 외에는 기대하기 어려웠고, 최저주거기준은 기준 발표에 그쳤을 뿐 이를 실행할 수 있는 재원 마련이나 실행 정책으로 연계되지 못했다는 한계가 있었다.

IMF 경제 위기 시기에 부동산시장을 활성화하고 건설산업을 육성하기 위해 부동산 관련 규제를 완화하고 조세를 감면하는 내용으로 채워져 있었다. 그러나 이런 대책들은 경기가 회복되면서 주택 매매가격과 전세

가격 상승을 유발해 후기 부동산정책에 부담으로 작용했다. 더구나 노태우 정부 때 3저 호황에 따라 부동산가격이 폭등하면서 도입했던 영구임대주택 건설정책과 토지공개념 제도가 김대중 정부가 출범하면서 오히려 후퇴하는 결과가 되고 말았다. 김대중 정부 때 본격적으로 추진했던 개발제한구역 해제는 국민임대주택 건설을 위해 필요한 택지를 공급하기 위해 신속하게 추진되었지만, 개발이익을 사유화함으로써 토지의 공공성을 훼손하는 계기가 되고 말았다.

그럼에도 불구하고 김대중 정부의 부동산정책은 주거복지 측면에서 공공임대주택의 확충이나 주거급여제도의 시행, 최저주거기준의 발표 등을 통해 이후 주거복지 확대를 위한 기반을 마련했다는 데서 의의를 찾을 수 있다. 그렇지만 김대중 정부 때 추진되었던 주거복지 대책들이 계급적인 이해에 기초해 체계적으로 설계되었다기보다는 정치적인 슬로건의 일환으로 발표되었을 뿐 실행력을 갖지 못하게 되었다는 한계를 지니고 있다. 또한 주거복지정책의 포퓰리즘화는 박근혜 정부 들어 경제민주화와 주거복지정책이 새삼 강조되는 시점에 보수정당에게까지 영향을 미쳐 과도한 공공임대주택 건설 목표 설정으로 나타나고 있다.

# 4. 부동산시장에 압도되어 완성되지 못한 노무현 정부의 부동산정책

### 부동산정책에 영향을 미치는 사회경제적 여건 분석

김대중 정부 때 IMF 경제 위기를 극복하는 과정에서 채택한 각종 부동산 규제완화 조치들은 노무현 정부의 부동산시장에 큰 부담이 되었다. 노무현 정부가 출범하기 전부터 부동산가격은 급등하기 시작했으나 김대중 정부 때 시행한 대대적인 규제완화와 경기 활성화 정책 때문에 부동산 개발이익을 환수하고 부동산가격을 억제할 수 있는 정책적 수단을 갖지 못하고 있었다. 아울러 경제 위기 극복과 경제 활성화를 투입한 막대한 공적자금 때문에 부동자금이 넘쳐나 상당 부분이 부동산으로 유입되고 있었다. 반면 카드 대란으로 발생한 300만 명에 이르는 신용불량자와 저금리에 기반한 주택담보대출 물량 때문에 저금리 구조를 변경할 여건이 되지 못했다.

노무현 정부가 출범할 당시 세계적으로도 경기 불황으로 저금리 기조를 지속적으로 유지함에 따라 풍부한 유동성이 부동산시장으로 유입되어 전 세계 대부분의 국가에서 부동산가격이 폭등하는 상황이 나타나고 있었다. 국내적으로도 경제 위기 극복 과정에서 부동산이나 주식 등을 통해 급성장한 고소득자들은 고급주택을 선호하는 반면, 구조조정으로 퇴출된 계층들을 위해 공공 부분의 주거복지 수요가 급증했다. 그러나 경제 위기 과정에서 주택 공급이 중단됨에 따라 주택 공급 부족 문제가 심각해지면서 부동산가격이 폭등하게 되었다.

반면 노무현 정부는 선거 과정에서부터 기존의 지역 구도를 넘어서서 보수와 진보라는 이분법적인 정책경쟁 구도를 뚜렷이 보여 주면서 집권에 성공할 수 있었다. 이에 따라 노무현 정부는 낙후지역과 사회적 약자를 지원하는 국가균형발전과 사회 양극화 해소 등을 최우선적인 국정 과제로 설정하게 되었다. 이런 정책 기조는 국가균형발전정책, 산업정책, 노동정책, 통일정책 등에서 구현되었으며, 부동산정책에서도 예외가 아니었다.

이런 국정운영 기조와 관련해서 볼 때 집권 초기 서울의 강남과 같이 부유층이 집중해 있는 지역에서 부동산가격이 급등하게 되자, 부동산 투기와 가격 급등 문제는 반드시 해결해야 한다는 신념이 더욱 강해지게 되었다. 그러나 참여정부가 맞이하게 된 부동산 분야의 시장 환경이나 제도적 여건은 특정 부처가 주도해 부동산 분야만의 대책으로 해결하기에는 벅찬 구조적인 문제가 내재되어 있었다. 이에 따라 노무현 정부의 부동산정책은 초기에는 건설교통부나 재정경제부 등 일부 부처를 넘어서서 범부처 차원에서 개혁 방안이 추진되기 시작했다. 노무현 정부의 부동산정책은 참여정부의 국정 기조와의 연계성 속에서 국가균형발전, 소득 양극화 해소 등을 위한 개혁 과제의 일환으로 추진되었다.

## 노무현 정부의 주요 부동산정책

노무현 정부는 집권 기간 동안 30여 차례에 걸쳐 크고 작은 부동산정책을 발표해 왔다. 정부 출범 초기의 부동산정책은 주로 2001년부터 시작된 부동산가격 급등에 대응하기 위한 주택 가격 안정 대책을 마련하는 수준에 머물러 있었다. 그러나 2003년 10·29 대책 이후부터 노무현 정부의 부동산정책이 국정 기조와의 연계 속에서 제 색깔을 내기 시작하면서 각종 대책이 연이어 발표되기 시작했다.

노무현 정부의 부동산정책은 그동안의 부동산시장에 대한 개별적인 대책 수준을 넘어 수요와 공급, 주택금융, 개발, 주거복지정책 등 전 범위에 걸친 종합 정책의 성격을 띠었다는 점이 가장 큰 특징이다. 이후 대부분의 부동산정책은 청와대가 주도하고 정책기획위원회, 국민경제자문위원회나 빈부격차차별시정위원회와 같은 대통령자문위원회와 총리실, 재정경제부, 건설교통부, 안전행정부, 국세청, 국정홍보처 등의 정부 부처뿐만 아니라 한국은행, 금융감독원 등까지 참여해 마련했다.

표 10-3 | 노무현 정부의 주요 부동산 대책 현황

| | 주요 내용 |
|---|---|
| 2003년<br>5·23 대책 | •주상복합 및 조합아파트 분양권 전매 금지<br>•수도권·충청권 투기과열지구 확대<br>•재건축아파트 후분양제 |
| 2003년<br>10·29 대책 | •종합부동산세 도입<br>•개발이익환수제 도입, 3주택자 양도소득세 중과(60%)<br>•주택거래신고제 도입<br>•주택담보대출 담보인정비율 하향 조정(투기지역 40%) |
| 2004년<br>2·4 대책 | •주상복합아파트 분양권 전매제한<br>•주택거래신고제 시행<br>•토지거래 허가 요건 대폭 강화 |
| 2004년<br>9·15 대책 | •보유세제 개편 기본 방안 발표<br>(토지와 건물의 통합 평가, 통합 과세)<br>•〈종합부동산세법〉 제정(2005년 1월 5일 시행) |
| 2005년<br>5·4 대책 | •보유세 단계별 강화<br>•1가구 2주택자 양도소득세 실거래가 과세<br>•재개발·재건축·택지개발지구 기반시설부담금제 도입 |
| 2005년<br>8·31 대책 | •주거 안정 정책(주택 구입 자금 확대, 민간건설 임대주택 활성화 등)<br>•주택 거래 투명화(부동산 실거래가 신고제, 실거래가의 등기부 기재, 재산세 과표 현실화,<br>부동산 종합 정보망 구축 등)<br>•투기적 수요의 억제(종합부동산세 강화, 양도소득세 강화 등)<br>•주택 공급 확대(공공택지 개발 확대 및 송파 신도시 개발 등) |
| 2006년<br>3·30 대책 | •서민 주거복지 강화(전세 자금 확대, 매입임대주택 확대 등)<br>•주택 대출 규제 강화<br>•재건축 안전 진단 강화 및 재건축 개발이익환수제도 도입 등<br>•주택거래 신고 지역 주택 취득 시 자금 조달 계획 신고 의무화 |
| 2006년<br>11·15 대책 | •공급 확대(신도시, 국민임대, 개발 밀도 상향 등)<br>•분양가 인하(택지 조성비 절감, 주택용지 공급 가격 인하)<br>•수요관리 강화(LTV 규제 강화 및 DTI 규제 확대)<br>•서민 주거 안정(장기 임대주택 확대 등) |
| 2007년<br>1·11 대책 | •분양가 상한제 실시<br>•분양원가 공개 확대<br>•주택담보대출 강화 |
| 2007년<br>1·31 대책 | •장기 임대주택 공급 확대(2017년까지 총 주택 수 20%)<br>•임대주택 펀드 조성<br>•공공분양주택 확대 |

자료: 재정경제부; 건설교통부.

## 노무현 정부의 부동산정책 성과

노무현 정부의 부동산정책에서 가장 큰 성과는 부동산시장 투명화정책이라 할 수 있다. 부동산시장의 투명성 확보 정책은 부동산시장의 전근대성을 극복하고 시장의 선진화와 합리화를 위해 당연히 수행되어야 할 과제였다. 부동산 실거래가 신고제, 실거래가의 등기부 기재, 과표현실화, 부동산 종합 정보망 구축 등은 부동산시장의 투명성 제고에 크게 기여했다. 노무현 정부의 부동산정책 중 모든 관점의 전문가들로부터 가장 긍정적인 평가를 받는 부분이 바로 시장 투명화 정책이라 할 수 있다.

다음으로 부동산 세제 정상화는 일부에서 과도한 조세부담으로 인한 저항과 징벌적 조세라는 비난이 있는 것이 사실이지만 실제 부동산가격과 괴리가 심했던 재산세 구조를 근본적으로 개편했다는 점에 대해서는 누구도 부인하지 못할 성과라 할 수 있다. 그동안 지방세 전문가나 부동산 분야 전문가들이 수도 없이 제기해 왔던 부동산 세제의 개편 방향이 부동산의 실제 가치에 부합하는 조세부담, 과표와 세율의 합리적인 조정, 이중 계약서 관행의 철폐, 보유세의 강화와 거래세의 인하 등이었고 마침내 참여정부가 그것을 실현했다.

노무현 정부 부동산정책의 또 하나의 성과는 공공임대주택 공급을 획기적으로 확대했다는 점이다. 공공임대주택은 부동산 임대 시장의 불안정성을 보완할 뿐만 아니라 부동산시장에서 자력으로 주택을 구입하기 힘든 계층들의 안정적인 주거를 위해 공공이 제공하는 최소한의 장치라 할 수 있다. 노무현 정부 기간 동안 공급된 서민용 장기 임대주택은 50만 호가 넘어 역대 정부가 공급한 임대주택의 총량보다도 많은 양이었다. 공공임대주택 중 가장 의의가 있는 정책은 다가구 매입임대주택을 공급했다는 점이다. 기존의 건설형 공공임대주택과 달리 다가구 임대주택은 저소득층의 직주근접을 실현했을 뿐만 아니라 독신 가구, 결손가정, 노인 가구, 탈북자 등을 위한 맞춤형 주택을 공급했다.

부동산정책은 한편으로는 부동산가격의 안정화라는 목표를 설정하고 있지만 다른 한편으로는 건설 경기의 활성화를 통한 일자리 창출과 경기 부양이라는 또 다른 경제정책으로 인식되어 왔다. 참여정부는 인위적으로 부동산 경기 부양책을 쓰지 않겠다고 약속한 이래 부동산시장 활성화를 통해 경기 불황 극복을 위한 수단으로 부동산정책을 활용하지 않은 최초의 정부였다고 할 수 있다. 부동산 경기 활성화를 위한 수단으로 주로 사용되는 것이 부동산 규제완화와 세제 감면, 건설산업 활성화 정책 등이라 할 수 있다. 참여정부는 카드 대란과 북핵 위기라는 내우외환 속에서도 경기 부양의 유혹을 이겨 내고 부동산정책의 일관성을 유지해 왔다고 할 수 있다.

## 노무현 정부의 부동산정책: 평가와 한계

노무현 정부는 투기적 수요를 억제함으로써 부동산시장을 안정시키고 부동산으로 인한 자본이익의 사유화를 방지하기 위해 가장 애쓴 정부였다고 할 수 있다. 그러나 수도권의 주택 공급 확대를 위한 신도시 건설, 강남·북 불균형 해소와 노후 주택 정비를 위한 뉴타운 사업과 도시재정비 사업의 추진, 지역균형발전과 외자 유치 등의 목적으로 각종 특별법에 의한 개발사업의 추진 등을 연이어 발표함으로써 부동산가격의 상승을 유발했다. 그 결과 부동산가격 상승으로 인한 불로소득의 사유화는 더욱 커지게 되는 역설적인 현상이 나타나게 되었다.

노무현 정부는 국토균형발전 정책을 국정 과제로 채택해 수도권과 비수도권 간의 격차 해소를 위해 노력해 왔지만, 최소한 부동산에 있어서는 수도권 시장과 지방 시장이 양극화된 것도 이 시기였다. 집권 기간 동안 토지 가격과 주택 가격은 각각 23.7%와 23.9%가 올랐다. 물가 상승률이 3% 내외였고 은행 금리가 5% 내외였던 점을 고려하면 많이 올랐다고 할 수도 없다. 그러나 노무현 정부 시절 부동산정책의 주된 대상이 되었고, 전국 주택 가격의 상징이 된 서울의 아파트 가격은 연평균 8.9%의 상승률을 보여 집권 기간 내내 52.9% 올랐으며, 특히 강남구의 아파트 가격은

그림 10-1 | 노무현 정부 시기의 부동산 정책과 아파트 가격 변동 추이

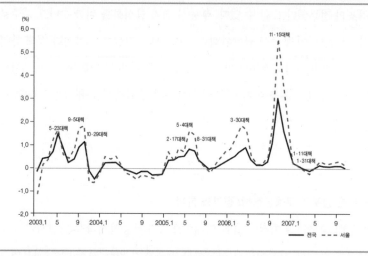

자료: 〈KB부동산알리지〉(http://nland.kbstar.com/quics?page=rstar) 주택 가격 시세 시계열.

64.2%가 올라 연평균 상승률은 10.4%에 이르렀다.

　노무현 정부는 집권 기간 동안 항상 투기 억제 대책만 수립하고 공급 대책은 부재했던 정부로 비판을 받았지만, 실제는 역대 정부 중에서 가장 많은 주택을 공급한 정부였다. 노무현 정부는 8·31 대책에서 〈주택법〉에 기초해 장기 주택종합계획(2003~12년)을 수립하고 매년 전국에서 50만 호, 수도권에서 30만 호의 주택 공급 목표를 설정했다. 주택 공급 확대 정책은 곧 대규모 택지개발사업과 신도시 개발 정책으로 나타나게 되었다. 부동산가격의 폭등 우려와 투기 방지를 위해 재건축에 대한 규제를 강화함으로써 서울과 수도권에서는 주택 공급 목표를 달성하지 못했지만 전국적으로는 연평균 46만 호 이상의 주택 공급 실적을 낳았다. 그러나 참여정부가 채택한 총량 위주의 주택 공급 확대 정책은 수도권에서는 신도시 계획의 발표와 더불어 개발 예정지 부근의 부동산가격 폭등을 낳았고,

지방에서는 2008년 이후 본격화된 과잉 공급으로 인한 미분양 문제를 잉태하게 되었다.

노무현 정부의 부동산정책에 대해 부정적인 평가가 나타나게 된 가장 큰 원인 중의 하나는 평등주의와 균형주의 신념을 부동산정책에 과도하게 적용하고자 했다는 점 때문이다. 참여정부는 부동산정책을 단순히 부동산시장의 안정과 개혁 외에도 우리 사회의 구조적인 불균형 문제를 해소하는 수단으로 활용되었다. 이에 따라 강남의 다주택이나 고가 주택 보유자들을 투기 세력으로 몰아붙이고 단기간에 과도한 조세부담을 정당화하고자 한 것이 대표적이다. 이런 정책들은 강남 주택 가격 상승에 대해 과도하게 민감하게 받아들였기 때문에 재산세의 세율 결정이나 종합부동산세의 신설 등을 통해 단기간에 부동산가격을 억제하고자 한 데서도 잘 드러난다.

노무현 정부가 역점을 두어 추진했던 국가균형발전 정책의 정신은 서울지역에서는 강남·북 간의 불균형 해소를 명분으로 하는 뉴타운 사업에 대한 지원으로 나타났다. 뉴타운 사업은 이명박 당시 서울시장이 취임하면서 본격화된 사업이었지만, 노무현 정부에서는 최소한 이 사업을 묵인하거나 간접적으로 지원해 왔다. 노무현 정부가 뉴타운 사업에 대해 우호적이었던 것은 뉴타운 사업의 명분이었던 강남·북 불균형 해소가 참여정부의 지역균형발전 이념에 부합한다고 보았기 때문인 것으로 보인다(변창흠 2013). 결과적으로 강북지역의 주민들을 다른 지역으로 내쫓고 강북지역의 부동산가격을 끌어올림으로써 집값의 강남·북 간의 균형을 이루고야 말았지만, 뉴타운 사업이 내건 강북지역의 개발을 통한 강남·북 불균형 해소라는 대의적인 명분은 국가 전체적으로 수도권과 비수도권 간의 균형 있는 발전을 추구하는 참여정부의 이념과 다르지 않았던 것이다.

지역균형발전에 대한 과도한 열망은 신개발주의로 나타나게 되었다.

수도권에 비해 경제적·산업적 기반이 취약한 지방을 발전시키기 위해서는 수도권의 기능을 이전시키거나 지방에 대규모 개발사업을 통해 지역 발전의 기반을 구축해야 한다는 것이 기본적인 기대이다. 행정중심복합도시나 혁신도시, 기업도시 등은 주로 수도권의 기능을 이전해서 지역의 발전을 도모하자는 사고에서부터 비롯된 것이다. 그러나 조세나 규제에서 지방자치단체의 자율성을 거의 인정하지 않는 우리나라의 현실에서 대규모 개발사업의 성공적이고 신속한 추진을 위해서는 중앙정부가 특별법을 제정해 특별한 지원과 세제 혜택, 규제완화를 제도화할 수밖에 없게 된다. 개발이익환수제도나 투기 억제를 위한 효과적인 수단이 미비한 상태에서 특혜를 수반한 대규모 개발 계획이 발표됨에 따라 해당 지역의 부동산가격이 폭등하게 되었다. 또한 개발사업이 진행되면서 대규모 토지보상금이 풀려 인근 지역이나 수도권 지역으로 유입되어 또다시 부동산가격을 상승시키는 문제점을 유발했다. 채권보상 제도 등이 뒤늦게 도입되었지만 전국에 걸친 대규모 개발사업의 추진에 따라 많은 문제점이 발생한 이후였다.

참여정부의 부동산정책은 최소한 특정 지역의 가격 상승을 억제하는 데 성공하지 못했다는 것이 일반적인 평가라 할 수 있다. 참여정부가 부동산 투기 수요를 억제하기 위해 세제를 강화하고 재건축 억제 정책 등 부동산에 대한 규제를 강화해 왔음에도 불구하고 가격 상승을 억제하지 못한 것은 부동산가격 상승의 원인을 잘못 파악했거나 일부에 대해서만 원인으로 판단한 데서 기인한다. 노무현 정부에서는 부동산 투기 억제 수단을 통해 주택 가격 상승을 억제하기 위한 제도적 기반을 확충하기 위해 노력했지만, 과잉 유동성 문제와 저금리, 주택담보대출과 같은 주택금융 부분에 대해서는 충분히 고려하지 못했다. 경기 활성화를 위해 저금리 기조를 지속적으로 유지해 왔을 뿐만 아니라 유동성 관리를 위한 엄격한 대출 규

제 및 금융기관에 대한 건전성 감독을 본격화하지 못했다는 점은 부동산
정책 실패의 중요한 원인으로 지적되고 있다(김수현 2009; 정준호 2009).
노무현 정부는 미시적인 부동산 제도 개혁에는 성공했지만 부동산시장이
거시경제 및 금융시장에서 작동하는 원리에 대한 이해가 늦어져 이 문제
에 대해 안일하게 대처함에 따라 부동산가격 폭등이라는 결과를 낳았고,
결국 참여정부의 부동산정책에 대한 부정적인 평가의 명분이 되고 말았다.

## 5. 민주 정부의 부동산정책에서 완성하지 못한 부동산 제도 개혁 과제

김대중 정부와 노무현 정부 모두 개혁적인 정부를 지향했지만 정책 내용
과 정책수단이 상충되는 경우가 많았고 정책의 대상이나 효과도 다르게
나타났다. 두 정부 간 부동산정책의 차이는 지향하는 가치의 차이일 수도
있지만, 두 정부가 처했던 경제사회적인 여건의 차이에서 비롯된 경우가
많았다.

　김대중 정부는 경제 위기 극복을 위해 부동산정책을 추진했지만 다른
한편으로는 〈주택법〉을 제정하고 최저주거기준을 마련했으며, 주거급여
제도를 최초로 시행하고 국민임대주택 확대 정책을 발표하는 성과를 낳
았다. 반면 노무현 정부는 부동산시장의 개혁과 투기 억제를 위해 부동산
제도 전반을 개선했을 뿐만 아니라 국민임대주택 공급 확대와 주거급여
제도의 확대 시행과 같은 주거복지정책을 본격적으로 도입했다. 그러나
이런 성과에도 불구하고 부동산정책에서 가장 핵심적인 정책들에 대해서
는 충분히 완성하지 못했으며 향후 정부에서 추진되어야 할 과제로 남게

되었다.

## 주택정책의 궁극적인 목표와 지표

김대중 정부와 노무현 정부는 모두 주택시장 상황에서 자유로울 수 없는 여건에 처해 있었다. 집권 초기의 김대중 정부는 주택 가격의 폭락을 방지해야 했고, 집권 후반기에는 오히려 주택시장을 안정시켜야 하는 부담을 안게 되었다. 노무현 정부에서도 집권 기간 대부분을 주택 가격 폭등과 전쟁을 치러야 했다. 이 때문에 주택정책의 중요한 목표는 주택 가격 안정에 둘 수밖에 없었으며, 이 기간 동안 채택한 투기 억제 방안과 주택 공급 확대 방안은 모두 주택 가격 안정에 목적을 두고 있었다.

그러나 궁극적으로 주택정책의 목표는 주택 가격의 안정이 아니라 거주 환경의 질 개선에 초점을 맞추어야 하며, 상품으로서의 주택이 아니라 거주 공간으로서의 주택을 중시해야 한다. 이를 위해서는 정책 지표로 총량적인 주택 공급 확대나 주택 가격 안정이 아니라 부담 가능한 주택 affordable housing의 공급 확대와 주거 안정성을 활용해야 한다. 주거 안정성을 측정할 수 있는 지표로는 자가 주택 점유율, 자가 주택 보유율, 평균 거주 기간, 최저주거기준 미달 가구 비율, 소득 대비 주택 가격 비율PIR, 소득 대비 임대료 비율PIR, 소득 대비 주택 융자금 상환 부담액 비율, 3명 이상 단칸방 거주 가구 비율, 주거 만족도 등을 활용할 수 있다.

## 토지제도 개혁과 개발이익의 환수

김대중 정부의 토지제도 개혁에 대한 의지는 대선 공약으로 개발제한구역의 해제를 통해 확인할 수 있다. 주민의 재산권 보호와 생존권 보장이라는 명분이 없는 것은 아니지만, 공익적인 목적을 위해 계획적으로 지정해 설치된 규제에 대해 사회적인 정당성을 떨어뜨리게 만드는 계기가 되었다. 가장 강력한 개발제한구역이 사유재산권의 보호라는 이유로 뚜렷한 원칙 없이 해제되기 시작하면서 이후 도시계획이나 각종 공적인 개발 계획의 가변성이 커지게 되었다. 이들 규제나 계획은 집단 민원을 통해 언제든지 해제나 변경이 가능하며, 이 결과 발생하는 개발이익은 사유화할 수 있다는 인식이 자리를 잡는 계기가 되었다.

노무현 정부에서도 토지의 공공성에 대한 인식은 나아지지 않았다. 노무현 정부는 주택 공급 부족이라는 강박관념에서 벗어나지 못했고, 결국 이를 위한 기반으로 토지 규제완화와 주택 공급 확대를 위한 공급 기반 확충에 노력했다. 노무현 정부가 토지정책의 기조로 채택한 '토지이용 규제 개혁 방안'은 가용 토지의 공급 확대를 위해 토지이용에 대한 규제를 완화하는 것을 주된 내용으로 한 것이었다. 이 방안을 기반으로 〈토지이용규제기본법〉이 제정되어 토지이용의 중복에 따른 혼란과 절차의 간소화라는 성과가 있었지만, 토지 공급 확대와 이를 위한 규제완화라는 방향은 노무현 정부의 토지이용의 공공성 확대와는 거리가 있는 것이었다. 이 방안은 노무현 정부가 국토의 지속 가능한 개발에 대해 낮은 인식 수준에 머물고 있었음을 보여 주는 것으로 이명박 정부에서 2008년 국가경쟁력강화위원회를 통해 '국가경쟁력 강화를 위한 토지이용 규제완화 방안'으로 다시 활용되고 말았다.

토지제도의 근본적인 문제는 토지 공급의 부족에 있는 것이 아니라 토지의 소유 집중과 개발이익환수 장치의 미흡에 있다. 앞으로 부동산 제도의 개혁을 위해 반드시 검토하고 채택해야 할 개혁 과제는 개발권 공유제, 토지비축제도의 확대, 토지보상제도의 개편, 개발이익의 근본적인 환수제도 등이다. 이명박 정부 때 출범한 2009년 국가경쟁력강화위원회가 주도해 토지비축사업을 제도화해 토지 비축에 관한 법률을 제정한 것은 매우 역설적이다. 이명박 정부는 기반시설 설치 때 지가 상승으로 인한 비용 부담을 줄이기 위해 토지비축제도를 도입했다. 지가 상승이 정체된 현 시점에서는 이 제도의 유용성이 떨어지지만, 개발이익환수를 통해 토지의 공공성을 증대하려고 했다는 점에서는 의미가 있는 노력이었다고 할 수 있다.

## 세입자 권리 보장을 위한 제도적 기반 마련

김대중 정부는 처음으로 국민임대주택 건설 계획을 수립했으며, 노무현 정부가 이를 구체적으로 실행함으로써 공공임대주택이 획기적으로 늘어나는 성과를 낳았다. 이와 아울러 두 정부가 저소득층을 위한 주거급여제도를 도입하고 시행한 것도 큰 성과라 할 수 있다. 그러나 두 정부의 주거복지정책에서 최근 문제가 되고 있는 세입자의 주거 안정을 위한 제도를 도입하지 못한 것은 아쉬운 점이다.

전체 가구의 40% 이상이 임대주택에 거주하고 있고, 임대주택의 거의 대부분이 민간이 개별적으로 운영하고 있다는 점을 고려하면 세입자의 권리를 원천적으로 보장할 수 있는 제도적 기반을 마련하는 것이 필수적이다. 그러나 두 정부에서는 임대차 등록제, 세입자의 장기적 거주를 가능하게 하는 임대차 계약 갱신청구권, 임대료의 안정을 위한 임대료 상한제와 임대료심사위원회 설치, 전세금의 안정적인 보전을 위한 제도적 장치 마련 등을 제도화하는 데는 실패했다. 주거복지를 위해서는 세입자의 주거 안정이 필수적이다. 정부의 재정적인 여력의 한계나 관리상의 부담을 고려하면 세입자의 주거 안정을 위한 개혁 과제는 앞으로도 반드시 도입되어야 한다.

## 대안적 주택모형 개발

반값 아파트는 지난 2006년 지방자치단체장 선거를 앞두고 논의되기 시작했다. 당시 서울시장에 출마했던 홍준표 의원이 토지임대부 주택의 도입을 주장하면서 처음으로 제기된 이후 이계안 전 의원이 환매조건부 주택 제도를 주장함에 따라 이른바 반값 아파트 논쟁으로 본격화되었다. 반값 아파트의 핵심은 분양 가격을 낮추는 데 있는 것이 아니라 저렴한 주거비로 안정적인 주거를 보장하되, 공공성을 띰으로써 주택 소유를 통해 발생하는 개발이익 사유화를 최소화하겠다는 데 의의가 있었으며, 이런 점에서 공공 자가 주택이라 부를 수 있다(변창흠 2009).

김대중 정부에서는 집권 초반기에는 주택 가격이 폭락한 상태였으며, 주택 가격이 상승한 것은 집권 후반기였기 때문에 저렴 주택이나 이를 위한 제도적 기반을 마련하는 데는 관심을 가질 필요가 없었다. 그러나 참여 정부 기간 동안에는 주택 가격 폭등 억제가 중요한 정책목표였기 때문에 저렴한 주택 공급을 위한 방안으로 반값 아파트 제도가 제안되었다. 〈주택법〉에서 토지임대부 주택과 환매조건부 주택 제도의 시행 근거가 마련되었으며, 군포 부곡 지구에서도 시범 사업도 실시되었다. 노무현 정부는 대안적인 주택 유형으로 공공 자가 주택에 대해 큰 의욕을 보이지 않았으며 결국 의도적으로 공공 자가 주택의 시범 사업의 실패를 유도하고 말았다.

이명박 정부가 출범한 이후 토지임대부 주택을 시행할 수 있는 법적 근거로 〈토지임대부 분양주택 공급촉진을 위한 특별조치법〉이 제정되었다. 이 법의 제정으로 〈주택법〉에 근거 조항이 있었던 토지임대부 주택과 환매조건부 주택은 근거가 사라지게 되었다. 이 법에 따라 보금자리주택에서 처음으로 토지임대부 주택이 시행되어 높은 인기를 끌었으나 확대되지는 못하고 있다.

이런 논란의 와중에 서울시는 당초 환매조건부 주택과 토지임대부 주택의 대안을 검토하다가 SHIFT로 이름 지어진 장기 전세주택 제도를 채택했다. 지나치게 많은 물량을 공급함으로써 공공임대주택을 축소시키는 효과를 초래할 뿐만 아니라 대형 평형을 공급해 중산층에게 공급한다는 비판을 받고 있지만, 상품으로서의 주택이 아니라 거주할 주택으로서 주거 의식의 변화를 이끌었다는 점은 부인할 수가 없다. 분양가를 떨어뜨리고 장기적인 거주를 가능하게 하며 개발이익을 환수해야 한다는 참여정부의 부동산정책 기조와의 일관성을 생각하면 토지임대부 주택과 환매조건부 주택 제도를 대안적 주택 유형으로 적극적으로 추진할 필요가 있었다.

여전히 소득수준에 비해 지나치게 높은 주택 가격 수준을 고려하면 공공택지 분양에서 저렴한 분양 가격을 전제로 한 토지 분양 제도의 도입과 공공 자가 주택 제도의 도입은 앞으로 반드시 검토해야 한다.

## 공동체 중심의 도시재정비 모형 개발 실패

김대중 정부와 노무현 정부는 기성시가지에서 주택 공급을 활성화하기보다는 신시가지에서 주택을 공급하는 데 초점을 맞추었다. 김대중 정부는 개발제한구역을 해제해 국민임대주택을 공급하는 방안을 제안했다면, 노무현 정부는 주된 주택 공급 방식으로 신도시 건설을 채택했다. 이 때문에 서울시에서 추진했던 뉴타운 사업에 대해 적극적으로 견제하거나 정비조합 주도로 추진하는 기성시가지 재정비 사업의 문제점을 극복하는 대안적인 재정비 방안을 제시하는 데 관심을 기울이지 않았다.

재정비 사업은 이명박 정부에서와 같이 규제완화를 통해 부동산 개발사업으로 추진되어서는 안 되며, 세입자나 저소득층을 위한 저렴한 주거

공간이 일시에 멸실되는 부작용을 막아야 한다는 점을 고려하면 재정비 사업에 대한 종합적인 비전과 바람직한 재정비를 위한 모형을 개발하는 데 역점을 두어야 했다. 앞으로 지역 공동체를 유지하면서 세입자를 포함한 주민이 공동으로 개발하는 모형, 단독주택 재건축 제도와 같이 전면 철거 방식이 아니라 기존 주택의 존치를 통한 정비 모형의 개발, 재정비 사업 추진 과정에서 세입자나 영세상인의 권리 보호를 위한 방안 등에 대해 체계적인 제도 정비 방안을 마련해야 한다.

## 6. 복지정책으로서 부동산정책의 향후 과제

최근 우리나라 부동산시장은 근본적인 전환기를 맞이하고 있다. 지금까지 주택정책의 최우선 과제로 설정했던 주택 공급 부족 문제와 주택 가격 폭등 방지라는 문제가 해소되었음에도 불구하고 주거 불안정은 좀처럼 해결되지 않고 있기 때문이다. 그러나 이명박 정부에 이어 박근혜 정부는 부동산시장의 정상화라는 이름으로 부동산 거래의 활성화와 주택 수요 확대를 위해 노력하고 있다. 김대중 정부 초기 때 활용되었던 세제 감면과 규제완화 등이 또다시 부동산시장 활성화 대책으로 발표되고 있다. 그러나 부동산의 공공성을 강화하는 장치도 없이 부동산시장을 활성화하는 경우 언제든지 부동산가격 상승기에는 엄청난 부담으로 작용할 수 있음을 그동안의 경험이 잘 보여 주고 있다.

다행히 박근혜 정부는 공공임대주택 확충과 가계 부채 해소, 주택바우처제도 시행과 같은 주거복지정책에 대한 추진 의지를 보이고 있다. 그러나 행복주택이라는 이름으로 추진되는 공공임대주택의 대규모 집단화

사업은 벌써부터 지자체와 주민들의 반발을 얻고 있다. 영구임대주택, 국민임대주택, 보금자리주택에 이어 행복주택도 주거복지정책의 슬로건으로 과도하게 활용되는 경우 세입자의 주거 안정에 기여하지 못한 채 정치적인 쟁점으로만 남게 될 우려가 있다. 또한 주택바우처 사업도 대상 가구나 주거의 질에 대한 종합적인 분석과 명확한 기준 없이 추진되는 경우 기존 주거급여제도처럼 상징적인 의미만 지닐 우려를 배제할 수 없다.

이제 김대중·노무현 정부가 추진하지 못했던 부동산 분야의 개혁 과제들에 대해 분야별로 체계적인 논의와 실행 방안을 마련할 시점이다. 단기적인 부동산시장과 입지 결정의 문제가 아니라 국토의 지속 가능한 발전과 도시 내 공동체의 활성화, 서민의 주거 안정에 대해 종합적으로 검토해 대안을 마련해야 한다. 부동산은 시장에서 단지 생산되고 거래되는 상품이 아니라 모든 국민이 거주하는 도시를 구성하는 요소라는 점을 인식하고, 안정적이고 지속적인 거주 공간을 어떻게 만들 것인가에 대해 함께 고민해야 한다.

# 국제비교 관점에서 본
# 한국 주거 자본주의 체제의 특성

신진욱

## 1. 서론

현대자본주의에서 주택은 두 가지 의미를 갖고 있다. 하나는 거주 공간이
자 사회적 권리로서의 주택이며, 다른 하나는 매매 가능한 상품이자 부의
축적을 위한 자산으로서의 주택이다. 발전된 자본주의사회들에서 주택의
의미는 지난 수십 년 동안 전자의 의미에서 후자의 의미로 급속히 전환되
어 왔다. 전 세계적으로 주택 공급은 점점 더 시장원리를 따르고 있으며,

---

• 이 글은 『동향과 전망』(2011년 81호)에 실린 필자의 글을 재수록한 것이다.

이에 따라 주택은 기업과 상위 계층의 자산 축적 수단이자, 지구적 금융자본의 증식 통로이자, 또한 개별 가계와 세계 금융시장을 직접적으로 연결시키는 핵심 고리가 되고 있다. 이런 변화는 1980년대 이래 진행되어 온 세계자본주의의 금융화 경향, 거대한 지구적 금융시장의 형성, 주택 모기지의 증권화 등에 의해 가능해졌으며 또한 촉진되었다. 또한 많은 나라에서 정부가 주택 공급과 주택시장 규제 역할을 축소하고 각종 탈규제와 금융자유화 정책을 펼침으로써, 주택 체제는 점점 더 지구적 경제에 연계된 민간 금융기관들에 의존하게 되었다(Forrest 2008). '주거 자본주의'residential capitalism 연구는 이처럼 상품·자산·자본으로서의 주택이 지구적·지역적·일국적 수준에서 자본주의 체제의 중핵으로 부상하게 되었음을 주목한다.

그와 같은 경제적 변화는 정치·사회적 측면에서도 중대한 함의를 갖고 있다. 주택은 상층계급의 자본 증식 수단일 뿐만 아니라, 도시 중간계급 및 노동계급의 일부에게 소득 및 고용 불안에 대응하는 개인화된 대체물이자, 계급 상승을 위한 기회, 혹은 공적연금을 대신할 노후 복지의 원천으로 간주되고 있다. 이에 따라 복지국가의 사회적 소득 이전social transfer 제도 대신에, 미래에 가치가 상승할 것으로 기대되는 금융상품 및 주택 자산에 투자하는 '자산 기반 복지'asset-based welfare의 관념을 좇는 경향이 강화되고 있다(Doling & Ronald 2010). 이런 사회적 경향은 정치적 주체 형성과 투표 성향, 조세·재정·복지 정책에 대한 태도에 큰 영향을 미치기 때문에(Schwartz & Seabrooke 2009, 2-3), 주택 소유에 근거한 자산 축적 전략의 확산은 복지국가 제도와 정책을 위협하는 사회적 환경이 되고 있다(Castles & Ferrera 1996; Kemeny 2005).

사회학적 측면에서 이런 정치경제적 추세는 거시적·미시적 차원에서 의미심장한 변화를 동반하고 있다. 거시적 수준에서 주택의 상품화와 자산화는 사회경제적 불평등을 심화시키고 계급·계층 구조를 재편하는 사회적 효과를 낳고 있다. 전통적인 산업자본주의 체제하에서는 노동시장과 복지국가라는 두 제도 영역이 사회적 불평등의 변이와 추이에 가장 큰 영향을 미쳤다. 하지만 주거 자본주의 체제하에서는 주택금융 체제와 주택 자산 분포가 단지 주거 영역뿐만 아니라, 소비·교육·건강·노후 등 삶의 많은 영역에서 사회 불평등의 강도와 형태에 영향을 미친다. 또한 자산 추구 경향이 점점 더 확산됨에 따라 재무관리의 지식과 기술을 일상적으로 실행하는 '일상의 재무화'financialization of daily life가 진행되고 있다(Martin 2002). 나아가 그보다 더 깊은 수준에서는 아마도 '생활세계의 재무화' financialization of life-world라고 명명할 수 있을 경향, 즉 사람들의 문화와 담론, 가치와 규범의 영역에까지 재무관리의 형식이 침투해 들어오는 현상이 관찰된다. 주택은 이제 특수한 연구 영역이 아니라, 계급·계층, 정치와 생활세계에 대한 사회학적 탐구의 핵심 주제가 됐다.

한국에서도 주택(특히 부동산), 즉 자산으로서의 토지·주택·건물에 대한 사회적·학문적 관심이 높아졌다. 1997년 금융위기 이후 한국 사회의 사회경제적 불평등이 심화되어 왔음은 주지의 사실이거니와, 특히 부동산 등 자산의 불평등이 갖는 의미가 급속히 커졌다. 기존의 많은 연구들은 한국에서 가계자산 가운데 부동산 비중이 대단히 높다는 점, 부동산을 비롯한 자산 불평등이 소득불평등보다 훨씬 심각하며 또한 급속도로 심화되어 왔다는 점, 광범위한 주택 비소유 계층과 주거 빈곤층의 문제가 심각하다는 점, 그리고 이런 경향이 부동산 경기 활성화, 금융자유화, 주택금융시장 확대를 지향하는 정부 정책들과 깊이 관련되어 있다는 점 등을 강조해 왔다. 이런 지적들은 오늘날 한국 사회의 핵심적 문제와 과제를 적실히 지적하고 있다. 하지만 그동안 충분히 주목받지 못한 사실은 그런 경향들이 한국만의 예외적 현상이 아니라, 대부분의 발전된 자본주의사회에서 진행되어 온 현상이라는 점이다. 그러므로 한국 주거 자본주의 체제의 구조적 특성을 국제비교 관점에서 인식하고, 그에 따르는 고유한 사회적 문제와 과제를 짚어 내는 작업이 필요하다.

물론 한국에서 지금까지 많은 연구들은 한국 사례와 그에 영향을 미친 지구적 환경에 관심을 기울여 왔지만, 체계적인 국제비교 관점에서 다양한 주거 자본주의 유형들 가운데 한국 사례의 위치를 자리매김하려는 시도는 없었다. 즉 지구적global 수준과 일국적national 수준에 시야가 제한되어, 두 수준이 관계 맺는 다양한 패턴들을 주목하는 국가 간inter-national 비교 관점이 공백으로 남아 있다는 것이다. 국제비교 관점은 한국 현실에서 거리를 확보하면서, 한국형 주거 자본주의의 독특한 제도적·구조적 형태를 포착하는 데 기여할 것이다. 그것은 또한 주택 및 금융 정책의 여러 가능한 대안들을 채택했을 때 주택 시스템 전반과 보다 거시적인 제도 체제가 어떤 방향으로 변화할 것이며 그에 따르는 득과 실이 무엇일지 예측하는 데 도움을 준다.

## 2. 선행연구와 이론적 기초

### 한국에서의 선행연구

한국의 주택 현실을 비판적으로 분석한 사회과학적 연구들은 크게 분류해 주거복지, 주택 공급, 거시경제, 사회 불평등의 측면에서 접근해 왔다. 먼저 주거복지와 주거 정책의 측면에서 접근한 연구들이 있다. 전남일 등(2008)은 주거의 사회사적 연구를 통해 한국에서 주택 공급의 양적 확대에도 불구하고, 주거의 질과 주거환경이 열악하게 남아 있으며 또한 지역과 계층에 따른 불평등이 심각함을 보여 줬다. 윤일성(2002)은 도시 개발과 재개발에서 작용하는 이해관계, 특히 시장과 국가의 영향력이 도시 공간에 남긴 영향을 사회학적으로 분석했다. 정책적 측면에서 김수현(2008)은 주택시장의 특수성에 근거해 사회권으로서의 주거권을 보장하기 위한 정부의 정책적 개입이 중요함을 강조했다. 변창흠(2009) 역시 개발이익환수 장치를 통해 투기를 억제하고, 주택 소유자 사회가 아니라 광범위한 공적 주거복지 제공을 지향할 것을 주장했다.

한편 주택 공급 체제housing provision system의 측면을 주목하는 연구는 토지 개발-주택 건설-주택 매매로 이어지는 공급 체제의 제도적 특성에 관심을 갖는다.[1] 여러 연구들은 부동산 투기와 불평등 심화의 주범이 이른바 '개발 5적'이라고 보고, 이들 집단들 간의 연계 체제와 자산 증식 메커니즘을 분석했다. 여기서 개발 5적이란 ① 재벌 중심의 건설 기업, ② 건교부·재경부 등의 관료, ③ 지역 개발 사업에 관여하는 정치인들, ④ 주택 광고와 투기 촉진 역할을 하는 일부 언론, ⑤ 건설업계와 건설 관료의 용역을 수행하는 연구 집단의 상호 지원 체제를 뜻한다(김태동·김헌동 2007, 65; 김헌동·선대인 2005, 20). 여기서 가장 문제가 되고 있는 것은 정부 관료와 토건 기업이 유착해 시장 투명성을 해치고 있다는 점인데, 특히 선분양 제도, 분양가 자유화, 분양가 담합, 분양 원가 은폐 등을 통해 대형 건설 기업과 투기적 다주택 소유자들이 막대한 부당 이익을 취하고 나라 경제

---

1_해외 학계에서도 이 관점에서 주택 공급 체제 국제비교 유형론을 발전시키려는 시도가 진행되고 있는데, 많은 연구들이 한국을 비롯한 동아시아 사회들의 주택 공급 체제에 가장 특징적인 면이 '개발 국가, 민간 건설, 시장화된 주택 소비'의 결합에 있으며, 이 점에서 동아시아 주택 공급 체제가 자유주의 모델이나 조합주의 모델과 구분된다고 보고 있다(Doling 1999; Doling & Ronald 2010; Ronald 2007).

의 건전성을 해치고 있다는 점이 강조되었다.[2]

주택시장의 거시경제 환경과 경제정책상의 문제를 중심에 놓는 연구들은 위와 같은 공급 체제상의 문제를 인정하면서도, 지구적·국내적 거시경제 변화라는 요인을 도입해야만 한국의 주택 가격 상승과 불평등 심화를 설명할 수 있다고 본다. 이정우(2009)는 지구적 수준에서 투기적 금융자본의 성장과 모기지 증권화securitization, 국내적으로는 1997년 금융위기 이후 각종 부동산 탈규제와 모기지 시장 확대가 토지 및 주택 가격 상승과 부동산 투기의 주요 원인이라고 보았다. 전강수(2009)는 보다 중층적인 설명 틀을 도입해, ① 부동산시장 자체의 특수성, ② 부동산시장과 금융시장의 상호 촉진 관계, ③ 금융의 증권화 경향이 얼마나 복합적으로 작용하느냐에 따라 부동산 거품의 정도와 그것의 거시경제적 파장이 결정된다고 주장했다. 정준호(2009)는 한국 사례에 집중해 경제 시스템의 거시적 변화가 부동산가격 상승에 영향을 미친 메커니즘을 설명했는데, 특히 금융 시스템을 은행 중심에서 자본시장 중심으로 전환시키고, 제1금융권 기관들의 금융 업무를 자율화하며, 과잉유동성과 저금리 기조의 정책을 펼친 점이 주요 원인으로 지적되었다. 이런 거시경제 환경하에서 금융기관들은 리스크가 큰 기업금융 대신 가계 부문의 주택담보대출을 활성화했고, 가계들은 저금리하의 대출을 통해 부동산 구매에 나서게 되

---

2_이태경(2009)은 부동산 투기와 불평등의 핵심 원인이 분양 제도나 담합 구조가 아니라 투기적 가수요에 있다고 보고, 투기 억제를 위한 불로소득 환수 장치가 가장 시급한 과제라고 주장했다. 하지만 김태동, 김헌동, 선대인 등도 투기 수요의 중요성을 간과하지 않는데, 이들이 개발·건설·매매 과정에서 작용하는 권력을 직접적으로 겨냥하고 있는 데 비해 이태경은 종합부동산세 등 조세 수단에서 투기 억제의 답을 찾고 있다는 점이 차이다.

었다는 설명이다.

이상의 접근들이 부동산 투기와 주택 가격 상승을 설명하는 데 관심을 갖고 있다면, 다른 한편에선 그 결과로서 심화된 부동산 불평등의 현황과 경향을 분석한 연구들이 있다. 한국에서 자산 불평등 문제를 선구적으로 부각시킨 신광영(2004, 157-187)은 산업자본주의와 다른 논리로 작동하는 '비제조업 자본주의'하에서 금융상품이나 부동산 투기 등을 통해 부를 축적하는 '임대 자본가' 계급을 주목해, 한국에서 자산 집중과 불평등이 심화되어 온 경향과 지역적 불평등 구조를 경험적으로 분석했다. 장세훈(2007)은 주택 소유 계층과 비소유 계층을 비교 분석하는 연구를 수행했는데, 여기서 그는 두 계층이 자산 규모, 소득과 직업, 주택 소유에 관한 태도, 중산층 귀속 의식 등 여러 측면에서 차이를 보이지만, 그럼에도 불구하고 주택 소유 계층 내에 이질성이 크다는 점을 발견했다. 한편 손낙구(2008; 2009)는 정부 통계자료를 방대하게 추적해 한국에 '부동산 계급사회'가 형성되었음을 보여 주고자 시도했을 뿐만 아니라, 주택 소유 여부와 주택 가격을 기준으로 부동산 6계급을 구분하는 시도를 했는데 이는 한국 자산계급의 분포를 범주화하려는 의미 있는 시도였다고 할 수 있다.

이상의 연구들은 한국의 주거 및 주택 자산 현실과 변화 경향, 그리고 그것의 지구적 환경을 인식하는 데 중요한 기여를 했으며, 이 논문은 그런 기존 연구 성과에 크게 의지하고 있다. 그러나 서론에서 예고한 바와 같은 체계적인 국제비교 관점에서 한국 주거 자본주의의 거시적 특성을 자리 매김한 연구는 아직까지 없다. 이 목표를 달성하기 위해 이 논문은 슈워츠·시브룩(Schwartz & Seabrooke 2009)이 주도한 주택금융체제housing financial system(약어 HFS)의 국제비교 분석 틀을 도입해, 주택 소유율과 모기지 규모라는 두 축을 중심으로 한국 사례의 위치와 제도적 독특성을 자리매김할 것이다.

## 이론적 기초와 분석 틀

주택의 자산화, 주택시장 과열, 자산 불평등 심화는 유럽의 복지국가 사회를 비롯해 전 세계의 모든 발전된 자본주의사회에서 보편적으로 관찰되는 경향이다. 전통적인 산업자본주의사회와 달리 오늘날 자본주의사회는 높은 이득과 높은 위험의 가능성이 공존하는 금융 투자에 의존해 경제성장을 하는 '높은 리스크 사회'high-risk society로 전환되고 있다(Mandel 1996). 이처럼 높은 리스크의 금융 경제는 지구적 금융자본들의 신속한 유입·유출 없이는 생각할 수 없는 것이며(Schwartz 2009a), 또한 그런 경제체제를 주도한 미국식 모델은 '지구적 전염'global contagion의 과정을 거쳐 전 세계에 확산됐다(Turner 2008). 그러나 브와예(Boyer 2000)가 강조한 바와 같이, 국제화와 금융화가 모든 사회의 제도적 수렴을 강제하는 경제적 필연성이며 따라서 정치의 종언을 뜻한다는 관점은 잘못된 것이다. 생산 체제·노동시장·복지국가의 제도적 형태가 다양하듯이, 지구적 금융자본주의의 경향 속에서도 각국 금융 체제와 주택 체제의 제도적 형태와 사회적 반응은 동일하지 않다. 이 차이야말로 각 사회의 제도 체제와 사회구조를 보다 나은 방향으로 변화시키기 위한 반성과 학습, 정치적 기획을 허용하는 공간이다.

이 글에서는 그와 같은 국제적 다양성의 관점에서 한국 사례의 특성을 파악하기 위해 슈워츠·시브룩(Schwartz & Seabrooke 2009)이 발전시킨 주거 자본주의 국제비교 연구의 이론 틀을 도입한다. 이 이론은 국제정치경제학, 비교정치경제학, 자본주의 다양성론 등의 관점과 성과를 적극적으로 받아들이면서도, 기존의 연구들은 현대자본주의에서 가장 중요한 부의 원천이자 특히 오늘날의 금융자본주의 체제하에서 핵심적인 자산 축적 수단으로 등장하고 있는 주택에 대한 거시비교 연구를 간과해 왔다고 비판한다. 주택금융 체제의 독자적 중요성을 강조하는 데는 몇 가지의 실질적 근거가 있다. 첫째, 주택 자산은 노동시장에서의 임금 소득이나 국가가 제공하는 사회복지를 대체하는 개인화된 복지 원천으로 되어가는 경향이 있으며, 거기서 형성되는 주택 자산 시장은 개별 가계 주체들을 지구적 금융시장과 금융자본에 직접 연결시키는 고리가 되고 있다. 둘째, 주택금융 체제를 기준으로 한 국제비교 유형론은 자본주의 다양성(Hall & Soskice 2001) 연구의 자유시장경제/조정시장경제 유형론, 또는 에스핑-안데르센의 복지 체제 유형론(Esping-Anderson 1985) 등과 일치하지 않는 독특한 분포를 보여 준다. 셋째, 주거 자본주의 체제의 차이는 그에 상응하는 구조적·일상적 수준의 사회적 효과와 정치적 주체화 효과를 낳으며, 정당정치와 정부 정책, 특히 조세·금리·복지 정책에 중대한 영향을 미친다. 그러므로 주거 자본주의 비교 연구는 지구적 수준의 세계 경제 연구의 한계 지점을 넘어설 뿐 아니라, 생산·기업·복지 체제 비교연구와 구분되는 독립적 연구 영역으로서 중요성을 갖는다.

주거 자본주의 비교연구는 기본적으로 '주택 소유율'home ownership rates 과 국내총생산GDP 대비 '모기지 규모'라는 두 축으로 주거 자본주의 체제의 유형론을 시도한다. 여기서 주택 소유율은 한 사회에서 주택에 대한 지배적 관념(사회권, 소비재, 투자수단 등)과 주택 체제(민간, 공공, 지자체, 협동조합, 가족 등)의 특성을 보여 주는 기초적 지표다. 모기지 규모는 가계들의 부채 규모뿐만 아니라, 가계들의 신용 접근성, 주택 재원의 금융화 정도, 주택금융 체제의 유동성과 위험성, 주택금융 체제와 결부된 거시경제 체제의 특성을 가늠할 수 있는 기초적 지표가 된다. 여기서 '기초적' 지표라고 말하는 이유는 위의 두 가지 지표만으로 각 사회의 주거·가계 재정·거시 금융 현실을 판단하는 것은 한계가 있기 때문이다. 그래서 이 분석틀을 기초로 다른 여러 측면을 추가적으로 도입한다. 예를 들어, 공공 주택 규모와 성격, 주택시장의 계층화 정도, 정부의 이자율 정책, 주택 구매

표 11-1 | 주거 자본주의 국제비교 유형론

| | | 주택 소유 비율 | |
|---|---|---|---|
| | | 낮음 | 높음 |
| 국내총생산대비모기지규모 | 높음 | A. 조합주의적 시장 유형 (Corporatist Market) | B. 자유시장 유형 (Liberal Market) |
| | | 네덜란드, 덴마크, 독일 등 | 미국, 영국, 캐나다, 호주, 뉴질랜드, 노르웨이 등 |
| | | GDP 대비 모기지: 58.3% 주택 소유 비율: 47.0% 사회 임대주택: 20.7% | GDP 대비 모기지: 48.5% 주택 소유 비율: 70.1% 사회 임대주택: 9.4% |
| | | 사회권으로서의 주거, 그러나 고도로 계층화된 시장. 주택 소유자 vs 임대 생활자, 탈가족화, 공공 조직이 임대주택을 관리. 낮은 재산세. | 주택이 고도로 상품화. 자산으로서의 주택, 고도로 계층화된 주택시장. 주택 소유자 vs 임대 생활자. 시장 기반 자조(自助). 높은 재산세. |
| | 낮음 | C. 국가주의-발전주의 유형 (Statist-Developmentalist) | D. 가족적 유형 (Familial) |
| | | 오스트리아, 프랑스, 일본, 스웨덴, 핀란드 등 | 이탈리아, 스페인, 벨기에, 아일랜드 등 |
| | | GDP 대비 모기지: 28.2% 주택 소유 비율: 58.3% 사회 임대: 16.8% | GDP 대비 모기지: 21.6% 주택 소유 비율: 75.5% 사회 임대주택: 5.5% |
| | | 사회권으로서의 주거, 국가의 금융 규제가 시장 분절을 완화. 사적 조직들이 임대주택 관리. 낮은 재산세. | 주택이 비상품화되었으나 국가에 의해 탈상품화되지는 않음. 주택은 가족적 사회재, 그러나 사회권은 아님. 비시장적 자조(自助). 낮은 재산세. |

주: % 값은 조사 대상이 된 각국의 1992년과 2002년 자료의 평균값을 4개 유형별로 평균한 값이다.
자료: Schwartz & Seabrooke(2009, 9; 10; 23)를 재구성.

와 임대료에 대한 정부 지원, 조세 수단을 통한 투기 규제, 모기지 증권시장의 규모 등이다.

　　슈워츠와 시브룩은 주거 자본주의 다양성 이론에 입각해, 주택금융 체제를 '조합주의 시장', '자유시장', '국가주의-발전주의', '(가톨릭-)가족적' 유형 등 4개 유형으로 구분했다. 〈표 11-1〉은 슈워츠·시브룩의 주택 금융 체제 국제비교 유형론을 재구성해 요약한 것이다.[3]

---

3_슈워츠와 시브룩은 여기서 주택 소유율과 모기지 규모를 측정할 때 European Central

〈표 11-1〉에서 네 개의 범주 중 위의 두 개 유형(조합주의 시장, 자유시장)과 아래의 두 개 유형(국가주의−발전주의, 가족적 유형)을 구분하는 기준은 주택금융시장의 규모와 자유화 정도, 혹은 반대로 주택금융에 대한 규제와 억압의 정도다. 슈워츠와 시브룩은 이 측면에서 '자유저당금융'Liberal Mortgage Finance(약어 LMF) 체제와 '관리저당금융'Controlled Mortgage Finance(약어 CMF) 체제를 구분한다. 전자는 모기지 시장이 클 뿐만 아니라 증권화가 합법적이고 널리 확산되어 있는 체제며, 후자는 모기지 제도가 발달해 있지 않고 증권화가 불가능하거나 제한적인 체제다. LMF 체제에선 주택 자산이 가장 중요한 경제적 원천이며 주택 가격이 급상승할 경우 계층 간 격차가 심화되는 경향이 있다. 주택 소유자들은 지구적·일국적 수준의 이자율, 주택시장, 금융시장 변동에 따른 리스크에 직접적으로 노출된다(Schwartz & Seabrooke 2009, 14-22). 반면 CMF 체제는 그와 같은 리스크에 대한 규제와 관리가 상대적으로 강하게 이뤄지고 있다는 점에서 좀 더 안정적이지만, 주택 비소유 계층이 주택 구입을 위한 재정 조달을 하기 어려워서 주택 소유층과 비소유층 간의 분절이 경직되기 쉽기 때문에 공공 주택의 공급량과 주거의 질, 사회적 권리 보장이 중요한 과제로 제기된다. 또한 LMF 체제에서 주택시장 활성화를 통해 달성하는 고용과 성장 효과를 기대할 수 없기 때문에 소득과 복지 향상을 위한 다른 성장 동력을 발굴하지

Bank, Hypostat 등의 자료에 근거했는데, 다른 연구들은 이 밖에도 각국 통계청과 European Mortgage Federation, European Monetary Fund, European Community Household Panel, Bank of International Settlements 등 매우 다양한 출처의 자료를 사용한다. 그런데 동일한 시기에 대해서도 출처에 따라 통계가 다를 때가 종종 있으며, 자료 생성의 정확한 대상과 방법이 정확히 보고되어 있지 않은 경우가 많다는 문제가 있다.

못하면 정당성 압력에 처할 수 있다.

　LMF 체제이면서 동시에 주택 소유율이 높은 자유시장 모델이야말로 오늘날 세계 각국의 주택 체제를 사유화·금융화시키는 진원이 되고 있다. 이 모델의 핵심 국가라고 할 수 있는 미국과 영국은 주택 소유율이 높고, 국내총생산 대비 모기지 부채 규모가 크며, 모기지 재융자와 주택 자산의 캐시 아웃이 쉽고 상대적으로 저렴하며,[4] 모기지 증권시장이 크게 성장해 있다. 이런 조건에서 저금리 정책이 시행될 경우, 주택 소유자들은 낮은 금리로 주택 담보 재융자를 하여 소비와 자산 투자를 활성화시키는 경향이 확산된다. 이는 내수를 확대해 직접적으로 고용을 창출할 뿐만 아니라 또한 허구적 자본을 창출해 국내총생산의 성장을 촉진하는 효과를 낳지만, 또한 그에 상응하는 경제 전반의 큰 리스크가 따른다(Schwartz 2009b).

　한편 왼쪽의 두 개 유형(조합주의 시장, 국가주의-발전주의)과 오른쪽의 두 개 유형(자유시장, 가족적 유형)을 구분하는 기준은 사적으로 소유하는 주택의 비중이다. 이는 한 사회에서 주택을 사유물, 상품, 자산으로 간주하는 경향이 얼마나 강한지, 혹은 반대로 주택을 사회권의 하나이자 주거

---

4_재융자(refinance)는 좁은 의미로는 단기 무역금융 또는 외환 자금조달 방식으로 사용되는 '리파이낸스'(재금융)를 뜻하지만, 여기서는 보다 넓은 의미로서 대출한 부채를 또 다른 대출을 통해 갚는 것을 뜻한다. 금리가 인하할 경우 부채 이자를 줄이는 방법으로 사용되기도 하지만, 더 나아가 주택융자를 내서 주택을 구입한 후 주택 가격이 상승하면 상승한 감정가에 상응하는 더 큰 융자를 받아 이 융자금으로 먼저 융자 낸 돈을 갚고 나서 남는 여유자금으로 자동차를 구입하거나, 사업 자금으로 사용하거나, 또는 다른 주택을 구매해 주택자산의 증식을 꾀하기도 한다. 한편 캐시 아웃 재융자는 주택 가격 상승 시 시세 차익만큼 현금으로 대출할 수 있는 제도인데, 이로 인해 높아진 자금 유동성은 소비와 주식시장, 주택시장을 활성화시키는 효과를 낳는다. 물론 이와 같은 수단에 의존해 활성화되는 경제체제는 매우 높은 리스크를 안고 있다.

공간으로 인식하는 경향이 얼마나 강한지를 가늠할 수 있는 지표가 된다. 나아가 이것은 자유화된 주택금융시장과 직접적 이해관계를 갖는 계층이 어느 정도로 광범위하게 존재하는지를 평가할 수 있는 자료이기도 하다. 동일한 LMF 체제하에서도 주택 소유율이 높은 자유시장 유형의 나라에 서는 중산층과 노동계급의 일부까지 포함하는 다수 인구가 모기지 시장 의 참여자, 주택 자산에 대한 투자자가 되는 경향이 있다. 이에 비해 모기 지 시장은 발달해 있지만 주택 소유율이 낮은 조합주의 유형의 경우, 주택 시장이 과열되고 주택 가치가 상승한다 하더라도 노동계급과 중산층 일 부를 포함하는 적잖은 인구층은 중앙정부·지자체·주택조합 등이 제공하 는 사회 임대주택에 거주하면서 정치적 발언권을 행사한다.

CMF 체제하에서 주택 소유율이 높은 가족적 유형의 나라들에서는 저금리를 주택 구매력 상승으로 전환시키기 어려움에도 불구하고, 주택 을 소유한 다수 가계는 대출금을 빠른 시일 내에 청산하거나 혹은 심지어 전혀 대출 없이 주택을 구매하는 경향이 있다. 이것이 가능한 이유는 주로 가족적 결속에 의존해 세대 간에 주택 혹은 자산을 이전하는 방식에 의존 하기 때문이다(Aalbers 2009, 161-166). 한편 국가주의-발전주의 유형은 CMF 체제이면서 주택 소유율이 낮은 나라들이다. 이 유형에 속하는 나라 들도 주택시장이 과열되는 시기가 있었는데, 예를 들어 일본, 스웨덴, 핀 란드 등은 1980년대 중후반에 부동산 거품과 1990년대 초반 거품 붕괴를 경험했다. 하지만 대륙 유럽 나라들의 경우 대체로 주택의 자산화, 상품 화가 제한적이며, 공공 주택 등 사회적 임대 형태가 비교적 폭넓게 행해지 고 있다.

## 3. 한국에서 주거 및 주택 자산 불평등 현황

한국에서 부동산 문제가 중요한 사회적 이슈로 부각된 가장 큰 이유는 주택의 자산화 경향이 심화됨에 따라 주택 자산 불평등이 사회적 불평등의 핵심 요인으로 등장했기 때문이다. 그래서 많은 연구 문헌들이 이 점을 강조하고 있기 때문에, 이 논문은 주택 자산 불평등 측면에서 한국의 특수성, 혹은 특수하지 않음을 고찰하는 것에서 출발하고자 한다.

### 한국의 가계자산 구성과 자산 불평등

한국에서는 전통적으로 가계자산 구성에서 예금·주식·펀드·채권 등 금융자산보다 토지·건물·주택 등 실물자산의 비중이 컸다. 특히 1990년대 이래로 실물자산 중에서도 토지와 건물 자산은 자산 상위 계층에 집중되는 데 비해, 주택 자산, 그중에서도 유동성이 크고 표준화가 쉬운 아파트는 훨씬 더 광범위한 계층에게 큰 의미를 갖게 됐다. 김진영(2002)은 대우 패널조사(1993~98년) 자료로 한국 가계자산 구성의 변화 추이를 분석했는데, 순 금융자산 대비 주택 자산 규모는 이미 1990년대 내내 꾸준히 증가해 왔고 특히 1997년을 기점으로 해서 주택 자산을 포함한 부동산 비중이 급증했다. 박주영과 최현자(1999)가 한국가구패널조사(1997년) 자료로 자산 계층별 투자 양상을 분석한 결과, 모든 자산 계층에서 실물자산 비중이 절대적으로 높긴 했지만 저자산층은 일반 은행예금 등 안전 금융자산 비중이 높았던 데 비해, 중간 계층은 주식이나 제2금융권 예금 상품과 같은 위험 금융자산 비중이 저자산층보다 높았고 자산 규모가 큰 계층으로 갈수록 실물자산 비중이 더 높았다.

    2000년대 들어 한국의 가계자산 구성에서 부동산이 차지하는 비중은

**표 11-2 | 자산 규모에 따른 5분위 계층별 자산 구성 비교(2006년)**

단위: %

| 항목 \ 계층 | 제5분위 | 제4분위 | 제3분위 | 제2분위 | 제1분위 | 전체 |
|---|---|---|---|---|---|---|
| 금융자산 | 16.5 | 27.0 | 31.0 | 38.9 | 57.1 | 21.7 |
| 부동산 | 83.5 | 73.0 | 69.0 | 61.1 | 42.9 | 78.3 |
| 주택 | 35.9 | 49.5 | 55.1 | 52.5 | 35.5 | 41.1 |
| 토지 | 36.8 | 20.6 | 12.2 | 7.6 | 5.2 | 29.3 |
| 건물 | 9.7 | 1.3 | 0.5 | 0.2 | 1.3 | 6.6 |
| 총자산 | 100.0 | 100.0 | 100.0 | 100.0 | 100.0 | 100.0 |
| 총부채 | 9.1 | 14.1 | 19.5 | 27.4 | 78.7 | 13.2 |
| 순자산 | 90.9 | 85.9 | 80.5 | 72.6 | 21.2 | 86.8 |

더욱 높아졌다. 남상섭은 통계청의 『가구소비실태조사』(2001년)와 『가계
자산조사』(2006년) 자료를 비교해 가계자산 구성의 변화 추세를 분석했
는데, 5년 사이에 가계 총자산 중 부동산 비중이 6.1%p 증가해 2006년에
가계 총자산 가운데 실물자산의 비중은 평균적으로 78.3%에 달했다(남상
섭 2009, 64). 자산 상위 계층일수록 가계자산 가운데 부동산 비중이 크고
또한 그 비중의 증가폭 역시 컸지만, 중위 및 하위 자산 계층의 경우에도
가계자산 포트폴리오 내에서 부동산이 차지하는 비중은 동일한 시기 동
안 커져 왔다. 〈표 11-2〉는 자산 규모를 5분위로 나눈 계층별 자산 구성
비교를 보여 준다(남상섭 2009, 66에서 재구성).

〈표 11-2〉에서 다음 세 가지가 주목할 만하다. 첫째, 상위 자산 계층
일수록 총자산 구성에서 부동산 비중이 압도적으로 큰 반면, 하위 자산 계
층일수록 금융자산의 비중이 크며 특히 최하위 계층은 금융자산 비중이
부동산보다 더 높다. 둘째, 최상위 자산 계층은 부동산 중에서도 토지 비
중이 가장 높은 데 비해, 중위 자산 계층은 주택 비중이 압도적으로 높다.
부동산 중에서도 아파트를 중심으로 한 주택 자산은 자산 2분위에서 4분
위에 이르는 중간 자산 계층이 가장 큰 이해관계를 갖고 있는 부의 형태
다. 셋째, 자산 계층별로 총자산 중 부채 비중의 차이가 매우 크며, 특히

**표 11-3 | 자산 불평등도의 변화 추이(지니계수)**

|  | 총자산 | 순자산 |
|---|---|---|
| 1993 | 0.451 | 0.571 |
| 1994 | 0.492 | 0.573 |
| 1995 | 0.488 | 0.577 |
| 1996 | 0.470 | 0.570 |
| 1997 | 0.488 | 0.600 |
| 1998 | 0.462 | 0.655 |
| 2001 | 0.595 | 0.629 |
| 2006 | 0.626 | 0.660 |

제1분위 자산 계층의 경우 총자산 중 부채는 다른 어떤 계층보다도 높은 절대적 비중을 차지한다. 더 중요한 사실은 하위 계층의 경우 이 부채가 금융기관 대출보다 사채에 의존하는 경향이 강하고, 생활비나 이른바 돌려 막기 등 직접적 지출에 사용되는 측면이 강하다는 점이다(김학주 2005; 문숙재 1999). 이에 반해 상위 및 중위 계층의 경우 금융기관에서 대출한 부채가 자산 증식을 위한 투자수단으로 사용되는 경향이 강하다.

사회학적으로 중요성을 갖는 사실은 가계자산에서 부동산 비중이 크고 증가 추세에 있을 뿐만 아니라, 자산 분포의 불평등 역시 크게 증가했다는 점이다. 〈표 11-3〉은 이정우·이성림(2001, 44)이 1993년에서 1998년까지의 자산 불평등도를 분석한 연구 결과와 남상섭(2009, 67)의 2001년, 2006년 자료 분석 결과를 결합해서 자산 불평등의 변화 추이를 종합한 것이다.[5]

---

5_ 이정우·이성림의 연구는 대우경제연구소의 〈가계경제활동〉 패널자료를 사용했고, 남상섭은 통계청의 2001년 〈가계소비실태조사〉와 2006년 〈가계자산조사〉 자료를 사용했다. 대우 패널자료는 표본수가 적고, 농가구를 포함하지 않았다는 한계를 갖고 있어 불평등지수가 실제보다 낮게 측정되었을 가능성이 있다.

여기서 우리는 총자산에서 부채를 제외한 순자산 지니계수는 1990년 대부터 완만하고 꾸준히 증가해 왔으며, 총자산 불평등은 2000년대 들어 급격히 증가했음을 볼 수 있다. 이는 2000년대에 와서 주택 모기지가 활성화되면서 주택담보대출 등 부채를 투자 목적으로 활용할 수 있는 상위 및 중위 자산 계층과 그렇지 못한 하위 자산 계층 간에 총자산 격차가 급증한 데 기인한 것으로 생각된다. 이와 같은 자산 불평등의 심화 경향에 실물자산, 특히 주택 자산의 불평등 심화가 얼마만큼 기여했는지를 체계적으로 분석한 연구는 발견하지 못했다. 하지만 앞서 서술한 바와 같이 자산 상위 계층으로 갈수록 가계자산 중 부동산 비중이 크고, 그 비중의 증가폭 역시 더 컸으며, 2000년대 초중반에 주택 가격이 급등했음을 감안한다면[6], 2000년대 자산 불평등의 심화에 주택 자산 불평등이 특별한 기여를 했으리라 예상할 수 있다.

요약하자면, 2000년대 들어 한국에서는 전반적으로 가계자산 중 부동산 비중이 더욱 커졌고, 특히 상위 계층으로 갈수록 부동산 비중은 더욱 크며, 주택 자산은 중위 계층에게 결정적 의미를 갖는 부의 원천으로 부상했다. 그런 가운데 자산 불평등이 심화되고, 부채를 투자 목적으로 활용할 수 있는 조건에 있는 계층과 그렇지 못한 계층 간의 격차는 더욱 벌어

---

6_일각에서는 주택 가격 상승률만 놓고 한국에서 주택 가격 상승이 국제비교 관점에서 그다지 가파르지 않다고 평가하기도 한다(OECD 2010, 87-88). 하지만 상승률뿐만 아니라 주택 가격의 수준 자체를 따져 보면 한국에서 주택 가격 상승의 중요성을 이해할 수 있게 된다. 한국에서 연소득 대비 주택 가격을 측정하는 PIR(Price to Income Ratio)는 1997년에 이미 4.5를 넘는 수준으로 미국·영국보다 높았으며, 2007년에는 전국 6.6, 서울 9.0, 강남 지역은 12.0을 넘어서서 유사한 시기 미국·영국·프랑스·일본보다 훨씬 높았다(김수현 2008, 24; 57).

지게 됐다. 하지만 우리의 흥미를 끄는 사실은 이 모든 경향이 1980년대 이래 거의 모든 발전된 자본주의사회에서 보편적으로 경험된 바라는 점이다. 즉 앞에서 서술한 경향 자체는 한국 주택 체제의 독특성과 그에 상응하는 고유한 문제를 말해 주지 않는다는 것이다. 그것을 알기 위해서는 국제비교의 관점에서 한국 주택 체제의 특성을 자리매김하는 것이 필요하다.

## 부동산 비중과 자산 불평등 국제비교

먼저 가계자산 가운데 부동산 비중을 보자. 4절에서 좀 더 포괄적으로 비교하기 전에 일단 룩셈부르크 부 연구Luxembourg Wealth Study(이하 LWS) 그룹의 2006년 연구 결과를 보면, 총자산 가운데 부동산의 비중이 한국에서만 높은 것이 아니다. 조사 대상이 된 나라들 중에서 총자산 중 실물자산이 차지하는 비중은 스웨덴이 72%, 캐나다가 78%, 핀란드는 84%, 이탈리아는 85%에 이르고, 오직 미국만이 62%로 낮은 수준이다(Sierminska et al. 2006, 380). LWS의 조사 대상에는 포함되지 않았지만, 아시아에서는 일본이 미국과 유사한 구조를 갖고 있다. 이와이사코(Iwaisako 2009, 374)의 연구에 따르면 일본 가계의 총자산 중 금융자산의 비중은 부동산 거품이 한창이던 1987년에 불과 22.78%였던 것이 1993년엔 34.99%, 1996년엔 37.91%, 1999년에는 40.09%까지 상승했다.[7]

---

7_국내의 부동산 연구들은 한국에서 가계자산 중 부동산 비중이 크다는 것을 보여 주기 위해 흔히 일본, 미국 등을 비교 대상으로 삼는데(김수현 2008, 25; 선대인 2008, 65; 손낙구 2009, 229), 일본과 미국은 가계자산 중 금융자산 비중이 더 높은 예외적 사례일 뿐

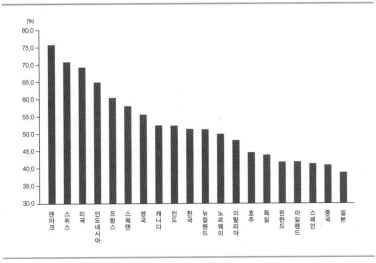

**그림 11-1 | 2000년대 초반 자산 집중도 국제비교(자산 상위 10% 가계의 자산 비중)**

자료: Davies et al.(2007, 22)에서 재구성.

　　자산 불평등도를 놓고 봐도 자산 불평등이 소득불평등보다 훨씬 심하다거나, 자산 불평등이 심화되어 왔다는 사실 자체는 거의 보편적인 현상이다. 이정우(2010, 259-275)는 1970~80년대 각국 자료에 근거한 연구들

아니라 또한 그것이 가계자산의 건전성을 뜻하는 것은 전혀 아니다. 미국은 주택 소유율이 높은 데다 캐시 아웃 리파이낸스 등 주택 담보 신용이 활성화되어 있어서, 광범위한 계층이 주택 가격 상승기에 대출을 하여 이를 다시 금융상품에 투자하는 방식으로 자산 증식을 시도했기 때문에 금융자산 비중이 높은 것이다. 일본에서 금융자산 비중이 높은 것은 1980년대 부동산 거품과 그 붕괴의 결과다. 일본에서도 1980년대 말까지 부동산 비중이 압도적으로 컸으나, 1990년대 초반 주택시장 붕괴에 이어 주택·토지 가격의 하락 추세가 10년 이상 지속되어 특히 청장년층을 중심으로 부동산 가치 상승에 대한 기대가 무너지면서 금융자산 비중이 증가했다.

을 인용해 "일반적으로는 한국의 부의 불평등이 대단히 큰 것으로 생각되지만 국제비교의 결과는 그런 느낌과 상당히 거리가 있다"(이정우 2010, 272)고 지적하고 있다. 여기서 이정우가 인용하고 있는 데이비스 등의 연구는 각국 자료의 생성 연도가 1970년에서 1988년까지 차이가 크고 낡은 것이라는 문제점을 갖고 있다. 하지만 2000년대 자료에 근거한 이들의 최근 연구 결과(Davies et al. 2007, 22)를 봐도 이정우의 인상은 여전히 유효하다(〈그림 11-1〉).[8] 흥미롭게도 미국·영국·캐나다 등 자유시장 주택금융 체제의 나라들 뿐 아니라, 덴마크·스웨덴·프랑스 등 조정시장경제와 발전된 복지국가 체제를 갖춘 나라들에서도 자산 집중도는 한국보다 더 높다.

물론 소득불평등에서와 마찬가지로, 자산의 경우에도 부의 집중도wealth concentration는 전체적인 부의 분포wealth distribution를 왜곡해서 보여 줄 가능성이 있다. 예를 들어 상위 10%의 집중도는 낮지만 나머지 90% 내에서 불평등도가 높은 경우가 그러하다. 그런 가능성을 고려하는 측정 수단 가운데 하나가 자산 지니계수다. 2000년을 전후한 통계를 기초로 한 LWS의 연구(Sierminska et al. 2006, 381)에서 조사 대상이 된 북미와 유럽 여러 나라의 가계 순자산 불평등도는 대단히 높게 나타났다(〈표 11-4〉). 한국에서 2006년도 순자산 지니계수가 0.66이었던 것(남상섭 2009, 67)과 비교

---

8_데이비스 등의 연구는 각국 통계자료를 수집해 수행한 것이며 자산 측정 방식의 일관성을 최대한 유지하고자 시도했다. 자료 생성의 시점은 대부분 1997~2002년 시기이며, 한국 사례만 예외적으로 1988년 자료(43.1%)를 사용했기 때문에 본 글에서는 2006년 통계청 〈가계자산조사〉 자료(51.9%)를 사용했다. 2000년대 초반에 지구적 수준에서 주택 가격이 상승하고 부동산 불평등이 심화되었음을 감안했을 때, 비교 대상이 된 모든 나라를 2006년 기준으로 표준화할 경우 한국의 자산 불평등도는 상대적으로 더 낮게 나타날 가능성이 있다.

**표 11-4 | 가계 순자산 지니계수 국제비교**

|  | 캐나다<br>(1999) | 핀란드<br>(1998) | 이탈리아<br>(2002) | 스웨덴<br>(2002) | 미국<br>(2001) |
|---|---|---|---|---|---|
| 지니계수 | 0.75 | 0.68 | 0.60 | 0.89 | 0.84 |

해 보면, 〈표 11-4〉의 결과는 놀라운 것이다. 특히 스웨덴이나 핀란드와 같이 가장 선진적인 복지국가이자 소득불평등이 세계에서 가장 낮은 수준인 나라에서 자산 불평등도가 한국보다 높다는 것은 주목할 만한 사실이다.[9]

이상의 사실들은 한국의 자산 불평등이 심각하지 않다는 것을 결코 의미하지 않는다. 중요한 것은 한국의 부동산 현실의 독특성이 가계자산 중 부동산의 비중 또는 높은 자산 불평등도 자체에 있지 않다는 것이다. 한국에서 부동산이 왜 그토록 엄청난 사회적 의미를 갖는지, 총체적인 사회 불평등에 왜 그렇게 큰 영향을 미치는지 설명하기 위해서는, 한국 주택 체제의 구조적 특성, 즉 '제도화된 분절 구조'의 독특성을 규명하는 과제로 나아가야 한다.

---

9_LWS 연구자들은 스웨덴의 경우 순자산이 전혀 없거나 오히려 네거티브한 가계의 비중(32%)이 비교 대상이 된 다른 나라들의 평균(23%)보다 훨씬 높고, 조사 방법이 17세 이상 젊은 연령층을 모두 독립적 가계로 간주했다는 점이 작용했을 것으로 예상했다. 그럼에도 불구하고 스웨덴은 주택 소유율이 꽤 높은 데다 주택 모기지 규모가 상당히 커서 주택 소유자 내의 자산 불평등, 주택 소유자와 공공 임대주택 생활자들 간의 자산 불평등이 높은 실질적 이유가 있다. 하지만 소득불평등도가 낮고 보편적 복지 제공이 포괄적이기 때문에, 자산 불평등이 실제적인 삶의 수준의 불평등으로 직결되지 않는다. 순자산이 0이거나 마이너스인 가계 비중이 큰 이유는, 그럼에도 불구하고 소득과 복지라는 경제적 원천이 받쳐 주기 때문이다.

# 4. 국제비교 관점에서 본 한국 주거 자본주의

## 주택금융 체제 국제비교 속의 한국

이 절에서는 앞의 2-2절에서 서술한 주택금융 체제 비교분석 이론 틀에
따라 주택 소유율과 모기지 규모라는 두 축을 중심으로 국제비교 관점하
에 한국 사례를 자리매김하고자 시도한다. 먼저 〈그림 11-2〉는 주택 소유
율을 국가별로 비교한 것이다. 이 그래프는 슈워츠·시브룩의 연구보다
더 최근의 2000년대 자료에 근거한 것이며, 또한 슈워츠·시브룩이 조사
대상에서 제외한 아시아, 남미, 동유럽 사회의 통계를 포함하고 있다. 여
기서 한국의 주택 소유 비율이 비교 대상이 된 27개국 가운데 24번째로
매우 낮은 수준이다. 슈워츠·시브룩의 유형론에서 주택 소유율이 낮은
조합주의 시장 유형과 국가주의-발전주의 유형 나라로 분류됐던 나라들
과 비교해 봐도, 덴마크와 독일을 제외하면 모두 한국보다는 주택 소유율
이 높다.

그렇다면 모기지 규모의 측면에서 한국이 어떤 위치에 있는지를 보
자. 한국은 1997년 아시아 금융위기를 계기로 주택담보대출 규모와 제2
모기지 시장(저당 대출 유통 시장)이 급속히 확대되기 시작한 대표적 사례
로 꼽힌다(Chiquier 2006). 정부는 민간은행들의 위험을 최소화하고 대출
능력을 높이며 금융자본의 유동성을 높인다는 목적을 위해 모기지 증권
화에 관련된 법적·제도적 장치들을 마련했다. 1999년에는 유동화 증권
발행을 위한 특수목적회사special purpose company; special purpose vehicle(약어 SPC;
SPV)로서 한국주택저당채권유동화주식회사Korea Mortgage Corporation(약어
KoMoCo)를 설립했는데, 이는 미국의 연방저당공사증권Fannie Mae이나 연
방주택담보대출공사Freddie Mac의 한국판이라 할 수 있다. 이후 2000년대
에 한국은 일본과 더불어 동아시아 지역에서 국내 발행 자산유동화증권

그림 11-2 | 전체 가구 중 주택 소유 비율 국제비교

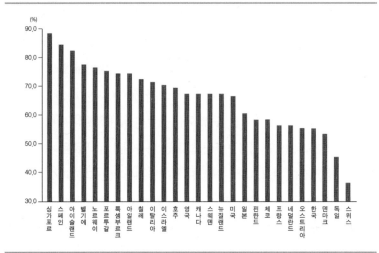

자료: 스페인, 벨기에, 포르투갈, 룩셈부르크, 아일랜드, 스웨덴, 체코, 프랑스, 네덜란드, 덴마크는 European Mortgage Federation; 노르웨이와 이스라엘은 UN Economic Commission for Europe; 이탈리아와 독일은 INSEE, Eurostat; 나머지는 각국 통계청; 한국을 제외하고 Perry(2010)에서 재인용. 한국은 2006년 통계청 〈가계자산조사〉 자료의 자가점유율 통계에 근거.

그림 11-3 | 국내총생산 대비 모기지 규모 국제비교

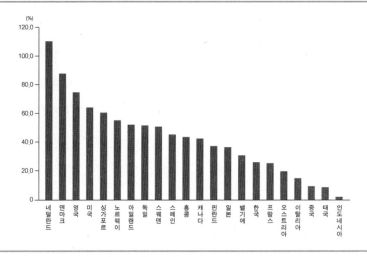

자료: 유럽, 북미, 일본은 Hypostat(2006); Schwartz & Seabrooke(2009, 16-17).
      한국, 싱가포르, 홍콩, 중국, 태국, 인도네시아는 Bank of International Settlements, Zhu(2006, 60).

11장_국제비교 관점에서 본 한국 주거 자본주의 체제의 특성 **435**

asset-backed securities(약어 ABS), 특히 주택저당증권mortgage-backed securities(약어 MBS)의 성장률이 가장 높은 나라 중 하나가 됐다(Gyntelberg & Remolona 2006, 67-68). 하지만 이런 경향에도 불구하고 한국의 모기지 시장은 상대적으로 늦게 확장되기 시작했기 때문에, 국제비교 관점에서 봤을 때 한국의 모기지 규모는 아직까지 큰 편이라고 할 수 없다(〈그림 11-3〉).

〈그림 11-3〉에서 확인할 수 있듯이 한국의 국내총생산 대비 모기지 시장 규모는 26.6%로 영국·미국·호주 등 자유시장 주택금융 체제의 나라들은 말할 것도 없고, 대륙 유럽의 대부분의 나라들, 그리고 싱가포르·홍콩·일본 등 아시아 나라들과 비교해도 훨씬 낮은 수준이다. 모기지 대출에 대한 규제를 보더라도, 한국에서 총부채상환비율Debt-to-Income ratio(약어 DTI)이나 주택담보대출비율Loan-to-Value ratio(약어 LTV)에 대한 규제는 다른 비교 대상 국가들에 비해 강한 편이다. 경제개발협력기구의 분석(OECD 2010, 89)에 따르면, 벨기에·네덜란드·핀란드·노르웨이·스웨덴·영국 등은 LTV 규제가 아예 없으며, 호주·캐나다·아일랜드·이탈리아·스페인·스위스·미국 등은 80%~85% 수준인 데 비해, 한국은 40%(투기지역)~60% 수준이다.

〈그림 11-4〉는 슈워츠·시브룩 이론에 따라 주택 소유율과 모기지 규모를 축으로 하되, 〈그림 11-2〉와 〈그림 11-3〉의 자료를 토대로 한국과 싱가포르[10] 등 아시아 국가들을 포함한 주거 자본주의 유형화를 시도한

---

10_ 〈그림 11-4〉에서 싱가포르는 형식적으로는 자유시장 유형에 포함되지만 다른 모든 나라들과 구분되는 독특한 체제를 운영하고 있다. 싱가포르는 공공주택이 전체 가계의 80%를 넘는 비중을 차지함에도 불구하고 주택 소유율이 세계 최대 규모다. 여기서 공공 주택은 주택개발국(Housing Development Board, HDB)의 관리하에 국가에 의

그림 11-4 | 주거 자본주의 체제의 국제비교

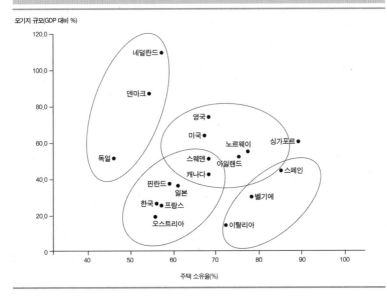

모기지 규모(GDP 대비 %)

것이다.[11]

해 공급되는데, 이는 공공 임대주택이 아니라 국가가 운영하는 의무적 저축 프로그램
인 중앙적립기금(Central Provident Fund, CPF)에 기여금을 납부하는 방식으로 구입
하는 주택이다. CPF는 의료보험 등을 포함하는 포괄적 사회보장제도이지만, 주택 마
련과 금융자산 투자 기능을 함께 갖고 있다.

11_〈그림 11-4〉는 한국·싱가포르 등 아시아 국가가 추가되었다는 점 외에도, 독일·스웨
덴·캐나다 등의 위치가 슈워츠·시브룩의 분석 결과(Schwartz & Seabrooke 2009, 9)
와 약간 차이가 있는데, 그 이유는 무엇보다 슈워츠·시브룩의 주택 소유율 자료와 이
논문이 〈그림 11-2〉에서 사용한 자료가 동일하지 않기 때문이며, 또한 슈워츠·시브룩
은 평균값으로부터의 편차(deviation)로 분류한 데 비해 〈그림 11-4〉는 직접적인 측
정값으로 배치했기 때문이다.

〈그림 11-4〉가 보여 주는 국가별 분포를 보면, 한국의 주거 자본주의 체제는 주택 소유율과 모기지 규모가 모두 상대적으로 낮은 '국가주의-발전주의 유형'에 속한다. 나아가 단순 수치상으로는 〈표 11-1〉에 제시된 각 체제 유형의 평균값에 견주어 볼 때, 한국은 국가주의-발전주의 유형 나라들의 평균값에 매우 근접하는 전형적 사례라고까지 말할 수 있을 것처럼 보인다. 하지만 질적인 측면에서 한국을 국가주의-발전주의 유형의 전형적 사례라고 말할 수 없는 두 가지 중요한 근거가 있으며, 바로 거기서 한국형 주거 자본주의의 독특성이 발견된다.

첫째, 슈워츠·시브룩이 충분히 주목하지 못한 제3의 변수, 즉 사회 임대주택의 비중을 분석의 중심으로 도입하게 되면, 한국이 국가주의-발전주의 유형의 대다수 나라들과 상당히 다른 주택 체제를 갖고 있음이 드러난다. 이 나라들은 주택 소유율이 높은 자유시장형이나 가족적 유형에 비해 공공 주택을 비롯한 사회 임대주택의 비중이 상당히 높은 반면, 한국에선 그 규모가 지극히 작고 '전세'라는 독특한 제도에 의해 민간 임대 세입자의 불안정성과 경제적 불이익이 제도화되어 있다. 그런 의미에서 한국 주거 자본주의는 국가주의-발전주의 체제가 아니라, 주택 소유자 중심의 발전주의 체제라고 할 수 있다.

둘째, 이미 1980년대부터 모기지 시장이 급성장한 유럽과 동아시아의 많은 나라들에 비해 한국의 모기지 시장은 1997년 금융위기 이후에야 뒤늦게 출발했지만 그 성장의 속도는 대단히 빠르다(Ong 2005). 그러므로 만약 주택 소유율이 단기간에 크게 오르지 않을 것이라 가정한다면, 한국 주거 자본주의는 국가주의-발전주의 유형에서 조합주의 시장 유형, 즉 네덜란드나 덴마크의 유형으로 서서히 접근할 것으로 예상할 수 있다. 그러나 조합주의 시장 유형의 나라들에서는 모기지 시장이 성장한 바로 그 역사적 시기에 공공 주택 보급이 대폭 확대되어 국가주의-발전주의 유형보다 더 높은 보급률을 보이고 있다. 그러므로 한국의 주택금융시장이 더욱 자유화될 경우, 앞에서 언급한 소유자 중심 발전주의 체제의 폐해는 더욱 심화될 것으로 전망된다. 다음 절에서는 이 두 가지 측면을 보다 세밀히 고찰한다.

## 한국 주거 자본주의의 특성: '소유자 중심 발전주의 체제'

한국은 형태상으로 국가주의-발전주의 유형에 가장 근접해 있으므로, 대륙 유럽의 이 유형 나라들과 비교해 한국 사례의 독특성을 찾아낼 수 있다. 특히 두 가지 차이가 중요한 의미를 갖는다.

첫째, 주택 비소유자 계층의 주거의 질과 안정성이라는 측면에서 중요성을 갖는 사회 임대주택의 양과 질에서 큰 차이가 있다. 한국을 제외한 국가주의-발전주의 유형의 나라들에서 전체 주택 공급 중 사회 임대주택 비중은 평균 16.8%로, 조합주의 시장 유형 다음으로 높은 수준이다. 이에 반해 한국은 2007년도에 공공 임대주택이 입주 기준으로 전체 주택 재고의 3.6% 수준이었으며, 이처럼 극도로 부족한 공급량에 상응해 극빈층 위주의 입주자 선정에 따르는 사회적 격리 현상이 발생하고 있다(김수현 2008, 168-169). 여기서 중요한 것은 사회 임대 비중이 단지 저소득층의 주거복지 문제에만 관련되는 것이 아니라, 주택 소유층/비소유층 간의 사회 계층화와 주택 소유에 대한 사회적 관념에 결정적 영향을 미친다는 점이다. 왜냐하면 사회 임대주택의 공급량이 적고 주거의 질이 낮아서 사회적 낙인 효과가 발생할 경우, 개별화된 민간 임대 계약에 의존하는 광범위한 세입자 계층은 집단적 이해관계와 정치적 정체성을 갖춘 사회 세력으로 형성될 수 없기 때문이다. 이들은 자신의 세입자 생활을 주택 소유층으로 진입하기 위한 '과도기적' 상태로 간주하며, 그렇기 때문에 자산가치가 있는 주택을 소유한 계층에 대해 비난과 열망, 열패감을 함께 갖는 경향이 생겨난다.

둘째, '국가주의-발전주의 유형'이라는 개념은 이 유형에 속하는 나라들이 국가주의와 발전주의의 속성을 '동시에' 갖고 있음을 뜻하는 것으로 이해될 수 없다. 이 개념은 각각 국가주의와 발전주의 성향을 강하게 띠는 나라들을 통칭하고 있는데, 이 점을 분명히 보지 못한 것은 슈워츠·시브룩의 큰 약점이다. '국가주의'는 주택금융시장에 대한 공적 개입이 강함을 뜻하는데, 이런 성향을 띠는 나라들에서 공적 개입은 이자율, 담보대출, 모기지 증권화, 리파이낸싱에 대한 규제에 그치지 않고, 공공 주택 보급과 관리, 임대주택의 계약 조건, 임대료 및 임대료 인상률의 상한선에 대한 규제 등을 모두 포괄한다. 이에 비해 '발전주의' 성향이 강한 나라들에서 주택금융시장에 대한 공적 개입은 그만큼 포괄적이지 않고, 그 대신 주택 건설과 주택시장 활성화를 경제성장의 정책적 수단으로 간주하는 경향이 강하다. 이는 '생산주의적 복지 체제' 이론이 강조하는 거시 정책적 전통과 일맥상통하는 것이다(Holliday 2000). 주택 공급 체제를 기준으로 국제비교 유형화를 시도한 돌링 등은 이런 특성에 주목해 '조합주의' 유형과 '동아시아' 유형을 구분했는데, 일본·한국 등 동아시아 유형에서는 토지 개발에 관한 국가의 통제권은 강한 반면, 주택 건설과 소비는 전적으로 사적 원리에 맡겨져 건설 기업, 투자 기업, 구매력 있는 사회계층에 의해 지배된다는 점이 두드러진다(Doling 1999; Ronald 2007).

이상을 고려했을 때, 한국은 형식적으로 국가주의-발전주의 유형과 유사한 거시 구조를 보임에도 불구하고, 주택 비소유 계층의 주거 안정성과 재정 안전성이 전혀 보장되어 있지 않고, 주거를 포괄적인 공적 복지의 한 기둥으로 간주하지 않는 '소유자 중심 발전주의 체제'라고 할 수 있다. 이 점에서 일본도 한국과 많은 유사성을 갖고 있다(Forrest et al. 2003;

Hirayama 2003). 사회학적 관점에서 봤을 때, 그와 같은 주택 소유자 중심의 발전주의 체제는 사회적 불평등 구조에 큰 영향을 미친다는 점이 중요하다. 이 체제하에서 주택금융 자유화와 모기지 시장의 성장이 지속되면, 이것이 공공 임대주택의 양적·질적 빈곤과 민간 임대 거주자의 불안정한 지위와 맞물려서 독특한 계층 구조화 효과를 낳게 된다. 즉 주택 소유 계층 내부의 다주택 소유자와 실수요자 계층 간의 자산 격차가 증가할 뿐만 아니라, 보다 근본적으로는 주택을 통해 자산을 축적하는 주택 소유 계층과 불안정한 주거 상황에 놓인 광범위한 주택 비소유 계층 간에 구조적 분리가 점점 더 깊어질 수 있다는 것이다.

손낙구(2009, 221)가 조사한 한국의 주거 계층 구조를 크게 범주화해 보면, 종합부동산세를 납부하는 상위 2%의 대자산 계층과 하위 극빈층을 제외하고 인구구성상 가장 큰 비중을 차지하는 두 개의 주요한 사회집단이 있음을 주목하게 된다. 그 하나는 종부세 대상이 아닌 54%의 주택 소유계층 중에서 최저 주거 기준 미달 가구인 5%를 제외한 약 49%의 계층이며, 다른 하나는 주택 비소유 가구 40% 중 극빈층인 4%를 제외한 36%의 계층이다. 최상위와 최하위의 소수 계층을 제외하고, 주택 소유층과 비소유층이 비교적 균등한 규모로 분할되어 있는 이 계층구조 형태 자체는 국가주의 유형이나 조합주의 시장 유형과 크게 다르지 않다. 하지만 주거의 질과 사회정치적 의미라는 측면에서 근본적인 차이가 있다.

그 차이의 핵심은, 한국의 경우 인구구성상 큰 비중을 차지하는 주택 비소유 계층이 주거 안정성, 경제적 합리성, 정치적 주체성, 사회적 지위의 모든 측면에서 극도로 취약하다는 사실이다. 그런 취약성을 설명해 주는 중요한 요인은 바로 전 세계에서 오직 한국에만 있는 독특한 민간 임대 형태인 '전세' 제도다. 전세 제도는 19세기 후반 조선의 한성을 중심으로 발달하기 시작한 원시적 임대차 제도인데, 일본 점령기에 일반화되기 시작해 해방 이후 산업화와 도시화 과정에서 인구 증가와 집중에 따르는 주택 수요의 급증을 해결하는 제도로서 전국적으로 확대됐다. 그리하여 1975년에 전체 가구 중 자가, 전세 비중이 각각 63.1%, 17.3%였던 것이 20년 후인 1995년에는 53.3%, 29.7%로 크게 변했다(박신영 2000, 43). 2000년대 들어 전세 비중은 하락했지만, 그 대신 전세와 월세의 중간 형태인 보증부 월세(전세금의 일부를 보증금으로 내고 나머지를 월세로 지급) 형태가 확산됐다. 2008년도 통계청 주거 점유 형태 조사 자료에 따르면 전세 가구는 전체 가구의 18.9%, 보증부 월세를 합하면 전체 가구의 34.6%가 전세 혹은 유사 전세 형태로 거주하고 있다.

전세 제도는 세입자의 관점에서 보면 월세처럼 비용을 지출하는 것이 아니라 일종의 '저축'을 하는 제도라는 점에서 유리한 측면이 있으며, 주택 구매를 위한 중요한 기초 자금으로 기능해 온 점이 분명 있다. 하지만 전세 제도는 사회적·경제적·정치적 측면에서 총체적으로 임대 생활자 계층의 지위와 권력을 약화시킨다. 첫째, 계약 기간이 일반적으로 2년이고, 주택 소유주의 일방적 계약 해지를 방지하는 법적 규제 장치가 없기 때문에 전세 거주자는 주거의 지속성과 안정성이라는 측면에서 극도로 열악한 위치에 있다. 둘째, 주택금융의 자유화와 주택 자산화가 진행되면서 주택 가격이 크게 상승함에 따라, 주택 소유주와 전세 생활자의 자산 불평등은 더욱 벌어지게 된다. 나아가 임차인이 임대인의 투자(투기) 자금을 대주는 제도라는 점에서 사회적 정의正義를 크게 침해한다. 셋째, 전세는 철저하게 개인 간의 사적 계약관계로 남겨져 있기 때문에 정치과정과 공론장 내에서 공적이고 정치적인 의제로 제기되지 못한다는 비결정 non-decision의 문제가 있다. 이상과 같은 총체적인 취약성으로 인해, 주택 비소유 계층은 주거 문제의 공적 해결보다는 주택 소유 계층으로 하루라도 빨리 진입하는 것을 절대적 과제로 삼게 된다. 주택 제도와 주거 계층이 사적 부문과 공적 부문이라는 두 독자적 영역으로 분할되어 있는 대륙 유럽의 많은 나라들과 달리, 한국에서는 모든 계층이 '주택 소유자 사회'의 이상을 추구하는 경향을 갖게끔 하는 구조적 환경이 있는 것이다. 그리고 이것이 '욕망의 정치'가 터한 사회구조적 기반이다.


## 대륙 유럽의 국가주의 및 조합주의 시장체제

이제까지 한국 주거 자본주의의 특성을 서술했다면, 이제 그 관점에서 국가주의 성향이 강한 대륙 유럽 사회들의 주택 체제가 한국과 어떻게 다른지를 고찰해 보자. 대표적 사례라고 할 수 있는 프랑스에서는 자유시장 부문과 사회적 부문의 분절이 특징적이다. 2000년대에 자가 주택이 전체 주택 공급의 약 55~58%를 차지하고 있고, 사회 임대주택이 약 38~39%를 차지한다. 시장 부문에서 주택의 자산화가 급속하게 진행되고 있지만, 사회 임대주택에 대한 지원은 여전히 정치적으로 매우 중요한 이슈로 남아 있다(Pollard 2009, 175-181). 스웨덴은 대표적인 복지국가면서도 1980년대 중반에서 1990년대 초반에 이르는 시기에 부동산시장의 급격한 호황과 붕괴를 경험했고, 모기지 시장이 일찍이 성장했을 뿐만 아니라 지금도 상당히 큰 규모라는 점에서 자유시장 유형에 근접한 성격을 갖고 있다. 하지만 중요한 차이가 있는데, 주택 복지가 가족과 아동에 대한 보편적 복지 제공의 핵심 기둥이 되어 왔다는 점이 그것이다. 그래서 1970년대에서 오늘날에 이르는 수십 년 동안 한편으론 사적 영역에서 주택 소유가 급성장해 왔으면서, 다른 한편에선 공공 주택 보급이 대폭 확대되어 온 '스웨덴 주택 역사의 역설'이 관찰된다. 이 과정에서 크게 축소된 주거 형태는 민간 임대주택이다(Andersson 2007, 231-233).

한편 주택금융시장이 점점 더 자유화되고 있는 한국의 변화 추세가 지속된다면, 점차 네덜란드·덴마크·독일 등 조합주의 시장형으로 접근해 갈 가능성이 있다. 조합주의 시장 유형은 주택금융시장이 크게 발달해 있음에도 불구하고 사회 임대주택 비중이 평균 20.7%나 돼서 모든 유형 가운데 가장 높고, 비교적 평등한 소득분배와 높은 사회보장비로 자산 불평등의 폐해를 완화시키고 있다는 것이 특징이다. 이 유형의 대표적 사례인 네덜란드에서는 1990년대 초반부터 모기지 시장이 급속도로 성장해 오늘날 모기지 규모가 국내총생산을 넘어서는 지구상 유일한 나라가 됐지만, 그럼에도 불구하고 자유시장형으로 나아가진 않았다.

그것이 가능했던 가장 큰 이유는 주택 소유율이 높아지는 동시에 사회 임대주택 비중 역시 오히려 동반 상승했기 때문이다. 1986년에 자가주택, 민간 임대, 사회 임대 비율이 각각 43%, 28%, 29%였다면 2005년에는 55%, 10%, 35%가 됐다(Aalbers 2009, 156-161). 특히 하위 소득 계층일수록 사회적 임대주택 비중이 늘었지만, 2002년 통계로 여전히 소득 중위값 이하 계층의 약 절반이 사회 임대주택에 거주하고 있다. 이처럼 사회 임대주택은 중산층의 다수가 거주하는 주거 형태기 때문에, 다수 네덜란드인들은 소득 감소 등으로 내 집 마련에 실패할 경우 사회 임대주택이라는 '공적 안전망'으로 쉽게 진입한다(Toussaint & Elsinga 2007). 덴마크에서도 2000년대 들어 주택금융의 자유화가 크게 진행됐음에도 불구하고, 여전히 인구 다수의 기본 관념은 많은 세금을 내서 국가를 통한 공적 복지를 실현한다는 거시적 합리성 모델을 선호한다(Mortensen & Seabrooke 2009). 말하자면 조합주의 시장 유형 사회에선 주택 자산 시장이 발달해 있지만, 공적 영역이 주택 체제의 또 하나의 큰 기둥으로 자리 잡고 있는 것이다.

이처럼 대륙 유럽의 국가주의 및 조합주의 시장 유형의 나라들은 공통된 특성을 보여 주고 있다. 즉 이 나라들에선 1980년대 이후 세계자본주의의 금융화와 복지국가의 위축이라는 지구적 환경 속에서 주택금융시장 자유화와 주택의 자산화 경향이 꾸준히 진행되어 왔음에도 불구하고, 바로 그 과정에서 공공 임대주택 보급을 더욱 확대하고 세입자 계층에 대한 제도적 보호를 강화하며 포괄적인 복지 체제로 주택 비소유 계층의 주거 및 재정 안전성을 보장해 왔다는 것이다. 그것이 가능했던 것은 복지국가와 국가의 공적 기능이 발달했던 이 나라들의 제도적 전통과 경로의존성으로 많은 부분 설명된다. 하지만 앞에서 서술한 바와 같이 이 나라들에서 주거와 관련된 공적 안전망은 처음부터 포괄적으로 발전되어 있었던 것이 아니라, 주택의 자산화가 진전되는 과정과 동시적으로 확대되어 온 것이다. 그런 의미에서 제도적 경로의존성만큼이나 정치적·정책적 비전과 전략이 중요한 역할을 했다고 볼 수 있으며, 그것은 또한 정치·사회 세력들 간의 힘 관계에 의해 영향 받는다. 주택을 사적 자산이자 투자 대상으로 간주하는 하나의 힘과, 주택은 사회적 권리이자 공적 복지의 대상이라고 믿는 다른 하나의 힘이, 문화와 정치의 장에서 밀고 당기는 경합을 하고 있으며, 그 경합의 결과가 주택 체제의 미래를 결정한다.


## 5. 전망과 대안

한국 주택 체제에 대해 대체로 두 가지 비판적 관점이 있어 왔다. 하나는 1997년 금융위기 이후 '신자유주의' 체제가 자리 잡았으므로 시장원리를 규제해야 한다는 것이었고, 다른 하나는 이른바 '토건 5적'으로 불리는 발전주의 동맹을 해체하고 투명한 시장원리로 개혁해야 한다는 것이었다. 이 글은 이 두 가지 관점이 동일한 체제의 일면을 보고 있음을 보여 줬다.

한국 주거 자본주의에서는 인구의 약 절반을 차지하는 주택 소유 계층만
이 자유화된 주택금융시장 안에서 그 혜택과 위험을 공유하고, 나머지 절
반은 전세라는 원시적 민간 임대 제도에 묶여 있다. 그리고 발전주의 동맹
은 기득권 카르텔을 강화하기 위한 하나의 수단으로서 신자유주의 정책
들을 도입해 앞의 절반을 투자자로 불러들였고, 뒤의 절반에겐 모든 사회
정치적 권리를 박탈한 채 내 집 마련의 열망을 끊임없이 불러일으켜 왔다.
이 글이 한국 주거 자본주의를 (최소국가적) '신자유주의'도, (국가 중심적)
'발전주의'도 아닌, '소유자 중심 발전주의 체제'로 명명하는 이유가 여기
에 있다.

한국에선 금융화된 주택시장의 외부에 놓인 계층이 광범위하며, 바로
내부/외부 경계선에서 '금융화의 일상 정치'(Hobson & Seabrooke 2007)
가 작동한다. 즉 주택 비소유 계층이 자유화되어 가는 주택금융 체제 내부
로 진입하길 열망하고 궁극적으로 '주택 소유자 사회'를 추구할 것이냐,
아니면 주택 비소유 계층이 삶의 질과 사회적 지위, 정치적 발언권의 측면
에서 주택 소유층과 비교적 동등한 위치에 설 수 있는 사회로 개혁을 추구
할 것이냐를 놓고 정치의 공간이 열리는 것이다. 이 측면에서 한국의 현실
은 분명 전자의 방향으로 크게 기울어 있으며, 이는 중산층과 대기업 정규
직 노동자의 일부를 포함한 많은 계층이 미약한 노동 정치와 복지 정치를
희생해서라도 주택 자산에 접근해 '투자자 잉여'investor surplus[12]를 획득하

---

12_영국의 경제지리학자 스토퍼(Storper 2001)는 도시 임노동자들이 임금 정체 등 '노동
　자로서의 불이익'을 감수하고서라도 소비재 가격의 하락으로 기대되는 '소비자로서의
　이익'을 추구하는 경향을 '소비자 잉여'(consumer suplus)라고 개념화했는데, 필자는
　이를 자산 투자 영역에 적용해 사용했다.

그림 11-5 | 네 가지 정책 방향에 따른 한국 주택체제 변형 경로

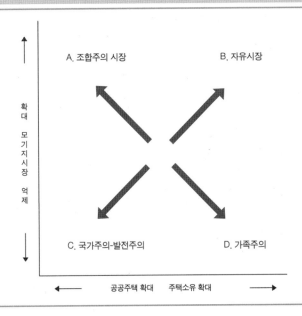

려는 유혹에 노출되어 있음을 뜻한다. 소유자 중심 발전주의 체제하에서
는 모든 계층이 주택 소유에 대한 열망을 강렬하게 갖게 되며, 주택 자산
시장의 중심부에 놓인 계층이 다른 모든 주변부 계층에게 지적·도덕적·
문화적 헤게모니를 행사한다. 노른자는 '위너'고, 흰자는 '루저'가 되는 것
이다. 이처럼 철저히 위계화된 분절 구조로 인해, 한국은 자유시장형 체
제가 아니면서도 자유시장형 체제의 '멤버'가 되려는 열망이 그토록 강렬
한 것이다.

이상의 분석 결과를 토대로 미래를 전망해 보면, 몇 가지 가능한 정책
적 대안들을 실행했을 때 한국 주택 체제의 성격이 어느 방향으로 나아갈
것이며, 그에 따르는 강점과 약점이 무엇일지를 가늠할 수 있다. 〈그림
11-5〉에서 X축은 주택 소유율을 높이는 방향이냐 공공 주택 공급을 확대

하는 방향이냐의 차원이고, Y축은 모기지 시장을 더욱 확대하는 방향이냐 억제하는 방향이냐의 차원이다. 슈워츠·시브룩의 분석 틀과 기본적으로 유사하지만, 한국 사례의 특수성을 반영해 주택 소유율의 높고 낮음만 고려하는 것이 아니라 공공 주택 보급 확대 여부를 도입했다는 점에서 차이가 있다.

〈그림 11-5〉에서 B의 방향은 시장주의자들이 선택할 수 있는 포퓰리즘적 정책 대안이다. 즉 모기지 시장을 더욱 확대하고 자유화하되, 주택 소유율을 높여 더 많은 계층이 신용과 자산에 접근할 수 있도록 해야 한다고 주장할 수 있다. 이 경우 국내외적 주택시장과 금융시장의 확장기에는 폭넓은 계층이 부와 수비 수준을 증진시킬 수 있고 고용과 성장 효과를 노릴 수 있다. 그러나 주택 소유 계층 내부에서 자산의 규모와 질에 따라, 또한 주택 소유 계층과 비소유 계층 간에 불평등이 심화될 가능성이 크며, 보다 근본적으로는 이미 많은 나라들이 경험했던 재앙적인 부동산 폭락과 금융위기의 위험에 경제체제 전체와 인구의 다수가 심각하게 노출될 수 있다. 한편 주택 소유율을 높이면서 주택금융에 대한 규제를 강화하는 D의 옵션은 부동산 투기에 부정적 태도를 보이면서 동시에 주택 소유에 대한 열망을 갖고 있는 주택 비소유자 계층의 욕구에 부합할 수 있다. 하지만 이 경우 모기지 가능성이 좁은 조건하에서 다수의 서민층이 주택 구매 비용을 어디서 찾을 수 있을 것인가라는 문제가 발생한다. 이탈리아, 스페인, 벨기에처럼 가족적인 세대 간 자산 이전에 의존하는 것이 바람직한 미래는 아닐 것이다.

A의 방향, 즉 조합주의 시장형 대안은 금융시장을 위축시키지 않으면서 주택 비소유 계층의 주거 안정과 생활수준을 높일 수 있다는 장점이 있다. 하지만 한국이 이 체제를 지향하면서 주택 비소유 계층을 사회적으로 배제시키지 않으려면, 네덜란드처럼 공공 주택 보급률을 30~40% 수준으

로 올리거나 독일처럼 민간 임대 세입자 보호를 강력하게 하기 위해 전세 제도를 근본적으로 개혁해야 한다. 또한 주택시장 활성화로 인한 자산 불평등 심화를 상쇄할 만한 수준의 소득 보장과 사회보장을 제공할 수 있어야 한다. 이상의 과제는 주거 체제의 차원을 훨씬 넘어, 한국 사회제도 전반의 큰 변화를 요구한다. C의 방향은 주택금융시장에 대한 규제와 억제를 강화하면서, 공공 주택 보급률을 15% 내외 수준으로 확대하고 공공 주택의 주거의 질을 개선하는 길이다. 이 대안은 현재의 발전주의 체제를 혁명적으로 해체하지 않고 주택과 주거 문제를 개선할 수 있는 가장 유력한 대안이다. 하지만 이것이 정치적으로 성공을 거두기 위해서는 두 가지 벽을 넘어야 한다. 주택금융시장을 억제하면서 자본의 흐름을 실물경제 영역으로 성공적으로 전환시켜, 성장과 고용의 대안적 원천을 찾는 것이 하나의 과제다. 다른 하나는 공공 임대주택을 '중산층이 선택할 수 있는' 양과 질로 공급함으로써 모기지 억제로 인해 발생할 수 있는 주택 구입 희망 계층의 불만을 해소하고, 이들이 주택 구입 비용 대신 소비를 증대하고 신용 자산을 축적하는 방식으로 부의 균형을 도모할 수 있게끔 하는 일이다.

특히 강조되어야 할 것은 '주택 소유'가 모든 계층, 특히 중산층에게 발휘하는 매력이야말로 현 체제를 개혁하려는 정치적 기획에 큰 장벽이 될 것이라는 점이다. 이 문제를 해결하지 않는 채, 자산 상위 계층(투기 규제, 조세)과 하위 계층(주거복지)에만 집중된 정책을 펼친다면 중산층의 정치적 반발에 직면할 가능성이 높다. 이들은 '내 집'을 갖고 싶고, '전세살이'를 벗어나고 싶어 한다. 이 욕구에 대한 대안을 제공하지 않는다면, 아래로부터의 정당성 압력 때문에 자유시장 체제나 가족주의 체제로 떠밀려갈 가능성이 있다. 벨기에에서 주택 소유율이 80%에 육박할 만큼 높아지게 된 까닭은 공공 주택 보급률이 5%를 넘지 못한 사회적 조건 위에서 사람들에게 "다른 대안이 없었기 때문"이다(De Decker 2007, 35). 스웨덴이나 독일에서 여전히 많은 사람들이 자가 소유가 절대적으로 더 나은 거주 형태라고 생각하지 않는 이유는 사회 임대주택이 그만큼의 양과 질을 갖추고 있거나(Andersson et al. 2007), 세입자의 주거 안정과 재정 안전성을 보장하는 강력한 제도가 있기 때문이다(Toussaint et al. 2007). 주택 비소유 계층을 위한 일련의 정치적 비전과 정책들은 단지 저소득층 주거 보장을 위한 잔여적 복지 수단이 아니라, 자유화되어 가는 주택금융 체제와 주택 자산 시장의 사회적 지배력을 제어하는 공적 부문의 중요한 기둥으로 간주되어야 한다. 또 그것을 통해서만 저소득층의 공간적 게토화와 사회적 고립을 극복할 수 있다.

제 3 부

노동, 복지, 교육

# 12장

# 민주 정부 고용정책의 성과와 한계 그리고 대안

전병유

## 1. 서론

민주 정부는 외환위기와 함께 출범했다. 즉 대량 실업과 고용 불안을 해결해야 할 과제로 안고 시작했다. 민주 정부는 대량 실업의 문제를 빠르게 해결했지만, 노동시장에서의 고용구조의 급격한 변화에 대응해야 한다는 또 다른 과제에 직면했다. 민주 정부 이전에는 사실상의 고용정책이 존재하지 않았다고 보아야 할 것이다. 외환위기 이전 그나마 준비되었던 것은 1995년에 도입된 고용보험제도 정도였다고 할 수 있다. 그것은 완벽한 형

---

● 이 글은 "민주 정부 10년의 사회정책" 준비 보고서에 제출된 글을 수정·보완한 것이다.

태가 아닌 매우 제한적인 형태로만 준비되어 있었다. 민주 정부는 외환위기에 따른 대량 실업과 경제 시스템의 전환 과정에서 초래된 고용 시스템의 급격한 변화에 대응해야만 했다. 민주 정부 10년을 거치면서 매우 많은 고용정책 대안들이 도입·집행되었다.

〈근로기준법〉 개정이나 근로시간 단축과 같은 노동시장 규제와 관련된 제도, 실업급여나 근로장려세제 등 고용 안전망과 관련된 사회적 보호 제도, 직업훈련이나 고용서비스와 같은 적극적 노동시장 정책 등 수많은 정책들이 도입되었다. 우리나라의 근대화 과정에서 실행해 보지 못했던 다양한 정책들이 도입되고 기존의 정책들이 개혁되는 과정에서 적지 않은 시행착오도 있었지만, 실업과 고용 문제에 대응하기 위한 제도적 틀을 단시간 내에 완성했다는 것은 커다란 성과로 볼 수 있다. 그러나 외환위기 전후 우리나라 고용구조가 너무나 급격하고 빠르게 변화하는 과정에서 정책들의 효과성에 의문이 제기되기도 했고 빠른 변화에 제대로 대응하지 못한 한계도 안고 있었다.

이 글은 민주 정부 10년간의 노동시장의 변화를 간단하게 검토하고, 민주 정부가 추진한 고용정책의 방향 그리고 성과와 한계 등을 검토하고 향후 보완되어야 할 정책 대안 과제들을 제시해 보고자 한다.

## 2. 외환위기 이후 노동시장의 변화

외환위기를 거치면서 우리나라 노동시장의 문제는 임금에서 고용으로 전환되었다. 외환위기 이전 노동시장에서의 문제는 임금과 생산성을 둘러싼 노사 간 대립과 갈등이 주된 쟁점이었다. 그러나 1997년 외환위기로

그림 12-1 | 실업자 수와 취업자 수 증가 추이

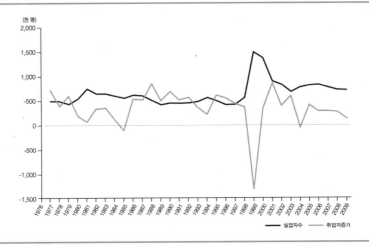

자료: 통계청, 〈경제활동인구조사〉; 전병유(2010)에서 인용.

1960년대 이후 한국 경제는 최대의 위기 상황을 맞게 된다. 1998년 취업
자 수는 127만6천 명이나 감소했고 실업자는 연평균으로 149만 명까지
증가했다(〈그림 12-1〉). 외환위기를 거치면서 실업률은 90년대의 2%대,
50만 명 수준에서 4%대 70만 명 이상 수준으로 한 단계 높아졌다.

그러나 1998년 집권한 민주 정부의 적극적인 실업 대책과 전 세계적
인 경기회복으로 대량 실업은 빠르게 줄어들었다. 2000년 이후 노동시장
의 문제는 실업 문제에서 고용 양극화와 근로빈곤working poor 문제로 넘어
갔다. 외환위기 이후 실업률이 지속적으로 떨어져 3%대를 유지하고 있
고, 매년 일자리가 30만 개 전후 창출되었지만, 노동시장에서 대기업-정
규직 부문과 중소 영세 기업-비정규직 취약 근로자 부문 사이의 격차가
지속적으로 확대되고, 고용 불안과 저임금으로 최저 생계가 보장되지 않
는 근로빈곤의 문제가 심화되었다. 또한 노동시장의 문제가 단순히 일자

그림 12-2 | 경제활동 참가율과 고용률 추이

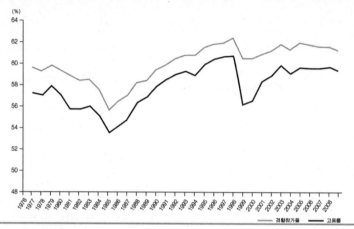

자료: 통계청, 〈경제활동인구조사〉; 전병유(2010)에서 인용.

리를 구하려는 사람이 일자리를 찾지 못하는 문제에 한정되지 않았다. 고
령화와 저출산의 문제가 본격화하기 시작했다.

　이런 노동시장의 구조 변화를 잘 나타내는 지표는 실업률보다는 고용
률이었다. 우리나라 고용률은 1984년 54.6%를 기록한 이후 지속적으로
상승해 1997년에는 60.9%로 최고치를 기록한 이후 2013년 현재, 60%를
넘지 못했다(〈그림 12-2〉). 이는 한편으로는 노동 수요 측면에서 고용 창
출력의 전반적 저하에 기인하고, 다른 한편으로는 노동 공급 측면에서 외
환위기로 인한 실망 실업, 청년 무직자의 증가, 여성 경제활동 참가율의
정체, 고령자 고용 참가율의 감소, 등에 기인하는 것이었다. 외환위기 이
전 적어도 40~50만 개 일자리가 만들어졌지만, 외환위기 이후에는 30만
개의 일자리를 만들어 내는 것도 어려워졌다. 전반적인 고용 창출력이 떨
어진 것이다. 또한 여성들의 경제활동 참가율도 50%를 넘기지 못하는 정
체 상태가 지속되었고, 외국과 비교해서 상대적으로 고용률이 높았던 고

그림 12-3 | 실업률 추이

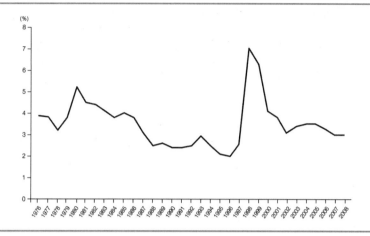

자료: 통계청, 〈경제활동인구조사〉; 전병유(2010)에서 인용.

령자의 경우에도 고용률이 점차적으로 낮아지기 시작했다. 또한 청년들의 경우에도 교육 기간과 취업 준비 기간의 증가로 고용률이 감소했다.

2013년 현재, OECD 평균 대비 상대적으로 높은 고령자 고용률은 높아지는 반면, OECD 평균 대비 상대적으로 낮은 여성과 청년층의 고용률은 정체 상태이거나 낮아지고 있다. 이는 고용의 질이 전반적으로 떨어지면서, 빈곤과 생계 문제에 몰린 고령층들의 노동시장 진입이 상대적으로 높아지는 반면, 양질의 일자리 부족으로 여성과 청년층은 노동시장으로 나오지 못하고 있기 때문이다.

한편, 대기업과 중소기업 그리고 정규직과 비정규직 간의 격차도 지속적으로 확대되었고 양 부문 간의 이동도 제한되고 있다. 중소기업의 임금은 대기업의 60% 수준, 비정규직의 임금도 정규직의 60% 수준 이하로 떨어지고 있다. 노동시장에서의 하층에 존재하는 취약 근로자들의 처지는 외환위기 이후 더욱 어려워졌다. 중위소득의 60%를 벌지 못하는 근로

빈곤층의 비율은 1997년에 15.7%에서 2004년에는 18.0%로 증가했다. 특히 우리나라의 경우, 빈곤으로부터의 탈출률은 상대적으로 높지만, 반복 실업, 반복 빈곤의 형태로 빈곤의 문제가 동태적으로 해결되지 못하는 현상이 뚜렷해졌다. 경제성장이 고용을 견인하지 못하는 고용 없는 성장과 고용이 빈곤을 해결하지 못하게 되었다.

즉 외환위기 이후 고용 창출은 양질의 일자리보다 낮은 질의 일자리 중심으로 고용 창출이 이루어지면서 성장과 고용 그리고 빈곤 감소 간의 관계가 단절되었다. 외환위기 이후 양질의 일자리 감소와 낮은 질의 일자리 증가라는 현상은 매우 뚜렷하게 나타났다. 안정적인 고용과 상대적 고임금 그리고 경력 개발 기회가 보장되는 대기업, 공기업, 금융업 등 주요 기업들에서의 고용이 현저하게 감소했다. 양질의 일자리의 대안적 형태라고 할 수 있는 벤처기업 부문의 경우에도 외환위기 이후 고용이 증가했으나 2001년 이후 정체 국면을 벗어나지 못했다. 반면 저임금 근로자 비중은 선진국 중에서 가장 높은 수준인 미국보다도 높은 수준이다. 중위 임금의 3분의 2 이하인 저임금 근로자의 비중은 미국이 약 25% 정도이지만, 우리나라의 경우 2010년 현재, 26~27%까지 증가했다.

이런 고용의 양의 정체와 고용의 질의 하락은 일자리 구조의 양극화를 초래하고 있다. 1990년대 이후 새로 만들어지는 일자리의 구조도 중간 일자리가 사라지고 하위 및 상위 일자리가 증가하는 매우 뚜렷한 U자 형태의 양극화 현상을 나타내고 있다. 임금 소득에서 불평등을 나타내는 10분위 임금수준 대비 50분위 임금수준(P50/P10)은 우리나라가 2.00을 넘어서 불평등도가 높은 미국이나 캐나다 수준을 능가하고 있다. 정규직과 비정규직 간, 대기업과 중소기업 간, 제조업과 서비스업 간 임금격차가 2000년 이후 지속적으로 확대되면서 단순히 소득불평등도의 확대보다도 사회적 갈등의 정도를 더 정확하게 나타내는 양극화 지수의 증가 속도가

그림 12-4 | 실질임금 상승률 추이

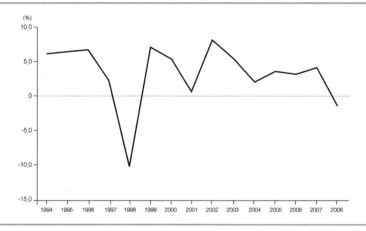

자료: 통계청, KOSIS에서 작성.


더욱 빠른 것으로 나타나고 있다.

이런 고용의 양극화 현상뿐만 아니라 외환위기 이후 뚜렷하게 나타나는 현상 중의 하나는 고용 불안이 크게 증가하고 있다는 사실이다. 외환위기 이후 전반적으로 노동 유동화 현상이 강화되면서, 실업을 경유하지 않는 직장 이동job-to-job movement을 포함할 경우 매월 임금 근로자 10명 가운데 1명이 노동이동을 경험하게 되었다. 또한 실업을 경험하지 않는 직장 이동을 경험하는 임금 근로자 8명 가운데 1명은 산업과 직업의 변화를 동반한 경력 간 이동을 경험하고 있다. 특히 직장 상실자의 대부분이 재취업시 큰 폭의 임금 하락을 경험하고 있다. 실업을 경험하지 않은 임금 근로자에서도 산업 간 이동을 경험하는 근로자는 임금이 9.6%, 산업과 직업 모두 변화한 근로자는 임금이 5.8% 감소하는 것으로 조사되고 있다. 이는 고용 유연화에 따른 노동이동의 증대가 노동력의 효율적인 재배분을 통해 노동시장의 효율성을 제고하기보다 개별 근로자의 고용 불안정 및 임

표 12-1 | 소득 분배 지표 추이(도시 가구, 1인 가구 및 농가 제외)

| | 시장소득 | | | 가처분소득 | | |
|---|---|---|---|---|---|---|
| | 지니계수 | 5분위 배율 | 상대적 빈곤율 | 지니계수 | 5분위배율 | 상대적 빈곤율 |
| 1996 | 0.272 | 4.17 | 9.6 | 0.264 | 3.99 | 8.8 |
| 1997 | 0.268 | 4.09 | 9.3 | 0.262 | 3.94 | 8.9 |
| 1998 | 0.295 | 4.94 | 12.2 | 0.287 | 4.72 | 11.7 |
| 1999 | 0.303 | 5.13 | 13.1 | 0.294 | 4.88 | 12.4 |
| 2000 | 0.286 | 4.58 | 10.8 | 0.272 | 4.19 | 9.8 |
| 2001 | 0.299 | 4.92 | 11.8 | 0.286 | 4.51 | 10.6 |
| 2002 | 0.298 | 4.92 | 11.4 | 0.284 | 4.50 | 10.3 |
| 2003 | 0.295 | 5.06 | 12.8 | 0.282 | 4.56 | 11.3 |
| 2004 | 0.301 | 5.23 | 13.7 | 0.285 | 4.64 | 12.0 |
| 2005 | 0.304 | 5.41 | 14.1 | 0.286 | 4.73 | 12.3 |
| 2006 | 0.313 | 5.72 | 14.7 | 0.292 | 4.85 | 12.5 |
| 2007 | 0.324 | 6.12 | 15.6 | 0.300 | 5.08 | 13.0 |
| 2008 | 0.325 | 6.20 | 15.4 | 0.298 | 5.00 | 12.6 |

주: 상대적 빈곤율=소득이 중위소득의 50% 미만인 계층이 차지하는 비율.
자료: 통계청, KOSIS.

금 저하를 야기할 가능성을 보여 주는 것이다.

외환위기를 거치면서 실질임금 증가율도 큰 폭으로 하락했다. 〈그림 12-4〉에서 보면 1998년에 실질임금은 10%나 감소했다. 이런 대량 실업과 임금 하락은 바로 빈곤 확대로 이어졌다. 〈표 12-1〉에서 보듯이, 지니계수는 1997년 0.268에서 1998년 0.295로 급격히 증가했고, 상대 빈곤율이 1997년 9.3%에서 1998년에는 12.2%로 급증했다. 실직, 실업, 전직 등 고용 사정 변동에 기인하는 빈곤 인구는 전체 빈곤 인구의 7.3% 정도로 추정되었다. 여기에 고용 불안 계층의 증가와 임금의 전반적 감소 등이 빈곤 인구를 크게 증가시켰다. 이는 경기회복으로 외환위기가 극복되었음에도 빈곤은 감소하지 않았다.

이런 고용률의 정체, 양질의 일자리 감소 및 낮은 질의 일자리 증가, 고용의 양극화, 근로빈곤층의 확대 등 고용의 위기 현상들은 모두 상호 연관되어 있으며 매우 구조적인 현상으로 자리 잡게 되었다. 기존 산업구조의 성숙화로 인해 성장 잠재력과 성장의 고용 효과가 전반적으로 하락하는 상황하에서, 대기업과 공공 부문의 고용 창출력 저하, 영세 서비스업 및 자영업 부문의 과잉 팽창에 따른 축소 조정 등이 고용 위기의 수요 측면이라고 할 수 있다. 또한 노동 공급 측면에서는 여성 특히 고학력 여성의 경제활동 참가율 정체가 고용률의 저하와 고용의 질의 저하의 주요 원인으로 작용하고 있다. 한편, 대기업들의 인적 자원 투자에 기반한 고숙련-고부가가치 전략의 부족, 영세 자영업자, 중소기업 근로자, 비정규직 근로자 비중 증가, 고학력 여성들의 낮은 경제활동 참가율 등은 전반적으로 고용의 질을 떨어뜨리고 고용구조를 양극화시키는 요인으로 작용하고, 이런 낮은 고용의 질은 생산성 향상 저해 요인으로 작용하고 저임금 근로 계층의 증가는 복지 부담의 증가 요인으로 작용하는 악순환을 초래하게 되었다.

외환위기 이후 국민의 정부의 구조조정과 경기회복 정책으로 대량 실업에 대한 대처가 급했다면, 참여정부의 일자리 정책은 고용률 정체와 노동시장 양극화라는 새로운 환경 변화에 적극적으로 대응하기 위한 것이었다. 외환위기와 더불어 국정 운영의 책임을 맡은 민주 정부가 고용과 관련된 모든 문제들을 단시간에 해결하기에는 매우 어려운 구조적인 환경에 직면했다고 볼 수 있다.


## 3. 민주 정부 노동시장 정책의 지향과 목표

민주 정부는 민주주의와 시장경제의 병행 발전을 목표로 했다. 따라서 시대적 상황과 과제에 대응한 민주 정부 노동정책의 기본 정책 지향은 노동시장의 유연화와 사회적 보호의 결합, 그리고 이를 위한 사회적 대화와 타협이라고 할 수 있다. 국민의 정부는 사회통합적 구조조정의 필요성을 이야기하면서 노동시장의 유연화와 사회안전망의 구축을 노동정책의 방향으로 제시했다. 참여정부도 이른바 유연 안전성을 정책 기조로 삼기도 했다. 국민의 정부는 노동시장 유연화, 사회보험 내실화, 근로자 삶의 질의 제고, 생산적 노사관계의 구현 등을 정책 방향으로 제시했고, 참여정부도 고용 지원 서비스 선진화와 직업능력개발 혁신, 고용보험의 내실화를 통한 사각지대의 해소, 사회서비스 일자리 창출, 사회통합적 노사관계(초기) -자율과 책임의 노사관계(후기) 등의 정책 등을 추진했다.

이런 정책 지향은 외환위기와 구조조정에 따라서 피할 수 없는 정책 방향이었지만 우리나라의 노동시장 상황을 고려해 볼 때 이런 정책 지향을 실현하고 효과를 내는 것은 결코 쉽지만은 않은 일이었다. 노동의 유연화는 어느 정도까지 밀어붙여야 하는 것인지, 국가에 의한 사회적 보호 시스템을 실효성 있게 구축할 수 있는 역량이 충분한 것인지, 그리고 사회적 자본이 부족한 우리 현실에서 사회적 대화와 타협의 관행이 순조롭게 구축될 수 있는 것인지, 이런 요소들이 서로 정합적으로 보완되면서 잘 결합될 수 있는지, 등에 관한 과학적이면서도 정치적인 판단에 근거한 정책 집행은 쉬운 과제만은 아니었다.

외환위기 이전에는 고용을 뚜렷한 정책목표로 내세우고 추진된 정책들은 많지 않았다. 과거의 고용정책은 주로 경제성장을 위한 인력을 공급하는 데 정책목표가 있었다. 즉 1960년대 산업화가 본격적으로 추진되면서 풍부한 노동 공급 속에서 산업화에 따른 인력 부족을 해소하기 위한 기술 인력 양성과 저기술 인력에 대한 취업 알선이 주요 정책이었다. 본격적인 의미에서의 고용정책 또는 적극적 노동시장 정책이 추진되기 시작한 것은 1990년대 초반 〈고용보험법〉(1995년), 〈근로자직업훈련촉진법〉(1997년) 등이 제정되면서부터라고 할 수 있다. 특히 외환위기는 대량 실업과 고용 불안의 문제를 초래하기도 했지만, 노동정책의 측면에서는 선진적인 고용정책의 기본 틀이 형성되고 고용 인프라가 체계적으로 구축되는 계기로 작용했다.

국민의 정부 기간 동안 고용정책은 외환위기가 초래한 대량 실업 해소를 위한 실업 대책 및 고용 안정 인프라 확충에 중점을 두었다. 1998~2002년까지 범정부적으로 연간 2조~7조 원 규모의 예산이 투입되어 '종합 실업 대책'이 수립·추진되었다. 특히 고용보험이나 취업 지원 서비스는 대량 실업 극복의 큰 버팀목이 되었다. 1995년 30명 이상 사업장에 도입된 고용보험은 외환위기에 대응하기 위해 적용 범위를 전 사업장으로 확대되었고, 과거 제조업 중심의 기능 인력 양성 체제로 출발해 확대되어 온 직업훈련 제도는 실업난에 대응해 실업자 훈련으로 확충되었으며, 외환위기를 계기로 설치된 고용안정센터는 지속 확대되어 실업 대책의 전달 체계로 자리매김하게 되었다. 국민의 정부에서의 효과적인 실업 대책과 빠른 경기회복으로 실업률은 급속히 안정을 찾았다. 실업 대란이 마무리되면서 그간의 양적 확충에 더해 질적 발전이 뒤따라야 한다는 문제가 제기되고 있다. 또한 외환위기 이후 경기 부양 과정에서 잠복되어 있던 노동시장의 양극화 현상으로 고용정책의 질적 변화도 요구되었다.

국민의 정부를 이어받은 참여정부는 기존에 구축된 고용정책의 틀을 재정비해 노동시장의 구조적인 문제에 대응해야 하는 과제를 가지게 되었다. 저성장·저고용 등 고용 환경의 급변에 대응하기 위해 고용정책은 소극적 지표인 실업률보다 적극적 지표인 고용률을 중시하면서 고용 확대를 위한 적극적 노동시장 정책 기반을 강화하고 노동시장의 구조적 문제에 대응하기 위한 새로운 정책들을 추진할 필요성이 커졌다. 즉 저성장·저고용 환경 변화에 대응해 일자리의 양과 질을 제고하기 위한 적극적 노동시장 정책을 강화하고, 고용 지원 서비스, 직업능력개발 혁신을 통해 사람과 일자리의 연계를 강화하고 보다 나은 일자리로의 이동을 지원하며, 취약 근로 계층의 확산 방지 및 빈곤 해소를 위해 기본적 근로조건을 보호하고, 적극적 차별 시정 기능을 강화하고, 근로자 삶의 질 향상을 위해 주 40시간제, 퇴직연금제 등을 도입하고, 고용·산재보험 제도를 확충하는 것 등이 주요 정책 과제로 제기되었다.

국민의 정부가 외환위기와 그에 따른 대량 실업에 대처하기 위해 종합 실업 대책과 고용보험 적용 확대와 같은 사회안전망의 제도적 틀을 구축하는 데 고용정책의 중점을 두었다면, 참여정부는 외환위기 이후 현실화되고 있는 저성장·저고용 상항에 적극적으로 대응하기 위해 단순한 실업 대책이 아닌 적극적인 고용 확대 전략으로 전환을 모색한 것이다. 또한 경제 사회적 양극화가 노동시장의 양극화로 확산됨에 따라서 참여정부 후반기에는 노동시장의 양극화에 대한 적극적 대응이 고용정책의 기본 방향으로 설정되었다.

참여정부가 들어서면서 처음 제시한 고용정책의 기본 방향은 참여 확대·차별 방지·노동 행정 선진화로 제시되었다. 첫째, 고용정책은 전 국민에게 고용 기회를 넓혀 주고 고용의 질을 높임으로써 경제의 성장 잠재력 확충에 기여해야 한다. 이를 위한 정책 과제로 여성 인력의 경제활동 참여 확대, 고령화 시대 대비, 외국 인력의 적극적 활용, 인력 수급 불균형의 해소 등이 제시되었다. 둘째, 노동자 계층 간 차별의 해소를 통해 고용 평등 사회의 구현과 사회통합을 실현한다. 노동자 계층 간 차별의 해소를 통해 고용 평등 사회의 구현과 사회통합의 실현, 고용 기회 및 노동조건에서의 불공정한 차별 해소를 통해 남녀 간, 세대 간, 기업규모 간 노동의 분단 및 양극화 방지, 장애인 및 외국인도 동등하게 일할 수 있는 여건을 조성하는 정책들이 제시되었다. 셋째, 노동시장 인프라의 선진화와 고용 행정 서비스의 고급화로 적극적 노동시장 정책의 토대를 구축한다. 노동시장의 유동화 경향과 인력 수급 불균형에 대응해 고용 안정 서비스와 고용 정보 시스템을 내실 있게 정비하고, 고용 및 인적 자원에 관한 통계·정보 시스템의 획기적으로 개선해, 행정 정보를 활용한 정책 평가 시스템을 구축하자는 것이다.

이런 참여정부 초기의 고용정책의 방향과 노선은 이후에도 기본적으로 지속되었다. 참여정부의 고용정책의 기본 방향은 성장과 분배의 선순환이라는 동반 성장의 이념에 부응해 일자리 창출과 고용률 제고를 통한 성장 잠재력 확충, 비정규직 대책 및 여성·장애인 등에 대한 차별 해소를 통한 양극화 해소, 고용서비스의 선진화 및 직업능력개발 체계 혁신 등으로 좀 더 구체화되었다.

## 4. 민주 정부 10년 노동시장 정책의 성과

민주 정부는 외환위기와 함께 등장했다. 이는 외환위기에 따른 대량 실업이라는 커다란 짐을 가지고 출발했다는 것을 의미한다. 특히 국민의 정부 노동정책의 성과는 대량 실업의 단기 극복과 민주노총과 전교조의 합법화가 상징하는 노동운동의 정치적 자유와 기본권의 보장이었다. 1999년 2월, 200만 명을 육박할 것처럼 보이던 실업자 수는 그 이후 실업자 100만 명 이하의 3~4%대의 실업률로 낮아졌다. 대부분의 전문가들이 실업자 200만 명 시대가 적어도 10년은 갈 것이라고 전망했지만 고실업은 장기화되지 않았다. 비정규직과 자영업을 과잉 팽창시키는 대가를 치렀지만, 고실업을 빠른 시일 내에 떨어뜨린 것은 하나의 성과였다고 볼 수 있다.

국민의 정부의 또 하나의 성과는 이른바 사회정책-노동시장 정책의 제도적 기본 틀을 만들었다는 점이다. 고용보험이나 국민연금, 건강보험 등은 이미 이전 정부하에서 시작되었지만, 이것이 실질적으로 국민들에게 수혜를 볼 수 있는 틀로 만든 것은 국민의 정부의 성과라고 할 수 있을 것이다. 예를 들어, 고용보험의 적용 범위를 30명 이상 사업체 정규직 대상에서 전 사업장으로 확대 실시한 것을 들 수 있다. 또한 제한적이나마 〈근로기준법〉, 〈산재보험법〉, 〈임금채권보장법〉, 〈산업안전보건법〉, 〈최저임금법〉 등을 1명 이상 사업장으로 확대한 것은 근로복지 강화의 토대를 형성한 것으로 볼 수 있다. 노동운동의 정치적 자유의 보장과 노동기본권의 보장 등을 성과로 내세울 수 있겠지만, 이것은 이미 국민들이 당연한 조치로 간주하는 부분이었다.

참여정부는 국민의 정부 시절에 만들어 놓은 노동시장 정책과 사회적 보호 정책의 기반을 확충하고 내실을 다졌다. 고용보험이 경우 2004년부터 일용직에까지 적용을 확대했으며 실업급여 수급률은 2002년 실업자의 16.6%에서 2006년 30.3%를 넘어섰고 2008년에는 40% 수준까지 증가했다.

또한 참여정부가 중요하게 정책 역량을 집중한 분야는 고용서비스의 선진화였다. 지속적인 검토와 논의를 통해, 2005년에 국가 고용 지원 서비스 혁신 방안을 마련하고 이를 국가전략 차원에서 추진했다. 고용서비스 인프라를 국가 인프라의 중요한 구성 요소로서 위상을 높이고, 구직자 유형별 서비스 제공, 다양한 지역 특화 사업 개발 및 운영, 기업 지원 서비스 확대, 지역 네트워크 확산, 취약계층 고용서비스 확대 등을 단계적으로 추진했고, 우여곡절이 있었지만, 직업 상담사의 지위를 안정시켜 이들이 고용서비스의 중추를 이룰 수 있도록 하는 기반을 형성했다.

한편 주 40시간 근로제, 산업안전보건의 강화와 산재보험의 획기적

개선, 고용허가제의 전격적인 도입, 퇴직연금제 도입, 출산휴가 및 육아
휴가제의 확대 등 노동시장에서의 근로자 권리와 관련된 제도, 즉 근로복
지 관련 제도를 무리 없이 정착시킨 것도 잘 드러나지는 않고 있지만 커다
란 성과라고 할 수 있다. 고용허가제나 주 5일제로의 근로시간 단축 등을
무리 없이 정착시킴으로써 외국인 근로자의 인권 문제를 완화하고 국민
들의 삶의 질을 제고하는 데 기여했다고 평가할 수 있다. 오히려 이런 성
과들을 홍보하고 확산시키지 못한 것이 한계라면 한계라고 할 수 있을 것
이다.

비정규직 문제에 대해서도 대응이 늦은 감이 있었고 여러 가지 한계
가 지적되었지만, 결국 입법을 성사시켰으며, 특수형태근로자의 보호와
취약계층 근로감독 강화 등에서 중요한 진전이 있었다. 기간제근로자가 2
년 이상 근무할 경우 정규직으로 전환하도록 하거나 불법파견을 정식으
로 고용되도록 하는 등의 방법으로 비정규직의 남용을 방지하고 비정규
직에 대한 임금 및 근로조건의 차별에 대해서 노동위원회에 이의를 제기
할 수 있도록 하는 차별 시정 절차를 구체화했다. 또한 2004년에 장애인
의무 고용 대상의 범위를 상시근로자 300명 이상에서 2007년까지 50명
이상 사업체로 단계적으로 확대하기로 했다.

또한 고용 창출의 대안적 경로로서 사회적 일자리, 사회적 기업, 사회
서비스 일자리 등 새로운 방식의 일자리 창출 경로를 모색하기 시작했다.
참여정부는 교육, 보건의료, 복지, 공공행정 등 사회서비스 부문에서의
일자리 창출 정책을 추진했다. 자영업이나 도·소매업, 음식·숙박업 등 저
임금·저생산성 부문의 고용 조정에 대한 안전판으로서의 역할 전략, 가
사노동의 사회화·시장화를 촉진하고 고령 사회에 대응하는 적극적 전략,
광범한 복지 사각지대의 존재라는 복지정책의 한계와 사회서비스의 과소
공급이라는 시장 실패에 대한 적극적 대응 전략 등의 맥락에서 사회서비

스 일자리 창출 정책을 설계했다. 이런 맥락에서 민간 사회서비스 산업의 경쟁력 강화, 제3섹터와 비정부기구NGO 등의 서비스 제공 지원, 사회적 일자리와 같은 취약계층에 대한 정부에 의한 일자리 제공 등이 이루어졌다. 또한 근로장려세제를 도입해, 일자리 정책과 근로빈곤 대책과의 연계를 모색해, 고용-복지 연계 모델의 기본 틀을 확립한 것도 큰 성과였다.

한편 참여정부에서는 고용 문제를 국가전략적 차원에서 고려하기 시작했다. 2003년 3% 성장에도 불구하고 일자리가 3만 개나 줄어들고, 성장과 분배의 선순환 구조가 깨지면서 성장이 고용으로 이어지지 않는 상황에 직면하면서 참여정부의 고용정책은 청년 고용 창출 지원 및 사회서비스 고용 창출 등 일자리 창출 정책에 우선순위를 부여했다. 이를 위해 2004년에 "일자리창출종합대책"을 수립했다. "일자리창출종합대책"은 국가 차원의 고용 전략의 초보적 형태로서의 접근이라고 할 수 있다. 이는 고용 관련 개별 정책들이 국가 차원에서의 고용 전략이라는 맥락에서 종합된 초보적인 실험이었다고 할 수 있다. 이에 따라, 2004년 2월 노·사·정이 함께 "일자리 만들기 사회협약"을 위한 공동의 노력을 담은 사회 협약을 체결하고, 범정부적인 '일자리 만들기 대책'을 마련·추진하기도 했다. 그러나 이런 정부의 적극적 대처에도 불구하고 일자리 증가가 당초 기대에 미치지 못하고, 일자리 양극화가 심화되는 등 일자리 문제가 지속되었다. 일자리 문제에 전략적으로 접근하기 위한 검토가 2006년에 "국가고용전략"이라는 형태로 제시되었다. "국가고용전략"에서는 일자리 문제의 현황을 일자리 증가의 둔화와 일자리 양극화로 요약했고, 이는 경제·산업, 노동시장, 교육의 구조적 문제가 상호작용해 발생하는 것으로서 소득분배 구조의 악화에도 영향을 주고 있다고 보았다.

즉 일자리 증가 둔화의 원인으로는 성장과 고용의 괴리, 노동시장의 유연 안정성 부족, 인력 수급의 불일치 등을 들었고, 일자리 양극화의 원

그림 12-5 | 일자리 창출과 사회통합을 위한 국가고용전략

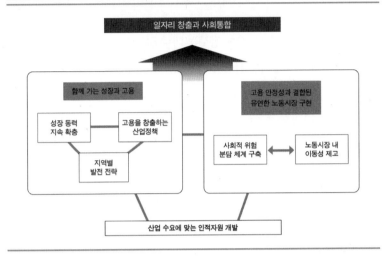

인으로는 경제의 양극화, 노동시장의 분절화, 교육 격차 등을 들었다. 이에 대한 정책 방향으로 노동시장 내 유연·안정성을 높이기 위한 노동시장 구조 개선과 노동시장 프로그램의 사각지대 해소, 경제·산업, 노동시장, 교육정책 간의 종합적인 연계 강화와 체계적인 일자리 정책 추진을 위한 고용 전략의 추진 체계 구축, 정책의 평가 및 점검 시스템 정비 등을 들었다. 이에 따라서 〈그림 12-5〉와 같은 '국가고용전략' 구상이 제시되었다. 이 구상에 따라서 고용보험 사각지대 해소, 고용서비스 확대, 직업훈련 체계 개편 등이 추진되었으나, 참여정부의 이런 고용 전략은 원래 의도했던 대로 추진하기에는 시간이 부족했고 다음 정권의 과제로 넘어가 버렸다.

# 5. 민주 정부 10년의 한계

외환위기 이후 10년 동안 민주 정부는 대량 실업의 장기화를 방지하고 고용–실업 정책의 제도적인 틀을 완성한 점, 성장과 고용의 연계 약화와 노동시장의 양극화라는 환경 변화에 적극적으로 대응하기 위해 적극적인 일자리 창출 정책을 추진한 점, 고용 지원 서비스와 직업능력개발 혁신의 방향을 정립했다는 점에서 노동시장 정책에서의 커다란 인식 전환과 정책 방향의 전환을 이루었다고 볼 수 있다.

그러나 노동시장의 위험 증가에 대응해 사회적 보호 시스템의 제도적 틀을 확립하고 이를 단계적으로 확대한 것은 민주 정부의 성과이지만, 이런 제도 확장만을 가지고서는 노동시장의 위험에 전면적으로 대응할 수가 없었다. 시장에서 전개되는 양극화의 속도가 너무나 빨랐다. 그 때문에 국가 주도의 사회보장 시스템만으로는 이런 양극화의 위험에 대응하기 어려웠다. 비정규직을 양산하는 생산물 시장과 비정규직 남용을 방치하는 제도 부재의 상태가 지속되는 노동시장을 가지고서는 재분배 영역의 정책만으로 높아진 노동시장의 위험에 대해 적절하게 대응할 수 없었다. 생산물 시장, 노동시장, 재분배 영역 간의 적절한 조화와 균형 그리고 보완적인 메커니즘을 찾아야 했던 것으로 보인다. 그런 의미에서 민주 정부의 노동정책에서는 다음과 같은 몇 가지 문제와 한계를 지적할 수 있을 것이다.

첫째, 민주 정부의 고용정책 목표는 고용률 제고와 고용구조 개선 그리고 정책 전달 체계의 혁신 등에 있었지만, 정책수단과 집행 방식은 여전히 실업 대책의 수준과 범위를 벗어나지 못했다. 2004년의 "일자리창출 종합대책"이나 2006년의 "국가고용전략"에서 고용을 국가전략의 차원에서 고민해 보았지만, 이미 다양한 부처에서 이미 추진되고 있는 정책들의 종합이었고, 전략적인 방향 제시가 부족한 상태에서 추진되었다. 따라서 종합적이고 유기적인 접근이 이루어지기보다는 개별 정책 사안별로 그때그때의 필요에 따른 정책수단들을 모아 놓은 수준이라고 평가되기도 한다. 이는 일자리 창출은 주로 경제정책에 의해 해결될 수 있는 것으로 되어 있으며, 고용정책은 경제산업정책의 보완적 기능만을 하는 것이라는 기본 인식이 크게 바뀌지 못한 데 기인하고, 실업급여나 적극적 고용 창출 정책은 단순히 정책 인프라 수준에서 다뤄짐에 따라 그 정확한 역할과 위상이 명확하지 않았다.

또한 고용 유연화에 대한 정확한 정책 방향이 설정되어 있지 않았으며, 공공 사회서비스 고용 창출은 사회적 일자리 창출 수준에서 접근이 이루어지고 말았다. 여성, 고령, 청년 등의 고용 활성화 정책들이 논리적인 연관 속에서 적절하게 배치되지 못했다. 전반적으로 기존의 일자리 창출 정책들은 국가전략적 차원에서 고용 전략을 추진하기에는 이론적·논리적 근거 형성이 취약했고, 부처 간의 입장과 견해의 차이들이 종합 조정되지 못했다고 판단된다. 그 결과 일자리 정책이 중장기적 전망과 전략적 관점 부족으로 국민의 고용 불안을 완화시켜 주고 고용의 양과 질을 높여 국민이 체감하는 고용 사정을 개선시켜야 했으나, 결과적으로 성과를 달성하지는 못한 것으로 판단된다. 이는 단순히 고용정책의 문제가 아니라 전체 정부 조직 내에서 경제산업 분야와 사회정책 분야 사이의 힘의 역관계를 반영하는 문제이기도 하다.

둘째, 민주 정부하에서 특히 국민의 정부하에서 기업구조조정과 노동시장의 유연화가 과도했다는 점은 솔직하게 인정하고 시작할 필요가 있다. 물론 외환 준비고가 바닥나고 국제통화기금IMF의 압력이 작지 않았다는 점은 인정하더라도 구조조정과 유연화의 속도 조절은 가능했다고 판단된다. 물론 우리 사회에서 격차와 양극화가 심화되기 시작한 시점은

1990년대 초반 이후부터다. 중국과의 교역이 개시되고 세계화가 국정 지표로 제시되던 1994~95년 전후부터 많은 지표에서 전환이 이루어진다. 1994년까지는 대학교육에 대한 임금 프리미엄이 낮아지다가 그 이후부터 높아지기 시작했으며, 수도권과 지방의 격차가 확대되기 시작했고, 대·중소 기업 간 격차는 더욱 벌어지기 시작했다. 민주 정부는 이런 격차 확대에 대응해야 했으나, 이를 방치하고 말았다.

물론 기존 노동조합이 비정규직을 대표하지 못했고, 노·사·정 사이의 사회적 합의가 여의치 않았다는 노동 정치의 한계 문제가 가장 중요한 환경적 조건이기는 했지만, 참여정부에 와서도 비정규직 문제와 중소기업·하도급 문제 등에 대한 인식과 대응은 좀 더 빨랐으면 좋았을 것이다. 비정규직 문제와 중소기업·하도급 문제는 단순히 기업의 차별적 관행이나 사회적 보호의 문제가 아니다. 기업의 자본축적 전략과 노동시장 시스템의 문제이자 근본적인 경제 시스템의 문제이며 결국 정치적인 문제였다. 국민의 정부하에서도 4대 부문의 구조조정을 하면서도 그 결과로 나타나게 될 노동시장 시스템의 문제에 대해서는 많이 고민하지 못했고, 참여정부에 들어와서도 비정규직과 하도급 문제는 날로 악화되고 있었는데, 이에 대해 적절한 시점에서 대응이 이루어지지 않았다. 뒤돌아보면, 2006년에야 이루어진 비정규직 입법은 적어도 참여정부 초기에 승부를 봐야 했다. 특히 공공 부문 비정규직의 정규직 전환 정책은 좀 더 빨리 이루어질 수도 있었다.

셋째, 고용-실업 정책의 제도적 틀을 구축했으나, 정책 사각지대가 여전히 줄지 않고 근로빈곤-취약 근로자의 문제가 악화되었다는 점에 대해서 좀 더 발 빠르게 적극적으로 대응하지 못했다는 점이다. 외환위기 직후의 실업은 주로 기존 대기업의 정규직 근로자들이었다. 고용보험을 빠르게 확대한 것은 적절한 조치였다고 판단된다. 물론 고용보험은 그 내용과 수준에서 여전히 빈약하다는 비판을 받았지만 우리가 가진 능력에서는 최선을 다했다고 볼 수 있다. 그러나 2003년 이후 노동시장의 위험의 성격이 많이 달라졌다. 비정규직과 영세 취약계층 근로자, 자영업자 등에서 노동시장의 위험이 증가했다. 이들 계층을 사회적으로 보호하는 것은 보험 원리에 의해서 운영되는 고용보험의 제도적 확대만 가지고는 대응하기가 힘든 구조였다고 판단된다. 물론 근로장려세제의 도입이나 자영업 고용보험 부분 적용 등이 이루어지기는 했지만, 이것만으로는 정책의 사각지대에 존재하는 계층에게 사회적 안전망을 제공하는 데에는 한계가 있었다.

넷째, 결국 구조조정과 노동시장의 유연화 그리고 사회적 보호 시스템 구축에서 노동을 협력 파트너로 삼지 못했다. 신조합주의적 정치적 교환으로서 노사정위원회를 구성·운영한 것은 우리나라의 척박한 사회적 신뢰 구조하에서 의미 있는 성과라고 볼 수는 있다. 그러나 결국 노동 측으로부터 구조조정을 용이하게 해주는 자문 기구에 불과하다는 노동계의 평가를 받았다. 더불어 정규직 노동 이외의 제 사회 세력의 대표성을 반영하지 못했다. 이는 노사관계 정책에서도 나타났다. 사회통합적 구조조정과 사회통합적 노사관계라는 말과 형식만 제시되었지, 그 내용을 채우지 못했다. 참여정부하에서도 노사관계 정책의 원칙으로 '법과 원칙', '대화와 타협', '자율과 책임' 등을 오락가락했다. 노사관계에서 사회적 대화와 타협의 관행은 정착되지 못했다. 그 결과 민주당과 노동계는 비판적 협력 관계조차 형성하지 못했다. 물론 노동계의 정규직 중심의 경제주의적 과잉 투쟁 성향이 노-정 간의 협력적 관계를 구축하는 데 많은 어려움으로 작용한 것도 사실이다. 그럼에도 당이 노동계를 연대와 협력의 방향으로 이끌어 가는 노력이 부족했던 것도 사실이다. 노사관계에서 당의 목소리가 나오지 않았다.

노동정책은 경제적인 사인일 뿐만 아니라 정치적인 사안이기도 하다. 노동정책에서의 정무적 판단은 매우 중요하다. 민주 정부하에서 특히 노동정책 영역에서 서민 대중의 요구를 파악하고 이를 정치적으로 대변하는 과정에 대한 이해가 무디어졌다고 판단된다. 민주당이 적어도 서민의 정당이라고 한다면 비정규직과 영세 근로자, 자영업자 등 이른바 '밑바닥'의 정서와 감수성을 지속적으로 유지해야 한다. 민주 정부의 노동정책에서 무리 없이 성공한 정책은 대부분 관료들이 주도한 정책들이었다. 그러나 관료 주도 정책들은 국민의 특히 서민과 중산층의 마음을 사지는 못했다. 정책 노선과 방향, 대안을 고민할 때 서민과 중산층의 요구와 정서를 반영하는 것이 노동정책에서도 중요하다고 생각된다.

## 6. 결론: 고용정책 대안을 중심으로

민주 정부가 추진했던 성장과 분배의 선순환과 동반 성장을 위한 고용정책은 단순히 실업자의 취업 능력을 높이는 정도의 좁은 의미에서의 고용정책에 머물지 않고, 고용의 문제를 성장과 같이 고려하고 복지의 문제도 고용의 시각에서 검토하는 고용 전략을 추구했다. 이를 좀 더 구체화하기 위해서 고용률과 고용의 질 제고를 통한 성장 잠재력 확충, 일을 통한 빈곤 탈출, 그리고 사회적 안전망 확충을 중요한 목표로 설정했다. 이런 목표를 좀 더 구체화하기 위한 정책 방향을 검토해 보자.

먼저 노동 수요 관련 정책에서 성장·기술혁신과 일자리 창출의 연계를 중요한 고려 사항으로 반영해야 할 것이다. 대기업이 더 이상 고용의 대안이 되기 어렵기 때문에 중소기업에서 양질의 일자리를 만들어 내는 것이 필요하다. 물론 대기업과 공공 부문에서 더 이상 일자리가 파괴되지 않고 지속적으로 양질의 일자리 기반을 확충하는 것도 필요하다. 특히 외환위기 이후 대기업과 공기업이 고용 절약형의 기술·조직 관리 전략을 취하고 있다. 이런 전략의 수정을 유도하는 정책이 필요하다. 특히 이 부문에서의 청년 고용 비율은 매우 낮다. 과도하게 낮은 청년 고용 비율은 일종의 시장 실패일 수 있으며 장기적으로 지속 가능하지 않다. 따라서 청년 고용 할당제와 같은 개입적 조치도 고려해 볼 필요가 있다.

중소기업 부문에서의 고용 창출은 두 가지 접근이 필요하다. 하나는 대·중소 기업 관계를 개선하는 것이고 또 하나는 혁신형의 중소기업의 역량을 제고하는 것이다. 외환위기 이후 대·중소 기업 간 하청 관계가 크게 증가했다. 그러나 불공정한 하도급 관계가 계속 심화되고 있다. 중소기업들이 중견기업으로 성장 진화해 나가기 위해서는 하도급 시장을 정상화하는 것이 필요하다. 다른 한편으로는 중소기업들의 혁신 역량을 제고하기 위해서는 기본적으로 클러스터 정책이 필요하다. '규모의 경제'를 기반으로 하는 대기업에 대응하기 위해서는 '협력과 네트워크의 경제'로 역량을 강화한 전문적인 중소기업들을 육성해야 할 것이다.

한편 지식기반서비스나 사회서비스 등을 중점 육성해 수요가 지속적으로 늘어나고 있는 서비스산업의 일자리 창출을 지원하는 정책이 요구된다. 그러나 서비스산업 일자리 창출의 경우 반드시 일자리의 질을 높일 수 있는 방향에서 추진되어야 할 것이다. 외환위기 이후 저임금 일자리의 확대의 절반가량이 사회서비스 영역에서 만들어지고 있다. 사회서비스 일자리의 질은 서비스의 질과 밀접하게 관련되어 있고 사회서비스의 질은 국가 예산 문제와 밀접하게 관련이 된다. 우리 사회에서 돌봄 노동의 가치와 질을 어느 수준으로 유지할 것인가는 서비스의 질과 가격에 관한 사회적 합의를 필요로 한다. 이는 국가적 차원에서 돌봄 노동에 관한 국가

계획이나 국가전략이 필요하다는 것을 의미한다. 다른 한편에서는 자격과 훈련을 통해 사회서비스의 질을 높이는 전략도 같이 추진해야 할 것이다.

노동시장 정책에서는 한국형의 고용정책 패러다임을 만들어 내야 할 것이다. 고용정책의 주요 범주인 '시장에 대한 규제', '사회적 보호', 그리고 '적극적 노동시장 정책'을 어떻게 결합시킬 것인가를 고민해야 할 것이다. 글로벌화와 빠른 기술 변화로 인해 노동시장에 대한 유연성의 요구는 커질 수 있다. 그러나 동시에 우리나라 노동시장의 경우 국가정책이나 제도의 영향을 전혀 받지 않은 채 시장에서 상품처럼 거래되는 고용 형태가 광범위하게 존재하고 있다. 이른바 영세 사업장의 임시 일용직 근로자, 이른바 취약 근로자들이다. 이들은 노동시장에 대한 규제 정책이 상대적으로 의미나 효과가 약한 집단들이다. 반면 노동시장이 경직적이어서 더 많은 유연성을 필요로 하는 부분(이른바 대기업과 공공 부문)은 대단히 제한적이다. 따라서 노동시장에서의 유연성과 사회적 안전망을 교환하는 모델은 한국에서 적합하지 않은 것으로 판단된다.

우리나라의 공공 부문이나 대기업의 유연성은 이미 매우 높은 수준이다. 명예퇴직 형태로 일상적인 구조조정이 이루어지고 있고, 민간위탁, 외주하청, 사내하도급 등이 광범하게 확산되어 있으며, 비정규직 남용과 장시간 근로 체제가 고착화되어 있다. 더 이상의 유연성이 요구되지 않을 뿐더러 공공 부문이나 대기업에 유연성을 주고 사회적 보호(복지)를 강화하는 방식의 사회적 거래가 가지는 이득이나 근거가 존재하지 않는다.

대기업이나 공공 부문의 경우 과도하게 이루어진 유연화 조치를 억제할 필요가 있다. 과도한 민간위탁과 외주하청의 불공정성을 우선적으로 시정하고 비정규직의 남용을 억제하기 위한 제도 개입이 필요하다.

그리고 무엇보다도 전근대적인 노동시장 자체를 정비하고 제대로 된 제도를 공급할 필요가 있다. 과도한 비정규직 비중은 일종의 시장 실패라고 할 수 있다. 이는 어떤 형태로는 억제될 필요가 있다. 기간 제한이나 사유 제한 등 정책 효과에 따라서 비정규직을 억제할 필요가 있고, 또한 차별 시정을 강화해 정규직과 비정규직의 격차를 줄일 필요가 있다.

한편 임시 일용직 등 영세 사업장의 취약 근로자의 경우 근대적인 노동시장으로 재편하는 정책들이 필요하다. 즉 〈근로기준법〉과 최저임금 정책의 실효성을 높이고, 시장에서 광범위하게 나타나고 있는 불공정거래행위(중간착취나 부당 하도급거래)를 규제해야 할 것이다. 하도급 공정거래 관행의 확립 및 연대 임금 정책 등을 통한 임금격차 완화 전략도 중요하다. 우리나라 노동시장 양극화의 가장 큰 특징 가운데 하나가 대기업과 중소기업 간의 양극화 현상이다. 이는 대기업과 중소기업 간 지불 능력의 차이에 기인하는데, 특히 외환위기 이후 대기업의 1인당 인건비는 증가하는 반면, 전체 인건비 비중은 감소하는 경향을 보이고 있다. 이는 외주 하청을 통한 단가 인하로 인해 대·중소 기업 간 임금격차가 확대되고 있다는 것을 의미한다. 따라서 하도급거래에 대한 주기적이고 정밀한 조사 등을 통해 하도급거래의 투명성을 높이고 부당 하도급거래에 대한 철저한 징계와 처벌 등을 통해 하도급거래의 공정거래 관행을 확립할 필요가 있다. 또한 민간의 하도급거래에서의 공정거래 관행을 정착시키기 위해, 하도급법 위반 업체에 대해서 정부조달 계약에의 참여를 제한하는 방안을 도입할 필요가 있다.

최저임금을 저임금·저생산성 영역의 축소 조정 유도와 고용의 질을 제고하는 전략으로 활용하는 방안도 검토해 볼 필요가 있다. 우리나라의 경우, 저임금·저생산성 부문의 경우 고용이 과잉인 상태로 이 부문에서의 고용 창출의 필요성은 상대적으로 낮은 상태로 판단되므로, 오히려 최저임금 인상과 적용 확대를 통해 저임금-저생산 부문의 고용 비중에 대한 축소 조정을 유도하고 고용의 질을 높일 필요가 있다.

비정규직과 취약 근로자 노동시장에 대한 제도 공급에 더해 이들에 대한 사회적 보호 시스템을 구축해야 한다. '시장'에서의 위험에 더 크게 노출되어 있음에도 '정책'에서 보호받지 못하는 계층을 타깃으로 하는 정책 대안이 제시되어야 한다. 취약 근로자의 사회보험 사각지대의 축소는 당연히 지속적으로 추진해야 할 정책이며, 동시에 취약 근로자의 소득보장정책을 체계화할 필요가 있다.

취약 근로자의 소득보장정책으로는 최저임금을 기본으로 하고, 여기에 근로장려세제나 사회보험료 감면 정책 그리고 임금 보조 정책 등을 결합하는 방식이 되어야 할 것이다. 지금 취약 근로자들은 자신의 시장 임금만으로는 최저 생계를 유지하기가 어렵다. 따라서 '근로장려세제-사회보험료 감면-임금 보조'의 정책 패키지를 통해서 이들의 소득을 보전해 줄 필요가 있다. 현재 근로장려세제가 매우 제한적으로 시행되고 있다. 실업부조가 부재한 상태에서, 이들 정책 패키지를 통해서 막다른 일자리를 제대로 된 일자리로 전환시키는 정책 패키지가 필요하다. 최저임금이 소득 불평등을 감소시키는 효과는 있지만, 빈곤 가구 가운데 취업자가 하나도 없는 가구도 있고, 두 명 이상의 중산층 가구도 있기 때문에 임금 소득 보전제와의 정책 조합이 필요하다. 우리나라의 경우에도, 이미 광범한 저임금 근로 계층이 존재하고 있는 상황에서는, 근로장려세제와 같은 소득 보전 세제는 저임금 일자리를 양산하는 효과보다는 저소득계층 소득 보전의 효과가 더 클 것으로 판단되므로, 최저임금 제도의 보완적인 제도로 활용할 수 있다고 판단된다. 여기에 사회보험료의 경우 저임금 근로자를 대상으로 감면하는 방안을 적극적으로 검토할 필요가 있다.

한편 고령화 시대에 대비해 노동 공급 관련 정책도 필요하다. 전반적인 고용률을 높이기 위해서는 여성과 고령자의 노동시장 참여가 매우 중요하다. 이는 단순히 여성과 고령자의 고용률을 높인다는 차원이 아니라 저출산·고령화 사회에 대응이라는 국가전략적 과제라는 차원에서 접근해야 할 것이다. 저출산·노동력 고령화에 대응해 여성과 고령자의 경제활동 참가율을 높이는 것은 선진국을 포함한 모든 국가들의 시대적 과제가 되고 있다. 고령화 속도가 매우 빠른 우리나라의 경우에는 더 절박하다고 할 수 있다. 따라서 여성과 고령자 고용에 관해서는 기존 정책을 단순히 확대 적용하는 차원이 아니라 여성·고령자 고용 촉진을 위한 인식 개선 및 새로운 패러다임을 모색할 필요가 있다.

# 13장

# 민주 정부 10년,
# 비정규직 규모와 실태

김유선

## 1. 머리말

1974년 석유파동부터 2008년 글로벌 금융위기까지 30여 년은, 전 세계
적으로 신자유주의가 맹위를 떨치고, '노동시장 유연화'가 글로벌스탠더
드라도 되는 양 행세하던 시기였다. 2008년 글로벌 금융위기를 겪은 뒤
사정은 크게 달라져, 국제노동기구ILO 등 국제기구와 주요 선진국에서는
신자유주의와 노동시장 유연화에 대한 비판과 재검토가 활발하게 이루어
지고 있다.

　한국에서 신자유주의가 확산되고 노동시장 유연화가 추진된 것은
1994년 김영삼 정부 때부터다. 그 뒤 20년 가까이 노동시장 유연화는 한
국 사회에서 지배적 담론으로 자리 잡았다. 김영삼 정부에서 김대중 정부,

노무현 정부에서 이명박 정부로, 정권은 바뀌어도 노동시장 유연화는 제1의 노동정책 과제로 흔들림 없이 추진되었다. 하지만 2012년 여야의 대선 공약에서는 '노동시장 유연화'라는 용어 자체를 찾아볼 수가 없었다. 이는 지난 20여 년 동안 추진된 노동시장 유연화가 노동시장 양극화로 이어지면서, 이에 대한 대중적 반감이 확산되고 있는 저간의 사정을 반영하는 것으로 해석된다.

이 글이 분석 대상으로 삼은 민주 정부 10년(1998~2007년)은, 국내외적으로 신자유주의와 노동시장 유연화가 맹위를 떨치고, 비정규직 문제가 첨예한 사회문제로 대두한 시기였다. 하지만 통계청이 〈경제활동인구조사〉 부가조사를 통해 비정규직 규모와 실태를 파악한 것은 2000년대 들어서다. 이 글에서는 시계열의 연속성을 유지하기 위해 통계청이 2001년 8월부터 2012년 8월까지 실시한 〈경제활동인구조사〉 부가조사 자료를 분석한다. 2절에서는 지난 10여 년간 비정규직 규모 추이를 살펴보고, 3절에서는 비정규직 실태 추이를 살펴본다. 4절에서는 정부의 주요 정책을 평가하고, 5절에서는 분석 결과를 요약하면서 앞으로 과제를 살펴본다.

## 2. 비정규직 규모

### 전체

통계청이 2012년 8월에 실시한 〈경제활동인구조사〉 부가조사에서 비정규직은 848만 명(임금노동자의 47.8%)이고 정규직은 926만 명(52.2%)으로, 전체 노동자의 절반이 정규직이고 나머지 절반이 비정규직이다.[12]

비정규직 규모를 연도별로 살펴보면 2001년 8월 737만 명에서 2007

그림 13-1 | 비정규직 규모 추이

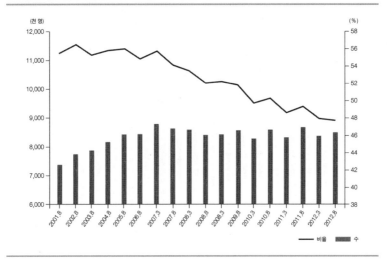

년 3월 879만 명까지 꾸준히 증가하다가, 2007년 8월부터 조금 감소해 828만 명에서 865만 명 사이를 오르내리고 있다. 비정규직 비율은 2001년 8월부터 2007년 3월까지 55~56% 수준을 유지하다가, 2007년 8월 54.2%로 감소세로 돌아서 2012년 8월 47.8%에 이르기까지 꾸준히 감소

---

1_통계청 '2012년 외국인고용조사'에서 이주노동자는 76만 명이고, 〈경제활동인구조사〉 부가조사에서 사내하청 노동자는 대부분 정규직으로 분류된다. 이들 이주노동자와 사내하청 노동자를 포함한 실제 비정규직 노동자 수는 900만 명, 50%선을 훌쩍 넘어설 것으로 보인다.

2_노동계는 비정규직 규모를 848만 명(47.8%)으로 집계하고, 정부는 비정규직 규모를 591만 명(33.3%)으로 집계한다. 양자의 차이는 257만 명(14.5%)인데, 이들은 종사상 지위가 임시직이거나 일용직인 사람들이다. 노동계는 이들 임시직과 일용직을 비정규직으로 분류하고, 정부는 정규직으로 분류한다. 자세한 내용은 김유선(2012)을 참조.

그림 13-2 | 기간제근로 추이

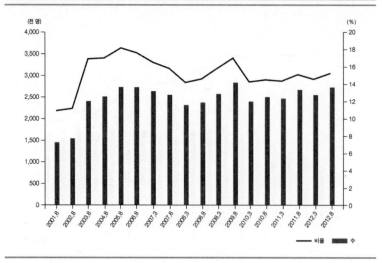

하고 있다(〈그림 13-1〉 참조).


## 세부 고용 형태

직접고용 비정규직

기간제근로는 2005년 8월 273만 명(18.2%)을 정점으로, 기간제 보호법에 힘입어 2008년 3월 229만 명(14.3%)으로 감소했다. 2009년 8월 282만 명 (17.1%)으로 늘어난 것은 희망 근로 때문이지만, 2010년 3월 239만 명 (14.4%)에서 2012년 8월 271만 명(15.3%)으로 조금씩 다시 늘어나고 있다. 기간제 보호법에 따른 기간제 감소 효과는 최대 3.9%p이며, 현행 법 체계에서 기간제근로 비중은 14~15%선을 유지할 것으로 보인다(〈그림 13-2〉 참조).

그림 13-3 | 시간제근로 추이

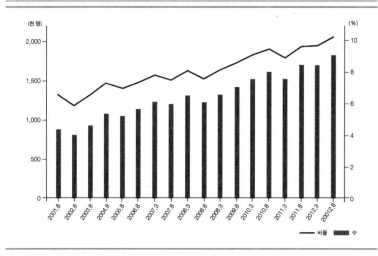

시간제근로는 2002년 8월 81만 명(5.9%)에서 2012년 8월 183만 명(10.3%)으로 빠른 속도로 증가하고 있다. 남성은 5.0%, 여성은 17.4%가 시간제근로자다. 종사상 지위가 상용직인 시간제근로자는 14만 명(7.7%)이고, 임시직(59.9%) 또는 일용직(32.4%)이 대부분을 차지하고 있다(〈그림 13-3〉 참조).

간접고용 비정규직

파견근로는 2002년 8월 9만 명(0.6%)에서 2007년 8월 18만 명(1.1%)으로 꾸준히 증가하다가, 2008년 하락세로 돌아서 2009년 3월에는 13만 명(0.8%)으로 감소했다. 하지만 2009년 8월부터 다시 증가세로 돌아서 2012년 8월에는 22만 명(1.2%)으로 증가했다.

용역근로는 2001년 8월 32만 명(2.4%)에서 2008년 8월 64만 명(4.0%)으로 꾸준히 증가하다가, 2009년 하락세로 돌아서 2010년 3월에는 55만

그림 13-4 | 간접고용 비정규직(파견, 용역, 호출 근로) 추이

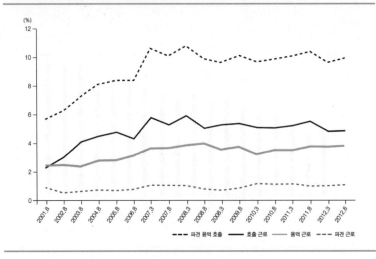

명(3.3%)으로 감소했다. 하지만 2010년 8월부터 증가세로 돌아서 2012년 8월에는 68만 명(3.8%)으로 증가했다.

호출근로는 2001년 8월 31만 명(2.3%)에서 2008년 3월 94만 명(5.9%)으로 꾸준히 증가하다가, 2008년 8월 82만 명(5.1%)으로 감소했다. 하지만 2009년 3월부터 다시 증가세로 돌아서 2011년 8월에는 96만 명(5.5%)으로 증가했다. 2012년 8월에는 경기침체로 87만 명(4.9%)으로 감소했다.

이상을 종합하면 파견근로와 용역근로, 호출근로 등 간접고용은 2001년 8월 5.7%에서 2008년 3월 10.8%까지 빠른 속도로 증가했다. 글로벌 경제 위기로 일시적으로 간접고용 규모가 감소했지만, 2009년 하반기부터 다시 완만한 증가세로 돌아섰다(〈그림 13-4〉 참조).

2012년 8월 파견근로, 용역근로, 호출근로를 합치면 177만 명(10.0%)

그림 13-5 | 특수고용과 가내근로 추이

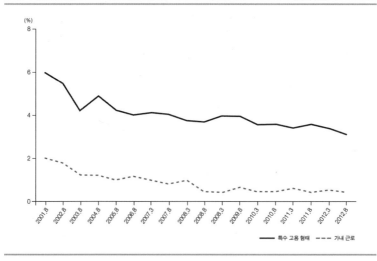

이다. 한데 〈경제활동인구조사〉 부가조사에는 사내하도급 설문 문항이 없어 사내하도급 노동자들이 대부분 정규직으로 분류된다. 2010년 8월 고용노동부 조사에 따르면, 300명 이상 사업체 중 41.2%가 사내하도급을 활용하고, 이들 업체에서 일하는 사내하도급 노동자가 33만 명(15.1%)이다. 따라서 파견·용역·사내하도급·호출근로를 합친 간접고용 비정규직 규모는 200만 명을 훌쩍 넘어설 것으로 보인다.

특수고용 형태와 가내근로

특수고용 형태는 2001년 8월 79만 명(6.0%)에서 2012년 8월 55만 명(3.1%)으로 감소했고, 가내근로도 같은 시기 26만 명(2.0%)에서 7만 명(0.4%)으로 감소했다. 하지만 〈경제활동인구조사〉 부가조사에서 특수고용 형태 노동자가 노동계나 정부가 추산하는 수치보다 크게 작을 뿐만 아니라 노

그림 13-6 | 종사상 지위(상용, 임시, 일용) 추이

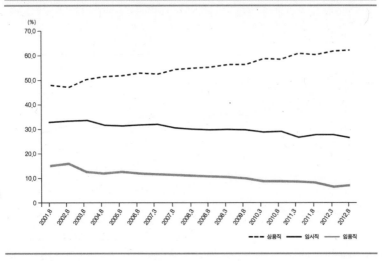

조 조합원이 한 명도 없는 것은, 특수고용노동자 중 상당수가 〈경제활동
인구조사〉에서 자영업자로 잘못 분류되고 있는 것 아니냐는 의문을 불러
일으킨다.

## 종사상 지위

종사상 지위에서 상용직은 2002년 8월 48.4%에서 2012년 8월 63.2%로
14.8%p 증가한 데 비해, 임시직은 34.2%에서 27.8%로 6.4%p 감소하고,
일용직은 17.4%에서 9.0%로 8.4%p 감소했다. 이처럼 임시직과 일용직
이 감소하면서 비정규직 비율도 감소하고 있다(〈그림 13-6〉 참조).

그렇다면 지난 10년 동안 상용직은 꾸준히 증가하고, 임시직과 일용
직은 꾸준히 감소한 원인은 무엇인가? 김유선(2010)은 '상용직 위주로 고

용 관행 변화' 가설을 세우고 요인 분해 방법을 사용해 실증 분석했다. 분석 결과 ① 노동력 구성 변화가 비정규직 감소에 미친 영향은 작고 고용 관행 변화가 미친 영향이 대부분이며, ② 인적 속성과 일자리 속성별 고용 관행 변화는 비정규직 사용을 늘리는 방향으로 작용한 데 비해, ③ 상수 값, 즉 인적 속성과 일자리 속성 이외의 요인에서 비롯된 고용 관행 변화가 다른 요인을 압도하면서 비정규직이 감소했다.[3] 이런 고용 관행 변화는 임시직과 일용직 등 비공식 고용의 공식화에서 비롯된 것으로 보인다.

# 3. 비정규직 실태

### 월평균 임금

정규직은 월평균 임금이 2002년 8월 182만 원에서 2012년 8월 277만 원으로 10년 사이 95만 원(52.2%) 인상되었는데, 비정규직은 96만 원에서 138만 원으로 44만 원(43.5%) 인상되었다. 그 결과 정규직과 비정규직의 임금격차는 52.7%에서 49.7%로 3.0%p 확대되었다(〈그림 13-7〉 참조).

세부 고용 형태별로도 정규직과 비정규직의 월평균 임금격차는 확대되고 있다. 특히 시간제근로와 가내근로는 그 격차가 빠른 속도로 확대되고 있는데, 시간제근로는 지난 10년 동안 월평균 임금이 50만 원에서 61만 원으로 11만 원 증가에 그쳤고, 가내근로도 52만 원에서 66만 원으로 14만

---

3_성재민(2011)은 상용직 증가 원인을 고학력화에서 찾고 있다.

그림 13-7 | 고용 형태별 월 평균임금 추이

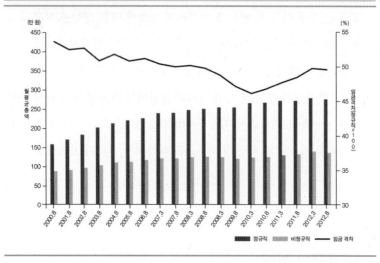

표 13-1 | 연도별 고용 형태별 월평균 임금 추이

단위: 만 원, 8월 기준

|  | 노동자 | 정규직 | 비정규직 | 기간제 근로 | 시간제 근로 | 파견 근로 | 용역 근로 | 호출 근로 | 특수고용 형태 | 가내 근로 |
|---|---|---|---|---|---|---|---|---|---|---|
| 2001 | 125 | 169 | 89 |  | 45 | 101 | 79 | 66 | 108 | 50 |
| 2002 | 133 | 182 | 96 | 106 | 50 | 115 | 85 | 79 | 120 | 52 |
| 2003 | 147 | 201 | 103 | 108 | 50 | 110 | 87 | 81 | 127 | 41 |
| 2004 | 154 | 211 | 110 | 119 | 54 | 127 | 92 | 84 | 139 | 56 |
| 2005 | 159 | 220 | 112 | 126 | 52 | 132 | 95 | 86 | 142 | 57 |
| 2006 | 166 | 226 | 116 | 129 | 55 | 126 | 93 | 87 | 132 | 60 |
| 2007 | 175 | 239 | 120 | 142 | 56 | 134 | 102 | 89 | 142 | 57 |
| 2008 | 185 | 250 | 125 | 149 | 57 | 147 | 108 | 98 | 155 | 49 |
| 2009 | 185 | 255 | 120 | 131 | 54 | 141 | 111 | 95 | 153 | 60 |
| 2010 | 195 | 266 | 125 | 136 | 56 | 141 | 117 | 104 | 163 | 44 |
| 2011 | 203 | 272 | 132 | 146 | 60 | 152 | 122 | 105 | 179 | 52 |
| 2012 | 210 | 277 | 138 | 155 | 61 | 162 | 126 | 115 | 181 | 66 |

자료: 통계청, 〈경제활동인구조사〉 부가조사 원자료(각 연도 8월).

원 증가에 그쳤다. 이에 따라 정규직과 시간제근로자의 월평균 임금격차
는 2002년 8월 27.4%에서 2012년 8월 21.9%로 5.5%p 확대되고, 가내근
로는 28.7%에서 23.9%로 4.6%p 확대되었다(〈표 13-1〉과 〈표 13-2〉 참조).

그림 13-8 | 고용 형태별 시간당 임금 추이

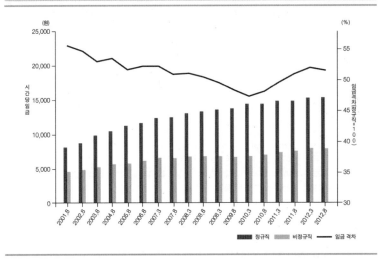

표 13-2 | 연도별 고용 형태별 월평균 임금격차 추이( 정규직=100, 8월 기준)

단위: %

| | 노동자 | 정규직 | 비정규직 | 기간제 근로 | 시간제 근로 | 파견 근로 | 용역 근로 | 호출 근로 | 특수고용 형태 | 가내 근로 |
|---|---|---|---|---|---|---|---|---|---|---|
| 2001 | 73.6 | 100.0 | 52.6 | | 26.7 | 59.4 | 46.3 | 39.2 | 63.5 | 29.4 |
| 2002 | 73.2 | 100.0 | 52.7 | 58.0 | 27.4 | 63.0 | 46.8 | 43.4 | 65.9 | 28.7 |
| 2003 | 72.8 | 100.0 | 51.0 | 53.7 | 24.8 | 54.8 | 43.2 | 40.0 | 63.2 | 20.5 |
| 2004 | 73.1 | 100.0 | 51.9 | 56.3 | 25.6 | 60.3 | 43.7 | 39.7 | 65.9 | 26.7 |
| 2005 | 72.4 | 100.0 | 50.9 | 57.2 | 23.7 | 59.8 | 43.1 | 39.1 | 64.7 | 25.8 |
| 2006 | 73.2 | 100.0 | 51.3 | 57.1 | 24.3 | 55.7 | 41.2 | 38.6 | 58.4 | 26.4 |
| 2007 | 72.9 | 100.0 | 50.1 | 59.3 | 23.4 | 56.1 | 42.8 | 37.3 | 59.4 | 23.8 |
| 2008 | 73.9 | 100.0 | 49.9 | 59.6 | 23.0 | 59.0 | 43.3 | 39.4 | 62.2 | 19.5 |
| 2009 | 72.6 | 100.0 | 47.2 | 51.4 | 21.0 | 55.5 | 43.6 | 37.4 | 60.0 | 23.5 |
| 2010 | 73.3 | 100.0 | 46.9 | 51.1 | 21.2 | 53.0 | 44.2 | 39.1 | 61.2 | 16.4 |
| 2011 | 74.6 | 100.0 | 48.6 | 53.7 | 22.2 | 55.9 | 45.0 | 38.7 | 65.8 | 19.1 |
| 2012 | 76.0 | 100.0 | 49.7 | 55.8 | 21.9 | 58.5 | 45.6 | 41.6 | 65.5 | 23.9 |

자료: 통계청, 〈경제활동인구조사〉 부가조사 원자료(각 연도 8월).

## 시간당 임금

정규직은 시간당 임금이 2002년 8월 8,810원에서 2012년 8월 15,286원
으로 6,476원(73.5%) 인상되고, 비정규직은 4,839원에서 7,918원으로

**표 13-3 | 연도별 고용 형태별 시간당 임금 추이(8월 기준)**

단위: 원

| | 노동자 | 정규직 | 비정규직 | 기간제 근로 | 시간제 근로 | 파견 근로 | 용역 근로 | 호출 근로 | 특수고용 형태 | 가내 근로 |
|---|---|---|---|---|---|---|---|---|---|---|
| 2001 | 6,137 | 8,139 | 4,546 | | 6,497 | 4,928 | 3,829 | 3,884 | 5,701 | 3,385 |
| 2002 | 6,561 | 8,810 | 4,839 | 5,320 | 6,921 | 5,422 | 3,842 | 4,271 | 6,183 | 3,345 |
| 2003 | 7,313 | 9,878 | 5,250 | 5,394 | 6,862 | 5,484 | 3,979 | 5,097 | 6,680 | 2,930 |
| 2004 | 7,822 | 10,552 | 5,670 | 6,062 | 6,954 | 6,760 | 4,333 | 4,790 | 7,464 | 3,737 |
| 2005 | 8,179 | 11,203 | 5,817 | 6,353 | 7,036 | 6,976 | 4,436 | 4,927 | 7,628 | 4,387 |
| 2006 | 8,602 | 11,653 | 6,107 | 6,719 | 7,005 | 6,360 | 4,423 | 4,943 | 7,810 | 4,118 |
| 2007 | 9,151 | 12,452 | 6,366 | 7,801 | 6,802 | 7,238 | 4,944 | 5,312 | 8,161 | 3,567 |
| 2008 | 9,831 | 13,238 | 6,704 | 8,277 | 7,138 | 7,863 | 5,411 | 5,643 | 8,791 | 4,015 |
| 2009 | 10,059 | 13,730 | 6,650 | 7,616 | 6,533 | 8,103 | 5,567 | 5,534 | 8,762 | 4,315 |
| 2010 | 10,646 | 14,401 | 6,951 | 8,002 | 6,758 | 7,854 | 6,118 | 5,967 | 9,378 | 3,805 |
| 2011 | 11,259 | 14,831 | 7,603 | 8,816 | 7,578 | 8,498 | 6,360 | 6,061 | 10,532 | 4,464 |
| 2012 | 11,764 | 15,286 | 7,918 | 9,264 | 7,117 | 9,798 | 6,530 | 6,690 | 10,471 | 5,558 |

자료: 통계청, 〈경제활동인구조사〉 부가조사 원자료(각 연도 8월).

**표 13-4 | 연도별 고용 형태별 시간당 임금격차 추이(정규직=100, 8월 기준)**

단위: %

| | 노동자 | 정규직 | 비정규직 | 기간제 근로 | 시간제 근로 | 파견 근로 | 용역 근로 | 호출 근로 | 특수고용 형태 | 가내 근로 |
|---|---|---|---|---|---|---|---|---|---|---|
| 2001 | 75.4 | 100.0 | 55.9 | | 79.8 | 60.5 | 47.0 | 47.7 | 70.0 | 41.6 |
| 2002 | 74.5 | 100.0 | 54.9 | 60.4 | 78.6 | 61.5 | 43.6 | 48.5 | 70.2 | 38.0 |
| 2003 | 74.0 | 100.0 | 53.1 | 54.6 | 69.5 | 55.5 | 40.3 | 51.6 | 67.6 | 29.7 |
| 2004 | 74.1 | 100.0 | 53.7 | 57.5 | 65.9 | 64.1 | 41.1 | 45.4 | 70.7 | 35.4 |
| 2005 | 73.0 | 100.0 | 51.9 | 56.7 | 62.8 | 62.3 | 39.6 | 44.0 | 68.1 | 39.2 |
| 2006 | 73.8 | 100.0 | 52.4 | 57.7 | 60.1 | 54.6 | 38.0 | 42.4 | 67.0 | 35.3 |
| 2007 | 73.5 | 100.0 | 51.1 | 62.7 | 54.6 | 58.1 | 39.7 | 42.7 | 65.5 | 28.6 |
| 2008 | 74.3 | 100.0 | 50.6 | 62.5 | 53.9 | 59.4 | 40.9 | 42.6 | 66.4 | 30.3 |
| 2009 | 73.3 | 100.0 | 48.4 | 55.5 | 47.6 | 59.0 | 40.5 | 40.3 | 63.8 | 31.4 |
| 2010 | 73.9 | 100.0 | 48.3 | 55.6 | 46.9 | 54.5 | 42.5 | 41.4 | 65.1 | 26.4 |
| 2011 | 75.9 | 100.0 | 51.3 | 59.4 | 51.1 | 57.3 | 42.9 | 40.9 | 71.0 | 30.1 |
| 2012 | 77.0 | 100.0 | 51.8 | 60.6 | 46.6 | 64.1 | 42.7 | 43.8 | 68.5 | 36.4 |

자료: 통계청, 〈경제활동인구조사〉 부가조사 원자료(각 연도 8월).

3,079원(63.6%) 인상되었다. 정규직 대비 비정규직 임금격차는 54.9%에서 51.8%로 3.1%p 확대되었다(〈그림 13-8〉 참조).

세부 고용 형태별로 정규직과 비정규직의 시간당 임금격차는 매우 크다. 2012년 8월 현재, 정규직의 시간당 임금을 100이라 할 때 특수고용 형태는 68.5%, 파견근로는 64.1%, 기간제근로는 60.6%고, 시간제근로는

표 13-5 | 연도별 고용 형태별 주당 노동시간 추이(8월 기준)

단위: 시간

| | 노동자 | 정규직 | 비정규직 | 기간제 근로 | 시간제 근로 | 파견 근로 | 용역 근로 | 호출 근로 | 특수고용 형태 | 가내 근로 |
|---|---|---|---|---|---|---|---|---|---|---|
| 2001 | 49.3 | 49.6 | 49.0 | | 21.6 | 48.7 | 52.5 | 44.3 | 45.7 | 39.1 |
| 2002 | 49.2 | 49.3 | 49.2 | 45.7 | 21.6 | 50.7 | 54.3 | 45.9 | 46.5 | 39.7 |
| 2003 | 48.5 | 48.6 | 48.4 | 46.2 | 23.0 | 49.1 | 54.1 | 43.9 | 45.2 | 39.2 |
| 2004 | 47.8 | 48.0 | 47.7 | 45.1 | 22.6 | 48.0 | 52.9 | 42.8 | 44.8 | 37.1 |
| 2005 | 47.5 | 47.3 | 47.6 | 45.6 | 22.2 | 48.2 | 52.2 | 43.0 | 44.6 | 37.4 |
| 2006 | 46.6 | 46.6 | 46.6 | 44.3 | 21.5 | 47.6 | 51.9 | 42.0 | 41.0 | 38.0 |
| 2007 | 45.9 | 46.0 | 45.8 | 44.1 | 21.7 | 46.0 | 51.0 | 40.9 | 41.3 | 35.8 |
| 2008 | 45.1 | 45.0 | 45.2 | 43.8 | 21.5 | 44.2 | 49.6 | 41.6 | 41.6 | 30.5 |
| 2009 | 43.9 | 44.2 | 43.5 | 41.5 | 21.3 | 41.3 | 49.0 | 39.9 | 40.8 | 32.9 |
| 2010 | 43.4 | 43.9 | 42.9 | 40.7 | 21.0 | 43.6 | 47.2 | 40.7 | 40.7 | 33.4 |
| 2011 | 42.7 | 43.5 | 41.9 | 39.8 | 20.7 | 42.8 | 46.6 | 40.4 | 39.4 | 31.9 |
| 2012 | 42.0 | 42.8 | 41.2 | 39.3 | 21.0 | 39.1 | 47.0 | 39.7 | 39.8 | 33.2 |

자료: 통계청, 〈경제활동인구조사〉 부가조사 원자료(각 연도 8월).

46.6%, 호출근로는 43.8%, 용역근로는 42.7%, 가내근로는 36.4%다. 특히 정규직과 시간제근로자의 시간당 임금격차는 매우 빠른 속도로 확대되었는데 2002년 8월 78.6%에서 2012년 8월 46.6%로 32.0%p 확대되었다(〈표 13-3〉과 〈표 13-4〉 참조).

## 노동시간

정규직은 주당 노동시간이 2002년 8월 49.3시간에서 2012년 8월 42.8시간으로 6.5시간 단축되고, 비정규직은 49.2시간에서 41.2시간으로 8.0시간 단축되었다.

세부 고용 형태별로는 시간제근로만 21.6시간에서 21.0시간으로 변함이 없고, 다른 고용 형태는 모두 단축되었다(〈표 13-5〉 참조). 2012년 8월 현재, 주 52시간을 초과하는 탈법적인 장시간 노동 비중은 비정규직(17.1%)이 정규직(7.9%)보다 많고, 주 36시간 미만 단시간 노동도 비정규직(23.0%)이 정규직(0.3%)보다 많다.

표 13-6 | 임금 불평등과 저임금 계층, 최저임금 미달자 비율 추이(8월 기준)

| | 임금 불평등(P9010, 배) | | 저임금 계층(%) | | 최저임금 미달자 | |
|---|---|---|---|---|---|---|
| | 월 임금<br>총액 기준 | 시간당<br>임금 기준 | 월 임금<br>총액 기준 | 시간당<br>임금 기준 | 수(천 명) | 비율(%) |
| 2001 | 4.60 | 4.81 | 21.5 | 23.1 | 585 | 4.4 |
| 2002 | 5.00 | 4.91 | 23.5 | 24.1 | 702 | 5.2 |
| 2003 | 5.09 | 5.10 | 21.6 | 27.5 | 689 | 4.9 |
| 2004 | 5.00 | 5.16 | 25.9 | 26.7 | 849 | 5.8 |
| 2005 | 5.00 | 5.40 | 24.8 | 26.6 | 1,212 | 8.1 |
| 2006 | 5.00 | 5.40 | 26.2 | 25.8 | 1,442 | 9.4 |
| 2007 | 5.16 | 5.17 | 25.7 | 27.4 | 1,891 | 11.9 |
| 2008 | 5.00 | 5.14 | 21.2 | 26.8 | 1,746 | 10.8 |
| 2009 | 5.38 | 5.25 | 22.8 | 27.3 | 2,104 | 12.8 |
| 2010 | 5.14 | 5.25 | 26.7 | 26.5 | 1,958 | 11.5 |
| 2011 | 5.43 | 5.07 | 26.1 | 26.7 | 1,899 | 10.8 |
| 2012 | 5.71 | 5.00 | 23.7 | 24.8 | 1,699 | 9.6 |
| 김대중 정부 | 4.80 | 4.86 | 22.5 | 23.6 | 644 | 4.8 |
| 노무현 정부 | 5.05 | 5.25 | 24.8 | 26.8 | 1,217 | 8.0 |
| 이명박 정부 | 5.33 | 5.14 | 24.1 | 26.4 | 1,881 | 11.1 |

자료: 통계청, 〈경제활동인구조사〉 부가조사 원자료(각 연도 8월).

## 임금 불평등과 저임금 계층

〈경제활동인구조사〉 부가조사에서 월 임금총액 기준으로 임금 불평등 (P9010, 상위10%와 하위10% 임금격차)은 2002년 8월 5.0배에서 2012년 8월 5.7배로 크게 증가했고, 시간당 임금 기준으로도 4.9배에서 5.0배로 증가했다. 저임금 계층(중위임금의 3분의 2 미만)은 월 임금총액 기준으로 23.5% 에서 23.7%, 시간당 임금 기준으로 24.1%에서 24.8%로 조금 증가했다 (〈표 13-6〉 참조).

2012년 8월 노동자 1,773만 명 가운데 439만 명(24.8%)이 저임금 계층인데, 정규직은 55만 명(6.0%), 비정규직은 384만 명(45.3%)이 저임금 계층이다. 정규직은 16명 중 1명, 비정규직은 2명 중 1명이 저임금 계층이다.

한국은 경제협력개발기구OECD 국가 중 임금 불평등이 심하고 저임금 계층이 많은 나라다. OECD에 따르면 2008년 한국의 임금 불평등(P9010)

그림 13-9 | OECD 국가의 임금 불평등과 저임금 계층 비교(시간당 임금 기준)

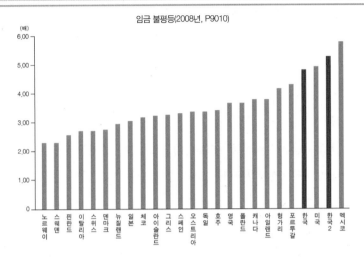

임금 불평등(2008년, P9010)

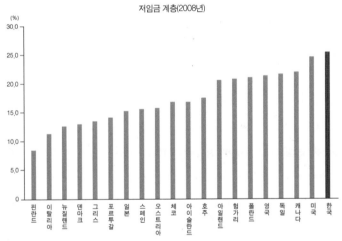

저임금 계층(2008년)

은 4.78배로, 27개 회원국 중 세 번째로 높다. 한국보다 높은 나라는 멕시코(5.71배)와 미국(4.89배) 두 나라다. 하지만 이는 노동부가 5명 이상 사업체 상용직을 조사한 결과를 OECD에 보고했기 때문이다. 전체 노동자를 대상으로 한 〈경제활동인구조사〉 부가조사에서 한국의 임금 불평등 (5.23배)은 멕시코 다음으로 높고, 저임금 계층은 한국이 가장 많다(〈그림 13-9〉 참조).

## 최저임금

2012년 최저임금은 시간당 4,580원이고, 2013년 최저임금은 4,860원이다. 2012년 8월 〈경제활동인구조사〉 부가조사에서 시간당 임금 4,580원 미만은 170만 명(9.6%)이고, 4,860원 미만은 246만 명(13.9%)이다. 따라서 2013년 1월부터 적용되는 법정 최저임금(4,860원) 수혜자는 76만 명(최저임금 영향률 4.3%)이고, 170만 명은 최저임금 적용 제외자거나 최저임금법 위반 업체에서 일하는 노동자들로 추정된다. 고용 형태별로 정규직이 10만 명(5.9%), 비정규직이 160만 명(94.1%)으로 비정규직이 대다수를 점하고 있다.

법정 최저임금 미달자를 연도별로 살펴보면 2001년 8월 59만 명(4.4%)에서 2009년 3월 222만 명(13.8%)으로 꾸준히 증가하다가, 2009년 8월부터 감소세로 돌아서 2012년 8월에는 170만 명(9.6%)으로 감소했다. 하지만 여전히 전체 노동자의 10%가 법정 최저임금조차 받지 못하고 있는 것은, 최저임금 제도가 '저임금 계층 일소, 임금격차 해소, 분배 구조 개선'이라는 본연의 목적에 부응하지 못하고 있을 뿐만 아니라, 정부가 근로감독 행정 의무를 다하지 않고 있음을 말해 준다.[4]

---

4_ILO(2008)의 Global Wage Report는 '최저임금 준수는 근로감독관의 사업장 방문 확률과 최저임금을 준수하지 않을 때 벌칙 수준의 함수다. 근로감독 행정이 취약하고 벌칙

그림 13-10 | 법정 최저임금 미달자 및 비율 추이

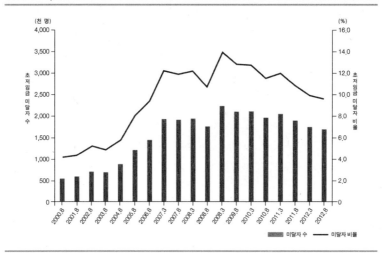

## 사회보험 가입률

현 직장에서 사회보험(국민연금·건강보험·고용보험) 가입률은 정규직이 84~
99%이고 비정규직은 33~38%로 격차가 매우 크다. 정규직은 국민연금
가입률이 2002년 92.3%에서 2012년 97.5%로 증가했고, 건강보험 가입
률은 94.6%에서 98.9%, 고용보험 가입률은 79.1%에서 83.7%로 증가했
다. 고용보험 가입률이 낮은 것은 공무원과 교원이 고용보험 가입 대상이
아니기 때문인데, 고용보험 가입 대상이면서 가입하지 않은 사람은 2.5%
밖에 안 된다. 따라서 정규직은 사회보험 가입률이 사실상 100%에 가깝
다고 할 수 있다.

---

수준이 낮으면 최저임금은 종이호랑이가 된다'고 강조하고 있다.

표 13-7 | 사회보험 가입률 추이(8월 기준)

단위:%

| | 국민연금 | | 건강보험 | | 고용보험 | |
|---|---|---|---|---|---|---|
| | 정규직 | 비정규직 | 정규직 | 비정규직 | 정규직 | 비정규직 |
| 2001 | 92.7 | 19.3 | 94.8 | 22.2 | 80.0 | 20.7 |
| 2002 | 92.3 | 21.6 | 94.6 | 24.9 | 79.1 | 23.2 |
| 2003 | 94.8 | 25.4 | 95.8 | 27.8 | 78.0 | 25.0 |
| 2004 | 96.6 | 30.3 | 97.3 | 33.0 | 80.5 | 29.7 |
| 2005 | 98.0 | 32.8 | 98.3 | 33.4 | 81.6 | 30.7 |
| 2006 | 98.2 | 33.6 | 98.4 | 34.5 | 82.9 | 31.5 |
| 2007 | 98.7 | 33.3 | 99.3 | 35.0 | 82.6 | 32.2 |
| 2008 | 98.2 | 33.2 | 98.5 | 35.5 | 82.1 | 33.5 |
| 2009 | 98.0 | 33.8 | 98.5 | 37.9 | 82.4 | 37.0 |
| 2010 | 98.0 | 32.4 | 98.8 | 35.8 | 83.0 | 34.5 |
| 2011 | 97.3 | 32.2 | 98.6 | 37.3 | 82.8 | 35.8 |
| 2012 | 97.5 | 32.7 | 98.9 | 38.4 | 83.7 | 36.6 |
| 김대중 정부 | 92.5 | 20.5 | 94.7 | 23.6 | 79.6 | 22.0 |
| 노무현 정부 | 97.3 | 31.1 | 97.8 | 32.7 | 81.1 | 29.8 |
| 이명박 정부 | 97.8 | 32.9 | 98.6 | 37.0 | 82.8 | 35.5 |

자료: 통계청, 〈경제활동인구조사〉 부가조사 원자료(각 연도 8월).

비정규직은 국민연금 가입률이 2002년 21.6%에서 2012년 32.7%로 증가했고, 건강보험 가입률은 24.9%에서 38.4%, 고용보험 가입률은 23.2%에서 36.6%로 증가했다. 지난 10여 년 동안 개선되기는 했지만 여전히 가입률이 낮을 뿐만 아니라 2009년 이후로는 거의 개선되지 않고 있다. 이는 비정규직 대다수가 임시 근로 내지 임시 근로를 겸하고 있어, 사업체 소속 상용직을 중심으로 설계된 현행 사회보험제도로는 근본적 제약이 따르기 때문이다(〈표 13-7〉 참조).

## 노동조건 적용률

정규직은 퇴직금·상여금·시간외수당·유급휴가·주 5일제·근로계약 서면 작성을 64~99% 적용받는 데 비해, 비정규직은 18~43%만 적용받고 있다. 정규직은 퇴직금 적용률이 2002년 93.2%에서 2012년 99.4%, 상여

**표 13-8 | 고용 형태별 노동조건 적용률 추이(8월 기준)**

단위: %

| | 퇴직금 | | 상여금 | | 시간외수당 | | 유급휴가 | | 주 5일제 | | 서면 계약 | |
|---|---|---|---|---|---|---|---|---|---|---|---|---|
| | 정규직 | 비정규직 | 정규직 | 비정규직 | 정규직 | 비정규직 | 정규직 | 비정규직 | 정규직 | 비정규직 | 정규직 | 비정규직 |
| 2001 | 94.3 | 13.6 | 93.1 | 14.0 | 75.6 | 9.7 | | | | | | |
| 2002 | 93.2 | 13.9 | 92.5 | 14.0 | 76.8 | 10.1 | | | | | | |
| 2003 | 96.9 | 15.3 | 95.3 | 13.9 | 75.2 | 10.4 | | | | | 15.6 | 15.7 |
| 2004 | 99.1 | 18.6 | 96.2 | 16.5 | 81.0 | 13.7 | 83.6 | 16.0 | | | 49.1 | 27.8 |
| 2005 | 98.2 | 19.6 | 96.3 | 17.5 | 80.6 | 14.6 | 82.3 | 15.9 | 47.1 | 17.1 | 50.2 | 29.3 |
| 2006 | 98.0 | 19.1 | 95.8 | 18.7 | 77.0 | 14.0 | 77.2 | 16.3 | 51.7 | 21.3 | 53.6 | 31.3 |
| 2007 | 99.3 | 22.3 | 97.3 | 21.0 | 77.0 | 14.9 | 86.4 | 19.0 | 57.8 | 24.5 | 55.3 | 32.3 |
| 2008 | 99.4 | 26.5 | 96.4 | 20.0 | 73.7 | 13.7 | 88.6 | 20.0 | 66.3 | 27.8 | 59.9 | 34.2 |
| 2009 | 99.2 | 26.4 | 97.6 | 27.0 | 73.2 | 15.5 | 92.6 | 24.0 | 68.3 | 32.5 | 59.9 | 38.1 |
| 2010 | 99.5 | 27.2 | 98.1 | 31.8 | 73.1 | 16.3 | 93.7 | 24.3 | 68.0 | 30.1 | 59.6 | 37.0 |
| 2011 | 99.4 | 29.2 | 96.8 | 32.5 | 70.1 | 16.8 | 88.5 | 22.7 | 70.6 | 36.1 | 61.4 | 39.4 |
| 2012 | 99.4 | 30.9 | 96.4 | 34.1 | 70.4 | 17.5 | 89.2 | 23.9 | 81.4 | 42.5 | 64.1 | 42.1 |
| 김대중 정부 | 93.8 | 13.8 | 92.8 | 14.0 | 76.2 | 9.9 | | | | | | |
| 노무현 정부 | 98.3 | 19.0 | 96.2 | 17.5 | 78.2 | 13.5 | 82.4 | 16.8 | 52.2 | 21.0 | 44.8 | 27.3 |
| 이명박 정부 | 99.4 | 28.1 | 97.1 | 29.1 | 72.1 | 16.0 | 90.5 | 23.0 | 70.9 | 33.8 | 61.0 | 38.2 |

자료: 통계청, 〈경제활동인구조사〉 부가조사 원자료(각 연도 8월).

금은 92.5%에서 96.4%로 높아졌다. 유급휴가 적용률은 2004년 83.6%에서 2012년 89.2%, 근로계약 서면 작성은 49.1%에서 64.1%로 높아졌고, 주 5일제 적용률은 2005년 47.1%에서 2012년 81.4%로 높아졌다. 시간외수당 적용률만 2002년 76.8%에서 70.4%로 낮아졌다.

비정규직은 퇴직금 적용률이 2002년 13.6%에서 2012년 30.9%, 상여금은 14.0%에서 34.1%, 시간외수당 적용률은 10.1%에서 17.5%로 높아졌다. 유급휴가 적용률은 2004년 16.0%에서 2012년 23.9%, 근로계약 서면작성은 27.8%에서 42.1%로 높아졌고, 주 5일제 적용률은 2005년 17.1%에서 2012년 42.5%로 높아졌다. 2002년부터 2012년 사이 부분적으로 개선되기는 했지만 적용률은 여전히 매우 낮다. 이는 비정규직 대다수가 임시 근로 내지 임시 근로를 겸하고 있어, 사업체 소속 상용직을 중심으로 설계된 현행 〈근로기준법〉 체계로는 근본적 제약이 따르기 때문이다(〈표 13-8〉 참조).

그림 13-11 | 장기 근속자 비율과 단기근속자 비율

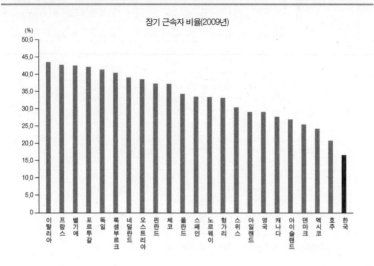

장기 근속자 비율(2009년)

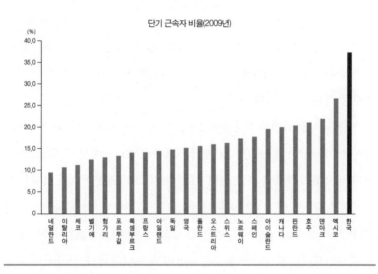

단기 근속자 비율(2009년)

**고용 안정(근속연수)**

ILO와 OECD는 고 용안정의 대위 변수로 근속연수를 사용한다. 2009년 장기 근속자(근속 10년 이상) 비율은 16.5%로, OECD 회원국 중 가장 낮을 뿐만 아니라, 회원국 평균(33.4%)의 절반밖에 안 된다. 이탈리아(43.3%), 프랑스(42.6%), 벨기에(42.4%), 포르투갈(42.2%), 독일(41.4%), 룩셈부르크(40.1%)는 장기 근속자 비율이 40%가 넘는다. 고용 형태별로 장기 근속자 비율이 정규직은 31.5%인데 비정규직은 3.9%다.

단기 근속자(근속 1년 미만) 비율은 37.2%로, OECD 회원국 중 가장 높을 뿐만 아니라, 회원국 평균(17.0%)의 두 배가 넘는다. 파트타임 비율이 36.7%로 가장 높은 네덜란드도 단기 근속자 비율은 9.6%로 가장 낮다. 이는 네덜란드에서 파트타임은 주중 근무시간만 짧을 뿐 장기 근속이 보장되기 때문이다. 고용 형태별로 단기 근속자 비율이 정규직은 15.6%인데 비정규직은 58.8%다(〈그림 13-11〉 참조).

# 4. 주요 정책 평가

**기간제 보호법**

참여정부 초기 비정규직 대책은 기간제 보호법 제정에 초점이 모아졌다. 노동계는 '사용 사유 제한'과 '사용 기간 1년 제한'을 요구했고, 정부는 '차별 해소'와 '사용 기간 3년 제한'을 제시했다. 최종적으로 노동계가 요구한 '사용 사유 제한'은 도입되지 않고 '차별 해소' 조항만 도입되었으며, 사용 기간 제한은 2년으로 절충되었다.

기간제 보호법 제정을 둘러싸고 노동과 정부 사이에 첨예한 대립이 계속되면서, 다음 입법 과제인 특수고용과 간접고용 노동자 보호법은 아직까지 제정되지 않고 있다. 기간제 보호법 제정으로 기간제근로가 최대 3.9%p 감소한 것은 '사용 기간 제한'에서 비롯된 것으로, 차별 해소 조항은 아직까지 별다른 역할을 하지 못하고 있다.


## 상용 파트타임

이명박 정부는 국가고용전략에서 공공 부문을 중심으로 상용 파트타임을 늘리겠다고 강조했다. '상용'에 주목한 것은 긍정적이지만, '파트타임=임시직' 관행을 바꾸기 위한 노력이 전제되지 않는다면, 가뜩이나 비정규직이 많은 상태에서 비자발적 파트타임만 늘리는 결과를 초래할 가능성이 높다. 상용 파트타임 확대를 주장하기에 앞서 어떻게 하면 '파트타임=임시직'인 기존의 고용 관행을 차단할 것인지부터 검토하고, 분명한 직무 분석에 근거해 상용 파트타임 일자리를 정의할 필요가 있다. 무엇보다도 먼저 파트타임에서 풀타임, 풀타임에서 파트타임으로 전환 가능성부터 보장해야 할 것이다.


## 공공 부문 비정규직 대책

정부가 관계 부처 합동으로 조사한 공공 부문 비정규직 규모는, 2003년 23만 명(18.8%)에서 2006년 31만 명(20.1%), 20011년 34만 명(20.1%), 2012년 36만 명(20.5%)으로 계속 늘고 있다. 기간제 등 직접고용 비율은 조금 줄었지만, 파견·용역 등 간접고용 비율은 늘고 있다. 이는 기간제 보호법에 따라 사용 기간이 2년 된 기간제 노동자를 무기 계약직으로 전환하거나 계약을 해지하는 방식으로 진행된, 그동안의 정부가 추진해 온 공

표 13-9 | 공공 부문 비정규직 인원

|  |  | 노동자 | 정규직 | 비정규직 | 직접고용 | 간접고용 |
|---|---|---|---|---|---|---|
| 수(명) | 2003 | 1,249,151 | 1,014,836 | 234,315 |  |  |
|  | 2006 | 1,553,704 | 1,242,038 | 311,666 | 246,844 | 64,822 |
|  | 2011 | 1,690,856 | 1,350,220 | 340,636 | 240,993 | 99,643 |
|  | 2012 | 1,754,144 | 1,393,889 | 360,255 | 249,614 | 110,641 |
| 비율(%) | 2003 | 100.0 | 81.2 | 18.8 |  |  |
|  | 2006 | 100.0 | 79.9 | 20.1 | 15.9 | 4.2 |
|  | 2011 | 100.0 | 79.9 | 20.1 | 14.3 | 5.9 |
|  | 2012 | 100.0 | 79.5 | 20.5 | 14.2 | 6.3 |

자료: 고용노동부 보도자료에서 재정리.

공 부문 대책의 예정된 실패라 할 수 있다(〈표 13-9〉 참조).

이에 비해 서울시는 사용 기간이 2년 되지 않았더라도 상시·지속적 업무는 정규직(무기 계약직)으로 전환하고, 청소·경비 등 간접고용도 상시·지속적 업무면 정규직 전환을 추진하고 있다. 이에 따라 2012년 한 해 동안 서울시와 투자 출연 기관에서 일하던 기간제 노동자 가운데 정규직으로 전환한 사람은 1,367명이고, 청소·시설·경비 등 간접고용 노동자 6,231명도 2013년부터 단계적으로 직접고용으로 전환될 예정이다.

## 5. 맺는말: 요약과 대책

**요약**

지금까지 살펴본 바를 요약하면 다음과 같다. 첫째, 비정규직 비율은 2001년 8월부터 2007년 3월까지 55~56% 수준을 유지하다가, 2007년 8월 (54.2%)부터 2012년 8월(47.8%)까지 꾸준히 감소하고 있다. 이는 종사상 지위에서 상용직이 증가하고 임시직과 일용직이 감소했기 때문인데, 임시직과 일용직 등 비공식 고용이 공식 고용으로 전환하면서 '상용직 위주로 고용 관행이 변화'한 것으로 해석된다.

둘째, 기간제근로는 2005년 8월(18.2%)을 정점으로 감소해 2008년 이후 14~15% 수준을 유지하고 있다. 기간제 보호법에 따른 기간제 감소 효과는 최대 3.9%p다. 시간제근로는 2002년 8월(5.9%)부터 2012년 8월(10.3%)까지 빠른 속도로 증가하고 있다. 하지만 상용 파트타임은 7.7%밖에 안 되고, 임시직(59.9%)과 일용직(32.4%)이 대부분을 차지하고 있다.

셋째, 파견근로, 용역근로, 호출근로 등 간접고용은 2001년 8월(5.7%)부터 2008년 3월(10.8%)까지 빠른 속도로 증가했다. 2008~09년에는 글로벌 경제 위기로 조금 감소했지만, 2009년 하반기부터 완만한 증가세로 돌아서 2012년 8월에는 10%선을 유지하고 있다.[5] 특수고용과 가내근로는 계속 감소하고 있는데, 특수고용노동자 중 상당수가 자영업자로 잘못 분류되고 있는 것 아니냐는 의문을 불러일으키고 있다.

넷째, 정규직과 비정규직의 월평균 임금격차는 2002년 8월 52.7%에서 2012년 8월 49.7%로 3.0%p 확대되고, 시간당 임금격차는 54.9%에서 51.8%로 3.1%p 확대되었다. 정규직과 시간제근로자의 월평균 임금격차는 27.4%에서 21.9%로 5.5%p 확대되고, 시간당 임금격차는 78.6%에서 46.6%로 32.0%p 확대되었다.

다섯째, 월 임금총액 기준으로 임금 불평등(P9010)은 2002년 8월 5.0배에서 2012년 8월 5.7배로 증가했고, 시간당 임금 기준으로 4.9배에서 5.0배로 증가했다. 저임금 계층은 월 임금총액 기준으로 23.5%에서 23.7%,

---

5_사내하도급 근로자는 빠진 수치임.

시간당 임금 기준으로 24.1%에서 24.8%로 조금 증가했다. 한국은 OECD 국가 중 임금 불평등은 두 번째로 심하고 저임금 계층은 가장 많은 나라다. 법정 최저임금 미달자는 2001년 8월(4.4%)부터 2009년 3월(13.8%)까지 꾸준히 증가하다가, 2009년 8월부터 감소세로 돌아서 2012년 8월에는 9.6%로 감소했다.

여섯째, 현 직장에서 사회보험 가입률은 정규직이 2002년 8월 79~95%에서 2012년 8월 84~99%로 증가했고, 비정규직은 22~25%에서 33~38%로 증가했다. 지난 10년 동안 개선되기는 했지만 가입률이 낮을 뿐만 아니라 2009년 이후로는 거의 개선되지 않고 있다. 이는 비정규직 대다수가 임시 근로 내지 임시 근로를 겸하고 있어, 사업체 소속 상용직을 중심으로 설계된 현행 사회보험제도로는 근본적 제약이 따르기 때문이다.

끝으로 참여정부는 2002년 대통령 선거 때 '비정규직 남용과 차별 해소'를 공약했다. 하지만 참여정부 때 기간제근로가 조금 줄고 사회보험 가입이 조금 늘어난 것을 제외하면, 비정규직 규모가 축소되고 차별이 해소된 흔적은 거의 발견되지 않는다. 오히려 시간제근로와 파견, 용역, 호출 등 간접고용 비정규직이 늘고, 정규직과 비정규직의 임금격차가 확대되고, 법정 최저임금 미달자가 계속 늘었다.

## 비정규직 대책

### 상시·지속적 업무 정규직 전환
박근혜 정부는 대통령 선거 때 '상시·지속적 업무는 정규직 고용 관행 정착'을 공약했다. '공공 부문에서 상시·지속적 업무는 2015년까지 정규직으로 전환하고, 민간 부문 대기업은 고용 형태별 고용 현황 공시 제도 등을 통해 정규직으로 전환을 유도하겠다'는 것이다.

박근혜 정부가 '상시·지속적 업무 정규직 전환' 공약을 이행하려면, 사용 기간 2년에 구애받지 말고 상시·지속적 업무라면 모두 정규직으로 전환하고, 청소·경비 등 간접고용도 정규직으로 전환해야 한다. 또한 지금까지 공공 부문 비정규직 대책은 일시·간헐적 업무와 정규직 전환 예외를 지나치게 넓게 허용해 왔는바, 이를 전면 재정비해야 할 것이다.

이 밖에도 공공기관 정원의 합리적 조정, 인건비 총액 관리제와 국·시비 매칭 사업 재검토, 경영 평가와 기관장 평가에 정규직 전환 실적 반영, 무기 계약 전환자에 적합한 직급 체계와 임금 체계 신설, 합리적 근거 없는 민간위탁 사업은 공공 부문의 직접 시행 등이 필요하다.

민간 부문 대기업 정규직 전환 유도도 기업의 선의를 기대하기보다는, 고용 형태별 고용 현황 공시 제도와 조달 계약 입찰 등을 연계해, 비정규직을 많이 사용하는 기업에 대해서는 불이익을 줄 수 있어야 한다. 또한 기간제 보호법을 개정해 '상시·지속적 일자리는 정규직 전환'을 명문화하고, 시행령을 개정해 일시·간헐적 업무와 무기 계약 전환 예외 조항을 축소 조정해야 할 것이다.

불법파견을 합법화하는 '사내하도급 근로자 보호법'은 철회하고, 대법원이 불법파견으로 확정 판결한 현대자동차와 GM자동차 사내 하청은 공약대로 특별 근로감독을 실시해야 할 것이다.

이 밖에도 비정규직 남용을 해소하기 위해서는 '고용률 70%'처럼 정량적 목표를 설정하고, 이를 실현하기 위한 종합 대책을 마련할 필요가 있다. 2012년 8월 노동계 추정으로는 비정규직 비율이 48%고, 정부 추정으로는 33%다. 따라서 '2017년 비정규직 비율 25%(정부 기준) 또는 35%(노동계 기준)'를 목표로 제시할 수 있을 것이다.

## 최저임금 수준 현실화와 근로감독 강화

최저임금 수준 현실화와 근로감독 강화는 비정규직 저임금 노동자들의 임금과 생활 조건을 개선할 수 있는 가장 확실한 방법이다. 박근혜 정부는 대선 공약에서 최저임금 인상 기준을 '경제성장률 + 물가상승률 +소득 분배 조정치'로 하고, 근로감독 강화와 징벌적 배상 제도 도입을 약속했다. 국정 과제는 '합리적인 최저임금의 최저 인상률 가이드라인 마련, 중장기적인 적정 최저임금 수준 목표치 설정 등'을 제시하고 있다.

따라서 중장기적인 적정 최저임금 수준 목표치는 노동계와 시민사회 단체가 요구하는 '평균임금의 50%'로 하되, 최저임금의 최저 인상률 가이드라인은 '경제성장률+물가상승률+소득분배 조정치'로 하여 최저임금 수준을 현실화해야 할 것이다. 공약대로 징벌적 배상 제도를 도입하고 근로감독 행정도 강화해야 한다.

'가사 사용인과 수습 사용 중인 자, 감시 단속적 근로자는 최저임금을 100% 적용'하고, '정신 또는 신체의 장애로 근로 능력이 현저히 낮은 자는 노동부 장관의 인가를 얻어 감액 적용'하는 식으로 최저임금 적용 대상을 확대해야 한다. 징벌적 배상 제도를 도입하고 대기업부터 일벌백계하는 식으로 근로감독을 강화해야 한다.

이를 위해서는 최저임금 전담 근로감독관을 두고 명예 근로감독관 운영, 반복적으로 최저임금을 위반한 사업주 명단 공개(3진 아웃), 최저임금 위반 신고 시 구비 서류 등 간소화, 사용자가 최저임금 준수 입증 책임, 최저임금 위반 적발 즉시 과태료 부과, 최저임금 체불임금 노동부 선先지급, 후後대위권 행사 등의 방안도 검토할 필요가 있다.

## 단체협약 효력 확장 제도 개선

세계은행(Aidt & Tzannatos 2002), OECD(2004), ILO(2004)에 따르면, 노

그림 13-12 | OECD 국가의 노조 조직률과 협약 적용률 비교(2008년)

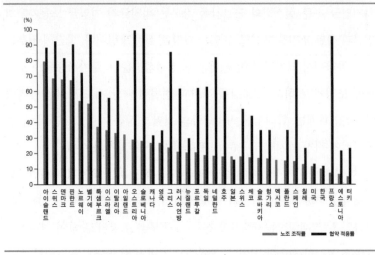

조 조직률이 높거나 단체협약 적용률이 높을수록, 임금 교섭이 집중되거나 상하 조직 간에 조정이 원활할수록 임금 불평등이 낮다.

한국은 노조 조직률이 11%로 OECD 국가 중 네 번째로 낮다. 한국보다 노조 조직률이 낮은 나라는 프랑스, 에스토니아, 터키 세 나라뿐이다. 프랑스는 산업별로 교섭이 이루어지고 단체협약 효력 확장 제도가 있어 단체협약 적용률이 90%가 넘는다. 에스토니아와 터키도 단체협약 적용률이 20%가 넘어, 한국은 OECD 국가 중 단체협약 적용률이 가장 낮다. 단체교섭은 기업별로 분권화되어 있고, '전국-산업-기업' 간에 조정은 원활하지 않다. 한국에서 임금 불평등이 심한 것은 산업정책과 노동시장 정책에서 비롯된 측면도 있지만, 노사관계 정책에서 비롯된 측면도 크다는 사실을 확인할 수 있다(〈그림 13-12〉 참조).

헌법으로 보장된 단결권은 노동자라면 누구나 누려야 할 권리다. 하

지만 지난 60년 동안 노조 조직률이 10%대를 넘어선 적이 없다. 앞으로
도 노조 조직률이 10%대를 넘어서기는 어려울 것이다. 1987~89년처럼
노동운동이 폭발적으로 고양된 정치·사회적 격변기에도 10%대의 벽을
넘어서지 못했고, 그때 같은 정치·사회적 격변기가 다시 찾아오기도 쉽
지 않을 것이기 때문이다. 현행 노사관계 체제에서는 앞으로도 전체 노동
자의 80~90%가 노조 가입조차 배제된 '노동 인권의 사각지대'에 방치될
전망이다.

노동조합에는 가입하지 못해도 단체협약은 적용받을 수 있도록 단체
협약 효력 확장 제도를 개선해야 한다. 현행 〈노동조합법〉 제36조(지역적
구속력) 제1항 '하나의 지역에 있어서 종업하는 동종의 근로자 3분의 2 이
상이 하나의 단체협약의 적용을 받게 된 때에는 행정관청은 당해 단체협
약의 당사자의 쌍방 또는 일방의 신청에 의하거나 그 직권으로 노동위원
회의 의결을 얻어 당해 지역에서 종업하는 다른 동종의 근로자와 그 사용
자에 대해서도 당해 단체협약을 적용한다는 결정을 할 수 있다'는 사실상
단체협약 효력 확장을 불가능하게 만든다. '노사 쌍방이 초기업 수준에서
체결한 단체협약에 대해 노동부 장관은 노동위원회의 의결을 얻어 해당
부문에 확대 적용할 수 있다'로 개정해야 할 것이다.

물론 이처럼 단체협약 효력 확장 제도를 개정한다 해도 기업별로 단
체협약을 체결한다면 그 실효성이 떨어질 수밖에 없다. 중앙에서는 유명
무실한 노·사·정 협의체를 재정비하고 의제별로 노·사·정의 교섭·협의
를 활성화함과 동시에, 산업·지역 등 초기업 수준에서는 단체교섭과 노
사(정)협의를 진전시켜 나가야 한다. 기업별 교섭을 강제하는 교섭 창구
단일화 강제 조항은 삭제하거나, 초기업 노조를 교섭 창구 단일화 대상에
서 제외하는 방향에서 〈노동조합법〉을 개정하고, 공공 부문의 산업별 교
섭은 정부가 모범을 보여야 할 것이다. 기업 수준에서는 노사 협의회를 종

업원 대표 기구로 재편하고 노사 협의와 공동 결정을 촉진하는 방안을 모색할 필요가 있다. 이리하여 '중앙-산업과 지역-기업'을 잇는 중층적 노사관계가 구축된다면, 한국 노사관계 시스템의 역기능은 줄고 순기능은 강화될 수 있을 것이다.

# 14장

# 김대중·노무현 정부 시기
# 소득불평등의 변화

강신욱

## 1. 서론

한국 사회의 경제·사회적 불평등이 심화되고 특히 소득분배가 불평등해지고 있다는 것은 더 이상 새로운 이야기 거리가 아니다. 적어도 2000년 이후로는 분배 문제와 복지가 정당 간 경쟁의 핵심적 분야이지만, 김대중 정부가 출범했던 1998년 이전만 하더라도 소득분배나 빈곤이 핵심적으로 중요한 사회적 문제로 대두된 바 없었다. 노무현 정부 당시 사회적 '양극화'의 해소가 국정의 중심으로 천명되었을 때[1]에도 일부 보수 언론에서

---

1_2006년 노무현 대통령 신년 국정 연설.

는 이와 같은 정부의 시각이 계층 간 갈등을 조장할 것이라고 비판했다.

그러나 노무현 정부 이후로 불평등 해소는 정부의 핵심 목표다. 그 표현 방법이 양극화의 해소인지 중산층의 복원인지 달라질 수는 있지만 소득불평등이 방치하기 어려울 정도의 상황에 이르렀다는 인식에는 이론의 여지가 없다. 이런 변화의 이면에는 소득불평등의 심화라는 현실의 변화가 놓여 있는 것이고, 그 변화의 중요한 양상들은 1990년대 후반에서 2000년대 초반에 이르는 시기에 나타났다.

이 글은 소득분배 문제를 중심으로 김대중·노무현 정부 10년을 되돌아보는 것을 목적으로 한다. 이 두 정부 시기 동안 불평등은 그 이전이나 이후에 비해 어느 정도 심각한 상황이었는지, 특별히 변화가 심한 시기였다면 어떤 요인들에 의해 그런 변화가 나타났는지를 비교하고 검토하는 것이 이 글의 주된 내용이 될 것이다. 이를 통해 전체적으로 이 10년이 한국 사회의 불평등이 심화되는 과정에서 어떤 의미를 지니는 시기로 해석될 수 있는지 살펴보고자 한다.

한국 사회의 장기적 변화를 정부 단위로 구분해 서로 비교하는 작업은 장단점이 있다. 적어도 분배 지표의 변화를 해당 정부의 공과와 직접적으로 연관시키는 것은 위험의 소지가 있다. 소득분배의 변화를 추동하는 데에는 단기적 요인과 장기적 경향이 동시에 작용할 수 있기 때문이다. 또한 단기적 요인이라고 하더라도 특정 연도의 정책이 당해 연도가 아닌 다음 연도에 나타날 수도 있다. 대표적인 경우가 1997년 경제 위기인데, 김영삼 정부 말기에 발생한 경제 위기는 역시 김영삼 정부 시기의 〈노동법〉 개정의 영향과 결합해 김대중 정부 초기에 대량의 실업과 빈곤을 발생시켰다. 그 결과 김대중 정부의 분배 지표는 평균적으로 김영삼 정부에 비해 악화된 것으로 나타난다.

이런 점을 고려할 때 김대중·노무현 두 정부 10년간의 불평등이라는 표현보다는 이 두 정부의 집권기인 '1998~2007년간의 소득불평등의 변화'란 표현이 적절할 것이다. 하지만 매 정부의 집권 기간을 이와 같은 방식으로 표현하는 것이 다소 번거롭다는 점을 고려해 이하에서는 대통령의 이름을 딴 정부 명칭을 이용할 것이다.

이하에서는 소득분배의 대표적인 지표인 지니계수를 중심으로 1990년부터 2011년까지의 소득분배를 살펴볼 것이다. 먼저 2절에서는 소득분배 변화의 장기적 추이를 검토할 것이다. 전체 시계열에 걸친 분배 지표의 변화 추이와 함께 각 정부가 집권했던 시기별로 분배 지표의 변화를 비교할 것이다. 그리고 난 후, 가구 소득을 구성하는 각 원천 및 요인별 분석을 통해 어떤 요인이 불평등의 변화에 영향을 미쳤는지를 살펴볼 것이다. 이를 위해 3절에서는 분석의 방법에 관해 간략히 설명한 후 4절에서는 시기별 비교 결과를 제시할 것이다. 마지막 5절에서는 장기적인 불평등의 심화 과정에서 1998~2007년이 어떤 의미를 갖는지를 되짚어 봄으로써 결론에 대신할 것이다.

# 2. 소득분배 변화의 장기적 추이: 가구 가처분소득을 중심으로

소득분배의 변화를 분석할 때에는 어떤 소득 범주를 사용하는가, 어떤 분배 지표를 사용하는가에 따라 결과에 영향을 받을 수 있다. 예컨대 세전 소득의 불평등에 비해 세후 소득의 불평등은 덜할 것이다. 소득의 재분배가 조세정책의 중요한 역할 가운데 하나이기 때문이다. 분배 상태를 파악할 때 전체 소득 계층 가운데 일부만을 비교할 것인지 모든 계층의 상태를

그림 14-1 | 1990년 이후 지니계수와 상대 빈곤율의 변화

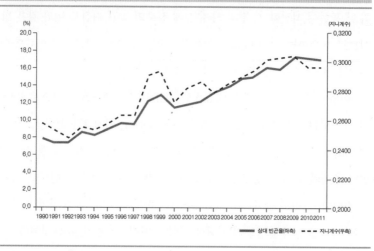

자료: 통계청, 《(도시)가계동향조사》 원자료.

다 비교할 것인지에 따라 변화의 양상이 달라질 수도 있다. 이후 4절의 논
의에서는 가구 소득을 구성하는 각 요인별로 구분해 살펴볼 것이기 때문
에 소득 범주의 선택이 중요한 문제가 되지 않을 것이나 불평등의 전체 경
향을 살펴보는 2절에서는 가구 가처분소득의 변화만을 살펴보기로 한다.
가처분소득이 궁극적으로 가구 및 개개인의 삶의 수준을 결정하는 데 직
접적으로 관련된 소득 범주이기 때문이다.

〈그림 14-1〉은 1990년부터 2011년까지 대표적인 분배 지표인 빈곤
율과 지니계수의 변화 추이를 보여 준다. 여기서 빈곤율은 중위소득의
50%를 기준선으로 삼은 상대 빈곤율이다. 전체적으로 빈곤율과 지니계
수는 지속적으로 상승하는(즉 분배 상태가 악화되는) 경향을 보인다. 1997
년 외환위기 직후인 1998년과 1999년의 분배 상태가 급격히 악화된 점이
특징적이다. 이 당시 악화되었던 분배 지표는 2000년대 초반 일시적으로

그림 14-2 | 주요 분배 지표의 변화 추이(1990년=100)

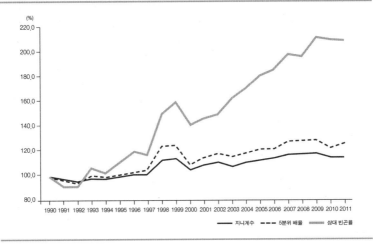

자료: 통계청, 《(도시)가계동향조사》 원자료.

개선되는가 싶더니 다시 지속적인 악화 경향을 보이고 있다.[2]

분배 지표에 따라서는 그 절대적 값의 변화가 심할 수도 그렇지 않을 수도 있다. 예컨대 지니계수의 경우 전체 소득 계층의 소득을 이용해 하나의 수치로 표현하는 것이기 때문에 최상층과 최하층의 소득만을 이용하는 소득 분위 배율(예로, 5분위 배율)보다 변화가 상대적으로 둔할 수 있다. 이 점을 고려해 〈그림 14-2〉는 1990년의 수준을 100으로 보았을 때 각 지니계수, 5분위 배율, 상대 빈곤율이 어떤 양상으로 변했는지를 보여 준

---

2_전체적인 분배 지표의 변화에서 특징적인 시기는 외환위기 국면과 회복 이후에 새롭게 분배 지표가 악화되던 시기인 2004년 이후다. 이런 경향적 변화의 관점에서 보면 이 시점을 기준으로 시기를 구분하는 것이 더욱 적절할 수 있다. 자세한 내용은 강신욱(2012) 참조.

그림 14-3 | 중산층의 비율의 변화

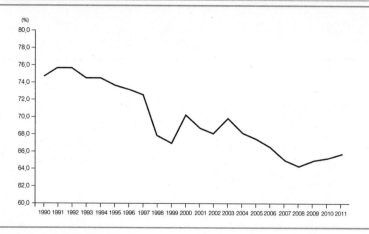

자료: 통계청, 《(도시)가계동향조사》 원자료.

다. 1990년과 2011년을 비교하면 빈곤율이 상대적으로 가장 큰 폭으로 변했음을 알 수 있다. 2011년의 상대 빈곤율은 1990년 상대 빈곤율의 두 배가 넘는 수치다. 불평등 지표 가운데에는 5분위 분배율이 지니계수보다 상대적으로 크게 악화되었다. 지니계수는 2011년이 1990년에 비해 약 16% 악화되었으나 5분위 배율은 약 27% 악화된 것으로 나타났다.

소득불평등의 심화는 계층 간 구성의 변화로도 나타난다. 〈그림 14-3〉은 같은 기간 동안 중산층의 비율이 얼마나 줄어들었는지를 보여준다. 여기서 중산층은 가처분소득의 중위 값을 기준으로 50~150%의 구간에 속한 가구의 비중을 의미한다. 중산층의 비율은 1990년 74.8%였으나 외환위기 직후인 1998년 처음으로 70% 아래로 떨어져 67.9%를 기록했다. 2000년 잠시 70%대로 회복되었으나 그 이후 다시 중산층 비율은 감소해 2011년에는 65.8%까지 줄어들었다. 전체적으로 〈그림 14-3〉의 그래프는 〈그림 14-1〉의 그래프를 뒤집은 것과 같은 모양을 보이는데, 이

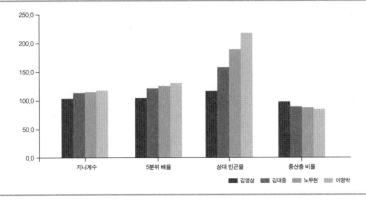

자료: 통계청, 《(도시)가계동향조사》 원자료.

표 14-1 | 각 정부 시기별 분배 지표의 변화

|  | 노태우 | 김영삼 | 김대중 | 노무현 | 이명박 |
|---|---|---|---|---|---|
| 지니계수 | 0.254 | 0.260 | 0.287 | 0.292 | 0.302 |
| 5분위 배율(배) | 3.6 | 3.8 | 4.4 | 4.5 | 4.7 |
| 상대 빈곤율(%) | 7.9 | 9.3 | 12.4 | 14.9 | 17.2 |
| 중산층 비율(%) | 75.4 | 73.8 | 68.4 | 67.6 | 65.2 |

자료: 통계청, 《(도시)가계동향조사》 원자료.

를 통해 소득불평등의 심화 경향이 다양한 지표를 통해 유사한 패턴으로 관측되고 있음을 알 수 있다.

〈표 14-1〉은 각 정부 시기별로 주요 분배 지표의 평균값을 비교하고 있다. 또한 〈그림 14-4〉는 노태우 정부 후기인 1990~92년간의 평균값을 100으로 보았을 때 각 시기별로 분배 지표의 상대적 수준을 비교하고 있다. 〈표 14-1〉과 〈그림 14-4〉를 통해 확인할 수 있듯이 분배 지표의 평균값은 시기가 지날수록 예외 없이 악화되고 있다. 지니계수의 경우 1990년대 초기에 0.254였던 것이 이후 각 정부의 시기를 거치면서 0.260, 0.287, 0.292, 0.302 등으로 악화되었다. 소득 5분위 배율 역시 노태우 정부 후기

의 평균값이 7.9배였던 것이 이명박 정부 시기에는 4.7배로로 높아졌다. 상대적으로 가장 빠른 속도로 악화된 지표는 상대 빈곤율이다. 노태우 정부 시기 7.9%였던 것이 이명박 정부 시기에는 17.2%로 높아졌다.

하지만 상대적인 변화의 폭을 살펴보면 대부분의 지표가 급격하게 악화된 시기는 김대중 정부 시기인데, 이는 부연하자면 1997년 외환위기의 영향이 1998년 이후에 본격적으로 나타났기 때문이다. 김대중 정부에서 노무현 정부의 차이와, 노무현 정부와 이명박 정부의 분배 지표의 차이를 비교하면 후자의 경우 분배 지표가 더욱 두드러지게 악화되었는데, 이 역시 2008년 세계경제 위기의 영향이라고 볼 수 있다. 경제 위기를 경험한 기간 동안 분배 지표의 악화가 상대적으로 큰 점을 알 수 있다.

이상에서는 소득불평등 심화의 장기적 경향을 정부별로 비교했다. 5개의 정부 집권 기간을 비교해 볼 때, 정부가 지날수록 분배 지표는 예외 없이 악화되었다. 이렇게 본다면 분배 지표의 악화 경향은 장기적으로 나타나는 현상이다. 그렇다면 구체적으로 어떤 요인들에 의해 소득불평등이 심해졌으며, 불평등이 심화된 지난 20여 년의 기간에서 김대중·노무현 두 정부의 시기는 어떤 특징을 갖고 있는지 다음에서 살펴보기로 하자.

## 3. 불평등 심화의 요인별 기여에 대한 분석 방법

가구 소득의 불평등이 어떤 요인에 의해 심화되었는지를 보기 위해 이하에서는 가구 소득을 구성하는 상이한 요인이 추가됨에 따라 불평등 지표가 어떻게 변하는지를 살펴보는 방식을 취하기로 한다.[3] 즉 각기 다른 집단의 불평등이 전체 불평등에 어느 정도씩 기여했는지를 보여 주는 대신한 집단에 다른 집단이 추가됨으로 인해 불평등의 양상이 어떻게 달라지는지를 보여 주는 것이다.

이때 분석의 출발점과 추가되는 요인(집단 또는 소득 원천)을 어떤 순서로 배열하는지가 중요한데, 이 글에서는 다음과 같은 순서로 불평등에 영향을 미칠 수 있는 요인을 추가할 것이다. 먼저 가구주의 연령을 기준으로 25~64세인 집단과 그 외의 집단을 구분했다. 가구주의 연령이 25세 미만이거나 65세 이상인 경우 생산 활동에 종사하지 않을 가능성이 높고, 따라서 시장에서 발생하는 소득의 불평등 효과를 분석하는 데 적절하지 않은 집단이라고 생각했기 때문이다. 한편 가구주가 65세 이상인 가구의 비중 변화는 고령화가 소득불평등에 미치는 영향을 분석하는 데 중요한 요인이 된다. 따라서 이 연령대의 가구주 집단을 분석에서 완전히 제외하지는 않고, 생산 가능 연령대의 소득불평등에 대해 먼저 분석한 후, 후에 이 집단을 추가로 고려해 분석할 것이다.

다음으로 생산 활동 연령대의 가구 가운데 가구주의 경제활동 상태에 따라 취업 가구와 비취업 가구로 구분한 후, 취업 가구는 종사상 지위에 따라 근로자와 자영자로 구분한다.[4] 둘 가운데 큰 비중을 차지하는 근로자 가구 가운데에서 가장 큰 비중을 차지하는 상용직 근로자 가구를 출발점으로 할 것이다. 가구의 소득은 가구주의 종사상 지위에 따라 주 소득원이 되는 소득 항목부터 불평등을 분석할 것이다. 즉 근로자 가구의 경우 가구주 근로소득의 불평등 추이를 먼저 분석한 이후 배우자의 (근로 및 사

---

3_이 절은 강신욱(2012)의 2장의 내용을 대부분 인용한 것이다.

4_이하에서 취업가구, 근로자가구, 자영자가구라 함은 각각 가구주의 경제활동상태와 종사상 지위를 기준으로 구분한 것이다.

그림 14-5 | 도시 가구 소득불평등 분석의 대상 및 소득 범주 확대

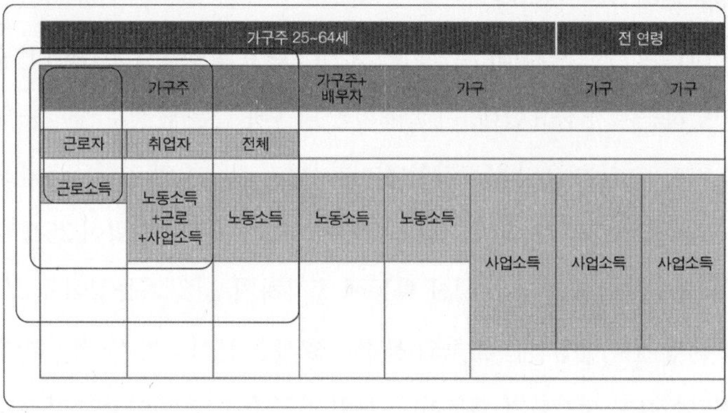

| | 가구주 25~64세 | | | | 전 연령 | |
|---|---|---|---|---|---|---|
| 가구주 | | 가구주+배우자 | 가구 | 가구 | 가구 | |
| 근로자 | 취업자 | 전체 | | | | |
| 근로소득 | | | | | | |
| 노동소득+근로+사업소득 | 노동소득 | 노동소득 | 노동소득 | | | |
| | | | | 사업소득 | 사업소득 | 사업소득 |

업) 소득까지를 더한 불평등을 분석하고, 다음으로 기타 가구원의 (근로 및 사업) 소득까지를 더한 가구의 노동소득 불평등을 분석할 것이다. 그리고 난 후 다시 재산소득과 사적 이전 소득을 더한 전체 가구 시장소득의 불평등을 분석할 것이다. 마지막으로 비생산 연령 인구까지를 포함한 전체 도시 가구의 시장소득과 가처분소득의 불평등을 분석하는 방식으로 진행할 것이다.[5]

이와 같은 분석의 진행 방법을 도식화하면 〈그림 14-5〉와 같다. 이 그림에서 사각형으로 표시된 부분이 각 단계마다 분석의 대상이 되는 집단과 소득 범주다. 안쪽의 사각형에서 바깥쪽의 사각형으로 분석 대상을 넓혀 가는 것이 이 글의 분석이 진행되는 순서다. 먼저 도시 가구 중 가구주

---

5_이런 방법은 OECD(2011)와 유사하지만, 고려의 대상이 되는 요인과 그것을 분석에 포함시키는 순서는 상이하다.

가 25~64세이면서 근로자인 가구만을 추출해 가구주 근로소득의 불평등이 시기별로 어떻게 변했는지를 비교한 다음 가구주가 취업자(근로자+자영업자)인 가구의 가구주 노동소득(근로소득+사업소득)의 불평등을 시기별로 비교하는 것이다. 이와 같이 사각형을 점차 그림의 오른쪽 아래 부분까지 포함하도록 확대해 나가서 결국은 전체 연령대 가구주의 가구 가처분소득 불평등을 비교하고자 하는 것이다.

이 글에서 사용하는 데이터는 통계청의 《(도시)가계조사》 자료다. 가구 단위의 소득 관련 정보를 제공하는 다른 미시 자료에 비해 《(도시)가계조사》 자료는 개인별 고용 및 소득 관련 정보를 모두 제공하지 않는다는 단점이 있으나 비교적 장기간에 걸쳐 데이터를 구할 수 있다는 장점과, 다른 패널 데이터를 횡단면 분석에 사용할 때 나타날 수 있는 한계 등을 고려해 분석에 사용했다.

통계청은 표본 가구의 연간 평균 월소득 정보를 포함하는 데이터를 공개하고 있는데, 이 데이터는 가구의 소득이 연평균 소득으로 계산되었다는 점 이외에도 기존의 자료에서 소득 정보가 제공되지 않던 도시 비근로자 가구의 소득 정보도 제공하고 있다. 따라서 이 데이터를 사용할 경우 2명 이상의 도시 근로자 가구 이외에 도시 자영자와 무직자 가구도 분석에 포함시킬 수 있었다는 장점이 있다. 반면 노태우 정부 전체 시기를 포괄하지 못한다는 단점이 있다.[6] 하지만 이 글의 초점이 되는 김대중 정부와 노무현 정부 시기가 자료에 포함되어 있다는 점과, 자료의 시계열을 몇 해 늘리는 것보다 자료에 포함된 대상 집단이 확대되는 것이 중요하다고

---

6_통계청 《(도시)가계조사》 자료의 경우 1982년부터 미시 자료가 제공되고 있으나 자료에 포함된 가구가 2명 이상의 도시 근로자 가구로 한정되어 있다.

판단해 이 자료를 사용하기로 한다. 단 이하에서 노태우 정부라고 할 때에는 1990~92년의 3년간을 지칭하는 것을 주의할 필요가 있다. 마찬가지로 데이터의 제약으로 인해 이명박 정부 기간 역시 2008~11년 사이의 4년만을 포함시킬 것이다.

이하의 논의에서 소득불평등 지표로는 지니계수를 사용할 것이다. 지니계수는 단기간에 쉽게 변하지 않는다는 특성 때문에 시계열적 변화가 극적으로 나타나지 않는다는 특징이 있으나 모든 계층의 소득 정보를 이용해 산출된다는 특징이 있다. 불평등 변화가 빈곤층이나 최고 소득층 등 일부 계층의 소득 변동에만 국한되는 것이 아니라 중산층을 포함한 전 소득 계층의 소득 지위 변화와 관련된다는 점에서 지니계수를 사용하는 것이 적절하다고 판단했다. 또한 이하의 논의에서 분석의 단위는 가구로 하되, 가구 단위의 소득을 비교할 때에는 가구원 수의 차이가 초래하는 효과를 고려하기 위해 균등화 지수를 적용했다.

## 4. 시기별 소득불평등의 변화 비교

### 1) 집단별, 소득 범주별 불평등 변화를 통한 비교

앞의 2절에서 확인했듯이 지난 20년간 소득불평등은 악화 경향을 보였다. 불평등의 악화는 집단이나 소득 범주와 상관없이 대체적으로 나타나는 경향이지만, 구체적으로 살펴보면 각 시기마다 집단별 소득불평등의 변화 경향이 다소 다르게 나타난다.

〈표 14-2〉는 각 소득 범주와 집단에 대해 각 정부마다 소득불평등이 어떻게 변했는지를 보여 준다. 먼저 가구주의 연령이 생산 연령대에 해당

**표 14-2 | 집단별, 소득 범주별 지니계수의 변화**

| 가구주<br>연령대 | 소득원 | 가구주<br>경제활동 상태 | 소득 범주 | 노태우 | 김영삼 | 김대중 | 노무현 | 이명박 |
|---|---|---|---|---|---|---|---|---|
| 25~<br>64세 | 가구주 | 상용근로 | 근로소득 | 0.270 | 0.262 | 0.294 | 0.294 | 0.283 |
| | | 근로자 | 근로소득 | 0.277 | 0.270 | 0.309 | 0.324 | 0.332 |
| | | 취업자 | 노동소득 | 0.296 | 0.269 | 0.297 | 0.313 | 0.326 |
| | 가구주+배우자 | | 노동소득 | 0.305 | 0.299 | 0.353 | 0.358 | 0.373 |
| | | | 노동소득 | 0.297 | 0.295 | 0.350 | 0.355 | 0.369 |
| | 가구 전체 | 전체<br>(미취업자 포함) | 노동소득 | 0.279 | 0.278 | 0.317 | 0.318 | 0.327 |
| | | | 시장소득 | 0.259 | 0.259 | 0.290 | 0.294 | 0.304 |
| 전체<br>연령 | 가구 전체 | | 시장소득 | 0.263 | 0.268 | 0.300 | 0.314 | 0.336 |
| | | | 경상소득 | 0.260 | 0.265 | 0.293 | 0.299 | 0.310 |
| | | | 가처분소득 | 0.254 | 0.260 | 0.287 | 0.292 | 0.302 |

자료: 통계청, 《(도시)가계동향조사》 원자료.

하는 25~64세이면서, 상용직 근로자로 취업 중인 가구를 보자. 가구주의 근로소득 지니계수가 노태우 정부시기에 0.270이었던 것이 김영삼 정부 시기에는 다소 하락했다가 김대중 정부 시기에는 0.294로 상승했다. 노무현 정부 시기의 평균값은 김대중 정부 시기와 동일하게 유지되다가 이명박 정부 4년 동안은 0.283으로 다소 감소했다.

가구주가 상용직 근로자인 경우에다 임시·일용직인 경우까지 포함한 것이 〈표 14-2〉의 두 번째 행에 있는 근로자 가구의 근로소득 지니계수다. 김대중 정부 시기의 지니계수는 0.309로 이전 정부들에 비해서 큰 폭으로 상승한 것으로 나타난다. 이후 노무현 정부에서도 근로자 가구의 근로소득 지니계수는 더욱 상승했으며, 이명박 정부에서도 역시 상승해 평균 0.332의 값을 보였다.

이런 사실로부터 먼저 확인할 수 있는 것은 근로소득 불평등의 심화가 외환위기를 계기로 상용직 내부에서도 나타났다는 사실이다. 그러나 그 이후에도 근로소득의 불평등을 지속적으로 확대시킨 것은 임시 일용직 근로자의 근로소득에서 나타난 변화다. 이를 좀 더 자세히 살펴보기 위

그림 14-6 | 상용직과 임시·일용직의 근로소득 불평등 비교

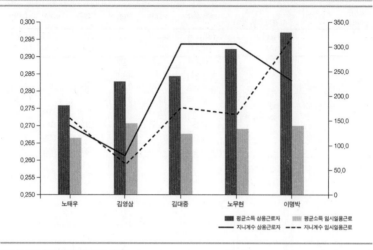

자료: 통계청, 〈(도시)가계동향조사〉 원자료.

해 상용직 근로자와 임시 일용직 근로자 사이의 소득 격차와 불평등 수준을 비교해 보자. 〈그림 14-6〉에서 점선으로 표시된 곡선은 임시 일용직 근로자의 근로소득 지니계수다. 상용직 근로자의 근로소득과는 달리 시기가 지나면서 불평등이 더욱 확대되고 있음을 알 수 있다. 또한 막대그래프로 표현된 상용직 근로자의 평균 실질 근로소득과 임시 일용직 근로자의 실질 근로소득은 그 격차가 계속 확대되어 왔음을 알 수 있다. 김대중 정부 이전 시기에는 상용직 근로소득이 임시 일용직의 약 1.6배였으나 김대중 정부에서는 1.9배, 노무현 정부에서는 2.2배, 그리고 이명박 정부에서는 2.4배로 확대되었다. 이와 같이 임시 일용직 내부의 불평등이 심화되고 임시 일용직과 상용직 사이의 불평등이 심화되면서 근로자 전체의 근로소득 불평등이 확대된 것이다.

다시 앞의 〈표 14-2〉로 돌아가 이제 가구주가 근로자뿐만 아니라 자

그림 14-7 | 근로자 가구주의 근로소득과 자영업자 가구주의 사업소득 격차

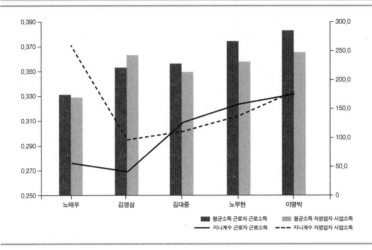

자료: 통계청, 《(도시)가계동향조사》 원자료.

영업자인 경우까지를 포함해 가구주의 주 소득원의 불평등이 어떻게 변했는지를 살펴보자. 근로자 가구주의 근로소득과 자영업자 가구주의 사업소득을 통칭해 취업자 가구주의 노동소득이라고 표현했다. 노동소득의 불평등 역시 김대중 정부 이후 계속 확대되고 있다. 그런데 근로자의 근로소득만을 살펴보았을 때의 소득불평등에 비해 자영업자까지를 포함한 취업자의 노동소득 불평등 수준은 다소 줄어드는 것으로 나타난다. 이는 〈그림 14-7〉에서 보듯이 자영업자의 소득이 하향 평준화되면서 나타나는 현상이라고 해석할 수 있다. 자영업자의 사업소득 불평등도 근로자의 근로소득 불평등과 마찬가지로 김대중 정부 이후 심화 추이를 보이고 있다. 그러나 사업소득 불평등은 근로소득 불평등에 비해 그 정도가 낮아졌다. 반면 근로자 근로소득과 자영업자 사업소득의 평균 실질소득 격차는 오히려 확대되었다.

**표 14-3 | 집단별, 소득 범주별 지니계수의 변화(1990~92년 평균=100)**

| 가구주 연령대 | 소득원 | 가구주 경제활동 상태 | 소득 범주 | 노태우 | 김영삼 | 김대중 | 노무현 | 이명박 |
|---|---|---|---|---|---|---|---|---|
| 25-64세 | 가구주 | 상용근로 근로자 | 근로소득 | 100.0 | 96.7 | 108.8 | 108.7 | 104.8 |
| | | 근로자 | 근로소득 | 100.0 | 97.5 | 111.8 | 117.2 | 120.0 |
| | | 취업자 | 노동소득 | 100.0 | 91.0 | 100.4 | 105.7 | 110.2 |
| | 가구주+배우자 | | 노동소득 | 100.0 | 98.1 | 115.8 | 117.6 | 122.2 |
| | | | 노동소득 | 100.0 | 99.4 | 117.7 | 119.5 | 124.2 |
| | 가구 전체 | 전체 (미취업자 포함) | 노동소득 | 100.0 | 99.6 | 113.7 | 113.8 | 117.3 |
| | | | 시장소득 | 100.0 | 100.2 | 111.9 | 113.6 | 117.5 |
| 전체 연령 | 가구 전체 | | 시장소득 | 100.0 | 101.6 | 114.1 | 119.2 | 127.6 |
| | | | 경상소득 | 100.0 | 101.8 | 112.8 | 114.9 | 119.1 |
| | | | 가처분소득 | 100.0 | 102.3 | 112.9 | 114.8 | 119.0 |

자료: 통계청, 《(도시)가계동향조사》 원자료.

〈표 14-3〉은 〈표 14-2〉를 노태우 정부 시기의 지니계수를 100으로 표현해 바꾸어 놓은 것이다. 이 〈표 14-3〉을 이용해 각 시기별로 어떤 집단과 어떤 소득 범주의 불평등이 상대적으로 빠르게 심화되었는지를 쉽게 확인할 수 있다. 예컨대 노태우 정부 시절과 김대중 정부 시절의 평균적인 불평등 정도를 비교해 보자. 상용직 근로자의 근로소득 불평등은 두 시기 사이에 100에서 108.8로 증가했다. 임시 일용직 근로자까지를 포함할 경우 불평등은 111.8로 증가한 것으로 나타난다. 자영업자 사업소득까지를 고려하면 불평등도는 약 100.4로 다시 약간 줄어든다. 그러나 여기에 가구주가 무직인 가구까지를 포함시키면 불평등의 정도는 115.8로 다시 증가했다.

가구주의 소득이 정체되고 가구의 지출 수요가 늘어나면서 배우자나 자녀 등의 취업이 늘어나게 된다. 노태우 정부 시기 가구원 중 취업자의 비율은 37.2%였으나 김대중 정부에서는 41.6%로 늘었고 노무현 정부에서는 다시 44.8%로 늘었다. 이명박 정부에서는 더 늘어나 46.2%에 달한다. 가구주 이외 가구원의 취업이 증가하면서 가구 소득의 불평등은 개선되었을까? 〈표 14-3〉은 배우자의 취업과 기타 가구원의 취업이 이 점에서 상반된 효과를 초래했음을 보여 준다. 가구주의 노동소득과 배우자까지를 포함한 노동소득을 비교해 보자. 김대중 정부의 가구주 노동소득불평등은 노태우 정부 시절에 비해 115.8의 상대적 수준을 보였다. 그러나 배우자까지를 포함할 때의 노동소득은 117.7로 오히려 증가했다. 배우자까지를 고려할 경우 소득불평등이 확대되는 현상은 노무현 정부나 이명박 정부에서도 관측된다. 가구주의 소득과 배우자의 소득이 양(+)의 상관관계가 있음을 알 수 있다.

가구주, 배우자뿐만 아니라 기타 가구원의 노동소득까지를 고려한 불평등 역시 하면 김대중 정부 이후 증가 추이를 보이고 있다. 다만 증가의 정도는 가구주와 배우자의 노동소득만을 고려했을 때에 비해 덜하다. 김대중 정부 시기의 경우 이 소득의 불평등의 수준은 노태우 정부 시기에 비해 113.7의 상대적 수준을 보였다. 모든 가구원 소득을 고려한 경우의 불평등은 오히려 취업 가구원 수 비율이 가장 높았던 이명박 정부시기에 상대적으로 빠른 증가 추이를 보였다.

김대중 정부 시기만을 놓고 볼 때, 노태우 정부 시기에 비해 상대적으로 불평등의 심화 정도가 가장 컸던 것은 가구주와 배우자의 노동소득이다(117.7). 다음으로 가구주의 노동소득(115.8)이고, 그 다음이 전체 연령대 가구주를 포함한 경우의 가구 시장소득(114.1)이다. 취업 가구주 사이의 불평등에 비해 전체 가구주의 불평등 심화 속도가 빨랐다는 것은 가구주의 취업 여부가 가구 소득의 불평등에 큰 영향을 미쳤음을 의미한다. 배우자의 취업이 가구 소득불평등을 심화시키는 정도가 커졌다는 것은 저학력, 저숙련 여성이 경제활동에 참여할 경우 저임금 일자리에 취업하게 되는 경향이 강화되었음을 의미한다. 마지막으로 근로 연령대 가구주의 가구 소득불평등에 비해 전체 연령대 가구주의 가구 소득불평등이 빨리

**표 14-4 | 집단별, 소득 범주별 지니계수의 변화(상용직 근로자 근로소득 지니계수=100)**

| 가구주<br>연령대 | 소득원 | 가구주<br>경제활동 상태 | 소득 범주 | 노태우 | 김영삼 | 김대중 | 노무현 | 이명박 |
|---|---|---|---|---|---|---|---|---|
| | | 상용직 근로 | 근로소득 | 100,0 | 100,0 | 100,0 | 100,0 | 100,0 |
| | 가구주 | 근로자 | 근로소득 | 102,4 | 103,1 | 105,2 | 110,3 | 117,2 |
| | | 취업자 | 노동소득 | 125,8 | 119,3 | 124,5 | 127,1 | 124,4 |
| 25-64세 | | | 노동소득 | 129,5 | 132,4 | 147,8 | 145,6 | 142,1 |
| | 가구주+배우자 | | 노동소득 | 126,2 | 130,7 | 146,5 | 144,2 | 140,8 |
| | 가구 전체 | 전체 | 노동소득 | 118,5 | 123,0 | 132,8 | 129,0 | 124,8 |
| | | (미취업자 포함) | 시장소득 | 110,0 | 114,8 | 121,4 | 119,5 | 116,0 |
| 전체<br>연령 | 가구 전체 | | 시장소득 | 111,8 | 118,4 | 125,8 | 127,5 | 128,2 |
| | | | 경상소득 | 110,5 | 117,2 | 122,8 | 121,4 | 118,2 |
| | | | 가처분소득 | 107,9 | 115,1 | 120,1 | 118,5 | 115,3 |

자료: 통계청, 《(도시)가계동향조사》 원자료.

악화되었다는 점은 고령화의 효과가 커졌음을 시사한다. 이런 다양한 효과들이 경제 위기를 경험한 김대중 정부에 들어 본격적으로 표면화되었다.

한편 노무현 정부 들어서도 이런 경향이 지속되었으나, 특이한 점은 근로자의 근로소득 불평등이 빠른 속도로 악화되었다는 점이다. 노태우 정부와 상대적으로 비교했을 때, 김대중 정부 시기의 근로자 근로소득 불평등은 111.8이었으나 노무현 정부 들어서는 117.2로 악화되었다. 이는 김대중 정부 시기에 크게 표면화되지 않았던 상용직과 임시 일용직 사이의 소득 격차가 노무현 정부 들어 본격적으로 나타나기 시작했음을 의미한다.

〈표 14-4〉는 각 시기별로 어떤 요인이 불평등을 심화시키는 데 더 큰 역할을 했는지 비교할 수 있도록 해준다. 〈표 14-4〉는 〈표 14-2〉를 이용해 각 시기마다 상용직 근로자의 소득불평등 수준을 100으로 놓고 재구성한 것이다. 먼저 임시 일용직 근로자가 추가됨에 따라 소득불평등이 심해지는 효과는 앞서 언급한 바와 같이 노무현 정부 때 심화되었고 이명박 정부에는 더 큰 폭으로 악화되었다. 비정규직의 문제는 이미 김영삼 정부

의 〈노동법〉 개정 당시부터 예견되었던 것이나 김대중 정부 시기에는 대량 실업의 발생과 인위적 경기 부양 정책에 따른 고용 회복 등 취업/비취업의 문제가 종사상 지위 간의 소득 격차 문제보다 더 중요한 요인으로 작용했다. 반면 실업률의 변화가 안정적 기조를 유지한 노무현 정부 이후 종사상 지위에 따른 소득 격차 문제가 가구 소득의 불평등을 심화시키는 데 본격적으로 영향을 미치기 시작한 것이다.

근로 연령대 가구주에서 상용직 근로자의 근로소득 불평등에 비해 근로자 전체의 근로소득 불평등이 급속히 심화되는 것과는 달리 다른 집단이나 소득 범주의 불평등은 노무현 정부 들어 다소 감소한 것으로 나타나기도 한다. 즉 배우자 취업, 가구주 미취업, 기타 가구원의 취업, 기타 소득의 존재 등이 전체 불평등을 심화시키는 정도는 노무현 정부 이후 다소 완화되고 있다.

한편 65세 이상 가구주까지를 고려한 전체 연령대의 가구 소득불평등을 보면 두 가지 의미 있는 추이를 확인할 수 있다. 먼저 근로 연령대 가구주의 가구 시장소득 불평등과 전체 연령대의 가구 시장소득 불평등을 비교해 보자. 이 둘의 차이를 설명하는 것이 인구 고령화의 효과다. 근로 연령대 가구의 시장소득 불평등을 보면 김대중 정부 시기를 정점으로 이후 수치가 작아지는 것을 알 수 있다. 반면 전체 연령대의 가구 시장소득에 해당하는 수치들을 보면 지속적으로 그 값이 커지고 있다. 즉 고령화가 불평등을 심화시키는 효과는 1990년대 이후 지속적으로 나타나고 있다.

다른 하나는 재분배 정책의 효과다. 재분배 정책의 효과는 시장소득과 가처분소득의 불평등 변화 추이를 비교함으로써 확인할 수 있다. 전체 연령대의 가구 시장소득 불평등이 심화되고 가처분소득 불평등 역시 심화되고 있다는 사실은 〈표 14-2〉를 통해 확인할 수 있다. 하지만 〈표 14-4〉에서는 재분배 정책이 시장소득의 불평등을 얼마나 완화시키고 있는지 그 기여도를 비교할 수 있다. 〈표 14-4〉를 보면 김영삼 정부 시절에는 시장소득 불평등과 가처분소득 불평등의 차이가 약 3.3에 불과했으나, 김대중 정부 시절에는 이 차이가 5.7로 늘어났고 노무현 정부 시절에는 9로 늘어났다. 이명박 정부 시절에는 이전 두 정부에서 형성된 복지제도의 효과로 양자의 차이가 약 13으로 확대된다.

### 분위별 소득 변화를 통한 비교

앞 절의 논의는 주로 연령이나 취업 상태, 종사상 지위 등 인구 사회학적 특성에 따라 집단을 구분한 후 각 집단별 주 소득원의 불평등을 비교하는 방식으로 어떤 요인이 전체 사회의 불평등에 기여했는지를 보았다. 이 절에서는 소득 분위를 기준으로 각 분위별 소득 증가의 차이를 살펴봄으로써 어떤 계층의 소득 지위 변화가 불평등을 심화시켰는지 확인할 것이다.

〈표 14-5〉는 시장소득을 기준으로 구분한 가구 소득 분위별로 소득 수준이 각 정부 시기마다 어떻게 변했는지를 보여 준다. 이 표는 모든 소득 분위에서 노태우 정부 시기의 평균 실질 소득수준을 100으로 보았을 때의 상대적 변화를 제시하고 있다. 전체 가구의 평균적 실질소득을 보면 김영삼 정부에서 김대중 정부 사이에 소득 정체가 있을 뿐 지속적으로 가구 소득이 증가했다. 그러나 분위별로 보면 사정은 판이하게 다르게 나타난다. 외환위기 직후인 김대중 정부 시기부터 1분위의 실질소득은 노태우 정부 시기보다 줄어들기 시작했고, 이후 실질소득 증가율이 계속 음(-)을 보이면서 급기야 이명박 정부 시기에는 노태우 정부 시기의 68.6%까지 줄어들기에 이른다. 즉 소득 1분위의 시장소득은 지난 10여 년간 계속 줄어들었던 것이다.

김대중 정부 시기에 실질소득의 감소를 경험한 분위는 폭 넓게 분포

표 14-5 | 소득 분위별 실질 시장소득 수준의 변화(노태우 정부 시기=100)

| 분위 | 노태우 | | 김영삼 | | 김대중 | | 노무현 | | 이명박 | |
|---|---|---|---|---|---|---|---|---|---|---|
| 평균 | 100.0 | (11.6) | 135.7 | (6.1) | 135.5 | (0.1) | 158.7 | (2.1) | 165.6 | (0.4) |
| 1 | 100.0 | (14.3) | 125.2 | (3.5) | 99.7 | (-4.7) | 93.7 | (-4.7) | 68.6 | (-5.3) |
| 2 | 100.0 | (12.8) | 131.1 | (4.8) | 117.3 | (-1.8) | 127.7 | (-0.6) | 120.6 | (-0.5) |
| 3 | 100.0 | (12.2) | 133.6 | (5.4) | 124.4 | (-1.0) | 141.8 | (0.6) | 142.1 | (0.5) |
| 4 | 100.0 | (12.6) | 135.6 | (5.7) | 129.3 | (-0.6) | 151.2 | (1.5) | 154.7 | (1.0) |
| 5 | 100.0 | (12.8) | 136.6 | (6.0) | 132.7 | (-0.4) | 156.5 | (1.9) | 162.2 | (1.1) |
| 6 | 100.0 | (12.1) | 137.3 | (6.4) | 135.6 | (-0.2) | 161.1 | (2.3) | 167.7 | (0.7) |
| 7 | 100.0 | (11.9) | 138.2 | (6.6) | 138.4 | (0.1) | 165.3 | (2.4) | 173.0 | (0.6) |
| 8 | 100.0 | (11.9) | 138.5 | (6.7) | 141.5 | (0.5) | 168.1 | (2.4) | 177.9 | (0.5) |
| 9 | 100.0 | (11.7) | 137.8 | (6.6) | 143.4 | (0.9) | 169.9 | (2.5) | 182.2 | (0.6) |
| 10 | 100.0 | (9.3) | 133.9 | (6.4) | 142.7 | (1.5) | 169.6 | (3.1) | 183.2 | (0.0) |

주: 괄호는 연평균 소득 증가율
자료: 통계청, 《(도시)가계동향조사》 원자료.

되어 있다. 6분위 이하의 소득 계층에서 실질소득이 줄어들었다. 노무현 정부 시기부터는 2분위 이상에서 다시 평균은 증가했지만 연평균 소득 증가율은 여전히 음(−)을 기록하고 있다.[7] 특히 김대중 정부와 노무현 정부 시기에는 저소득층의 소득 증가율이 고소득층의 증가율보다 작은 현상이 분명하게 나타난다. 고소득층의 소득은 빠르게 저소득층의 소득은 느리게 증가하는 이른바 빈익빈 부익부 현상은 김대중 정부 시기부터 표면화되기 시작했던 것이다. 김대중 정부 시기는 대부분의 계층에서 실질소득이 감소하면서 양극화가 나타났다면 노무현 정부 시기는 소득이 증가하는 가운데에서 나타났다는 차이점이 있다. 이명박 정부 들어서는 전반적

7_소득증가율이 음수인데도 불구하고 평균소득이 증가한 것으로 나타나는 이유는 평균소득의 경우 기간 평균값으로, 소득증가율은 전기의 마지막 소득과 금기의 마지막 소득을 이용해 구했기 때문이다. 1998년 실질소득의 급격한 감소 영향으로 김대중 정부 시기의 평균소득이 낮아 상대적으로 노무현 정부의 평균소득은 이전기에 비해 증가한 것으로 나타나지만, 소득 증가율은 음수인 것이다.

표 14-6 | 소득 분위별 정부 개입의 재분배 효과 비교

단위: %

| 소득 분위 | 노태우 | 김영삼 | 김대중 | 노무현 | 이명박 |
|---|---|---|---|---|---|
| 평균 | -3.0 | -3.5 | -4.5 | -4.7 | -3.8 |
| 1 | 9.8 | 8.6 | 19.7 | 48.0 | 107.7 |
| 2 | -1.4 | -1.3 | -0.1 | 2.8 | 10.8 |
| 3 | -1.3 | -2.2 | -1.5 | -1.5 | 2.6 |
| 4 | -1.9 | -2.7 | -2.7 | -3.1 | -0.8 |
| 5 | -2.3 | -3.1 | -3.9 | -4.1 | -3.3 |
| 6 | -2.9 | -3.0 | -4.2 | -5.0 | -4.6 |
| 7 | -3.2 | -3.8 | -4.7 | -6.1 | -5.9 |
| 8 | -3.5 | -4.2 | -5.5 | -6.4 | -6.8 |
| 9 | -4.1 | -4.7 | -6.3 | -7.4 | -7.9 |
| 10 | -5.6 | -5.8 | -8.0 | -9.2 | -10.4 |

주: 각 분위별로 (가처분소득-시장소득)/시장소득을 백분율로 나타낸 것임.
자료: 통계청, 《(도시)가계동향조사》 원자료.

으로 소득이 정체되는 가운데 저소득층의 소득 감소가 상대적으로 두드러지는 양상으로 그 모습이 다소 바뀌었을 뿐 소득분배 악화의 경향성에는 변함이 없다. 그 결과 전 시기를 거쳐 소득 증가의 양극화 양상이 분명해졌다. 1분위는 100에서 68.6으로 소득이 줄어든 반면, 10분위는 100에서 183.2로 증가한 것이다.

시장에서의 불평등화 경향은 정부의 개입에 의해 완화될 수 있다. 정부로부터의 이전소득과 정부가 징수하는 사회보험료 및 직접세 등은 가구 소득에 영향을 미쳐 시장소득 불평등을 줄일 수 있기 때문이다. 〈표 14-6〉은 각 정부 시기별로 정부 개입의 효과를 보여 준다. 표의 수치는 각 분위의 평균 가처분소득에서 시장소득을 뺀 값을 시장소득으로 나눈 후 이를 백분율로 나타낸 것이다. 대부분의 소득 분위에서 정부 개입의 효과는 음수로 나타나는데, 이는 가구가 받는 공적 이전 소득에 비해 직접세 및 사회보험료 납부액이 많아 가처분소득이 시장소득에 비해 작기 때문이다. 다만 1분위의 경우 반대로 그 값이 양수임을 알 수 있다.

〈표 14-6〉을 통해 확인할 수 있는 것은 김대중 정부 들어 재분배 정책

의 효과가 눈에 띄게 강화되었다는 점이다. 특히 1분위에서 나타나는 효과는 김대중 정부 이후로 두 배 이상씩 커졌다. 이로 인해 외환위기의 영향이 컸던 김대중 정부를 제외하고는 1분위의 가구 가처분소득 증가율이 (시장소득 증가율과는 달리) 양수(+)로 전환될 수 있었다. 특히 노무현 정부 시기부터는 2분위에서도 가처분소득이 시장소득에 비해 증가하는 것으로 나타난다. 상위 분위일수록 소득 재분배 정책의 효과가 크게 나타나는 것은 모든 시기에 걸쳐 마찬가지 모습이지만 김대중 정부 시기에는 그 정도가 더 커졌다. 예를 들어, 10분위에서의 재분배 효과는 김영삼 정부 이전에는 -5%대였으나 김대중 정부 이후 -8%까지 확대되었다. 상위 소득 분위에서의 소득 재분배 효과는 노무현 정부까지는 확대되었으나 이명박 정부 들어 일부 중상위 분위에서 재분배 정책의 효과가 줄어든 것으로 나타난다.

# 5. 장기적 소득불평등 심화 경향 속에서의 김대중·노무현 정부

가구 소득의 분포에 대한 실증적 분석을 통해 살펴본 한국의 소득분배는 지난 1990년 이래 20여 년 동안 악화되는 경향을 뚜렷이 보이고 있었다. 그 가운데에서도 무엇보다 1997년 말 외환위기는 불평등 심화를 가속화시키는 데 결정적인 영향을 미쳤다. 1998~99년의 불평등이 그 어떤 시기보다 갑자기 악화되었기 때문이다.

외환위기가 김영삼 정부의 말기에 발생했고, 소득분배에 미친 효과는 김대중 정부 초기에 표면화된다는 사실로 인해 소득불평등의 측면에서 정부의 성과를 평가하는 데 어려움이 존재한다. 하지만 적어도 두 가지 점에서 김대중·노무현 두 정부는 분명한 특징을 보인다. 먼저 긍정적인 점은 이 시기부터 재분배 정책을 통한 불평등 완화의 폭이 커졌다는 점이다. 즉 시장에서 증가하는 불평등을 복지정책의 확대 등을 통해 대응하려고 했다는 점이다. 이 두 정부 기간 동안 시장소득 불평등의 증가 속도에 비해 가처분소득 불평등의 증가 속도가 둔했던 점이 이를 보여 준다. 일부 제도의 경우 노무현 정부 시기에 수립된 정책이 이명박 정부에 들어와 시행됨으로 인해 재분배 정책의 불평등 완화 효과가 이명박 정부에서도 강화된 것으로 나타나도록 하고 있다.

반면 시장소득의 불평등 심화를 촉진했던 두 가지 대표적 경향인 인구 고령화와 노동시장 분절화에 대해서는 정부의 대응이 충분했다고 평가하기 어렵다. 두 정부 시기에 인구 고령화가 본격적인 정책 의제로 등장했다고 하더라도 노인 가구의 증가와 노인 빈곤의 심화가 소득불평등에 미치는 악영향을 적절히 차단했다고 보긴 힘들다. 노동시장의 분절화로 나타나는 고용 불안과 임금격차를 통제하는 데 있어서는 정책이 성공적이지 못했다기보다 적극적인 대응이 있었는지 자체를 찾아보기 어렵다. 결국 노동시장에서 발생하는 불평등의 경향을 사전에 통제하지 못한 채 복지정책이란 사후적 대응을 통해 불평등을 줄이려 했고, 이런 정책적 선택은 지금까지도 이어지고 있다.

# 15장

# 보편적 복지국가로 가는 길에서 민주 정부 10년의 복지정책

복지국가의 예외기인가?

이태수

## 1. 서론

소위 민주 정부라고 명명되는 김대중 대통령 집권 시기(1998년 3월~2003
년 2월)와 노무현 대통령 집권 시기(2003년 3월~2008년 2월) 10년은 한국
의 현대사에 있어서 여러 가지 중차대한 의미를 지닌다.

먼저 이름 그 자체에서 보이는 대로 해방 이후 근대국가를 만드는 과
정에서 많은 후진국과 개도국에게 반복되었던 독재정치의 그늘을 완전히

---

● 이 글은 필자가 『비판사회정책』(2014년, 54호)에 실은 논문을 재수록함을 밝힌다.

청산하는 의미의 정부라는 것이 첫 번째 의미가 아닐 수 없다. 물론 군사 정권이 종식된 것은 1988년도 노태우 정부라고 할 수 있으며 과거 민주화 세력이었던 김영삼 대통령 시절도 독재정치와는 거리가 있다고 말할 수도 있다. 그러나 김대중 대통령과 노무현 대통령은 분명 그 이전 시기와 구분된다. 비록 김대중 대통령이 대선 과정에서 김종필이라는 5·16 군사 쿠데타 세력과 연합하고 공동정부를 구성한다[1]고 약속을 하고, 집권 초기 내각 구성에서 일정 정도의 안배를 하는 등의 모습을 보였지만, 실제로 공동정부를 공식적으로 선언하거나 끝까지 유지한 바가 없을뿐더러, 집권을 책임지는 당이나 정치 세력이 그 이전과는 확연히 다른 것[2]이 이를 뒷받침한다. 더군다나 노무현 대통령 시기에 오면 과거 군사정권과 연관된 그 어떤 세력과도 절연된 상태로 출발함으로써 명실공히 다른 성격의 정부로 출발하는 의미를 획득하게 된다. 그리하여 우리는 이 10년 시기 동안의 정부를 민주 정부라고 부르게 되었다.

그러나 김대중 정부부터 노무현 정부까지 이어지는 이 10년이 단순히

---

1_1997년 12월 대통령 선거를 앞두고 1997년 11월 3일 당시 새정치국민회의의 후보인 김대중과 자민련 후보인 김종필은 후보 단일화를 선언하며, 초대 내각에 국무총리 김종필, 그리고 건설교통부, 해양수산부 등 일부 부처에 자민련 몫을 부여하는 것을 전제로 공동정부를 만든다고 선언했다.

2_당시 이회창 대선 후보는 한나라당 후보였는데, 한나라당은 대한민국의 보수정당으로서 공화당-민주정의당(민정당)-민주자유당(민자당)의 계보를 잇는 정당이었다. 비록 민자당을 만들었던 1990년도에 당시의 야당 세력인 김영삼 세력을 흡수했다고는 하지만, 여전히 주된 세력은 1960년대부터 한국 사회의 지배 질서를 형성해 온 보수적인 인물들로 구성되었다. 반면에 김대중 후보가 몸담은 새정치국민회의는 야권 내의 무수한 합종연횡이 있었지만 신민당-평화민주당(평민당)-민주당으로 이어지는 야당 세력의 계보를 계속 이어 왔다고 할 수 있다.

집권당 및 집권 정치 세력만의 교체였다면 그것 자체가 주는 의미는 그다지 크지 않을 수 있다. 멀게는 해방 이후 친일 청산 문제에서부터 1960년대부터 시작된 경제개발 방식의 문제, 사회 개혁의 문제, 대북·대미 등 대외 정책의 문제 등에서 입장 차이를 보여 오며 항시 야당과 시민사회 진영의 입장에서 집권 세력과 대립해 오던 세력이 1998년 평화적이고 민주적인 절차를 통해 집권하게 되었다는 사실 그 자체가 집권 이후 대담한 정책 변환, 더 나아가 국가 운영의 패러다임의 변화라는 기대를 갖게 하기에 충분했다.

특히 그 이전의 시기 동안 경제·사회 정책의 기조를 경제성장 제일주의, 재벌 및 대기업 중심의 수출 제일주의, 낙수효과를 기조로 한 파이pie 론, 시장경제 지상주의 등으로 집약해 표현한다면, 오랫동안 이에 대해 이의를 제기하고 그 대안을 제시해 왔던 정치권 및 시민사회 진영에 있어서 민주 정부는 경제정책의 패러다임이 혁신적으로 변환되는 시기로 보지 않을 수 없었다. 이런 대안적 정책에 있어 복지정책은 가장 핵심적인 것이 아닐 수밖에 없으리라는 기대도 만만치 않았다.

이 글은 민주 정부 10년 동안의 복지정책을 한국 복지국가의 발전이라는 측면에서 정리하고자 한다. 이에 그 성과와 한계를 분석해 보고, 현재 시점에서 이런 민주 정부 10년의 복지정책을 통해 무엇을 해결해야 하는가를 제시하고자 한다.

물론 복지정책이라는 개념은 쓰는 이에 따라 다르고, 필자가 이 글에서 어떤 개념 정의를 내리느냐에 따라 평가가 달라질 수 있다. 복지정책이란, 광의의 측면에서는 공공정책 중 소득의 재분배를 목적으로 행해지는 대다수의 정부 정책, 즉 사회복지정책, 노동정책, 교육정책, 보건의료정책, 주택정책 등까지 포함하는 것이며, 협의의 측면에서는 전통적으로 공공부조, 사회보험, 사회복지 서비스를 지칭하는 사회복지정책을 지칭하는 것인데, 이 글에서는 협의의 복지정책, 즉 사회복지정책을 위주로 하되, 경우에 따라서는 광의의 복지정책을 부분적으로 살펴보면서 전체적으로 복지정책에 어떤 변화가 있었는지를 객관적으로 추적해 나가는 것이 주목적이라 하겠다.

이를 위해 길버트N. Gilbert가 제시한 정책 분석의 기본 틀을 사용하려 한다. 나아가 이 시기 복지정책상의 공과는 무엇이었으며, 일반적으로 예상되는 바와 같이 상대적으로 복지정책의 발전이 있었다면 이것이 향후 한국의 복지국가 발전을 위해 어떤 식으로 영향을 미칠 것이며 또한 어떤 식으로 활용되어야 하는 지를 전망하는 것이 이 글의 추가적인, 그러나 매우 주력하려는 또 하나의 목적이다.

## 2. 민주 정부 10년의 복지정책 전개 현황

### 분석 틀

길버트는 복지정책의 분석 틀로 제도적 접근institutional perspective과 분석적 접근analytical perspective, 그리고 정치적 접근political perspective 등 세 가지 접근법을 제시했다. 그중 현실 정책에 대한 분석을 통해 사회복지 실천에 연결하려는 관점을 가진 '분석적 접근'은 다시 과정 분석process analysis, 산물 분석product analysis, 성과 분석performance analysis 등 세 가지로 구분된다. 그 가운데에 분석의 틀이 비교적 정교한 산물 분석에 의하면, 정책 선택에 포함된 정책 선택의 형태와 내용이 무엇인지를 판단하기 위해 누가 정책 수혜의 대상인지를 나타내는 할당allowance, 그들에게 어느 정도의 혜택이 부여되는 지를 나타내는 급여benefits, 어떤 통로를 거쳐 급여가 대상자에게 전달되는가를 보여 주는 전달 체계delivery system, 그리고 재원의 조달 과정은 어떤 지를 보여 주는 재정financing 등 네 가지가 주요한 분석 내용이자 틀이 되고 있다(Gilbert & Terrell 2005; 길버트·테렐 2007, 12-25).

본 글에서도 일단 이런 기본적인 분석 틀을 인용해, 1998년부터 2007 년까지의 10년간 우리나라 사회복지정책 영역에서 어떤 객관적인 성과 들이 있었는지를 정리해 보도록 한다.

## 할당 및 급여

### 김대중 정부 시기

1997년 외환위기가 오기 전까지 한국의 복지정책은 비록 꾸준히 발전되어 왔다고는 하나, 기존의 밋밋한 정책 방향을 그대로 답습하는 관성적인 정책 그 이상도 그 이하도 아니었다. 비록 김영삼 정부 때에 '삶의 질의 세계화'가 제시되고 이를 위해 꾸려진 국민복지기획단이 주도해 빈민 운동계와 함께 자활지원센터를 설치하는 등 약간의 창발적 움직임이 없었던 것은 아니지만, 신경제를 주창하며 세계경제에 깊숙이 편입되던 시기에 걸맞은 수준의 고민이나 적극성은 찾아보기 힘들었다. '삶의 질의 세계화' 역시 화려한 수사에 그쳤을 뿐, 그로 인한 커다란 변화가 일어난 흔적은 찾아보기 힘들다(보건복지부 1996).

우리나라 복지정책에 새로운 분수령이 되는 이른바 '복지 팽창'Big Bang of welfare의 시기가 도래한 것은 1997년 외환위기가 결정적이었다. 민주 정부 1기에 해당하는 김대중 정부가 이런 외환위기하의 객관적 조건이 없었다면 과연 어떤 복지정책을 전개했을 것인가에 대해서는 명확한 답을 내리기 쉽지 않다. 당시 김대중 후보의 대통령 공약으로 시민사회와 노동계에서 주창한 내용들이 대거 수용되어 있다 해도,[3] 당시 복지정책에 대한 일반 대중이나 정부 관료, 정당의 이해 수준을 생각할 때 그렇게 탄력을 받아 추진되기는 어려웠을 것이라 짐작된다.

그러나 외환위기와 함께 국민 생활에 닥쳐온 충격적인 실상, 즉 대량 실업과 도산에 따른 중산층의 몰락은 복지정책의 중요성에 대해 새롭게 각성할 기회를 한국 사회에 던졌다. 특히 국제통화기금IMF에서 구조조정 계획을 요구함에 있어 구조조정 계획을 통해 복지제도의 확충을 주문한 사실은 널리 알려진 사실이다. 여기에서 주문한 내용으로는 사회안전망의 확대로서, 그 주된 골자는 빈민의 보호와 노인과 공적연금 관련 요구가 포함되어 있었다(참여연대사회복지위원회 1998).

김대중 정부하에서의 복지 팽창이 구조조정융자Structural Adjustment Loan, SAL의 주문에 기초해 이루어졌다는 것은 아니다. 비교적 빠른 속도로 구제 금융 자금을 상환해 2000년 12월 4일에는 구제금융 시대가 끝났음을 선언하기에 도달했다는 사실, 그리고 실제 IMF가 한국의 사회정책에 깊이 관여했다는 흔적은 찾기 힘들다.

결국 이 시기에 일어난 복지정책의 일대 전기는 구조조정에 필요한 최소한의 사회안전망 확립이라는 당위적 명제와 정권 상층부의 상대적인 진보 성향, 그리고 노동 시민사회의 견인력 등이 결합해 만들어 낸 성과라 할 수 있다.

김대중 정부에서 가장 괄목할 만한 움직임은 국정 지표의 하나로 '생

---

3_주요 공약 내용으로는, 사회보험 통합 개혁, 통합 의료보험 실시, 국민연금제도 정비, 노령화 사회 대비, 장애인 통합 사회, 전 국민 건강관리 체제, 복지 공동체 등이 있다(경제정의실천연합 2000).

그림 15-1 | 국민의 정부 생산적 복지정책의 기본 구도

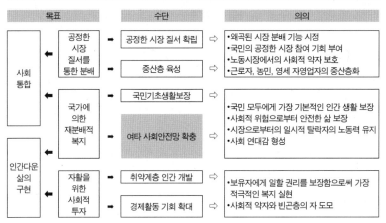

자료: 삶의질향상기획단(1999).

산적 복지'를 표방한 것이다. 민주주의, 시장경제와 함께 3대 국정 지표의
위상을 확보한 생산적 복지는 1999년 '삶의질향상기획단'이라는 대통령
직속 자문기구에서 좀 더 체계화된다. 〈그림 15-1〉에서 보는 것처럼 생산
적 복지는 사회통합과 인간다운 삶의 구현을 목표로 공정한 시장 질서를
통한 분배와 국가의 재분배 정책, 자활 등의 사회적 투자를 주요 하위 목
표로 설정하고 있다.

비록 생산적 복지가 경제주의적 관점을 완전히 벗어나지 못했다고 하
여도 지금까지 복지 분야가 사회의 주변적인 위치에 있었고 정책의 우선
순위에서 전혀 주목받지 못하는 상태에 있었으며 지극히 잔여적인 빈곤
층 중심의 구제 수단으로 여겨 오던 것에서는 크게 벗어나는 역할을 한 것
만은 사실이다. 이로써 복지정책의 대상, 즉 할당의 범위가 국민 일반으
로 확대되기 시작했으며, 급여의 수준에 대한 제고 가능성이 열리게 된다.

이 시기 실제 복지정책의 특징은 '국민 기본선의 확보'와 '사회보험을

중심으로 한 보편적 복지 체계의 확립' 두 가지로 응축된다. 이 두 가지를 통해 복지제도의 구조적 개혁이 이루어지고 그 결과로 복지 재정의 확대가 뒤따르게 되었다.

먼저 공공부조 영역에서 제도의 대대적 혁신이 진행되었다. 일제 치하의 조선 구호령을 그대로 답습한 〈생활보호법〉이 1961년에 제정된 이래 40여 년 가까이 유지되어 오면서 한국의 공공부조 제도는 고도성장에 따른 완전 고용 성장 모델에 기초한 제도였기에, 완전고용이 신화가 되어버린 당시의 정황에선 당연히 대대적 수술이 불가피했다.

그러나 할당의 범위가 외견상으로는 줄어들게 되어 초기 시행부터 많은 반발을 낳고 말았음은 아쉬운 부분이다. 즉 2000년도 확정된 정부 예산서에 따르면, 9월의 급여 대상자는 170만 명으로 책정되었으나, 제도가 시행되는 10월에는 153만 명으로 축소되었다. 이듬해인 2001년에는 151만 명이 되었고, 심지어 참여정부가 등장하는 2003년도는 감소하고, 참여정부가 마감되는 2007년도에도 이 숫자는 150만 명 내외로 대동소이한 상태다. 다만 기존 생활보호 제도에 의하면 실제 현금 수급자는 30만 내외였음과 비교해 보면, 기초생활보장제도하에서 현금 수급자가 대량으로 확대된 것이 사실이다. 급여액 자체가 2000년에는 1인당 평균 연간 154만4천 원이었으나 2001년에는 198만 원으로 상승한 것은 급여 수준의 제고 효과가 분명했다.

특히 기초생활보장제도는 김대중 정부 집권 1년차에 IMF 경제 위기를 맞아 노동계와 시민사회가 새로운 정책 대안들을 제시하는 과정에서 당시 집권당인 새정치국민회의와 함께 만든 혁신적 대안으로 검토되었던 제도였다. 그러나 집권 여당의 의지 부족과 예산 제약이라는 고식적 틀에 갇힌 관료들에 의해 폐기되는 위기에 처했으나 시민·노동·사회의 대동단결된 움직임[4]과 김대중 대통령의 결단[5]으로 인해 돌파될 수 있었던 제도라는 점에서 차후의 복지제도 발전의 전형이 되었으며, 시민·노동·사회계가 복지정책에 대해 적극적인 개입 의지를 낳게 하는 계기가 되었다.

사회보험의 개혁은 크게 국민연금의 확대와 운영의 민주화, 조합주의에 기초한 의료보험의 통합 체제로의 전면 재편, 그리고 고용보험의 확대로 요약된다.

이전의 사회보험 체계는 매우 불완전하고 취약한 구조를 가진 채 제도 도입기에 해당하는 단계에 머물러 있었다. 1978년부터 시작되어 다른 사회보험에 비해 상대적으로 긴 역사를 지닌 의료보험조차 직역이나 지역에 따라 소규모의 조합에 의해 운영되는 비효율적이며 분배 효과도 낮은 제도로 지속되어 왔다. 소위 조합주의 vs 통합주의 논쟁으로 한국의 사회제도 역사상 긴 논쟁사를 기록해 왔던 의료보험은, 마침내 대다수 노동·사회계가 주창한 의료보험 통합을 대선 공약으로 받아들인 김대중 정부에 와서 대수술을 받게 된다. 1998년 공무원 공단과 지역 가입자 조합의 1차 조직 통합, 2000년 다시 직장 가입자 조합까지 2차 조직 통합, 그리고 〈국민건강보험법〉의 제정, 2003년 재정 통합의 단계를 거치면서 실현된 통합 의료보험 체제는, 건강보험료의 형평성 제고와 병의원 접근성의 제한 철폐, 국고 지원의 확대 등을 통해 할당 범위의 실질적 확대와 급

4_1999년 3월 4일 참여연대, 경제정의실천연합, 여성단체연합, 민주노총, 한국노총, 전국 실직노숙자대책종교시민단체협의회 등 64개 단체가 모여 '국민기초생활보장법 제정추진 연대회의'를 결성해 국회에 계류 중인 법의 제정을 위한 적극적인 운동을 전개한 바 있다.

5_1998년 〈국민기초생활보장법〉 국회 발의와 검토가 이루어졌으나 표류하던 이 법의 제정은 1999년 6월 21일 김대중 대통령의 울산 발언을 통해 이 법의 제정 의지가 천명된 이후 급속도로 진전되어 마침내 1999년 9월 17일 국회에서 통과된다.

여 수준의 제고 가능성을 열게 되었다. 그러나 2001년 건강보험 재정의 적자가 발생하며,[6] 재정 건전성 논의가 확대되면서 가입자로부터의 보험료 인상과 공급자 쪽의 재정 누수 방지 두 가지를 놓고 정부와 노동·사회계가 대립하는 구도를 보이면서 건강보험의 보장성에 대한 사회적 합의가 진전되진 못했다.

그 이유는 김대중 정부가 의약분업을 실현하는 과정에서 의료 공급자, 특히 의사 집단으로부터 강력한 반발을 겪고 나서 건강보험의 재정 개혁과 보장성 강화에는 동력을 싣기가 쉽지 않았던 것으로 해석할 수 있다. 이 시기 건강보험의 통합 추진은 매우 괄목할 만한 성과가 아닐 수 없다.

국민연금의 개혁 역시 의미가 매우 크다. 그간 국민연금기금 운용이 가입자의 의사와 상관없이 정부의 독단적 판단하에 공공자금 보완용으로 활용되어 오던 것을 가입자의 민주주의 원칙에 의거해 기금운용위원회 및 실무평가위원회의 구성과 운영에 실질적인 가입자 참여와 의사결정상의 역할 부여가 1998년 개정된 〈국민연금법〉에 의해 이루어지게 된다.

그러나 연금 급여는 인하 조정된다. 종래 가입자 평균 소득에 해당하는 이가 40년 기준 소득대체율 70% 수준을 지급받게 되어 있었지만, 지속 가능성이라는 측면에서 합리화해 60%로 조정함으로써 급여의 축소현상이 일어났다. 연금기금의 사회경제적 자산으로서의 의미가 크면 클수록 그에 대한 운용이 공공성과 수익성, 안정성이라는 기준을 지켜야 했는데 이 과정에서 가입자의 참여민주주의가 실현된 지배 구조의 중요성은 매우 커진다. 국민연금제도는 김대중 정부 시절에 적어도 법률적으로

---

6_2001년 건강보험재정은 당해 연도 2조4,088억 원, 누적 1조8,100억 원의 적자를 나타냈으며, 2002년 역시 각기 2조7,607억 원, 2조5,700억 원의 적자를 기록했다.

이를 보장하면서 연금제도의 지속 가능성을 제고했다고 볼 수 있다.

이 시기 국민연금의 할당의 범주를 확대하는 중대한 결정이 이루어졌으니 바로 1999년 도시 자영업자에게도 국민연금 가입을 의무화함으로써 바야흐로 전체 국민 모두가 원칙적으로 국민연금제도에 편입되는 단계로 들어서게 된 것이다. 이는 IMF 경제 위기 와중에 시행이 연기될 수 있는 사안이었음에도 불구하고 국민의 노후 보장이라는 측면에서 보면 과감한 결단이 아닐 수 없었다.

고용 부문에 있어서는 노동의 유연화 정책을 기조로 삼으면서 고용보험의 적용 확대나 급여 인상을 과감히 시도하지는 못했다. 공공근로사업 위주의 단기적 실업자 구제 정책이 위주가 되면서 고용보험의 강화에는 크게 주력하지 못한다. 다만 2001년 육아휴직급여와 산전후휴가급여를 급여화했다는 점은 주목할 만하다.


참여정부 시기

참여정부에 대한 복지 부문의 기대는 김대중 정부에 비해 더욱더 높아지면서 출범했다. 특히 민주 정부가 재집권에 성공하면서 그간 5년의 경험을 바탕으로 '진보의 핵심적 가치인 복지[7]에 커다란 진전이 있으리라는 예상을 하는 것은 당연했다.

그러나 참여정부는 화려한 공약에 비해 초기 2년간 복지 부문에 뚜렷한 역량을 집중하고, 그에 따른 성과를 보여 주지 못하는 한계를 노정하고 말았다. 물론 이것이 집권 1년차 재벌들의 사보타주라고 불리는 투자 회

---

7_노무현 당시 대통령의 2008년 1월 청와대 신년 인사 발언.

**표 15-1 | 참여정부하 복지정책의 시기 구분**

|  | 초기 | 중기 | 후기 |
|---|---|---|---|
| 시점 | 2003~04년 전반 | 2004년 후반~05년 후반 | 2006년 전반 이후 |
| 성격 | 방임기 | 로드맵 작성기 | 실행기 |
| 전반적 특징 | 정책성과 부진 | 제 분야 정책의 종합 계획 수립 | 사회투자국가 개념에 입각한 의욕적 정책 추진 |
| 핵심 정책 | 참여 복지 5개년 계획 수립(2004) | •빈곤 아동 종합 대책 수립(2004)<br>•자활 대책 수립(2004)<br>•수급자 범위 확대(2005)<br>•본인부담금상한제(2004)<br>•암 등 중증 질환 급여 확대(2005) | •EITC 도입(2006)<br>•긴급복지지원 제도(2006)<br>•장애인 종합 지원 대책 수립(2006)<br>•저출산·고령 사회 기본 계획 수립(2006)<br>•4대 보험 징수 일원화 추진(2006)<br>•약제화·적정화 방안(2006)<br>•건강 투자 전략 수립(2006)<br>•사회서비스 일자리 정책 시행(2006) |

자료: 이태수(2009).

피 현상에 따라 경제성장 기조 확보에 진력할 수밖에 없었다거나, 집권 2
년차에 벌어진 대통령 탄핵 사태에 따라 정책의 일관된 추진의 맥이 끊어
진 것이 영향력을 갖지 않는다고 볼 수는 없다. 그럼에도 불구하고 집권
초반기의 정책 설계와 로드맵의 완성, 핵심 정책 사안의 조기 실행 등이
실현되지 않았음은 후반기 의욕적인 사회투자국가로의 전환이 뚜렷한 가
시적 성과를 내지 못하는 결정적인 한계를 낳게 했다.

참여정부가 복지제도의 확대를 통해 할당과 급여에 영향을 미친 점은
구체적인 성과보다는 집권 중반 이후 보여 준 복지국가에 대한 구체적인
비전, 그리고 다양한 제도의 모색과 시도, 그리고 그중 몇 가지 중대한 제
도에 대한 기반 확립에 의해 평가될 수밖에 없다.

먼저 참여정부의 집권 5년간을 세 개의 시기로 구분하고 그 핵심적인
특징과 주요 정책을 나열하면 〈표 15-1〉과 같다. 참여정부는 2004년 후
반부터 아동 분야, 자활 분야 등에서 로드맵을 제시하기 시작해, 집권 후
반기에 해당하는 2006년 '국가 비전 2030'이라는 의욕적인 사회정책 분
야의 로드맵을 제시했지만 임기 내에 할 수 있는 일은 많지 않았던 것이

사실이다. 그럼에도 불구하고 참여정부는, 국민의 정부가 복지국가로 가는 제도적 기반을 마련했다면, 이를 더욱 강화하고 국가의 성격으로서 복지국가를 설정하고 이를 하나의 정향성orientation으로 내세운 뒤 다채로운 정책적 시도를 함으로써 이후에까지 영향력을 지속시키는 결정적인 시기를 마련했다고 평가된다.

그렇다면 구체적인 정책 분야에서 어떤 진전이 있었는가를 살펴보자. 먼저, 공공부조 제도에 있어 노무현 정부는 기존의 기초생활보장 제도의 골격을 그대로 유지한 채 몇 가지 보완적 조치를 추가했다. 먼저 수급권자 결정 시의 부양 의무자의 범위를 두 차례에 걸쳐 완화해, 2007년부터는 현재처럼 '1촌의 직계혈족 및 그 배우자'로 국한하게 되었다. 또 다른 하나가 2005년도에 입법화되고 이듬해부터 시행된 〈긴급복지지원법〉으로서 기초생활 수급 조건을 적용하지 않고 긴급한 보호가 요구되는 이들에게 1~2개월 동안의 생계 유지비를 제공하는 것이다.

그러나 참여정부 내내 일하는 빈곤층의 존재에 대한 문제 제기가 있었고, 정부 스스로 양극화의 해소를 천명하고 이를 실현하고자 '빈부격차차별시정위원회' 및 '양극화및민생대책위원회'를 대통령 직속 자문기구로 설치[8]한 것에 비하면 공공부조 자체에 대한 비중을 높이 두었다고 볼 수 없다. 그 예로, 참여정부 1년차인 2003년 기초생활보장 수급권자 수가 1,374만 명, 전체 인구의 2.87%였던 데에서 집권 마지막 해인 2007년에

8_참여정부는 2004년 7월 1일 빈부격차차별시정위원회를 대통령 직속 자문기구로 두어 빈부격차만이 아니라 장애인, 이주민 등의 차별 등에 대한 종합 대책 수립 및 부처 간 조정 기능을 부여했다. 이어 2007년 7월 1일자로 이 위원회를 양극화및민생대책위원회로 개편해 좀 더 적극적으로 양극화 해소를 시도했다.

표 15-2 | 국민기초생활보장 수급자 수 추이

| | | 2003 | 2004 | 2005 | 2006 | 2007 |
|---|---|---|---|---|---|---|
| 일반 | 가구 | 717,861 | 753,681 | 809,745 | 831,692 | 852,420 |
| 수급자 | 인원 | 1,292,690 | 1,337,714 | 1,425,684 | 1,449,832 | 1,463,140 |
| 시설 수급자 | | 81,715 | 86,374 | 87,668 | 85,118 | 86,708 |
| 총 수급 인원 | | 1,374,405 | 1,424,088 | 1,513,352 | 1,534,950 | 1,549,848 |
| 수급률(%) | | 2.87 | 2.96 | 3.14 | 3.18 | 3.2 |

자료: 복지부(각 연도), 국민기초생활보장수급자 현황.

는 수급권자 1,549만 명, 전체 인구 대비 3.2%에 머무른다. 다만 2007년
도에는 긴급복지지원자 3만4천 명이 별도로 추가되고 있다(〈표 15-2〉 참조).

또한 집권 후반기에 근로장려세제를 도입해 빈곤층의 노동시장에로
의 포섭과 자활 기반 마련을 추가로 도입했지만 그 효과를 가늠하기에는
충분한 기간을 확보할 수가 없었다.

사회보험 부문에 있어서는 건강보험 보장성의 미미한 진전, 고용보험
의 적용 대상 확대 등이 보완적 차원에서 이루어졌고, 국민연금에 있어서
는 불행하게도 급여의 삭감이라는 과감한 변화와 함께 기초노령연금제도
를 도입하도록 법제화함으로써 전체 골격에 커다란 영향을 미치게 되었
다. 아울러 김대중 정부 시절부터 검토되었던 노인장기요양보험제도에
있어서도 법제화를 끝내 놓아 다음 정부에서 시행만을 남겨 두게 되었다.

건강보험의 경우 전체적으로 보장성의 작은 진전이 있었는데, 2004년
61.3%에서 2007년 64.6%의 진전이 있었다. 다만 중증 질환자 중심으로
보장성 강화에 역점을 두어 암질환자의 경우는 2004년 49.6% 수준이었
던 것이 2007년에는 71.5%로 크게 진전되었다. 그러나 건강보험 보장성
을 경제협력개발기구OECD 평균 수준에 걸맞게 끌어올린다거나 포괄수가
제로의 근본적인 개혁, 보험료 부과 체계의 단일화, 요양비의 대대적인
절감 대책 등 근본적인 개혁에는 손을 대지 못한 것이 사실이다. 그러나

참여정부가 의료보장에 있어서 가장 비난의 표적이 되었던 부분은 대통령 직속 의료산업선진화위원회 등을 통해 의료 산업화라는 미명하에 의료의 민영화를 추진하려 했다는 점이다. 이는 참여정부와 노동·사회 진영과 불편한 관계를 형성하게 만든 주원인이 되기도 했는데, 국가경쟁력의 창출과 부가가치 산업의 육성이라는 기치하에 집권 초기부터 의료 민영화를 스스로 추진하려 한 점은 참여정부가 사회정책 추진의 진정성을 스스로 떨어트리는 일이었으며, 이후 보수 정권이 들어선 이후 의료의 민영화가 실제적으로 더 진전될 수 있는 단초를 제공했다는 면에서 매우 아쉬운 부분이다(이진석 2013).

의료보장과 관련해서 또 하나의 조치로 의료 급여의 변화를 꼽을 수가 있는데 2007년부터 의료 급여자의 병원 지정제, 진료비 초과 부분에 대한 본인 부담화 등을 통해 재정 절감을 행한 것은 대단히 기능적으로 빈곤층의 의료 문제를 바라보았을 뿐, 공공 의료의 철학과 가치라는 면을 도외시했다는 비난을 들어야 했다.

국민연금의 개혁은 크게 노후소득보장이라는 측면과 연금 재정 안정 및 지속 가능성의 측면이 동시에 고려되어야 하는데(이태수 2010), 노무현 정부와 당시 정치권은 후자를 택함으로써 대다수 국민들의 급여 수준을 일거에 떨어뜨리는 결과를 초래하고 말았다. 2008년부터 가입자 평균 소득에 해당하는 이들의 40년 가입 시 소득대체율을 2008년에 10%p를 낮추어 50%로 하고 향후 10년 동안 매년 0.5%p씩 감소시켜 2028년에는 소득대체율이 40%로 떨어지는 제도 변화를 확정지었다.

물론 이를 대체하는 제도로서 기초노령연금제도를 새로이 도입해 가입자 평균 소득의 5%에 해당하는 급여를 노인인구 하위 70%에게 보충급여의 형태로 조세에서 지급하는 것도 동시에 이루어지게 되었다. 이 기초노령연금이 향후 20년에 걸쳐 가입자 평균 소득의 10% 수준으로 상향

조정될 수 있다는 개연성을 법조문에 명시한 점이나, 이것이 기초연금이라기보다는 잠정 기간 동안 존재할 공공부조로 정부가 인식하고 있다는 점에서 후자는 매우 불안한 구조를 갖고 있다. 반면 국민연금의 급여 삭감은 명백하고 명시적으로 이루어지게 했다는 점에서 비판의 여지를 남기고 있다. 또한 의료보장과 함께 국민연금에서도 개악을 행한 것으로 판단한 노동·사회계와의 단절 현상은 참여정부의 의욕적인 다른 정책에 있어서도 시민사회의 적극적인 동의와 동참을 이끌어 내지 못하는 원인으로 이어졌다.

고용보험의 경우도 5인 미만 사업장에게까지 적용을 확대하는 등 부분적인 대상의 확대가 있었지만, 전체적으로 사회보험의 사각지대가 광범위해 이를 어떻게 실제적으로 해소하느냐의 문제가 참여정부 내내 심각한 고민이 아닐 수 없었다. 특히 비정규직의 가입률이 정규직에 비해 현격히 낮아 이들의 취약한 안전망이 사회 양극화를 더욱 부추긴다는 인식하에서 사각지대 해소 방안을 강구해야 했기에, 5명 미만의 사업장에 대한 의무 가입을 확대하는 시도를 행하는 것으로 정책 방향을 잡아 나갔다.

이상에서 보면 참여정부는 이전 김대중 정부에 비해 복지정책 상의 커다란 진전을 보지 않은 것으로 판단할 수도 있다. 그러나 김대중 정부가 복지 팽창 시기를 통해 복지국가의 기본 지형을 만들었다면, 참여정부는 이를 내외적으로 확대발전시킴으로써 한국 사회를 본격적으로 복지국가의 길로 진입케 했다고 볼 수 있다.

먼저 참여정부는 한국 사회의 지향점을 복지국가로 정의 내리는 데에 주저하지 않았으며, 좀 더 구체적으로는 제3의 길로부터 시작되어 유럽의 선진 복지국가에서 활용되었던 사회투자국가[9]의 원리를 적극 수용하는 자세를 보여 왔다. 그 대표적인 예로 사회서비스에 대한 강조, 아동에 대한 선제적 투자, 고용복지의 강조 등으로 열거될 수 있다.

또한 참여정부는 국민의 정부에서 내건 생산적 복지가 지닌 경제주의적 관점을 한 단계 더 뛰어넘어 '경제와 복지의 선순환', '경제정책과 사회정책의 통합적 접근'을 제시하게 되었다. 이는 애초에 참여 복지로 참여정부의 복지 철학을 표현할 때부터 예견되어 왔던 것으로서, 이를 함축적으로 표현해 준 것이 2006년 10월에 선언된 '비전 2030'이다. 사회정책에 대한 최초의 국가 비전 보고서라고 정부 스스로 자부했던 이 보고서는, 산업정책과 금융정책, 노동정책, 그리고 복지정책의 경계점을 없애고 사회정책을 통해 인적자본의 향상과 고용의 창출, 실질 구매력의 강화를 도모한다는 면에서 이것이 경제정책과 다를 바가 없고, 경제정책을 통해 노동시장에서 안정적으로 적정 소득을 창출한다는 면에서 사회정책과 다를 바 없다는 전제에서 출발하고 있다(정부부처합동보고서 2006). 나아가 이 보고서는 2030년까지 복지 수준을 OECD 평균 수준까지 가도록 하기 위한 재정의 소요와 정책의 단계적 실현에 대한 청사진을 제시했다는 면에서, 비록 그 실현 가능성을 담보하기에는 시기적으로 늦은 감은 있었지만 원래적으로 갖고 있는 의의를 부정할 수는 없다.

이런 국가 비전의 수립을 전후해, 빈곤아동종합대책(2004년), 장애인종합지원대책(2006년), 새싹플랜(중장기 보육 계획, 2006년), 저출산·고령사회기본계획(2006년) 등 세부 분야에 있어서도 종합적인 청사진을 제시

---

9_사회투자국가(social investment state)는 앤서니 기든스(A. Giddens) 의 '제3의 길' 이후 영국 노동당의 복지 개혁 원리로 등장했는바, 가족 부양의 기능 상실, 급속한 기술 변화로 인한 기술 재습득의 어려움 등 새로운 사회적 위험에 대비하기 위해 적극적인 아동 및 여성에 대한 투자, 적극적 노동시장 정책 등을 강조하고 있다(김연명 2009 참조). 노무현 대통령은 재임 시절 복지 전략으로 사회투자국가론을 자주 역설한 바 있으며 퇴임 이후에도 시민 강좌에서 지속적으로 이를 강조했다.

함으로써 정책의 신뢰도와 예측 가능성을 높이기도 했다.

또한 참여정부에서는 복지의 개념이 다양한 정책 분야에 침투되어 그 확장성을 높여 나갔다. 교육복지의 개념은 김영삼 정부 말기에 잠시 등장했다가 김대중 정부 후반에 '교육복지투자우선지역 사업'을 통해 재등장했으나, 참여정부에서는 2004년도에 교육복지 5개년 계획을 수립 발표하고 이후 교육복지 책임 부서를 교육인적자원부 안에 설치하는 등 교육정책 안에서 매우 비중 있는 영역으로 자리매김되었다. 이외에도 문화복지, 주거복지, 산림복지 등의 개념이 정책적으로 새로이 도입되거나 새로이 체계화되는 등의 변화도 복지 정부로서의 역할을 제고하는 데에 의의를 갖게 되었다.

앞서도 서술했지만, 참여정부에서 사회서비스 또는 사회복지 서비스를 강조한 것도 주목할 만하다. 이전까지 한국의 복지정책에서 복지서비스는 저소득 취약계층의 시설 보호 서비스를 말하거나 지리적으로도 정서적으로 접근성이 매우 떨어지는 제한적인 지역사회보호 서비스가 있었을 뿐이었다. 그러나 참여정부는 보건복지부의 주력 사업의 하나로 사회복지 서비스 바우처 사업을 주도하는가 하면, 기획예산처 산하에 '사회서비스 향상 기획단'을 만들어 사회서비스의 획기적 진전을 예산 주무 부처가 전 부처를 통괄하고 조정하면서 이루어 내도록 기획해 나갔다. 이미 2006년도 법제화까지 이루어 낸 사회적 기업 개념도 연결되었는데, 사회서비스의 생산 및 제공, 그리고 사회적 일자리 창출의 목적까지 결합되어 추진된 것도 같은 맥락으로 이해된다.

이런 사회서비스의 강조는 인구 집단별로 할당의 범주를 크게 확대해 나갔다. 그 대표적인 영역이 보육 분야다. 저출산 사회의 대응 전략과 맞물려 보육 영역이 크게 확대되어 참여정부 시작 지점에서는 차상위계층까지 약 17만 명 정도에게만 보육료 면제 또는 보조 정책이 존재했지만,

표 15-3 | 보육 대상 아동과 보육 지원 아동, 보육 예산 추이

| | 보육 아동 | | 보육 지원 아동 | | 보육 예산(국비＋지방비) |
|---|---|---|---|---|---|
| | 보육 영유아 수(명) | 보육률(%) | 보육 지원아 수(명) | 보육료 지원율(%) | (억 원) |
| 2002 | 800,991 | 21.5 | 167,831 | 21.0 | - |
| 2003 | 858,345 | 23.9 | 210,613 | 24.5 | 8,261 |
| 2004 | 891,028 | 25.5 | 279,882 | 30.1 | 10,619 |
| 2005 | 941,388 | 29.8 | 536,049 | 54.2 | 16,050 |
| 2006 | 1,040,361 | 32.9 | 680,736 | 65.4 | 23,695 |
| 2007 | 1,099,933 | 38.2 | 859,353 | 78.1 | 22,866 |

자료: 보건복지부(2008).

참여정부 말기에는 5세 아동의 무상 보육과 하위 80%까지의 가정에 보육료를 지원하는 정책에 힘입어 〈표 15-3〉과 같이 보육 서비스에 있어 할당의 범주와 급여의 수준은 빠르게 증대되어 나갔다.

아동·청소년을 대상으로 희망 스타트를 통한 빈곤 아동의 통합적 지원, 아동 발달 계좌Child Development Account의 도입, 지역아동센터의 운영비 지원 확대, 청소년 방과 후 아카데미 사업 실시, Youth Company 사업, 방과 후 학교 프로그램의 대대적 확대, 교육복지투자우선지원 사업의 확충 등등의 다양한 지원책이 쏟아졌고, 지금까지 정책적 소외 지대였던 아동·청소년 정책과 관련해 새로운 장을 열어 나갔다.

장애인의 경우에도 2006년 장애인지원종합대책에서 장애인에게 지급되던 수당 제도를 전면 확대 개편한다고 밝혔으며, 이에 2007년부터 장애인 복지에서의 할당과 급여에 상당한 변화가 있었다. 즉 장애 아동의 경우 2006년까지만도 1급 장애 아동에게만 7만 원의 수당이 지급되던 것을 장애아동부양수당으로 개편해 중증 장애 아동 1만4천 명, 경증 장애 아동 8천 명에게 10~20만 원까지 지급하는 장애아동부양수당으로 개편했다 (〈그림 15-2〉 참조). 한편 장애 수당의 지급 수준을 현실화해 LPG 지원금을 폐지하는 대신 차상위계층까지 전 장애인에게 장애 수당이 돌아가도록 함으로써, 직접적인 현금 지원을 받는 장애인이 기존의 36만8천 명에

그림 15-2 | 장애아동부양수당의 개편 내용

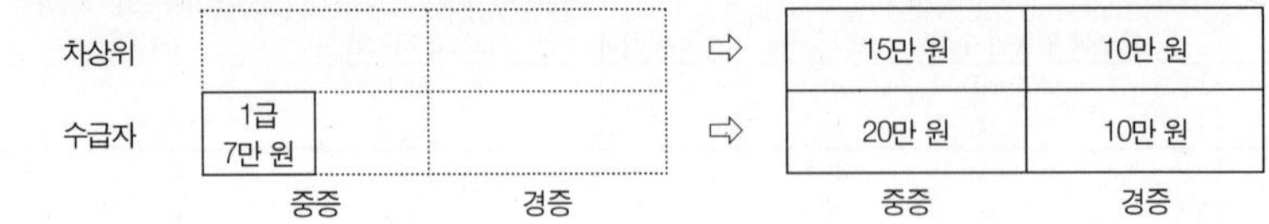

| 차상위 | | | ⇨ | 15만 원 | 10만 원 |
|---|---|---|---|---|---|
| 수급자 | 1급<br>7만 원 | | ⇨ | 20만 원 | 10만 원 |
| | 중증 | 경증 | | 중증 | 경증 |

서 52만8천 명으로 대폭 늘어났고 받는 급여도 2~7만 원이던 것이 3~14만 원으로 크게 인상되었다.

더불어 장애인 서비스와 관련해 장애인 선택적 복지서비스라 하여 장애인 돌봄 서비스를 활성화시켜 차상위 장애인에게까지도 활동 보조 서비스를 파견하는 제도를 시행한 것도 참여정부의 고안물이었다.

노인 계층에 대해서도 참여정부는 다양한 정책 시도를 시행했다. 앞에서 언급한 기초노령연금제도를 통해 전체 노인의 70%가 기초노령연금 수혜자가 됨으로써 기존의 경로연금 대상에만 주어졌던 현금 급여가 350만 명에 가까운 노인에게 지급되었다. 또한 노인장기요양제도가 도입되어 거동이 불편한 노인 자신만 아니라 이들을 보호하는 데에서 오는 경제적 부담과 정서적 소진을 감내해야 했던 그 가족들에게 사회적 보호의 효과를 안기게 되었다. 그러나 이 두 개의 파괴력 있는 제도의 시행은 2008년도에 들어서 이루어지게 됨으로써 참여정부의 역할은 제도 설계와 입법화, 그리고 첫 해의 예산 확보의 역할만이 부여되었다.

이후 이들 제도는 노인 계층의 삶에 복지제도의 혜택을 실감하게 되었지만, 이들 제도의 설계는 이후 집행 과정에서 여러 가지 문제점을 유발하게 된다. 이미 앞에서 살펴본 대로 기초노령연금은 국민연금 소득대체율 삭감의 보완적 역할을 행하는 것이었지만, 불완전한 법제화로 이후 커다란 문제점을 노정시켰다. 또한 노인장기요양보험제도 역시 공공성에

그림 15-3 | 장애 수당의 개편 전과 후의 비교

| 차상위 | | | ⇨ | 3만6천 명<br>(9만 원) | 12만4천 명<br>(3만 원) |
|---|---|---|---|---|---|
| 수급자 | 3만8천 명<br>(7만 원) | 33만 명<br>(2만 원) | ⇨ | 3만8천 명<br>(14만 원) | 33만 명<br>(3만 원) |
| | 중증 | 경증 | | 중증 | 경증 |

기초를 두기 보다는 영리 추구의 장으로 전락하는 문제점이나 재정의 불충분성으로 등급 예외자가 빈발하는 문제점, 시설의 과잉 공급, 그리고 요양 보호사 인력의 과잉 및 열악한 노동조건 등등이 불거지면서 설계자로서의 역할에 문제를 제기당하게 된 점은 유감이 아닐 수 없다.


**전달 체계**

복지 전달 체계는 복지국가의 성격을 결정짓고, 복지급여의 실효성을 살려 나가며 재원의 확보와 효과성 확보에 매우 결정적인 요소이다. 특히 공공 행정조직이라 이해할 수 있는 공공복지 전달 체계에 있어 그 조직 구성과 인력 배치가 어떻게 설정되느냐가 가장 관건이다.

그러나 우리나라는 중앙정부에서 광역 지자체를 거쳐 기초 지자체를 통해 급여가 전달되는 그 과정에 대해 그다지 적극적으로 고민하지 않았다. 민주 정부 이전에는 1987년 처음으로 사회복지사를 사회복지 전문요원이라는 별정직으로 지자체에 배치해 복지 업무를 전담토록 했고, 이후 김영삼 정부 때에 보건복지사무소 시범 사업을 실시했지만 본 사업으로 연결되지는 못했다.

김대중 정부에 들어와서는 인력 운영에 대해 진일보하는 조치를 취했는데, 그 이유는 2000년 10월부터 실행되는 기초생활보장제도가 이전의 제도에 비해 공무원의 업무 부담을 가중시킬 것이기에 인력의 증원이 불가피하다고 본 것이었다. 이에 2000년부터 그간의 별정직 사회복지 전문요원을 일반 행정직 사회복지 직렬로 전환시키고 또 다른 복지행정 업무 수행자인 아동 지도원, 부녀 상담원 등도 그 직렬에 포함시켜 사회복지직 공무원으로 부르게 된다. 동시에 인력 규모도 대폭 늘리게 되었다.

그러나 참여정부에 와서 복지정책의 대대적인 확대를 앞두고 복지 행정조직의 근본적인 개혁 없이는 그 실효성을 거두기 어렵다는 것이 지배적인 판단이었기에 전달 체계 개편에 대한 고민은 일찍부터 시작되었다. 당초 공약 사항이었던 사회복지만의 별도 조직인 사회복지사무소 설치를 거두어들인 참여정부는 주민생활서비스라는 광의의 복지서비스 개념을 도출하고 이를 중심으로 지방 행정조직이 통합적인 서비스를 제공해 복지 체감도를 높이고 복지 자원 활용도를 극대화하려고 했다.

구체적으로 중앙정부에 비공식이기는 하지만, 사회·문화 관계 장관 회의를 두어 복지 관련 업무를 사전에 조율하거나 현안을 공동으로 풀어 나가는 협의 장치를 만들고, 2006년 7월~2007년 6월 말까지 전국 230여 개 기초자치단체에 주민 생활국을 설치해 사회복지, 보건, 고용, 교육, 문화, 주거, 안전, 관광 등 8대 서비스를 통합적으로 관장하며 최일선에서 주민들을 접촉하는 동사무소의 명칭과 이름을 혁신적으로 바꾸어 주민에게 원스톱 서비스를 제공하는 주민센터가 되도록 개편 작업을 완료했다. 따라서 주민센터, 시·구청의 업무 영역이 새로이 바뀌고 인력 역시 대대적으로 충원해 일반 공무원의 복지 업무 담당 여지를 넓히고 사회복지직 공무원을 대폭 충원해 1만 명 수준까지 끌어올렸다.

그러나 단기간 내에 시도된 개편 작업은 한계가 명백했다. 그 취지를 지방정부와 인력이 온전히 이해하고 체질이 바뀌는 데에 걸리는 데에 필요한 시간까지 집권 기간이 연결되지 않아 새로운 정부가 들어선 뒤 애초의 취지가 무색해지는 결과를 낳고 말았다.

또한 사회복지 전달 체계 영역에 대해서는 민주 정부 10년 동안 국립 보육 시설 확대 정도에만 약간의 성과를 거두었을 뿐, 여타의 사회복지 서비스 제공의 주체가 주로 민간이 되었던 특징을 바꾸려 시도하지는 못했다. 따라서 국가나 지방정부의 사회복지 서비스에 대한 책임 의식과 전문성이 떨어지며, 이 영역에서 최종적인 서비스의 효과성을 공공이 담보하지 못함으로써 사회복지 서비스 또는 사회서비스의 확대 정책에 근본적인 한계를 노출하게 마련이다.

더군다나 참여정부는 사회서비스 바우처 사업을 2007년부터 대대적으로 시행하면서 민간 전달 체계의 공공성 강화와는 반대 방향으로 나아가게 되어, 오히려 공급 기관 간 경쟁에서 오는 효율성에 집착함에 따라 궁극적으로 사회서비스의 권리성에 걸맞은 안정적인 양질의 서비스를 누리는 데에는 역행한다는 비난에 직면하게 되었다. 특히 사회서비스 바우처 사업은 지방정부가 사회서비스 실현에 있어 적극적 역할을 하는 일반적인 추세와도 역행해 중앙 부처의 보건복지부로부터 일관되게 통제되고 규율되는 형태를 띠면서 분권 교부 사업에서 지방정부의 권한을 대폭 인정하려 했던 시도와 배치되는 문제점을 낳게 되었다(남찬섭 2013b).

이외에도 노인장기요양보험의 전달 체계에서 건강보험공단이 등급을 판정하는 역할을 맡도록 해 지방정부에 책임성이 부여되는 것을 원천적으로 막은 점, 사회보험 행정조직의 통합을 시도했지만 징수의 일원화에만 그친 점들은 이후 지속적으로 논란의 대상으로 남게 되었다.

## 재정

복지국가의 수준을 복지 재정으로만 평가할 수 있는 것은 아니지만, 그렇

표 15-4 | 집권 시기별 복지 관련 예산액 및 연평균 증가율

단위: 억 원

| | 1997 | 2002 | 2007[1] | 2011 | 연평균증가율 | | |
|---|---|---|---|---|---|---|---|
| | | | | | 국민의 정부 | 참여 정부 | 이명박 정부 |
| 복지 주무부처[2] | 28,415 | 80,639 | 126,986[2] | 217,375 | 23.2 | 9.5 | 14.4 |
| 공공부조 | 9,121 | 34,033 | 65,759 | 79,023 | 30.1 | 14.1 | 4.7 |
| 복지서비스 | 4,802 | 8,226 | 12,853 | 52,962 | 11.4 | 9.3 | 42.5 |
| 장애인 | 927 | 2,326 | 6,214 | 10,130 | 20.2 | 21.7 | 13.0 |
| 노인 | 1,286 | 3,787 | 5,905 | 40,411 | 24.1 | 9.3 | 61.7 |
| 아동 | 2,377 | 770 | 734 | 2,050 | n.a. | -1.0 | 29.3 |
| 보육 | | 2,120 | 11,694 | 26,527 | n.a. | 40.7 | 22.7 |
| 보건의료 | 225 | 4,290 | 9,966 | 15,429 | 80.3 | 18.4 | 11.6 |
| 연금 급여액 | 14,855 | 19,152 | 51,826 | 98,193 | 5.2 | 22.0 | 17.3 |
| 건강보험 총지출액 (국고 지원금) | 77,951 (15,486) | 147,984 (27,365) | 258,885 (31,110) | 372,588 (60,108) | 13.7 | 11.8 | 9.5 |

주: 1) 2007년의 통계에는 분권 교부금으로 인해 지방정부 예산에 편입된 사회복지 서비스 예산이 있어 2002년과의 비교 시
　　상대적으로 저평가되고 있음.
　　2) 복지 관련 부처는 주로 보건복지부를 지칭하나, 2007년 당시는 보육 업무를 여성가족부에서 담당했기에 보건복지부 예
　　산 총액과 여성가족부의 보육 예산을 합한 금액임.
자료: 보건복지부 예산세부내역서(각 연도); 『국민연금 통계연보』(각 연도); 『건강보험 통계연보』(각 연도).

다고 재정을 빼놓고 복지국가에 대해 평가하는 것도 불가능하다. 그런 점
에서 복지 팽창기를 맞은 1998년부터 한국의 복지 재정 규모는 이전과는
궤를 달리하는 수준으로 팽창되어 왔다.

　〈표 15-4〉는 김대중 정부, 노무현 정부, 이명박 정부의 세 시기를 비
교할 수 있도록 각기 1997년, 2002년, 2007년, 2011년 등 4개 연도를 기
준으로 복지 관련 재정 통계를 살펴보았다. 또한 각 정부 시기마다 각 항
목별로 연평균 증가율이 얼마나 되었는지도 보여 준다.

　복지 관련 분야의 예산 항목의 증가 추이를 보면, 주무 부서인 복지부
의 증가가 가장 괄목한 상태였던 때는 김대중 정부 때다. 연평균 23.2%로
서 참여정부의 9.5%를 훨씬 초과하고 있다. 김대중 정부가 1998년도에
들어 외환위기에 대응하는 추경예산을 대규모로 책정함으로써 전반적으
로 증가율이 높게 나타나기도 하지만 아직 규모가 크지 않아 증가율도 상
대적으로 빠를 수밖에 없다. 공공부조의 경우는 기초생활보장제도가 도

입되었던 김대중 정부에서의 연평균 증가율이 상당히 크다. 또한 보건의료 부문이나 사회복지 서비스 분야의 증가율도 상대적으로 높다. 건강보험 재정 지출의 연평균 증가율도 김대중 정부 시절이 더 높게 나타난다. 그러나 연금제도의 성숙으로 인해 노무현 정부하에서 연금 급여 총액의 증가율이 훨씬 높게 나타나고 있다.

전반적으로 노무현 정부의 예산 증가율은 김대중 정부의 그것에 비해 낮은 것을 알 수 있다. 그러나 특기할 만한 것은 이명박 정부의 2011년까지 집권 4년간의 재정 변화를 같이 비교하면, 기초생활보장제도를 제외하고는 그 증가 추이가 결코 낮지 않다.

결국 참여정부에서 설계한 법정 제도, 예컨대 기초노령연금이나 장기요양보험, 그리고 법정 제도는 아니지만 참여정부가 도입해 놓은 많은 제도들까지 이명박 정부하에서 크게 훼손되지 않음으로 인해 이명박 정부하에서 자연적으로 복지 예산의 팽창률이 높게 나타나는 효과가 있었던 것이다. 이런 점에서 참여정부의 재정은 집권 시기보다도 다음 정권하에서의 동향을 고려해 평가해야 할 것이다.

## 3. 민주 정부 10년의 평가와 논란

### 성과와 한계

앞에서 살펴본 바를 기초로 하여 민주 정부 10년간 복지정책에 어떤 기여도가 있었는가를 정리하자면, 먼저 가장 명확한 것은 이 10년의 시기 동안 한국 사회는 복지국가의 대열에 확실히 합류했다는 사실이다. 복지국가의 정의를 어떻게 내리느냐에 따라 다른 견해도 가능하겠지만, 복지국가를 국가가 국민들의 인간다운 삶의 보장을 보장하기 위해 기회의 균등과 소득의 재분배에 주도적인 역할을 하는 것이라고 정의한다면, 이런 적극적인 정부의 역할이 민주 정부하에서부터 정착되었다고 할 수 있으며, 더군다나 마샬T. H. Marshall이 강조한 바와 같이 복지국가의 주요 전제로 민주주의가 빠질 수 없다면 민주 정부 10년이야말로 복지국가 형성의 기본 전제가 충족되어 있는 셈이다.[10]

특히 참여정부에 와서는 중앙정부 및 지방정부의 성격을 복지 정부라고 규정할 수 있을 만큼 대대적인 재구조화 작업을 시도했다고 해도 과언이 아니다. 이미 전술한 바와 같이 '비전 2030'을 통해 복지국가의 기본 철학을 사회투자 전략으로 삼고, 중앙정부의 정책 지향점과 구체적인 정책 설계도를 '국가 비전 2030'에 담으며 지방정부의 조직도 복지 정부에 걸맞게 재편하며 분권 교부금제를 통해 복지 재정 분권화도 결합시켰던 것이다.

그러나 이런 의의에도 불구하고 과연 민주 정부 10년이 복지국가의 본격적인 시작을 알리는 시기로서 그 중대한 임무를 성공적으로 이루어냈는가 하는 데에는 적지 않은 한계와 비판에 직면하고 있다.

이 한계와 비판은 정권 자체의 내재적 요인에 기반을 두고 있는 동시에, 당시의 한국 사회 환경 자체가 갖고 있었던 정권의 외부적 요인에도에 근거를 두고 있다고 보아야 한다.

먼저 내재적 요인 중 가장 먼저 거론할 수 있는 것은, 두 정부 모두 경제 및 노동 분야에서 신자유주의에 입각한 구조조정을 개혁의 일환으로

---

10_마샬은 복지국가를 민주주의, 복지, 자본주의 등 세 가지의 조합물로 정의했다(Marshall 1950).

표 15-5 | 근로 형태별 월평균 임금격차 추이

단위:천 원

| | 2004.8 | 2006.8 | 2007.3 | 2008.3 | 2008.8 | 2009.3 | 2009.8 | 2010.3 | 2010.8 |
|---|---|---|---|---|---|---|---|---|---|
| 정규직 | 177.1 | 190.8 | 198.5 | 210.4 | 212.7 | 216.7 | 220.1 | 228.9 | 229.4 |
| | (153.7) | (159.3) | (155.9) | (165.4) | (164.1) | (175.9) | (183.1) | (182.7) | (182.4) |
| 비정규직 | 115.2 | 119.8 | 127.3 | 127.2 | 129.6 | 123.2 | 120.2 | 125.3 | 125.8 |

주: 괄호 안은 비정규직을 100으로 했을 때의 정규직 임금의 상대비.
자료: 통계청, 〈경제활동인구조사〉 부가조사」(2011년 3월).

크게 내세웠다는 점이다. 이른바 이중 전략, 즉 경제 부문은 세계화에 맞추어 유연화 및 능동화를 적극 꾀하고, 복지 확충으로 그 부작용을 해소하겠다는 것이다. 이는 IMF 위기를 극복하는 과정에서 김대중 정부가 내세운 기본 전략이었으며, 노무현 정부에 와서는 국가의 기본 생존 전략으로 세계화에 대한 선제적이고 능동적인 전략을 채택함으로써 더욱 노골화되었다. 더군다나 노무현 정부에서는 한미 FTA를 비롯해 유럽, 중국, 일본 등 많은 선진 국가와의 자유무역협정을 추진하기까지 했다.

내수산업과 수출산업, IT·조선·자동차 등 선도 산업과 일반 제조업 등 지체 산업, 대기업과 중소·하청 기업 사이의 간극이 매우 뚜렷하고 그들 사이에 협력적 분업 구조와 상생 구조가 불비한 가운데 이런 대외 개방도의 강화는 경제구조의 왜곡도를 더욱 심화시켰다.

또한 이런 전략이 가져온 심각한 부작용의 하나는 노동시장에 있어 비정규직의 양산 체제를 노골화했다는 점이다. 특히 김대중 정부하에서 구조조정의 일환으로 비정규직 양산 구조를 만들어 놓았고, 노무현 정부가 소위 〈비정규직보호법〉을 손질하면서 부분 수정하려 했지만 근본적인 처방책은 되지 못하면서 유례없이 저임금 비정규직의 비중이 높은 한국 노동 현실을 만들어 버렸다. 그 결과 2010년 8월 현재, 정부가 발표한 비정형 근로자, 즉 비정규직은 전체 노동자의 33.8%인 777만1천 명에 이르고 있고 그들이 정규직에 비해 갖는 임금격차는 〈표 15-5〉와 같이 지속적으로 벌어지고 있다(문병주 2011).

당시 1990년대와 2000년대 세계화는 이미 세계자본주의 역사상 가장 득세하며 전일적인 세계자본주의 체제에 기본 원리가 되었다지만 한국 정부가 택한 능동화 전략의 타당성과 구체적 정책의 적합성은 곰곰이 되짚어 볼 필요가 있다. 특히 한국의 이중적인 경제구조와 노동-자본 간의 불균형 관계 등을 개혁하지 않은 채 이런 능동화 전략을 택한 것은 기대한 성과를 거두기가 애초부터 불가능했을 것이다. 이를 압축적으로 나타내는 것이 2000년대에 계속 심화된 산업 간, 기업 간, 노동자 간 양극화의 심화이고 노동-자본 간 분배 구조의 하락이 될 것이다.

더군다나 능동화 전략과 함께 복지제도를 사회안전망으로 활성화시킬 필요가 있다고 두 정부 모두 전제하면서 복지 부문의 확대를 꾀했다 해도 그 강도나 속도에 있어 매우 미흡했던 것이 사실이다.

이것은 자연스럽게 두 번째 내재적인 요인으로 연결되는데, 두 정부모두 복지제도의 명확한 청사진이나 정치한 전략이 부재했다는 점이다. 노무현 정부 집권 말기인 2006년도 하반기에 들어서야 구체적인 청사진들이 쏟아져 나왔다고는 하지만, 이는 실행을 당장 담보할 수 없는 것들이었다. 재임 기간을 1년 남짓 남겨 놓고, 더군다나 의회에서 다수파를 점하지 않은 상태에서 내놓은 청사진은 당시에도 냉소적인 반응에 직면했듯이, 실제적인 효과를 기대하기란 애초부터 난망한 것이었다. 결국은 참여정부 내내 양극화의 추이가 오히려 확대일로를 걸었다는 것이 이를 반증하는 일이다.

세 번째 요인으로 들 수 있는 것은 집권 세력 내부에 복지정책을 끌고 갈 핵심 집단이 부재했다는 것이다. 그 결과는 세부 실행 수단을 관련 부처와 관료들에게 대부분 의존하거나 위임하는 형태였고, 결국 관료적 한계가 곧 정책의 한계로 나타나고 말았다. 김대중 정부나 노무현 정부 모두

**표 15-6 | 양극화 추이**

|  | 1996 | 2000 | 2006 | 2009 |
|---|---|---|---|---|
| 중산층 비율(%) | 68.5 | 61.9 | 58.5 | 56.7 |
| 5분위 배율 | 4.79 | 6.79 | 7.32 | 7.67 |
| 지니계수 | 0.298 | 0.358 | 0.340 | 0.350 |

자료: 한국개발연구원(2010).

예산 관련 부처의 신임도가 두터웠고 복지정책의 구현에 있어서도 복지 부처의 관료들에게 많은 실행 권한을 주었던 것이 사실이다. 이는 김대중 정부하에서 복지국가를 위해 더욱 전망 있는 초석을 놓는 데에 실패한 가장 큰 원인이었으며, 노무현 정부에 들어서는 빈부격차차별시정위원회, 양극화및민생위원회, 저출산고령사회위원회 등의 자문 기구로부터 부처나 관료들의 한계를 뛰어넘거나 보완하려는 시도가 일부 있었다고 하지만 근본적으로는 마찬가지였다고 평가된다.

한국의 관료가 경제 관료 우위, 경제주의 지배라는 특성을 벗어나지 못한 상태에서 복지에 대한 새로운 패러다임을 진정 이해하고 이를 선도할 수 있으리라 보기는 사실 어려운 것이었다. 이는 이명박 정부하에서 관료들이 보여 준 기민한 복원력에서도 입증되는 바이다.

그렇지만 이런 민주 정부 내의 한계는, 곧 1990년대 후반부터 10년간 민주 정부 집권 시절 한국 사회가 갖고 있었던 한계와 직간접적으로 연결된 것이었음을 부정하기 어렵다. 특히 한국의 진보 진영, 그 가운데에 민주화 세력이라 통칭되는 현대 한국 사회의 변혁 세력이 복지국가로서의 한국 사회에 대한 전망을 집단적으로 갖고 있지 못했다는 점은 그대로 민주 정부의 한계로 이어질 수밖에 없었다.

또한 우리 사회 전반에 복지국가에 대한 운동 기반이 매우 취약한 사회 정황이 집권층 내의 소수에 의해서 복지국가를 만들어 가기는 애초부터 어려운 상황이 아닐 수 없었다. 실제 노무현 정부에서 증세에 대한 논의가 탄력을 받지 못한 것이나 집권 후반기의 다양한 청사진이 시민사회와 대중으로부터 강력한 지지를 받지 못한 것은 이런 복지국가 운동 기반의 미구축과 무관치 않다.

물론 이런 사회적 여건의 미성숙 속에서도 민주 정부가 복지국가로서의 실질적 토대를 마련한 일은 높이 평가할 만하다. 그러나 이것들로 인해 정권 내부의 미숙함이나 정책적 오류를 덮을 수는 없다. 민주 정부 집권 기간 동안 감세를 스스로 자행해 추후 복지 재원의 추가 확보에 어려움을 스스로 가중시킨 일이나, 복지와 시장의 어설픈 접목에 따라 복지의 공공성이 오히려 퇴조하는 문제점들을 배태시킨 점 등은 민주 정부가 복지국가를 수립하는 과정에 대해 철저히 준비되지 않았음을 보여 주는 또 다른 증좌들이다.

결론적으로 민주 정부 10년의 복지국가를 향한 의미 있는 진전은 그 자체로 긍정적인 의미와 일정한 성과를 갖고 있음에도 불구하고, 앞에서 제시한 여러 가지 한계들로 인해 결코 당시의 상황에서 최대의 성과를 거둘 수 있는 경지까지 가지는 못했다는 점에서 절반의 실패로 평가할 수 있을 것이다.


## 민주 정부 10년이 남긴 유제들

민주 정부 10년은 그 이후 이명박 정부의 등장에 의해 전혀 다른 국정 패러다임이 전개됨으로써 새로운 의미로 조명되기 시작했다. 그런 가운데 민주 정부에서 초석을 놓은 것들의 의미가 더욱 긍정적으로 평가되는 측면도 없지 않았다. 비록 불완전한 시도와 미비한 성과가 있었다 해도 그것을 유제로 삼아 현 단계에서 더 발전적인 에너지로 삼으려는 시도라고 할

**표 15-7 | 2009년 예산안 분석**

단위: 억 원

| 2008년<br>예산액 | 2009년<br>예산액 | 증가액 | 증액 사유 | | |
|---|---|---|---|---|---|
| 676,516 | 737,104 | 60,588 | 제도 확대에 따른<br>자연 증가분 | •국민연금 급여 지출 등 증액 | 24,168 |
| | | | | •산재, 실업급여, 보훈 연금 등 증대분 | 5,830 |
| | | | | •주택 전세 자금 | 5,579 |
| | | | | •기초노령연금 | 8,749 |
| | | | | •노인장기요양보험 | 1,917 |
| | | | | •건강보험 재정 부담금 | 6,566 |
| | | | | 소계 | 52,809 |
| | | | 이명박 정부 의지에<br>따른 증가분 | | 7,779 |

자료: 기획재정부(2008), 예산 설명 자료.

수 있다. 그렇다면 민주 정부 10년의 시도들이 복지정책에 남긴 유제들은 무엇인가?

첫째, 복지정책의 측면에 볼 때 이명박 정부 5년 동안 부자 감세와 토건국가의 부활로 복지 부문에 대한 경시 현상이 우려되면서 민주 정부 10년의 복지국가 유산을 어떻게 존속시킬 수 있을 것인가 하는 것이 가장 큰 과제이자 유산이었다.

그러나 〈표 15-4〉에서 보는 것처럼 이명박 정부 재임 기간 동안 복지 재정의 증가 속도나 총량 규모는 이전 민주 정부 10년에 비해 결코 뒤지지 않고 있으며, 노인복지나 보육 분야에서는 폭증하는 재정 상태를 보이고 있다. 이를 두고 이명박 정부의 공으로 해석하는 경우가 없지 않겠지만, 원인을 제대로 찾자면 이것이 노무현 정부 후반기의 폭발적인 복지 법제화, 복지제도화의 결과라고 보아야 한다.

실제 2009년의 예산 편성 과정을 보면, 이명박 정부는 역대 최고치의 복지 예산 비중을 기록했다고 말했지만, 그 증가분의 대다수인 87.2%는 자연 증가분, 즉 법정 당연 지출에 해당하는 예산이고 이명박 정부의 자의지에 의한 정책 예산은 12.8%에 불과하다는 분석을 통해 볼 때 이런 예산의 폭증 현상의 이유를 이해할 수 있게 된다.

둘째, 복지 정치의 기반을 공고히 해 복지국가의 추진 동력을 강화시키는 일이다. 민주 정부 10년간 주로 집권층 내부에서 '하향식' 복지국가의 추동이 갖는 한계는 명확히 드러났다. 시민들이 민주주의와 연대, 사회정의 등 복지국가의 기본 철학에 대해 공감하고, 사회의 운영 원리로서 이를 수용해 실천할 수 있는 대중적 정당이나 정치력을 가진 집단에게 지지를 보이고, 이를 바탕으로 궁극적으로 정치 공간에서 복지정책에 대한 적극적인 추진력이 생기도록 하는 '상향식' 추동력이 바로 복지 정치의 정도인 것이다. 그렇다면, 이제 복지국가의 진입로에 들어선 한국 사회는 복지국가에 대한 강력한 대중적 지지 기반과 정치적 대표 세력을 어떻게 형성하느냐에 대해 실마리를 풀어야 하는 단계에 들어섰다.

다행히도 민주 정부 10년 이후 복지국가에 대한 저변은 확대되고 있다. 1994년 창립 이후 복지정책 또는 복지국가의 담론을 끌어온 참여연대 외에 20007년 '복지국가소사이어티'의 창립과 활동, 그 이후 2010년 민선 5기 지방선거를 둘러싸고 벌어진 '보편적 복지 논쟁' 이후의 다양한 복지국가 운동 단체의 탄생 등으로 이어지며 복지국가 운동을 위한 시민사회 단체와 노동단체의 움직임도 활발해졌고, 정치권에서의 관심도도 계속 증가일로에 있다. 특히 통합민주당의 보편적 복지, 민주노동당의 사회 연대 복지국가, 민주노총의 노동 중심 평화 복지 국가 등의 조어를 통해 각 정파 및 정치력을 지닌 노조 등이 구체적으로 자신들의 복지국가에 대한 전망을 내놓기 시작한 것은 매우 큰 의미를 지니고 있다 하겠다.

셋째, 한국 복지국가의 전망과 관련해서도 민주 정부는 유제를 남겼다고 할 수 있다. 사실 복지국가라는 말은 이미 일반 명사화되어 있어 그 자체로는 구체적으로 시사하는 바가 크지 않다. 흔히 복지국가 유형론에서 알 수 있듯이 탈상품화나 사회적 임금수준을 어느 정도까지 보장할 것인가, 고용과 교육, 복지의 유기적 결합 정도를 어떻게 할 것인가, 사회정의와 평등의 개념을 어떻게 적용시키며 국가의 운영 원리에서 더욱 무게를 둘 것은 무엇인가, 조세 재정 정책을 어떻게 구사해 소득재분배의 정도와 복지 재정 동원력을 얼마나 확보할 것인가 등등에 대해 구체적인 청사진을 만들어 가며 적어도 담대하고 적극적인 복지국가를 만들어 가기 위한 구체적인 복지국가의 상을 만들어 내는 것이 중요한 유제가 아닐 수 없었다.

이미 노무현 정부에서는 사회투자국가로 그 지향점을 제시한 바 있으나, 사회투자국가는 복지국가의 유형이라기보다는 '사회 투자 전략'social investment strategy이라는 명칭에서 시사하는 바와 같이, 하나의 복지국가 내부 전략에 해당된다면, 민주 정부를 뛰어넘어 더 큰 복지국가의 전망을 내놓아야 하는 유제가 있는 것이다(Tayler-Gooby 2006). 다행히 2010년 6.2 지방선거를 즈음해 '보편적 복지국가 vs 잔여적 복지국가'의 논쟁 구도가 잡히면서, '역동적 복지국가', '담대한 복지국가', '정의로운 복지국가' 등 정치적 수사rhetoric가 섞인 복지국가 상이 제시되기도 했으며 위에서 본대로 각 정당마다 복지국가의 전망을 대표하는 용어를 창조하는 등 더 진전된 단계로 나아가고 있음은 고무적인 현상이 아닐 수 없다.

넷째, 민주 정부 10년의 복지국가에 대한 강조와 진전은 진보 정부의 재집권이라는 정치적 유제를 갖고 있다. 이제 민주 정부는 진보 정부의 집권을 통해 구체적인 생활 정치 영역에서 시장보다는 공공성을, 경쟁보다는 연대를, 효율보다는 평등을 기치로 삶의 질을 더 안정되고 윤택하게 하는 길을 열어야 하는 것이다. 이런 진보 정권의 집권에서 가장 핵심이 복지국가가 아닐 수 없으며, 그런 면에서 민주 정부 10년은 향후 진보 정치의 역사에서 커다란 자리매김을 다시 하게 될 것이다.

그러나 이 유제는 2012년 대선에서 복지국가를 내세운 유력 야권 진보 후보의 패배로 다시 더 긴 시간에 걸쳐 도모해야 하는 유제가 되고 말 았다.


# 4. 결론

한국의 복지국가 발전사에서 민주 정부 10년은, 비록 많은 한계와 비판이 가능하다지만, 매우 중요한 기간으로 평가할 수 있을 것이다. 그 이후 적 어도 다시 10년간 보수 정권이 들어서면서 민주 정부 10년간의 복지국가 로의 행진이 한국 사회에 지극히 예외적인 시기가 아닌가 하는 불안감이 없지 않다.

그러나 이명박 정부의 5년간 다행히도 민주 정부 10년의 '잠금 효과' 가 나타났음을 확인한 바 있다. 실제 한국 사회의 양극화가 더욱 진전되고 각종 사회적 부작용이 심화되면서 2010년의 6·2 지방선거 이후 한국 사 회 전반에 복지국가에 대한 관심이 폭발적으로 나타났음도 이런 잠금 효 과가 작동하게 된 중요한 기반일 것이다. 심지어 이명박 정부는 무상급식 등 보편적 복지를 신랄하게 비난했지만 무상보육의 경우는 선제적으로 확대발전시켜 나가면서 자가당착적인 모습을 보인 것도 이미 한국 사회 의 객관적 현실이 보편주의에 입각한 복지국가의 진로를 회피할 수 없기 때문이라 해석할 수 있다.

지난 2012년 12월의 제18대 대통령 선거 역시 이런 우리 사회의 정황 을 보여 주기에 충분했다. 야권 단일 후보인 문재인 후보가 '복지국가위원 회'를 꾸리고 복지국가 5개년 계획을 세워 실천할 것임을 공약으로 내걸 며 각종 보편적 급여를 주요 공약으로 내세운 것은 어느 정도 예상된 것이었으나, 보수 진영의 후보인 박근혜 후보 역시 '생애 주기별 맞춤형 복지', '한국형 복지국가'를 내세우며 문재인 후보와의 차별성이 드러나지 않을 만큼의 적극적인 복지 공약이 등장한 것도 박근혜 정부의 복지정책이 그리 쉽게 후진하지는 않으리라 예상하는 근거가 된다.

실제 진보 정당이 복지국가에 대한 담론을 이끌고 보수정당이 집권해 복지국가를 발전시켜 온 서구의 복지국가 발전사를 보면 민주 정부 10년 간의 복지국가 진전이 오로지 예외적으로 복지 친화적인 시기이고 이후 암흑기가 찾아오리라는 보장은 없다.

그럼에도 보수 정부 시기하의 복지국가 발전을 마냥 기대할 수만은 없는 것은, 근본적으로 재정의 제약을 돌파할 수 없고, 시장과 민간 부문의 역할을 극대화하려는 기본 성향으로 인해 할당의 대상을 표적화할 수밖에 없고 민간 재원과 역할을 적극적인 보완재로 활용하게 됨에 따라 상당히 왜곡된 복지국가의 틀로 나아갈 가능성이 농후하다.

현재 중산층의 불안이 노후, 양육, 교육, 의료, 주거 등등에 걸쳐 심화되면서 이를 진정하는 길은 보편주의에 입각해 국민의 기본 욕구를 사회적으로 해결하도록 보편주의적 요소를 기본으로 해야 하며, 이것이 사회의 인적자본을 육성해 국제적 경쟁력을 확보하고 민간 경제에서 구축되는 일자리를 창출해 나가는 해법이다. 그러나 보수 정권의 특성상 이런 위기를 인식하고 해결하기를 소망한다 해도 결국 작은 정부와 시장경제 중심의 정책 기조를 펼치다 보면 담대한 복지국가로 나아가기보다는 임기응변적이고 부분적인 대응책을 생각하게 되어 전반적으로 한국의 복지지형을 잔여주의와 민간 인프라를 기본으로 하면서 지엽적으로 보편주의와 공공 인프라를 결합하는 방식으로 갈 가능성이 있다. 이럴 경우 한국 복지국가의 성격을 왜곡시키며 대단히 불안정하고 미온적인 발전 경로를 밟게 될 것이다. 바로 이런 점이 보수 정권하의 복지정책을 불안한 시각으로 바라볼 수밖에 없는 점이다.

결국 복지국가의 정향성과 성격이 그 사회에 내재하는 복지국가 추동 세력들의 구성과 정치적 힘을 통해 이루어지는 것이라면, 보수 정권하의 복지국가의 왜곡을 막는 것도, 그리고 강력한 복지국가 친화적 진보 정권의 등장을 초래하는 것도 결국 이런 근본적인 복지국가 추동 세력의 존재와 활동 여하에 달려 있다.

그러기에 한국의 복지국가를 어떻게 만들어야 하는가에 대한 기본설계 및 정책 구성만큼이나 이것을 현실화된 사회 내 세력을 만들어 내는 것을 외면할 수 없다. 민주 정부 10년은 비록 절반의 실패로 끝났지만, 그것이 다시 절반의 성공, 나아가 성공 그 자체의 정부로 다시 재조명되느냐는 것은 이런 한국 사회의 과제를 풀어내는 데에 있어 민주 정부 10년의 경험이 어떻게 활용되느냐에 달려 있을 것이다. 그런 의미에서 민주 정부 10년의 평가는 계속 진행 중인 셈이다.

# 16장

# 한국 자본주의와
# 민주 정부 10년의 고등교육정책

장수명

## 1. 서론

고등교육은 현대 시장경제와 민주주의의 발전에 매우 중요한 역할을 수
행해 왔고 앞으로 더 중요해질 가능성이 높다. 고등교육은 기존의 지식과
문화를 보존하면서 비판적으로 탐구해 새로운 지식·정보·문화를 창출하
는 첨단의 연구를 수행한다. 또한 대학은 민주주의 사회의 담론 형성의 한
근거지이자 생태계다. 고등교육은 전통과 새로운 지식을 전문가·준전문
가 교육과 결합하거나 또는 현장의 실천과 결합함으로써 사회의 생산성
을 도모하고 다양한 문화, 의식, 가치 및 담론을 공개적이고 공적인 논의
를 통해 형성하고 파급함으로써 민주주의 역량과 제도를 유지하고 확대·
심화시킨다. 이런 활동과 작업으로서 고등교육은 미래의 지속 가능한 정

치·경제·사회·문화의 기초가 될 수 있다(Miettinen 2013).

한국의 고등교육 역시 민주주의와 시장경제 영역 양면에서 일정 부분 생산적 역할을 수행해 왔으며, 현재는 지식기반경제 담론과 함께 경제적 역할을 더욱 적극적으로 수행할 것을 요구받고 있다. 그러나 한국의 고등 교육은 그 자체의 많은 문제들과 그것이 파생시키는 교육적·비교육적 문제들로 인해 긍정적 역할보다 부정적인 측면이 더 부각되고 있다. 높은 진학률을 '자랑'으로 내세우지만, 사적 부담률이 크고 전 세계적으로도 매우 높은 등록금, 각종 사학 비리와 교수 사회의 특권, 고학력 장기 실업의 증대, 고학력 여성의 낮은 경제활동, 초·중등 학교교육의 파행 및 사교육 수요에 미치는 파급효과 등이 그 예들이다. 한편, 고등교육제도는 정치적 권력과 경제적 자원을 배분하는 기제로 작용함으로써 기득권을 보호하는 정치·행정·경제·사회 제도의 고착화에 기여하고 있다. 엘리트 사법 권력, 관료 집단과 학문 권력에서 수도권 소수의 대학이 차지하는 지나치게 높은 비율이나 소수의 대학 졸업자들이 다양하게 받는 집중된 사회·경제적 혜택 등은 예시에 지나지 않는다. 오늘날 한국의 고등교육 체제는 전체적으로 비사회적 교육 경쟁을 유발하고 또 지역균형발전이나 시장경제 및 민주주의를 위한 자기 역할을 제대로 충실히 수행하지 못하고 있다.

이 글은 현재의 한국 고등교육이 가진 제도적 배열의 특성을 합리적 신제도주의[1]와 역사적 신제도주의를 결합해 현 제도의 정착 과정과 변화

---

1_합리적 제도주의는 개인들의 합리적 이익 추구를 인정하나 개별 주체의 합리성의 한계를 인정하고 개인의 행동을 제약하거나 동기를 유인하는 구조적 요인들이 개인들의 행위의 결과를 결정하는 데 매우 중요하다고 본다. 이 제도주의는 집단행동의 모순을 게임의 규칙, 즉 계약을 통해 해결한다고 보고 있다. 일반적으로 제도의 합리성을 강조하지

과정을 간략하게 설명하고 민주 정부 10년의 고등교육정책을 검토한다.[2]
이 글은 자본주의 유형론의 숙련 형성에 관한 신제도주의(복지생산체제
Welfare Production System, WPR) 논의와, 숙련 형성과 정당정치 이론(권력자원이
론Power Resource Theory, PRT)을 적용해 한국 고등교육 조직과 제도의 특성을
기술하며 민주 정부 10년간(김대중·노무현 정부 1998년부터 2008년)의 정책
을 분석한다. 분석 결과를 바탕으로, '비효율적 제도 균형'[3]으로 보이는 현
고등교육 문제들을 해결하기 위해 고착된 균형을 이완하고 새로운 경로
로 진입할 수 있는 제도 변화의 가능성을 고민한다.

　따라서 이 글은 국민의 정부와 참여정부의 정책 내용을 중심으로 분
석한다. 이 시기는 민주화 이후 처음으로 민주화 운동의 일부였던 정당의
후보가 대통령에 당선됨으로써 민주화 세력이 직접 집권한 정치권력의
재편 시기여서 민주화 세력과 시민들에게 개혁을 위한 정치적 공간을 열
렸던 시기다.[4] 고등교육에서도 정책 활동가들이 고질적인 대학 서열화 문

---

만 동시에 다중의 균형 가능성을 제기하며, 균형의 효율성을 일반적으로 인정하지 않기
도 한다. 가령 노스(Douglas C. North)나 피어슨(Paul Pierson)이 경로 의존을 설명하
면서 이 비효율적 균형(제도)의 안정성을 역설한 것은 합리적 행동과 비합리적 제도의
동시적 존재를 설명하는 것이기도 하다(Crouch & Farrell 2004).

2_신제도주의는 합리적 신제도주의, 역사적 신제도주의, 그리고 사회학적 신제도주의로
　나누어지는데 본 필자는 정책의 변화와 정착을 합리적 신제도주의와 역사적 신제도주
　의 조합하는 틀로 설명하고자 한다(기본적인 배경으로는 허연섭 2005; Peters 2013 등
　을 참조하기 바람).

3_신고전학파 경제학에서 균형상태를 효율적인 상태로 설명하지만, 신제도주의 경제학,
　정치학, 그리고 사회학은 다중 균형의 가능성을 논하면서 비효율적인 균형의 함정에 빠
　져 수도 있음을 가정하고 있다. 특히 North(1990)는 비효율적인 제도가 지속되는 현상
　을 강조하고 있다.

제와 사립대학 의존 체제를 탈피하기 위해 새로운 아이디어로 공적 담론을 형성해 개혁적 정책을 도입함으로써 공공성이 높은 고등교육 체제로의 전환을 위한 정책 실험을 해볼 수 있었던 시기였다. 이 시기는 1987년 6월 항쟁 등 오랜 민주화 운동의 결과로 한국의 대의제 민주주의가 제도적이고 실질적으로 정착되는 과정인 동시에 1998년 경제 위기의 충격과 세계화로 새로운 성장 패러다임이 요청된 역동적 시기다. 이 시기는 경제의 서비스화에 따른 산업구조의 변화에 조응하는 각종 경제적·사회적 제도 변화가 요구되던 시기였다. 특히 경제 위기에 대한 대응으로서 케인시안의 수요 측면 정책과 제도가 공격받고 있는 가운데 공급 측 전략으로서 새로운 숙련 및 교육제도(Busemeyer 2007)가 강조되는 시기였고 교육 및 숙련 형성 제도와 상보하는 복지제도를 만드는 초기였다.

그러나 이 시기는 민주화의 공공성 확대와 충돌하는 이념인 신자유주의의 영향력이 가장 높은 시기였다. 국제통화기금IMF과 경제협력개발기구OECD 등 국제기구의 신자유주의 개혁 담론이 한국의 정책 형성에 막강한 영향력을 행사했고 국내 정책 입안자들이 그 담론을 자발적으로 수용하고 정책을 차용했다. 이들은 효율성을 명분으로 공공재나 공공서비스를 시장에 맡기는 민영화와 규제완화 또는 철폐를 강조했다. 이들은 고등교육의 사적 재화로서의 성격을 강조했다. 이 글에서는 이와 같은 사상적 담론과 아이디어가 정책과 제도의 변화나 지속성에 강력한 영향을 미친다는 것(Schmidt 2010)을 고려해, 고등교육개혁에 대한 신자유주의 조류

---

4_이후 설명하겠지만, 주목해야 할 부분은 이 정치적 공간이 합의제 민주주의가 아닌 다수결 민주주의와 대통령 중심제를 특징으로 하는 정치제도에서 이루어졌다는 점을 고려할 필요가 있다.

와 민주화의 공공성 조류 사이의 충돌을 염두에 두고 두 정부의 고등교육 정책을 검토한다.

이와 함께 민주 정부 10년의 고등교육정책을 객관적으로 이해하기 위해 우리는 다음 사항들도 고려해야 한다. 첫째, 정책 입안자와 일반인의 선택에 제약이 되는 기존 제도의 안정성과 관성이다. 대학 서열화나 사립대학 의존 체제 또는 일반 숙련 중심의 숙련 체제와 같은 제도는 경로의존성을 갖는다. 경로의존성은 역사적 신제도주의의 주 이론으로, 우연한 기회에 도입된 과거 정책들에 의해 형성된 제도가 고정되어 안정적으로 지속된다는 것을 뜻한다.[5] 신제주의는 경로의존성의 원인으로, 제도 설립을 위한 초기 비용, 제도의 수확체증, 제도를 둘러싼 이해관계 및 권력관계의 고착화, 다른 제도와의 상호 보완성, 조직의 합법성을 획득하기 위한 동형화 경향 등을 제시하고 있다.[6] 한국 고등교육의 제도적 특성 역시 위와 같은 다양한 이유로 강력한 지속성을 가진다는 점을 주목해야 한다. 이는 곧 제도적 관성 때문에 새로운 담론과 정책 그리고 다양한 자원 배분 등의 노력을 통해 기존 경로로부터 새로운 경로로 이행시키려는 제도 활동가들의 노력이 쉽게 좌절될 가능성이 높다는 것을 의미한다. 제도의 경로의존성에 대한 지나친 강조가 새로운 형태의 결정주의라는 비판받고 있지만(Crouch & Farrell 2004), 변화를 위해 동원할 정치적 자원이 적을

---

5_역사적 제도주의는 권력의 균형 문제와 아이디어의 역할을 중요하게 보았다(Thelen 2005). 과거 정책과 특정 시대와의 우연한 만남을 통한 제도 형성도 아이디어의 역할과 정책을 통한 권력관계의 형성과 밀접한 관련이 있다.

6_경로의존성 개념은 역사적 신제도주의뿐만 아니라 합리적 제도주의나 사회학적 신제도주의도 사용하며 또 그 원인에 대한 설명을 달리 제공한다.

때, 강력한 기득권의 반발이 있을 때, 경로의존성의 영향력은 더 크다. 둘째, 열린 정책 공간에서는 새로운 정책과 제도를 도입하려는 '제도 사업가 또는 활동가'가 있는 반면, 기존 제도의 특혜를 받았으므로 기존의 제도를 새로운 환경에 맞추어 더욱 공고히 하고자 하는 '제도 기업가나 활동가'들도 있다는 점이다.[7] 이들의 상호작용과 역학 관계가 대중의 지지라는 정치적 자원의 동원과 밀접한 관련이 있다.

이 글은 한국의 (고등)교육은 비효율적 제도 균형의 함정에 빠져 있다고 본다.[8] 개별 주체들이 자신의 이익, 만족, 또는 성취를 위해 합리적으로 고등교육 투자를 선택하더라도, 교육제도가 합리적으로 설계되어 있지 않음으로써 그 행동이 사회 전체적으로는 비효율적이고 비합리적인 것이 될 수 있다. (고등)교육제도의 비효율성을 보여 주는 단편적인 증거는 교육에 대한 매우 높은 투자 수준(2008년 기준 국내총생산GDP의 7.5%를 넘어서 세계 2위, 사교육비까지 포함하면 세계 1위 수준)에 비해 한국 교육에 만족하는 사람이 거의 없다는 것이다. 또한 사교육, 입시 위주의 경쟁 교육, 대학 서열화 문제에 대한 지속적인 문제 제기, 나아가 이에 대한 비판적 담론 형성과 정책 처방 등에도 불구하고 그 어떤 문제의 근본적으로 해결되지

---

7_제도 사업가(또는 주체[agent])에 관한 일반적이고 전반적인 논의는 Leca et al.(2009) 논의를 참조할 수 있다. 여기서는 제도를 변화하려 하거나 변화를 저지하려는 조직, 활동가나 영향력을 미치는 개인 모두를 '제도 사업가'나 '제도 활동가' 또는 '주체'로 규정했다.

8_고등교육 조직 분야는 정치제도와 시장경제 각종 제도와 밀접한 관련이 있고 또 다른 교육 및 훈련 분야와 관련 있어 고등교육과 함께 유·초·중등 교육, 직업훈련 및 노동시장 정책, 복지제도 등을 복합적으로 살펴보는 것이 중요하다. 하지만 분석상의 편의를 위해 이 글은 고등교육에 초점을 두었다. 따라서 다른 교육 및 훈련 제도의 경우 고등교육을 분석에 도움이 되는 경우에만 기술하고자 한다.

않고 반복되고 있는 점이다. 이 비효율적인 제도는 대중과 관련 당사자(학부모, 학생, 졸업생, 교수, 사학 법인, 사법계와 국가 관료, 기업)들의 가치 및 선호, 이해관계, 그리고 권력의 불균형으로 인해 지속되기 때문에 사회는 합리적이고 효율적 경로로 이탈하기가 매우 어렵다는 것이다. 모두 현재 상태에서 탈출하고 싶고, 사회 전체의 이익과 혜택을 고려해 함께 탈출할 대안이 있음에도, 모두 함께 스스로 갇힌 상태에 놓여 있는 셈이다. 일종의 죄수의 딜레마다. 생산적인 제도로의 혁신적인 이행은 열린 정치적 공간에서 기존 제도의 근본적인 변화를 촉구하는 '제도적 활동가'들이 기존의 제도를 유지하려는 '제도적 기업가'들보다 효과적으로 다중의 가치 및 선호의 변화를 촉진하고, 전망과 대안을 제시함으로써 제도를 둘러싼 이익 관계와 권력관계를 동시에 변화시킬 정도로 정치적 자원 동원할 수 있을 때 일어난다. 이것은 역사적으로 결정적 시기를 의미할 수 있다.

민주 정부 10년은 국가가 고등교육의 민주적인 공공성 확장과 한국의 숙련 형성 패러다임을 바꿀 수 있는 제도 변화의 한 기회였음에도 불구하고, 제도 혁신에 실패했다. 민주적 집권 권력(제도적 활동가의 일부였던)과 이를 지지하는 세력은 기존 제도가 갖는 강한 관성에 부딪힌 상태에서, 정책 아이디어와 담론 형성에 미숙했고 정치적·사회적 자원의 효과적인 동원에 실패함으로써 기존의 제도를 유지하려는 권력을 넘어서지 못했다. 이것은 개혁 세력이 제도 유지 관성과 기득권의 철저한 이익 수호에 맞서 개혁적인 제도 변화도 촉진하지 못한 것이라고 볼 수 있다. 민주 정부는 비효율적인 제도 균형이 고착된 상태에서 개혁을 위해 노력했지만 개혁적 제도의 뿌리를 놓은 데 실패했다고 볼 수 있다.

2절은 교육과 숙련에 관한 신제도주의 논의로 분석의 틀을 간략하게 제시하고, 3절은 두 민주 정부의 고등교육정책을 분석하며, 4절에서 결론을 맺는다.

## 2. 숙련 형성과 고등교육에 관한 신제도주의 논의

교육 훈련 제도가 개인과 기업들의 (고등)교육과 숙련 투자에 관한 행동과 결정에 영향을 미치는 구조라면, 이 구조를 신제도주의 분석을 적용해 설명하는 것이 민주 정부 10년의 고등교육정책을 분석하는 출발점이 될 수 있다. 하지만 고등교육에 대한 신제도주의 분석은 초보적 수준에 있다. 역사적 제도주의와 합리적 선택 제도주의를 결합한 자본주의 유형론[9](복지 생산 체제WPR)(Hall & Soskice 2001)은 숙련 투자에 관한 개인 행위와 기업 전략을 설명하는 인적자본론을 바탕으로 교육과 훈련 등 숙련 제도의 작동을 다음과 같이 설명하고 있다. 기업과 개인들은 역사적으로 형성된 숙련 제도의 틀 안에서 이윤 극대화와 효용 극대화 원리 기초해 (합리적으로) 시장 상황에 대응한다. 기업들은 나라별로 가용한 숙련을 활용해 상품 시장의 경쟁 전략을 선택하는데, 가용한 숙련의 종류가 다른 이유는 나라별로 특유한 숙련 형성 제도가 형성되어 지속되기 때문이다. 나라별로 다른 숙련 제도가 지속성을 갖고 작동하는 이유는 노동시장 및 복지제도 등 다른 제도와의 보완성 때문이다. 따라서 이들은 시장경제의 유형과 숙련 제도의 특성 사이의 관련성에 초점을 맞추고 있다. 2000년 이후 정당 정치 이론(정치 자원 이론, PRT)과 결합함으로써 나라별로 다른 고등교육에 대한 투자 수준을 설명하려는 시도가 이루어지고 있다(Iversen & Stephens 2008, Busemeyer 2007, Busemeyer & Trampusch 2012, Castles

---

9_이들은 제도는 형성기의 정책 등으로 경로의존성을 갖는 형태로 고정되었다면, 개인들은 이런 제도적 구조 내에서 개인이나 기업은 이익을 위해 노력한다고 봄으로써 역사적 제도주의와 합리적 제도주의를 결합했다고 설명할 수 있다.

1989).

　숙련 형성을 논의한 자본주의 유형론(WPS)과 신제도주의적 정치 자원 분석(PTR)은 협력적 시장경제와 비례대표제의 합의제 민주주의에서 복지제도를 바탕으로 노동자와 서민에게 좀 더 유리한 특수적 숙련 제도가 발전하고, 또 진보주의 정당이나 중도적 성향의 정당들이 집권했을 경우 고등교육을 포함해 교육에 대한 투자를 확대한다는 것을 보여 주고 있다. 반면 자유주의 시장경제와 다수결 민주주의에서는 대학 교육 등 학력과 대학 서열을 강조하는 일반적 숙련 제도가 형성된다는 점을 밝히고 있다. 이를 통해 우리는 한국의 숙련 제도의 기본적 특성은 일반적 숙련이 중심이 된다는 알 수 있다. 그러나 숙련에 대한 신제도주의 논의는 민주화 과정에 있는 민주 정부의 (고등)교육정책을 분석하는 데 적절하지 않을 수 있다. 이 분석 틀은 산업화와 함께 민주주의가 제도적으로 정착된 국가, 즉 선진 산업민주주의 국가들에 적용된 분석 틀이다. 특히 고등교육과 관련해, 민주화는 두 개의 의미 ─ 공립대학의 확산을 통한 공립 중심 체제의 확립과, 이를 기반으로 한 공공성 확보 및 대학 내의 민주주의적 자치 구축 ─ 를 가지고 있다. 일본을 제외하고 심지어 미국 등 자유주의 자본주의 유형을 포함한 대부분의 선진 자본주의나 민주주의 국가에서 나타나는 높은 비율의 국・공립 비율과 재정 투입의 확대는 민주주의가 확대되고 심화되는 것과 더불어, 사회적 시민권을 강조하는 민주화 과정, 다시 말해 복지국가가 확립되는 과정에서 일어났다. 따라서 한편으로 한국의 경우에는 민주 정부가 민주화를 확립하는 과정에 있는 정부였다는 점을 상기할 필요가 있다. 그러나 또 한편으로 이는 민주 정부가 집권 10년 동안 중산층과 노동자의 상당 부분도 대학에 진학하는 한국의 상황을 고려해서 고등교육에 대한 투자를 확대함으로써 그들의 지지 세력인 노동자와 서민의 부담을 줄일 수 있었고, 민주주의의 제도의 정착을 대학으로 확대해서 대학 내의 민주주의를 강화할 수도 있었다는 것을 뜻한다. 따라서 민주 정부의 정책과 대안들이 고등교육 영역의 공공성과 대학 내의 민주주의 확립이라는 제도적 성과 내는 데 효과적이었나를 살펴보는 것이 매우 중요하다. 따라서 두 연속된 민주 정부가 공립대학의 비율과 공적 재정 부담의 비율을 높이고, 대학의 민주주의 확립하기 위해 제도를 수립하기 위해, 어떤 정책과 조치를 취했는지, 그 성과는 무엇인지는 주목해야 할 분석 대상이 된다.

한국의 교육 및 숙련 제도가 형성되는 역사적 과정을 살펴봄으로써 민주 정부 시기에 있었던 제도 혁신의 노력과 정책을 보다 분명하게 볼 수 있다. 한국의 교육 조직 분야의 제도적 모습, 형태 및 배열은 권위주의적 산업화 과정에서 이미 형성되고 제도적 균형으로 고착화되어 있었다. 즉 1987년 민주화 이전에 독재 정권은 정권의 합법성을 강화하는 과정에서 부분적으로 공공성을 강화하는데, 초등학교와 중학교를 공립으로 설립하거나 사립을 준공립화했고 고등학교 평준화를 강요함으로써 교육의 공공성(교육의 공공재화)을 강제적이고 억압적인 방식으로나마 높이게 된다. 이 과정에서 1963년 제정된 〈사립학교법〉을 통해 초등학교, 중학교, 고등학교의 사립학교를 공교육 체제로 흡수하고 그 반대급부로 국가는 대폭적인 재정 지원과 독립된 이사 제도를 허용한다. 그런데 동일한 〈사립학교법〉이 고등교육에 적용되었을 경우 재정지원을 거의 하지 않음으로써, 사립'대학교'의 경영권과 재산권의 권리를 인정하는 것으로 귀결되었다. 이는 일본의 잔재와 미군정의 초기 제도를 기반으로 독재 권력이 강제적이고 억압적인 공공성을 타협적으로 확립하는 역사적 과정을 통해 형성되었다고 볼 수 있다. 민주화와 산업화를 경험한 대부분의 나라에서 초·중등 교육은 공립 교육기관이 제공하거나 기부자의 사적 소유권을 허용하지 않는 비영리 기관에서 제공하고 있다는 것을 고려하면, 사립학교의 설립자의 재산권적 속성을 인정한 것은 매우 특수한 예다. 하지만 전반적으로 중등 교육의 공공성을 강화된 것은 분명하다.

이와 달리 고등교육의 공공성은 경제 발전 과정에서 확대되지 않았다. 직업교육이 중심인 2년제 전문대학의 경우 사회적으로 열악한 계층이 집중되는 교육기관임에도 사립대학의 비중과 등록금 부담이 처음부터 매우 높았고 이후에도 정부는 이를 개선하려 하지 않았다. 4년제 대학의 경우에도, 전문대학보다 공적 투자가 높았지만 1965년 당시 사립대학의 비율이 학교수 80%, 학생 수 75%였는데 이 비율은 2010년 현재에도 변함이 없다. 경제 발전 과정에서 강화되어 온 재벌 중심의 경제와 정치·경제·문화 인구의 수도권 집중은 대학의 서열화를 고착화시켰다. 정부가 대폭적인 투자는 소수의 실용적 엘리트 대학 — 예를 들어 포항공과대학이나 한국과학기술대학교 등 특수목적을 전제로 한 대학 — 의 설립과 운영에 집중되었다.

이런 역사적 맥락을 고려함으로 우리는 민주 정부 10년의 고등교육정책을 제도적 맥락 속에서 분석해 볼 수 있다. 민주 정부 10년의 고등교육 정책 분석은 민주화 세력의 집권으로 열린 정치적 공간에서 고등교육 분야 장기적 제도 변화를 위한 민주 정부의 정책적 노력을 살펴보는 것이다. 한국은 일반적 숙련이 압도적인 자유주의적 모형으로 학력과 학벌(대학 서열)이 매우 중요한 숙련 체제를 갖추고 있다. 장기 집권한 보수적 정당이 구축한 재벌 중심의 한국 경제는 그 경쟁력을 명문 대학과 일부 특성화 대학이 창출하는 인적자원에 의존하고 있는 것으로 보인다. 기업 특수적 숙련은 매우 제한적으로 이용되고 있는 것으로 보인다. 이 경우 기업들은 현직 숙련과 밀접한 관련이 있는 직업 계열 고등학교나 전문대학이나 산업대학들의 발전과 연계에 관심을 갖지 않고 투자도 하지 않을 가능성이 높다. 이런 상황에서는 개인들 역시 직업 계열 고등학교나 전문대학이 일반계 고등학교와 4년제 일반대학들에 대한 건실한 대안으로 간주하기보다는 열등한 것으로 간주할 것이다. 이것은 대학의 서열과 학력의 차별을 다시 강화할 수 있다.

이와 같은 일반적 숙련 중심 교육 훈련 제도는 인지능력이 뛰어난 학생들에게 유리하며, 인지 학습 능력이 떨어진 학생들에게 불리하게 작용하고 성실하게 노력할 유인도 제공하지 않는다(Busemeyer & Trampusch 2012). 이런 제약 속에서도 국민의 정부와 참여정부가 일정 정도 진보적 정부라는 가정이 타당하다면, 민주 정부 10년의 고등교육정책의 분석 기준은 다음과 같이 제시될 수 있다(Graf 2009).[10]

첫째, 민주 정부 10년은 국가의 고등교육 투자를 확대하는 제도적 장치를 마련하고 투자를 확대했는가? 제도적 장치의 핵심은 국·공립 대학을 확대하는 방식과 공사립을 불문하고 공공투자를 제도적으로 확대하는 방안이 있다. 그러나 사립대학에 대한 공공투자의 확대는 비리 사학의 문제 때문에 민주적이고 사회적인 방법으로 사립대학을 개혁함으로써 그 공공성과 품질을 보장할 수 있는 제도적 장치와 관행이 선행될 것을 요구하게 된다. 따라서 국가의 역할은 고등교육의 공급에 대한 책임자로서 국·공립 대학의 확대에 얼마나 노력했는가를 보는 것이 더 중요하게 된다.

둘째, 민주 정부는 대학의 교육 및 연구비에 대한 공적 투자를 확대했는가? 고등교육 취학률이 높은 상태에서 정부는 공공투자의 수준을 높여 중산층과 노동자의 사적 부담을 줄여 주었는가?[11] 그 결과 고등교육의 품

---

10_한국 경제의 특성과 숙련 제도에 관한 연구는 Witt(2013), 조성재 외(2008) 등을 참조할 수 있다.

질과 경쟁력을 향상시켰는가?[12]

셋째, 고등교육 영역 내에서 직업교육과 훈련을 강화함으로써 일반적 숙련을 위한 대학교와 대조되는 전문대학 및 산업대학 체제를 실질적으로 경쟁력 있는 대안으로 만들기 위해 노력했는가? 기업 및 산업 특수적 숙련 중심으로 경쟁력을 확보하는 경제에서는 직업교육과 훈련이 인지능력에 상관없이 모든 학생들에게 매력적인 것으로 작용할 수 있다. 따라서 정부가 전문대학과 산업대학에 대한 투자를 확대하고 공공성을 강화해 모두에게 매력적인 대안으로 만들려 노력했는가는 매우 중요한 문제다. 특히 전문대학과 산업대학들 부문에서 국·공립 대학의 비율을 확대하려는 조치나 투자 확대를 위한 어떤 개혁이 있었는지도 중요하다.[13]

넷째, 민주 정부들은 고등교육 기관의 민주적 운영과 통제를 위해 어

---

11_ 이것은 저소득층에 대한 선별적 지지를 의미하지 않는다. 보편적 투자는 중산층 이상의 경우 조세부담 때문에 노동자와 중산층에게 혜택이 될 뿐 아니라 복지에 대한 일반적 지지를 확보한다.

12_ 품질에 관한 판단은 어렵고 법정 교수 충원율 측면은 장수명(2009b)을 참조할 수 있다.

13_ 숙련 형성 체제에서 산·학 협력은 매우 중요한 요소이지만, 산·학 협력의 내용이 개별 기업이 아닌 기업별 협의체와 노동조합 간의 긴밀한 협력 체제로서 산업 특수적 숙련을 제공하는 체제로 발전시키고 노동시장 이행을 제도화하려 노력했는지를 파악하는 것이 중요하다. 물론 노동시장의 임금구조나 고용 및 실업 보호 장치와 관련이 있기 때문에 이를 독립적으로 분석하는 것은 한계가 있다. 한편 교육 학계에서는 산·학 협력을 일반적으로 신자유주의 상업화의 일부로 보고 부정하는 경향은 매우 높다(Saunders 2010). 그러나 숙련 형성 체제의 입장에서 보면, 어떤 산·학 협력인가 하는 것이 더 중요하다. 산별노동조합과 업종협의회의 민주적 통제하에 있으면서 숙련의 고도화를 이루는 산·학 협력은 노동자의 생산성과 산업의 경쟁력을 높일 수 있어 경제성장의 과실을 노동자 집단이 함께 누릴 수 있도록 도움을 줄 뿐 아니라 노동자의 고용과 실업 보호와 보완한다.

떤 노력을 수행했는가? 국·공립 대학에 참여민주주의를 확대하고 사립대학의 민주적 운영을 위해 어떤 제도적 장치를 마련했는가?

다섯째, 대학의 민영화, 자율성 제고와 책무성 강화라는 신자유주의화 정책에 효과적으로 대응했는가? 5·31 교육개혁에 따른 고등교육의 자유화 정책에 어떻게 대응했는가? 민주 정부 10년의 교육정책은, 한편으로는 고등교육에 대한 세계적인 신자유주의 담론과 개혁 정책이 득세하는 과정과 결합되고, 다른 한편으로는 민주화를 통한 공공성 확대와 민주주의 확립을 요구하는 국내의 시대적 요청과 결합되어 상반된 아이디어와 경향이 충돌하는 역사적 시기에 이루어졌다. 이 책에서 민주 정부로 칭하는 김대중·노무현 정부의 10년은 이 같은 두 가지의 역사적 우연과 맥락에 기초하고 있다. 이 시기는 한편으로는 선거를 통해 정권이 평화적으로 교체되는 대의제 민주주의가 민주화 세력이 집권함으로써 한국에서 보다 심화되는 시기였다면, 다른 한편에서는 경제성장의 정체와 함께 세계적인 자유화의 파고가 한국 사회에 강화되는 시기였다. 전자와 후자를 지지하는 각 세력이 서로 갈등하는 국면에서 세계적인 조류는 후자에게 정당성을 부여해 줄 수 있기 때문이다. 특히 신자유주의가 제도 변화의 계기를 주는 담론과 아이디어를 제공했다는 점에서 특히 그러하다. 국·공립 위주의 고등교육 체제를 확립한 유럽에서도 신자유주의 개혁은 고등교육의 거버넌스 구조를 참여형 민주주의에서 기업식 구조로 전환하는 공립대학의 법인화를 추진했고, 사립대학의 설립을 촉진하며, 경영 측면의 자율성을 확대해 고등교육 비용을 학생들이 더욱 많이 부담하도록 하고 있다.[14]

---

14_미국의 경우 1970년대까지 고등교육에 대한 재정 지원이 확대되었으나 그 이후 이에 대한 지원은 감소해 공립대학들도 학비에 의존하는 형태로 변화했다(Bordelon 2012).

이런 개혁은 유럽의 공립대학 중심과 공교육비 중심의 제도를 점진적으로 이완시키고 변화시킬 수 있다.[15] 이 세계적 조류는 한국 고등교육개혁에도 큰 영향을 미쳤다. 김영삼 정부의 5·31 고등교육개혁의 논리는 전형적인 신자유주의 개혁 논리로 고등교육 분야에서 경쟁 시장을 창출하고

---

한편 유럽의 경우 학생들의 저항으로 학비 부담을 증가시키는 정책은 쉽게 도입되지 못하고 있다.

15_결정적 시기가 아니라도 제도가 점진적으로 변화하되 근본적인 변화를 가져올 수 있다는 관점에 제기되고 있다. 제도는 제 세력 간의 힘의 균형에 따라 형성되지만 다중의 균형이 있을 수 있고 또 그 균형을 외적 충격과 내생적 요인에 언제나 변화할 수 있는 가능성에 노출되어 있다(Mahoney & Thelen 2010). Streeck & Thelen(2005)과 Mahoney & Thelen(2010)은 외부의 충격, 역사적 분기점에서 생기는 단절적 역사변화를 설명하기보다 점진적이지만, 결과적으로 영향이 큰 제도 변화를 설명하는 이론을 제시하고 있는데 이들은 자원배분에 제도가 갖는 함의에 초점을 두고 제도의 변화를 설명했다. 자원배분에 따라 이해관계가 걸린 세력이 항상 긴장 관계에 놓여 있음을 강조함으로써, 힘의 균형이 외부적 요인이던, 아니면, 내부적 요인이던지 조금이라도 변화하면 변화의 가능성은 있다는 것을 제시했다. 특히 규칙과 법의 타협적 성격과 다양한 해석의 가능성은 규칙의 준수(또는 집행)를 파라미터(parameter, 매개변수)가 아닌 하나의 변수(variable, 내생변수)가 된다고 보았다. 이들은 준수(compliance)가 변수 되는 이유로 첫째, 이것은 실재(태)의 새로운 전개나 새로운 변화(예로, 인구구성 변화)가 생길 때 실재의 변화에 낡은 규칙이 수용하는 과정에서 변경될 수 있기 때문에, 둘째, 행위자의 정보를 처리하는 인지능력의 한계, 셋째, 규칙에 대한 관련 공동체의 암묵적 전제의 변화, 넷째, 규칙의 설계자(예로, 의회)와 집행자(관료나 법원)의 불일치로 발생한다고 보았다(Mahoney & Thelen 2010). 이들은 이런 '변화를 동학적 긴장과 압력'에 의해 제도 내부에 장착되어 있다고 보았다. 이들은 정치적 맥락의 특성과 제도의 특성이 제도 변화의 형태의 특성을 규정짓는다고 보았고 이것은 지배적인 변화 촉구 행위자에 의해 이루어진다고 보았다. 이들은 점진적 제도 변화의 형태로 기존 규칙 또는 제도의 대체(displacement), 겹치기(layering), 표류(drift) 및 전환(conversion)을 제시하고 있고, 이를 정치 맥락의 기존 제도를 유지하려는 세력의 거부권 행사 가능성 여부라는 특성과 규칙의 해석과 집행의 재량권의 수준이라는 특성에 의해 결정된다고 보았다.

자 하는 정책이 그 중심이었다(장수명 2009b). 민주 정부 10년 동안 한국 고등교육개혁의 중심 논리는 민주화 세력이 요구하는 대학의 공공성과 자치·참여 민주주의 확대와 시장주의 개혁을 요구하는 신자유주의가 서로 상충하는 시기였다. 이 과정에서 대통령 권력을 장악한 민주 정부가 신자유주의적 개혁 요구에 효과적으로 대처하면서 공공성 확대와 민주주의 확대에 충실했는가는 매우 중요하다.

신자유주의의 개혁의 시발로 간주되는 문민정부의 고등교육개혁의 원리와 내용은 무엇인가? 그 논리는 "자율화로 표현되는 자유주의와 경쟁으로 표현되는 시장원리"(장수명 2009b, 13)로 규제 철폐나 규제완화를 통해 자유시장경쟁을 촉진한다는 것이다. 이를 종합적으로 정리한 연구자들의 연구(Olssen & Peters 2005)를 통해 신자유주의의 고등교육개혁의 정책 처방을 다음과 같이 정리할 수 있다. ① 대학과 대학 교육의 공공성에 대한 강조는 줄어들어 국·공립 대학의 역할이 축소되거나 이에 대한 재정 지원이 줄어든다. 반면 사립대학이나 영리 대학의 설립과 역할을 확대하고 규제를 완화하며, ② 학생들은 대학 교육을 구매하고 소비하는 자들로 간주되며, 고등교육 서비스의 구매 대가로서 그 가격을 직접 지불할 것을 요구받는데 이는 등록금 부담과 관련이 있다. ③ 개별 교수들은 학문 공동체의 일원이 아니라 지식 생산 노동자나 사업가로서 상호 경쟁자로 존재한다. 비정규직 교수를 적극적으로 활용하는 것도 비용 절감의 일환으로 시도된다. ④ 대학의 지배 구조는 교수, 직원 그리고 학생들이 함께 참여하는 공유된 거버넌스shared governance에서 점차 외부자가 참여하는 이사회를 도입함으로써 기업식 구조로 법인화한다. ⑤ 재정 지원을 할 경우 경제적 효율성의 관점에서 마련된 성과나 품질 평가에 기초한다.

우리는 이들 신자유주의 개혁의 내용들이 앞에서 제기한 민주 정부의 개혁 정책의 평가 기준과 여러 면에서 상충된다는 것을 알 수 있다. 따라서 민주 정부가 신자유주의 정책과 아이디어에 얼마나 효과적으로 대응하면서 민주주의와 공공성에 바탕을 둔 양질의 고등교육 체제를 만들어 노동자와 서민에게 유리한 개혁을 얼마나 진척시켰는가 하는 것이 분석의 기본적인 관점이 될 것이다. 다음 절은 교육제도와 관련된 역사적 과정을 간략하게 소개하고 민주 정부 10년의 정책을 분석 또는 해석한다.

## 3. 신자유주의 민주화와 민주 정부 10년의 고등교육정책

한국의 정치적 민주화는 독재 정부가 개발 국가로서의 역할이 끝나는 시점에 이루어졌다. 경제성장은 대학생, 중산층과 지식인을 확대했으며 이들은 민주화 과정에서 매우 중요한 역할을 수행했다. 그러나 '가능성의 공간'(박명림 2009)이었던 민주화는 양 김 세력의 분열을 통해 민주화의 진보적 동력을 상실했을 뿐만 아니라, 과거의 군부 세력에게 권력을 합법적으로 넘겨주는 것으로 종결되고 만다. 이 분열에 대해 정상호(2010)는 "자유주의 세력의 결정적 약화를 가져온 지역 균열이 구조화되었고, 그로 인한 정치 불신 때문에 자유–진보의 병행 발전이나 연대의 가능성이 심각하게 훼손되었다"(정상호 2010, 153)고 표현하고 있다. 두 민주 정부의 집권은 보수적인 정당이나 정파와의 부분적으로 연합을 통해 이루어진다. 정치권력 자원에 따르면, 이 경우 자유주의 세력의 집권은 노동자 세력을 포함한 진보주의적 복지정책을 위한 동맹을 형성하기가 쉽지 않을 것이며 또한 이를 형성할 의지가 없을 수도 있다. 이 상황에서 경제 위기로 말미암아 국내 정책에 대한 개입 역량을 극대화한 IMF 등 국제기구는 자유화 정책을 보다 체계적으로 강요할 수 있었고 민주 정부의 정치적 기반은 이에 맞설 수 있는 정치적 자원을 동원할 수준은 아니었다. 또한 이미 김영삼 정부를 통해 적극적으로 수용되어 온 자유주의 정책들이 정치를 형성함으로써 폐기하기가 어려운 상황일 수 있었다. 다만 우리 사회는 노동시장의 유연화로 점증하는 고용의 불안정에 대응해 사회안전망을 확대해야 할 필요성이 컸다는 점에서 부분적으로 복지정책을 확대하고 제도화할 수 있었다. 그럼에도 한국의 민주화는 신자유주의와 결합된 민주화다.

양재진(2003)에 의하면, 김대중 정부의 노동정책은 유연화에 초점을 맞추어 대량 해고와 파견 노동을 정책적으로 도입하면서도, 노동자와 저소득 계층의 지지를 확보하고자 4대 보험의 대대적 확장과 공적 부조 개혁을 동반했으나, 재정 확대를 함께 확보하지 못했다. 이에 대해 손호철(2005)은 김대중 정부의 사회정책의 진보적 요소들도 "신자유주의 경제정책과 노동정책을 관철시키기 위한 보조적 수단"이라고 평가하고 있다. 이 같은 방식의 사회보험의 확대는 결과적으로 단절적 노동시장을 반영해 노동 계층 내부의 집단 간 수혜 차이를 강화하는 노동 보호를 제도화했을 뿐이다. 이 보험제도의 혜택에서 소외된 노동자들은 그들이 가진 특수적 숙련이 다른 기업에서 재활용될 수 있는 폭이 좁기 때문에 해고 시의 위험으로부터 보호받지 못한다. 따라서 이들은 기업 특수적 숙련에 대한 투자를 꺼리게 된다. 이런 상황에서 언제나 떠날 수 있는 노동자들을 고용하는 기업들 역시 특수적 숙련에 투자하기를 꺼린다. 대기업 정규직과 공공 영역 및 전문 서비스업 정규직은 고용 보호나 실업 보호로 그 지위가 더 높아졌으며 이들 영역에서 학력과 일반적 숙련이 주로 활용되기 때문에 개인들은 학력과 대학 서열에 대한 투자를 늘리게 되었다. 동시에 중소기업은 노동자를 산업 전체에서 필요한 영역에 숙련시키더라도 대기업이 유리한 고용조건으로 이 숙련된 노동자를 빼내 갈 것을 우려하기 때문에 산업 특수적 숙련에 투자하기 힘들고 대기업은 정규직과 화이트칼라의 숙련과 그리고 연구개발에 의존하는 경쟁 전략을 고수했다.

노무현 정부의 복지정책을 평가한 김영순(2009)은, 노무현 정부는 "국민연금, 건강보험, 고용보험 등과 같은 사회보험의 확대, 기초생활보장제도와 아동 양육 지원, 노인장기요양보험제도 도입 등과 같이 공공부조에서 간과되어 온 대상들에 대한 복지를 확대함으로 역대 어느 정부보다도 친복지적"이었다고 평가하고 있다. 그러나 그는 이런 정책들은 사회적 위험과 빈곤 완화에는 크게 기여하지 못했다고 평가하고 있다. 이는 비정규직이나 중소기업 노동자, 자영업자 등이 직면할 수 있는 사회적 위험에 대처하는 사회 보호로서의 역할이 한계를 가졌다는 것을 의미한다. 또 이 같은 위험이 발생한 후에 생기는 최소한의 사회 보호로는, 개인과 기업이 특수적 숙련에 투자할 유인을 높였을 가능성이 매우 적다.

이런 고용제도와 복지제도의 조건에서 살아가고 노동하는 시민들의 관점에서 본 고등교육정책의 주요 내용의 함의는 무엇인가? 한국의 고등교육제도는 한국의 현대적 정치·경제 제도가 처음 도입된 결정적 시기인 해방 후 미군정 시기와 제1공화국에서 이루어졌다. 이 시기에는 국가의 엄격하지 않았던 법 집행 방식, 사립대학의 설립 기준에 대한 관리 감독의 실제적 이완, 기독교 세력 및 지주를 포함한 사회 각계각층의 참여로 이루어진 대학 설립이 대중의 교육열과 결합되면서 한국형 고등교육의 구조적 틀이 형성되었다(이문원 1992). 그 결과 현재 한국형 고등교육의 구조적 특징들은 공공성이 낮은 사립대학에 의존하는 고등교육, 등록금을 통한 대학 재정의 해결, 일관성 없는 고등교육정책과 대학에 대한 자의적이고 변덕스런 정부의 개입, 그 결과로 나타나는 열악한 교육 및 연구 여건, 그리고 대학의 자율성 부족과 불안정성으로 나타났다. 그 이후 제3공화국과 제4공화국 시기(박정희 정부, 최규하, 전두환 군사정부)의 〈사립학교법〉

제정과 운영을 통해 대학에 대한 규제가 강화되고, 국립대학의 부분적 확대와 함께 대학에 대한 국가 통제가 나타났으나, 제도의 기본적인 골격은 유지되었고 초·중등 교육과 같이 대학을 국·공립화하거나 재정의 공공 부담과 같은 공공성을 제고하는 제도는 형성되지 않았다. 제5공화국 이후 정책은 대학의 확대 정책과 사립대학의 법인의 권한 강화[16]에 집중되었다. 이문원(1992)은 해방 이후 1990년대까지의 고등교육의 문제로 대학 입시 정책의 '원칙과 운영 방법이 일관성 없이 수시로' 변경된 점, 대학 입학 정원 정책이 사학의 부패, 국가의 인력 수급 정책과 사회적 요구에 대응하는 정치적 요인에 의해 영향을 받았던 점, 사립대학(법인)의 권한 확대 또는 방임과 사립대학에 대한 국가 통제가 되풀이 되고 있는 점을 지적하고 있다. 이런 문제들은 주로 사립대학과 학생의 등록금에 의존하는 한국의 고등교육제도가 자유주의적 시장경제나 협력적 시장경제의 고등교육과 달리 독재 권력의 유산으로서 국가의 개입과 이에 대한 사립대학의 대응을 통해 형성된 것이기 때문이다. 국가의 개입이 지속적으로 가능했던 조건 가운데 하나는 사립대학들이 재정적으로 취약했고 법률을 지킬 수 없는 교육 여건으로 말미암아 합법성의 토대가 취약했기 때문이다. 다른 한편에서 합법성이 부족한 독재 권력은 대중의 지지가 필요할 때마다, 국·공립 대학과 사립대학의 정원 조정을 통해 고등교육 기회의 확대

---

16_이문원은 1981년의 12차 〈사립학교법〉 개정은 "사학 설립자가 학교행정에 부당하게 간섭할 수 없도록 함으로써 사학의 공공성을 높이려" 한 반면, 1990년 제15차 개정은 사학 법인에 대한 자율성을 확대한 중대한 조치로 "공공성이 확립되어 있지 않는 사학 법인에 대폭 권한을 이양한 것은 대학의 자율성을 또 다른 형태로 억압하는 일"(이문원 1992, 116)로 평가하고 있다.

하는 한편, 사립대학에 비리 감독과 법인 권한에 대한 통제를 강화해야 했다. 국가는 경제 발전을 위해 국·공립 대학을 확대하고 대학에 대한 재정 지원을 확대하기 위해 부분적으로 노력했지만, 국·공립 대학 확대[17]와 국립대학 위주의 재정 지원은 사립대학의 반발을 불러왔다. 또한 사학 법인은 독재 권력이나 보수적 정당의 중요한 지지 기반을 형성하는 기득권 세력으로서, 대학의 자율권 확대라는 형식 논리적 정당성을 기반으로 법인의 권한 확대와 입시 정책, 정원, 등록금 책정 및 프로그램에 대한 사학의 자율권을 확장해 왔다. 따라서 정부의 고등교육정책에 대한 접근 방식은 사학에 대한 통제 및 공공성 강화라는 한 축과 사립대학 법인의 권한 강화와 자율권 확대라는 축 사이를 시계추처럼 왔다 갔다 했다고 할 수 있다. 이런 제도적 배열을 토대로 고등교육에 대한 정책 변동은 고등교육에 대한 시장 수요의 변화, 대중과 고등교육 관련자의 선호와 이해관계, 국회와 대통령을 중심으로 한 정치권력의 배분, 정책과 고등교육기관의 상호작용에 달려 있었으며 이를 통해 구체화되었다.

문민정부 이후의 고등교육정책을 분석한 연구는 신현석(2004), 반상진(2003)(이상 국민의 정부에 관한 연구), 정일환(2004), 이현청(2004), 신현석(2004), 김안나(2005), 이병식(2008), 장수명(2009a), 변기용(2009)(이상 문민정부부터 참여정부까지), 박거용(2001; 2009)(국민의 정부, 이명박 정부), 그리고 신현석(2004)이 있다.[18] 이들 연구들은 문민정부 이후의 고등교육

---

17_사립대학이 압도적인 서울에 국·공립 대학이 거의 설립되지 않았다는 것은 이를 증명한다.

18_신현석의 연구는 여러 정부를 함께 다루고 있다. 그 외 재정 지원 사업에 대한 평가로 유현숙 외(2006)과 신정철 외(2009) 등이 있다.

정책은 대학의 경쟁력 제고와 자율화로 표현된 문민정부의 5·31 대학 정책으로 일관되었다고 보았다.[19] 이는 5·31 시장주의 고등교육개혁에 대한 비판적인 연구와 변기용(2009)의 사례처럼 시장원리를 강하게 옹호하는 연구 역시 대체로 동의하는 내용이다. 이병식(2008)이나 강태중(2004)은 개혁 정책의 신자유주의 요소를 인정하지만, 시장주의 원칙이 강화되면서도 국가의 역할이 확대되는 비정합성이 있다고 지적하고 있다. 하지만 이런 견해는 신자유주의 정책이 강한 국가의 개입을 통해 시장원리를 실현하는 신국가주의 특성을 갖는다는 것(Lee & McBride 2007)을 간과하고, 한국에서의 국가와 대학의 관계에 대한 제도의 관성을 충분히 고려하지 않고 내린 판단으로 보인다. 그러나 대부분의 선행연구들은 숙련 형성에 관한 신제도주의적 관점[20]이나 정당정치와 연계된 정치경제학적 분석을 시도하지 않았고 현존하는 고등교육제도의 역사적 경로와의 연계를 밝히지 않으면서 행정이나 정책의 일면적 영역의 분석에 그치고 있다.

문민정부, 국민의 정부, 참여정부의 고등교육개혁은 다음과 같은 각 정부의 개혁 정책의 목표에 대한 수사를 통해 알 수 있다. 그 수사들은 '고

---

19_이현청(2004)의 경우 참여정부의 정책은 평준화 유지와 함께 학벌 타파와 대학 서열 완화 정책을 시도하고, 대학 운영의 민주화를 추진하고 있으므로 국민의 정부와도 연계성이 적다고 판단하고 있으나 이는 참여정부 초기의 정책 방향을 놓고 판단한 것으로 보인다.

20_신현석(2004)은 대학 개혁 정책의 하나로 대학 구조조정 정책을 신제도주의 시각에서 분석해 기존 연구의 '몰역사성과 구조적 맥락의 비반영' 등을 비판하고 있으나 역사성을 구체적으로 또 적시하지 않았을 뿐 아니라 숙련 형성과 인적자본 투자에 대한 제도주의적 분석과는 거리가 있다. 장수명(2009a)은 합리적 제도주의 관점에서 경쟁 시장원리와 규칙의 집행에 대한 합리적 제도주의와 역사적 제도주의 분석을 시도했지만, 숙련 제도나 정당정치의 관점에서 이를 분석하지 않았다.

등교육 수월성 확보'(문민정부), '세계적 경쟁력을 갖춘 대학'(국민의 정부), '세계적 수준의 고등교육 수월성 확보'(참여정부)로 유사했으며, 요체는 모두 한국 고등교육의 품질 고양을 위해 노력함으로써 대학들이 연구와 교육을 강화해 경제 경쟁력에 기여하는 지식과 인적자본을 생산하도록 하겠다는 것이다. 민주 정부들이 제시한 어떤 목표에도 대학이 지역사회와 시민사회, 민주적 시민 역량의 향상에 기여하는 역할을 강화하겠다고 적시하지 않고 있다. 정책의 핵심 내용은 주요 대학들의 대학원 연구 역량의 확대, 양질의 교육 프로그램을 수행하는 대학들의 선별적 지원 양성, 대학의 자율성 제고, 대학들의 특성화와 다양화 도모, 산·학 협력과 평생교육 확대, 그리고 지역의 균형발전(지방대학의 발전) 등이었다. 접근 방식은 각 정부마다 다소 다르나 정부는 보조금을 바탕으로 시장에서의 경쟁을 원칙으로 일련의 기준을 제시하고, 대학과 프로그램을 평가해 대학과 연구 사업 등을 선발, 집중 지원함으로써 대학 체제를 변화시키겠다는 것이다.

그러나 문제는 이 정책들이 한국 고등교육의 제도적 맥락을 충분히 고려하지 못한 것일 수 있다는 것이다. 한국 대학은 가장 큰 제도적 맥락은 일반적 숙련 체제의 특성 가운데 하나인 학력 중심과 대학 서열화이며, 특히 그 정도가 매우 심각한 수준이라는 것이다. 나아가 고등학교 학생, 졸업자, 학부모, 교수, 대학 및 기업 등 관련 모든 개인과 기관들은 대학 체제별(연구 중심 대학, 특수목적 대학 체제, 일반 4년제 대학 체제, 산업대학 및 전문대학 등의 직업교육 훈련 중심 체제) 성격이나 대학별 서열화, 그리고 전공별 서열화 체제를 잘 알고 순응하며 대응함으로써 체제의 지속성을 강화한다. 서열 체제의 가장 큰 문제는 대학 간의 공정한 경쟁도 상호 협력도 어렵게 만든다는 것이다. 서열이 낮은 대학들은 우수한 학생 자원 및 교수진 확보의 어려움, 연구 및 교육재정의 열악함이 성과의 열악함으로 이어지고 다시 성과의 열악함의 자원 확보의 어려움으로 이어지는 악순환을 경험한다. 반면 서열이 높은 소수의 대학들은 우수한 학생 및 교수의 확보, 재정 지원과 등록금을 통해 넉넉한 재정을 확보하고, 이를 통해 높은 성과를 달성할 수 있으며, 이는 다시 학생 확보와 자원 확보에서 유리한 고지를 차지하는 선순환을 경험한다. 따라서 대학 간의 공정한 경쟁은 이루어지지 않고 경쟁을 통한 체제의 전면적 개혁은 불가능해진다. 이 같은 대학 서열 체제는 대학의 다양성과 공립대학의 역할이 나름 중요한 미국 등 자유주의 시장경제보다 더 경직적이다. 외생적으로 발생한 노동시장에서의 급격한 수요-공급의 변화가 없는 한, 그것이 대학 체제별, 대학별, 그리고 전공별 졸업자의 수익과 혜택을 급격하게 변화시키지 않는 한, 이 같은 서열 체제가 자체적으로 해체되는 일은 없을 것이다. 따라서 이 서열화 체제를 근본적인 한 문제라고 간주한 국가가 강한 의지를 갖고 사회적 합의를 끌어내고 효과적인 정책 대안과 충분한 재정적인 자원을 준비해, 이를 일관되게 추진할 때만이 서열 체제에 대한 개혁은 가능하다.

한국 고등교육제도의 또 하나의 특징은 미국과 같은 자유주의 시장경제보다 학생들의 학비에 의존하는 사립대학이 압도적인 고등교육 체제라는 것이다. 대부분의 대학 운영비가 학생들의 학비에서 나오기 때문에 학생 수를 늘리는 것이 중요해 교수 1인당 학생 수가 높을수록 수입은 많아지고 비용은 적게 든다. 이것은 대학의 품질을 높이기 어려운 또 하나의 악순환의 구조다. 이 때문에 대학과 정부 당국 사이에 교수 충원율을 둘러싼 게임과 딜레마가 발생한다. 더 큰 문제는 사립대학 중심 체제와 고착화된 대학 서열화 체제에서 수혜를 보는 이해관계자들이 정치권력과 밀접한 관련을 갖고 제도의 근본적인 변화를 반대하고 무산시키는 현상 유지 정책의 정치적 기반이 된다는 점이다. 예를 들어, 대학 서열화를 대폭 완화하기 위해 국·공립 대학에 대한 재정 지원 강화는 사립대학 교수들과 사학 법인뿐만 아니라 학생들도 반대할 수 있고, 사립대학의 국·공립 전환 역시 사학 법인들뿐만 아니라 상위 사립대학의 교수들 역시 반대할 수 있다. 사학의 이해를 대변하는 각종의 이익 단체 또한 국회 등과 같은 현실의 정치권력과 밀접한 관련이 있을 수 있어 개혁의 저지 세력 역할을 할 수 있다. 퇴직 후 사립대학에 재취업할 수 있는 기회가 존재하는 고위 관료 집단 역시 개혁의 저항을 선호할 수 있다.

앞서 제시한 민주 정부 10년의 정책을 보는 기준들과 신자유주의 고등교육개혁 정책의 내용을 고려하면서 항목별로 정부들의 정책을 비교해 보자. 문민정부는 신자유주의 고등교육정책을 본격적으로 도입한 첫 정부이기 때문에 이를 포함해 비교 분석하면 다음과 같다.

(1) 먼저 민주 정부가 국·공립 대학 체제의 발전과 확대[21]를 위해 체계적인 제도적 차원의 노력에 집중했는가? 이를 판단하는 방식은 국립대학들과 공립대학들의 확대 여부와 국·공립 대학에 등록한 학생들의 상대적 비율을 확인하는 것이다. 5·31 교육개혁에서 대학 설립 준칙주의와 대학 정원 자율화를 통해 사립의 전문대학, 대학 및 대학원의 설립을 특별히 강조한 문민정부의 교육개혁 이후 국·공립 대학의 설립은 거의 없었다. 국·공립 대학이 설립된 경우는 김영삼 정부가 소외된 지역의 도립 전문대학 설립을 강조함에 따라 이후 강원, 경북, 전남, 충남, 충북, 전남 등지에 소규모 도립 전문대학들이 설립되었다. 이후 참여정부가 울산의 국립대

---

21_한국과학기술원, 광주과학기술원, 대구경북과학기술원, 한국기술교육대학교, 한국산업대학교 및 한국항공대학교와 같이 사립대학 대학으로 분류되나 국가 재정이 대학 운영의 상당 부분을 차지하고 각 부처에서 이사를 파견하는 대학들도 국·공립 대학 체제의 일원으로 본다.

학 설립을 추진함으로써 울산과학기술대학교가 2007년에 설립된 것은 내용면에서 매우 예외적이며 그 파급효과는 전체 고등교육의 규모와 비교할 때 매우 작다. 국립대학은 국가 재정의 투입을 통해 낮은 등록금을 유지하고 공무원인 교직원에 대해서는 고용을 보장하는 대가로 일정 정도 임금을 억제함으로 학생들의 재정 부담을 줄일 수 있다. 국립대학의 공공 회계 등을 통해 사립보다 투명하며, 상대적으로 양질의 교육을 확보할 수 있다. 또한 정부가 적극적인 투자를 감행한 부문에서는 대학 서열 체제를 완화하는 역할을 수행할 수 있다. 예를 들어, 거점 대학으로 명명되는 지역의 국립대학들은 교수진의 규모, 지역사회에서의 인적 자원을 배출하는 데 크게 기여했다. 한국과학기술대학교, 광주과학기술원과 대구경북과학기술원은 이공 계열 분야의 경쟁력과 서열 체제의 완화를 가져와 역시 국가 투자의 중요성을 보여 주었다. 또 한국예술종합학교, 한국체육대학교, 2012년 설치법이 통과됨으로써 대학으로 전환한 한국전통문화대학교와 다수의 특수목적 대학교의 역할 역시 정부 투자의 중요성을 보여 주었다. 국·공립의 경우 국가나 지방정부가 새로운 대학을 설립하거나 또는 기존의 국·공립 대학 체제를 획기적으로 강화함으로써 공교육 대학 체제를 강화할 수 있는 매우 중요한 역할을 할 수 있다. 국립대학의 신설 방식은 새로운 기관을 도입하는 것으로 기존 체제의 관련 당사자의 이익을 크게 훼손하지 않을 가능성이 높기 때문에 법적 근거와 정치적 자원을 동원하면 가능하다. 그러나 장기간의 시간이 필요하고, 방대한 자원이 요구되지만, 체제를 부분적으로만 개선하는 첨가 전략이다. 한편, 기존의 대학들을 개혁함으로 대학 체제의 공공성을 강화하는 방식은 대학의 관(타)성이라는 장애물이 존재하지만, 많은 교수들의 풍부한 교육 및 연구 경험을 기반으로 체제 전반을 개혁할 수 있는 장점이 있다. 물론 이 경우에는 복잡한 기득권과 이해관계가 있어 또 다른 장애 요인이 있다. 그러나 대학에 대한 획기적 재정 지원을 확보하고 자발적 개혁을 촉구할 수 있는 제도 장치만 제대로 설정된다면, 기존 (국립대학) 체제를 통한 개혁이 가능하다. 이는 전환conversion 전략이라 할 수 있다.[22] 불행하게도, 민주 정부 10년 동안 계획은 있었지만, 신설이나 기존 체제를 통한 국립대학 체제 강화를 위한 체계적 구조적 노력은 없었다.

민주 정부들은 국립대학 체제를 강화하자는 담론 차원의 논의는 있었음에도 이를 구체화시킬 방안이 부족했다. 국민의 정부의 국립대학 발전 방안과 국립대학 설치 운영법 제정(교육부 1999), 참여정부의 국·공립 대학 공동 학위제과 국립대학 교수 공동 선발제(교육혁신위원회의 『역대 정부 대통령 위원회 교육개혁 보고서』) 등은 모두 좌절되었다. 국립대학 설치 운영법의 좌절은 국립대학 체제의 발전을 제도화하지 못한 상징이 될 수 있다. 서울대학교, 특수목적대학교들은 설치령에 의한 개별 대학의 존립 근거를 제시하고 있지만, 국립대학 체제의 존립과 확대 근거가 될 〈국립대학교법〉을 제정하지 못했다는 것이다.

반면 김영삼 정부의 대학 설립 준칙주의와 대학 정원 자율화는 참여 정부 중반에까지도 규제완화의 원칙을 유지함으로써 사립대학에 의존하는 대학 체제를 더욱 견고하게 했다(장수명 2009b). 대학 설립 준칙주의와 정원 자율화 이후 학생 수는 국·공립과 사립 모두에서 늘었지만, 사립대학의 설립과 학생 수는 국·공립 대학과 비교해 대폭 늘어났다. 교수 1인 당 학생 수는 국·공립과 사립대학 모두에서 늘어났지만, 사립대학에서 더욱 크게 증가했다. 〈표 16-1〉에서 보는 바와 같이 4년제 일반대학의 경

---

22_앞서 각주 16에서 점진적 개혁 방법 중에 전자는 겹치기(layering)가 될 것이고 후자는 전환(conversion)이 될 것이다.

**표 16-1 | 국·공립 대학 재적 학생 수의 비율**

| | | 1995 | 2000 | 2005 | 2007 | 2012 |
|---|---|---|---|---|---|---|
| 전문대학 | 국·공립 | 21,473 (3.77%) | 37,331 (4.09%) | 36,153 (4.24%) | 30,372 (3.82%) | 16,792 (2.18%) |
| | 전체 | 569,820 | 913,273 | 853,089 | 795,519 | 769,888 |
| 대학 | 국·공립 | 295,941 (24.93%) | 372,078 (22.34%) | 400,668 (21.55%) | 408,461 (21.28%) | 459,171 (21.82%) |
| | 전체 | 1,187,735 | 1,665,398 | 1,859,639 | 1,919,504 | 2,103,958 |
| 산업대학 | 국·공립 | 71,246 (59.04%) | 81,186 (47.59%) | 90,324 (47.85%) | 83,868 (49.37%) | 42,970 (44.98%) |
| | 전체 | 120,670 | 170,622 | 188,753 | 169,862 | 95,533 |

자료: 교육과학기술부·한국교육개발원, 『교육통계연보』, 각 연도; 한국대학교육연구소 통계.

우 1995년 24.9%에서 김영삼 정부가 끝난 2000년에는 22.3%, 2005년에는 21.6%로 줄어들었다. 전문대학의 경우 1995년 3.77%에서 2005년 4.24로 늘었으나 2012는 2.2%로 다시 줄었다. 대부분의 학교 운영비가 학생들의 등록금으로 충당되는 대학, 사립대학에 학생 수는 대학의 운영비에 매우 중요한 변수다. 대학 설립 준칙주의와 대학 정원 자율화는 사립대학뿐만 아니라 국립대학들이 학생들의 수를 늘림으로써 교수 1인당 학생 수는 늘어나 교육의 질은 더 나빠졌다. 학생 수를 늘리는 것은 대학 교육비를 확보하기 위한 매우 효과적이고 편리한 기제였고 이것이 오늘날 등록금 반값 투쟁의 한 원인이 된다(장수명 2011).

(2) 사적 부담은 줄어들고 공적 부담은 늘어났는가? 재단과 학생 및 사회적 기부에 따른 사적 부담(대부분이 학생들의 등록금)과 국가의 공적 부담은 어떻게 달라졌는가? 〈표 16-2〉를 보면 민간 부담은 1995년에도 84.4%였으나 2000년 약 75.6%로 낮아졌다가 2002년에 다시 84.9%로 높아졌고, 이것은 참여정부가 들어선 후 몇 년이 지난 2007년 76.9로 줄어든다. 반값 등록금 투쟁에 대한 반응으로 2009년 72.5%로 낮아졌다. OECD 국가들의 경우 사적 부담률은 30% 이하이고 공적 부담이 평균 70%를 크게 상회한다는 것을 고려하면, 이는 매우 높은 수준이다. 보다

표 16-2 | 고등교육 단계 공교육비 민간 부담과 정부 부담의 상대적 비중

단위: %

| | 고등교육 단계 공교육비 민간 부담 상대적 비중 | | GDP 대비 고등교육 단계 공교육비 정부 부담 비율 | |
|---|---|---|---|---|
| | OECD 평균 | 한국 | OECD 평균 | 한국 |
| 1995 | 25.2 | 84.4 | 1.0 | 0.3 |
| 1997 | 23.0 | 78.0 | 1.1 | 0.5 |
| 1998 | 17.9 | 82.6 | 1.1 | 0.4 |
| 1999 | 18.7 | 78.0 | 1.0 | 0.5 |
| 2000 | 19.5 | 75.6 | 1.0 | 0.6 |
| 2001 | 20.4 | 84.1 | 1.0 | 0.4 |
| 2002 | 20.6 | 84.9 | 1.1 | 0.3 |
| 2003 | 22.1 | 76.1 | 1.1 | 0.6 |
| 2004 | 23.0 | 78.7 | 1.0 | 0.5 |
| 2005 | 25.5 | 75.4 | 1.1 | 0.6 |
| 2006 | 25.8 | 74.8 | 1.0 | 0.6 |
| 2007 | 27.9 | 76.9 | 1.0 | 0.6 |
| 2008 | 27.8 | 75.4 | 1.0 | 0.6 |
| 2009 | 26.8 | 72.5 | 1.1 | 0.7 |

자료: OECD Education at a Glance 각 연도; 한국대학교육연구소 통계.

근본적인 원인은 고등교육에 대한 정부의 재원 지원을 기계적으로 확대할 수 있는 제도적 장치인 국·공립 대학을 확대하거나 〈고등교육재정교부금법〉과 같은 고등교육에 대한 정부 재정 지원을 제도화하는 데 성공하지 못했기 때문이다. 늘어난 재정에서 학생들의 교육비보다 연구비 비중이 상대적으로 더 가파르게 상승했기 때문에 인건비를 포함하는 학교 운영비에서 학생들의 등록금이 차지하는 비율은 국립대학의 경우에는 1996년 44%에서 2008년 77%로, 사립대학의 경우 1995년 83%였다가 2006년 100%를 넘어섰고 이후에도 더욱 증가했다(장수명 2009b; 2011). GDP 대비 고등교육 재정의 비율은 일정 정도 높아졌으나 이는 대학과 학생 수가 늘어난 것과 관련이 있어 한국의 높은 고등교육 취학률을 비교하면 매우 낮은 수준이다.

학생들의 등록금 부담이 가중된 제도적 원인 가운데 하나는 대학 자율화의 명분으로 지속되어 온 등록금 자율화 정책이다(장수명 2011). 특히

표 16-3 | 등록금 정책의 변화

| 정권 | 연도 | 투쟁 내용 | 정책 |
|------|------|-----------|------|
| 노태우 | 1992 | • '우골탑' 용어 등장<br>• 대학별 등록금 인상 반대 투쟁(동맹 휴업,<br>  가두 행진 등. 사립대에 국한) | • 1989년 사립대 등록금, 국립대 기성회비<br>  자율화<br>• 사립대학 등록금 예고제 실시 권장(효과 없음) |
| 김영삼 | 1997 | | • 등록금 인상 자제 호소 |
| 김대중 | 2002 | • 등록금삭감운동본부 등의 대학생 단체 결성<br>• '개나리 투쟁'으로 대변되는 대학별 등록금<br>  인상 반대 투쟁 | • 외환위기로 인한 정부의 등록금 인상 자제<br>  권고<br>• 국립대학 등록금 완전 자율화<br>• 한나라당 반값 등록금 공약 |
| 노무현 | 2007 | • 대학별 등록금 인상 반대 투쟁 | |
| 이명박 | 2011 | • 등록금넷 중심의 학자금 후불제 주장<br>• 등록금넷 중심의 반값 등록금 투쟁 | • 정부의 등록금 통제 강화<br>• 교육 관련 기관의 정보 공개에 관한<br>  특례법(2009/05/08) 개정: 등록금 및 학생<br>  1인당 교육비 산정 근거 공시<br>• 취업 후 상환 학자금 대출 제도<br>• 고등교육법 개정: 등록금 심의위원회 설치 및<br>  운영, 등록금 인상률 상한 기준 |

자료: 장수명(2011).

노태우 정부의 사립대학 등록금 자율화와 국립대학의 등록금 가운데 학생 부담의 대부분을 차지하는 기성회비 자율화는 등록금 인상의 핵심적인 장치였다.[23] 이를 이후 정부들이 지속적으로 유지하고 확대했다. 국민의 정부의 등록금 완전 자율화가 그 예다. 문민정부의 설립 준칙주의와 정원 자율화는 대학 재정에 대한 학생들의 부담을 늘리는 또 다른 제도적 장치였다. 따라서 대학 운영비에서 등록금 비율이 차지하는 비율은 높아졌고, 학생들의 교육 운영비 부담 비중이 가중되는 가운데 국·공립 대학과 사립대학의 교수 1인당 학생 수도 늘었고, 1인당 절대적 교육비는 과거에 비해 늘어났으나 OECD 등과 비교할 때 한국의 1인당 교육비는 여전히 매우 낮은 수준이다. 등록금 대비 학생 교육비로 본 교육비 환원의 비율은

---

23_국립대학의 기성회계비는 법원이 불법이라고 판단했다.

매우 낮은 수준으로 우리나라 대학생들은 미국 다음으로 높은 학비를 내면서도 OECD 평균보다 매우 낮은 수준의 교육 혜택을 받고 있는 편이다(장수명 2009a).

국·공립 대학 체제를 전면적으로 강화하지 않고 사립대학에 의존하는 반면, 학교 운영비의 대부분을 학생들이 부담하는 방식으로 개별 대학이 아닌 대학 체제 차원의 품질을 강화하는 것은 매우 어렵다는 것을 쉽게 알 수 있다. 이것은 다음의 대학 구조 개혁과 재정 지원 방식에서도 볼 수 있다. 국민의 정부에서 논의되었던 '고등교육 재정 교부금' 제도(교육혁신위원회)가 좌절된 것은 국가 부담의 제도화에 실패한 것이다.

(3) 대학 구조 개혁[24]은 한국의 고등교육 체제의 개혁에 기여했는가?

한국의 고등교육은 방대하나 체계적이고 않고 품질에 대한 담보도 없다는 일반의 인식은 대학 체제의 구조조정에 대한 요구로 이어진다. 1998년 경제 위기 시기부터 본격화된 대학 구조조정은 그 이후 속도와 강도가 달랐지만, 지속되었다.[25] 그러나 대학의 품질을 높이겠다는 것보다는 고등학교 졸업자의 수가 급속히 감소해 대학의 입학 자원(학습 역량이 없는 것이 문제가 아니라 등록금을 낼 사람)이 줄어드는 것에 대한 우려가 대학과 대학 체제에 대한 구조 개혁에 강한 압박으로 작용하고 있다. 일부 사립대학들은 대학 평가에서 불리하거나 학생들에게 상대적으로 인기가 낮은

---

24_신현석(2004)은 구조 개선, 구조조정, 구조 개혁을 범주별로 나누어 설명하고 있으나 여기서는 대체로 구조조정과 개혁을 구조 개혁으로 부른다.

25_모든 정당은 대선 시기에 사교육과 입시 경쟁 완화를 위한 입시제도에 대한 정책과 더불어 고등교육의 품질 향상(경쟁력)에 대한 정책 대안을 반드시 제시한다. 그러나 이 문제들은 그대로 남아 있어 이들은 교육제도의 비효율적 균형에서 발생하는 3대 정책 과제라고 할 수 있다.

(학생들로부터 받는 예상 수입이 낮은) 학과를 중심으로 구조조정을 시도하고 있으며, 정부 역시 구조 개혁안을 마련하고 있다. 구조조정은 교직원과 학생 등 관련 당사자들에게 매우 중요한 문제이기에, 정부나 대학 자체의 인위적 개입에 따른 구조조정은 강력한 저항을 불러일으키고 있으며, 또한 한국 대학 체제가 갖는 구조적 문제 — 높은 사립대학의 비율, 학생들의 등록금에 의존하는 학교 운영비, 체계적인 서열화 및 부실한 대학 교육, 열등한 지위에 있는 직업교육 — 들로 인해 어려움에 봉착하고 있다. 시장의 수요 공급에 의존하는 대학 체제에서는 부실한 사립대학과 교육의 문제는 개별 대학과 해당 교수와 학생들의 문제이기 때문에 정부의 역할은 사실상 매우 제한적이기 때문이다. 정부의 영향력은 국·공립 대학의 경우에는 다소 클 수 있으나 국가 재정 부담의 한계로 제한적일 수밖에 없다. 2014년 현재, 정부의 구조조정 계획에 대해 주요 대학들이 거부한 것은 이를 잘 보여 준다.

다른 한편 대학 체제의 구조조정이 요구되는 현실과 이에 대한 공통의 사회적 인식은 대학의 역할과 경쟁력 제고를 위해 대학 제도를 혁신적으로 변경시킬 정책적 공간이 존재한다는 것을 의미할 수 있다. 이를 위한 민주 정부의 정책을 살펴보는 것이 중요하다. 1998년 경제 위기로 대학들은 재정 위기에 봉착했고, 특히 일부 사립대학들은 자체적 구조조정을 시도한 경우도 있다. 1998년 국민의 정부는 공공 부문 개혁 방안의 하나로 국립대학의 조직 개편, 인력 축소, 대학 통·폐합과 민영화를 중심으로 하는 구조조정을 시도했고 이는 '대학 선진화'를 위한 조치로 당위성'을 인정받았으나(이용균·이기성 2010), 상당한 저항에 부닥친다. 2000년 국민의 정부는 구조조정을 '국립대학 발전 계획'으로 전환해 '국립대학 경쟁력' 제고에 초점을 맞추었다. 이 계획은 국립대학과 사립대학의 역할 분담, 국립대학 간의 역할 분담 및 연계 체제 구축을 제시했고, 이와 동시에 대학

표 16-4 | 대학 통·폐합, 구조 개혁 사업과 정원 변화

| | 2004 | 2011 | 2011−2004 |
|---|---|---|---|
| 국·공립 | 98,438 | 83,073 | 15,365(15.6% ↓) |
| 사립 | 543,818 | 485,652 | 58,166(10.7% ↓) |
| 계 | 642,256 | 568,725 | 73,531(11.4% ↓) |

주: 이명박 정부 들어 총 13,266명 감축(총 감축 정원의 18.1%).
자료: 교육부 자료.

운영 시스템에 자율과 책무를 강조하는 등 국립대학 발전을 위한 가장 체계적인 발전 계획이라고 평가될 수 있다. 하지만 이는 국민의 정부 말기에 제안된 '도상 계획'(반상진 2003)으로 끝난다.

참여정부는 대학 경쟁력 방안(2003년)과 대학 구조 개혁 방안(2004년)을 연이어 발표함으로써 구조조정 개혁을 제안하고 실행한다. 이 과정에서 다수의 거점 국립대학이 기타 소규모 국립대학이나 전문대, 산업대학을 통합해 국립대학 체제 내의 일반대학, 산업대학, 그리고 전문대학 사이의 역할 분담이 모호해졌고, 국립 전문대학은 4년제 국립대학의 몸집 불리기 통합으로 대부분이 사라졌다. 또한 사립대학 역시 전문대학이 4년제 대학에 통합됨으로써 동일 법인 내에서 2년제 대학 정원을 축소하되 4년제 대학의 정원 확대로만 이어지는 대학 간의 통합이 이루어졌다. 그러나 이들 통합이 고등교육 체제 내에서 국립대학 체제를 강화하거나 수도권 중심의 서열화를 완화하거나 대학의 경쟁력과 지역사회에서의 역할을 높이지 못했다는 것은 분명해 보인다. 따라서 정부의 구조 개혁은 일반적 숙련이 중심이 되는 숙련 제도에서 대학의 경쟁력과 한국 고등교육 체제에 근본적인 변화를 가져오는 데 실패했을 뿐만 아니라, 일반적 숙련 중심 체제 내에서라도 고등교육의 공공성 확대에 실패했다. 구조 개혁에 임하는 개별 대학들이 대학의 사회적 역할에 충실한 대학 구조 개혁을 주도하기보다 통·폐합 방식의 구조 개혁을 빌미로 학생 수와 4년제 대학의 재

정 규모를 확장하는 데 초점을 맞추었기 때문으로 보인다. 〈표 16-4〉는 구조조정으로 대학 정원이 줄었다는 것을 보여 주나, 실은 2년제 전문대학의 학생 수와 4년제 대학의 학생 수를 단순 비교한 것은 문제가 있다.

대학에 대한 구조적 개혁의 사회적 합의와 정당성을 담보할 수 있는 제도적 장치가 될 수 있었던 '대학위원회'(국민의 정부)나 '고등교육평가원'(참여정부)은 정파와 상관없는 중립적 제도로 운영될 가능성이 있었음에도 불구하고 오히려 이를 지지하는 이해관계자가 없음으로 인해 실현되지 못했다. 이는 구조조정이 정권과 관료들의 차원에서 임의적으로 이루어졌다는 것을 의미한다.

(4) 대학의 지배 구조에 대한 개혁과 '성과 평가'에 기초한 대학 관리.

올슨(Olsen 2005)은 대학이 여러 가지 특성을 함께 가진다고 보았다. 그에 따르면, 대학은 첫째, 학자들의 자치 공동체라는 특성, 둘째, 대학 구성원들인 교수·직원·학생들의 대의제 민주주의라는 특성, 셋째, 국가의 정치적 의제를 실현하기 위한 도구적 특성, 그리고 넷째, 경쟁 시장에 자리 잡은 서비스 업체라는 특성을 복합적으로 갖고 있다고 보았다. 그는 이네 가지 특성을 각각 고려해 보아도, 대학의 자치라는 요구는 정당성이 있다고 보았다. 민주화 이후 한국 고등교육의 과제 가운데 하나는 1960년대 이후 권위주의 독재 정부가 외부적으로 강제한 국가적 의제를 실현하기 위한 수단으로 대학의 역할을 제약해 온 관행을 극복하고 자체의 민주화를 통해 학자들의 자치 공동체와 대의제 민주주의가 대학에 뿌리를 내리는 것이었다. 그러나 문민정부와 민주 정부 10년 동안에도 국가와 기업을 위한 서비스 기업적 특성을 강조했고, 대학의 공공재로서의 성격보다 사적 재화로서의 성격을 강조하는 신자유주의적 요소를 더 강요했다. 대학의 거버넌스 구조 개혁은 학자들의 자치 공동체와 대의제 민주주의 기관으로서 자리를 잡기 위한 것이기보다는, '성과 평가'에 기초한 신공공관리와 기업화를 위한 법인화를 명분으로 추진되었다.

먼저 지배 구조의 측면의 변화를 살펴보면, 정부는 대학 교수회의의 의결권을 법제화하거나 학생회 대표가 대학 운영에 참여할 수 있는 법적 제도적 장치를 만들지 않았다. 정책의 주요한 초점은 국립대학의 경우에는 총장 직선제의 개선 또는 폐지, 또는 법인화였다. 민주 정부 10년 동안에도 대학에 대한 평가를 정부가 '대학평가원'과 같은 전문적인 중간 기구를 통해 수행하기보다, 정부의 관료가 수탁 연구를 통해 제시한 간략한 기준들을 통해 대학 평가와 교수 평가를 제도화했다. 그 극단적인 형태로 이루어진 것은 물론 이명박 정부에서다. 하지만 민주 정부 10년 동안 이 같은 일들이 진행되어 온 것 또한 사실이다(교육혁신위원회 자료).

문민정부에서 논의되었던 고등교육법과 그 시행령은 1998년에 제정되어, 대학 관련 기본적인 규칙으로 운영되었을 뿐만 아니라 고등교육기관의 민주주의를 제도화할 수 있는 유일한 법적 장치였다. 그러나 이 법은 대학의 운영 구조에 민주주의를 제도화할 수 있는 장치로는 불충분했고, 민주 정부 역시 지난 10년 동안 대학의 민주적 자치를 위한 보다 높은 차원의 제도를 수립하는 데 적극적이지 않았다. 고등교육법 시행령 4조는 학생회에 관한 사항을 기재하도록 되어 있었지만, 학생회의 대학교 운영에 대한 참여를 명기하지 않았다. 또 교수회와 교수평의원회는 이들이 존재하는 경우에만, 이를 명시하도록 하고 있어 그 법률적 지위와 역할이 불분명하고 모호해 교육부의 유권 해석에 의존했다. 이는 사립대학들의 법인들이 대학평의원회를 공식적 기구로 인정하지 않는 행위에 정당성을 부여했다. 그럼에도 불구하고, 각 대학의 교수회와 대학평의원회는 학칙과 실제 운영을 통해 대학 내의 민주주의를 확대해 왔다. 국민의 정부의 경우는 교수회의를 의결기구화하는 의제를 상정했고 일부 대학에서 이를 추진했으나, 교육부가 심의 자문 기구로 시정을 요구했고 국·공립 대학

교수회의 거센 반발에 직면했다(신현석 2004). 더구나 사립대학의 평의회의 활동은 체계적으로 발전하지 못함으로 사립대학교의 민주화는 한계에 봉착했다.[26]

이와 같이 국·공립 대학의 민주주의는 교수들을 중심으로 확대되어 왔으나, 국립대학 총장 직선제의 간선제로의 전환이나 국립대학 법인화에 초점을 맞추었다는 점에서 정부 정책이 장애로 작용했다고 볼 수 있다. 국립대학 법인화는 정부가 운영 자금을 지원하지만, 사립대학으로 분류되어 온 과학기술대학교나 인천대학교 그리고 울산과학기술대학교처럼 법인화를 전제로 국립화하거나 서울대학교의 경우처럼 재정 지원을 보증하는 방식의 법인화를 추진했다. 국민의 정부나 참여정부의 경우에 법인화를 위한 강요와 압박의 강도는 상대적으로 약했으나 관료를 통한 압박은 지속되었다고 볼 수 있다. 또 대학을 법인화함으로써 대학 운영에 경영주의를 도입하고, 이를 통해 기업 방식으로 '성과'를 내려는 정책을 도입했지만 '성과' 자체에 대한 대학 사회의 합의가 불충분하기 때문에 정당성에 따른 합법성을 갖고 추진하기 어려웠다. 참여정부가 2005년 〈사립학교법〉 개정을 통해 사립대학에 '개방이사제'를 도입해 대학 구성원이 이사를 직접 추천할 수 있는 제도를 마련했던 것은 사립대학의 공공성과 대학 민주화를 위한 일정한 진전이었다(임희성 2009).[27]

---

26_박근혜 정부의 재정 보조금 평가에 사립대학의 평의원회 설립을 한 기준으로 제시한 것은 매우 흥미롭다.

27_임희성(2009)에 따르면 2007년 사립대학들과 그 법인들의 저항으로 개방이사의 정수가 '4분의 1 이상'에서 '4분의 1'로 제한되었으며, 추천 방식에도 대학평의회의 역할이 줄어들었다.

이와 같이 국립대학의 민주주의는 법적 장치, 대학 구성원들의 노력과 대응, 관료 등의 반응이 정치권의 제도화 노력과 함께 이루어진다. 사립대학의 민주주의는 정부의 민주적 제도의 도입 노력에도 불구하고 사립대학의 이해관계자, 특히 법인과 종교 단체의 적극적인 저항이 있기 때문에 정책의 수립과 집행이 매우 복잡한 구조 속에서 진행된다. 참여정부는 사립대학에 대한 체계적인 재정 지원을 하지 않는 상태에서 사립대학의 공공성을 높이고자 〈사립학교법〉을 개정하고자 했다. 그러나 재정 지원을 받지 않는 대학들을 정부 정책으로 통제하는 것을 매우 어렵다. 중등학교 단계의 경우, 막대한 정부 재정을 지원받는 사립학교들은, 이사회의 구성이 크게 변하지 않더라도, 사실상의 정부 통제를 상당 부분 받고 있다고 할 수 있다. 또 국가가 재정 지원을 근거로 중등 사립학교가 이사회 구성에 공익 이사의 비율을 높일 것을 요구할 수 있었고, 이는 정당성을 갖는 것이기 때문에 재정 지원을 거부하지 않는 한 중등 사립학교들이 이 같은 요구를 수용했을 가능성이 높았다. 반면 고등교육 단계의 경우 사실상 재정의 대부분이 학생들의 학비로부터 나오기 때문에 정부의 간섭과 개입의 여지와 정당성이 매우 낮다. 이를 고려했다면, 교육 단계별로 분리해서 사립학교에 대응할 필요가 있었음에도,[28] 정부는 그 차이를 구별하지 않고 대학을 포함한 전체 사학에 영향을 미치는 〈사립학교법〉 개정을 진행했다. 이 때문에 서로 다른 제도적 맥락 속에 있는 중등의 사학과 고등 단계의 사학이 정치적으로 연합해 정부 정책에 반발하는 후폭풍을 만드는 계기를 만들어 주었다. 이처럼 제도 맥락을 고려하지 않는 정책은

---

28 _그리고 중등 단계의 사립과 고등교육 단계의 사립을 구분하는 것은 〈사립학교법〉을 고등교육단계와 중등단계로 나누어 설정하는 것으로 시작할 수도 있다.

실패하기 쉽다.

(5) 재정 지원(보조금) 사업을 통해 숙련 형성 제도와 대학 체제의 경쟁력을 강화했는가? 재정 보조금 사업은 정부가 자금지원을 유인책으로 대학을 움직이게 만드는 정책 집행 기제다. 이 정책 집행 기제는 고등교육의 교육과 연구 전 정책 영역의 정책 집행에 활용되어 대학을 운영하는 steering 통제의 기제이자 지배구조다. 정부가 스스로 설정한 정책목표를 성취하기 위해 특정의 교육 및 연구 프로그램을 공모하고 선발함으로써 대학과 연구자들 사이에 정부 정책에 대한 순응 경쟁을 촉진하는 것이다. 이 사업 방식은 일종의 '성과에 통한 관리'management by output라는 신공공관리 정책의 하나로 정부나 관료가 대학 운영에 개입을 할 수 있는 손쉬운 '지배 구조'governing structure인 셈이다. 또 이 접근 방식은 정부 정책이 단기적인 성과를 내는 데 효과적이라고 판단될 수 있다. 왜냐하면 대학의 일상적인 교육과 연구 성과를 정부 정책의 성과로 포장할 수 있기 때문이다. 따라서 교육부 관료들은 이 방식을 선호할 수 있으며, 대학들은 정부 관료를 교수로 충원해 이들이 로비스트 역할을 해주길 바라는 유혹을 받게 된다.

국민의 정부의 '두뇌 한국 21' 이후 대규모 사업은 이 방식을 통해 이루어졌다. 보조금은 운영비와 달리 국립대학과 사립대학에 대한 구분 없이 지급하기 때문에 모든 대학이 보조금을 받기 위해 경쟁하게 되어 국립대학들뿐만 아니라 사립대학들도 자체의 발전 계획에 따른 고유한 특성을 유지하고 발전하기 쉽지 않다. 이 방식은 '객관적으로 보이는' 평가 기준을 제시해 공모-평가-선발-지원-중간평가-최종평가를 실시함으로써 경쟁이라는 방식에 정당성과 합법성을 부여한다. 정부는 평가 기준을 제시하고 조정하는 과정과 이를 실제 평가하는 과정에서 대학의 정부 정책에 대한 순응의 정도를 함께 고려함으로써 대학이 정부의 요구를 '자발적

표 16-5 | 고등교육에 대한 보조금 사업의 사례들

| 국민의 정부 | 참여정부 | 이명박 정부 |
|---|---|---|
| 두뇌 한국 21, 지방 공과대학 중점 지원 사업, 지방대 육성 사업, 산·학 협력 지원 사업 | 2단계 두뇌 한국 21, 대학원 연구 중심 대학 사업, 지방 연구 중심 대학 육성 사업, 지방대학 혁신 역량 강화 사업, 대학 특성화 사업, 산·학 협력 지원 사업 | 세계 수준 대학 사업, 우수 인력 양성 교육 역량 강화 사업, 지방대학 특화 분야 육성, 산·학 협력 지원 사업 |

자료: 송기창 외(2007); 신정철 외(2009).

으로' 수용하는 형식을 갖추는 개혁 장치다.

대학 관련 교육 예산 중에서 40%를 넘어서는 이 보조금 사업은 매우 다양하고 복잡한데, 정부가 고등교육을 통해 정책목표를 실현하고자 하기 때문에 많은 부작용을 발생시킨다. 또 이 보조금 내에서는 가장 높은 비율을 차지하는 것은 대학의 연구에 지원하는 재정으로, 이 정책은 결과적으로 중산층과 서민이 집중된 교육 중심 대학보다는 상층이 집중된 연구 중심 대학에 투자하는 것이다. 대표적인 사업은 〈표 16-5〉의 사례에서처럼 국민의 정부에서 시작된 '두뇌 한국 21' 사업과 참여정부가 적극적으로 추진한 지방대학의 혁신 역량 강화 사업, 그리고 이명박 정부의 세계 수준 대학 사업 등이다. 이 사업들은 구체적으로 살펴본 연구에서 나온 자료(〈표 16-6〉와 〈표 16-7〉)를 보면 국립대학 운영비나 사립대학 국가 연금 부담금 등을 제외하면 대체로 보조금 사업비로 구성되어 있다는 것을 알 수 있다. 명칭과 수사는 변화해도 연구 중심 대학을 강화하는 것, 다양한 특성화를 통해 대학의 교육 역량을 강화하는 것, 균형발전 차원에서 지방 대학 발전에 대해 특별한 지원을 하는 것, 산·학 협력을 강화하는 것, 전문대학의 특성화를 강화하는 것, 평생교육에 대한 역할 강화 등이 그 주요 사업이다.

재정 보조금 사업을 분석들은 BK21 등 연구 논문 수로 나타낸 연구 지원 사업에 대해서 대체로 긍정적인 평가를 내놓고 있다(정일환 2004; 신

## 표 16-6 │ 교육 예산 구성 현황

단위: 억 원, %

| 부문 및 프로그램별 | 2007년 예산 | 2008년 예산 | 증감률(%) |
|---|---|---|---|
| 합계 | 31,044,749 | 35,897,425 | 15.6 |
| 유아 및 초·중등 교육 부문 | 26,855,533 | 31,006,404 | 15.3 |
| 고등교육 부문 | 3,698,698 | 4,353,866 | 17.7 |
| •대학의 특성화 다양화 | 324,300 | 361,730 | 11.5 |
| •대학 구조 체제 개선 | 67,008 | 70,528 | 5.3 |
| •대학 교육 역량 강화 | 447,988 | 691,931 | 54.5 |
| •고등교육 ICT 지원 | 15,965 | 12,538 | △21.5 |
| •학술 연구 역량 강화 | 365,358 | 422,563 | 15.7 |
| •한국사 연구 진흥 | 27,107 | 28,107 | 3.7 |
| •대학생 복지 지원 | 228,866 | 381,183 | 66.6 |
| •국립대학 운영 지원 | 1,986,464(53.7%) | 2,105,029(48.3%) | 6.0 |
| •사립대 교원 국가 연금 부담금 | 184,052 | 237,379 | 28.9 |
| •차관 원리금 상환 | 51,590 | 42,878 | △16.5 |
| 인적 자원·평생·직업·국제 교육 부문 | 351,307 | 411,663 | 17.2 |
| 교육 일반 부문 | 109,211 | 125,492 | 14.9 |

자료: 교육인적자원부(2007); 2008년도 교육인적자원부 소관 예산 및 기금운용계획; 송기창 외(2007)에서 인용.

정철 외 2009). 그러나 우수한 성과를 내는 대학들(서울대학교를 포함한 서울의 주요 대학교 및 과학기술대학교 등)은, 이미 국가의 체계적인 재정 지원으로 높은 교육과 연구 인프라를 갖추고 있는 대학들이고 보조금이 아니더라도 여유로운 재정으로 연구 논문이 많은 교수들을 채용할 수 있다. 따라서 이 연구들이 인과관계를 충분히 밝혔다고 할 수 없으며, 좀 더 치밀한 연구가 요청된다. 또한 교수들의 임금이나 학교 운영비를 대부분 학생들이 담당하는 가운데 일부 부과적인 특별 보조금으로 나타난 가시적 효과는 그 자체의 진정한 효과라기보다는 학생 등록금을 통한 교수 인건비와 연구비 지원의 효과로 볼 수 있는 측면이 있다.

게다가 이런 재정 보조 사업의 문제는 대학이 정부의 지원 없이는 지속적으로 해당 사업을 추진할 수 없기 때문에 대학들이 보조금을 받기 위해 일시적으로 평가 기준에 맞는 업적을 높이기 위해 노력하게 만든다. 이와 동시에 대학 평가에 대한 연구자와 행정직의 부담 역시 매우 크다. 그리고 자체 헌장과 장기 발전 계획에 따른 일관된 전략을 수립하기 쉽지 않

## 표 16-7 | 주요 고등교육 재정 사업 예산 변화 추이

단위: 백만 원

| 사업명 | 2005년 예산 (A) | 2006년 예산 | 2007년 예산 | 2008년 예산 (B) | 증가율 (B/A, %) |
|---|---|---|---|---|---|
| 학자금 대출 신용보증기금 지원 | 112,471 | 149,004 | 218,866 | 290,683 | 258.5 |
| 2단계 연구 중심 대학 육성(BK21) | 185,000 | 290,000 | 289,500 | 272,116 | 147.1 |
| 지방대학 혁신 역량 강화(NURI) | 240,000 | 260,000 | 259,400 | 256,300 | 106.8 |
| 사립대학 교직원 연금 국고 대여금 | 159,863 | 174,900 | 184,052 | 237,379 | 148.5 |
| 이공 분야 학술 연구 조성 | 162,108 | 170,517 | 180,517 | 207,595 | 128.1 |
| 인문·사회·학술 연구 조성 | 226,491 | 120,491 | 150,491 | 173,065 | 76.5 |
| 전문대 특성화 | 176,950 | 168,000 | 168,000 | 168,000 | 100.0 |
| 우수 인력 양성 대학 교육 역량 강화 | - | - | - | 100,000 | - |
| 세계적 수준의 선도 대학 육성 | - | - | - | 100,000 | - |
| 국립대학 병원 여건 개선 | 63,669 | 56,266 | 50,625 | 70,072 | 110.1 |
| 기초 생활 수급자 장학금 | - | - | - | 70,000 | - |
| 산·학·연 협력 체제 활성화 지원 | 45,000 | 50,000 | 50,000 | 69,000 | 153.3 |
| •산·학 협력 중심 대학 | 30,000 | 30,000 | 30,000 | 48,000 | 160.0 |
| •학교 기업 | 13,000 | 15,000 | 15,000 | 15,000 | 115.4 |
| •커넥트 코리아 | - | 3,000 | 3,000 | 3,000 | 100.0 |
| •전문대 학생 해외 인턴십 | 2,000 | 2,000 | 2,000 | 3,000 | 150.0 |
| 수도권 대학 특성화 | 60,000 | 59,997 | 60,000 | 59,930 | 99.9 |
| 대학 구조 개혁 지원 | 80,000 | 70,000 | 52,000 | 50,000 | 62.5 |
| 교육 차관 사업 | 72,570 | 65,455 | 51,353 | 42,649 | 58.8 |
| 지방대학 특화 분야 육성 | - | - | - | 40,000 | - |
| 그린 바이오 첨단 연구 단지 조성 | - | 3,000 | 35,805 | 35,000 | 1,166.7 |
| 울산과학기술대학 설립 지원 | - | 3,100 | 1,229 | 31,351 | 1011.3 |
| 한국학중앙연구원 출연 | 10,849 | 14,320 | 16,085 | 17,276 | 159.2 |
| 입학 사정관 제도 도입 지원 | - | - | 2,000 | 12,800 | - |
| 지방대 학생 장학금 지원 | - | - | - | 12,500 | - |
| 지방 연구 중심 대학 육성 | 10,000 | 10,000 | 10,000 | 10,000 | 100.0 |
| 한의학 전문대학원 설치 | - | - | 7,458 | 9,738 | - |
| 대학 정보화 지원 | 12,639 | 17,080 | 11,360 | 8,501 | 67.3 |
| 전문대 Work-Study 프로그램 운영 | 8,000 | 10,000 | 10,000 | 8,000 | 100.0 |
| 의·치의학전문대학원 체제 정착 | 6,460 | 7,460 | 7,460 | 6,340 | 98.1 |
| 고부가가치 산업 인력 특별 양성 | - | 3,000 | 3,000 | 3,000 | 100.0 |
| 대학 정보 공시 통합 정보 시스템 구축 | - | - | - | 3,000 | - |
| 외국인 유학생 유치 사업 | 723 | 904 | 904 | 2,613 | 361.4 |
| 고등교육 평가 운영 | 1,529 | 3,747 | 1,900 | 2,500 | 163.5 |
| 안전 자원 정책 인프라 조성 | - | - | - | 2,360 | - |
| 도서관 활성화 | 3,297 | 3,967 | 2,648 | 2,087 | 63.3 |
| 대학수학능력시험 문제 은행식 출제 | - | - | - | 2,000 | - |
| 원격 대학 경쟁력 강화 | 500 | 1,450 | 1,957 | 1,950 | 390.0 |
| 대학 자율 역량 기반 조성 | 1,007 | 2,440 | 2,355 | 1,871 | 185.8 |
| 고등 단계 직업교육 체제 혁신 지원 | - | 2,000 | 1,600 | 1,439 | 72.0 |
| 전문대학 자율 역량 기반 조성 | 890 | 1,112 | 1,112 | 1,000 | 112.4 |
| 기초 의과학자 육성 지원 | - | - | - | 1,000 | - |
| 대학생 국내외 봉사 활동 지원 | 1,050 | 838 | 838 | 838 | 79.8 |
| 법학전문대학원 제도 도입·운영 | - | - | - | 450 | - |
| 대학 재정 정보 분석 및 시스템 운영 | - | - | 350 | 350 | - |
| 서울대 AID 차관 사업 | 287 | 249 | 237 | 229 | 79.8 |
| 대학 연구기관 전문 연구 요원 선발 | 44 | 50 | 50 | 60 | 136.4 |
| 대학 실험실 안전 제고 | - | 800 | 700 | - | - |

| 사학 진흥 기금 지원 | 25,000 | 30,000 | - | - | - |
| 소계 | 1,657,206 | 1,750,147 | 1,833,942 | 2,385,042 | 143.9 |

자료: 교육인적자원부 내부 자료; 송기창 외(2007).


음으로써 대학이 일시적인 평가의 성공을 위해 단기적인 노력에 집중하게 한다. 외부의 기준인 정부의 의도와 계획, 목표에 따라 평가가 진행됨으로써 대학 구성원의 합의를 받기도 힘들다. 이것은 국가 차원의 문제이기도 하다. 예를 들어, 국가는 대학과 대학 체제의 발전에 대한 장기적인 전망 없이, 그리고 대학 체제의 대한 체계적이고 누적적인 평가보다 단기적이고 개별적인 평가에 의존해 재정을 투입한다. 따라서 이와 같이 진행된 보조금 사업은 대학 체제의 전반적이고 장기적인 발전을 도모할 수 없는 한계를 그 출발부터 갖고 있다.

따라서 이런 방식의 보조금 사업들이 한국 대학 체제의 장기적 경쟁력과 숙련 형성 기능에 도움이 될 것인가에 대한 근본적인 평가가 요청되는 시점이다. 대학 재정 지원 사업들에 대한 지속적이고 장기적인 평가를 누적하고 이를 활용하는 제도를 설립하지 않는 이유 가운데 하나는 특정 정권별로 자신들이 목표로 하는 외형적이고 단기적인 성과를 내도록 대학들을 압박하기에 이 제도가 효과적이기 때문이다. 이런 보조금 사업이 단기적인 논문 등의 성과를 높일 수 있을지 모르지만, 대학 체제 전반의 경쟁력을 강화하고 있는지, 국·공립 대학 체제를 강화하는지는 불확실하며 오히려 서열 체제를 완화하기보다 강화함으로써 한국의 숙련 제도의 문제를 더 고착시킬 수 있다. 국민의 정부에서 제기되었던 장기적인 발전을 위한 대학위원회와 참여정부에서도 설치하려 했던 대학평가기구를 법제화하고 이를 통해 대학 제도 전반을 개혁하는 방향으로 전환하는 것이 효과적일 수 있었음에도 여전히 과제로 남아 있다.

(6) 민주 정부가 산업대학과 전문대학 등 고등 직업교육을 위한 대학들이 일반대학과 경쟁할 수 있을 정도의 실질적 대안이 되도록 노력했는가? 문민정부, 국민의 정부와 참여정부의 정책은 두 가지 차원에서 이를 위한 어떤 체계적이고 제도적인 노력을 하지 않았다는 것을 보여 준다. 그 하나는 대학 구조 개혁 과정에서 전문대학, 특히 국립 전문대학들이 4년제 거점 대학에 통합되는 과정에서 줄어들어 국립 전문대학의 중요성이 사라졌다. 다른 하나는 많은 산업대학들이 정부의 규제완화로 일반대학 또는 이와 유사한 지위의 과학기술대학교로 전환했다는 점이다. 보조금 사업에서 산·학 협력을 특별한 강조를 하면서도 산업대학에 대한 특별하고 체계적인 지원도 없었으며, 전문대학에 대한 지원은 상대적으로 매우 열악해 사립대학 체제로 방치해 왔다(〈표 16-7〉; 백성준 2012; 석기준 외 2005a; 2005b; 이만석·김영숙 2010 참조). 대학의 구조조정을 통해 국립 전문대학과 산업대학이 점차 일반대학으로 전환하고 이 부문에서 사립대학의 비중이 높아지는 것은 이를 증명한다. 이와 같이 일반대학 중심의 고등교육으로의 전환은, 고등교육 부분에서도 각 하위 부문별 서열화와 부문 내에서의 서열화, 학과와 전공 단위 서열화가 체계화되는 과정을 밟고 있다. 이는 일반적 숙련 체제 중에서도 극단적인 형태로 드러난 것으로 대학 구성원들(특히 교수들)의 지위 경쟁과도 밀접한 관련이 있다.

국민의 정부는 국립대학의 체계적인 발전을 위한 계획(교육부 2000)을 마련했지만, 이를 실현하지 못했고 참여정부는 대학 서열화를 완화하기 위한 노력의 일환으로 국토균형발전과 지방대학 역량 강화 사업을 시도했으나(신현석 외 2011), 대학 서열 체제에 균열을 가져오지도 못했고 균형발전의 기초로서 지방대학들을 획기적으로 발전시키는 제도적 장치나 결정적인 계기를 마련하지 못했다. 국가의 재정 사업은 단기적 목적 사업이므로 해당 정책이 정권 교체 등의 이유로 중단하는 순간 국립 전문대학의 중요성이 사라졌다. 제도적 장치(이해관계자나 조직)를 형성하기 어렵다.

이상에서 본 바와 같이 민주 정부는 여러 가지 정책적인 노력에도 불구하고 다른 정부와 분명하게 다른 정책을 제시하고 실현하지 못했다. 일부 제시된 방안들(국립대학발전계획, 국립대학 관련 법안, 사립대학의 공공성 강화)도 충실하게 실현하지 못했다. 고등교육 혁신으로 노동자와 서민의 교육비 부담을 경감하지 못했을 뿐만 아니라, 기업과 산업이 경쟁력을 갖출 수 있도록 숙련을 심화시키는 제도를 착근시키지도 못했다. 이와 반대로 문민의 정부로부터 이어진 신자유주의적 개혁을 상당히 지속했고 사립대학 의존성, 등록금 의존성, 그리고 대학 서열화라는 기존 제도의 특성들이 오히려 강화되었다. 다만 민주 정부가 집권하는 동안 대학의 자율적 민주화 운동을 허용함으로써 대학의 민주주의 역량이 강화되어 국립대학을 중심으로 교수회와 교수평의회 등이 확산되고 활성화된 부분이 있다. 그러나 이런 노력도 정부의 기계적인 교수 업적 평가와 대학 평가, 그리고 국립대학 법인화 과정에서 약화될 가능성이 존재한다는 것을 이명박 정부의 정책 과정에서 나타났다.

## 4. 결론

이 글은 자본주의 유형론의 숙련 형성 제도와 정치 자원 이론의 관점을 통해 민주 정부 10년의 고등교육정책을 선행연구에 기초해 새롭게 분석하고 해석함으로써 평가했다. 국민의 정부와 참여정부는 정치적 지향으로 볼 때 서구의 사회민주당과 같은 수준의 노동자 중심 정당은 아니지만, 한국의 민주화 과정의 맥락에서 진보적 세력이었다고 판단할 수 있다. 특히 한국 현대사의 주요한 과제였던 다양한 계층의 민주화 노력을 결집한 민주화 세력의 대표로서 집권함으로써 진보적 가치를 수용할 가능성이 높았다. 따라서 민주 정부는 상당한 수준으로 교육의 공적 투자를 확대하고 중산층 이하의 경제적 부담을 경감시키려는 입장을 가진 정당의 정부로 볼 수 있다. 따라서 이 글에서 검증하고자 했던 가설은 민주 정부가 교육에 대한 공적 투자의 확대를 통해 중산층과 노동자의 고등교육 비용을 경감하는 것뿐만 아니라, 나아가 대학에 민주주의 제도를 정착시키고 중산층과 노동자에게 보다 유리한 숙련 제도를 만들고자 했을 것이라는 점이다. 이 가설은 민주 정부가, 고등교육과 대학의 서열화로 상류층과 중상층에게 유리한 일반적 숙련 중심의 한국의 교육 훈련 제도를 노동자와 중산층에게 상대적으로 유리한 특수적 숙련을 강조하는 고등교육제도로의 전환을 위해 일정한 정책적 노력할 것이라는 가정도 포함한다.

그러나 이 글은 민주 정부가 또한 매우 어려운 제도적 제약에 직면하고 있었다는 점을 분명하게 인식한다. 먼저 '개발 연대' 시대의 한국 경제는 국가가 수출과 대기업(재벌)을 중심으로 산업화를 주도하는 단계에서 일면적으로 공공성을 강화해 왔다는 특징이 있었다. 그러나 현재, 특히 IMF 위기 이후의 한국 경제는, 공공성을 강화하기 위한 국가 투자가 경시되는 가운데, 자유주의 정책이 적극 도입되어 재벌이 중심이 되고 중견 중소기업이 주변화되고 분절적 자유주의 경제로 전환되어 간다. 이는 국가 또는 사용자와 노동자가 조직된 협의회를 통해 상호 협력하는 협력적 시장경제와 크게 다르다. 한국의 대의제 민주주의 정체 역시 사회적 합의를 보다 용이하게 도출할 수 있는 비례대표제의 의회 민주주의가 아니라, 대통령 중심으로 승자가 독식하는 다수결 민주주의다. 또한 오랜 독재 권력 세력의 전통과 남북 대결이라는 특수 조건에 기초하는 견고한 보수정당이 존재한다. 노동조합의 조직률은 매우 낮은 반면, 기업 간의 협력은 거의 발전하지 않았다. 한국의 숙련 제도는 일반적 숙련이 가장 중요시되고, 학력과 대학 서열이 매우 중요시되는 형태로 강화·고착화되어 왔다. 또한 고등교육 부문은 공적·사회적 투자가 거의 없는 사립대학이 중심이 되고 이들은 공동의 이해관계 갖고 정당, 의회 및 국가 관료와 밀접하게 결합되어 정치적 영향력과 권력을 행사하고 있다. 민주 정부는 또한 세계적인 신자유주의적 경제사상의 높은 파고에 직면했다. 신자유주의가 세계적인 경제사상의 주류가 되고 공공정책의 기초가 되는 시점에서 국제기구가 국내의 공공정책에 미치는 영향력은 매우 커졌다.[29] 문민정부 시에 가입한 OECD와 경제 위기 때의 IMF는 시장원리를 강조해 학생의 선택과 경쟁을 강조함으로써 사립대학 위주의 대학 체제와 학생 부담을 늘리는 담론의 근거를 제시했다.

이런 제도적 환경적 맥락을 볼 때, 민주 정부가 충분한 정치적 자원도 없는 상태(이는 1987년 대선의 민주화 세력의 분열로 인한 지역적 분화와 낮은 수준의 노동자의 정치 세력화)에서 한정된 정치경제적 자원을 가지고 사립대학 중심의 대학 체제를 국·공립 대학 체제로 전환하고 고등교육 내의 품질, 공공성과 민주주의를 확보하며, 나아가 일반적 숙련 중심의 제도를 특수적 숙련 중심의 제도로 전면적으로 변화시키는 일은 힘겨운 작업이었음이 틀림없다.

국민의 정부의 국·공립 대학 발전을 위한 투자 확대 노력이나 참여정부의 지방대학 발전 전략은 현 체제를 변화시키려는 담론과 정책적 실험이었다. 하지만 이 정책들은 체제를 개혁하기보다는 개별 대학 중심으로

---

29 _Peters(2013)는 국제기구의 영향력을 국제적 제도주의로 명명하고 있는데, 국제기구는 국내 정책 담론 형성에 큰 영향을 미치고 있다.

접근한 정책이었다. 민주 정부들은 품질이 전반적으로 낮고 서열 중심적인 한국의 고등교육의 제도적 문제를 체제 차원에서 대응하지 않고 개별 대학(개별 교수)들을 선별해 지원함으로써 해결하고자 했다. 민주 정부는 이전의 문민정부와 마찬가지로 평가라는 형식적 절차를 명분으로 개별 대학들을 '선택과 집중' 원칙을 통해 지원했다. 이 같은 원인과 결과 분석 사이의 불일치와 정책목표와 수단 사이의 불일치를 내포한 정책은 실패를 초래할 수밖에 없었다. 이런 정책과 전략은 양질의 대학 체제를 확립하지도 못하고 대학의 서열을 완화하는 데 기여하지 못했다. 일부 민주주의나 공공성 측면의 제도적 도입을 제외하고 국민의 정부나 참여정부의 고등교육정책이 노동자와 중산층에 대한 호의에도 불구하고 문민정부나 이명박 정부의 정책과 뚜렷하게 차별화되지 못한 이유다.

민주 정부 10년은 다른 정부들이 역행한 정책들에 대응했지만, 국·공립 대학 체제의 확대를 통해 공공성을 심화시키지 못했고, 투자 확대를 통해 교육비 부담을 경감하지도 못했으며, 전문대학과 산업대학 체제를 발전시킴으로 노동자와 중산층에게 유리한 숙련 형성 제도를 강화하지도 못했다. 이 점에서 볼 때 민주 정부 10년은 자신들의 지지 기반인 노동자와 중산층을 위한 고등교육정책을 견고하게 수행하지 못했다고 볼 수 있다. 우리와 유사한 정치체제와 일반적 숙련 중심의 교육 훈련 체제를 갖춘 미국에서도 민주당이 집권할 경우 중하위층 이하가 집중된 커뮤니티칼리지community college 체제에 대한 투자를 크게 확대한다는 점을 고려하면, 이 같은 결과는 지지 세력의 입장에서는 큰 아쉬움을 남길 것이다.[30]

---

30_미국 클린턴과 오바마 정부는 커뮤니티칼리지 투자를 강조했다. 이 점에서 남기곤 (2006)이 전문대학에 대한 투자 강화를 요구한 것은 매우 의미가 크다고 볼 수 있다.

앞으로도 어떤 '민주' 정부도 한국 고등교육제도의 맥락과 조건 위에서 그 목표를 명확하게 하지 않으면, 다른 정부와 유사한 종류의 정책을 반복할 가능성이 높다. 진보적 민주 정부가 자신을 지지하는 계층에게 유리하고, 사회 발전과 경제에 필요한 숙련을 제공하며, 대학의 품질을 높이기 위한 고등교육정책을 수립하기 위해서는 교육 훈련 제도 전체의 제도적 맥락을 명확하게 인식해야 할 것이다. 또한 진보적이고 민주적인 정부는, 노동자와 중산층을 위한 고등교육정책이 국가의 경제적·사회적 경쟁력과 민주주의에 기여하도록 하는 방향으로 정책 담론을 형성해야 하고, 폭넓은 정치 연합을 형성하도록 노력해야 할 것이다. 이는 국·공립 대학 체제를 확대·강화해 경직된 서열 체제를 최소한 순화하고 방만한 고등교육 체제의 품질을 높이며 등록금 부담을 낮추고, 이와 함께 전문대학과 산업대학이 노동자와 서민들의 실질적 고등교육 숙련의 대안 경로가 되도록 집중적이고 다각적인 노력을 수행하는 것이다. 서울시립대학교의 반값 등록금 실현과 강원 도립의 전문대학의 무상교육의 실현은 그 평가를 이후 하더라도 국·공립 체제가 정치적 선택을 통해 학생들의 부담을 줄여 줄 수 있는 한 지름길이라는 것을 분명히 보여 준다. 또한 전국의 국립대학뿐만 아니라 한국과학기술대학교나 울산과학기술대학교의 급속한 발전, 한국예술종합학교나 한국전통문화대학교가 각 분야에서의 경쟁력을 갖추고 낮은 등록금을 받고 있다는 것은 국가 투자의 중요성과 국·공립 대학 체제의 중요성을 나타내 준다. 전문대학 분야에서 고용노동부가 관여하고 공공 기금을 활용한 한국폴리텍대학의 인기 또한 또 국가 투자의 효과성에 대한 증거가 될 수 있다. 단기간에 대학 서열을 해체하고 지방대학과 전문대학의 경쟁력을 전반적으로 강화해 시민이 만족하는 대학 체제를 만드는 것은 불가능한 과제다. 따라서 한국 고등교육 체제의 제도적 제약을 인식하고 이에 대해 효과적으로 대응하는 지속적인 정책과 정치적 노력이 필요하며, 따라서 제도의 획기적 변화는 어렵더라도 '점진적 접근을 통한 근본적인 개혁'을 위한 현명하고 치밀한 여러 전략과 정치적 지혜가 민주 세력들에게 요청된다고 볼 수 있다.

## | 참고문헌 |

| 1장 |

강신준 외. 2005. 『재벌의 노사관계와 사회적 쟁점(한국의 재벌 5)』. 나남.

경제개혁연구소. 2009. "하도급 거래에 있어서 불공정한 지위 남용행위에 관한 실증연구(1-자동차산업) (2-전자산업)." 경제개혁리포트.

고성진·김갑수. 2009. "중견기업의 R&D 투자실태와 투자유인을 위한 정책방안 연구." 한국산업기술재단 기술정책연구센터.

고영선. 2008. "한국 경제의 성장과 정부의 역할." 한국개발연구원.

김기원. 2001. "구조조정 정책의 의미와 평가." 『김대중 정부의 4대 개혁: 평가와 과제』. 여강출판사.

김상조. 2005. "삼성의 지배구조." 『역사비평』 72호.

김성표 외. 2008. "한국 고성과기업의 특징: 적극적 투자를 통한 내부역량 강화." 『CEO Information』 672호. 삼성경제연구소.

김용기 외. 2006. "설비투자에 관한 3대 논란과 평가." 삼성경제연구소.

김주훈 편. 2005. "혁신주도형 경제로의 전환에 있어서 중소기업의 역할." 한국개발연구원.

김주훈. 2006. "중소기업의 구조조정 및 혁신능력 제고." 한국개발연구원.

김진용 외. 2007. "주력성장산업으로서 IT산업에 대한 평가와 시사점." 한국은행.

김학렬. 2014. 『금융강국 신기루』. 학민사.

김현정. 2005. "우리나라 부품소재산업의 경쟁력 현황과 정책과제." 한국은행.

김희식·장동구. 2003. "환율변동의 경제적 효과와 시사점." 함정호 편. 『한국 경제의 선택: 원화강세에 대응한 새로운 성장패러다임의 모색』. 해남.

박태주. 2014. "현대자동차에는 한국노사관계가 있다." 매일노동뉴스.

산업연구원. 2005. 『한국산업의 발전 비전 2020』.

산업은행 산은경제연구소. 2006. 『한국의 설비투자: 외환위기 이후의 동향과 전망』.

산은경제연구소. 2007. "외환위기 이후 설비투자의 동향 및 시사점."

송민규·조성민. 2010. "우리나라 기업의 환노출 측정 및 결정요인에 대한 분석." 한국개발연구원.

신장섭·장하준. 2004. 『주식회사 한국의 구조조정』. 창비.

아글리에타, 미셸 & 로랑 베레비. 2009. 『세계 자본주의의 무질서: 새로운 위기와 조정에 직면한 세계경제』. 서익진 외 옮김. 길.

유철규. 2006. 『혁신과 통합의 한국 경제 모델을 찾아서』. 함께 읽는 책.

이병천. 2003. "개발국가론 딛고 넘어서기." 『경제와 사회』 57호.

_____. 2007. "세계화 시대 개방과 연대가 만나는 한국적 길은 있는가." 학단협 편. 『한미 FTA와 한국의 선택』. 한울.

_____. 2008. "삼성과 한국의 민주주의." 조돈문·이병천·송원근 편. 『한국 사회, 삼성을 묻는다』. 후마니타스.

_____. 2012a. "한국 경제 97년 체제의 특성에 대하여: 상장제조업에서 수익 추구와 주주 가치 성향의 분석." 『동향과 전망』 86호.

_____. 2012b. 『한국 경제론의 충돌』. 후마니타스.

_____. 2013. "김대중 모델과 한국 경제 97년 체제." 『기억과 전망』 28호.

이병천 편. 2007. 『세계화 시대 한국자본주의』. 한울.

이병천·정준호. 2006. "양극화 함정의 산업경제와 선진화의 방향." 대통령 자문 정책기획위원회 지방 순회토론회.

이병천·정준호·최은경. 2014, "삼성전자의 축적양식 분석." 조돈문 외. 『위기의 삼성과 한국 사회의 선택』. 후마니타스.

이병훈. 2007. "1997년 노동체제의 문제진단과 개혁과제." 코리아연구원.

_____. 2010. "노동양극화와 연대의 위기." 『시민과 세계』 17호.

이상호. 2006. "97년 위기와 재벌의 경제력 집중." 『사회경제평론』 26호.

이윤호. 2005. 『재벌의 재무구조와 자금 조달(한국의 재벌 2)』. 나남.

임경묵. 2005. 『기업의 설비투자 행태 변화 분석』. 정책연구 시리즈 15. 한국개발연구원.

장진모. 2004. 『주식의 역사』. 한국경제신문.

장하준·정승일. 2005. 『쾌도난마 한국 경제』. 부키.

전광명·노원중. 2008. "한중 교역구조의 변화와 대응방안." 한국은행.

전승철 외. 2004. "설비투자 확충: 양적 성장에서 질적 성장으로." 함정호 편. 『한국 경제의 새로운 성장 전략』. 지식산업사.

전창환. 2007. "원화절상압력의 딜레마와 외환보유액증가의 경제적 비용." 『동향과 전망』 69호.

정건화. 2007. "시론: IMF 경제위기 이후 한국 경제의 시스템변화." 『동향과 전망』 69호.

정구현 외. 2008. 『한국의 기업경영 20년』. 삼성경제연구소.

정준호. 2006. "한국 서비스 산업의 구조와 발전방향." 『동향과 전망』 68호.

정준호·이병천. 2007. "한국의 탈추격 시스템, 어디로 가는가: 생산-복지 체제의 성격에 대한 시론." 제4회 사회경제학계 공동학술대회.

조덕희. 2009. "제조 중소기업의 장기성장 추세 둔화 진단." 『Issue paper』 249호. 산업연구원.

조돈문·이병천·송원근 편. 2008. 『한국 사회, 삼성을 묻는다』. 후마니타스.

조동철. 2005. "환율이 수출 및 내수에 미치는 영향." 2005년 경제학공동학술대회.

조성재. 2014. "한국 산업의 경쟁력 기초: 현대자동차의 사례." 이병천·신진욱 편. 『민주정부 10년, 무엇을 남겼나』. 후마니타스.

조성재·정준호·황선웅. 2008. 『한국 경제와 노동체제의 변화』. 한국노동연구원.

조영철. 2007a. "외환위기 이후 한국 경제의 구조변화." 『동향과 전망』 69호.

_____. 2007b. 『금융 세계화와 한국 경제의 진로』. 후마니타스.

조윤제. 2005. "한국 경제 어떻게 보고 어떻게 대응할 것인가." 2005년 경제학 공동학술대회.

주현 외. 2007. "산업 양극화의 현상과 대응방안." 경제인문사회 연구회 협동연구총서. 2월 17일.

최창현. 2005. "국내기업의 배당 및 자사주 매입 현황과 시사점." 산은경제연구소.

한국산업은행. 2005. "국내 설비투자의 부진 요인과 시사점."

한국산업은행 조사부. 2004. "기업의 보유자산 현황분석과 시사점."

한국은행. 2005a. "가계와 기업의 성장 양극화 현상."

_____. 2005b. "수출의 설비투자 유발 효과 분석."

_____. 2007. "주력성장산업으로서 IT산업에 대한 평가와 시사점."

핫토리 다미오. 2005. "북동아시아에서의 중국경제 출현: 그 충격과 장래." 김흥종 외 편. 『세계화의 새로운 국면과 도전』. 대외경제정책연구원.

현대경제연구원. 2007. "중진국 함정에 빠진 한국 경제." 『한국경제주평』 3월 21일.

현정택. 2006. "한국 경제의 구조변화와 선진화 과제." 경제학공동학술대회.

홍기빈. 2014. "금융엘리트의 독주." 이병천·신진욱 편. 『민주 정부 10년, 무엇을 남겼나』. 후마니타스.

홍순영 외. 2006. 『한국 경제 20년의 재조명』. 삼성경제연구소.

홍장표. 2007. "혁신과 통합의 신산업정책." 제4회 사회경제학계 공동학술대회.


藤本隆宏. 2004. 『日本のもの造り哲學』. 日本經濟新聞出版社[『모노즈쿠리: 일본의 제조업 전략』. 박정규 옮김. 아카디아. 2012].

末廣昭. 2014. 『新興アジア經濟論』. 岩波書店.

服部民夫. 2005. 『開發の經濟社會學』. 文眞堂[『개발의 경제사회학』. 유석춘 옮김. 전통과 현대. 2007].

_____. 2007. 『東アジア經濟の發展と日本: 組立型工業化と貿易關係』. 東京大學出版會.


Aglietta, M & L. Berrebi. 2007. *Désordre dans le capitalisme mondial*. Jacob Odile[『세계 자본주의의 무질서: 새로운 위기와 조정에 직면한 세계경제』. 서익진 외 옮김. 길. 2009].

Amsden, A. H. 1989. *Asia's next giant: South Korea and late industrialization*. Oxford University Press[『아시아의 다음거인』. 이근달 옮김. 시사영어사. 1990].

Jones, R. W. 2001. "Globalization and the Fragmentation of Production." *Seoul Journal of Economics* 14-1.

| 2장 |

강준만. 2000. 『사람은 꽃보다 아름다운가』. 인물과 사상사.

경향신문특별취재팀. 2007. 『민주화 20년의 열망과 절망』. 후마니타스.

_____. 2008. 『민주화 20년, 지식인의 죽음』. 후마니타스.

고제규. 2008a. "포탈세역 10억 이상 때 구속이 관행." 『한겨레』. 4월 15일.

_____. 2008b. "피의자 독대 등 이상한 특검 … 결국 '용두사미'." 『한겨레』. 4월 18일.

공정거래위원회. 2003. "시장개혁 3개년 로드맵(안) 발표" 보도자료. 10월 31일.

_____. 2004. 『공정거래백서』.

_____. 2005. 『2005 국정감사 요구자료 I』. 10월 23일.

곽노현·윤종훈·이병한. 2001. 『삼성3세 이재용 그의 출발선은 왜 우리와 다른가』. 오마이뉴스.

교육인적자원부·한국직업능력개발원. 2005. 『제2차국가인적자원개발기본계획(안)』.

김  진. 2007. "사장급 실장은 삼성이 처음 … 대부분 부사장급." 『조선일보』. 3월 30일.

김남일. 2008a. "경찰 인간 띠 사이로 출두." 『한겨레』. 4월 5일.

_____. 2008b. "삼성에 휘둘리는 특검." 『한겨레』. 3월 24일.

김덕련. 2005. "노동탄압 엑스파일: 삼성 이제 됐거덩!" 『오마이뉴스』. 10월 22일.

김상조. 2005. "삼성공화국 무엇이 문제인가", (사)민주언론시민연합 주최 토론회, 『잘못된 삼성 관련 보도,
어떻게 '경제의제'를 왜곡하나』. 2005.7.12.

김어진. 2005. 『삼성은 어떻게 우리의 삶을 지배하는가?』. 다함께.

김영배. 2005. "떠오르는 지식패권 삼성경제연구소." 『한겨레21』. 3월 29일.

_____. 2007. "정·관·법·언·학 … 이건희 넓은 품." 『한겨레21』. 11월 13일.

김용철. 2010. 『삼성을 생각한다』. 사회평론.

김의겸 외. 2005. "노대통령, 97년 대선후보 조사 바람직 않다." 『한겨레』. 8월 25일.

김진방. 2005. 『재벌의 소유구조』. 나남.

김호준. 2005. "노 대통령 '불법도청이 본질'." <YTN>. 8월 8일.

김회승. 2007. "수사 앞둔 삼성 내부보안 강화 왜?" 『한겨레』. 11월 22일.

김회승·고제규. 2008. "이건희·이재용 들어간 문서 내용 불문하고 모두 없애라." 『한겨레』. 1월 16일.

민주언론시민연합. 2008. 『광고를 매개로 한 삼성의 신문통제 실태현황 분석보고서』 1월 10일.

박명림. 2007. "헌법개혁과 한국 민주주의." 함께하는 시민행동 엮음. 『헌법다시보기』. 창작과 비평사.

박중현·배국인. 2004. "밖에선 세계 1류 질주 … 안에선 경영권 비상." 『동아일보』. 10월 15일.

박찬표. 2007. "법치 민주주의 대 정치적 민주주의." 최장집·박찬표·박상훈. 『어떤 민주주의인가』.
후마니타스.

박창섭. 2007. "대학에 백화점 운영도 허용 '상업화' 논란." 『한겨레』 8월 3일.

변형윤. 1975. "재벌의 윤리와 경제발전." 『신동아』 136호.

변형주 외. 2006. "대학가 돈 사냥 열풍."『한경비지니스』. 10월 30일.

삼성. 2005. "삼성전자 공과대학교, 기술인재 배출의 산실" 보도자료. 5월 25일

심상정의원실. 2005. <2005국정감사 보도자료> 10월 11일.

안철흥. 2006. "시사저널 삼성기사 삭제 사태 전말."『시사저널 기사 삭제 사태를 계기로 본 삼성과 언론』. 전국언론노조·민주언론시민연합 주최 토론회. 7월 31일.

유창재. 2005. "삼성 영입 1순위는 '기업수사' 경력 검사? 노회찬 의원, 검사 '취업제한'하는 공직자윤리법 개정안 제출."『오마이뉴스』. 10월 23일.

이나리. 2004. "커졌다 세졌다 '재벌 법무팀'."『주간동아』. 8월 5일.

이상연 외. 2006. "민간휴직제 도입 엉뚱한 부작용."『경향신문』. 1월 12일.

이송지혜. 2005. "삼성 앞에만 서면 작아지는 언론." 민주언론시민연합.『시민과 언론』65호.

이용욱. 2004. "여 386의원들 '변신은 무죄': 경제 세미나. 기업인들과 만남 '민생행보'."『경향신문』, 11월 19.

이의철. 1996. "최고의 정보력으로 한국 사회 움직인다: 빅4의 한국 사회 지배력 ① 삼성."『월간 말』. 6월.

이제명·권복기·고제규. 2008. "재계, 삼성특검 조기종결 벌떼 압박."『한겨레』4월 1일.

이지인. 2004. "삼성그룹의 PR활동에 관한 역사적 분석." 서울대학교 언론정보학과 석사 학위 논문.

이철현. 2005. "삼성구조본 '매직파워'의 비밀."『시사저널』. 5월 10일.

이태준. 2005. "자본의 사법부 공략 대기업으로 몰려가는 판검사들."『월간 말』3월호.

이해인. 2008. "민변과 참여연대, '삼성봐주기' 검찰로 넘겨라." <MBC 뉴스 투데이> 4월 8일.

이형삼. 2004. "이학수 삼성구조본부장 인터뷰."『신동아』6월호.

장영희. 2000. "'초일류' 로비 손길 공정위에 뻗쳤나."『시사저널』12월 14일

_____. 2005. "이건희, 수난시대."『시사저널』. 8월 9일.

정광섭 외. 2005. "이건희 회장 무혐의 결론."『한겨레』. 12월 14일.

정석구. 2007. "삼성비리해결나선 정의구현사제단."『한겨레』. 10월 30일.

정장열 외. 1999. "재벌들 로비에 살고 죽는다."『주간조선』. 12월 16일.

조  신. 2004. "인간승리의 꿈이 영그는 삼성전자공과대학교."『주간한국』. 12월 23일

조덕현. 2006. "이쯤되면 직업이 장·차관?"『서울신문』. 12월 5일.

조동성. 1990.『한국재벌연구』. 매일경제신문사.

조희연. 2012.『민주주의 좌파, 철수와 원순을 논하다』. 한울.

_____. 2013. "'수동혁명적 민주화 체제'로서의 87년 체제, 복합적 모순, 균열, 전환에 대하여." 2013년 비판사회학회 춘계학술대회. 4월 27일.

주진우. 2003. "삼성정보팀을 누가 막으라."『시사저널』3월 13일.

참여연대. 2005a. "삼성보고서 1호: 삼성의 인적 네트워크를 해부한다." 8월 3일.

_____. 2005b. "삼성보고서 2호: 'X파일'이 신문 1면에서 사라진 이유; 삼성, 4대재벌 그리고 언론에

관한 보고서." 10월 17일.

최홍섭. 2002. "대선 앞둔 재벌 총수들 대회동."『주간조선』. 5월 23일.

최홍섭 외. 2002. "삼성그룹, 대선자금 선별지원."『조선일보』. 9월 13일.

프레시안특별취재팀. 2008.『삼성왕국의 게릴라들』. 프레시안북.

홍대선. 2006a. "삼성입사 더 깐깐, 영어회화능력검증 철저히 공학교육인증원 인증 받아야."『한겨레』. 2월 21일

_____. 2006b. "삼성전자, 대학 손잡고 반도체 고급 인력 키운다."『한겨레』. 1월 18일자.

홍성태. 2005.『개발공사와 토건국가』. 한울.

홍영식·양준영. 2004. "의원들 경제공부 열기 '경제부터 제대로 알아야'."『한국경제』. 12월 25일.

황상철. 2005. "검사떡값도 모두 면죄부."『한겨레』. 12월 15일.

황인혁. 2004. "386세대 국회의원 경제과외 받는다."『매일경제』. 9월 10일.


Galloway, Russell W. 1991. *Justice for All*. Garolina Academic Press[『법은 누구편인가』. 안경환 옮김. 교육과학사. 1992].

O'Donnell, Guillermo A. & Philippe C. Schmitter. 1986. *Transition from Authoritarian Rule: Tentative Conclusion about Uncertain Democracies*. Baltimore: Johns Hopkins University Press.

Schumpeter, J. 1943. *Capitalism, Socialism, and Democracy*. London: George Allen and Unwin[『자본주의, 사회주의, 민주주의』. 이상구 옮김. 삼성출판사. 1990].


| 3장 |

강두용. 2004. "탈공업화가 경제성장과 경기변동에 미치는 영향."『경제분석』. 한국은행.

강종구·정형권. 2006. "중소기업 정책금융지원효과분석."『금융경제연구』. 250호. 한국은행.

국민경제자문회의. 2006.『동반성장을 위한 새로운 비전과 전략』. 교보문고.

김기원. 2006. "외국자본, 어떻게 봐야 하나." 서울사회경제연구소 엮음.『금융위기와 금융세계화』.

김상조. 2012.『종횡무진 한국 경제』. 오마이북.

김유선. 2012. "비정규직 규모와 실태: 통계청 경제활동인구조사 부가조사 결과." 한국노동사회연구소.

김주훈. 2012. "대기업과 중소기업간 양극화에 관한 해석."『KDI FOCUS』16호.

김주훈 편. 2005.『혁신주도형 경제로의 전환에 있어서 중소기업의 역할』. 한국개발연구원.

김주훈 외. 2006.『혁신주도형 경제로의 전환에 있어서 중소기업의 역할』. 한국개발연구원.

_____. 2009. "위기극복 이후의 중소기업 구조 조정: 외환위기 경험을 중심으로."『KDI정책포럼』 216호.

김준경·차문중. 2010.『글로벌 금융위기 이후 서비스산업 선진화 방향』. 한국개발연구원.

김필헌. 2009.『제조업 소기업 편중 현상 평가와 시사점』. 한국 경제연구원.

김현정. 2006. "서비스산업 비중증가의 원인 및 경제성장에 미치는 영향." 한국은행 금융경제연구원. 『경제분석』 12-4호.

김형기. 1997.『한국노사관계의 정치경제학』. 한울아카데미.

신인석·한진희 편. 2006.『경제위기 이후 한국 경제 구조변화의 분석과 정책과제』. 한국개발연구원.

신장섭·장하준. 2004.『주식회사 한국의 구조 조정』. 창비.

오완근. 2009. "한국 경제의 구조변화와 생산성: Baumol 효과를 중심으로."『금융경제연구』 369호. 한국은행.

이규복. 2009.『대중소기업간 수익성 양극화와 경제성장: 기업간 협상력(bargaining power) 변화를 중심으로』. 한국금융연구원.

이기영. 2012. "중소기업 정책금융의 현황과 성과." 중앙일보경제연구소·하나금융경영연구소.

이병천. 2011. "정글자본주의에서 복지자본주의로: 복지-생산체제 혼합전략."『사회경제평론』 37-1호. 한국사회경제학회.

이홍직·장준영. 2007. "산업간 생산성격차의 확대 원인과 경제적 영향분석."『한은조사통계월보』 7월호.

장하준. 2012.『무엇을 선택할 것인가』. 부키.

정승일. 2006. "방비된 세계화와 한미FTA."『신진보리포트』 봄호.

정연승·이종욱·노용환. 2007. "신용보증의 성과분석과 발전방안." 중소기업연구원.

조덕희. 2009. "제조 중소기업의 장기성장추세 둔화 진단." 산업연구원.

_____. 2011. "영세소기업 편중 현상의 원인과 시사점." 산업연구원.

조성재. 2007.『동북아제조업의 분업구조와 고용관계 III』 한국노동연구원.

최요철·이지호·박성준. 2011. "잠재 부실중소기업의 현황 및 특징." 한국은행.

최장집. 2005.『민주화 이후의 민주주의』. 후마니타스.

통계청. 2011. "2004-2009 사업체 생성·소멸 현황 분석."

한국개발연구원 편. 2006.『양극화극복과 사회통합을 위한 사회경제정책 제안』.

한국은행. 2011.『2009년 산업연관표(연장표) 작성결과』.

함준호·강종구. 2005. "중소기업 금융과 은행의 역할: 혁신 중소기업을 중심으로." 한국은행 금융경제연구원.『경제분석』 11-3호.

홍장표. 2009. "해외직접투자가 무역수지와 제조업에 미치는 영향."『한국 경제연구』 27호.

_____. 2010. "제조업 대-중소기업 양극화에 관한 이중구조론적 검토." 안현효 편.『신자유주의시대 한국 경제와 민주주의』. 선인.

_____. 2011. "하도급거래에서 구매업체의 기회주의가 공급업체의 연구개발투자에 미치는 영향."『사회경제평론』 37-1호.

Gil, C. & D. Mayer. 2008. "High and Low Road Approaches to the Management of Human Resources." *International Journal of Employment Studies* 16-2.

Milberg, W. & E. Houston. 2005. "The High Road and the Low Road to International Competitiveness: Extending the Neo-Schumpeterian Trade Model Beyond Technology." *International Review of Applied Economics* 19-2.

Saez, E. 2004. "Income and Wealth Concentration in a Historical Perspective." NBER working paper.

Williamson O. E. 1985. *The Economic Institutions of Capitalism*. New York, The Free Press.

| 4장 |

김철식. 2009.『상품연쇄와 고용체제의 변화: 한국 자동차산업 사례연구』. 서울대학교 사회학과 박사 학위 논문.

정승국. 1995.『柔軟的 生産을 향한 技術과 組織의 變化: 現代自動車에 관한 사례연구』. 성균관대학교 박사 학위 논문(사회학과 산업사회학 전공).

조성재. 2006. "한중일 자동차산업의 고용관계 비교: 도요타, 현대, 상하이폴크스바겐의 비정규직 실태를 중심으로."『노동정책연구』 6-2호. 한국노동연구원.

_____. 2014. "추격의 완성과 탈추격 과제: 현대자동차그룹 사례 분석."『동향과 전망』91호.

조성재·이병훈·홍장표·임상훈·김용현. 2004.『자동차산업의 도급구조와 고용관계의 계층성』. 한국노동연구원.

조성재·장영석·오재훤·김용도. 2007.『동북아 제조업의 분업구조와 고용관계(Ⅲ)』. 한국노동연구원.

조성재·정준호·황선웅. 2008.『한국 경제와 노동체제의 변화』. 한국노동연구원.

조형제. 1992.『한국 자동차산업의 생산방식에 관한 연구: 1980년대 국제분업의 변화를 중심으로』. 서울대학교 사회학과 박사 학위 논문.

조형제. 2005.『한국적 생산방식은 가능한가?: Hyundaism의 가능성 모색』. 한울.

주무현. 1997.『한국 자동차산업 생산체제의 '일본화'에 대한 연구』. 경북대학교 경제학과 박사 학위 논문.

현대자동차30년사편찬위원회. 1997.『도전 30년 비전 21세기: 현대자동차 30년사』. 현대자동차주식회사.

藤本隆宏. 2003a.『能力構築競争』. 中公新書[『TOYOYA 진화능력: 능력구축경쟁의 본질』. 김기찬·고기영 옮김. 가산북스. 2005].

_____. 2003b.「組織能力と製品アーキテクチャ: 下から見上げる戰略論」.『組織科學』. 36-4.

_____. 2005.「アーキテクチャ發想で中國製造業を考える」. 藤本隆宏·新宅純二郎 編. 『中國製造業のアーキテクチャ分析』. 東洋經濟新報社.

Babson, S. ed. 1995. *Lean Work: Empowerment and Exploitation in the Global Auto Industry*. Wayne State University Press.

Boyer et al. 1998. *Between immitation and innovation*, Oxford Univ. Press.

Elger, Tony & Chris Smith ed. 1994. *Global Japanization?: The Transnational transformation of the labour process*. Routledge.

Kochan, Thomas A. & Russell D. Lansbury & John Paul MacDuffie. 1997. *After Lean Production*. ILR Press

Lung et al. 1999. *Coping with variety*. Ashgate

Womack, J. P. & Daniel T. Jones & Daniel Roos. 1990. *The Machine That Changed the World*. Macmillan[『생산방식의 혁명』. 현영석 옮김. 기아경제연구소. 1991].

| 5장 |

과학기술부. 2003.『국민의 정부 과학기술정책 5년 성과』.

_____. 2008.『과학기술40년사』.

교육과학기술부. 2008a.『2007 과학기술연감』.

_____. 2008b.『과학기술통계백서』.

국가과학기술위원회. 2009.『국가 R&D 성과분석 및 시사점』.

대한민국정부. 2008.『참여정부 과학기술정책백서』.

산업기술진흥협회. 2008.『산업기술30년사』.

성지은·송위진. 2008. "정책조정의 새로운 접근으로서 정책통합: 과학기술혁신정책을 중심으로." 『기술혁신학회지』 11-3호.

송성수·송위진. 2010. "코렉스에서 파이넥스로: 포스코의 경로실현형 기술혁신."『기술혁신학회지』13-4호.

송위진. 2005.『한국의 이동통신: 추격에서 선도의 시대로』. 삼성경제연구소.

_____. 2009a. "2000년대 한국의 과학기술혁신정책: 창조와 통합의 지향."『과학기술학연구』9-2호.

_____. 2009b. "국가혁신체제론의 혁신정책,"『행정논총』47-3호.

송위진 외. 2004. "디지털 전환기의 후발국 기술추격 패턴 분석: 디지털 TV 사례."『기술혁신연구』12-3호.

_____. 2006.『탈추격형 기술혁신체제의 모색』. 과학기술정책연구원.

송위진·이준석. 2007. "탈추격 단계에서 기술·경제적 불확실성에 대한 대응: 개념적 틀의 개발." 『과학기술학연구』7-1호.

신기주. 2010. "한국 기업들 성장 패러다임을 혁신하라."『Fortune Korea』4월호.

신장섭·장성원. 2006.『삼성반도체 세계 일등 비결의 해부』. 삼성경제연구소.

이  근. 2007.『동아시아 기술추격의 경제학』. 박영사

628

최영락·송위진·황혜란·송성수. 2008. 『차세대 기술혁신시스템 구축을 위한 정부의 지원 시책』. 한국공학한림원.


Christensen, C. M. 1997. *The Innovator's Dilemma: When New Technologies Cause Great Firms to Fail.* Harvard Business School Press.

Freeman, C. 1987. *Technology Policy and Economic Performance: Lessons from Japan.* Pinter Publishers.

Hobday, M. & H. Rush & J. Bessant. 2004. "Approaching the Innovation Frontier in Korea: The Transition Phase to Leadership." *Research Policy* 33-10.

Kim, L. 1997. *Imitation to innovation: the dynamics of Korea's technological learning.* Harvard Business School Press.

Lee, K. & C. Lim. 2001. "Technological regimes, catching-up and leapfrogging: The findings from Korean industries." *Research Policy* 30.

Lundvall, B. ed. 1992. *National Systems of Innovation: Towards a Theory of Interactive Learning.* Pinter.

UNIDO. 2005. *Capability Building for Catching-up: Historical, Empirical and Policy Dimensions.* Industrial Development Report 2005. Vienna: UNIDO.

| 6장 |

고성수. 2004. "장기 MBS시장의 활성화 방안." 『국토』 4월호. 국토연구원.

금융위원회. 2010. "자산유동화에 관한 법률 일부개정법률안 입법예고." 10월 22일.

김영도. 2008. "자산유동화시장의 부진요인과 개선방안." 『금융논단』 17-30호. 금융연구원.

김용호 외. 2009. "비등록유동화거래의 실태와 법적 문제." 박준·정순섭. 『자산유동화의 현상과 과제』. 소화.

김용호·이선지. 2009. "자산유동화거래와 법적 과제." 박준·정순섭. 『자산유동화의 현상과 과제』. 소화.

김인규. 2007. "주택금융의 현황과 발전 방향." 『한은조사연구』 7-23호. 한국은행.

김필규. 2009. "금융위기 이후 자산유동화증권 시장의 변화." 『Opinion』 30호.

김현정. 2009. "가계부채의 증가요인 및 가계 재무건전성 전망." 한은 금요강좌, 5월 15일. 한국은행.

박준 외. 2009. "좌담회: 자산유동화 10년의 회고와 전망." 박준·정순섭. 『자산유동화의 현상과 과제』. 소화.

박창균. 2010. "주택담보대출의 안정성 제고를 위한 한국주택금융공사의 역할." 『주택금융월보』 10월호. 한국주택금융공사.

박훤일. 2009. "자산유동화에 의한 금융위기의 극복과 시사점." 『정동윤 선생 고희 기념 논문집』 5월 30일.

신흥철. 2009. "자산유동화에서 저당권의 이전과 관련된 법적 문제들." 박준·정순섭.『자산유동화의 현상과 과제』. 소화.

이중희. 2007. "미국 서브프라임 모기지시장의 성장과 위기, 그리고 우리나라 주택담보대출시장 상황."『주택금융월보』3월호.

자본시장연구원. 2009. "금융위기 이후 국내 ABS 및 MBS 시장."『자본시장 Weekly』. 자본시장연구원.

장　민. 2010. "주택금융현황 및 향후 발전방향." 한국금융연구원. 제1차 연구기관 릴레이토론회. 11월 23일.

전창환. 2005. "1980년대 발전국가의 재편, 구조조정, 그리고 금융자유화." 유철규 편.『박정희 모델과 신자유주의 사이에서』. 함께 읽는 책.

_____. 2007. "국민연금의 지배구조와 기금운용체제: 문제점과 개혁방안."『경제와 사회』72호.

_____. 2008. "신자유주의적 금융화와 자본시장의 경쟁력 강화 경쟁."『동향과 전망』73호.

_____. 2010. "미국의 금융위기와 오바바 정부의 새로운 뉴딜?"『동향과 전망』78호.

전창환 외. 2004. "김대중 정부 이후의 한국 경제."『위기 이후 한국자본주의』. 풀빛.

정소민. 2009. "유럽의 커버드본드제도에 대한 고찰." 박준·정순섭.『자산유동화의 현상과 과제』. 소화.

정준호. 2008. "1987년 이후 한국 부동산 시장의 특성과 새로운 정책방향의 모색."

한국은행. 2010. "가계신용통계." 분기별 보도자료.


小林正宏. 2009.「デンマークの 住宅金融市場について」.『季刊 住宅金融』가을호. 住宅金融支援機構.

_____. 2010a.「マイクロファイナンスを 含む アジアにおける 住宅金融の 動向」.『季刊 住宅金融』여름호.

_____. 2010b.「カバードボンドとMBS」.『季刊 住宅金融』가을호. 住宅金融支援機構.

清水俊夫. 2009.「韓國の住宅 ローン 證券化市場」.『季刊 住宅金融』겨울호. 住宅金融支援機構.


Aalbers, M. 2008. "Financialization of Home and the Mortgage Market Crisis." *Competition & Change* 12-2.

Aglietta, M & L. Berrebi. 2007. *Désordre dans le capitalisme mondial*. Jacob Odile.

Barnhill, T & Dalla I & Park Y-S & Uhm R-Y. 2010. "The Potential Role of a Robust Domestic Capital Market in Promoting Economic Development and Modernizing the Financial System: The Case of Korea."

Barth, J et al. 2010. "Bank Regulation in the United States." *CESifo Economic Studies* 56-1.

Becker, J et al. 2010. "Peripheral Financialization and Vulnerability to Crisis: A Regulationist Perspective." *Competition and Change* 14(3-4).

Byoung Moon Joe. 2010. "한국금융업의 장기전망" 한국자본시장 설명회.

Engeln, E & M. Konings. 2010. "Financial Capitalism Resurgent: Comparative Institutionalism and the Challenges of Financialization." G. Morgan & J. Cambell & C.

Crouch et al. *The Oxford Handbook of Comparative Institutional Analysis*. Oxford University Press.

Fligstein, Neil & Adam Goldstein. 2010. "The Anatomy of Mortgage Securitization Crisis." Working Paper Series, 02-23-2010, Institute for Research on Labor and Employment, UC Berkeley.

Foster, J & H. Holleman. 2010. "The Financial Power Elite." *Monthly Review*. May.

Haughwout, A & R. Peach & J. Tracy. 2010. "The Home ownership Gap." *Current Issues* 16-5. Federal Reserve Bank of New York.

Heilpern, E & C. Haslam & T. Andersson. 2009. "When It Comes to the Crunch: What are the Drivers of the US Banking Crisis?" *Accounting Forum* 33.

IFSL(International Financial Services London). 2010. *Securitisation 2010*. April.

Immergluck, D. 2010. "Local Wreckage of Global Capital: The Subprime Crisis, Fed Policy, High-Foreclosure Neighborhood in the US." *International Journal of Urban and Regional Research*. Article first published online: 25 AUG.

Jassur L et al. 2009. "The Flaw of Securitization." *International Journal of Corporate Governance* 1-4.

JCHS(Joint Center for Housing Studies of Harvard University). 2010. *The State of nation's housing 2010*.

Kang, Myung-koo. 2009. "The Sequence and Consequences of Bank Restructuring in South Korea 1998-2006." *Asian Survey* XLIX, No. 2.

Krippner, Greta R. 2010. "The Political Economy of Financial Exuberance." Michael Lounsbury & Paul M. Hirsch ed. *Markets on Trial: The Economic Sociology of the U.S. Financial Crisis: Part B*. Emerald Group Publishing Limited.

Lea, M. 2010. "Alternative Forms of Mortgage Finance: What can We Learn from Other Countries?" April. Lea Harvard Symposium, Paper prepared for Harvard Joint Centre Housing Studies National Symposium.

Lee, C-J, 2005. "Studies on Development and Evolving Process of Securitization Law in Korea." 『상사판례연구』 18-2호.

Ronald, Richard & Mee-Youn Jin. 2010. "Home-ownership in South Korea: Examining Sector Underdevelopment." *Urban Studies*. Oct.

Schwartz, H. & L. Seabrooke. 2009. "Varieties of Residential Capitalism in the International Political Economy: Old Welfare States and New politics of Housing. *Comparative European Politics* Vol. 6.

Surti, J. 2010. "Can Covered Bonds Resuscitate Residential Mortgage Finance in the United States?" *IMF Working Paper* WP/10/277.

Thompson, H. 2009. "The Political Origins of the Financial Crisis: The Domestic and the

International Politics of Fannie Mae and Freddie Mac." *Political Quarterly* 80-1.

You, Seung Dong. 2005. "Korean Mortgage Market: Transitions to Securitization." *Housing Finance International.* March.


| 8장 |

고형식. 2007. "론스타 사건의 핵심은 부패와의 전쟁." 『르몽드 디프로마티크』(한국판) 12월호.

김기식(새정치민주연합 의원). 2013. "박근혜 정부 퇴직 고위공무원 재취업 문제 심각. 공직자윤리법 개정안 발의." 9월 26일.

김정권. 2007. "재벌기업, 고위공무원 모셔가기 경쟁." 10월 15일.

서정환. 2006. "평택기지 뒤에 '체니의 헬리버튼' 있다." 『민중의 소리』 6월 17일.

서혜석(열린우리당 의원). 2006. 공정거래위원회 국정감사 자료, 열린우리당. 10월 16일.

이규성. 2006. 『한국의 외환위기』. 박영사.

정규재·김성택. 1998. 『이 사람들 정말 큰일내겠군』. 한국경제신문사.

진선미(새정치민주연합 의원). 2012. "퇴직 후에도 잘나가는 고위공직자." 10월 8일.

최장집. 2006. 『민주주의의 민주화』. 후마니타스.

홍기빈. 2006. 『투자자-국가 직접소송제』. 녹색평론사.

_____. 2007. "금융 허브 계획의 실상과 문제점." "세계화시대 관료독주와 민주 주의의 위기" 심포지엄.


Caplan, Lincoln. 1994. *Skadden: Power, Money, and the Rise of a Legal Empire.* Farrar Straus Giroux.


| 9장 |

금융경제연구소. 2010. 『G20을 넘어 새로운 금융을 상상하다』. 밈.

김수길·이정재·정경민·이상렬. 2003. 『금고가 비었습니다: DJ 정권 5년의 경제실록』. 중앙M&B.

김순영. 2011. 『대출 권하는 사회』. 후마니타스.

박종현. 2008. "노무현 정부의 금융정책과 비대칭성: 자본시장 확대와 금융 양극화의 심화를 중심으로." 유태환·박종현·김성희·이상호. 『양극화 시대의 한국 경제: 노무현 정부의 경제정책에 대한 평가』. 후마니타스.

송태경. 2011. 『대출천국의 비밀』. 개마고원.

신진욱. 2010. "'욕망의 시민사회'를 넘어서." 『프레시안』(2010. 2. 8).

_____. 2011. "국제비교 관점에서 본 한국 주거자본주의 체제의 특징." 『동향과 전망』 81호.

유철규. 2008. "금융화와 한국 자본주의: 특성과 전망." 『동향과 전망』 73호.

이병천. 2011. "외환위기 이후 한국의 축적 체제: 수출 주도 수익 추구 축적 체제의 특성과 저진로 함정." 『동향과 전망』 81호.

이성신. 2012. "가계부채, 얼마나 심각한가?" 『"click" 경제교육』 8월호. http://eiec.kdi.re.kr/click/click/click_view.jsp?sendym=201208&idx=1786

장진호. 2008. "일상생활의 금융화와 부자되기 신드롬." 한국문화인류학회 50주년 기념 심포지엄 발표문. 11월 24일. www.koanthro.or.kr/data/data/jg/500/11.pdf

_____. 2011. "한국 경제의 신자유주의화와 계급적 재생산구조의 변화." 조돈문·배성인·장진호 편. 『위기의 한국 사회, 대안은 지역이다』. 메이데이.

_____. 2013. "금융 지구화와 한국 민주주의." 『기억과 전망』 28호.

전창환. 2008. "신자유주의적 금융화와 자본시장의 경쟁력 강화 경쟁." 『동향과 전망』 73호.

정수남. 2012. "'부자 되기' 열풍의 감정 동학과 생애 프로젝트의 재구축." 구난희·김왕배·박형신·정미량·정수남·정준영. 『열풍의 한국 사회』. 이학사.

제윤경·이현욱. 2012. 『약탈적 금융사회』. 부키.

지주형. 2011. 『한국 신자유주의의 기원과 형성』. 책세상.

최민석. 2011. "1997년 경제위기 이후 일상생활의 금융화와 투자자 주체의 형성." 서울대학교 사회학과 석사 학위 논문.

한국대학교육연구소. 2011. 『미친 등록금의 나라』. 개마고원.

홍기빈. 2008. "금융화의 이론적 규정을 위한 시론." 『동향과 전망』 73호.


Arrighi, Giovanni. 1994. *The Long Twentieth Century: Money, Power, and the Origins of Our Times.* Verso.

Chenais, Francois. 1996. *La mondialisation financière: genèse, coût et enjeux.* Syros[『금융의 세계화: 기원, 비용 및 노림』. 서익진 옮김. 한울. 2008].

Crotty, James. 2003. "The Neoliberal Paradox: The Impact of Destructive Product Market Competition and Impatient Finance on Nonfinancial Corporations in the Neoliberal Era." *Review of Radical Political Economics* 35-3.

Duménil, Gérard & Dominique Lévy. 2000. *Crise et sortie de crise: Ordre et Désordres Néolibéraux.* PUF[『자본의 반격』. 이강국·장시복 옮김. 필맥. 2006].

Harmes, Adam. 2001. "Mass Investment Culture." *New Left Review* 9.

Krippner, Greta R. 2005. "The Financialization of the American Economy." *Socio-Economic Review* 3.

Lazzarato, Maurizio. 2011. *La fabrique de l'homme endetté.* Editions Amsterdam[『부채인간』. 허경 외 옮김. 메디치. 2012].

Martin, Randy. 2002. *Financialization of Daily Life.* Philadelphia: Temple University Press.

# 10장

건설교통부. 2012. 『주택업무 편람』. 국정홍보처.

국정홍보처. 2008. 『참여정부 국정운영백서 3: 경제』.

김경환·김홍균. 2007. "참여정부 주택정책의 시장친화성." 『응용경제』 9-2호.

김경환·신혜경. 2008. 『주택정책의 방향 전환을 위하여』. 한반도선진화재단.

김수현. 2008. 『주택정책의 원칙과 쟁점: 시장주의를 넘어』. 한울.

_____. 2009. "공존을 위한 부동산 정책의 길." 『위기의 부동산: 시장만능주의를 넘어서』. 후마니타스.

_____. 2013. "동아시아 주택정책 모델의 논의와 시사점: 자산기반 복지 논의를 중심으로." 『주택연구』
     21-2호.

김용창. 2004. 『한국의 토지주택 정책』. 부연사.

남원석. 2011. "공공임대주택정책의 변천과 주요 쟁점." 홍인옥 외. 『주거 복지의 새로운 패러다임』.
     사회평론.

박윤영. 2004. "김대중 정부 주거정책의 성격: 대폭적인 시장강화, 제한적인 주거 복지." 『사회복지정책』 20호.

_____. 2009. "우리나라 공공임대주택정책의 전개와 사회복지계의 과제." 『사회복지정책』 20-3호.

변창흠. 2006. "참여정부 부동산 정책의 이념과 형성과정 분석." 한국행정학회 추계학술대회 발표논문.
     10월 14일.

_____. 2009. "부동산 시장 팽창주의와 이명박 정부 부동산 정책." 『위기의 부동산: 시장만능주의를
     넘어서』. 후마니타스.

_____. 2013. "뉴타운 사업의 정책실패 악순환 구조 분석." 한국공간환경학회 『공간과 사회』 23-2호.

임서환. 2002. 『주택정책 반세기』. 기문당.

재정경제부 외. 2005. "서민주거안정과 부동산 투기억제를 위한 부동산제도 개혁방안." 8월 31일.

정준호. 2009. "시장 패러다임의 변화와 노무현 정부의 부동산 정책." 『위기의 부동산: 시장만능주의를
     넘어서』. 후마니타스.

최현일. 2004. "김대중 정부의 주택정책에 대한 평가연구." 『한국정책연구』 2-1호.

하성규 외. 2012. 『한국주거 복지정책』. 박영사.

하성규·배문호. 2004. "한국의 공공임대 주택정책과 주택정치: 3개 정부(노태우 정부, 김영삼 정부, 김대중
     정부)를 중심으로." 『한국지역개발학회지』 16-4호.

한국도시연구소. 1999. "주거기본법 제정을 위한 연구." 한국도시연구소.

한국은행. 2005. "8·31 부동산 종합정책이 우리경제에 미치는 영향." 한국은행.

현대경제연구원. 2005. "부동산 대책, 이떤 효과가 있을까?: 8·31 부동산 대책의 영향과 전망." 『현대연
     경제주평』. 9월 5일.

홍인옥 외. 2011. 『주거 복지의 새로운 패러다임』. 사회평론.


Bourne, L. S. 1981. *The Geography of Housing*. London: Edward Arnold.

Esping-Anderson, G. 1990. *The Three Worlds of Welfare Capitalism*[『복지자본주의의 세 가지 세계』. 박현신·정헌주·이종선 옮김. 일신사. 2006].

Harloe, M. 1995. *The People's Home?: Social Rented Housing in Europe and America.* Oxford: Blackwell.

Kemeny, J. 1995. *From Public Housing to Social Market: Rental Policy Strategies in Comparative Perspective.* London: Routledge.


| 11장 |

김수현. 2008.『주택정책의 원칙과 쟁점』. 한울.

김진영. 2002. "대우패널 자료를 통해 본 1990년대 가계의 자산구성 변화."『재정논집』17-1호.

김태동·김헌동. 2007.『문제는 부동산이야, 이 바보들아』. 궁리.

김학주. 2005. "소득계층별 가계의 부채부담 연구."『사회보장연구』21-1호.

김헌동·선대인. 2005.『대한민국은 부동산 공화국이다?』. 궁리.

남상섭. 2009. "한국 가계자산의 분배와 불평등 요인분해."『경제연구』27-2호.

문숙재·정순희·여윤경. 2002. "가계 순자산 규모의 결정요인."『소비자학연구』13-3호.

박신영. 2000. "주택전세제도의 기원과 전세시장 전망."『주택』64호.

박주영·최현자. 1999. "자산계층별 가계 포트폴리오 분석."『한국가정관리학회지』17-4호.

배미경. 2006. "가계 포트폴리오 구성 및 영향변수에 대한 연구."『소비문화연구』9-4호.

선대인·심영철. 2008.『부동산 대폭락의 시대가 온다』. 한국 경제신문.

손낙구. 2008.『부동산 계급사회』. 후마니타스.

_____. 2009. "부동산 계급과 한국 사회." 이정전·김윤상·이정우 외."『위기의 부동산』. 후마니타스.

신광영. 2004.『한국의 계급과 불평등』. 을유문화사.

윤일성. 2002.『도시개발과 도시불평등』. 한울.

이정우. 2010.『불평등의 경제학』. 후마니타스.

이정우·이성림. 2001. "한국 가계자산 불평등의 최근 추이."『노동정책연구』1호.

이태경. 2009.『투기 공화국의 풍경』. 한국학술정보.

장세훈. 2007. "주택소유의 관점에 입각한 중산층의 재해석."『경제와사회』74호.

전강수. 2009. "부동산 시장과 금융위기." 이정전·김윤상·이정우 외.『위기의 부동산』. 후마니타스.

전남일·손세관·양세화·홍형옥. 2008.『한국 주거의 사회사』. 돌베개.

전승훈·임병인. 2008. "2000년 이후 가계의 자산 및 부채 보유의 실태 변화분석."『재정학연구』57호.

정준호. 2009. "시장 패러다임의 변화와 노무현 정부의 부동산 정책." 이정전·김윤상·이정우 외.『위기의 부동산』. 후마니타스.

Aalbers, Manuel. 2009. "Residential Capitalism in Italy and the Netherlands." H. Schwarz & L. Seabrooke eds. *The Politics of Housing Booms and Busts*. New York: Palgrave Macmillan.

Andersson, Eva. 2007. "Sweden: To Own or to Rent?" Marja Elsinga & Pascal de Decker & Nóra Teller & Janneke Toussaint eds. *Home Ownership beyond Asset and Security*. Amsterdam: IOS Press.

Andersson, Eva & Päivi Naumanen & Hannu Ruonavaara & Bengt Turner. 2007. "Housing, Socio-Economic Security and Risks: A Qualitative Comparison of Household Attitudes in Finland and Sweden." *European Journal of Housing Policy* 7-2.

Boyer, Robert. 2000. "The Political in the Era of Globalization and Finance: Focus on Some Régulation School Research." *International Journal of Urban and Regional Research* 24-2.

Castles, Francis G. & Maurizio Ferrera. 1996. "Home Ownership and the Welfare State: Is Southern Europe Different?" *South European Society & Politics* 1-2.

Chiquier, Loïc. 2006. "Housing Finance in East Asia." The World Bank Report. December.

Davies, James B. & Anthony Shorrocks & Susanna Sandstrom & Edward Wolff. 2007. "The World Distribution of Household Wealth." discussion paper, Center for Global, International and Regional Studies, UC Santa Cruz.

De Decker, Pascal. 2007. "Belgium: Between Confidence and Prudence." Marja Elsinga & Pascal de Decker & Nóra Teller & Janneke Toussaint eds. *Home Ownership beyond Asset and Security*. Amsterdam: IOS Press.

Doling, John. 1999. "Housing Politics and the Little Tigers: How Do They Compare with Other Industrialized Countries?" *Housing Studies* 14-2.

Doling, John & Richard Ronald. 2010. "Home Ownership and Asset-based Welfare." *Journal of Housing and the Built Environment* 25.

Esping-Andersen, Gøsta. 1985. *The Three Worlds of Welfare Capitalism*. Princeton, NJ: Princeton University Press.

Forrest, Ray. 2008. "Globalization and the Housing Asset Rich: Geographies, Demographies and Social Convoys." *Global Social Policy* 8-2.

Forrest, Ray & Patricia Kennett & Misa Izuhara. 2003. "Home Ownership and Economic Change in Japan." *Housing Studies* 18-3.

Foster, John Bellamy. 2006. "The Household Debt Bubble." *Monthly Review* 58-1.

Gyntelberg, Jacob & Eli M. Remolona. 2006. "Securitization in Asia and the Pacific: Implications for Liquidity and Credit Risks." *BIS Quarterly Review*. June.

Hall, Peter A. & David Soskice eds. 2001. *Varieties of Capitalism: The Institutional Foundations of Comparative Advantage*. Oxford: Oxford University Press.

Hirayama, Yosuke. 2003. "Housing Policy and Social Inequality in Japan." Misa Izuhara ed. *Comparing Social Policies: Exploring New Perspectives in Britain and Japan.* Bristol, UK: Polity Press.

Hobson, John M. & Leonard Seabrooke eds. 2007. *Everyday Politics of the World Economy.* Cambridge, UK: Cambridge University Press.

Holliday, Ian. 2000. "Productivist Welfare Capitalism: Social Policy in East Asia." *Political Studies* 48.

Iwaisako, Tokuo. 2009. "Household Portfolios in Japan." *Japan and the World Economy* 21.

Kemeny, Jim. 2005. 'The Really Big Trade-Off' between Home Ownership and Welfare: Castles' Evaluation of the 1980 Thesis, and a Reformulation 25 Years on. *"Housing, Theory and Society* 22-2.

La Grange, Adrienne & Hee Nam Jung. 2004. "The Commodification of Land and Housing: The Case of South Korea." *Housing Studies* 19-4.

Mandel, Michael. 1996. *The High-Risk Society. Peril and Promise in the New Economy.* New York and Toronto: Random House.

Martin, Randy. 2002. *Financialization of Daily Life.* Philadelphia: Temple UP.

Mortensen, Jens Ladefoged & Leonard Seabrooke. 2009. "Egalitarian Politics in Property Booms and Busts: Housing as Social Right or Means to Wealth in Australia and Denmark." H. Schwartz & L. Seabrooke eds. *The Politics of Housing Booms and Busts.* New York: Palgrave Macmillan.

Ong, Seow Eng. 2005. "Mortgage Markets in Asia." Paper presented at the European Real Estate Society Conference, Dublin.

Perry, Mark. 2010. "International Comparison of Home Ownership Rates." *Daily Markets.* 10/06.

Pollard, Julie. 2009. "Political Framing in National Housing Systems: Lessons from Real Estate Developers in France and Spain." H. Schwarz & L. Seabrooke eds. *The Politics of Housing Booms and Busts.* New York: Palgrave Macmillan.

Ronald, Richard. 2007. Comparing Homeowner Societies: Can We Construct an East-West Model? *Housing Studies* 22-4.

Schwartz, Herman M. 2009a. *Subprime Nation: American Power, Global Capital, and the Housing Bubble.* Ithaca and London: Cornell University Press.

_____. 2009b. "Housing, Global Finance, and American Hegemony: Building Conservative Politics One Brick at a Time." H. Schwarz & L. Seabrooke eds. *The Politics of Housing Booms and Busts.* New York: Palgrave Macmillan.

Schwartz, Herman M. & Leonard Seabrooke 2009. "Varieties of Residential Capitalism in the International Political Economy: Old Welfare States and the New Politics of Housing."

H. Schwartz & L. Seabrooke eds. *The Politics of Housing Booms and Busts*. New York: Palgrave Macmillan.

Sierminska, Eva & Andrea Brandolini & Timothy M. Smeeding. 2006. "The Luxembourg Wealth Study. A cross-country comparable database for household wealth research." *Journal of Economic Inequality* 4.

Somerville, Peter. 2005. "Housing, Class and Social Policy." P. Somerville ed. *Housing and Social Policy: Contemporary themes and critical perspectives*. London and New York: Routledge.

Storper, Michael. 2001. "Lived Effects of the Contemporary Economy: Globalization, Inequality, and Consumer Society." Jean Comaroff & John L. Comaroff eds. *Millenial Capitalism and the Culture of Neoliberalism*. Durham and London: Duke University Press.

Tachibanaki, Toshiaki. 2005. *Confronting Income Inequality in Japan: A Comparative Analysis of Causes, Consequences, and Reform*. Cambridge, Massachusetts, and London, England: The MIT Press.

Tachibanaki, Toshiyaki & Tadashi Yagi. 1997. "Distribution of Economic Well-being in Japan: Toward a More Unequal Society." Peter Gottschalk & Björn Gustafsson & Edward Palmer eds. *Changing Patterns in the Distribution of Economic Welfare*. Cambridge: Cambridge University Press.

Toussaint, Janneke & Gudrun Tegeder & Marja Elsinga & Ilse Helbrecht. 2007. "Security and Insecurity of Home Ownership: Germany and the Netherlands." *European Journal of Housing Policy* 7-2.

Toussaint, Janneke & Marja Elsinga. 2007. "The Netherlands: Positive Prospects and Equity Galore." Marja Elsinga & Pascal de Decker & Nóra Teller & Janneke Toussaint eds. *Home Ownership beyond Asset and Security*. Amsterdam: IOS Press.

Turner, Graham. 2008. *The Credit Crunch. Housing Bubbles, Globalization and the Worldwide Economic Crisis*. London: Pluto.

Van Gent, Wouter P. C. 2010. "Housing Policy as a Lever for Change? The Politics of Welfare, Assets and Tenure." *Housing Studies* 25-5.

Zhu, Haibin. 2006. "The Structure of Housing Finance Markets and House Prices in Asia." *BIS Quarterly Review*. December.

| 12장 |

국정홍보처. 2003. 『국민의 정부 5년 국정자료집 3: 교육복지환경노동문화사회』.

_____. 2008. 『참여정부 국정운영 백서 4: 사회』.

638

노동부. 2003. 『국민의 정부 5년 실업대책백서』.

대통령자문정책기획위원회. 2007. 『대한민국의 미래 비전과 전략』.

이병희 외. 2009. 『고용안정망과 활성화전략 연구』. 한국노동연구원.

장지연 외. 2010. 『고용안전망 사각지대 해소방안』. 한국노동연구원.

전병유. 2010. "1997~98년 외환위기 시 고용·실업 정책 평가." 황수경 편. 『경제위기와 고용』. 한국노동연구원.

전병유 외. 2005. 『고용 없는 성장에 대한 대응전략 연구』. 한국노동연구원.

_____. 2006. 『한국의 고용전략 수립에 관한 연구』. 한국노동연구원 & 사림입국일자리위원회.

_____. 2010. 『국민의 정부 5년 실업대책백서』. 한신대학교.

정원호. 2004. 『유럽의 유연안정성(flexicurity) 전략 연구』., 한국직업능력개발원.

한국노동연구원. 2007. 『지속 가능한 고용시스템 구축을 위한 사회적 합의 도출 방안』.

황수경 외. 2010. 『경제위기와 고용』. 한국노동연구원.

| 13장 |

김유선. 2010. "비정규직 규모와 임금불평등 추이." 한국사회학회·안현효 편. 『신자유주의 시대 한국 경제와 민주주의』. 선인.

_____. 2012. "비정규직 규모와 실태: 경제활동인구조사 부가조사(2012,8) 결과." 『노동사회』 167호.

_____. 2013a. "새 정부 노동정책의 방향과 과제." 서울사회경제연구소 창립 20주년 기념 심포지엄 "새 정부 경제·복지 정책의 방향과 과제" 발표문.

_____. 2013b. "한국의 비정규직 실태와 대책." 한국노총·에버트재단 공동주최 "비정규직 문제 해법 모색을 위한 국제세미나" 발표문.

성재민. 2011. "상용직 근로자 증가에 대한 분석." 『월간 노동리뷰』 77호. 한국노동연구원.

Aidt & Tzannatos. 2002. *Unions and Collective Bargaining: Economic Effects in a Global Environment*. The World Bank.

ILO. 2004. *World Employment Report 2004-05.*

OECD. 2004. *OECD Employment Outlook 2004.*

| 14장 |

강신욱. 2010. "경제위기와 소득분배구조의 변화." 서울사회경제연구소 편. 『글로벌 경제위기와 새로운 경제 패러다임 모색』. 한울.

_____. 2012. "2000년대 후반 불평등 심화의 특징." 『한국사회정책학회 2012년 춘계학술대회 발표자료집』. 한국사회정책학회.

김진욱·정의철. 2011. "도시가구의 소득원천별 분해를 통한 소득 불평등 변화 요인 분석: 가구주 연령을 중심으로." 『사회보장연구』 26-1호.

성명재. 2010. "우리나라 소득분배구조의 주요 특징 및 요인별 분해." 『재정포럼』 172호.

이병희·강신욱 외. 2007. 『최근 소득분배 및 공적이전·조세의 재분배효과 추이 분석』. 양극화·민생대책위원회.

이철희. 2008. "1996-2000년 한국의 가구소득 불평등 확대: 임금, 노동공급, 가구구조 변화의 영향." 『노동경제논집』 31-2호.

정진호·최강식. 2001. "근로자가구의 소득 불평등의 요인별 분해." 『경제학 연구』 49-3호.

OECD. 2011. *Divided We Stand: Why Inequality Keeps Rising*, OECD Publishing.


| 15장 |

경제정의실천연합 .2000. "김대중 정부 집권 2년 대선공약 이행평가." 경실련주최 세미나. 3월 10일.

김연명. 2009. 『사회투자와 한국 사회정책의 미래』. 나눔의 집.

길버트, 닐 & 폴 테렐. 2007. 『사회복지정책론: 분석틀과 선택의 차원』. 남찬섭·유태균 옮김. 나눔의 집.

남찬섭. 2013a. "한국복지국가의 회고와 전망: 생산적 복지의 등장과 그 이후." 참여연대 사회복지위원회 기획. 『대한민국 복지국가: 회고와 전망』. 나눔의 집.

_____. 2013b. "한국사회서비스 제도화의 현황과 전망." 참여연대 사회복지위원회 기획. 『대한민국 복지국가: 회고와 전망』. 나눔의 집.

문병주. 2011. 『비정규직 노동자의 사회보험적용률 제고를 위한 정책·제도적 지원방안』. 민주정책연구원.

보건복지부. 1996. "국민복지의 기본구상 해설자료." 사회복지정책실 복지정책과.

_____. 2008. 『보육통계』.

삶의질향상기획단. 1999. 『새천년을 향한 생산적 복지의 길』. 1999.

이진석. 2013. "건강보장의 정치경제학: 건강보험 통합에서 의료산업선진화까지." 참여연대 사회복지위원회 기획. 『대한민국 복지국가: 회고와 전망』. 나눔의 집.

이태수. 2009. "'반절의 실패로 끝난 김대중·노무현 시대 복지정책." 『내일을 여는 역사』 36호.

_____. 2010. "불안한 노후, 해결책은 없나?" 『내일을 여는 역사』 37호.

정부부처합동보고서. 2006. "비전 2030."

참여연대사회복지위원회. 1998. "SAL 원문해석." 『복지동향』 3월호.

통계청. 2011. 경제활동인구조사 부가조사.

Gilbert, N. & Paul Terrell. 2005. *Dimensions of Social Policy* 6th ed. Pearson Education Inc[『사회복지정책론: 분석틀과 선택의 차원』. 남찬섭·유태균 옮김. 나눔의 집. 2007].

Marshall, T. H. 1950. *Citizenship and Social Class*. Cambridge: CPU.

Tayler-Gooby, P. 2006. *Social Welfare and Social Investment: Innovations in the Welfare State*.


| 16장 |

강태중. 2004. "고등교육 개혁의 신자유주의적 속성 고찰." 『한국교육문제연구소 논문집』 19호.

교육부. 1999. 『창조적 지식기반 국가건설을 위하 교육발전5개년계획(시안)』.

_____. 2000. 『국립대학발전계획』.

교육혁신위원회. 2006a. 『역대정부 대통령위원회 교육개혁 보고서(III)』. 교육혁신위원회.

_____. 2006b. 『역대정부 대통령위원회 교육개혁 보고서(IV)』. 교육혁신위원회.

_____. 2006c. 『역대정부 대통령위원회 교육개혁 보고서(V-1)』. 교육혁신위원회.

김안나. 2005. "5·31 교육개혁 이후의 한국 고등교육정책의 변화와 쟁점." 『교육정치학연구』 21-1호.

김안나·이병식. 2008. "소득수준에 따른 학생의 고등교육 선택의 차이와 학자금 지원의 효과." 『교육과학연구』 39-1.

김영순. 2009. "노무현 정부의 복지정책: 복지국가의 제도적·정치적 기반 형성 문제를 중심으로." 『경제와 사회』 82호.

_____. 2012. "복지동맹 문제를 중심으로 본 보편적 복지국가의 발전조건: 영국·스웨덴의 비교와 한국에의 함의." 『한국정치학회 회보』 46-1호.

남기곤. 2006. "'잊혀진 절반'에 대한 교육은 성공하고 있는가?" 『경제와 사회』 70호.

박거용. 2001. "김대중 정부의 교육정책 비판." 『민주사회와 정책연구』 1호.

_____. 2009. "이명박 정부 고등교육정책에 대한 비판적 검토." 『동향과 전망』 77호.

박명림. 2009. "순응과 도전, 적응과 저항: 미국의 범위와 한미관계 총설." 『역사비평』 2월.

반상진. 2003. "새 정부의 고등교육 개혁과제." 『교육행정학연구』 21-1호.

백성준. 2012. "전문대학 교육역량 강화사업 효과성 평가." 『교육재정경제연구』 21-4호.

변기용. 2009. "대학자율과 정책의 쟁점과 대안." 『교육정치학연구』 16-1.

석기준 외. 2005a. "교육인적자원부의 전문대학 재정지원사업 평가 결과 분석." 『교육재정경제연구』 14-1호.

_____. 2005b. "전문대학 특성화I 재정지원사업의 선정요인에 관한 연구." 『경영교육논총』 39호.

손호철. 2005. "김대중 정부의 복지개혁의 성격: 신자유주의로의 전진?" 『한국정치학회보』 39-1호.

송기창 외. 2007. "고등교육재정사업 재구조화 방안 연구." 『정책연구개발사업』.

신정철 외. 2009. "대학에 대한 정부의 재정지원 규모 영향 요인 분석: 평가에 의한 재정지원 사업을 중심으로." 『교육재정경제연구』 18-4호.

신현석. 2004. "한국대학 구조조정의 정치학." 한국교육정치학회 제6차 정기학술대회: 고등교육 구조조정의 정치학 자료집.

신현석·반상진·변기용·이은구·주휘정. 2011. "지역발전을 위한 고등교육정책의 새로운 비전과 방안의 탐색." 『교육정치학연구』 18-2호.

양재진. 2003. "노동시장유연화와 한국복지국가의 선택: 노동시장과 복지제도의 비정합성 극복을 위하여 『한국정치학회보』 37-3호.

유현숙 외. 2006. 『고등교육 개혁을 위한 정부의 재정지원 사업 평가연구 연구보고서』. 한국교육개발원.

이만석·김영숙. 2010. "전문대학의 효율성과 생산성에 관한 연구." 『한국무역통상학회 무역통상학회지』 10-1호.

이문원. 1992. "해방 후 한국 고등교육정책의 역사적 평가." 『한국교육사학』 14호.

이병식. 2006. "고등교육기관의 국제화 분석: 실증분석과 사례분석을 통한 종합적 접근." 『교육과학연구』 37-3호.

_____. 2008. "신자유주의와 고등교육정책의 전망과 과제." 『교육정치학연구』 15-2호.

이용균·이기성. 2010. "정부의 대학 구조조정 정책의 특징 분석 및 발전 방향." 『평생교육·HRD 연구』 6-2호.

이현청. 2004. "한국 교육개혁의 성과와 전망." 『비교교육연구』 14-3호.

임희성. 2009. "국립대 및 사립대의 현실과 개혁과제." 『동향과 전망』 77호.

장수명. 2009a. "대학공공성과 대학재정." 『교육비평』 26호.

_____. 2009b. "5·31 대학정책 분석." 『동향과 전망』 77호.

_____. 2011. "등록금 투쟁과 대학제도 혁신." 『경제와 사회』 91호

_____. 2012. "복지국가와 평생교육 관계 모색." 『평생교육학연구』 18-4호.

장수명·정충대. 2011. "복지국가와 교육," 『교육비평』 30호.

정상호. 2010. "1987년 대선과 후보 단일화 논쟁의 비판적 재평가." 『역사비평』 98호.

정일환. 2004. "한국 고등교육개혁의 성과와 전망." 『비교교육연구』 14-3호.

조성재·정준호·황선웅. 2008. "한국 경제와 노동체제의 변화." 『한국노동연구원』.


Bordelon, Deborah E. 2012. "Where Have We Been? Where Are We Going? The Evolution of American Higher Education." *Procedia Social and Behavioral Sciences* 55. International Conference on New Horizons in Education INTE 2012.

Busemeyer, Marius R. 2007. "Social Democrats and Educational Spending: A Refined Perspective on Supply-Side Strategies." *MPIfG(Max Plank Institute for The Study of Society) Working Paper* 07/02.

_____. 2009. "Social democrats and the new partisan politics of public investment in education." *Journal of European Public Policy* 16-1.

Busemeyer, Marius R. & Christine Trampusch. 2012. *The Political Economy of Collective Skill Formation*. Oxford: Oxford University Press.

Castles, Francis G. 1989. "Explaining Public Education Expenditures in OECD nations." *European Journal of Political Research* 17-4.

Crouch, Colin & Henry Farrell. 2004. "Breaking the Path of Institutional Development?" *Alternatives to the New Determinism, Rationality and Society* 16-1. www.sagepublications.com

Graf, Lukas. 2009. "Applying the Varieties of Capitalism Approach to Higher Education: comparing the internationalization of German and British universities." *European Journal of Education* 44-4.

Hall, Peter A. & David Soskice. 2001. *Varieties of Capitalism*. Oxford New York: Oxford University Press.

Iversen, Torben. 2005. *Capitalism, Democracy, and Welfare*. Cambridge: Cambridge University Press.

Iversen, Torben & John D. Stephens. 2008. "Partisan Politics, the Welfare State, and Three Worlds of Human Capital Formation." *Comparative Political Studies* 41(4-5).

Leca, Bernard & Battilana Julie & Eva Boxenbaum. 2009. "Agency and Institutions: A Review of Institutional Entrepreneurship, Working Paper." Harvard Business School.

Lee, Simon & Stephen McBride. 2007. *Neo-Liberalism, State Power and Global Governance*. Springer, Dordrecht, The Netherlands.

Lee, Sophia SY. 2011. "The Evolution of Welfare Production Regime in East Asia: A Comparative Study of Korea, Japan and Taiwan." *The Korean Journal of Policy Studies* 26-1.

Mahoney, James & Kathleen Thelen. 2010. *Explaining Institutional Change: Ambiguity, Agency and Power*. Cambridge, New Yorks: Cambridge University.

Miettinen, Reijo 2013. *Innovation, Human Capabilities, and Democracy: Towards an Enabling Welfare State*. Oxford: Oxford University Press.

North, Douglas C. 1990. *Institutions, Institutional Change, and Economic Performance*. Cambridge; Cambridge University Press.

OECD. 각 연도. *Education at a Glance*.

Olsen, Johan P. 2005. *The Institutional Dynamics of the (European) University, Center for European Studies, University of Oslo, Working Paper*.

_____. 2009. "Change and Continuity: an institutional approach to institutions of democratic government." *European Political Science Review* 1-1.

Olssen, Mark & Michael A. Peters. 2005. "Neoliberalism, higher education and the knowledge economy: from the free market to knowledge capitalism." *Journal of Education Policy* 20-3.

Peters, B. Guy. 2013. *Institutional Theory in Political Science: The New Institutionalism.* New York: Third Edition The Continuum International Publishing Group.

Saunders, D. 2010. "Neoliberal ideology and public higher education in the United States." *Journal for Critical Education Policy Studies* Vol 8. No. 1.

Schmidt, Vivien A. 2010. "Taking ideas and discourse seriously: Explaining change through discursive institutionalism as the fourth 'new instititionalism'." *European Political Science Review* 2-1.

Streeck, Wolfgang & Kathleen Thelen. 2005. *Beyond Continuity: Institutional Change in Advanced Political Economies.* Oxford New York: Oxford University Press.

Witt, M. A. 2013. *South Korea: Plutocratic State-led Capitalism Reconfiguring.* M. A. Witt & G. Redding eds. The Oxford Handbook of Asian Business Systems. Oxford: Oxford University Press.